浙江省普通高校"十二五"优秀教材

21世纪高等院校财经管理系列实用规划教材

人力资源管理
理论、实务与艺术
（第2版）

李长江 ◎主　编

北京大学出版社
PEKING UNIVERSITY PRESS

内容简介

本书全面系统地介绍了人力资源管理的理论、实务与艺术。全书分上、中、下 3 篇共 16 章,包括人力资源管理概述、人力资源管理的产生与发展、人力资源管理的理论、人力资源管理原理、人力资源战略规划、工作分析、招聘录用、培训开发、绩效管理、薪酬管理、人心管理、激励管理、团队管理、文化管理、职业生涯管理、劳动者相关法制管理。

本书提供了与人力资源管理有关的大量案例、专栏资料和形式多样的思考与练习题,以供读者阅读、训练使用,便于学生对所学知识的巩固和人力资源管理能力的培养。

本书可作为高等院校经济、管理类专业的本科教材,也可供 MBA 学员之用,以及作为企业和社会培训人力资源管理人员的参考书籍。

图书在版编目 (CIP) 数据

人力资源管理:理论、实务与艺术 / 李长江主编. —2 版. —北京:北京大学出版社,2017.7
21 世纪高等院校财经管理系列实用规划教材
ISBN 978-7-301-28546-6

Ⅰ. ①人… Ⅱ. ①李… Ⅲ. ①人力资源管理—高等学校—教材 Ⅳ. ①F243

中国版本图书馆 CIP 数据核字 (2017) 第 172437 号

书　　　名	人力资源管理:理论、实务与艺术(第 2 版) RENLI ZIYUAN GUANLI: LILUN、SHIWU YU YISHU
著作责任者	李长江　主编
策划编辑	李　虎　王显超
责任编辑	李瑞芳
标准书号	ISBN 978-7-301-28546-6
出版发行	北京大学出版社
地　　　址	北京市海淀区成府路 205 号　100871
网　　　址	http://www.pup.cn　新浪微博:@北京大学出版社
电子邮箱	编辑部 pup6@pup.cn　总编室 zpup@pup.cn
电　　　话	邮购部 010-62752015　发行部 010-62750672　编辑部 010-62750667
印　刷　者	北京虎彩文化传播有限公司
经　销　者	新华书店
	787 毫米×1092 毫米　16 开本　28 印张　663 千字 2011 年 1 月第 1 版 2017 年 7 月第 2 版　2024 年 6 月第 5 次印刷
定　　　价	68.00 元

未经许可,不得以任何方式复制或抄袭本书之部分或全部内容。
版权所有,侵权必究
举报电话:010-62752024　电子邮箱:fd@pup.cn
图书如有印装质量问题,请与出版部联系,电话:010-62756370

编写人员名单

主　编：李长江（浙江师范大学经济与管理学院）
副主编：周鸿勇（绍兴文理学院经济与管理学院）
　　　　李杰义（浙江师范大学经济与管理学院）
编　委：（以姓氏笔画为序）
　　　　王永乐（绍兴文理学院经济与管理学院）
　　　　叶永玲（浙江师范大学经济与管理学院）
　　　　陈锦文（绍兴文理学院经济与管理学院）
　　　　郑鹏举（浙江师范大学经济与管理学院）
　　　　畅铁民（绍兴文理学院经济与管理学院）
　　　　徐井岗（浙江师范大学经济与管理学院）

第 2 版前言

党的二十大明确指出，必须坚持科技是第一生产力、人才是第一资源、创新是第一动力，深入实施科教兴国战略、人才强国战略、创新驱动发展战略，开辟发展新领域新赛道，不断塑造发展新动能新优势。人才强国战略是基石，培养造就大批德才兼备的高素质人才，是国家和民族长远发展大计。本书正是在党的二十大精神指引下进行的修订。本书是为满足我国高等院校经济、管理类专业本科生和 MBA 学员的专业学习以及企业人力资源经理的业务能力提升和战略管理者的人力资源战略决策而编写出版的。

21 世纪，人类进入了一个以知识为主宰的全新经济时代。而且，世界经济正加速全球化，科技进步日新月异，国际竞争日趋激烈。在这样一个加速变化的时代，知识越来越成为提高综合国力和国际竞争力的决定性因素，人力资源越来越成为推动经济社会发展的战略性资源，人力资源已经成为最贵的资源。人力资源与知识资本优势的独特性成为企业重要的核心技能，人力资源的价值成为衡量企业整体竞争力的标志。相应地，人力资源管理也成为企业最重要的管理职能之一，是现代管理中的核心内容。

当今的人力资源管理既有工业文明时代的深刻烙印，又反映着新经济时代游戏规则的基本要求，从而呈现出新的特点。加强人力资源管理已成为世界各国发展的共同战略。在企业的实际经营中，人力因素越来越成为组织实现其战略目标的关键因素。人力资源的开发与利用，不仅关系到一个企业的成败，而且会影响国家的综合国力。不管是什么样的组织，也不管组织的规模如何，组织中人的因素都起着关键的作用。因此，如何充分调动企业员工的积极性、主动性、创造性，发挥人力资源的潜能，已成为企业管理的中心任务，加强人力资源的管理工作是迫在眉睫的事。人力资源管理正经历着前所未有的来自全球一体化的力量，如信息网络化的力量、知识与创新的力量、顾客的力量、投资者的力量、组织的速度与变革的力量等各种力量的挑战和冲击。

2010 年我国人才工作会议通过了《国家中长期人才发展规划纲要（2010—2020 年）》，并旗帜鲜明地提出人才是第一资源，号召全国上下努力奋斗，使中国成为世界上的人力资源强国。世界发展史也表明，各国在其发展过程中，不同国家经济增长率的差异，主要并不是由物资资源、物资资本等差异引起的。一个国家的经济实力乃至综合国力的强弱，往往是与其人力资源的管理状况密切相关。在我国经济迅速发展的今天，人力资源管理与开发的探索成为一个新的热点，而且正在突破传统的架构体系和研究范围。有效地利用、管理和开发人力资源，在本质上有利于现代企业制度的健全和经营管理理念的创新，有利于企业依托人才优势，加快技术进步，加强经济合作，实现企业经营的集约化、多元化、集团化和国际化发展。我国要成为人力资源强国，需要从宏观和微观两方面对人力资源管理采取综合措施，实现提高我国人力资源数量和质量两项目标，这是一项既紧迫又繁重的历史任务。随着我国社会、政治、经济、文化的转型，人性也在变化，这必将给我国的人力资源管理工作带来各种新挑战。

相对其他同类教材，编者对本书框架进行了大胆创新。现有大量的人力资源管理教材内容都被分成两部分：一部分为人力资源管理理论；另一部分为人力资源管理职能。本书编者认为，在我国介绍人力资源管理，需要增加人力资源管理艺术的相关内容。中国的人力资源管理，无论客观层面还是微观层面，都需要加强人力资源管理艺术教育。该部分内容不仅必要，而且重要，符合中国现有人力资源管理要求。因此，本书按照人力资源管理基础理论篇（上篇）、人力资源管理实务篇（中篇）和人力资源管理艺术篇（下篇）这样的结构安排教学内容，共分16章。第1~4章为人力资源管理基础理论篇，主要介绍人力资源管理概述、人力资源管理的产生与发展、人力资源管理的理论基础和人力资源管理原理，旨在引导学生系统地了解和掌握人力资源管理理论知识；第5~10章为人力资源管理实务篇，主要介绍战略性人力资源规划、工作分析、招聘与录用、培训与开发、绩效管理和薪酬管理6个基本职能，旨在介绍人力资源管理的"硬管理知识"，使学生掌握人力资源管理基本技能和方法；第11~16章为人力资源管理艺术篇，主要介绍人心管理艺术、激励管理艺术、团队管理艺术、文化管理艺术、职业生涯管理艺术、劳动者相关法制管理艺术，旨在阐释人力资源管理中的"软管理知识"，使学生学会从"人"本身特点上发现人力资源管理方式和方法，并掌握它们。本书提供了与人力资源管理有关的大量生动案例（包括导入案例、阅读案例和分析案例）、专栏资料、人物介绍和形式多样的综合练习题，以供读者阅读、训练使用，便于学生对所学知识的巩固和人力资源管理能力的培养。

本书的编写具有以下特点。

（1）为了体现本课程实践性和应用性较强的特点，本书提供了三大类型共100多个案例供学习者分析、研读，同时给出专栏资料、人物介绍等相关阅读内容，以便加深和拓展学习者的视野。同时提供了形式多样的综合练习题，以便学习者巩固、运用所学人力资源管理的理论、实务与艺术。因此，本书内容体系不同于以往的同类教材。

（2）紧密结合本课程教学基本要求，内容完整系统、重点突出，所用资料力求更新、更准确地解读问题点。本书在注重人力资源管理理论知识的同时，将教学案例、实训内容结合在一起，强调知识的应用性，具有较强的针对性。

本书由李长江教授负责全书结构的设计、草拟写作提纲、组织编写工作和最后统稿定稿。各章具体分工如下：第1、14章由李长江编写，第9章由周鸿勇编写，第2、3、15章由李杰义编写，第5、13章由叶永玲编写，第7、8章由郑鹏举编写，第12、16章由王永乐编写，第4、6章由陈锦文编写，第10章由畅铁民编写，第11章由徐井岗编写。

由于作者水平所限，书中难免存在疏漏之处，敬请广大读者批评指正。

编　者
2024年5月

目 录

上篇 人力资源管理基础理论篇

第1章 人力资源管理概述 ……………… 1
- 1.1 人力资源的基本问题 ……………… 3
  - 1.1.1 人力资源的定义 ……………… 3
  - 1.1.2 人才资源和人口资源 ………… 4
  - 1.1.3 资本和人力资本 ……………… 4
  - 1.1.4 人力资源的数量和质量 ……… 7
  - 1.1.5 人力资源的性质 ……………… 8
- 1.2 人力资源管理的定义、功能、地位与职能 ……………………… 11
  - 1.2.1 人力资源管理的定义 ………… 11
  - 1.2.2 人力资源管理的功能 ………… 11
  - 1.2.3 人力资源管理的地位 ………… 12
  - 1.2.4 人力资源管理的职能 ………… 14
- 1.3 人力资源管理者和部门 …………… 16
  - 1.3.1 人力资源管理部门和人力资源管理者的活动 …………… 16
  - 1.3.2 人力资源管理者和部门的角色 …………………… 17
  - 1.3.3 人力资源管理者应具备的素质 …………………… 18
  - 1.3.4 人力资源管理的责任 ………… 19
- 1.4 人力资源管理所面临的挑战 ……… 21
  - 1.4.1 数字经济的挑战 ……………… 22
  - 1.4.2 全球化的挑战 ………………… 22
  - 1.4.3 满足利益相关群体需要的挑战 …………………… 22
  - 1.4.4 高绩效工作系统的挑战 ……… 24
- 本章小结 ……………………………………… 25
- 综合练习 ……………………………………… 25
- 实际操作训练 ………………………………… 27

第2章 人力资源管理的产生与发展 …… 29
- 2.1 人力资源管理产生的基础 ………… 30
  - 2.1.1 工业革命的影响 ……………… 30
  - 2.1.2 科学管理运动的推动 ………… 31
  - 2.1.3 人际关系运动的发展 ………… 32
  - 2.1.4 行为科学的研究 ……………… 33
  - 2.1.5 相关的立法 …………………… 34
- 2.2 人力资源管理的发展阶段 ………… 35
  - 2.2.1 西方学者对人力资源管理的发展阶段的划分 …………… 35
  - 2.2.2 本书对人力资源管理的发展阶段的划分 …………… 37
- 本章小结 ……………………………………… 41
- 综合练习 ……………………………………… 41

第3章 人力资源管理的理论基础 ……… 44
- 3.1 人性假设理论 ……………………… 45
  - 3.1.1 中国的人性假设理论 ………… 45
  - 3.1.2 西方国家的人性假设理论 …… 46
- 3.2 激励理论 …………………………… 49
  - 3.2.1 马斯洛的"需要层次理论" ………………………… 49
  - 3.2.2 赫茨伯格的"双因素理论" ………………………… 52
  - 3.2.3 佛鲁姆的期望理论 …………… 53
  - 3.2.4 亚当斯的公平理论 …………… 55
  - 3.2.5 强化理论 ……………………… 57
  - 3.2.6 归因理论 ……………………… 61
  - 3.2.7 挫折理论 ……………………… 61
- 3.3 人力资本与人本管理理论 ………… 62
  - 3.3.1 人力资本理论 ………………… 62
  - 3.3.2 人本管理 ……………………… 64
- 3.4 战略性人力资源管理理论 ………… 67
  - 3.4.1 战略性人力资源管理的基本特征 …………………… 67
  - 3.4.2 战略性人力资源管理的组织运作体系 ……………… 68
- 本章小结 ……………………………………… 69
- 综合练习 ……………………………………… 70

第4章 人力资源管理原理 ……………… 72
- 4.1 系统整合原理 ……………………… 73
  - 4.1.1 同素异构原理 ………………… 74
  - 4.1.2 系统优化原理 ………………… 75
  - 4.1.3 系统动力原理 ………………… 75
- 4.2 能级对应原理 ……………………… 78
  - 4.2.1 能级与能级对应概述 ………… 78
  - 4.2.2 能级管理的主要内容 ………… 81

4.2.3 推行能级管理制的
     主要做法 ……………… 81
  4.2.4 实施能级管理应注意的
     问题 …………………… 81
 4.3 要素作用原理 ………………… 82
  4.3.1 要素有用原理 ………… 82
  4.3.2 反馈控制原理 ………… 83
  4.3.3 互补增值原理 ………… 87
  4.3.4 信息催化原理 ………… 87
  4.3.5 文化凝聚原理 ………… 88
 4.4 环境适应原理 ………………… 90
  4.4.1 动态适应原理 ………… 90
  4.4.2 弹性冗余原理 ………… 91
  4.4.3 竞争强化原理 ………… 91
  4.4.4 利益相容原理 ………… 92
  4.4.5 主观能动原理 ………… 92
 本章小结 ………………………………… 94
 综合练习 ………………………………… 94
 实际操作训练 …………………………… 98

中篇 人力资源管理实务篇

第5章 战略性人力资源规划 ……… 99
 5.1 战略性人力资源规划的含义、
   特征与作用 ………………… 100
  5.1.1 战略性人力资源规划的
     含义 ………………… 100
  5.1.2 战略性人力资源规划的
     特征 ………………… 102
  5.1.3 战略性人力资源规划的
     作用 ………………… 103
 5.2 战略性人力资源规划的
   制定过程 …………………… 104
  5.2.1 战略性人力资源规划的
     内容 ………………… 104
  5.2.2 战略性人力资源规划的
     制定 ………………… 105
 5.3 战略性人力资源规划的
   实施过程 …………………… 107
 5.4 战略性人力资源规划的
   支持技术 …………………… 110
  5.4.1 战略性人力资源规划的
     预测技术 …………… 110
  5.4.2 战略性人力资源规划的
     信息系统 …………… 113
 本章小结 ……………………………… 115
 综合练习 ……………………………… 115
 实际操作训练 ………………………… 117

第6章 工作分析 ……………………… 119
 6.1 工作分析概述 ……………… 120
  6.1.1 工作分析的基本概念 … 120
  6.1.2 工作分析的作用 …… 122
  6.1.3 工作分析的历史沿革
     与发展趋势 ………… 124
 6.2 工作分析的内容、程序与方法 … 127
  6.2.1 工作分析的内容 …… 127
  6.2.2 工作分析的程序 …… 129
  6.2.3 工作分析的方法 …… 130
 6.3 职务说明书的编写 ………… 136
  6.3.1 职务说明书的编制 … 136
  6.3.2 职务说明书编写的原则 … 138
  6.3.3 工作分析存在的问题 … 139
 本章小结 ……………………………… 141
 综合练习 ……………………………… 141
 实际操作训练 ………………………… 143

第7章 招聘与录用 …………………… 144
 7.1 员工招聘 …………………… 145
  7.1.1 员工招聘概述 ……… 145
  7.1.2 员工招聘的工作程序 … 148
 7.2 选拔录用 …………………… 157
  7.2.1 选拔录用概述 ……… 158
  7.2.2 选拔测试 …………… 158
  7.2.3 面试 ………………… 161
  7.2.4 选拔录用方法的
     效果评估 …………… 166
 本章小结 ……………………………… 167
 综合练习 ……………………………… 167
 实际操作训练 ………………………… 171

第8章 培训与开发 …………………… 172
 8.1 培训与开发概述 …………… 174
  8.1.1 培训与开发的含义 … 174
  8.1.2 培训与开发的意义 … 175
  8.1.3 基于企业培训与开发的
     学习规律 …………… 176
 8.2 企业培训的类型和方法 …… 178
  8.2.1 企业培训的类型 …… 179
  8.2.2 企业培训的方法 …… 183

8.3 培训与开发的流程管理 185
 8.3.1 培训需求分析 186
 8.3.2 制订培训计划 189
 8.3.3 实施培训活动 192
 8.3.4 培训迁移 194
 8.3.5 培训评估和反馈 196
本章小结 197
综合练习 198
实际操作训练 199

第9章 绩效管理 201

9.1 绩效管理概述 203
 9.1.1 绩效管理的内涵与机制 203
 9.1.2 绩效管理的作用 204
 9.1.3 绩效管理的流程 206
 9.1.4 绩效管理的现状及存在的问题 207
9.2 绩效计划 208
 9.2.1 绩效计划的内涵 208
 9.2.2 绩效计划制订的原则 209
 9.2.3 绩效计划的制订流程 211
 9.2.4 绩效计划考核的内容 213
9.3 绩效考核 216
 9.3.1 绩效考核的步骤 217
 9.3.2 绩效考核的基本方法 220
9.4 绩效沟通 227
 9.4.1 绩效沟通的必要性 228
 9.4.2 绩效沟通的内容和方法 230
 9.4.3 绩效管理的沟通过程 231
 9.4.4 绩效沟通面谈的注意点 233
 9.4.5 制订绩效改进计划 234
本章小结 235
综合练习 235
实际操作训练 237

第10章 薪酬管理 238

10.1 薪酬管理概述 239
 10.1.1 薪酬与薪酬管理 239
 10.1.2 薪酬管理的重要决策、原则与政策 241
 10.1.3 影响薪酬制度的因素 242
 10.1.4 薪酬管理难点 243
10.2 基本工资制度 244
 10.2.1 职位薪酬制度 244
 10.2.2 职位评价以及职位薪酬制度的设计方法 245
 10.2.3 技能薪酬制度 248
 10.2.4 能力薪酬制度 251
10.3 绩效薪酬制度的设计 252
 10.3.1 短期绩效薪酬制度的设计 252
 10.3.2 长期绩效薪酬制度的设计 258
10.4 福利 262
 10.4.1 福利的重要性及其影响因素 262
 10.4.2 福利的类型 263
 10.4.3 福利的管理 266
本章小结 267
综合练习 267
实际操作训练 272

下篇 人力资源管理艺术篇

第11章 人心管理艺术 273

11.1 人心管理概述 275
 11.1.1 人心管理内涵 276
 11.1.2 人心管理体系 277
11.2 人心管理艺术的种类 282
 11.2.1 欣赏与感动的管理艺术 283
 11.2.2 品性与理解的管理艺术 285
 11.2.3 精神与情绪的管理艺术 288
 11.2.4 心态与满意的管理艺术 292
本章小结 296
综合练习 296
实际操作训练 298

第12章 激励管理艺术 300

12.1 员工激励的内涵、作用与原则 302
 12.1.1 员工激励的内涵 302
 12.1.2 激励的作用 303
 12.1.3 激励的原则 303
12.2 个人激励计划 306
 12.2.1 生产工人激励计划 306

  12.2.2 专业人员激励计划……… 308
  12.2.3 销售人员激励计划……… 309
  12.2.4 经理人员激励计划……… 312
 12.3 整体激励计划……………………… 314
  12.3.1 利润分享计划…………… 314
  12.3.2 员工持股计划…………… 315
  12.3.3 斯坎伦计划……………… 316
  12.3.4 拉克计划………………… 317
  12.3.5 收益分享计划…………… 317
  12.3.6 风险收益计划…………… 318
 本章小结……………………………………… 321
 综合练习……………………………………… 321
 实际操作训练………………………………… 323

第13章 团队管理艺术 ……………… 324

 13.1 团队与团队管理概述……………… 325
  13.1.1 团队的基本范畴………… 325
  13.1.2 团队的发展过程………… 327
  13.1.3 团队的作用……………… 329
  13.1.4 团队类型………………… 330
  13.1.5 团队精神………………… 332
 13.2 团队培育与培训…………………… 333
  13.2.1 团队培育的内容与
     作用……………………… 333
  13.2.2 团队精神的培养………… 334
  13.2.3 团队业务技能的培训…… 334
 13.3 团队领导与沟通…………………… 337
  13.3.1 团队领导………………… 337
  13.3.2 团队沟通………………… 340
 本章小结……………………………………… 342
 综合练习……………………………………… 342
 实际操作训练………………………………… 344

第14章 文化管理艺术 ……………… 345

 14.1 企业文化管理的基本问题………… 346
  14.1.1 文化的内涵……………… 346
  14.1.2 企业文化的内涵………… 347
  14.1.3 企业文化形成的特点…… 347
  14.1.4 企业文化的作用………… 348
 14.2 企业文化的结构…………………… 353
  14.2.1 物质文化………………… 353
  14.2.2 制度文化………………… 355
  14.2.3 精神文化………………… 356
  14.2.4 企业家行为文化………… 358
  14.2.5 员工的行为文化………… 360

 14.3 企业文化管理思路………………… 367
  14.3.1 机制管理………………… 367
  14.3.2 制度管理………………… 370
  14.3.3 素质管理………………… 372
  14.3.4 人性管理………………… 374
  14.3.5 教育管理………………… 377
 本章小结……………………………………… 379
 综合练习……………………………………… 379
 实际操作训练………………………………… 382

第15章 职业生涯管理艺术 ………… 384

 15.1 职业生涯概述……………………… 385
  15.1.1 职业与职业生涯………… 385
  15.1.2 职业生涯发展阶段……… 386
  15.1.3 职业生涯中的问题及
     处理……………………… 388
 15.2 职业生涯理论……………………… 390
  15.2.1 职业选择理论…………… 390
  15.2.2 职业发展理论…………… 394
 15.3 职业生涯管理概述………………… 395
  15.3.1 职业生涯管理的内涵…… 395
  15.3.2 员工自我职业生涯
     管理……………………… 398
  15.3.3 组织的职业生涯管理…… 401
 本章小结……………………………………… 402
 综合练习……………………………………… 403
 实际操作训练………………………………… 406

第16章 劳动者相关法制管理艺术…… 409

 16.1 劳动关系概述……………………… 410
  16.1.1 劳动关系的含义、内容和
     分类……………………… 410
  16.1.2 劳动关系管理的含义、
     原则及意义……………… 412
  16.1.3 劳动法律关系…………… 413
  16.1.4 劳动关系调整的方式…… 414
 16.2 劳动合同管理……………………… 417
  16.2.1 劳动合同的概念及
     内容……………………… 417
  16.2.2 劳动合同的订立和
     法律效力………………… 418
  16.2.3 劳动合同的履行、变更、
     续订……………………… 419
  16.2.4 劳动合同的解除………… 420
 16.3 集体合同制度……………………… 422

16.3.1　集体合同概述……………422
　　16.3.2　集体合同形式与内容……423
　　16.3.3　签订集体合同的程序……423
16.4　劳动争议处理制度 ……………423
16.5　工作时间与最低工资制度 ……425
　　16.5.1　工作时间制度……………425
　　16.5.2　最低工资制度……………426

16.6　劳动安全卫生管理 ……………429
　　16.6.1　劳动安全卫生保护………429
　　16.6.2　工伤管理…………………432
本章小结 ………………………………434
综合练习 ………………………………434
实际操作训练 …………………………436

参考文献 …………………………………437

上篇 人力资源管理基础理论篇

第1章 人力资源管理概述

教学目标

通过本章的学习,了解人力资源的定义和性质、人力资源的作用、人力资源管理的定义和功能、人力资源管理的地位和职能、人力资源管理者的责任和素质、人力资源管理面临的挑战等相关知识。

教学要求

知识要点	能力要求	相关知识
人力资源的基本问题	了解人力资源及相关概念 了解人力资源的性质	资源的定义 人力资源的定义 人力资源的定义 人才资源的定义 人力资本的定义 人力资源的性质
人力资源管理概述	了解人力资源管理的定义 了解人力资源管理的功能 分析人力资源管理的地位及不同人力资源管理职能的相互关系	人力资源管理的定义、功能、地位和职能
人力资源管理部门和人力资源管理者	了解人力资源管理部门与非人力资源管理的责任 了解人力资源管理者的素质要求	人力资源管理者和部门的角色 人力资源管理者的素质 人力资源的责任

续表

知识要点	能力要求	相关知识
人力资源管理面临的挑战	了解人力资源管理未来的发展方向及面临的挑战	新经济的挑战 全球化的挑战 满足利益相关群体需要的挑战 高绩效工作系统的挑战

■ 导入案例

人力资源在罗姆公司变革中的角色

西门子·罗姆公司是电子电器系统供应商西门子公司的一家生产厂。1988年,公司每年亏损100万美元时被西门子公司收购。西门子公司本身是一家知识型企业,所以,决定对罗姆公司进行转型,把它改造成一个学习型组织,以便它在新的商业环境下具有更强竞争力。

变革开始,公司高管们设计了新的评价方法。新的方法提高了业绩标准,并且鼓励员工自我开发。公司总裁兼首席执行官卡尔·金恩答应跟踪评价主要骨干的业绩。公司同时进行文化转型,强调"速度、勇气和快速行动"。分散在美国各地的600多名经理参加了一项为期两天的旨在强化上述理念的"世界一流管理学院"培训会议。最后,公司重新设计了它的薪资和奖励政策。人力资源部留出一部分奖金奖励那些充分发挥自己潜能的员工。

当公司向着学习型组织迈进的时候,人力资源本身也得到了新的提高,这使得公司追求卓越的目标成为现实。副总裁哈斯考克要求人力资源部的人员掌握三项技能:业务技能、变革与方法技能、人际信任。为了实现上述目标,人力资源部打破人员配置、培训、福利等之间的隔阂,重新划分为5个以业务为导向的小组。战略和设计小组负责研究罗姆公司的业务发展计划;咨询服务小组帮助塑造公司文化并推动员工实现人力资源目标;人力资源项目整合小组,确保人力资源经理在公司范围内克隆他们自己的专长;教育小组协助员工发展;人力资源服务中心处理员工日常人力资源问题。哈斯考克说:我们不仅仅认为自己是辅助性的,我们还要充分发挥自己的作用。所有这些努力加在一起,帮助公司实现了转型。1996年,该公司荣获《人事杂志》"最佳变革管理奖"。

(资料来源:http://www3.gdufs.edu.cn/hr/index.asp.)

问题:
(1) 人力资源措施是怎样帮助罗姆公司顺利转型的?
(2) 从案例中,你怎么认识人力资源与公司总体战略之间的关系?

目前,伴随高新技术的日益发展,全球信息化、网络化、知识化的不断普及,人类社会正行进在继工业文明之后的又一个崭新的阶段——知识经济时代。知识经济作为一种新的经济形态,它以知识的生产和人的智力的充分发挥为支撑,以信息化和网络化为基础,通过社会组织持续、全面地创新,最合理、有效地利用资源,促进科技、经济、社会和谐统一,实现可持续发展,这已经是人类发展不可逆转的主流。而社会组织中技术创新能力等诸项能力的状况与增强又取决于人力资源的现状与开发、利用状况。因此,全球有识之士纷纷指出:知识经济的核心,就是以人力资源和知识资本为中心的新经济。

现代管理实践表明,对人的管理是现代管理的核心。现代管理的基本目的在于通过高效的管理方法提高经济效益。其中核心问题是如何根据人的行为和心理规律,提高对行为的预测和控制的自觉性,处理好人际关系,以充分发挥人的积极性、主动性和自觉性。现代管理有众多的要素,究竟应该以哪一要素的管理为核心呢?现代管理学的人本原理以为,不管是管理对象、管理过程,还是财物、技术、信息和时间,都需要人力资源去进行和推动,如果没有人力资源去正确、合理地运筹,它们就不能发挥应有的作用。管理过程中的决策、计划、组织、领导、控制等环节也是靠人去实现的。可见,现代管理中各种要素的作用虽不相同,但是不可置疑的是:人力资源是起主导作用的要素,是唯一具有能动性的要素。现代管理应以人的管理为核心。

同时,随着全球经济一体化时代的到来,竞争程度空前加剧。而那些占据人力资源优势的国家、地区和企业,将是竞争中的胜者。经济竞争,说到底是人才的竞争,是人力资源综合素质的竞争。在这种大趋势下,传统的人事管理已不适应时代发展的需要,人力资源管理对社会组织越来越重要,人力资源的管理工作开始提上了日程。

现代管理大师彼得·德鲁克(P. Drucker)曾经说过:"企业只有一项真正的资源——人。"IBM 公司的总裁华生也阐明:"你可以撤走我的机器,烧毁我的厂房,但只要留下我的员工,我就可以有再生的机会。"由此可见,人力资源对社会组织具有关键意义,它是社会组织发展动力的源泉,是社会组织可持续发展的根本保障,对人力资源的管理是社会组织管理的重中之重。

1.1 人力资源的基本问题

1.1.1 人力资源的定义

根据《辞海》记载,资源是"资财的来源"。人力资源是生产活动中最活跃的因素,是一切资源中最重要的,被经济学家称为第一资源。

管理大师彼得·德鲁克 1954 年在其名著《管理实践》中对"人力资源"进行了明确的界定,德鲁克通过这一概念表达传统"人事"所不能表达的意思。他认为,与其他资源相比,人力资源是一种特殊的资源,它必须通过有效的激励机制才能充分发挥作用,并为组织带来经济价值。

在我国,最早使用"人力资源"概念的文献是毛泽东于 1956 年为《中国农村社会主义高潮》所写的按语。在按语中他写道:"中国的妇女是一种伟大的人力资源,必须发掘这种资源,为建设一个社会主义中国而奋斗。"

20 世纪 60 年代以后,随着 W·舒尔茨人力资本理论的提出,人力资源的概念更加深入人心,对人力资源的研究也越来越多。

人力资源的定义可以分为两类:第一类从能力的角度进行解释,人力资源是指劳动过程中可以直接投入的体力、智力、心力的总和及其形成的基础素质,包括知识、技能、经验、品行与态度等身心素质;第二类从人的角度进行解释,人力资源是指一定社会区域内所有有劳动能力的适龄劳动人口和超过劳动年龄的人口的总和。在这两类定义中,从能力的角度出发来理解人力资源的含义更接近于它的本质,因为资源是指财富形成的来源,而人对财富形成能起贡献作用的不是别的方面,正是人所具有的知识、经验、技能、体能等,从这个意义上说,人力资源的本质是能力,人只不过是一个载体而已。

综上所述,所谓人力资源,是指人所具有的对价值创造起贡献作用并且能够被组织所利用的脑力和体力的总和。这个定义包括以下 3 个要点。

(1) 人力资源的本质是人所具有的脑力和体力的总和,可以统称为劳动能力。

(2) 这一能力要能对财富的创造起贡献作用,成为财富形成的来源。

(3) 这一能力还要能够被组织所利用,这里的"组织"大到一个国家、地区,小到一个企业、单位或部门。

1.1.2 人才资源和人口资源

人才资源是指一个国家或地区中具有较多科学知识、较强劳动技能,在价值创造过程中起关键或重要作用的那部分人。人才资源是人力资源的一部分,即优质的人力资源。

人口资源是指一个国家或地区所拥有的人口的总量,它是一个最基本的底数,一切人力资源、人才资源皆产生于这个最基本的资源,它主要表现为人口的数量。

应当说,人才资源、人口资源及人力资源这3个概念的本质是有所不同的,人口资源和人才资源的本质是人,而人力资源的本质则是脑力和体力,从本质上来讲它们之间并没有什么可比性。就人口资源和人才资源来说,它们关注的重点也不同,人口资源更多的是一种数量概念,而人才资源更多的是一种质量概念。但是,这三者在数量上却存在一种包含关系,如图1.1所示。

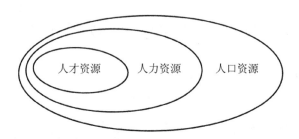

图1.1 人口资源、人力资源和人才资源的数量关系

在数量上,人口资源是最多的,它是人力资源形成的数量基础,人口资源中具备一定脑力和体力的那部分才是人力资源;而人才资源又是人力资源的一部分,是人力资源中质量较高的那部分,也是数量最少的。

在比例上,人才资源是最小的,它是从人力资源中产生的,而人力资源又是从人口资源中产生的。

1.1.3 资本和人力资本

"资本"一词在语义上有3种解释:一是指掌握在资本家手里的生产资料和用来雇佣工人的货币;二是指经营工商业的本钱;三是指牟取利益的凭借。马克思认为,资本是指那些能够带来剩余价值的价值。

对于人力资本(Human Capital)的含义,被称为"人力资本之父"的西奥多·舒尔茨认为,人力资本是劳动者身上具备的两种能力:一种能力是通过先天遗传获得的,是由个人与生俱来的基因所决定的;另一种能力是后天获得的,是由个人努力经过学习而形成的,而读写能力是任何民族人口的人力资本质量的关键成分。人力资本这种体现在具有劳动能力(现实或潜在)的人身上的、以劳动者的数量和质量(即知识、技能、经验、体质与健康)表示的资本,是需要通过投资才能够获得的。

按照劳动经济学的观点,人力资本的投资主要有3种形式:教育和培训、迁移、医疗保健。而且与其他类型的投资一样,人力资本的投资也包含着这样一种含义:在当前时期付出一定的成本并希望在将来能够带来收益,因此人们在进行人力资本的投资决策时主要考虑收益和成本两个因素，只有当收益大于等于成本时，人们才愿意进行人力资本的投资；否则，人们将不会进行人力资本的投资。

人力资源和人力资本是既有联系又有区别的两个概念。联系方面表现在两者都是以人为基础，两者的研究对象都是人所具有的脑力和体力。而且，现代人力资源理论大都是以人力资本理论为根据的。人力资源经济活动及其收益的核算是基于人力资本理论进行的。人力资本理论是人力资源理论的重点内容和基础部分。

当然，人力资源和人力资本也存在一些差异。

首先，在与社会财富和社会价值的关系上，两者是不同的。人力资本是由投资而形成的，强调以某种代价获得的能力或技能的价值，投资的代价可在提高警惕的生产过程中以更大的收益收回。因此劳动者将自己拥有的脑力和体力投入到生产过程中参与价值创造，就要据此来获取相应的劳动报酬和经济利益，它与社会价值的关系应当是一种由因索果的关系。而人力资源则不同，作为一种资源，劳动者拥有的脑力和体力对价值的创造起了重要的贡献。人力资源强调人力作为生产要素在生产过程中的生产、创造能力，它在生产过程中可以创造产品、财富，促进经济发展。它与社会价值的关系应当说是一种由果溯因的关系。

其次，两者研究问题的角度和关注的重点也不同。人力资本是通过投资形成的存在于人体中的资本形式，是形成人的脑力和体力的物质资本在人身上的价值凝结，是从成本收益的角度来研究人在经济增长中的作用，它强调投资付出的代价及其收回，考虑投资成本带来多少价值，研究的是价值增值的速度和幅度，关注的重点是收益问题，即投资能否带来收益以及带来多少收益的问题。人力资源则不同，它将人作为财富的来源来看待，是从投入产出的角度来研究人对经济发展的作用，关注的重点是产出问题，即人力资源对经济发展的贡献有多大，对经济发展的推动力有多强。

最后，人力资源和人力资本的计量形式不同。众所周知，资源是存量的概念，而资本则兼有存量和流量的概念，人力资源和人力资本也同样如此。人力资源是指一定时间、一定空间内人所具有的对价值创造起贡献作用并且能够被组织所利用的体力和脑力的总和。而人力资本，如果从生产活动的角度看，往往是与流量核算相关联的，表现为经验的不断积累、技能的不断增进、产出量的不断变化和体能的不断损耗；如果从投资活动的角度看，又与存量核算相联系，表现为投入到教育培训、迁移和健康等方面的资本在人身上的凝结。

 阅读案例 1-1

戴尔：低成本战略的人力资源管理

1. 公司背景

戴尔公司是一家充满传奇的公司，它的创始人 Michael Dell 也是一位充满传奇的人物。12 岁的 Dell 在一次冒险的邮票生意中赚了 2000 美元，16 岁的 Dell 通过直接发信和电话联系的方式为报纸征订订户，一年收入 1.8 万美元，19 岁的 Dell 用 1000 美元在他的大学宿舍里创建了戴尔公司。1992 年，Dell 凭借他的戴尔公司成为《财富》500 强企业中最年轻的 CEO。

Dell 谈到他的成功秘诀时说："我们取胜主要是因为我们拥有一个更好的商业模式。"这个商业模式就是著名的戴尔模式，以"直接与客户建立联系"的创新理念经营，按照客户要求制造计算机，向客户直接发货，从而能够最有效地了解客户需求，并迅速做出反应。取消中间商可以有效地降低成本、压缩时间、了解客户、及时反应。坚持直销、摒弃库存、与客户结盟是戴尔公司的"黄金三原则"，低成本+高效率+好服务是戴尔公司的评价标准。Dell 发明了一种全世界都想模仿的商业模式，但成功效仿的公司却是寥寥无几。正是凭借着这个神奇的模式，成立于1984年的戴尔公司在20多年的时间中成长为全球领先的IT产品及服务提供商，年营业额近500亿美元。

戴尔公司于1993年5月进入中国市场，1998年8月在中国九大城市开展直销业务，如今，戴尔已成为中国人家喻户晓的国际品牌。2001年戴尔公司在中国市场上的份额只占到4%，而2005年已达到9%，中国市场已成为戴尔公司在海外仅次于英国的第二大市场。

戴尔公司号称将直销、按需定制、零库存等先进的销售方法引入中国，但实际运作时也采取了和其他IT生产商一样的渠道分销法，这已是IT业内半公开的秘密。事实上，戴尔公司有4成以上的产品是通过分销到达消费者手中的。这主要是因为中国人有其特殊的购买习惯，到卖场挑选、亲自试用，而且也少有人为享受一次上门服务而愿意多支付几百元。因此，戴尔公司实际上在中国采取的是分销和直销相结合的方式。

2. 企业文化

戴尔的企业文化被概括为"戴尔灵魂"，它描述了戴尔是一个怎么样的公司，它是戴尔服务全球客户的行为准则，它也最终成为戴尔"制胜文化"的基础。

"戴尔灵魂"的主要内容包含如下几方面。

客户第一：我们相信客户的忠诚度来源于享受具有最佳价值的客户体验。我们力求与客户保持直接关系，向其提供基于行业标准技术的最佳产品及服务，从而为其带来非凡的客户体验。

戴尔团队：我们相信持续的成功来自团队的紧密协作以及每一位成员的不懈努力。我们在全球市场力求发展，力求吸引并保留最佳人才。

直接关系：我们在公司业务的方方面面中贯彻直接经营模式。我们力求遵循职业道德，及时并合理地响应客户需求，与客户、合作伙伴、供应商开诚布公地交流并建立有效关系，在经营管理中消除造成低效率的多层机构及官僚作风。

全球公民：我们在全球主动承担起社会义务。我们力求理解并尊重我们市场所涉及的本土法律、价值观及文化，力求在各市场取得利润增长，力求在全球推行健康的商业环境，不论个人或公司均力求为社会做贡献。

制胜精神：我们对我们所从事的每一件事都具有获胜的信念及热情。我们力求达到卓越的运营管理，提供非凡的客户体验，领先于全球市场，成为人们所熟知并向往的优秀公司及工作场所。

3. 配合低成本战略的人力资源管理措施

21世纪初的几年对整个电脑行业的打击很大，为了维持刚刚获得的全球头号个人电脑制造商的地位，戴尔公司在2001年第一季度把每台电脑的平均价格降低了300美元左右，公司的利润也随之从21%降至18%。戴尔公司的毛利率虽然低于他的主要竞争对手IBM和惠普，但净利润却大大高于二者，最主要的原因是直接面对客户的戴尔模式节约了大量成本。

电脑行业失去了往日欣欣向荣的景象，电脑价格大幅下跌。对于一贯凭借低成本取得成功的戴尔来说，要想继续保持领先，只能尽可能地再压缩成本。为了配合低成本领先战略，所有部门都应该为之做点什么，人力资源部门也不例外。

与其他公司一样，戴尔公司压缩人力成本的第一个举措就是裁员。2001年上半年，公司决定要裁掉4000名工人。但辞退雇员是一件非常麻烦的事情，涉及诸多细节，这几乎是每个人力资源部门都感到头疼的事。戴尔公司人力资源部专门制定了一套确定哪些人应该离开公司的制度，并有效地处理了这次解雇过程中层出不穷的细节问题。被解雇的工人较早地拿到了两个月的薪资、年度奖金以及离职金，生活得到了保障。并且那些被辞退的工人还得到了重新谋职咨询和相应的福利，有助于他们尽早找到新工作。通过妥善安排，戴尔公司顺利地精减人员，节约了一大笔人力成本。

作为一家IT企业，戴尔公司充分利用内联网，用先进的手段管理大多数人力资源工作。在公司的内联网上有一个管理者工具箱，其中包含了30种自动网络应用程序，这些工具帮助管理者方便而有效地承担部分人力资源管理工作，而这些工作过去必须由人力资源部门承担，并且成本相当高。雇员也可以利用内联网查询人力资源信息、管理自己的401（K）计划、监控各类明细单，过去要到人力资源部才能办到的事，现在只需轻轻一点鼠标即可完成。有效地利用公司内联网，用电子技术管理人力资源，简化了人力资源部门大量繁杂的工作,大大降低了管理成本。

传统的人力资源部门根据工作内容划分成几块,如招聘、培训、薪酬、考核等,每块都有相应人员负责,他们不但要处理具体的工作,还要根据公司战略做出相应决策。戴尔公司摒弃旧的组织结构,将人力资源管理部门划分为人力资源"运营"部门和人力资源"管理"部门。人力资源"运营"部门主要负责福利、薪酬、劳资关系等具体工作,直接与雇员接触,很少与其他部门的负责人打交道。这些工作虽然繁多琐碎,但属于日常事务性工作,可以借助例行程序、制度、方法完成,戴尔是通过集中的呼叫中心来协调这类人力资源管理职能的。人力资源"管理"部门主要负责招聘、培训等工作,从事这些工作的专员要向事业部的副总裁和人力资源副总裁汇报,并且要以顾问的身份参加事业部的会议,为事业部制定专门的人力资源战略,并且从人力资源角度来帮助事业部实现战略。这种划分方式可以让人力资源"运营"部门有效地处理大量日常事务,又可以让人力资源"管理"部门为事业部提供有效的专业支持。重新划分工作,不但工作效率得到提高,而且精减了专门从事人力资源工作的人员。

基于商业模式以低成本战略著称的戴尔公司,正想方设法地从各个环节压缩费用。人力资源战略作为公司战略的重要组成、必要支持,必须以低成本领先为导向,配合整个公司的发展。如何把这样一个战略思想转变成现实可操作的措施,是解决问题的关键,也正是戴尔努力的方向。

(资料来源:中国人力资源开发网,http://www.chinahrd.net/case/info/59419.)

1.1.4 人力资源的数量和质量

人力资源在现实生活中表现为一定时间、一定空间范围内的总人口中具有劳动能力的人口之和。某一时间内,一个国家或地区的人力资源数量构成包括图1.2所示的阴影部分的人口群体,这是宏观和中观层面的人力资源数量。微观层面的人力资源数量,如企业,则为全部现任在岗工作人员之和,请长假长休(事假、病休)人员、停薪留职人员和离退休人员不包含在内。影响人力资源数量的因素有人口总量及其再生产状况、人口年龄结构及其变动、人口迁移等。

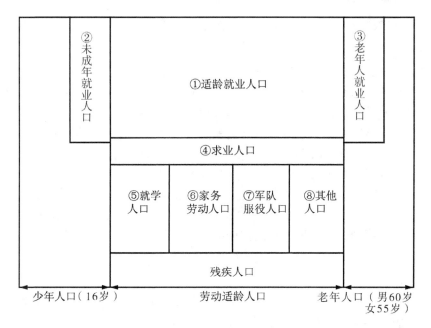

图1.2 人力资源数量构成

人力资源质量的最直接表现是人力资源或劳动者的体质水平、文化水平、专业技术水平以及心理素质的高低、道德情操水平等。此外，也可以用每百万人口中接受高等教育的人数、小学教育普及率、中学教育普及率、专业人员占全体劳动者比重等经济社会统计常用指标来表示。劳动者的素质由体能素质、智能素质和心理素质构成，它们各自又可以细化为不同的组成因素，如图1.3所示。

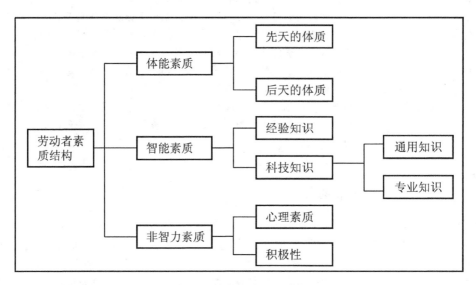

图1.3 劳动者素质的构成

1.1.5 人力资源的性质

作为一种特殊的资源形式，人力资源不同于自然资源，它具有如下6个方面的性质。

1. 能动性

人力资源是劳动者所具有的能力，而人总是有目的、有计划地在使用自己的脑力和体力，这也是人和动物的本质区别。"在蜂房的建筑上，蜜蜂的本事还使许多以建筑师为业的人感到惭愧。但是，最拙劣的建筑师和最灵巧的蜜蜂相比显得优越，自然就是这个事实：建筑师在用蜂蜡构成蜂房以前，已经在他的头脑中把它构成。劳动过程结束时得到的结果，已经在劳动过程开始时存在于劳动者的观念中，所以已经观念地存在。"[①] 正因为如此，在价值创造过程中，人力资源总是处于主动的地位，是劳动过程中最积极、最活跃的因素。人作为人力资源的载体，和自然资源一样是价值创造的客体，但同时它还是价值创造的主体。它的能动性表现为主体，即人能够自我强化、选择职业、积极劳动等。自然资源则相反，它在价值创造的过程中总是被动的，总是处于被利用、被改造的地位，自然资源服从于人力资源。

2. 时效性

人力资源是以人为载体，表现为人的脑力和体力，因此它与人的生命周期是紧密相连的。人的生命周期一般可以分为发育成长期、成年期、老年期3个大的阶段。在人的发育

---

① 马克思．资本论(第1卷)[M]．2版．北京：人民出版社，2004：216．

成长期（我国规定为 16 岁之前），体力和脑力还处在一个不断增强和积累的过程，这时人的脑力和体力还不足以用来进行价值创造，因此还不能称为人力资源。人进入成年期以后，体力和脑力的发展都达到了可以从事劳动的程度，可以对财富的创造做出贡献，因而也就形成了现实的人力资源。人进入老年期以后，其体力和脑力都不断衰退，越来越不适合进行劳动，也就不能再称为人力资源了。生命周期和人力资源的这种倒 U 形关系决定了人力资源的时效性，必须在人的成年期对其进行开发和利用，否则就浪费了宝贵的人力资源。人力资源的这种时效性，说明了人力资源无法储存。如果现在不及时利用人力资源，就不能实现人力资源的价值，同时也不能保留人力资源以待日后使用。因此，闲置的人力资源是一种巨大的浪费，唯有前瞻性、有计划并适时地运用人力资源，才能发挥人力资源的作用。自然资源则不同，自然界的物质资源如果不能被开发利用，它还会长久的存在，不会出现"过期作废"的现象，对自然资源而言，只存在开发利用的程度问题。

3. 增值性

与自然资源相比，人力资源具有明显的增值性。一般来说，自然资源是不会增值的，它只会因为不断地消耗而逐渐"贬值"；人力资源则不同，人力资源是人所具有的脑力和体力，对单个人来说，他的体力不会因为使用而消失，只会因为使用而不断增强，当然这种增强是有一个限度的。美国经济学家舒尔茨指出：土地本身并不是使人贫穷的主要因素，而人的能力和素质却是决定贫富的关键，旨在提高人口质量的投资有助于经济繁荣和增加穷人的福利。他测算出美国 1929—1957 年间经济增长中人力资源投资的贡献度高达 33%。

4. 社会性

自然资源具有完全的自然属性，它不会因为所处的时代、社会不同而有所变化，比如，古代的黄金和现代的黄金是一样的，中国的黄金和南非的黄金也没有什么本质的区别。人力资源则不同，人所具有的体力和脑力明显受到时代和社会因素的影响，从而具有社会属性。社会政治、经济和文化的不同，必将导致人力资源质量的不同。例如，古代整体的人力资源质量就远远低于现代，发达国家整体的人力资源质量也明显高于发展中国家。

5. 可变性

人力资源和自然资源不同，在使用过程中它发挥作用的程度可能会有所变动，从而具有一定的可变性。人力资源是人所具有的脑力和体力必须以人为载体，因此人力资源的使用就表现为人的劳动过程，而人在劳动过程中又会因为自身心理状态不同而影响到劳动的效果。例如，当人受到有效的激励时，就会主动进行工作，尽可能发挥自身的能力，人力资源的价值就能得到充分发挥；相反，当人不愿意进行工作时，其脑力和体力就不会发挥应有的作用。所以，人力资源作用的发挥具有一定的可变性，在相同的外部条件下，人力资源创造的价值可能会不同；人力资源的可变性还表现为人力资源生成的可控性。人力资源的生成不是自然而然的过程，需要人们有组织、有计划地培养与开发。

6. 可开发性

与自然资源一样，人力资源具有可开发性，但人力资源开发的途径和方式、方法均与自然资源不同。教育和培训是人力资源开发的主要手段，也是人力资源管理的重要职能。此外，人力资源开发具有投入少、产出大的特点。正如舒尔茨所说，人力资源是效益最高的投资领域。人力资源因其再生性而具有无限开发的潜能与价值。人力资源的使用过程也是开发过程，可以连续不断地开发与发展。

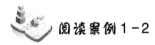

丰田：什么是真正的人力资源

生存时间最长的企业是那些为社会提供了独特价值的企业——不仅是它们的成长或金钱，更重要的是其卓越的品质，包括对人的尊重，或者让人们快乐的能力！

——哲学家哈代

1. 破产逼出来的丰田管理哲学

20世纪40年代，刚刚成立的丰田经历了历史上最重要的一次危机，负债经营的丰田维持不下去，被拖欠工资的工人愤怒地走上街头罢工，银行建议丰田，要么裁员减轻负担，要么干脆关门。

丰田当时的总经理丰田喜一郎的选择是什么？

第一，与员工沟通真正的状况，坦率地告诉员工实情，如果公司要维持下去，要么至少要裁去1500名员工，他痛心地问大家，为了丰田能够活下去，是不是有人可以自愿离开丰田？丰田恢复之后，一定会请他们回来。

第二，他坦然承担自己的责任，既然他作为总裁辜负了员工，他怎么能够再继续领导公司并从公司领取薪水呢？所以，他申请辞去公司的总裁职务，由他的堂弟丰田英二来担任公司的总裁。

第三，在离开之前，丰田喜一郎召开了高级管理人员会议，大家一起来讨论公司的未来，一起反省，为什么丰田会走到今天？出问题显然不完全是因为业绩，业绩背后是团队，团队背后是文化，文化背后是心态，心态背后是企业经营理念的缺失！

为什么员工会罢工？危机之中，丰田确立了几项对未来至关重要的原则。

(1) 丰田不会放弃为国家强盛而经营的精神。

(2) 丰田的员工与管理者之间的关系，应当是相互信任而不是相互对抗。

(3) 员工与管理者应当合作，致力于产品的改善，从而使丰田成为一家世界级的公司。

(4) 应当谨慎过快增加员工数量，启用临时工制度，以缓解经济波动的压力。

这4点确立了丰田模式的基本文化，那就是员工与企业之间是信任与合作的关系，减少浪费或者改善不是对人实施，而是由人来实施，人力价值永远是最重要的价值源泉！

2. "问题是价值的起点"：丰田人力资源的价值流

丰田对管理体系最大的突破，在于他们突破了产品价值流，在产品价值流的背后看到了人力价值流，想象一下，如果编制了一个从员工进入到离开的"职业生涯价值流"，那会如何？

丰田说，即使员工生产出了合格的产品，但如果其能力或者改进意识没有提高，那也是一种浪费，由此可以看到，多数公司的多数人，都处于浪费之中。

既然如此，让问题暴露出来就非常重要了，没有问题，提高能力就成了无源之水，所以，丰田管理体系的第一要点，就是要用一系列硬件化的手段来暴露问题。可以说，通过一系列硬件化的手段，比如5S、看板、可视化管理，丰田能够暴露很多公司很难暴露的问题，这是丰田成功的起点！

也就是说，拥有一个暴露问题的硬件体系，并且能够培训出愿意解决问题的员工，这是丰田模式有别于其他任何模式的核心，而这一切的背后，是信任体系，没有员工对管理人员与公司的信任，就不可能有员工从内心的付出！

丰田自己的《丰田模式2001》中这样解释这一切。

我们将错误视为学习的机会，不但不会归咎于个人，公司还会采取纠正措施，并将从每次经历中获得的经验在公司推广！

在丰田，你会发现这样令人吃惊的事，那就是一个人因为承认了一个工作中的失误而受表扬，但按丰田的逻辑，我们不难理解，因为员工给公司提供了"问题"，而解决这个问题成为公司的"经验源"，公司当然要奖励他。

要做到这一点，挑选合适的员工就变得异常重要，丰田的招聘与培训是丰田最重要的人力资源机制，丰田下重金投资这一系统,以保证它的理念与价值观能够传承!

3."公司多久为我增加一次价值?":丰田人力资源的价值流

就像产品价值流中,我们需要从消费者入手,需要了解消费者需要什么,然后根据消费者的需求整合整个生产过程一样,丰田在人力资源价值流上,一样从员工的需求入手,然后从员工的角度问:"在我的职业生涯中,公司多久为我增值一次?"

从人力资源的这种价值看,如果不为员工的价值增值,那么,一切都将是浪费,尽管这一切行动中,可能产品的价值流增加了很多,但如果员工的价值流没有增加,那么,员工作为"经营自己的CEO",员工处于亏损状态,那这一切又如何继续?

丰田为什么能够打败对手成为世界一流的公司,原因就在于此,丰田的员工价值流远比其他公司高,而这些并不是一种理念,在丰田,这些是一系列的机制。

(1) 清洁安全的工作场所:这会让员工建立起安全感。
(2) 团队解决问题的机制。
(3) 可视化与双向交流。
(4) 领导就是服务与牺牲。

在丰田,人力资源经理大多是其他部门轮换到HR的,因此他们懂得生产过程与员工增值过程,在丰田甚至有这样的惯例,如果没有人力资源部门的同意,任何人都不能够得到提拔,因此,丰田的人力资源被视为每个人的工作,而人力资源经理也通常在一线配合经营部门的工作。

由此,丰田的员工与公司之间的雇佣关系就可以稳固进行,反过来,薪酬上的回报就是一个缓慢的提升过程。在丰田,成为领导人不是一件容易的事,丰田将员工与公司之间的关系视为长期关系,为此,丰田可以慢慢地等,反过来,丰田更重视团队的贡献,而不是单个员工个人的贡献。

人力资源另一个重要的工作就是与员工一起确定改善的目标,丰田称之为"方针管理(Hoshin Kanri)",这是一种现地现物的管理方式,在丰田,员工总能够看到HR人员,所有的改善与进步都有HR人员的参与,唯有如此,员工的付出才能够得到及时高效的回报!

(资料来源:中国人力资源开发网,http://www.chinahrd.net/case/info/59254.)

1.2 人力资源管理的定义、功能、地位与职能

1.2.1 人力资源管理的定义

人力资源管理(Human Resource Management,HRM)这一概念是在德鲁克1954年提出人力资源的概念之后出现的。1958年,怀特巴克出版了《人力资源职能》一书,首次将人力资源管理作为管理的普通职能来加以论述。此后,随着人力资源管理理论和实践的不断发展,国内外对人力资源管理概念的理解也发生了变化。本书认为,人力资源管理是指以科学发展观为指导,运用科学系统的理念、技术、工具和方法,进行人力资源的获取、使用、激励、保持和开发,影响或改变员工的行为、态度和绩效,以实现组织的目标。简而言之,人力资源管理就是选有用之人,放在适当岗位,做正确的事,达到高效率和高效果的一系列管理活动。

1.2.2 人力资源管理的功能

人力资源管理的功能可以概括为4个字:选、育、用、留,如图1.4所示。

"选"是吸纳功能,要为企业挑选合格的人力资源,这是人力资源管理的入口关,把好入口关非常重要;"育"是培训开发功能,不断地培育员工,使其工作能力不断提高,与企业的契合性不断增加;"用"包含了配置功能和激励功能,要做到人职匹配、适人适

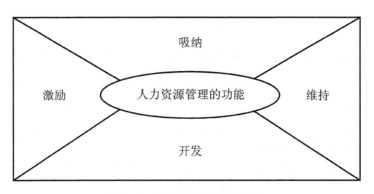

图1.4 人力资源管理的功能

岗，在工作过程中不断激励员工，最大限度地发挥企业人力资源的作用，为企业的价值创造做出贡献；"留"是维持功能，要采用各种办法将优秀的人员保留在企业中。

1.2.3 人力资源管理的地位

人力资源管理的地位是指它在整个企业管理中的位置。对于这个问题，目前存在一些错误的认识和看法，归纳起来主要有两种：一种夸大它的地位，认为人力资源管理就是企业管理的全部，解决了人力资源管理的问题就意味着解决了企业管理的全部问题；另一种是贬低它的地位，认为人力资源管理根本就不是企业管理的内容，在企业的管理过程中也发挥不了什么作用。

要想正确地认识人力资源管理的地位，按照逻辑的思维顺序，首先就要搞清楚人力资源管理与企业管理之间的关系。企业管理，简单地说就是对企业投入和拥有的资源进行有效管理，实现企业既定目标的过程。而企业投入和拥有的资源是由不同的种类构成的，如资金资源、物质资源、技术资源、人力资源、客户资源等，因此企业管理也就包括对这些不同资源的管理。从这个意义上讲，人力资源管理和企业管理之间是部分与整体的关系，如图1.5所示。

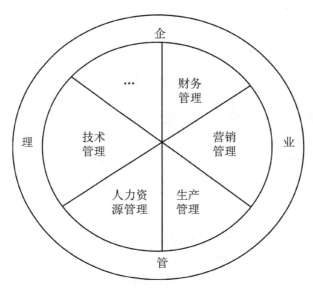

图1.5 人力资源管理和企业管理的关系

在这个前提下，对于人力资源管理的地位，正确的认识应当是辩证的：一方面，要承认人力资源管理是企业管理的组成部分，而且还是很重要的一个组成部分；另一方面，也要承认人力资源管理代表不了企业管理，人力资源管理并不能解决企业管理的全部问题。

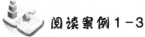

宝洁之谜：把人力当作武器

诞生于 1837 年的宝洁，起初只是美国俄亥俄州辛辛那提市 18 家蜡烛和肥皂制造商之一，创始人威廉·普洛科特和詹姆斯·甘布尔选取了各自姓氏中的第一个字母，组成了 P&G。这家风格保守但又不断创新的公司，在此后 160 多年的光阴中，成功地开创了一个日化消费品行业的宝洁帝国。是什么力量使一家公司如此经久不衰呢？

《叩开宝洁之门》就是为了解答这一疑问而写的。事实上，这一问题也是与一开始列出的疑问紧密相关的，即：应该选择一家具有什么样特质的公司作为事业的起点？为什么宝洁是值得选择的？

在公司演进的过程中，利润最大化都是始终强调的。只不过在不同时期，利润所满足的对象从企业主、合伙人、股东进而泛化到各种利益相关者。已经有越来越多的公司认识到，单纯追求规模和利润并不能使公司本身基业长青，甚至依赖或沉迷于某一种成功产品或市场策略、卓越领导人的洞见能力都是危险的。

而令人悲哀的现实是，大量企业以追求利润和规模为远景目标，为此它们不惜与资本媾和，并寻求政府权力；它们经不起人事动荡的反复折腾，每一次的改朝换代都带来大规模的清洗和肃反，并改换管理体制；它们建立的是一个低信任度的组织，管理者和员工依靠利益交易的关系暂时聚合在一起，企业成为赚钱的工具和机器，公司政治成为主导企业发展的隐性力量。在某些人眼中，公司只意味着可以分割出售的资产，或是独立于社会约束之外的个人帝国。

那么，究竟什么才是公司基业长青的关键因素？从宝洁的个案看，答案是企业文化和忠诚于该文化的一代又一代的员工。员工塑造着企业文化，而企业文化又影响员工并通过员工传承。企业文化包括价值观、公司使命和愿景等一系列价值判断，而伟大的公司总是善于将这些抽象的企业文化理念融入组织设计和运行的各个环节和层面，并外化为员工的自觉行为，从而使公司看起来像一个整体：无法具体说清楚到底哪一部分细节最出色，而是整个公司变成一件完美的艺术品。

如何建立人力帝国？

毫无疑问，人才是保存公司文化和核心竞争力的传递者，而非产品和技术——没有哪一项产品和技术可以横跨百年而不被淘汰。宝洁的历任 CEO 都是从初进公司时的一级经理开始做起的，他们熟悉宝洁的产品，也熟悉宝洁的经营机制，更重要的是，他们对宝洁的文化有百分之百的忠诚。他们是随着宝洁公司成长而一道成长的，这种自豪感和主人翁意识可以很好地保持公司的凝聚力。而从组织文化的角度来说，如果有太多的"空降兵"进入的话，这个组织就会在文化融合方面付出更高的成本。

当然，给一个职位找到合适的人才其实有很多种方法。比如，可以到市场上"购买"，通过猎头公司迅速挖到有成熟经验的人；或者可以让员工"学习"，把员工派到竞争对手那里去参观访问，了解对方的长处；或者可以"借用"，从咨询公司借调人员来暂时弥补职位空缺。相比而言，花大力气培养内部员工的方法是成本最高的，但是，宝洁却偏偏选择此途，而且在员工培训方面更是投入了大量公司资源。对宝洁来说，难道非如此不可吗？

这就又回到了最初的命题：宝洁到底是一家追求无限利润的公司，还是一家尊重和培养人才，并依靠文化传承而存续的公司？答案当然是后者。

宝洁是一家重视人才胜过重视产品、重视文化胜过重视利润的公司。许多伟大的公司领袖都相信，利润并不是公司追求的终极目标，而是努力工作所随之而来的客观回报；公司存在的目的，不是为了成为股东或者员工赚钱的机器——尽管它可能是一部闪闪发亮、运转良好的机器，而是为了尊重和实现每一个人的价值，这种价值将会为客户、投资者、合作伙伴、社区和其他利益相关者带来更多的益处。

（资料来源：http://www.100guanli.com/HP/20100614/DetailD1143923.shtml.）

1.2.4 人力资源管理的职能

人力资源管理之所以在社会组织中具有举足轻重的地位，是因为它肩负着重要的使命，即实现人与事、人与人的和谐，使事得其人、人尽其才、才尽其用，达到高的劳动效率和效果，实现组织目标，从而促进社会发展。这些目标的达成是通过人力资源管理的各项职能和从事的各项活动来实现的。而且，对于人力资源管理的各项职能和活动，应当以一种系统的观点来看待，它们之间并不是彼此割裂、孤立存在的，而是相互联系、相互影响，它们共同形成了一个有机的系统，如图1.6所示。

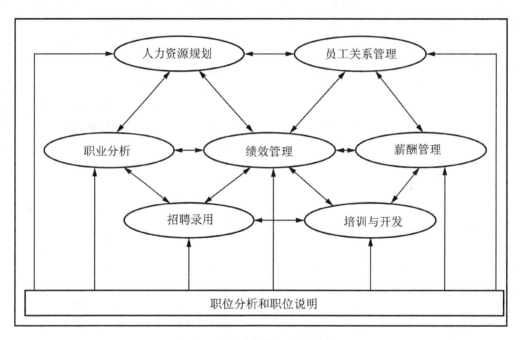

图1.6 人力资源管理职能的关系

1. 人力资源规划

人力资源规划包括的活动有：对组织在一定时期内的人力资源需求和供给做出预测；根据预测的结果制订出平衡供需的计划；等等。

2. 职位分析

职位分析包括两部分的活动：一是对组织内各职位所要从事的工作内容和承担的工作职责进行清晰的界定；二是确定各职位所要求的任职资格，如学历、专业、年龄、技能、工作经验、工作能力及工作态度等。职位分析的结果一般体现为职位说明书。

3. 招聘录用

招聘录用包括招聘和录用两部分。招聘是指通过各种途径发布招聘信息，将应聘者吸引过来；录用则是指从应聘者中挑选出符合要求的人选。

4. 绩效管理

绩效管理就是根据既定的目标对员工的工作结果做出评价，发现其工作中存在的问题并加以改进，包括制订绩效计划、进行绩效考核以及实践绩效沟通等活动。

第1章 人力资源管理概述

5. 薪酬管理

薪酬管理所要进行的活动有：确定薪酬的结构和水平，实施职位评价；制定福利和其他待遇的标准以及进行薪酬的测算和发放；等等。

6. 培训与开发

培训与开发包括建立培训的体系，确定培训的需求和计划，组织实施培训过程，对培训效果进行反馈总结等活动。

7. 员工关系管理

员工关系管理除了要协调劳动关系、进行企业文化建设以创造融洽的人际关系和良好的工作氛围之外，还要对员工的职业生涯进行设计和管理。

在这个职能系统中，职位分析和职位评价是一个平台，其他各项职能的实施基本上都要以此为基础。人力资源规划中，预测组织所需的人力资源数量和质量基本的依据就是职位的工作职责、工作量和任职资格，而这些正是职位分析的结果——职位说明书的主要内容；预测组织内部的人力资源供给时，要用到各职能可调动或可晋升的信息，这也是职位说明书中的内容。进行招聘录用时，发布的招聘信息可以说就是一个简单的职位说明书，而录用甄选的标准则主要来自职位说明书中的任职资格要求。绩效管理和薪酬管理与职位分析的关系更加直接，绩效管理中，员工的绩效考核指标可以说完全是根据职位工作职责来确定的；而薪酬管理中，员工工资等级的确定主要依据职位说明书的内容。在培训开发过程中，培训需求的确定也要以职位说明书对业务知识、工作能力和工作态度的要求为依据，简单地说，将员工的现实情况和这些要求进行比较，两者的差距就是要培训的内容。

再来看一下绩效管理，该项职能在整个系统中居于核心地位，其他职能或多或少都要与它发生联系。预测组织内部的人力资源供给时，需要对现有员工的工作业绩、工作能力等做出评价，而这些都属于绩效考核的内容。人员招聘也与绩效考核有关，可以对来自不同渠道的员工的绩效进行比较，从中得出经验性的结论，从而实现招聘渠道的优化。录用甄选和绩效管理之间则存在一种互动的关系，一方面可以依据绩效考核的结果来改进甄选过程的有效性；另一方面甄选结果也会影响到员工的绩效，有效的甄选结果将有助于员工实现良好的绩效。前面已经提到，将员工的现实和职位说明书的要求进行比较后，就可以确定出培训的内容，那么员工的现实情况又如何得到呢？这就要借助绩效考核了，因此培训与开发和绩效管理之间存在一定的关系。此外，培训与开发对员工提高绩效也是有帮助的。目前，大部分企业在设计薪酬体系时，都将员工的工资分为固定工资和浮动工资两部分，固定工资主要依据工资等级来支付，浮动工资则与员工的绩效水平相联系，因此绩效考核的结果会对员工的工资产生重要的影响，这就在绩效管理和薪酬管理之间建立了一种直接的联系。通过员工关系管理，建立起一种融洽的氛围，这将有助于员工更加努力地工作，进而有助于实现绩效的提升。

人力资源管理的其他职能之间同样也存在密切的关系，录用甄选要在招聘的基础上进行，没有人来应聘就无法进行甄选。招聘计划的制订要依据人力资源规划，招聘什么样的员工、招聘多少员工，这些都是人力资源规划的结果。培训开发也要受到甄选结果的影响，如果甄选的效果不好，员工无法满足职位的要求，新员工的培训任务就会加重；反之，新员工的培训任务就比较轻。员工关系管理的目标是提高员工的组织承诺度，而培训与开发和绩效管理则是实现这一目标的重要手段。培训与开发和进行管理之间也有联系，员工薪酬的内容除了工资、福利等货币报酬外，还包括各种形式的非货币报酬，而培训就

15

属于其中的一种重要形式，因此从广义上来讲，培训与开发是薪酬的一个组成部分。

科创公司的人力资源管理与企业核心能力

　　科创公司是北京一家著名的高科技企业，该公司主要从事网络技术方面的软件开发，其市场主要面向中国北方和沿海城市的企业客户。该公司成立于1998年，随着行业的高速发展，公司也迅速成长。同时，随着行业竞争的日益加剧和企业规模的迅速扩张，企业在市场拓展、业务运营方面感到越来越力不从心。企业要进一步做大，必须进一步吸纳业界的优秀人才，努力培养内部的业务和管理骨干，并加强管理的规范化。但现状是，虽然企业业绩斐然，为员工提供的待遇也很不错，但却始终无法强有力地吸引一流的人才。恰恰相反，人才流失的现象却越来越严重，企业所面临的人力资源的问题也越来越突出，并且严重束缚了公司的发展。面对这样的形势，公司高层下决心要建立一套完整的人力资源管理制度。

　　于是，公司在聘请的外部专家顾问的帮助下，建立起了包括招聘录用、培训开发、绩效考核和薪酬管理在内的一套人力资源管理制度。为了建立这一套人力资源管理制度，公司调动了多方面的力量，耗费了不少的财力、物力和人力。但当整个制度体系建立起来之后，他们却发现，这一套人力资源管理制度在实际的运行过程中产生了很多问题。科创公司是一家高科技企业，其所面对的软件市场，竞争要点在于对市场的反应速度和软件的质量，但公司在设计人力资源管理系统时，却没有充分考虑其市场特点和战略要求，结果导致人力资源管理制度主要从成本控制的角度来进行安排，无法与企业的战略和行业特点匹配，无法帮助公司在激烈的市场竞争中获得优势。其结果是，一线的管理者和员工对人力资源管理部辛辛苦苦建立起来的人力资源管理系统不屑一顾，人力资源管理的规范化和制度化无法得以有效推行，企业在经营管理中面临的一系列问题也没有得到解决。

（资料来源：彭剑锋．人力资源管理概论[M]．上海：复旦大学出版社，2005．）

1.3　人力资源管理者和部门

1.3.1　人力资源管理部门和人力资源管理者的活动

　　人力资源管理者和人力资源管理部门所从事的活动可以划分为三大类。第一类是战略性和变革性的活动。战略性和变革性的活动涉及整个企业，包括战略制定和调整以及组织变革的推动等内容。严格来讲，这些活动都是企业高层管理者的职责，但是人力资源管理者和部门必须参与到这些活动中来，要从人力资源管理的角度为这些活动的实施提供有力的支持。第二类是业务性的职能活动，包括人员招聘、工作分析、培训、薪酬管理等。还有一类是行政性的事务活动，如员工档案的管理、人力资源信息的保存等。

　　图1.7为国外学者帕特里克·赖特和加里·麦克马汉关于人力资源管理活动类型与投入产出情况的示意图。人力资源管理部门和管理者所从事的各类活动的投入时间和产生的附加值并不是正相关的。人力资源管理者和部门从事战略性和变革性活动、业务性活动和行政性活动的投入时间分别为10%、30%和60%，但各项活动所产生的附加值为60%、30%和10%。

　　随着计算机、网络技术的发展和人事代理服务公司的出现，人力资源管理者和人力资源管理部门可以省去大量的行政性事务工作，或剥离出部分的业务性工作。通过这些手段，人力资源管理者和人力资源部门可以节省出大量的时间和精力来进行附加值较高的活动，从而使自己的工作层次发生根本性的变化，如图1.8所示。

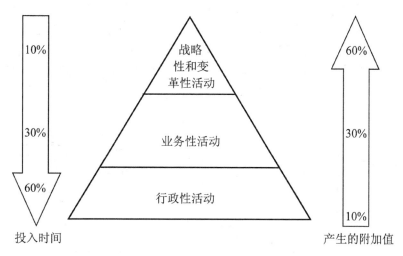

图1.7 人力资源管理活动类型与投入产出示意图

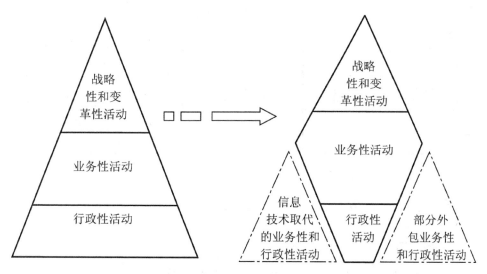

图1.8 人力资源管理者和部门工作层次变化示意图

1.3.2 人力资源管理者和部门的角色

和其他管理者一样，人力资源管理者在组织中也要扮演一定的角色，而所有人力资源管理者角色的集合就形成了人力资源部门的角色。

随着管理实践的推动，人们对人力资源管理者和部门的角色逐渐形成了基本统一的认识。例如，美国国际人力资源管理学会认为，人力资源管理者应承担4种角色：业务合作伙伴、变革推动者、领导者和人力资源管理专家。美国密歇根大学的戴夫·乌里奇教授也将人力资源管理者和部门划分为4种角色：战略伙伴、管理专家、员工激励者和变革推动者，如图1.9所示。在图1.9中，横轴表示人力资源管理活动是关注过程还是人员，纵轴表示活动层次是着眼于战略还是日常行政性工作。战略伙伴是指人力资源管理部门和管理者要参与到企业战略的制定中去，并且要确保企业所制定的人力资源战略得以有效实施，这就要求人力资源管理部门和管理者必须以战略为导向。管理专家是指人力资源管理部门和管理者要进行各种人力资源管理制度和政策的设计及执行，要承担相应的职能管理活动。员工激励者是指人力资源管理部门和管理者要通过各种手段激发员工的奉献精神。变革推动者是指人力资源管理部门和管理者要积极推动组织各项变革的实施，要成为变革的助推器。

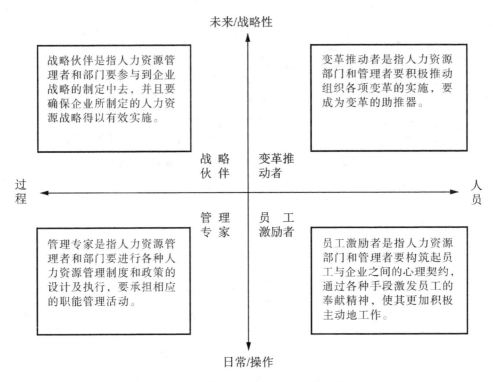

图1.9 人力资源管理者和部门角色示意图

1.3.3 人力资源管理者应具备的素质

人力资源管理者的素质是指人力资源管理者具备胜任人力资源管理工作的最基本的知识、技能和能力的总和。国内外理论界和实践界提出了不同的人力资源管理者的素质模型。综合学者们的观点，人力资源管理者的素质可分为知识、技能、能力、思维素质和价值观四大类。

知识包括专业知识和业务知识。专业知识是指人力资源管理人员要掌握与人力资源管理所承担的各种职能活动有关的知识，具备设计和制定各种人力资源制度、方案及政策的能力；业务知识是指人力资源管理人员要了解本企业所从事的行业，熟悉本企业所开展的业务，在制定政策和方针的时候，人力资源管理人员要考虑企业的行业情况和实际情况。

技能是指人力资源管理者运用人力资源管理技术的能力。例如，人力资源管理者对工作分析技术、人力资源管理信息系统、绩效考核技术等的掌握和运用情况。

能力主要包括战略决策能力和实施能力两类。战略决策能力是指人力资源管理者参与企业战略和人力资源战略制定、组织变革过程中反映出来的决断能力。实施能力主要指人力资源管理人员要具备推行和实施各种人力资源制度及方案的能力。这种实施往往不是直接的，而是推动直线部门来实施，实施能力包括很多具体的项目，如沟通协调能力、分析判断能力、组织能力、计划能力及应变能力。

思想素质和价值观是指人力资源管理人员要具备一定的思想道德品质、工作原则和行为标准。因为人力资源管理人员所做的决策大多涉及员工的切身利益，掌握的信息也关系到企业员工的秘密，因此，作为人力资源管理人员，不能将个人因素牵扯进工作，在工作中要遵守职业道德和行为标准。

1.3.4 人力资源管理的责任

尽管人力资源管理者和部门的全部工作都是从事人力资源管理活动，但这并不等于说人力资源管理的责任都要由他们来承担，在企业中，从高层到基层，应当说所有的管理者都要承担人力资源管理的责任。将人力资源管理比作人体的血液，那么各个部门就是人体不同的器官，不论哪个器官，血液都要流经它。

专栏 1-1

人力资源部在危机中的职责

1. 平衡企业和员工利益

在危机发生时，员工的个人利益和企业整体战略的冲突往往会加剧或者凸显出来。这时，夹在两者之间的人力资源部门变得格外尴尬。对于老板，他要做好商业伙伴的角色；对于员工，他又要成为其代言人。因此要成功地解决危机，人力资源经理既不能一味地从企业的角度看问题而忽视员工利益，也不可只从员工角度出发，这样只会加深矛盾，让危机更加难于化解。

2. 冷静、平和的心态

面对危机最重要的是沉着，惊惶失措、乱作一团肯定是火上浇油。只有具有良好的抗压性，才能在紧急关头客观分析。冷静才能从容不迫，指挥若定。

3. 及时沟通，防患未然

如果能将危机"扼杀"在摇篮中自然再好不过。事实上，除了像SARS那样的天灾，不少危机都是可以通过事前的积极措施提早化解的。这不仅需要企业有一套健全的危机预警系统，还需要人力资源经理有良好的沟通能力，及时和员工、管理者交流，发现问题症结。

4. 灌输企业文化

人力资源部门是员工和公司的桥梁，如果作用发挥得好，很多危机也将消失。及时把公司的一些决策、战略传递给员工，增加认同感，从细节入手，向员工灌输企业文化，让员工了解企业目前的发展状态以及今后的目标，加强归属感。以此减少造成冲突的机会，即使危机发生，人力资源经理的补救工作也比较容易做。

5. 第一时间行动

一旦危机发生，应该马上行动。行动不盲动，而是有计划地动，在第一时间搜集情报，根据具体情况、事态严重程度、发展态势制定几套可行方案，再按原定的计划立即行动。如此一来，一方面心中有数，另一方面，在解决过程中可以随时在原有计划上灵活调整。

6. 维护企业内部形象

人力资源部门无法解决市场危机，也无法重塑企业外在形象，所以在因生产流程或技术问题损害企业形象而引发市场危机时，维护企业内部形象就是人力资源部门立功的机会。因为，这时员工很可能会因为社会上的种种说法对企业产生不信任，人力资源部门需要安抚人心，使员工保持信心、更加团结，确保企业在员工心目中的地位不动摇。

7. 善于总结

"前世之事，后世之师"，只有善于总结才不会犯两次同样的错误。危机管理的最后一步也就是总结工作经验教训。

（资料来源：沈晓夫．人力资源部在危机中的职责[J]．中外管理．慧聪商务网，2003年11月11日，http：//info.news.sinobnet.com/html/001/002/009/008/20282.htm.）

之所以说所有的管理者都要承担人力资源管理的责任，原因主要有以下几点。

（1）企业制定的各种人力资源管理制度和政策，做出的各种人力资源管理决策必须反映本企业的实际，才有助于经营发展，这一点已经取得了普遍的共识。而要想具有针对性，就必须充分了解企业的状况和各部门的需求，这一方面需要人力资源部门去调查研究，另一方面也需要各个部门及时准确地反映情况，只有这样才能保证制度、政策和决策具有可行性。

（2）企业的各种人力资源管理制度和政策是要实施的，只有真正落到实处才能发挥效用，而制度和政策的实施单单依靠人力资源管理部门是不够的，还需要各个部门的支持和配合，只有他们积极地在本部门推行，相关的制度和政策才能有效地落实。

（3）也是最重要的一点，人力资源管理的实质是要提高员工的工作技能，激发员工的工作热情，从而推动企业目标的实现，因此人力资源管理工作要贯穿于对员工的日常管理之中，而员工是分散在各个部门中的，所以各个部门的管理者就要承担起这种责任，在平常的工作中对员工进行培训和激励。管理者的管理不力，往往会导致人力资源管理功能的失效。例如，有研究表明，大多数员工辞职的原因就是对自己的上级尤其是直接上级不满。

虽然人力资源管理是所有管理者的责任，但是他们的工作重点确实是不同的。概括起来，人力资源管理部门和非人力资源管理部门在人力资源管理方面的不同责任主要体现在3个对应关系上。第一个是制度制定与制度执行的关系，人力资源管理部门负责制定相关的制度和政策，非人力资源管理部门来贯彻执行。第二个是监控审核与执行申报的关系，人力资源管理部门要对其他部门对人力资源管理制度和政策的执行情况进行指导监控，防止在执行过程中发生偏差，同时还要对其他部门申报的有关信息进行审核，从公司整体出发进行平衡，防止过分强调部门利益；非人力资源管理部门则要如实地执行相关的制度政策，及时进行咨询，同时要按时上报各种信息。第三个是需求提出和服务提供的关系，非人力资源管理部门根据自己的情况提供有关的需求，人力资源管理部门要及时地提供相应的服务，满足他们的要求。表1-1列出了人力资源管理部门和非人力资源管理部门在履行人力资源管理各个职能时的大致分工情况。

表1-1 人力资源管理部门和非人力资源管理部门的分工

职　能	人力资源管理部门	非人力资源管理部门
职位分析	根据其他部门提供的信息，编制职位说明书 与其他部门进行沟通，修订职位说明书	向人力资源管理部门提供信息 配合人力资源管理部门修订职位说明书
人力资源规划	汇总各部门的需求计划，综合平衡预测公司的人员需求 预测公司的人员供给 制订平衡供需的计划	向人力资源管理部门提交人员需求计划

续表

职　　能	人力资源管理部门	非人力资源管理部门
招聘录用	根据规划确定招聘时间、范围 发布招聘信息 对应聘人员进行初步筛选 配合其他部门对应聘者进行测试，确定最终人选 为新员工办理各种手续	提出人员需求的条件 在人力资源管理部门的配合下确定最终人选
绩效管理	制定绩效管理的体系，包括考核内容的类别、周期、方式、步骤等 指导各部门确定考核指标的内容和标准 对管理者进行考核培训 组织考核的实施 处理员工对考核的申诉 保存考核的结果 根据考核的结果做出相关的决策	具体确定本部门考核指标的内容和标准 参加考核者的培训 具体实施本部门的考核 与员工进行沟通，制订绩效改进计划 根据考核的结果向人力资源管理部门提出相关的建议
薪酬管理	制定薪酬体系，包括薪酬的结构、发放的方式、确定的标准等 核算员工的具体薪酬数额 审核各部门的奖惩建议 办理各种保险	向人力资源管理部门提出相关的奖惩建议
培训与开发	制定培训体系，包括培训的形式、培训的项目、培训的责任等 汇总各部门的需求，平衡并形成公司的培训计划 组织实施培训计划 收集反馈意见	向人力资源管理部门提出培训的需求 参加有关的培训项目 提出意见
员工关系管理	制定企业文化建设的方案并组织实施 建立沟通的机制和渠道 听取员工的各种意见 规划员工的职业生涯	具体实施企业文化建设方案 向人力资源管理部门提出员工职业生涯发展的建议 直接处理员工的有关意见

1.4　人力资源管理所面临的挑战

党的二十大报告指出："教育、科技、人才是全面建设社会主义现代化国家的基础性、战略性支撑。"这一重要论断，阐释了新时代实施科教兴国战略、强化现代化建设人才支撑的重大战略意义，明确了建设教育强国、科技强国、人才强国的出发点。因此，加强面向未来教育和科技发展的人力资源管理十分重要。党的二十大报告在加强面向未来教育和科技发展的人力资源管理方面，尤其是数字经济下人才队伍建设方面，为社会各界指明了方向。

21世纪是数字经济时代、全球化时代、信息时代、e时代、知识经济时代，人力资源管理必然面临诸多挑战，如数字经济的挑战、全球化的挑战、满足利益相关群体需要的挑战和高绩效工作系统的挑战。

1.4.1 数字经济的挑战

按照国家统计局发布的《数字经济及其核心产业统计分类（2021）》中的定义，数字经济是指以数据资源作为关键生产要素，以现代信息网络作为重要载体，以信息通信技术的有效使用作为效率提升和经济结构优化的重要推动力的一系列经济活动。传统经济以实体为基础，而数字经济的本质是经济的数字化，以数字为基础。数字经济改变了经济的基础结构，其根本在于生产方式的大变革，即数字化生产。数字经济是一种新型经济模式，正在世界范围内蓬勃兴起，成为推动经济发展的新力量。随着数字经济快速发展，数字经济融入日常生产、生活的应用场景不断扩大，如智能柔性生产线、多类产品智能"混产"、智能浇灌机、采摘机器人、智慧物流、远程操控矿山作业、无人港口、出行网约车、远程办公和在家"云办公"、手机点外卖、在线求医问诊、面试机器人、数字贸易、数字政府、智慧教育、快捷电子支付、网上商城、共享单车等。数字经济既是创新发展的时代潮流，也是经济发展的大势所趋，数字经济发展的红利将成为世界各国人民的福利。因此，我国既需要加强数字经济的发展，又要迎接数字经济对数字化人才教育与数字化人才管理等各方面的挑战，如电子商务的发展、经济结构的变化、技能要求的变化、雇佣关系的转变等对人力资源管理提出的挑战。

1.4.2 全球化的挑战

在当今时代背景下，企业要生存和发展，就要面临全球化的挑战。开发全球市场，在全球市场上进行竞争，对人力资源管理而言，跨文化管理和外派人员的管理问题就凸显出来。

1.4.3 满足利益相关群体需要的挑战

这主要是指要全面考虑利益相关群体的需要，兼顾多方利益，科学发展。

1. 满足顾客对质量的需要

顾客对产品质量、服务质量要求越来越高。适应这种情况，需要通过人力资源管理改变员工的态度和行为，树立客户导向意识、质量意识，关注客户的需求，满足客户的要求。

2. 劳动力队伍的构成

（1）新群体的出现。85后和90后逐渐进入劳动力市场，他们的价值观与他们的父辈有很大的不同，出现了"月光族""啃老族""毕婚族""闪婚族"等新群体，管理者和被管理者之间存在代沟，在此情况下如何进行人力资源管理是一个新课题。

（2）人口老龄化。根据人口统计学指标，中国2000年进入了老龄化社会，这也是人力资源管理要面临的一个挑战。

3. 技能不足

由于中国以前人事管理的品位分类制、劳动者价值观的变化、国家政策因素的影响等原因，导致技工荒，企业无法招到满足技术要求的工人，这对人力资源规划、员工招聘、培训等人力资源管理工作提出了挑战。

4. 员工价值观的变化

社会越发展、越开放，人的价值观越多元化。人的价值观多元化，从人类社会进步的角度而言是值得肯定的，但是对人力资源管理而言，却是增加了困难，人力资源管理要能应对形形色色的员工价值观。

5. 法律和诉讼

劳动方面的法律越来越健全，如2008年1月1日实施的《中华人民共和国劳动合同法》《中华人民共和国就业促进法》，2008年5月1日开始执行的《中华人民共和国劳动争议调解仲裁法》等，人力资源面临的法律环境越来越严格和规范，人力资源管理要适应这种变化，遵守国家的法律法规，减少不必要的诉讼。

阅读案例1-5

通用汽车的劳工福利早埋下祸根

那个从1908年起就开始了汽车产业"大而全"运营模式的通用，那个从1931年就位居全球汽车厂家销量第一直至2008年被丰田超越的通用，那个20世纪20年代奠定了现代公司管理理念基础的通用，那个作为美国汽车甚至工业经济标志的通用，那个甚至因为给予员工高福利报酬而对美国社会尤其是中产阶层产生巨大推动作用的通用，都将成为过去。

随着通用汽车宣布申请破产保护，美国汽车业又一面旗帜倒下了！2009年4月30日，当克莱斯勒宣布申请破产时，很多人以为这是美国政府"杀鸡儆猴"，做给通用汽车的债权人看的，但这仍未能阻挡通用汽车步入破产的命运——它只是比克莱斯勒多撑了一个月。

继克莱斯勒之后，曾经排名全球第一的通用汽车的重组，再度揭示出美国汽车业的危机是多么深重。从2008年年底开始，美国政府已多次向通用提供救助贷款，但仍无法阻止其轰然倒下的趋势。

美国汽车业自金融危机后陷入前所未有的困境以来，各界不断反思曾经引以为豪的汽车业衰落的缘由。劳工成本过高、未能及时生产节油小型车、金融危机造成销量下滑等因素被多次提及，但这样的分析似乎总是流于表面。如果从更长远的角度看，底特律的衰落实质上是美国传统制造业长期下滑的最新演绎。

相对于福特生产方式本身，与之相伴随的劳工福利问题，对底特律汽车业的影响则更加深远。1914年（福特开始流水线生产的第二年），为了让汽车走近汽车工人这样的工薪阶层，亨利·福特把业界盛行的3美元日薪提高到了5美元。

事实证明，亨利·福特这种"好心"之举后来却带来了无穷无尽的麻烦。随着美国汽车工人胃口越来越大，这一状况愈演愈烈。根据密歇根大学经济系教授佩里（M. Perry）所进行的比较，2006年平均学历为中学毕业的汽车工会工人不仅比有博士学位的大学教授的收入高，甚至比同在美国的日本企业里的工人工资高50%。

美国汽车工人的要求依靠一个强大的工会组织——全美汽车工人联合会（UAW）保障。它拥有46.5万名会员，控制着美国通用、福特、克莱斯勒等汽车厂商的工人。它代表工人向汽车公司争取权益，如果"资本家"不能满足要求，就举行罢工。通用、福特或克莱斯勒为了避免承受更大的损失，往往只能答应他们的要求。1990年10月，时任通用董事长的鲍伯·斯坦普尔（Bob Stempel）迫于工会罢工，甚至被迫与UAW签署承诺给予解雇员工3年工资的协议，UAW的势力和通用汽车的高劳工成本，由此可见一斑。

底特律汽车企业也没有权力裁员。通用汽车的前董事长杰克·史密斯曾经抱怨说，为了减员增效，他不得不等待他的工人退休。更糟糕的是，工人退休也给公司带来负担。因为每一个退休者都加重了公司不断增长的养老金支出和退休医疗费用。

与此同时，由于日本汽车厂商在美国使用的是较年轻的、没有加入工会的工人，导致美国企业用工成本远高于日本同行。由于UAW的存在，通用汽车熟练工人每小时工资达到73美元，而竞争对手丰田汽车美国公司工人的时薪则只有49美元。平均每辆通用汽车包含的员工医疗保险成本为1500美元，而丰田汽车美国公司则只有100多美元！

（资料来源：http：//www.vodvv.com/gstk/article_307_3.html.）

6. 道德方面的考虑

时代对企业道德、企业伦理以及企业社会责任提出了明确的和越来越高的要求，因此，在进行人力资源管理和决策的时候需要考虑道德等方面的因素，否则可能会殃及企业的形象甚至是可持续发展。

1.4.4 高绩效工作系统的挑战

这主要是指将技术系统和企业的社会系统有机地整合起来，构建高绩效工作系统（Hight-Performance Work Systems，HPWS），以获得企业的竞争优势。

1. 利用雇员团队来完成工作的情况不断增多

现在，团队工作方式越来越普遍，在此情况下如何做好绩效考核、员工培训、薪酬管理等人力资源管理工作是一项挑战。

2. 管理工作性质的变化

传统的管理强调命令、控制、服从，现在更加强调分权、授权，强调横向的沟通和协调。管理的主要目的变成如何创造条件，发挥员工的积极性、能动性和创造性，这就要求管理者具备较高的人际关系技能和沟通技能。

3. 企业组织结构的变化

以前一般是纵向的、官僚式的、金字塔式的组织结构形式，强调控制和效率；现在组织结构越来越扁平化，强调横向沟通、灵活、反应速度、学习，要求构建学习型组织，通过学习型组织或者横向组织来适应外界环境的变化。

企业结构形式的变化导致知识型员工增多，对知识型员工的管理成为人力资源管理的一个重要内容。

此外，企业结构的变化必然会导致流程再造，流程再造必然涉及人员的重新安排，这也会对人力资源管理造成影响。

4. 企业人力资源管理方面的信息越来越容易获得

现代信息技术越来越发达，很多企业都建立了人力资源信息系统（Human Resource Information System），运用e-HR，通过信息技术提高人力资源管理的质量和效率。现在很多人力资源管理职能，如招聘、培训、考核、薪酬等均可以借助于人力资源管理信息系统来完成。

此外，尤其要提到的一点是人力资源管理的外包。很多企业通过将人力资源管理中一些事务性的工作外包出去，让人力资源人员有更多的精力从事更有战略性的和更有价值的工作。

5. 高绩效工作系统中的竞争

在构建高绩效工作系统时，既要重视技术因素，也要重视组织、重视人，要把技术系统和组织系统匹配好，或者说技术和人要匹配好。不能"只见物、不见人"，否则效果将大打折扣。

第1章 人力资源管理概述

本章小结

人力资源是指人所具有的对价值创造起贡献作用并且能够被组织所利用的智力和体力的总和。人力资源与物质资源相比，具有能动性、时效性、增值性、社会性、可变性和可开发性等特征。理解人力资源的概念，可从人力资源的数量和质量两个方面入手。

人力资源管理是指以科学发展观为指导，运用科学系统的理念、技术、工具和方法，进行人力资源的获取、使用、激励、保持和开发，影响或改变员工的行为、态度和绩效，以实现组织的目标。简而言之，人力资源管理就是选有用之人，放在适当岗位，做正确的事，达到高效率和高效果的一系列管理活动。

人力资源管理之所以在社会组织中占有举足轻重的地位，是因为它肩负着重要的使命，即实现人与事、人与人的和谐，使事得其人、人尽其才、才尽其用，提高劳动效率，实现组织目标，从而促进社会发展。这些目标的达成是通过人力资源规划、职位分析、招聘录用、培训开发、绩效管理、薪酬管理和员工关系管理等各项职能和活动来实现的。而且，对于这些人力资源管理的职能和活动，应当以一种系统的观点来看待，它们之间并不是彼此割裂、孤立存在的，而是相互联系、相互影响的，它们共同形成了一个有机的系统。

人力资源管理者和部门在企业中扮演着4种角色：战略伙伴、管理专家、员工激励者和变革推动者。人力资源管理者的素质是指人力资源管理者具备胜任人力资源管理工作的最基本的知识、技能和能力的总和。人力资源管理者的素质包括知识、技能、能力、思想素质与价值观4个方面。

人力资源管理者和部门的全部工作都是从事人力资源管理活动，但这并不等于说人力资源管理的责任都要由他们来承担，在企业中，从高层到基层，应当说所有的管理者都要承担人力资源管理的责任。

21世纪是全球化时代、知识经济时代、信息时代、e时代，人力资源管理必然面临着诸多挑战，包括数字经济的挑战、全球化的挑战、满足利益相关群体需要的挑战和高绩效工作系统的挑战。

关键术语

资源　人力资源　人口资源　人才资源　人力资本　人力资源管理　人事管理　人力资源管理者　人力资源管理部门　人力资源规划　职位分析　招聘录用　培训开发　绩效管理　薪酬管理　员工关系管理

综合练习

一、名词解释

人力资源　人力资本　人力资源管理　人力资源规划　职位分析　招聘录用　培训开发　绩效管理　薪酬管理　员工关系管理

二、判断题

1. 人力资源也可称为人才资源。　　　　　　　　　　　　　　　　　　　　　　（　　）
2. 人力资源管理部门对人事工作负全部责任。　　　　　　　　　　　　　　　　（　　）
3. 人力资源管理部门的员工都应成为人力资源管理专家。　　　　　　　　　　　（　　）
4. 人力资源的时效性与人的生命周期有密切关系。　　　　　　　　　　　　　　（　　）
5. 60岁以上的人不是人力资源。　　　　　　　　　　　　　　　　　　　　　　（　　）
6. 45岁的人都是人力资源。　　　　　　　　　　　　　　　　　　　　　　　　（　　）
7. 人力资源管理又称为人事管理。　　　　　　　　　　　　　　　　　　　　　（　　）

8. 职位分析是一个平台，其他各项职能的实施基本上都要以此为基础。（ ）
9. 人力资源管理是企业管理的重要组成部分。（ ）
10. 传统的管理强调命令、控制、服从。（ ）
11. 新经济的挑战主要是电子商务的发展、经济结构的变化、技能要求的变化、雇佣关系的转变对人力资源管理提出的挑战。（ ）
12. 现代的人力资源管理者应将更多的时间用在战略性和变革性的活动中。（ ）
13. 人力资源是一个存量概念。（ ）
14. 人力资源是财富形成的关键要素。（ ）
15. 现代人力资源管理更加关注员工的工作与家庭的关系。（ ）

三、简答题

1. 什么是人力资源，人力资源具有哪些性质？
2. 人力资源的数量和质量说明什么问题？
3. 人力资源管理的含义是什么？
4. 人力资源管理活动包括哪些，它们之间有什么关系？
5. 如何理解人力资源管理的职责？
6. 简述人力资源管理部门在企业中的地位和角色。
7. 人力资源管理者应具备怎样的素质？
8. 人力资源管理面临哪些挑战？

四、论述题

1. 试述不同人力资源管理职能之间的相互关系。
2. 试述人力资源管理的地位与作用。

 案例分析

深科技：数字化的人力资源管理

VUCA 时代通常表示"变幻莫测"的时代。"VUCA"是英文单词"volatility"（波动性）、"uncertainty"（不确定性）、"complexity"（复杂性）、"ambiguity"（模糊性）的缩写。

VUCA 时代下企业如何应对日趋复杂的外在环境？人力资源管理工作如何紧跟时代步伐？这是深圳长城开发科技股份有限公司（以下简称"深科技"）首席人力资源官辛艳霞一直在思考的问题。在深科技的人力资源数字化转型历程中，辛艳霞对这一问题的认识不断深入。

由最初推广无纸化办公、搭建基础的员工信息汇集系统，到如今成功实现员工工作信息的透明化与可视化、保证招聘到离职的各个环节都受到数字化系统的精密把控，深科技在数字化升级的过程中不断探索如何以充分可视化的数据以及高度智慧化的管理工具来应对环境的不确定性与复杂性。

"过去十几年间，整个行业在互联网、人工智能等新技术的冲击下，发生了革命性的改变。为应对行业变革所带来的新要求，深科技需要不断革新的数字化管理工具来提升工作效率，减少人为错误，帮助管理层及员工做出更及时和准确的决策与判断。"这是辛艳霞在深科技十余年的数字化转型历程中所获得的感悟。特别是在新冠疫情的考验面前，深科技依托数字化平台迅速建立起具有系统性的人事策略与动态规则，通过快速启动线上办公模式，及时、有效地保障了深科技在世界各地的业务运转和运营数据的实时互动与分享，确保了深科技的供应链、物流、人力资源、财务等业务活动能够全面在线运转，既保证了生产的安全性，又保证了交付的及时性。

接下来，如何利用数字化成果更好地赋能员工，利用智能化的设备和技术建成以人为核心的企业生态，是辛艳霞等深科技高层管理人员正在思考的问题。

（资料来源：中国工商管理案例库 https://cases.sem.tsinghua.edu.cn/index.jsp）

第1章　人力资源管理概述

根据案例所提供的资料,试分析以下内容。
(1) 如何理解 VUCA 时代?
(2) 深科技在哪些方面实现了数字化管理?
(3) 企业人力资源数字化管理的未来发展趋势表现在哪些方面?

实际操作训练

课题 1-1：人力资源管理职能

实训项目：人力资源管理职能的识别。
实训目的：了解人力资源管理的活动类型。
实训内容：下面是一家外贸公司的部分人力资源管理政策。
(1) 唯才是举,公平竞争,亲属回避,身份合法。
(2) 不提倡内部职工推荐朋友来公司应聘。
(3) 体检是必经程序,传染性疾病患者将被拒绝。
(4) 签订劳动合同。
(5) 主管级以上人员的试用期为 6 个月,其余人员为 3 个月。
(6) 试用期间双方可以随时解除劳动合同。
(7) 保持公司在劳动市场上的人才竞争力。
(8) 不追求同工同酬。
(9) 工资相互保密,攀比工资永远带来失望。
(10) 试用期不调整工资。
(11) 正常情况下,每年 1 月调整工资一次。
(12) (工资)通过银行活期存折支付人民币。
(13) 逐年增加培训费用。
(14) 每年参加境外培训的职工比例不低于 20%。
(15) 所有的培训课程都由公司内部提供。
(16) 职工在公司工作满 3 年,可获得房屋补贴金。
(17) 违约离职的职工不享受当年的福利储金。
(18) 在公司工作满一年的职工,可享受每年 15 个工作日的年假。
(19) 不提倡职工加班。
(20) 加班办理加班审批手续。
(21) 公司给予加班者相应时间的补休或支付加班费,由职工自己选择。
(22) 职工对公司正常的岗位调动应予理解和服从。
(23) 职工有权拒绝自认为不适当的岗位调动——解除劳动合同并要求赔偿。
(24) 跨区调动必须经调入、调出和人力资源部三方共同批准。
(25) 没有拿到内部调动通知书不要行动。
(26) 杜绝安置性和因个人原因的调动。
(27) 基层职工原则上不跨区调动。
(28) 日常工作必须按流程进行。
(29) 每个人都应该成为自己业务领域的专家。
(30) 每项职务都必须有明确的任职资格与条件。
实训要求：将上述政策按人力资源管理的 7 项职能进行分类,并将分类结果填入表 1-2。

表1-2 某外资公司人力资源管理政策分类统计

人力资源管理职能	人力资源管理政策
职位分析	
人力资源规划	
招聘与录用	
培训开发	
绩效管理	
薪酬管理	
员工关系管理	

课题1-2：人力资源管理部门角色

实训项目： 人力资源管理部门调查。

实训目的： 了解人力资源管理部门的角色。

实训内容： 访问3~5位企业的人力资源经理，了解人力资源部/人事部的职能与职责以及提出对人力资源部门角色的看法。

实训要求： 以组为单位进行调查，撰写调查报告并与其他组交流。

第 2 章

人力资源管理的产生与发展

教学目标

通过本章的学习，了解人力资源管理产生的基础，掌握人力资源管理发展的过程及相应每个阶段的特点。

教学要求

知识要点	能力要求	相关知识
人力资源管理产生的基础	了解、理解人力资源管理产生的条件	工业革命、科学管理运动、人际关系运动、行为科学研究、相关立法
人力资源管理的发展过程	能够理解人力资源管理的演变过程及每阶段的理论对现实的意义	西方学者对人力资源管理的发展阶段的划分；本书对人力资源管理的发展阶段的划分

导入案例

领计时工资的美国汽车工人

在20世纪50年代，大多数美国人想要一辆新车，无非是想表明他们在人生道路上所取得的成功和社会地位，表明他们过去已经走了多远，而以后还将继续取的决心。而如今，事隔30年后，在从前的时兴大件、超级购买力商品以及其他引人注目的消费品已不再显得重要的时候，汽车仍然受人青睐。不过，汽车所表现出来的是实用性以及对资源和环境的关注——而不是经济地位。

如果看看汽车的生产，也许不难看出，按照劳动——付酬的伦理，在薪水方面，在人们从事艰苦工作的意愿方面，汽车工人所能得到的是什么。

在20世纪五六十年代，汽车装配线上的工人像大多数别的劳动力一样，几乎都是已婚的男子——家庭中唯一的经济支柱。装配线上的工作不仅单调、艰苦，而且工人严格地受操作时间的束缚。他们上厕所和吸烟都受严密的监视。与领固定工资的工人不同，他们在上班时间连电话也不允许使用，甚至与自己的同事谈上几句话也不行。汽车工业中，领计时工资的工人与领固定工资的工人之间如此明显的、不合情理的差别，使很多美国人感到震惊。

渐渐地，领计时工资的汽车工人受到伤害的感觉越来越明显。于是，随之而来的典型后果便是他们生产的产品质量下降。就拿最近期的20世纪70年代末看，密歇根大学的一篇报道说，27%的美国工人——也就是不到4人中就有1人，为自己所生产的产品感到惭愧，并且他们也从不打算买这些经自己的手制造的产品。

虽说不是所有的汽车工人都在追求其工作的意义及自我成就，但是，那些对工作缺乏激励而感到不满的人，假如他们从事的工作不合他们的胃口，他们就会消极怠工。人们怨恨在雇主和雇员中产生出的那种悬殊的差别。他们从不情愿接受老板自上而下的权威，而总是想要参与那些影响他们工作的决策。他们喜欢做各种各样的工作，而不愿做单一的、枯燥的工作。他们喜欢自由自在地工作，但对拘泥于形式的工作深恶痛绝。

简单地说，这些汽车工人正在努力改变工厂中为赚钱而工作的传统思想。对他们来说，要求职务扩大和充实，与其说是经济上的需要，不如说是心理上的需要。这些需要给他们的工作添了许多麻烦，不过，毋庸置疑，这种他们所喜欢的工作方式给今后的服务、信息及高技术经济带来的效益是过去那种生产关系所无法比拟的。

(资料来源：[美] 韦恩·卡肖. 人，活的资源：人力资源管理[M]. 北京：煤炭工业出版社，1987：1-2.)

问题：
(1) 为什么大多数汽车工人对现有的工作不满？
(2) 如何有效提高汽车工人的工作效率？
(3) 以上案例对从事人力资源工作者有什么启发？

2.1 人力资源管理产生的基础

人力资源管理作为全新的管理理论，是在多种因素共同影响下产生的。人力资源管理产生的基础可以归纳为以下几个方面。

2.1.1 工业革命的影响

18世纪末，由于瓦特蒸汽机的发明与推广，引发了工业革命。工业革命的出现使工厂逐渐代替传统的作坊式生产和家族制生产方式，使工业逐渐脱离农业，成为一个朝阳产业。同时，这场革命导致了两大现象：一是劳动越来越专业化，二是工人生产能力的明显提高，企业主的利润大幅度增加。"劳动分工"在这次工业革命中有着不可磨灭的贡献。

查尔士·巴比奇(Charles Babbage)在他的《论机器和制造业的经济》一书中指出了这种劳动分工的主要优点，即：①工人接受培训的时间大为减少，因为只需学一种技术；②减少了原材料的耗费；③通过合理安排工人的工作而节约了开支，也因此产生了以技能为基础来划分的工资等级；④由于不必要求工人从一种工作转到另一种工作，从而节约了时间，也使工人对特殊的工具更加熟悉，而这种熟悉反过来又激发了工人在使用工具中的创造力。

尽管如此，工厂的生产也不是一帆风顺的。由于当时的工人还没有从传统的作坊式生产方式解放出来，尤其是对工厂劳动的单调性、一年到头都得按时上班的制度以及时时刻刻都要全神贯注比较反感，从而在一定程度上影响了生产效率的提高。亚当·斯密也注意到了劳动分工的不少弊端。他写道："一个一生都花费在几种简单操作上的人……会变得再愚昧无知不过了。"

以上问题至今在某些企业仍然或多或少的存在。然而最早试图解决由劳动分工引起的问题的改革家是罗伯特·欧文（Robert Owen）——一位成功的企业家和经理。大约在1799年，他在苏格兰的新拉纳克以合伙形式创建了一家棉纺厂。这位当时的合作伙伴深信，人在某种程度上是经济人，人们的行为受报酬的影响。他还深信，每个人都有自己的优势和潜力，因此雇主应充分挖掘每一位工人的潜力，使他们的工作效率得到最大限度的发挥。

随着管理经验的积累，为了检查出"不良表现"的员工，欧文还创建了最早的绩效考核系统。具体做法：使用一块四边涂有黑、蓝、黄、白4种颜色的转向通道，以此反映工人前一天的生产业绩。这4种颜色中黑表示业绩差，蓝表示业绩一般，黄表示业绩良好，白表示业绩优秀。这种做法在当时看来或许是比较先进的、科学的，但结果却不是那么理想。

虽然如此，欧文在新拉纳克所实施的这些改革对他的工厂盈利贡献不小，他本人也因此而名利双收，当时被称为"人事管理之先驱"。

2.1.2　科学管理运动的推动

从管理的角度出发，科学管理运动也导致了对人力资源管理的研究。科学管理的主要代表人物是美国的弗雷德里克·泰勒。泰勒原本是费城一家小机械厂的学徒，后来进入了米德维尔公司做技工，由于优秀的表现，很快被提升为工长、总技师。在努力工作的同时，他也不忘学习专业知识，于1883年获得斯蒂芬工艺学院的机械工程学位，在1884年被提升为总工程师。由于他认为当时的企业管理人员不懂得用科学的方法来进行管理，因此，为了有效提高管理效率，泰勒于1885年在米德维尔钢铁公司和贝瑟恩钢铁公司进行试验。其中最著名的是对一个名叫施米特的铲装工人进行的试验。泰勒使用一只秒表，对施米特的劳动进行了细致、准确的研究，通过对其工作的无效部分的去除和对技术的改进，使其劳动生产率由每天12长吨（1长吨=2240磅）增至47.5长吨。泰勒对施米特的每一个工作细节都做了具体规定，如每长吨铲子的大小、铲斗重量、堆码、铲装重量、走动距离、手臂摆弧及其他工作内容。这就是科学管理的实质内容所在。他是将工作分成最基本的机械元素并进行了分析，然后再将它们最有效地加以组合。除了科学地研究工作本身（时间—动作研究），泰勒还认为，所选的工人在体力和脑力上应与其工作要求尽可能地匹配，而对于那些高于"合格水平"的人应拒绝接纳。雇员应该由主管人员（主管人员的工作也是按专业详细分工的）进行很好的训练，以保证其操作动作恰如科学分析所规定的那样精确。然而需注意的是，管理人员必须保证员工在任何条件下工作都不会损害自身的健康。由于泰勒系统的研究和分析工人最科学的操作方法，大大提高了生产效率，被人们称为"科学管理之父"。就人力资源管理而言，泰勒主要倡导以下几点。

（1）劳资双方的彼此合作。泰勒认为，劳资双方不应把大量时间用在如何分配有限的利润上，而应群策群力，努力提高生产效率，使利润比以前大幅度增加，这样劳资双方才能获得更多的收益，达到"双赢"。

（2）确定合理的工作标准。泰勒认为，提高效率的首要问题是如何合理安排每天的工作量，以解决消极怠工现象。为此，他提出要进行科学实验和研究，科学地利用工时，制定出合理的工作标准。其中卓有成效的试验：泰勒找了一名装运生铁块的工人进行试验，通过观察、分析其搬运姿势、行走的速度、持握的时间以及休息时间，找出了装运生铁块工人的合理工作标准。

（3）差别计件工资制。为了有效激励工人，使其努力完成工作定额，泰勒提出差别计件工资制。基本程序：首先，通过对工时的研究和分析，制定出一个标准；其次，根据工人完成工作的具体情况，发放不同的工资，如若工人完成标准定额的70%，则发放标准工资的70%；若工人完成标准定额的110%，则发放标准工资的110%。后来，泰勒对计件工资制也提出了改进措施。他在《计件工资制》一书中写道，工资支付的标准是工人的实际表现而不是职位。即相关人员要尽可能地按员工的技能和工作时所付出的努力来计算员工的工资，要对每个人在准时上班、出勤率、诚实、快捷、技能及准确程度方面进行系统而细致的记录，然后，根据记录不断地调整他的工资。

阅读案例2-1
联合邮包服务公司的工作效率

联合邮包服务公司(UPS)雇用了15万员工，平均每天将900万包裹送到美国各地和180个国家。为了实现他们的宗旨"在邮运业中办理最快捷的运送"，UPS的管理当局系统地培训他们的员工，使他们以尽可能高的效率从事工作。UPS的工业工程师们对每一位司机的行驶路线都进行了时间研究，并对途中运输、暂停和取货活动都设立了标准。这些工程师记录了红灯、通行、按门铃、穿过院子、上楼梯、中间休息喝咖啡的时间，甚至上厕所的时间，将这些数据输入计算机中，从而给出每位司机每天工作的详细时间标准。

为了实现每天运送130件包裹的目标，司机们必须严格遵守工程师设计的程序。当他们接近发送站时，他们松开安全带，按喇叭，关发动机，拉起紧急制动，把变速器推到1挡上，为送货完毕的启动离开做好准备，这一系列运作严丝合缝。然后，司机从驾驶室出来到地面上，右臂夹着文件夹，左手拿着包裹，右手拿着车钥匙。他们看一眼包裹上的地址把它记在脑子里，然后以每秒3英尺的速度快步走到顾客的门前，先敲下门以免浪费时间找门铃。送货完毕后，他们在回到卡车上的路途中完成登录工作。

(资料来源：http://jwc.bjfu.edu.cn/jpkch/2004/glx/shoujianliku/bu162.htm.)

（4）管理职能和执行职能相分离。泰勒认为，应该把管理职能和执行职能分开，一方面使管理人员一心一意地研究、计划、控制以及对操作人员进行有效的指导；另一方面，操作人员能集中精力地进行操作，提高劳动生产率。泰勒还提出企业管理当局应设立专门的管理部门，以便更好地实施管理职能。管理部门的主要任务有三点：进行研究、分析，制定出合理的工作定额和规范的操作方法；制订计划并发布相关命令；把实际情况和标准进行比较，发现问题以便更有效地控制。

（5）合理配备工人。泰勒认为，为了有效提高生产率，应挑选第一流的工人。所谓第一流的工人指他的能力最匹配这种工作并且他乐意去做。同时，泰勒也主张对上岗的工人进行教育和培训，使他们掌握科学的操作方法，从而大大提高工作效率。

总之，泰勒理论确实大大提高了生产效率，企业管理者们也非常认同它，但由于它将工人等同于工具，遭到工人们有组织的反对，这也正是存在争议的一个问题。

2.1.3 人际关系运动的发展

以泰勒为代表的科学管理理论有效地提高了劳动生产率，对人力资源的开发与管理做出了重要贡献。但这些理论多着重于生产过程、组织控制方面，强调精密性、科学性、纪律性，而对人的关注比较少，把工人当成机器的附属品，导致不是人在使用机器，而是机器在使用人，从而激起了工人的强烈不满，使人力资源的利用受到很大的限制，迫使资产阶级不得不重视企业管理中的人际关系问题，于是在20世纪20年代产生了人际关系理论。

人际关系理论的产生是前后进行了10年的美国霍桑试验的结果。其主要代表人物是埃尔顿·梅奥。梅奥指出：照明度或其他工作环境等条件，不是影响生产率的基本条件，生产率直接与集体合作及协调程度有关，而集体合作与协调程度看来又与主管人员及研究人员对工作群体的重视程度有关，与缺乏带有强制性的提高生产率的办法相联系，还与为变化过程中的工人提供参与制相联系。概括起来讲，梅奥的主要观点具体体现在以下方面：①企业要以人为中心，要在激励人的积极性上下功夫；②人是"社会人"，除了物质、金钱的需要之外，还有社会和心理方面的需要；③生产率的高低在很大程度上取决于员工的工作态度，而工作态度又与个人家庭、企业人和人的关系、社会生活等密切相关；④企业中除了"正式组织"之外，还存在非正式组织，即企业成员在共同工作过程中由于抱有相同的价值观、人生观等而在无形中形成的非正式团体。非正式组织与正式组织是相互依存的，对生产率的提高有极大的作用。

阅读案例2-2

IBM——尊重员工是成功的关键

美国企业界十大名人之一的IBM创始人华德森有一句名言"尊重公司的雇员并帮助他们树立自尊的信念和勇气，这便是成功的一半"。

在IBM的各种管理措施中，良好的沟通机制独具特色。因为只有良好的沟通，才能确保职工的认同感和忠诚度，使员工感受到自己是公司的一员，而不只是唯命是从的雇员，这样才能发挥员工的积极性和自主意识。

对企业的管理人员，要求深入基层。自华德森起，IBM的领导人就经常深入基层，了解基层员工的愿望、不满和要求，从而提高士气；另外要注意批评的方式，强调批评之后一定要提出解决的办法，使员工能改正，恢复自尊和树立自信心。

对于员工，则鼓励向上级甚至向公司总裁申请。在公司内形成良好的民主气氛，不仅解决了具体问题，而且增强了团结。公司还设立了意见箱，拓宽了沟通渠道。

通过沟通，使员工确认自己在公司中的价值，是IBM成功的重要因素之一，因为对于企业最可怕的事情就是缺乏工作热情和自信。而IBM则通过尊重员工，从而实现企业总体目标。

（资料来源：程恒堂.人力资源管理[M].北京：化学工业出版社，2009：11.）

梅奥的上述观点主要反映在他的《工业文明中人的问题》和《工业文明的社会问题》等书中，在这些著作里，他建立了人际关系学说，形成了人际关系学派，这就为后来"行为科学"的产生与发展奠定了基础。

2.1.4 行为科学的研究

从上述可知，人际关系学派非常强调人与人之间的关系，认为只要搞好人与人之间的关系，就能提高劳动生产率。因此，许多企业为了提高生产率，积极组织员工郊游、聚餐等活动。然而实际效果并非预期的那么乐观。由此可见，人际关系理论还存在某些缺陷。为此，1953年在美国邀请有关大学的一些教授举行讨论会，在这次会上首次提出了"行为科学"这一名称。与人际关系学派不同的是，行为科学派认为人是决定因素，因此主张把注意力集中在企业组织中人群行为的科学分析上。因此，为了有效提高生产率，保证企业获得高利润，企业人力资源管理者还要从人的需要、动机、目的、行为之间的相互关系去研究它们对企业生产活动的影响。行为科学派从怎样认识和处理人群关系出发形成了行为科学的理论体系。其中，影响力比较大的两大理论分别为麦格雷戈的"人的本质理论"和马斯洛的"需求层次理论"。

美国麻省理工学院心理学教授麦格雷戈在对人性研究的基础上提出了 X 理论和 Y 理论。X 理论认为：人生来就是好吃懒做，只要有可能，工作上就避重就轻；人们缺乏进取心，做工作总希望有人指点，这样可以不承担责任。按照这种观点，为了使工人按时完成某一任务，管理者必须采取权威式管理，并以某种惩罚相威胁。Y 理论认为：员工视工作如休息、娱乐一般自然；如果员工对某项工作作出承诺，他们会进行自我指导和自我控制，以完成任务，并能从工作中得到满足感。因此，作为人力资源管理者，不应该用狭隘的眼光看待员工，应充分相信自己的每一名员工，相信他们是有责任心的、有潜力的，领导所需要做的是如何激发他们的潜力，使员工的价值达到最大，从而使企业获得更多的利润。

美国行为科学家马斯洛提出了人的"需求层次理论"。他认为，人的行为是由动机决定的，而动机又是由需要决定的。需要是由低级向高级发展的，同时低级需要的影响力最大，当低级需要得到满足后，更高一层的需要便成为主导动机，影响人的行为。马斯洛理论关于人的需求分为 5 个层次，由低级向高级分别是：第一级，生理需要，包括维持生活所必需的各种物质上的需要，如衣、食、住、医药等，这些是人们最基本的，因而也是推动力最强大的需要；第二级，安全需要，这是有关免除危险和威胁的需要，如生活有保障、不会失业、生病能得到治疗或老年有所依靠等；第三级，情感和归属的需要，包括和同事们保持良好的关系，希望给予和得到友爱，自己有所归宿，成为某个集体中被人承认的成员，能对别人进行帮助，并受到别人的帮助等；第四级，尊重的需要，包括自尊心、自信心，对能力、知识、成就和名誉地位的需要，要求得到别人的承认、尊重等，这种需要很少得到完全的满足，因为它是无止境的；第五级，自我实现需要，这是最高一级的需要，指一个人需要做他最能胜任的工作，发挥他最大的潜在能力，如科学家、艺术家和手工工人等在工作时，往往把自己的工作当作一种创造活动，竭尽全力要做好它，并从中得到满足。既然知道了人都是有需要的，而且需要的发展是由低级到高级的，那么人力资源管理者就要正确引导员工的需要，并且激发他们为满足需要而更加努力，不断提高生产效率。

探讨对人的管理的行为科学是人际关系研究的成果之一，不过行为科学却以更广泛的理论学科和应用学科为基础，并涉及更多的问题。行为科学研究的领域主要是与人们的行为有关的心理学、社会学、人类学等。虽然对行为科学的研究目前取得了一定的成就，但随着实践中新问题的出现，行为科学理论有待进一步发展、完善。

2.1.5 相关的立法

20 世纪六七十年代，美国政府为了进一步规范企业生产运营，保护工人的合法权益，相继颁布了许多有关的法律。如 1963 年，美国颁布了《公平报酬法案》，1964 年通过《民权法案》之后，政府相继通过了《反种族歧视法》《退休法》等，1990 年颁布《美国残疾人法案》，1991 年又颁布了新修改的《民权法案》。企业如果违反了这些法律就会遭受巨大的经济损失，因此，为了避免劳资纠纷，企业开始雇用十分熟悉相关法律和政策的人力资源管理专业人员。

正是上述几个方面的理论和实践活动，为人力资源管理的产生奠定了广泛而坚实的基础。在此基础上，人力资源管理才得以产生并逐步发展。

第 2 章　人力资源管理的产生与发展

2.2　人力资源管理的发展阶段

2.2.1　西方学者对人力资源管理的发展阶段的划分

在人力资源管理阶段的划分问题上，有过多种不同的划分方法，这主要是由考虑问题的出发点和不同的需要造成的。它们在本质上是不存在冲突的。下面就西方国家比较有代表性的观点六阶段论、五阶段论、四阶段论作详细的介绍。

1. 六阶段论

美国华盛顿大学的弗伦奇（French，1998）提出：早在 1990 年初，现代人力资源管理的内容已经形成，以后的发展主要是在观点和技术方面的发展。而且，弗伦奇将人力资源管理的发展划分为 6 个阶段。

第一阶段：科学管理运动。这一阶段以泰勒和吉尔布雷思夫妇为代表，开创了科学管理理论学派，并推动了科学管理实践在美国的推广和开展。科学管理关注的重点主要是在职位分析、工作设计、人员的选拔和报酬方案的制定，因此极大地提高了劳动生产率。

第二阶段：工人福利运动。工业福利运动几乎与科学管理运动同时展开。1897 年，美国全国现金公司首次设立了一个叫"福利工作的部门"，此后，一些"社会秘书""福利秘书""福利部"相继出现。设立这些部门或职位的主要目的是改善工人的境遇，如听取、处理员工的不满意见，提供娱乐设施和相关的教育活动等。这种福利主义的人事管理观点也成为现代企业人力资源管理的来源之一。

第三阶段：早期工业心理学。以雨果·芒斯特伯格等人为代表的心理学家的研究成果推动了人事管理工作的科学化进程。芒斯特伯格于 1913 年出版的《心理学与工业效率》标志着工业心理学的诞生。在第一次和第二次世界大战期间，测验用于军方选拔和安置人员方面取得了巨大的成果，此后，工业心理学广泛应用于企业的人事选拔和测评，使人事管理开始从规范化步入科学化的轨道。

第四阶段：人际关系运动时代。以霍桑试验为起源的人际关系运动推动了整个管理学界的革命，同时，促使人力资源管理发生了许多变革，包括在企业中设置培训主管、强调对员工的关心和支持、增强管理者与员工之间的沟通等。至此，人力资源管理开始从以工作为中心转变到以人为中心，把人和组织看成是相互统一的社会系统。

第五阶段：劳工运动。雇用者与被雇用者的关系一直是人力资源管理的重要内容之一，从 1842 年美国马萨诸塞州最高法院对劳工争议案的判决开始，美国的工会运动迅猛发展；1869 年就形成了全国性的网络；1886 年，美国劳工联合会成立。大萧条时期，工会也处于低潮。到 1935 年，随着美国《国家劳工关系法案》，即《瓦格纳法案》的颁布，工会才重新兴盛起来。罢工现象此起彼伏，缩短工时、提高待遇的呼声越来越高，因此出现了集体谈判。到 20 世纪六七十年代，美国联邦政府和州政府连续颁布了一系列关于劳动和工人权利的法案，促进了劳工运动的发展，人力资源管理成为法律敏感行业。对工人利益和权利的重视，成为组织内部人力资源管理的首要任务。因此，在当今的人力资源管理中，正确处理好劳工关系，使企业避免劳动纠纷诉讼，也成为人力资源管理的重要职能之一。

第六阶段：行为科学与组织理论时代。进入 20 世纪 80 年代，组织管理的特点发生了变化。为了适应激烈的竞争环境，企业越来越注重对外界的反应能力，并以此为契机增强企业的竞争力。人力资源管理为了符合组织的要求，提升企业竞争力，就要把单个的人上升到组织中的人，把个人放在组织中进行管理，强调文化和团队的作用，以便提高工作效率。

2. 五阶段论

以罗兰和费里斯（Rowland & Ferris，1982）为代表的学者根据人力资源的功能，将其发展过程划分为5个阶段。第一阶段：工业革命时代；第二阶段：科学管理时代；第三阶段：工业心理时代；第四阶段：人际关系时代；第五阶段：工作生活质量时代。

在这5个阶段的划分中，前4个阶段并没有什么特别之处，基本上包含在六阶段论中，比较独特的是它把工作生活质量作为一个独立的阶段提出来。所谓工作生活质量，指员工对自己在工作环境中的生理和心理健康状况的知觉。它一般由工会和管理部门来共同协作，以改善员工工作环境和生活福利、加强员工参与决策为目的的一项管理措施。关于工作生活质量，可以从两个不同的角度去理解：一方面可以等同于组织的客观条件和活动，如内部晋升政策、民主管理、员工参与、安全工作条件等；另一方面可以等同于员工个人对于自己在组织中生活的感受和认识，主要是员工的需要是否获得了满足。在多数情况下，这两种角色是相互影响的。工作生活质量的核心是参与，参与的方法有很多，并且还在不断地推陈出新。例如工会管理者协作项目、参与式工作设计、利益分享、利润分享、斯坎伦计划、员工股份所有制或员工持股方案等。因此，20世纪80年代以后，参与管理、民主管理、全面质量管理、学习型组织、企业文化以及授权管理等成为管理的时髦课题，而人力资源管理也从此受到了极大的启发。

3. 四阶段论

以科罗多拉大学的韦恩·卡肖（Wayne Cascio，1995）为代表，提出了人力资源管理发展的四阶段论。

第一阶段：档案保管阶段。人力资源管理从人事管理出现到20世纪60年代都处于档案保管阶段。随着雇主对员工的关心程度增加，企业内部开始设立独立的或非独立的人事部门来负责新员工的录用、岗前教育、个人资料的管理等工作。但在这个阶段，员工还未被当作一种资源来看待，人力资源管理也缺乏对工作性质、目标的明确认识，企业内部也往往没有清晰的人事管理的条例和制度。

第二阶段：政府职责阶段。20世纪六七十年代前后的人力资源管理属于此阶段。在这一阶段，政府介入企业内部的管理和相关法律的出台，使企业的人力资源管理受到巨大的影响。因此，为了避免和减少法律上的问题，帮助企业应付政府的要求，变成了企业人力资源管理的重要职能之一。但在这一阶段，企业高层领导视人力资源管理为不能给企业直接创造价值的非生产性成本。

以美国为例，继1964年通过《民权法》之后，政府相继通过了《反种族歧视法》《退休法》和《保健安全法》等涉及公民雇用的多种法规，企业如果违反这些法规就会遭受巨大的经济损失。这就迫使企业各层领导对劳动人事管理工作给予了足够的重视，要求日趋严格，不允许任何环节有丝毫的疏忽，力求避免和缓解劳资纠纷，并在出现劳资纠纷时能争取主动。例如，美国电话电报公司曾于1973年与联邦政府达成一项协议，同意将晋升到管理职位上的女员工的起点工资与晋升到同样职位上的男员工的工资拉平。这本属于纠正性别歧视的合理之举，但在当时的企业中却被认为是"错误的人事管理"，因为该公司因此而损失了3亿多美元。正是在上述背景条件下，企业人事管理工作不得不强调规范化、系统化和科学化。工作内容逐渐形成了主要包括吸收、录用、维持、开发、评价和调整的工作链，为了完成上述各种任务，企业开始招进各类所需的人事专家。而为此所支出的一切费用，仍然被许多企业的高层管理者视为整个组织的非生产性成本，企业不过是为了应付政府不得已而为之。所以，这个阶段称为政府职责阶段。

第三阶段：组织职责阶段。进入20世纪80年代以后，企业高层管理人员不再认为人事管理是"政府的职责"，开始视人事管理为企业自己的"组织的职责"。这种认识的转变是有其历史背景的。第一，心理学、社会学和行为科学日益渗透到企业管理领域，在这种学科交融的基础上形成的理论日益受到企业的重视，并被广泛认同。第二，1972—1982年间，美国的生产率平均年增长0.6%，而同期日本、联邦德国和法国则分别增长了3.4%、2.1%和3%，员工的懒散和管理的平庸使企业高层领导日益忧虑。第三，劳工关系日益紧张。随着员工文化水平的提高，员工维护自己合法权益的意识越来越强，使企业对员工的管理更加困难。第四，政府官员对企业进行了非公正的干预。因此，企业高层领导被迫从企业内部寻找出路，发现人力资源管理是重要的突破口。

许多的企业高管深信：调动人的积极性和掌握处理好人际关系的技能非常重要，它既是保证企业排除当前困境的有效方法，也是保证企业未来成功的关键因素。通过对一些大型企业的经理人员进行调查，可以看出人事问题越来越受到重视。40%的经理表示，他们一周要花费5~20个小时来处理人事问题，这比5年前增加了50%。这些经理迫切需要人事部门的协助，因为人力资源管理工作的复杂性正在日益增加，做好人力资源管理工作远比做好财务管理更加重要。美国人力资源管理专家韦恩·卡肖说："人力资源管理不仅是个战术问题，而且是个战略问题。"因此，企业开始吸收人事经理进入企业领导高层，共同参与企业的经营决策。20世纪80年代初期，美国和欧洲一些国家纷纷出现了人力资源开发和管理组织，人事部门改名为人力资源管理部，企业从强调对物的管理转向强调对人的管理。

第四阶段：战略伙伴阶段。从20世纪80年代开始的人力资源管理处于战略伙伴阶段。此阶段的主要特点是把人力资源战略作为公司重要的竞争战略，或者从战略的角度考虑人力资源管理问题，把人力资源管理与公司的总体经营战略联系在一起。在这阶段，由于人们已经达成共识：在国际范围的市场竞争中，无论是大公司还是小公司，要想获得和维持竞争优势，核心的资源是人力资源。因此人力资源管理成为整个企业管理的核心。80年代后期，美国各行业开始对这一趋势给予重视，同时有影响的商业杂志和学术期刊纷纷发表有权威的文章，讨论这种变化和可能带来的问题，诸如《人事主管成为新的公司英雄》（Meyer，1976）、《人力资源管理进入新时代》（Briscoe，1982）、《人力资源经理不再是公司无足轻重的人》（Arthur，Sherman，1992）以及《人力资源总监影响首席经营官的决策》（Penezic，1993）等充满诱惑性的著作和文章，成为反映这个时期特征的重要指标。

2.2.2 本书对人力资源管理的发展阶段的划分

以企业人力资源管理实践为基础，在人力资源管理研究者致力研究的推动下，人力资源管理经历了一个渐进式的发展过程。本书把人力资源管理的发展过程分为原始管理阶段、福利人事与科学管理阶段、人事管理阶段以及人力资源管理阶段4个阶段。

1. 原始管理阶段

18世纪初以前，大部分工场还未开始机械化生产，手工作坊、家庭手工业仍大量存在，产业的所有者既承担工人的角色，又承担管理者的角色，即老板＝工人。在这一时期，专门的人事管理者还未诞生，老板仅仅靠自己的经验和直觉进行管理，把这一阶段的管理称为人力资源管理的原始时期。

2. 福利人事与科学管理阶段

1769年，由于机械师瓦特蒸汽机的发明与推广，引发了工业革命。工业革命的出现改变了以家庭为单位的手工作坊的生产方式，工厂这一新的组织形式被广泛认同。然而随着工厂规模的扩大，早期那些依靠经验而进行的管理模式已越来越不适用了，因此，开始了对工厂管理的探索。通过研究发现，影响有效管理和工厂规模进一步扩大的瓶颈因素是企业以前从未遇过的劳工问题。因为当时的人们习惯了以前家族制和手工行会制的生产方式，不喜欢也不习惯于工厂的劳动方式，对工厂劳动的单调性、一年到头都得按时上班以及时时刻刻都要全神贯注等没有任何好感，使得企业很难招募到足够的工人，特别是技术工人。因此，企业被迫采取各种各样的福利措施来吸引工人。当时的美国"沃尔瑟姆制"工厂就通过建立寄宿所来吸引女工，并竭力营造工厂生活在道德和教育方面的优越性。其次，由于当时进入工厂的人们不习惯工厂的劳动方式，比如严守时刻、按时出勤、接受新的监督制度和按机械速度劳动等，为了增进工人对企业的忠诚，消除一年中的工作单调性和加强个人之间的关系，一些企业也不得不采取各种各样的福利措施以留住工人，如经常利用传统的节日组织工人进行郊游和野餐等。

对劳工问题的解决措施促进了"福利人事"概念的形成和发展。所谓福利人事，指由企业单方面提供或赞助的、意在改善企业员工及其家庭成员的工作与生活的一系列活动与措施。直到今天，人们仍然可以从人力资源管理中找到传统福利人事的足迹，如企业设置职工澡堂和餐厅、补贴一定数额的公交费、提供医疗保健服务、修建各种娱乐和健身设施、兴办员工托儿所，甚至派福利代表到员工家中问寒问暖，提供营养和卫生方面的咨询等。总之，福利人事是在"关心工人"和"改善工人境遇"的观念基础上建立起来的一种有关"工人应如何被对待"的思想体系，其基本信念是"福利工作是能强化诚信和提高工人士气的善举"，能改善劳资关系，并能提高生产率。然而，福利人事在当时的实践（提高生产率方面）中并没有发挥显著的作用。

同样关注劳工问题的还有弗雷里克·泰勒。他认为，生产方式和报酬体系是生产率问题的根本所在，因此，他呼吁劳资双方进行一次全面的思想洗礼，倡导以和平代替冲突，以合作代替争论，以相互信任代替相互猜疑。他建议劳资双方把注意力从争论有限的利润转移到如何创造更多的利润上来，从而使双方获得比以前更多的收益。至于如何创造更多的利润，泰勒提出了一系列的原则：①科学管理的中心问题是提高劳动生产率；②科学挑选工人；③动作和工具标准化；④差别计件工资制；⑤管理职能和执行职能相分离。

泰勒的科学管理思想与理论对人事管理的概念的形成具有十分重要的作用。首先，泰勒的思想与理论引起了人们对人事管理职能的关注，而且在某种程度上推动了人事管理职能的发展。其次，科学管理主张管理职能与执行职能相分离，为人事管理职能的独立提供了范例和依据。

3. 人事管理阶段

由于人事管理涉及员工在企业受雇的整个过程，从受雇（招募与选聘等）、雇佣关系管理（奖励、评估、发展、劳资关系、申诉与违纪等），到雇佣关系的结束（退休、辞职、减员和解雇等），因此对企业人事管理起着一定的支持作用。1910年，实施泰勒制的典范——普利茅斯出版社成立了人事部，任命简·威廉斯为首任人事部经理，其主要职责是通过职位分析，挑选和招募一流的员工，培训员工，建立员工档案，更科学地调配和使用员工，对员工进行最佳方式的考核和给付薪酬，听取意见，照顾出了事故或生病的工人，管理储藏流行杂志和技术书籍的图书馆，为家庭提供财务咨询，提供餐厅以及其他服务。从此，人事管理作为一个独立的管理职能在许多企业被广泛应用。

早期关于人事管理的论文常发表在《年报》和《管理杂志》这两本杂志上。1916年《年报》出版专刊讨论"工业管理中的人事和雇佣问题"。1920年，第一本以"人事管理"为书名的教科书面世，该书归纳了在招聘、培训、纪律、报酬以及其他相关领域的一些比较科学的做法。

20世纪30年代的霍桑试验进一步推动了人事管理的发展。霍桑试验证明：员工的生产效率不仅受工作条件和报酬的影响，而且受许多社会和心理因素的影响。因此，有关人的假设开始由"经济人"向"社会人"过渡，同时工业社会学、工业心理学、工业关系学、人际关系学等新兴学科应运而生，大量的研究成果广泛运用于企业，极大地推动了人事管理的发展。

进入20世纪六七十年代，西方涉及人事和工作场所的相关立法急剧增加，并且立法的焦点也从工会与管理层之间的问题转向了员工关系。实践证明，企业一旦卷入与员工或雇佣有关的司法诉讼，其损失是巨大的。因此，为了减少和避免司法诉讼，企业开始聘请大量的律师进入人事部，规范一线经理的行为，以及处理相关的司法诉讼。

20世纪80年代是一个充满了持续而快速的组织变革的时代，敌意接管、杠杆收购、兼并、剥离等事件层出不穷，人事管理也进入了企业更高的层次，从简单的关注员工道德、工作满意度转变为关注组织有效性。高级的人事主管也开始参与讨论有关企业未来发展方向、战略目标等问题，工作生活质量、团队精神、组织文化建设等成为人事管理的重要内容。

总之，随着时间的推移，人事管理在不断地发展着，取得了一定的成果，如人事管理的职能丰富了，人事管理的地位上升了，人事经理也开始跻身于企业的高管之列了。然而，由于人事管理在管理观念上将"人"看作企业的成本或工具，使员工的主动性、积极性没有得到充分的发挥，从而在一定程度上限制了人事管理的发展。

4. 人力资源管理阶段

随着科技的进步，企业之间的竞争也越来越激烈，企业所有者越来越意识到人才的重要性。传统的人事管理把人作为成本或工具看待的管理模式越来越不适合企业发展的需要了。于是，无论是企业界还是理论研究者，都开始了如何建立一套有效"吸引人才、留住人才"管理模式的探讨。

最早、最系统地提出与界定"人力资源"的人是现代管理实践泰斗彼得·德鲁克，1954年他的著作《管理的实践》出版，此书提出了管理的3个更广泛的职能：管理企业、管理经理人员、管理员工和他们的工作。在论及员工及其工作的管理时，德鲁克首次引入了"人力资源"这一概念。他指出："和其他所有资源相比较而言，唯一的区别就是它是人"，并且是经理们必须考虑的具有"特殊资产"的资源。同时，他也指出当时人事管理常见的3种错误理念：①认为员工不想工作的假设；②忽视对员工及其工作的管理，把人事管理作为专业人员的工作而不是经理的工作；③把人事管理活动看成是"救火队的工作"，是"消除麻烦的工作"，而不是积极的和建设性的活动。因此他要求对"人事管理"

模式进行全面的改革。传统的人事管理与企业发展要求的严重不吻合，以及德鲁克"人力资源"概念的提出，使人事管理开始向人力资源管理转变。

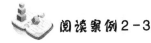

人力资源管理＝企业竞争优势

现任中国惠普有限公司信息产品集团人力资源部经理的汪宁红曾谈到这样一则故事："销售人员雷明打来电话高兴地告诉我，他6个月来一直为之呕心沥血的客户终于与他签单了，且数额可观。最让他得意的是，这个客户以前一直是竞争对手的忠实客户。4个月前，他参与了我们组织的长达60个小时的培训，表现积极。半个月前，他又参加了我们组织的为期16个小时的培训，在我们要求大家自愿贡献一个目前尚未签单的项目供大家讨论学习时，雷明主动拿出了今天签单的项目。我们提出了讨论模式，让销售人员集思广益、开动脑筋，共同为雷明分析项目、出谋划策。雷明对我说：'大家的主意对我非常有帮助'。回想这些，我开始觉得这个报喜电话该属自然，因为我们也像售前工程师一样在雷明需要销售和谈判技巧、产品知识及解决方案时提供了增值服务。"

（资料来源：陈国海．人力资源管理概论[M]．北京：高等教育出版社，2009：9．）

1958年，第一本有关人力资源的书《人力资源功能》面世，此书具体阐述了有关管理人力资源的问题，把管理人力资源纳入管理的普通职能进行讨论，认为人力资源管理职能对于组织的成功来讲，与其他管理职能（如会计、生产、金融、营销等）一样至关重要。由此可见，人力资源管理的功能在不断提升，对现实企业战略目标有着不可估量的作用。

1984年，亨特设想了人事管理重点的转移，引起了人事管理有关人员的广泛注意，最终导致了人事管理向人力资源管理的转变。

人力资源管理模式是由哈佛商学院教授迈克尔·比尔等人在1984年出版的《管理人力资本》一书中首先被提出来的。他们认为，传统的人事管理定义狭窄，人事管理活动是针对各自特定的问题和需要，而不是针对一个统一、明确的目标作出的反应，造成了人事管理职能之间以及人事管理职能与其他管理职能之间相互割裂，互不相干。竞争压力的增大要求企业在人力资源问题上有一个定义更广泛、更全面和更具有战略性的观点，要求企业从长远的眼光看待问题，把人当作一项潜在的资本，而并不仅仅看作是一种可变的成本。因此，人力资源管理应包括所有影响企业与员工关系的管理决策和行为。

在比尔等人提出的人力资源管理模式中，首先，他们把员工看作是企业中与股东、管理层地位平等的一个主要利益相关者，这一观点显示了人力资源管理在协调、管理管理层与员工间利益冲突方面的重要性，大大扩展了人力资源管理所涉及的范围，并暗示直线经理（特别是总经理）应承担更多的人力资源管理职责；其次，他们认为，人力资源管理政策和实践的设计与实施，必须与大量的、重要的具体情况因素相一致，这些具体情况因素包括劳动力特征、企业经营战略和条件、管理层的理念等，通过这些具体情境因素，比尔等人将人的问题与经营问题有机地结合起来，并使人力资源管理具有了战略价值；再次，比尔等人把众多而分散的人事管理行为归类为4个人力资源政策领域：员工影响、人力资源流动、报酬体系和工作体系，并强调4个政策领域相互之间需要有合理程度的一致性；最后，比尔等人指出，人力资源管理政策与实践的评估应是多层次的，人力资源管理政策与实践的直接效果可以用员工的能力、员工的承诺、人力资源管理政策的一致性和人力资源管理政策的成本收益来评估，而人力资源管理政策与实践的长期效果则应从组织有效性、员工福利和社会福利3个方面来考察。

比尔等人的人力资源管理模式提供了一个很有价值的分析框架，学术界对该模式所包含的变量评价很高，认为该模式既反映了雇佣关系中所涉及的商业利益，也反映了雇佣关系应该实现的社会责任。然而比尔等人并没有明确指出人力资源管理与人事管理的区别所在。实际上，人力资源管理与人事存在区别，见表 2-1。

表 2-1　人力资源管理和人事管理的区别

比较项目	人力资源管理	人事管理
管理视角	视员工为第一资源	视员工为成本
管理目的	组织和员工利益的共同实现	组织短期目标的实现
管理活动	重视培训开发	重使用、轻开发
管理内容	非常丰富	简单的事务管理
管理地位	战略层	执行层
部门性质	生产效益部门	单纯的成本中心
管理方式	强调民主、参与	命令式、控制式
管理模式	以人为中心	以事为中心
管理性质	战略性、整体性	战术性、分散性

本章小结

本章是关于人力资源管理产生和发展过程的概述。

根据人力资源管理产生的背景，把人力资源管理产生的基础归纳为 5 个方面：工业革命的影响、科学管理运动的推动、人际关系运动的发展、行为科学的研究以及各个不同时期的相关立法等，正是这几个方面的理论和实践活动，促进了人力资源管理的产生并推动其快速发展。

以企业人力资源管理实践为基础，在人力资源管理研究者的推动下，人力资源管理经历了一个渐进式的发展过程。根据管理发展的历史，人力资源管理发展过程可分为：原始管理阶段、福利人事与科学管理阶段、人事管理阶段、人事管理到人力资源管理阶段。在人力资源管理阶段的划分上，由于考虑问题的出发点和根据不同的需要，西方学者提出了许多观点，其中比较有代表性的观点是：六阶段论、五阶段论和四阶段论。

关键术语

科学管理　人际关系理论　人力资源管理　人事管理

综合练习

一、选择题

1. 被人们称为"科学管理之父"的是（　　）。
   A. 泰勒　　　　　　　　　　　B. 梅奥
   C. 麦格雷戈　　　　　　　　　D. 马斯洛
2. 以下哪项不是泰勒倡导的原则？（　　）
   A. 劳资双方的彼此合作　　　　B. 合理配备工人

  C. 确定合理的工作标准   D. 强调员工的社会和心理需要
3. 以下不在马斯洛关于人的需要层次内的是（ ）。
  A. 生理需要   B. 金钱和权利的需要
  C. 情感和归属的需要   D. 自我实现的需要
4. 《公平报酬法案》于哪年颁布？（ ）
  A. 1963 年   B. 1964 年
  C. 1990 年   D. 1991 年
5. "老板＝工人"是下列哪一阶段的主要特征？（ ）
  A. 原始管理阶段   B. 福利人事与科学管理阶段
  C. 人事管理阶段   D. 人事管理到人力资源管理阶段
6. 最早、最系统地提出与界定"人力资源"的是（ ）。
  A. 泰勒   B. 梅奥
  C. 德鲁克   D. 弗伦奇
7. 六阶段论的提出者是（ ）。
  A. 罗兰   B. 弗伦奇
  C. 芒斯特伯格   D. 德鲁克
8. 以下哪项不属于韦恩·卡肖提出的四阶段论？（ ）
  A. 档案保管阶段   B. 人事管理阶段
  C. 政府职责阶段   D. 组织职责阶段

二、判断题

1. 泰勒的"科学管理"理论受到管理者和员工的一致认同。（ ）
2. 人际关系理论强调企业中只存在正式组织。（ ）
3. 麦格雷戈的 X 理论认为人生来就是好吃懒做的，不愿主动去工作。（ ）
4. 福利人事在提高生产效率方面发挥了积极的作用。（ ）
5. 人事管理能很好地激发员工的主动性和积极性。（ ）
6. 迈克尔·比尔等人在人力资源模式中很好地界定了人事管理与人力资源管理的区别。（ ）
7. 在工人福利运动阶段，人力资源管理开始了以工作为中心转变到以人为中心。（ ）
8. 在韦恩·卡肖四阶段的战略伙伴阶段中，它强调从战略角度去考虑人力资源管理问题。（ ）

三、思考题

1. 如何理解人力资源管理产生的基础？
2. 人力资源管理发展过程的划分有哪几种方式，其主要内容分别是什么？

猎狗的成功之路

  一只猎狗将兔子赶出了窝，并一直追赶它，追了很久，猎狗仍没有捉到兔子。牧羊人看到这种情景，讥笑兔子说："你们两个中小的反而跑得快。"猎狗答："你不知道，我们两个完全不同！我仅仅是为了一顿饭而跑，兔子却是为了性命而跑呀！"这话被猎人听到了，猎人想："猎狗说得对啊，我要想得到更多的猎物，得想个好法子。"于是，猎人又买来几只猎狗，并决定凡是能够在打猎中捉到兔子的猎狗，可以得到几根骨头，捉不到的就没有饭吃。这一招果然有用，猎狗们纷纷努力去捉兔子。

  就这样过了一段时间，问题又出现了。大兔子非常难捉到，小兔子好捉。但捉到大兔子得到的骨头和捉到小兔子的差不多，于是猎狗们都专门去捉小兔子。猎人经过思考后，决定不再将分得骨头的数量与是否捉到兔子挂钩，而是采用每隔一段时间就统计猎狗们捉到的兔子的总重量，并按照重量来评价猎狗及决定其在那段时间内的待遇。于是猎狗们捉到的兔子数量和重量都增加了,猎人很开心。

又过了一段时间,猎人发现猎狗们捉兔子的数量又减少了,而且越有经验的猎狗,捉兔子的数量下降得越厉害,于是猎人又去问猎狗。猎狗说:"主人,我们把最好的时间都奉献给了您,我们老了捉不到兔子时,您还会给我们骨头吃吗?"猎人于是有了论功行赏的想法:分析与汇总所有猎狗捉到的兔子的数量与重量,规定如果捉到的兔子超过了一定数量后,即使捉不到兔子,每顿饭也可以得到一定数量的骨头。猎狗们很高兴,便都努力去达到猎人规定的标准。

一段时间之后,终于有一些猎狗达到了猎人规定的标准。这时,其中有一只猎狗说:"我们这么努力,只得到几根骨头,而我们捉的猎物远远超过了这几根骨头。我们为什么不能给自己捉兔子呢?"于是,有些猎狗离开了猎人,自己捉兔子去了,骨头与肉兼而有之。猎人意识到猎狗正在流失,那些离开的猎狗像野狗一般与自己的猎狗抢兔子。情况变得越来越糟,于是猎人进行了改革,使得每条猎狗除基本的骨头外还可获得其所猎兔肉的 $n\%$,而且随着时间加长,贡献变大,该比例还可递增,并有权分享猎人总兔肉的 $m\%$ 。就这样,猎狗们与猎人一起努力,将野狗逼得叫苦连天,纷纷强烈要求重归队伍。

日子一天天过去,到了冬天,兔子越来越少,猎人的所得也一天不如一天。那些服务时间长的老猎狗们不能捉到兔子了,但仍然无忧无虑地享受着那些它们自以为应得的食物。终于有一天猎人再也不能忍受了,把它们扫地出门。被扫地出门的猎狗们得到了一笔丰厚的赔偿金,于是它们成立了骨头公司。采用连锁加盟的方式招募野狗,向野狗们传授狩猎的技巧,它们从猎得的兔子中抽取一部分作为管理费。当赔偿金几乎全部用于广告后,它们终于有了足够多的野狗加盟,公司开始盈利。骨头公司许诺加盟的野狗能得到公司 $n\%$ 的股份,这实在是太有诱惑力了,不用再忍受猎人呼来唤去的,不用捉到足够多的兔子而累死累活,也不用眼巴巴地企求猎人多给两根骨头而扮得楚楚可怜。这一切对野狗来说,比多吃两根骨头更加受用。于是野狗们拖家带口地加入了骨头公司,一些猎人门下的年轻猎狗也开始蠢蠢欲动,甚至很多自以为聪明的猎人也想加入。

好多同类型的公司像雨后春笋般地成立了:骨易、骨网、华骨……一时间,森林里热闹起来。有个猎人与骨头公司进行合作谈判的时候,老猎狗出人意料地把骨头公司卖给了猎人。老猎狗们从此不再经营公司,转而开始写自传《老猎狗的一生》,后来又写了《如何成为出色的猎狗》《如何从一只普通猎狗成为一只管理层的猎狗》《猎狗成功秘诀》《成功猎狗500条》《穷猎狗、富猎狗》,还将老猎狗的故事搬上了荧屏,取名《猎狗花园》,4只老猎狗成为家喻户晓的明星,收版权费而没有风险,利润更高。

(资料来源:胡昌全.薪酬福利管理[M].北京:中国发展出版社,2006.)

根据案例所提供的资料,试分析以下内容。

(1) 猎狗们靠什么活着?它们是如何走向成功的?
(2) 案例给了你哪些方面的启示?
(3) 如果案例中的猎人是你,会选择怎样的猎狗管理模式?

第 3 章

人力资源管理的理论基础

教学目标

通过本章的学习,理解各种人性假设理论的要点,掌握各种激励理论特征并学会针对不同的人性采用不同的激励手段,理解对人力资本论和战略性人力资源管理有一定的了解。

教学要求

知识要点	能力要求	相关知识
人性假设	理解各种人性假设,并能掌握各种假设对当时管理的意义	性善论、性恶论、经济人、自我实现人、复杂人等
激励理论	理解各种激励理论并能在管理实践中恰当使用各种激励理论	需要层次理论、双因素理论、公平理论、期望理论、强化理论、归因理论等
人力资本论和人本管理	理解人力资本论和人本管理并懂得其有效运用	舒尔茨的人力资本理论、贝克尔的人力资本理论、人本管理理论
战略性人力资源管理	理解战略性人力资源管理的理论框架并懂得其有效运用	战略性人力资源管理的特征和运作体系

■ 导入案例

难改本性的蝎子

一只蝎子想过河,但它不会游泳,它找到一只青蛙帮忙。青蛙说:"如果我背你过河,你会用刺扎我,把我刺死的。"蝎子说:"不会的,那样对我也没有好处,因为我在你背上,你死了,我也会淹死的。"青蛙想了想觉得有道理,于是让蝎子上了它的背,游过河。当它游到一半时,突然感到身上一阵剧痛,它意识到蝎子还是扎了自己。当它们都沉向水底时,青蛙大喊:"你为何扎我,蝎子先生,这样我们都要淹死了!"蝎子回答:"我也没办法,这是我的本性。"

(资料来源:郭巧云. 人力资源管理[M]. 长沙:中南大学出版社,2009:35.)

问题：

(1) 蝎子知道如果刺到了青蛙，它们都会死，为什么还会刺青蛙呢？

(2) 这个寓言给我们什么启示？

3.1 人性假设理论

人性问题是许多学科如哲学(含宗教哲学)、管理学、经济学、社会学、心理学等学科的研究对象。人性假设是人力资源管理的理念基础，即人力资源管理理念的建构和方法的设计，都是以对人的基本看法为基础的。这不是某个人的主观判断，而是有历史和现实依据的客观命题。纵观人力资源管理的历史发展，可以发现，不同的管理模式和管理思想有赖于管理者或管理思想家对人性的不同假设。"经济人"的假设与古典理论、"社会人"的假设与人际关系理论以及"复杂人"的假设与权变理论等，都是很好的例证。在现实的人力资源管理活动中，管理者的决策也都包含着他们对人性的看法，只不过有的自觉明确，有的又直接影响到人力资源管理的效果。因此，对人性问题进行系统的研究，建立起人力资源管理合理的理念基础，对于现代以人为本的人力资源管理就显得十分必要。本书将对此作初步介绍。

3.1.1 中国的人性假设理论

中国文化源远流长，自先秦时代起，人的本性、人的需要就受到中国古代思想家的重视，因此展开了激烈辩论。各家学说众说纷纭、互争短长、彼此影响、互相融合，呈现出纷繁复杂的局面，包含了丰富多彩的内容。此后，有关的探讨绵延不绝。比较有代表性的是以下4种观点。

1. 性恶论

法家早期思想家荀子认为"人之初，性本恶"。这是因为人是"若夫目好色，耳好声，口好味，心好利，骨体肤理好愉逸，是皆生于人之情性者也"。意即人的身体有五官四肢，就是为了满足人的色、声、味、利等诸方面的欲望，人的本性就是厌恶劳动、贪图安逸和享乐。人的吃、喝、嫖、赌、偷、骗、打、杀等一系列恶习行为，皆出于恶的本性。

2. 性善论

儒家思想家孟子认为"人之初，性本善"。这是因为"人皆有不忍人之心"。"由是观之，无恻隐之心，非人也；无羞恶之心，非人也；无辞让之心，非人也；无是非之心，非人也。"人如没有这四心，则不是人了。人这四心，是产生仁、义、礼、智的根源。

3. 性无善恶论

古代思想家告子是"兼治儒墨之道"，认为"性犹湍急也，决诸东方则东流，决诸西方则西流，人性之无分于善不善也，犹水之无分于东西也。"人的善与恶不是生下来就有的，而是后天教育培养的结果。

4. 个性中心论

中国近代著名思想家梁启超主张"个性中心论"。他说："个性主义，是要把个人的天赋良能发挥到十分圆满"(《欧游心影录》)。人要充分发挥聪明才智，只有这样才能成为一个有用的人,能够自立,不必累人和听由别人摆布;对社会、国家也应该这样,人人都发挥自己的专长,一起为国家强盛和社会进步做贡献。

综上所述,中国传统人性观看到了人性中的自然属性——感情欲望,如"声色之欲""耳目之欲"等;也看到了人性中的善的方面——道德本质,主要是对人性做了价值判断,即人性怎么样?是善还是恶?不仅如此,不难看到,中国的传统人性观中还表达了一种愿望,如孔子所言的仁爱,或如孟子所言的善、荀子所言的伪等,均是一种追求理想人性的愿望。

3.1.2 西方国家的人性假设理论

儒家追求理想人格的愿望同雄踞西方 2000 多年的基督教的观点非常相似。中国传统文化中的人性观与西方传统文化中的人性观都表达了人性的某些共同的追求。近代西方学者才对人的认识有了深入研究,其中比较著名的 4 种人性假设理论,正好与中国过去的 4 种理论有着极大的相似性。

1. 经济人观点

"经济人"假设是古典经济学家和古典管理学家关于人性的假设,是西方经济学和泰勒科学管理理论的出发点,由美国工业心理学家麦格雷戈于 1960 年在其所著的《企业中人的方面》中提出,又称之 X 理论,"经济人"的假设起源于享乐主义,认为人的行为就是为了获得最大的经济利益,工作的目的是获得经济报酬。它的主要内容有如下几点。

(1) 大多数人都是懒惰的,他们尽可能地逃避工作。
(2) 大多数人都没有雄心壮志,宁愿接受别人领导,也不愿负任何责任。
(3) 大多数人的个人目标与组织目标是矛盾的,要保证组织目标的实现必须借助外力的强制。
(4) 大多数人都缺乏理智,不能克制自己,很容易受别人影响。
(5) 大多数人为了满足基本生理需要和安全需要,将选择那些经济上获利最大的事去做。
(6) 人群大致分两类,多数人符合上述假设;少数人能克制自己,他们应负起管理的责任。

根据"经济人"假设,管理人员的职责和管理方式应当是:第一,将管理工作的重点放在如何提高劳动生产率、完成任务方面;第二,应用职权发号施令,使对方服从;第三,强调严密的组织,制定具体的规范和工作制度,如工作定额、技术规程;第四,在激励约束制度上,主要用金钱报酬调动人的积极性,同时对消极怠工者采取严厉的惩罚措施。

泰勒制是"经济人"假设的典型代表,它采用"胡萝卜加大棒"的办法,一方面靠金钱的收买和刺激;另一方面靠严密的控制、监督和惩罚,迫使人为组织目标而努力。现在,在发达的资本主义国家,一般认为"经济人"的时代已经过去,但其思想影响仍然存在。在我国企业改革和组织管理工作中,这一理论仍有借鉴意义。这与荀子的"人性恶"是相似的。

2. 社会人观点

这种假设是人际关系学派的倡导者梅奥等人提出的,它最初的依据就是历时长达 8 年之久的霍桑试验所得出的一些结论。按照社会人的假设,管理的重点就是要营造和谐融洽的人际关系。沙因将社会人假设的观点总结为以下 4 点。

（1）人类工作的主要动机是社会需要，人们要求有一个良好的工作氛围，要求与同事建立良好的人际关系，经过与同事的关系获得基本的认同感。

（2）工业革命和工作合理化的结果，使得工作变得单调而无意义，因此，必须从工作的社会关系中寻找工作的意义。

（3）非正式组织有利于满足人们的社会需要，因此非正式组织的社会影响比正式组织的经济诱因对人具有更大的影响力。

（4）人们对领导者最强烈的期望是能够承认并满足他们的社会需要。

3. 自我实现人观点

马斯洛在需要层次理论中提出的"自我实现需要"和阿吉雷斯的"成熟不成熟"理论中提出的"成熟的个性"以及麦格雷戈（D. McGregor）的 Y 理论是一致的，都是自我实现人，也称为"自动人"。自我实现人假设作为三者的概括，认为人都期望发挥自己的潜力，表现自己的才能，只要人的潜能充分发挥出来，就会产生最大的满足感，其主要内容如下所述。

（1）一般人都是勤奋的，厌恶工作并不是人的普遍本性，只要环境条件有利，工作就会像娱乐、休息一样自然。

（2）人们是能够自我管理、自我控制的，外来的控制、惩罚不是鞭策人们为组织目标努力工作的唯一方法。

（3）个人自我实现的要求和组织目标并不矛盾，在适当条件下人们会自我调整将个人目标和组织目标统一起来。

（4）在正常情况下，人们会主动承担责任，力求有所成就，缺乏抱负、逃避责任并非人的本性。

（5）大多数人都具有高度的想象力、聪明才智和解决组织中困难问题的创造性。而在现代工业社会，人的潜能只得到部分发挥。

根据这些假设，相应的管理措施为：第一，管理的重点是创造一个有利于人发挥潜能的工作环境，管理者的职能应从监督、指挥变为帮助人们克服自我实现过程中遇到的障碍；第二，激励方式应从外在激励为主转变为内在激励为主，外在激励来自经济收入、人际关系等外部因素，内在激励来自工作本身，诸如工作的挑战性，在工作中获得知识、增长才干、发挥潜能，满足其自尊、自我实现的需要；第三，在管理制度上给予工人更多的自主权，让工人参与管理和决策，分享权力。

这与孟子的"人性善"是相似的。这是美国哈佛大学心理学教授梅奥依据霍桑试验提出来的。这一假设认为，人们最重视的是工作中与周围人友好相处，物质利益是相对次要的因素。其基本内容有如下几点。

（1）交往需要是人们行为的主要动机，是人与人之间形成认同感的主要因素。

（2）工业革命以来，专业化分工和机械化使劳动失去了内在的乐趣而趋于单调，因此必须从工作的社会意义上寻找安慰。

（3）非正式组织通过人际关系形成影响力，比正式组织的管理措施和奖励对人具有更大的影响。

（4）组织领导者应当满足职工归属、交往和友谊的需要，工作效率会随着职工社会需要的满足程度而提高。

根据这些假设，相应的管理措施为：①管理人员不能只考虑如何完成工作任务，应当关心人、体贴人，爱护、尊重员工，致力于建立融洽的人际关系，提高员工士气；②对员工的奖励，应当尽量采取集体奖励，而不能单纯采取个人奖励；③管理人员要由单纯的监督者变为上下级之间的中介，鼓励交流、沟通，经常倾听员工意见并向上级发出呼吁，监督者变为上下级之间的中介，鼓励交流、沟通，经常倾听员工意见并向上级发出呼吁。

这一理论对西方的组织管理方式有很大影响，诸如建立劳资联合委员会、实行利润分成等措施的推行，收到了较好的效果。显然，这与梁启超的"个性中心论"是相似的。

阅读案例 3-1

工作制与奖金

2015 年，王文创立了一家卡片公司，他打算利用自己的商品设计专长来制造和销售。当然，和许多创业者一样，他还希望开创更美好的未来。时至今日，王文的公司仅有员工 16 名，但年利润已超过 100 万元。2015 年 5 月，王文决定让公司的员工共享公司的成功。他宣布，在即将来临的 7、8、9 三个月中，星期五也将成为休息日。这样，所有员工每月将有 3 天的周末时间，而与此同时，他们仍得到与 5 天工作制一样的薪水。但在实施 3 天周末制的一个月后，一位王文最信赖的员工却向他坦白，他宁愿得到加薪而不是额外的休息时间，而且他相信另外的几位员工与他的想法相同。王文十分惊讶。他的大多数员工不到 30 岁，而年均收入为 35 万元，这已超过本地从事相似工作的员工收入的 20%。对于他自己来说，如果年收入已达 35 万元，再让他在钱和闲暇之间进行选择的话，他毫无疑问将选择后者，他以为他的员工也会如此。不过王文十分开明，在接下来的大会上他召集了所有的员工，问他们："你们是希望得到夏季的 4 天工作制呢，还是希望得到 2000 元的奖金？多少人赞成继续实行 4 天工作制？" 8 只手举了起来，"多少人更愿意得到奖金？"另外的 8 只手举了起来。

（资料来源：谌新民，武志鸿. 人力资源管理实战精解（第二辑）[J]. 广州：广东经济出版社，2002：27-28.）

4. 复杂人观点

这是美国行为科学家沙因在总结前 3 种人理论特征的基础上，提出了复杂人假设，又称为"超 Y 理论"。沙因认为，人有着复杂动机，包括生理的、心理的、社会的、经济的各个方面，还会受当时社会时代背景的影响，是很复杂的、变化的。由此提出了复杂人假设。

（1）人的需要分为许多种，纷繁复杂，而且随发展阶段、生活条件和具体环境的不同而改变。每个人的需要各不相同，表现形式因人而异、因事而别。

阅读案例 3-2

华盛顿大学的风波

美国西雅图华盛顿大学的校方曾经选择了一处地点，准备在那里修建一座体育馆。消息一传出，立即引起了教授们的强烈反对。教授们之所以抵制校方的计划，是因为这个拟建的体育馆选定的位置在校园内的华盛顿湖畔。一旦场馆建成，就会挡住从教职工餐厅可以欣赏到的窗外美丽的湖光山色。原来，与当时美国的平均工资水平相比，华盛顿大学教授们的工资要低 20% 左右。为何华盛顿大学的教授们在没有流动障碍的前提下自愿接受较低的工资呢？很多教授之所以接受华盛顿大学较低的工资，完全是出于留恋西雅图的湖光山色。

（资料来源：王晓春. 人力资源管理概论[M]. 北京：化学工业出版社，2008：25.）

(2) 人在同一时间会有多种需要和动机，它们相互作用，并结合为统一的整体，形成错综复杂的动机模式。

(3) 人在组织中可以产生新的需要和动机，在某一特定的阶段和时期，人的动机是内部需要和外部环境相互作用的结果。

(4) 人在不同的组织、不同的工作部门、岗位可以有不同的动机模式。

(5) 人感到满足、致力于组织工作的程度取决于本人的需要结构及其与组织之间的相互关系。工作能力、工作性质、与同事的关系都可能影响其积极性。

(6) 由于人的需要不同，能力各异，对同一管理方式会有不同的反应。所以没有对任何时代、任何组织和任何个人都普遍适用的唯一正确的管理方式。

根据复杂人假设，管理的方法和技巧必须因环境的不同而随机应变，审时度势、因势利导、灵活机动，对保证组织管理的成功是至关重要的。管理者最重要的能力便体现在鉴别情景、分析差异、诊断问题的洞察力。几乎同一时期，美国管理心理学家约翰·摩尔斯 (J. Malse) 和杰伊·洛希 (J. W. Lorsch) 于1970年提出了"超Y理论"，其思想观点和复杂人假设如出一辙。它们共同构成权变学派的理论基础。这也称为权变理论的理论基础，与"性无善恶论"很相似。

总之，西方学者总结的人性假设理论固然有其局限性，但也在一定程度上揭示了人们行为的内在依据，揭示了组织结构、管理方式对人性发展的依赖和影响。以上所探讨的关于人性的假设对组织的人力资源管理具有重要的影响，它是企业各级各类管理人员制定人力资源管理政策，设计人力资源的制度、流程以及开展人力资源管理实践的前提。例如，企业管理者若持X理论的观点，则事必躬亲，并建立严格的监督控制机制，这种情况下提倡员工参与就很难实践，因为严格的监督与信任授权是相互矛盾的。管理者若持Y理论观点，则会采用以战略薪酬、职业发展、领导力、员工关怀为主要内容的全面激励模式。不同的人性假设前提，必然形成不同的管理方式、方法与风格。

3.2 激励理论

激励一词，源自英文Motivation，是心理学的一个术语，指管理者通过某种内部和外部的刺激，激发人的动机，使人产生一股内在的动力，从而调动其积极性、主动性和创造性，使其朝向预定目标前进的一种管理活动。通过有效激励，能够激活人潜在的才能，从而产生更高的绩效。

在学术界被认可并流传至今、广泛应用于各领域的激励理论主要有需要层次理论、双因素理论、期望理论、公平理论、强化理论等。

3.2.1 马斯洛的"需要层次理论"

马斯洛(Abraham H. Maslow，1908—1970)是美国心理学家，人本主义的创始人。1943年他实效提出了"需要层次理论"，1954年在他出版的《激励与人格》一书中，又对这个理论做了进一步的发展和完善。马斯洛的需要层次理论在西方各国广为流传，近年来，在我国也产生了很大影响。

需要层次理论把人类纷繁复杂的需要归结为五大类，并按其发生的先后顺序排列成一个需要等级，如图3.1所示。

图 3.1 马斯洛的需求层次图

1. 生理需要

生理需要是最低层次的需要，是维持体内生理及生化平衡的最基本、最原始的需要。当这种需要得不到满足时，它就变得尤为重要。这种需要包括食物、水、空气、睡眠和性的需要等。马斯洛认为，只有当这些最基本、最原始的需要被满足到维持生命所必须的程度后，其他需要才能成为新的激励因素。

2. 安全需要

当生理需要得到满足以后，下一层次的需要将成为驱动人们行为的动机。这个层次的需要可称为安全需要，它包括经济安全，希望对医疗、养老及人身意外有保障；职业安全，希望不要失业，希望对不确定的未来有保障；社会安全，希望免于天灾人祸或战争威胁；劳动安全，希望工作安全，不出工作事故；心理安全，希望摆脱严厉的监督，免于不公平的待遇等。

3. 社交需要

或称为爱和归属需要。当人们的生理需要和安全需要得到满足后，社交需要就成为其行动的动因。如社交的欲望，希望得到别人的安慰，离群独居会感到悲哀和痛苦，希望同伴之间、同事之间相处和谐，关系融洽，保持友谊和忠诚，相互信任和友爱。同时人们希望得到别人的认同、接受和支持，并以成为群体中的一员而感到自豪。社交需要与人们的修行、经历、教育、家庭、民族、宗教和文化都有关系。

4. 尊重需要

尊重需要一般可以分为3种：一是与自尊有关的需要，如自尊心、自信心、自我成长，这是一种自慰感；二是与他人尊重有关的需要，如威望、名誉、知名度，这是一种荣誉感；三是优越感和权力欲。尊重需要的满足会导致人们的自信情感，使人感到有力量、有能力，可以在社会上大有作为。反之，一旦受挫，个体就会自卑、弱小，令人丧失信心。

5. 自我实现的需要

自我实现的需要是人类最高层次的需要。这种需要要求最充分地发挥人的潜力，实现个人的理想、抱负和目标。这种需要主要体现在两个方面：一是胜任感，表现为追求卓越，并出色地完成任务，喜欢承担具有挑战性的工作，在工作中积极发挥创造力；二是成就感，主要表现为进行创造性活动并获得圆满成功。

马斯洛把5种需要分为高层次的和低层次的需要。生理需要和安全需要是较低层次的需要；社会需要、尊重需要和自我实现需要是较高层次的需要。另外，马斯洛认为需要层次之间的内在联系表现在以下几个方面。

（1）各需要层次之间的关系是逐层递升的，一旦最基本的生理和安全需要得到满足以后，高层次的需要才会依次出现。

（2）在不同时期和不同条件下，总有某种需要处于优势地位，即主导需要，其需要强度也最大，对人的行为的影响也最大。

（3）5种层次的需要在某种程度上反映了人类的共同需要，但需要还与该社会经济状况及文化教育普及程度等密切相关。5种层次的需要并不完全适用于每一个人，个体例外的情况大量存在。

马斯洛强调他的需要层次理论的核心是自我实现，把主导需要上升为自我实现的人称为理想的人。

专栏 3-1

增强使命感方能留住优秀人才

华尔街日报2009年11月18日。

本文部分选自即将出版的《The Wall Street Journal Guide to Management》一书。该书作者 Alan Murray，由 Harper Business 出版。

1943年，社会学家亚伯拉罕·马斯洛(Abraham Maslow)提出了金字塔式的人类需求层次理论。

人们从基本的生理需求—吃、穿、住—开始，这些位于金字塔的最底端。一旦他们实现了这些，他们就会寻求安全，然后是社交和爱，接下来是自我尊重。最后，在金字塔的顶端，是马斯洛所说的自我实现，即实现自我，发挥自己所有潜能的需求。

在管理研究的初期，弗里德里克·温斯罗·泰勒(Frederick Winslow Taylor)曾写道，工人们最想得到的是高工资，这有助于他们满足基本的生理需求。但公平地说，如今的大多数工人，尤其是最优秀的工人已经走向了马斯洛金字塔的顶端。

管理学大师彼得·德鲁克(Peter Drucker)说，生存已经不够了，工作也为了生活。如果想留住人才，他们的工作需要让他们感到有意义，一种他们在从事重要的工作、实现自己使命的感觉。总有一天，这些心理需求可能会同工资同样重要，甚至更加重要。

为了留住人才，需要确保他们个人致力于组织目标的实现，并让他们觉得这些目标值得他们去实现的；需要确定，他们感觉在实现组织目标的过程中扮演着恰如其分的重要角色。

这是管理上的一项复杂挑战，难以概括成几条简单的标准或规则。特雷西·基德(Tracy Kidder)的《新机器的灵魂》(The Soul of a New Machine)一书描写了创建一个令人满意的工作场所所涉及的复杂的社会和心理因素。此书获得了普利策奖。基德很好地记录了人类的这些因素，这也是20世纪70年代最终激励了 Data General Corp 工程师团队开发出新一代电脑的魔力。

Data General Corp 的工程师团队从公司的最高层没有获得过什么正式的鼓励。不过他们却坚信自己所做的事情。基德在书的最后，将小组中的工程师比作修建了大教堂的石匠。

他们是在建造向上帝致意的教堂。这是一种赋予生活意义的工作。这正是组长汤姆·维斯特(Tom

West)和他的工程师团队在寻找的。他们喜欢说自己并不是为了钱才开发电脑的。成功之后,一些人觉得自己既没有得到钱,也没有得到应得的认可。有些人说,他们对此感到有些痛心。不过当谈到项目本身时,他们的热情就又回来了,热情点亮了他们的脸庞。

这就是管理人才的秘诀。

(资料来源：华尔街日报网站,http：//cn.wsj.com/gb/20091118/eoe085938.asp?source=rss.)

3.2.2 赫茨伯格的"双因素理论"

赫茨伯格(Frederick Herzberg)是美国行为科学家,他的双因素理论,对传统的影响工作满意度的观点提出了挑战。

20世纪50年代末,赫茨伯格及其同事在匹兹堡地区对9个工业企业中的工程师和会计师进行了工作满意度的问卷调查,问卷涉及"什么情况下你对工作特别满意""什么情况下你对工作特别不满意",要求人们详细回答。从经过分类的回答中他们总结出人们对工作满意的回答与工作不满意的回答是不同的。某些因素总是与工作不满意度有关,某些因素则与工作满意度有关。他把前者称为保健因素(Hygiene Factors),后者称为激励因素(Satisfiers)。

保健因素主要为外部因素,包括公司政策及管理、监督、报酬、工作条件、人际关系、地位、安全保障等。这一类因素如果不具备,就会引起员工的不满与消极情绪。而当管理者针对这些因素进行改进时,则可以预防与消除员工的不满,然而却不能直接起激励作用。也就是说,只是使员工没有不满意,而不是使员工感到满意。

激励因素主要为内部因素,包括成就感、赏识、工作本身、责任、提升与发展。当这些因素缺乏时,员工处于很低或没有工作满意感的状态;而当这些因素得到改进之后,员工则可获得高度的满意感,进而体现出较高的绩效。

在赫茨伯格的双因素理论中,还针对传统的工作满意和不满意的观点,提出了自己独创性的观点。传统的观点认为,"满意"的对立面就是"不满意"。据此,产生"满意"就是消除"不满意"。而赫茨伯格认为这种观点太粗糙而显得不确切。他认为"满意"的对立面应是"没有满意","不满意"的对立面应是"没有不满意"。这就意味着消除导致"不满意"的因素,并不能导致"满意"的产生。

因此,激励因素是指能产生使员工满意的积极效果的因素。而保健因素是指能防止员工产生不满情绪的因素。所谓保健因素是指其对员工产生的效果类似于卫生保健对身体健康所起的作用一样。卫生保健不能直接提高健康状况,但能预防疾病。同样,在工作中,保健因素不能直接激励员工,但能防止员工产生不满意情绪。只有激励因素才能发挥员工的积极性,使员工具有进取心。

尽管赫茨伯格的理论受到了许多严厉的批评,然而在人力资源的管理实践中,该理论仍然得到广泛流传。从保健因素方面考虑,组织为员工创造良好的工作条件,可以有效地消除员工的不满情绪;从激励因素方面考虑,可以促使管理者注意工作内容方面的重要性,通过工作丰富化来扩大工作责任范围,增加工作的挑战性,为员工的成长提供机会。

双因素理论与需要层次理论兼容并蓄。需要层次理论针对需要和动机,双因素理论则针对满足这些需要的目标和诱因。将两者结合起来看,保健因素对应于需要层次中的较低层次需要,激励因素对应于需要层次中的较高层次需要。

阅读案例 3-3

双因素理论在前景内燃机公司的应用

前景内燃机公司最高层经理人员长期忧虑的一个问题是，生产车间的工人对他们的工作缺乏兴趣，其结果就是产品质量不得不由检验科来保证。人事经理玛丽从多方面来说明人事问题。首先，她指出，由于本公司有强有力的工会，她的部门对公司雇用和留用工人有很少或根本没有控制权。其次，她观察到车间的工作是单调和非常辛苦的，所以公司不应该期望工人对于这种工作除了领取工资外还会有什么兴趣。但是玛丽说，她相信公司可以想办法提高工人的兴趣。如果工人承担的工作范围能够扩大的话，必然会出现高质量的工作以及较低的缺勤率和流动率。当问她应怎样做时，她向公司建议做两件事：一是要工人掌握集中操作技能，而不是只做一项简单的工作；二是工人每星期轮流换班，从生产线的一个位置换到另一个位置上，这样可以为工人提供新的和更有挑战性的工作。

从案例中可以看出，人事经理玛丽试图通过改变工作的方式和扩大工作范围来提高工人的兴趣。这种方式属于双因素理论中的激励因素。

让工作更有挑战！没有人喜欢平庸，尤其对于那些年纪轻、干劲足的员工来说，富有挑战性的工作和成功的满足感，比实际拿多少薪水更有激励作用。

因此，经理要根据员工的要求，适当地进行授权，让员工参与更复杂、难度更大的工作，一方面是对员工的培养和锻炼，另外一方面也提高了员工满意度。

要做大企业，不能没有几个顶天立地的核心人物，必须要让下属产生"挑大梁"的感觉，为企业贡献才智。

（资料来源：魏洁. 激励（让员工自己跑）. http：//edu.sina.com.cn/focus/jlyg/index.html.）

3.2.3 佛鲁姆的期望理论

美国心理学家佛鲁姆（V. H. Vroom）于1964年出版了《工作与激励》一书，他在此书中首次提出了期望理论。该理论认为，一种行为倾向的强度取决于个体这种行为可能带来的结果的期望强度以及这种结果对行为者的吸引力。

1. 期望理论的公式

期望理论指出，对人的激励力的大小取决于要达到目标的感知价值（效价）和期望概率（期望值）两个因素。即

$$激励力 = 效价 \times 期望值 (M = VE)$$

1）激励力

激励力（Motivation）主要是指调动一个人的积极性，激发人的内在潜力的强度。

2）效价

效价（Valence）又称感知价值，是一个人对某项活动可能产生的成果的主观评价，这种成果吸引力的大小是因各人的主观评价而异的。对于同一个结果，由于个人的需要不同，兴趣相异以及时间、空间的变化，人们对结果的效价也有所不同。效价有正值、零值和负值之分，有大小、高低之不同。为了方便定量分析，可以规定其变动范围为 -1 到 $+1$，即对活动结果强烈排斥时，将效价定为 -1，而对活动结果强烈渴望时的效价定为 $+1$。

3）期望值

期望值（Expectance）又称期望概率，是指一个人对某项活动导致某一成果的可能性大小的判断。人们相信付出一定的努力，必定会获得一定的绩效。因此，一个人对达到某种结果，可以估计几种期望值，期望值的变动范围一般为 0 到 $+1$。在这里，期望值同样是

按个人主观的评价,而不是按实际情况的客观概率评价。

期望值和效价的乘积决定了激励的强度。一个人追求活动结果的效价越高,期望值越高,那么激励的强度也就越大。

2. 期望理论的3种关系模型

期望理论的关系模型如图3.2所示。

Ⅰ　　　　　　Ⅱ　　　　　　Ⅲ
个人努力 ⟹ 个人绩效 ⟹ 组织奖励 ⟹ 个人目标

图3.2　期望理论的关系模型

Ⅰ:努力—绩效关系

它是指个人认为通过一定努力会带来一定绩效的可能性。它取决于个人对目标的期望值。由于期望值是个人对目标的一种主观评估,它会受到个人的理想、态度、价值观等个性倾向性的影响,还会受到个人的社会地位、权力和社会因素及环境的影响。因此,个人对目标的期望值是一个有主观条件和客观因素相互作用而决定的函数。

Ⅱ:绩效—奖励关系

它是指个人相信一定水平的绩效会带来所希望的奖励结果的程度。一个人获得了好的绩效评估,是否会得到组织奖励呢?如果绩效—奖励关系明确,则员工的积极性会被调动起来;否则,员工通常认为这种关系并不明确,奖励还很可能基于资历、讨好上司等因素,这时员工会认为绩效—奖励关系是弱的,进而会降低激励水平。

Ⅲ:奖励—个人目标关系

它是指组织奖励满足个人目标或需要的程度以及这些潜在的奖励对个人的吸引力。个人总是希望通过努力工作获得一定的奖励,并以此满足自我的特定需要,而每个人的需要在生理、心理和精神方面都存在很大差异,对于同一种奖励,每个员工所持有的效价是不同的。因此,要重视利用差异化的奖励来激励不同需要的员工,使奖励充满吸引力。

总之,从期望理论模型可以看出,要想有效地激励员工,管理者一方面应当让员工充分了解其成果的吸引力,并尽可能加大这种吸引力;另一方面,应当采取措施帮助员工实现其目标,提高他们的期望值,从长远来看,这种激励既能帮助员工提高工作能力,也能促进组织目标的实现。

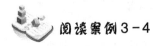

MTW公司和员工的"期望协议"

MTW公司的销售额从1996年的700万美元跃升到2000年的近4000万美元,并建立了以人为本的文化,使公司从当初的50人发展到215人,人员流动率约为行业标准的20%。作为公司总裁兼首席执行官的爱德·奥西认为,MTW成功的基石在于公司和每位员工签订的"期望协议"。

奥西解释,"期望协议"的价值在于"换位思考"。在此过程中,每一方都说出他的目标,然后由他人再次重复目标。加入MTW公司的每一位员工都要签订一份"期望协议",MTW公司鼓励新员工提出所有的期望。奥西认为,这个过程让员工说出他们心目中最重要的东西。有时,人们想灵活处理家庭事务,照顾上了年纪的父母或者需要特殊照顾的孩子。

在MTW公司,"期望协议"是一个双向的,随员工的职业发展不断改进的文案,大约每6个月就要对它进行一次回顾,并进行修改。人们有较清晰的使命感,"公司知道你想去的地方,你也知道公司发展的方向"。

在市场部工作的 John 说,与大多数 MTW 公司的员工一样,他的"期望协议"既包括共同的目标也包括个人的目标。他想获得公司支持,丰富软件市场的经历;他想找到一位导师帮助他变得更加专业;他想参加许多专业贸易协会,丰富行业知识;他想接触更多的经营活动,学习更多的业务知识,而不仅仅是营销。

MTW 公司赞同这些想法并在"期望协议"中以同样具体的条件要求他。公司让他及其团队在限定时间内重新设计和部署公司的网站。让他写 3 篇关于 MTW 公司的文章,然后在 6 个月的期限内发表。公司同时想让他参加某些行业会议开拓新的市场。把协议写得如此详细,可以提醒 John。他说:"它有助于我制订计划,并在未来的一年内专注于这一计划。它可以让你反思你正在做的事情,同时也预期你应该做的事情。"

(资料来源:现代人力资源管理网,http://www.ehrdm.com/php/web/information/info_content.php?id=48875.)

3.2.4 亚当斯的公平理论

公平理论,也称社会比较理论,是由美国北卡罗来纳大学行为学教授斯塔西·亚当斯(J. Stancy. Adams)于 1956 年提出的。

1. 公平理论的内容

公平理论的基本思想是个体要求公正评价、公正对待。以组织内部,个体感到组织给予的报酬,如工资、奖金、提升等是根据个人的能力、付出的努力、知识经验及绩效等投入的比较而合理分配的。该理论着重研究工作报酬与投入分配的合理性、公平性对员工积极性的影响。公平理论指出,个体不仅受其绝对报酬/投入比的影响,而且受其相对报酬/投入比(自己的报酬/投入与他人的报酬/投入的比较)的影响。用公式表示如下:

$$\frac{O_p}{I_p} \geq \frac{O_a}{I_a}$$

式中:O_p 表示某人对自己获得报酬的感觉;I_p 表示对自己投入的感觉;O_a 表示他对某个作为比较对象的人所获报酬的感觉;I_a 表示对比较对象投入的感觉。上式说明:如果某人感到自己获得的报酬与自己的投入同他人获得报酬与他人的投入的比值相等或大于他人时,就会感到满意、公平;否则,就会感到不公平。用公式表示为 $\frac{O_p}{I_p} \leq \frac{O_a}{I_a}$。

公平理论指出,每个人既会自觉或不自觉地把自己付出的投入和所获得的报酬收支比率同他人进行比较,又会自觉或不自觉地把自己付出的投入和所获得的报酬的收支比率同自己过去进行比较。结果用公式表示为 $\frac{O_p}{I_p} \geq \frac{O_h}{I_h}$,$\frac{O_p}{I_p} < \frac{O_h}{I_h}$。

2. 不公平情况下的行为特征

公平理论公式表明,当个体发现自己的报酬/投入之比相等时,就会认为公平,但一般不会特别兴奋或激动,而只是处于一种平静而坦然的心境。如果推敲自己的报酬/投入之比,在个体高于他人时,所带来的不公平对行为没有十分显著的影响。而在个体低于他人时,就会产生强烈的不公平感和不满情绪,甚至不把金钱看成是单纯的经济报酬,而是通过报酬评价领导和同事对自己的态度,甚至扩大到自己与群体或他人的关系。这种不公平、不合理的感觉会严重挫伤个人的自尊心,并且可能导致委屈、愤怒、焦虑、郁闷等强烈的情绪反应,严重影响着员工的工作行为。在这种情况下,可能会采取以下行为。

（1）减少投入或产出。当个体遭受不公平待遇时，他会减少投入，如消极怠工、出工不出力；或减少产出，如降低质量或数量，以求得到某种公平和满足。

（2）减少报酬或改变结果。通过采取一定的手段来减少别人的报酬，以使自己感到公平和满足；或者，通过一定的行动来改变已有的结果，如加倍努力工作，充分显示自己的工作成就与能力，以获得公平的待遇。

（3）改变自我认知。通过自我解释、自我认识或自我解嘲等来重新看待自己的报酬与投入和他人的报酬与投入，以此来进行自我安慰。

（4）改变参照对象。通过选择另外的参照对象，来降低对报酬的要求，以得到一种假象的公平与结果。

（5）公开不满、被动忍耐或离职。一些员工会发牢骚、泄私愤，故意制造人际关系紧张的局面；或为了生存和暂时稳定而忍耐；或感到极度失望而离开组织。

3. 公平理论的作用

从人力资源管理的角度来看，公平作为一种主观感受，对企业员工的心理和行为都有深刻的影响。特别是管理者应对造成员工不公平感觉的原因做出全面而认真的分析，如由于员工个人认知的失误，报酬政策的不完善，或由于领导作风不正等。根据不同的原因，采取不同的对策。正确处理管理中的公平与效率的关系，使员工体会到组织的公平环境，避免员工不良情绪和消极行为的发生。

从公平理论的产生和内容来看，该理论主要着眼于分配公平（Distributive Justice），即个体之间可见的报酬的数量和分配的公平。但是，近期对公平理论的研究，扩大了公平理论的含义，人们认为公平也应考虑程序公平（Procedural Justices），即用来确定报酬分配的程序的公平。研究表明，分配公平比程序公平对员工的满意感有更大的影响，而程序公平更容易影响员工的组织承诺、对上司的信任和流动意向。因此，管理者需要考虑分配的决策过程公开化，应遵循一致和无偏见的程序。通过增加程序公平感，员工即使对工资、晋升和其他个人产出不满意时，也可能以积极的态度看待上司和组织。

 阅读案例3-5

多劳少得还招怨，不公平感伤员工

ABC乳胶制品厂设于南方沿海城市，20世纪80年代初网罗人才建起一支颇具实力的技术队伍。不过他们虽然有专长，但与本厂业务领域并不一定十分对口，真正从事乳胶工艺的，仅有48岁的黄振声高工。为了加强对此厂的领导，派公司年富力强的得力骨干宋伟华出任厂长。

经过调查，宋厂长发现内部植绒的乳胶手套在海外已成家庭必备品，需求极大，而国内比较罕见，因此决定向英国一家公司购买相关技术，并以120万美元的高价达成购买协议。英方答应尽快供货，并派专家来现场指导安装调试，保证设备到货后4个月内达到设计水平，投入生产。不料签约后，英方不仅以种种借口推迟交货，直到1990年10月才将全套生产线运到，并派来两名专家，而且经实际操作产品严重不合格，英方专家也一筹莫展。

厂班子研究决定依靠本厂内部技术力量，自力更生，组建攻关组。在征询原调试组组长黄工意见时，他表示自己搞没把握，以身体、精力不济推辞。于是虽然只有初中毕业但有20年设备维护经验的李工主动请战，并要小王做他的助理。

连续一个半月，李、王二人每天3班不下岗，6周下来，居然进展显著，许多难点都有不少突破，总产品合格率提高到了60%，虽然距离能实现盈利运行的88%成品率标准还有点差距，但总是令人鼓舞的，是咱自己干的呀。

班子决定,给攻关组李、王两人各发800元奖金,其余组员各发500元,以资鼓励。宋厂长承认这奖金是显得少了点,但再多发又怕别人不服气。

果然,很快就听到许多怪话:"英国专家干得差不多了,他们去摘桃子,有啥了不起,就发那么多钱?难道我们没干活?""没让我去,要不会比他俩干得好!"不是并没有达到要求吗?干啥还给奖?"甚至公司也来电话打听,显然有人给上头告了状。

宋厂长遇到李工和小王,想安慰几句。车工先说:"厂长,听见了吧?我不是为几个奖金去干的,是不服那几个'鬼佬',也不愿看见这么贵的机器闲着。可哥们儿苦干了一场,还得受这么多气。不是不能再改进,可如今谁还愿再干?"小李没多话,只说了声:"真没意思,还不如调走好。"

管理启示:

在所有的管理行为中,不公平感是对激励具有巨大负面效果的。公平理论认为,人能否受到激励,不但由他们得到了什么而定,还要由他们所得与别人所得是否公平而定。当人们感到待遇不公平时,在心里会产生苦恼,呈现紧张不安,导致行为动机下降,工作效率下降,甚至出现逆反行为。个体为了消除不安,一般会出现以下一些行为措施:通过自我解释达到自我安慰,逐个造成一种公平的假象,以消除不安;更换对比对象,以获得主观的公平;采取一定行为,改变自己或他人的得失状况;发泄怨气,制造矛盾;暂时忍耐或逃避。

(资料来源:岳阳. 让员工跑起来:授权与激励的艺术[M]. 北京:清华大学出版社,2009:142.)

3.2.5 强化理论

强化理论是由美国行为心理学家斯金纳(B. F. Skinner)提出的。这个理论是从动物的实验中选出来的。斯金纳最早将强化理论用于训练动物。后来,斯金纳又将强化理论进一步发展,并用于人的学习上,发明了程序教学法和教学机。强调学习中应循序渐进,不断并及时反馈,收到了很好的效果。现在,强化理论被广泛应用在人力资源管理的激励和人的行为改造上。斯金纳认为,无论是人还是动物,为了达到某种目的,都会采取一定的行为,这种行为将作用于环境,当行为的结果对他有利时,这种行为就会重复出现,当行为的结果不利时,这种行为就会减弱或消失。这就是环境对行为强化的结果。

1. 强化的内容

斯金纳认为,对人的行为进行改变可以有4种类型和方法,即积极强化、消极强化、惩罚和忽视。

1)积极强化

当一种反应伴随着愉快的事情时,就称之为积极强化或正强化。在管理上,积极强化就是利用奖励来增加那些组织上需要的行为,从而加强这种行为。这些奖励通常不仅包括奖金,还包括表扬、晋升、改善工作条件和人际关系、安排挑战性工作、给予学习和成长的机会等正强化手段。

2)消极强化

当一种反应伴随着终止或逃离不愉快事件时,称之为消极强化或负强化。在管理上,消极强化是指员工努力工作或改变某种行为,目的是避免受到组织的批评或消极看法等不愉快的行为结果。

3)惩罚

为了减少不良行为所给予的不愉快事件或情境,称之为惩罚。在管理上,组织惩罚那些与组织不相容的行为。惩罚的办法很多,如以批评、处分、降级、减少奖金等方式来达到减少不良行为的目的。但是,在使用惩罚方式时应十分慎重,虽然惩罚可以在短时期内改变一个人的不良行为，但过多的惩罚会给一个人的长期行为带来很多负面影响。

4）忽视

消除任何能够维持行为的强化物则称之为忽视。在管理上，如果组织对员工的积极行为视而不见，即员工的行为得不到强化时，便倾向于逐渐消失。

积极强化和消极强化都导致了行为的改变，它们强化了反应，增加了其重复的可能性；惩罚和忽视虽然也导致了行为的改变，但它们削弱了行为，并减少了其发生的频率。

2. 强化的程序

强化的程序主要有连续强化和间断强化两种形式。连续强化是指每一次理想行为出现时，都给予强化。例如，对于一个超额完成任务的员工，每次超额都得到组织的表扬，就是连续强化；间断强化是指每一次理想行为出现时，并不是都得到强化，它可能是过一段时间或反复出现几次理想行为时，才强化一次。因此，间断强化又分为比率强化和时距强化两种。比率强化指根据被试做出反应的数量来确定强化，即当某一具体行为重复了一定数量后个体才得到强化；而时距强化则根据被试做出反应的时间来确定强化，即当某一具体行为重复了一定的时间后个体才得到强化。

3. 强化理论的作用

强化理论较多地强调外部因素或环境刺激对行为的影响，忽略了人的内在因素和主观能动性对环境的反作用，带有机械论的色彩。但是强化理论的一些具体做法对人力资源管理实践具有很多的借鉴作用。首先，组织对员工的行为应给予密切注意，了解员工的个性差异和行为差异，注意到人们的年龄、性别、职业和文化的不同，就会有不同的需要和行为。慎重地使用不同的强化方式对待员工，从强化的内容上应以积极强化为主。过多地使用惩罚，会产生不良的副作用，如使员工产生挫折感和对管理人员的畏惧心理，士气低落，带来高缺勤率和高离职率，因此，应尽量避免使用惩罚。其次，通过制定有效的人力资源管理政策和培训措施，对人的行为进行有计划、有目的的训练，通过不断的强化和改变，使员工的个人行为与组织目标密切地结合起来。如从不同的强化程序与方式上看，建立合理的员工考核制度，不仅可以提高工作绩效，还可以有效地降低缺勤率和离职率。再者，员工还可将强化理论运用于对自己行为的管理，即自我管理。比如，通过观察自己的行为，将自己的行为与标准进行对照，当行为达到标准时进行自我奖励。

阅读案例3-6

激励员工十法

传递焦虑情绪？施压？不，正面强化才是正解。

很多人试图通过向他人传导焦虑来激励他们。为人父母者经常用这招，经理人和企业领导者也经常这样做。他们为员工的糟糕表现感到焦虑，然后又把这种焦虑感传导给员工。这样，所有人都紧张和焦虑起来了。

把焦虑情绪传递给员工，只能推动他们去完成任务，却不能帮他们发挥出自身的最佳水平。

以下方法有助于带领员工走出平庸，迈向成功。

1. 听取员工意见

优秀的领导者会不断向直属部下寻求有创意的意见。这一做法不但对发展公司业务有利，而且还能很好地调动双方进行沟通的积极性。

优秀的领导者善于提出问题。他会问："如何让顾客在我们这儿的购物感受，跟他们在我们的竞争对手那儿购物的感受有根本性的不同？如何能让我们的员工和顾客像朋友一样相处，从而吸引顾客在我们这里购买更多的商品？对记住顾客名字的员工我们应该如何进行奖励？有哪些方法可以鼓舞团队士气，激励他们去争取更好的销售业绩？我们的员工会一起讨论如何打造长期客户吗？在这方面你的看法是什么？"

调动员工积极性技巧的高低跟问题的质量直接相关。优秀的领导者会关注那些可以改变结果的问题。

2. 不给员工施压

大部分经理人都试图通过夸大不利情形来刺激员工。首先，他们会描述无法完成预定目标的惨境，有意让员工感到难过；然后，把这种难过情绪作为负面动力来调动整个团队的积极性。

这样做是没有用的。因团队目标可能无法完成而感到有压力不等于在乎这些目标。在有些情况下，施加压力并不是一种有效的激励措施。

没有人在面对压力或是感到紧张时可以表现得很好，领导者也是这样。人在倍感压力和紧张的时候，只能集中一小部分精力。如果你最钟爱的球队在踢球，你是希望看到紧张的队员在比赛的最后时刻通过罚球或远射得分呢，还是希望看到队员自信、冷静地应对挑战，步步为营呢？

大部分人把压力当作"真正在乎"目标实现的一种表现。但是，那不是在乎，只是紧张而已。紧张会让员工表现得更加糟糕。而真正的在乎会让员工表现得更好。所以，明白二者的区别对经理人很重要。它们是最为不同的两种状态了。

如果在乎，不会感到紧张，会集中精力，调动所有的资源，发挥出心态平静、全神贯注时所能调动的全部力量。人在身心放松、精力集中的时候表现最好。

3. 管理约定而不是管人

聪明的领导者富有同情心，他们总是试着去理解员工的感受。但他们不会试图去约束这些情感，而是通过和员工达成的约定对员工进行管理。

领导者会就某些事宜和团队成员进行约定，并让员工在独立思考后决定是否同意遵守这些约定。在此期间，经理人和员工的所有对话，都是本着尊重员工的原则进行的。不存在员工屈从于经理人的恐吓或是权威的情况。

一旦经理人和员工达成了约定，经理人就不再需要对员工进行管理了，他们要管理的是这些约定。这种管理方式更加成熟，也体现了对员工的尊重。双方交流时也都会更放得开，更信任彼此。双方的责任感也会有所增强。如果要讨论尴尬话题，也更容易些。

经理人通过约定对员工进行管理的过程，从本质上来讲，是经理人和员工两个职场成年人进行合作的过程。

4. 应用认可－重申－跟踪模式

当要和员工谈论他的某些行为和表现时，可以用认可员工－重申对他的承诺－跟踪约定履行情况的管理方法。

首先要欣赏和认可员工这个人，以及他为企业做出的贡献，注意到他的强项和特殊才华。然后举一个他近期表现的具体事例。

接下来，对该员工重申对他的承诺。可以这样说："我相信你。你身上具备的一些特质吸引我雇用了你。我会尽全力帮助你在这个工作岗位取得成功。我会努力成就你的事业，让你在这里感到快乐和充实。"然后告诉员工具体可以为他们做什么。列举工作职责，如何为他们争取公平待遇，怎样做到在他们需要的时候随时出现，是怎样做到总能为员工提供他们成功所需的工具的，等等。

最后，跟踪和员工达成的约定。如果没有现成的约定，应该本着双方互相尊重的原则当即拟定一个。约定是双方共同制定的。它们不同于授权和规定。当双方不再遵守相互的约定时，应该本着互相支持的态度打开天窗说亮话，要么恢复该约定，要么重新拟一个新约定。人们常打破他人定的规矩，但倾向于遵守自己认可了的约定。

5. 让员工放开手脚

员工总是自缚手脚。他们不敢想象未来，总是在和想象中的困难做斗争。

领导技巧之一就是告诉员工他们可以比想象中成就得更多。事实上，在将来的某一天，员工也可能成为领导者。他们对领导者的敬慕之情之所以能够不断增加，一个重要原因是领导者总能看到他们的潜力。所以，领导者要不断发现他们最好的一面，然后告诉他们。

仆人式领导者的倡导人格林里夫(Robert Greenleaf)认为，企业领导者是为员工服务的，要扶持员工走好每一步，尤其要发掘他们最好的一面，而不是把容忍他们自缚手脚作为成就。

6. 进行正面强化

经理人通常很忙，他们忙着挑错，然后对犯错误的员工进行批评。这是大部分经理人的领导方式。

这是一个习惯陷阱。和所有其他习惯陷阱一样，采取些简单的措施便可以走出这个怪圈。比如，在领导者准备给某个团队成员发邮件或打电话训斥他时，先停下来想想他有哪些工作表现值得领导者在和他交流时对之提出表扬。领导者应该时刻牢记，正面强化是引导和塑造员工良好表现的有力工具。

7. 鼓励员工与顾客做朋友

沃尔顿(Sam Walton)明白顾客永远是企业唯一的老板，所以他创立了沃尔玛这样的大企业。他认为，顾客有能力开除公司的任何一个人，他只要不来公司消费，去其他地方购物就可以了。

为什么不开始以此激励员工呢？为什么不向他们展示当他们把顾客当真正的朋友一样对待时的乐趣呢？员工与顾客的良好关系最终可能会成为贵公司的核心竞争力。

作为经理人，如果不能鼓励员工与顾客建立良好的关系，顾客就可能流失掉。如果做不到煽动并且激励员工找到与顾客建立良好关系的途径，顾客甚至会成为生活中的"麻烦"或"不可避免的灾难"。

公司经营的最终目的在于很好地满足顾客需求，让顾客养成习惯，不断光顾公司。但只有在员工有意识地与顾客建立起了良好关系的情况下，这一目的才能实现。

8. 发挥信心的力量

一天当中有多少次问过自己，"在那次谈话中我看起来有多大把握？"在与员工谈话前有多少次是问过自己的，"我怎样才能向员工保证，让他在离开我办公室时确信一切都会顺利进行，并且相信他有能力做好这项工作？"

如果能把这种信心与公司的人事制度和管理方法相结合，团队就会变得不一样。员工的思想状态会变得更好。

员工确实需要从领导身上寻找信心。但是很多时候他们找不到这种信心，他们看到的是相反的东西。他们会感到整个团队被别人拿枪追着跑。经理人的举止言行总是传递出这样的信息，"我们要快点跑，快点跑……我迟到了，不好意思跟你见面我迟到了。"这些信息的问题在于它传递的不是一种信心。当领导者行为混乱并且传递出危急的思想状态时，公司的生产效率会因此而受到破坏。

与以上情形相反，并能挽救这种混乱情形的便是信心。一旦领导者接受了这一理念，并把它变成一种习惯，就会看到它所带来的正面效果了。

9. 通过电子邮件点燃员工热情

发给团队成员的每封邮件对领导者而言都是一次机会，是给团队充电、灌输乐观主义精神的机会，这种乐观精神可以帮助点燃进行下个项目所需的员工热情。

邮件发出以前，好好看一下。该邮件是否具有鼓动性？里面有没有提及对收件人的认同和赞赏？这封邮件能否鼓舞士气？它会让看到它的人感到开心吗？

如果不能达到以上要求，再多花一分钟重新修改一下吧。把负面的语气换成正面的。让这封邮件多点闪光点。问问自己："如果是我的话，我愿意收到这样一封邮件吗？收到这样的邮件我会感到荣幸，心存感激吗？"

10. 不要再为变革而道歉

为团队必须适应的某些或所有改变向员工道歉的经理人，实际上是在播撒打击士气、增加团队挫败感的种子。他们是在暗示该变革对团队健康不利。这种做法源自表现同情以博取认同的潜意识，但结果却让整个团队成了受害者，极大地延长了团队适应变化的时间。

真正的领导者不会为变革而道歉。相反，他提倡变革。他会不断告诉员工身处一个不断变革的企业中的好处。真正的领导者支持企业不断进行变革，不断提高生产效率和创新水平。

（资料来源：http://www.ceconline.com/hr/ma/8800052800/011.）

3.2.6 归因理论

归因理论最早是由海德提出的,它是指人们通过对行为的因果推论来改变自我感觉、自我认知,并改变自己的行为。该理论认为,人们过去的成功或失败主要归结于4个方面的因素:努力、能力、任务难度和机遇。其中,能力和努力是两种描述个人特征的"内在原因",是个人可以控制的;难度和机遇则是表示环境因素的"外在原因",是个人较难控制的;能力和任务难度又属于稳定的因素;努力程度和机遇则是不稳定因素。不同的归因对主体的自我效能感和对后续行为的影响是非常大的。如果归因于个人的努力程度这个可控因素的话,努力会得到继续(成功)或加强(失败);如果归因于个人能力的大小这个稳定因素的话,自信心会增强或丧失,但也可能会加强学习,提高自己的能力;如果归因于任务本身或机遇的话,虽成功了但成功感不强,失败了则推卸责任,因为非自己所能控制,所以对个人努力程度的影响不会太大,但有时会影响自信心。

阅读案例 3-7

生动的体育课

这是一节五年级的体育课,正在进行的教学内容是 50 米短跑。教师将全班学生分成了男、女各两组进行练习,同时为了激发学生的兴趣,调动学生的积极性,教师在练习前提出了要求,即男、女两队中没有战胜各自对手的,要做 5 个俯卧撑。刚开始,学生还为了比赛中的胜负争论,如谁抢跑了,谁跑的时候脚踩线了等,练习了几次后,学生的劲头出现不协调的因素,"老师,太不公平了,我要求换人。"寻声望去,一名男生指着身旁的同学叫嚷着,一脸的懊丧,他的叫嚷得到全班大多数"失败者"的附和,原来与他同跑的是校田径队的集训队员,他虽几经努力都以失败而告终,自信心不免受到不小的打击。教师问道:"你认为与谁比,公平?""我要和他比。"面对教师的提问,学生迅速作出了回答与选择,指着身后一名小胖子并脸上带着一丝"坏笑",于是"失败者们"纷纷提出换人要求,一时间就乱作一团,教师很快使学生安定了下来,对学生们说了这么一席话。"如果是比赛,你能因为对手的强大而要求调换对手或者是拒绝比赛吗?""不能。"学生的回答是坚决的。"什么是虽败犹荣?相信大家都懂,能与强者同场竞技是一种荣耀,什么是强者,就是困难面前不低头,永不言败,明知是失败的结果,也要冲上去与之争个高低,这才是强者。"听完老师的话,那些要求换对手的学生不再言语了,只是接下来的练习更具竞争性。那名学生又一次输了,他一边做俯卧撑一边说:"我就不信赢不了你。"……

(资料来源: http://acad.cersp.com/article/2248033.dhtml.)

归因理论给管理者很好的启示:当下层在工作中遭受失败后,应帮助他寻找原因(归因),引导他继续保持努力行为,争取下一次行为的成功;同理,当下属在工作中取得成就时,在祝贺他的同时也应帮他寻找原因,以便取得更大的成就。

3.2.7 挫折理论

挫折是指个体从事有目的的活动时,在环境中遇到障碍和干扰,使其需要和动机不能获得满足时的情绪状态。用通俗的话说,挫折就是碰钉子。挫折是一种普遍存在的社会心理现象,可以分为沉重的挫折、轻微的挫折、长期的挫折、短期的挫折等。挫折不都是负向的、消极的、破坏性的,挫折可以是正向的、积极的和建设性的。

为了消除行为受挫可能带来的负面影响,国外常见的做法是:及时了解、排除形成挫折的根源;提高员工的挫折忍受力等。针对挫折感,该理论主张通过改变环境、分清是非和心理咨询等多种方法，引导人们在挫折面前避免消极的甚至是对抗的态度，进而用积极的态度改变人的行为。

3.3　人力资本与人本管理理论

21世纪，人力资本已超过物质资本一跃成为最重要的生产要素，人力资本理论为人力资源管理提供了坚实的理论基础。人力资本理论是20世纪60年代美国经济学家舒尔茨和贝克尔首先提出的，其代表性的论著是舒尔茨的《人力资本投资》（1960）和贝克尔的《人力资本》（1964），由于舒尔茨和贝克尔对人力资本理论的贡献，他们先后于1979年和1992年获得诺贝尔经济学奖。舒尔茨和贝克尔的上述观点得到了广泛的认同并沿用至今，对于我国的人力资本的发展具有一定的参考价值和指导意义。

3.3.1　人力资本理论

1. 西奥多·舒尔茨的人力资本理论

其主要观点如下。

（1）资本包括体现在产品上的物质资本和体现在人身上的人力资本。人力资本表现为人的知识、技能、经验和熟练程度，表现为人的体力、智力、能力等素质的总和。人力资本这一资本形态在经济发展中起决定性作用。

（2）并非一切人力资源都是最重要的，只有通过一定方式的投资，掌握了一定知识和技能的人力资源才是一切资源中头等重要的资源。这种资源本质上是财富的转化形态，在财富的再生产中起举足轻重的作用。

（3）人力资本投资收益率远高于物质资本投资收益率。

阅读案例3-8

人才的价值

1923年，美国的福特公司有一台电机坏了，公司的所有工程技术人员都未能修好。只好请来一个人，这个人叫斯坦曼，他原来是德国的工程技术人员，流落到美国后，一家小厂的老板看中了他的才能并雇用了他。此人矮小猥琐，衣着龌龊，许多人瞧不起他。福特问他几天能修好这台电机，他说3天。又问他用什么工具，他说只用一把小铁锤、一支粉笔就可以了。

白天，他围着电机转悠，东看看，西敲敲；晚上，他就睡到电机旁。到了第3天，人们见他还不拆电机，不禁怀疑起来，便质问他何时动手修电机，他却慢条斯理地说："别着急，今晚即可见分晓。"

当天晚上，他让人们搬梯子来，他爬到电机顶上，在电机的一个部位画了一个圆圈，写了几个字——这里的线圈多了16圈。技术人员半信半疑的拆开一看，果然如此，电机很快恢复了。

这时，他提出要酬金1万美元，有人不忿地说："你不过画了一个圈圈，怎么值1万美元？"

"画一个圆圈只要1美元，但要知道这个圆圈往哪里画，却要9999美元。"他理直气壮地说。

福特非常爽快地给了他1万美元。福特对这个人非常欣赏，一定要他到福特公司来。这个德国人说："原来的公司对我很好，我不能见利忘义。"福特说："我把你所在的整个公司都买过来就是了。"

（资料来源：殷智红，李英爽，平宇伟. 人力资源管理[M]. 北京：北京邮电大学出版社，2008.）

（4）人力资本是对人力的投资而形成的资本。从货币形态看，它表现为提高人力的各项开支，主要有学校教育支出、在职培训支出、保健支出、劳动力迁徙的支出等。人力资本投资的核算集中体现在人力资源身上的知识、技能、资历、经验、工作熟练程度等因素。

（5）人力资本投资的核心是提高人口质量，教育投资是人力资本投资的主要部分。教育能明显地提高人力资源的质量，使之作为人力资本而大大提高生产效率，而且教育投资对提高人力资源的素质来说，不仅仅局限于经济方面。

（6）摆脱一国贫困状况的关键是致力于人力资本投资，提高人口质量。舒尔茨第一次提出了人力资本理论，使其成为经济学的新门类。他研究了人力资本形成的方式与途径，对教育投资的收益率及教育对经济增长的贡献进行了定量的研究。他因为这些卓越的贡献被人们誉为"人力资本之父"。舒尔茨的理论缺陷在于：侧重宏观分析，其理论缺乏微观的支持；他只对人力资本四大形成途径之一的教育进行了深入分析，缺乏一个人力资本形成的一般模型；只提出并研究了人力资本的形成，没有将其全面地引入经济学分析框架中，如没有对由于人力资本引发的价值分配理论进行分析；其人力资本概念是外因决定的，而一个范畴的产生，既有外因也有内因。

2. 加里·贝克尔的人力资本理论

舒尔茨对人力资本的研究是从教育经济作用的宏观角度进行分析，微观分析则主要由贝克尔来完成。贝克尔是美国芝加哥大学经济学教授，以研究微观经济理论而著称。他的著作《人力资本》（1964）被西方学术界认为是"经济思想中人力资本投资革命"的起点，集中反映了他的人力资本的观点。贝克尔在《人力资本》一书中，分析了正规教育的成本和收益问题，并重点讨论了在职培训的经济意义，同时，他还研究了人力资本与个人收入分配的关系。在他的代表作《生育率经济分析》和《家庭论》中，他对家庭生育行为的经济决策做了成本－效用分析。他提出的教育的直接成本和间接成本的概念、家庭时间价值和时间配置的概念、家庭中市场活动和非市场活动的概念，都令人耳目一新。他的主要观点如下。

（1）所有用于增加人的资源并影响其未来货币收入和消费的投资都称为人力资本投资。对于人力的投资是多方面的，其中主要是教育支出、保健支出、劳动力国内流动的支出或用于移民入境的支出等形成的人力资本。

（2）人力资本投资有较长的时效性。在进行人力资本投资时，既要考虑当前的经济收益，又要考虑未来的经济收益。只有当预期收入的现值大于支出的现值时，人们才会决定做出这项支出。

（3）在职培训是人力资本投资的重要内容。贝克尔把在职培训分为两种：一般培训和特殊培训。所谓一般培训指的是企业提供的培训，使得接受培训的员工所获得的知识、技能，不但对本企业有用，而且对其他企业也是有用的。例如，由军队培养的机械师，其技能不仅在钢铁企业，而且对飞机制造企业都是有用的。这种培训应该由职工自己支付培训费，企业一般不支付这种开支，企业向受过一般培训的雇员支付和其他企业愿意向这些员工支付的相同的工资。特殊培训，又称为专门培训，是指能更大地提高提供培训的企业本身的生产率的培训。接受培训者的知识、技能等人力资本增进之后，对于提供培训的企业之外的其他企业的生产率则很少或没有影响。这种培训为提供培训的企业所专用。例如，对宇航员的培训，就是典型的特殊培训。特殊培训要求员工自己支付一部分培训费，企业也支付一部分培养费。企业对那些受过特殊培训的雇员支付高于其他企业的工资。受过特殊培训的雇员之所以会得到企业支付培训费用和较高的工资，是因为企业为了减少受过特殊培训雇员的流动性和害怕该雇员离去会给企业带来较大的损失。由于受过特殊培训的员工能给企业创造更多的利润和更高的效用,因而使整个企业的劳动生产率提高,所以企业愿意支付较高的工资和部分特殊培训费用。同时,企业也要求员工承担部分培训费用,并受相关契约的约束,以防止员工外流给企业造成损失。

(4) 收集信息、情报资料也是人力资本投资内容之一,同样具有经济价值。

(5) 唯一决定人力资本投资量的最重要因素是投资收益率,贝克尔把投资限于一个时期,而把收益扩展到其他时期来计算投资收益率。

(6) 提出了"年龄—收入"曲线。他设计的以收入为纵坐标,以年龄为横坐标的区间中,各人以不同的教育程度和年龄作为起始点,当其他因素相同时,一个人的收入水平因年龄的增长而增加;在同年龄组的人口中,一个人教育程度越高,其收入水平也就越高。

(7) 用数学计算和实证研究说明教育收益率,同时也比较了不同教育等级之间的收益率差别。贝克尔认为,受较高教育的孩子,未来的收益较多,给父母带来的效用或满足也较大。

贝克尔学术研究的一个显著特点在于:他把从表面上看和经济学没有任何联系的现象与经济学联系起来,并运用经济数学方法对之进行分析。贝克尔的贡献在于:他弥补了舒尔茨只重宏观的缺陷,注重微观分析,并且将人力资本理论与收入分配结合起来。

3. 爱德华·丹尼森的贡献

爱德华·丹尼森(Edward Dennison)在人力资本数量与实证研究方面做出了较大的贡献,是西方人力资本计量理论的代表人物。丹尼森的最大贡献在于修正了舒尔茨的教育对美国经济增长的贡献率。他将经济增长的余数分解为规模经济效用、资源配置和组织管理改善、知识应用上的延时效应以及资本和劳动力质量本身的提高等,从而论证出 1929—1957 年间的美国经济增长中 23% 的份额归属于美国教育,而不是舒尔茨所讲的 33%。大量分支学科如教育经济学、卫生经济学、家庭经济学和人力资源会计学等的衍生,是人力资本理论研究向纵深发展的重要标志。从 20 世纪 80 年代至今,把劳动力看作社会经济活动中最积极、最具能动性的战略性资源,这样一种观点已被确立为人力资本理论的核心。

3.3.2 人本管理

1. 人本管理的实质

要理解人本管理,首先要完整地认识管理中的人,掌握人性的实质。从本源上来讲,以人为本实际上是"人本主义"的一个必然要求。管理学家陈怡安教授把人本管理提炼为 3 句话:点亮人性的光辉;回归生命的价值;共创繁荣和幸福。

1) 人本管理以尊重人、关心人和热爱人为出发点

当前知识经济时代的企业管理与 20 世纪四五十年代的机器大生产对人的要求不同,企业需要把员工当作一个完整的人来对待,而非把人当作赚钱的机器。因此,企业应认识到,人的一切都是需要尊重的,在工作实际中应进行人性化的设计,真正让员工感受到关爱,让工作充满乐趣,从而激发员工的工作积极性。在管理实际中要注意,管理者应当将员工视为人本身来看待;而不仅仅是将他们看作一种生产要素或资源。人本管理应使员工成为企业的主人,充分发挥他们的工作积极性和能动性。

2) 人本管理强调弘扬人性,给人以尊严

人本管理理念与西方文艺复兴之后的人文主义哲学思想是一脉相承的,提倡给人以尊

严,弘扬人性。企业和社会应以改善人的生活为己任,反对践踏人性,把人当作机器使用。人性本身也是很复杂的,所以对人性的认识有一个不断发展和完善的过程。例如,泰勒对动作时间的研究,成为科学管理的基础。但人们发现:泰勒制下的人性是被严重扭曲的,因为那时的人只被视为高速运转的机器的一个齿轮或零部件,是整个物的生产体系中微不足道的一个部分。因此,对人的管理采取的是粗暴的"胡萝卜+大棒"政策,完全无视人的能动作用。可以说,那个时期的劳动对于劳动者而言是毫无兴趣的苦役。于是,一些新的人性假设理论得以形成,从X理论到Y理论再到超Y理论、Z理论,从经济人假设到社会人假设再到自我实现人假设、复杂人假设和文化人假设,对于人性的认识可以说随着生产方式从手工制造到批量生产再到大量满足客户个别需求的转变而日益丰富和生动起来。

梅奥的霍桑试验,使得人性略微得到了张扬,因为它开创了以满足人们的精神需求为出发点的一批管理理论,如梅奥的人际关系理论、马斯洛的需要层次理论、卢因的团体行为理论和布莱克的组织行为理论等。这些理论对人的本性作出了具有创新价值和意义的探索,例如,开始重视非理性因素对人行为的作用,而改变过去单纯认为是理性因素决定人的行为方式的观点。

3)人本管理提倡开发人的潜能,体现人的价值,最终达到自我实现

现代的知识经济时代,随着全球经济的一体化、市场日益自由化和科技的日新月异,对人性的认识更为全面,企业不仅要尊重员工、关心员工,而且要开发员工的潜能,使他们的价值得以体现,并达到自我实现。例如,现代企业更加注重雇员开发,注重员工的职业生涯发展。法国著名企业家罗贝尔·萨蒙在《管理的未来》一书中指出:"技术发展正在不可避免地快速前进,因而一切组织注定将落后于形势。人们必须不断地革新,使这种革新成为可能并从而显示出具有持久价值的唯一的竞争优势,乃是有关人员的素质。一种建立在以人为本的动力基础上的经济秩序,较之用短期行为引导人的经济秩序,更可能享有持久的繁荣。"员工的素质成为未来企业竞争的优势所在,企业除了要用人以外,还有育人的责任。促进员工潜能的实现以及职业生涯的发展,成为当今以人为本管理的重要议题。例如,尊重个人是摩托罗拉文化的重要特点。为了尊重个人,公司一方面不断致力于改善员工的工作环境(包括物质环境与心理环境);另一方面也竭力促进员工的发展。公司总裁和高级管理人员都十分重视与员工对话,要求员工要有长远的打算,并实施"尊重员工权利计划",不断切实提高员工的就业能力,帮助员工成为他们所能成为的最优者。

阅读案例 3-9

外国企业以人为本的管理方式

法国斯太利历公司实行"员工自我管理",根据生产经营的要求和轮换班次的需要,公司把全厂职工以15人一组分成6小组,每组选出2名组长,一名组长专抓生产线上的问题,另一名组长负责培训,召开讨论会和做记录。厂方只制定全公司的生产进度和要求。小组自行安排组内人员工作。小组还有权决定组内成员的奖惩。该厂实行"自我管理"后生产力激增,成本低于其他工厂。

美国通用公司是一家集团公司。1981年杰克·威尔士接任总裁后,认为公司管得太多,而指导得太少,他认为"工人们对自己的工作比老板清楚得多,经理们最好不要横加干涉"。为此实行了"全员决定"的开展,打击了公司中官僚主义的弊端,减少了烦琐程序。

(资料来源:程恒堂.人力资源管理[M].北京:化学工业出版社,2009:10.)

2. 以人为本理念在企业管理中的运用

人本管理作为一种理念,值得提倡,其作用的发挥是一个长远的系统工程。如何在企业的管理实践中落实这种理念,更是一个需要企业各方持之以恒不懈努力的艰巨任务。在一些成功企业的管理实践中,人本管理的精神得到了较好的体现。例如,惠普公司以其对人的重视、尊重和信任的企业精神闻名于世。作为大公司,惠普对员工有着很强的凝聚力。著名的"惠普之道"的精髓就是关怀和尊重每个人和承认他们每个人的成就,尊重个人的尊严和价值。概括而言,人本管理体现在以下几个方面。

1)管理人性化

在人本管理理念的指导下,现代企业管理者不仅关心所在企业员工的生活和工作,而且关心他们的全面发展。例如,随着生产和管理自动化水平的提高,员工的重复性劳动必将不断减少,创造性劳动将不断增加。现代企业更加注重为员工创造人性化的工作环境,例如,为了提高人们的创造性,企业要向员工提供更加轻松、更加自由和充满人情味的工作环境和制度环境。很多企业还为员工设计更加人性化的激励方法,例如,通过按资分配、技术入股、股权激励、年薪制等激励手段,为员工提供一种自我实现的机会。对于优秀人才还需要给予精神奖励,为他们提供更多的提升和发展机会。例如,SAS 公司提出工作就是"玩"(Make Fun),把原本枯燥的工作变得有意义,充分激发人们对工作的兴趣,发挥其创造力。

2)管理个性化

个性化是当今企业人本管理发展的一个新的趋势。美国哈佛大学教授巴特利特和伦敦商学院教授高歇尔研究了西方大量成功的知识创新型企业之后提出了个性化公司管理模式。他们建立了一种建立在发展目标、过程和员工基础上的管理哲学。这种"目标-过程-员工"的新管理哲学要求企业高层管理者超越战略,发展目标;超越结构,发展过程;超越体系,培育员工。他们认为组织的基本任务是塑造员工行为,建立员工主动创新、合作和学习的企业环境。个性化公司的"目标-过程-员工"的新管理哲学更真实地体现了人本管理的宗旨,可以适应知识经济时代人本管理的要求。

3)通过人来体现企业的竞争优势

在新的竞争环境条件下,企业要保持长期的竞争优势,要获得社会承认,取得好的经济效益,必须具有足够的竞争力。由于信息技术的快速发展和研究手段的日益成熟,一个企业率先获得的新技术会在极短时间内被其他企业所拥有,一个企业拥有的某项竞争优势会立即引发大批竞争者的努力投入而可能迅速丧失。在人本理念的指导下,管理者不再把员工作为管理的对象,而是战友和同盟军。影响员工的主要因素不是员工自身,而是管理者提供的管理环境、对员工的正确了解与恰当使用,以及更加人性化的文化理念。通过人本管理,充分体现员工的主人翁价值,激发员工的工作积极性,促进员工职业生涯的发展,从而形成其他企业难以复制的竞争优势。

4)致力于人与企业的共同发展

以人为本的管理活动围绕激发和调动人的主动性、积极性、创造性展开。市场经济条件下,以人为本的管理必须始终坚持以人为出发点和中心的管理思想,这是企业生存和发展的客观需要。因此,现代企业采用很多方法来促进以人为本的管理,如让员工参与决策、实行权变领导、工作扩大化和丰富化、对员工进行组织职业生涯管理等。通过了解和满足人的需要,注意工作中人的关系的沟通和相互作用,营造互相尊重、和谐、愉快、合作、积极向上和不断进取的文化氛围，从而使员工的主动性、积极性及想象力、创造力得到充分的发挥，在企业员工潜能开发和自我价值的实现过程中促进企业的发展，达到人与企业的高度和谐，使人与企业能够和谐共振、互相促进、共同发展、实现"双赢"。

5）以人为本的管理是企业持续发展的战略选择

企业的持续发展是任何一个企业追求的目标，百年老店是企业发展的愿望。以人为本作为一种理念是企业长远发展的基础和战略选择，现代企业不仅要关注利润，更应该关注员工生活的改善和社会的进步，只有这样，企业才能持续发展。市场经济是竞争的经济，优胜劣汰、适者生存是市场经济运行的基本原则，也是不以人的意志为转移的客观规律。因此，企业要实现持续发展，就必须有较强的竞争力，以人为本的管理可以提高企业的竞争优势，实现一流管理、一流人才、一流业绩，真正成为企业持续发展的基石。

3.4 战略性人力资源管理理论

战略性人力资源管理是目前许多管理者和实践者所关注的一种新观点，它是组织中关于"人"的管理思想的又一次飞跃。战略人力资源管理（Strategic Human Resources Management，SHRM）作为一种观点于20世纪80年代前后同人力资源管理思想同步产生。Walker于1978年在其文章《将人力资源规划与战略规划联系起来》中，初步提出将战略规划与人力资源规划联系起来的思想。这是战略性人力资源管理思想的萌芽。战略性人力资源管理产生的标志性文章是《人力资源管理：一个战略观》（1981）。在这篇文章里，作者深刻分析了企业战略与人力资源的关系。

3.4.1 战略性人力资源管理的基本特征

（1）就人力资源的重要性而言，认为人力资源是组织获取竞争优势的最重要资源，认为组织中核心人员及处于战略岗位上的人员是组织的根本资源，是组织技术资源、管理资源及其他相关资源的获取源。所以，组织中人力资源是决定组织成败的关键因素。

（2）就其职能而言，认为人力资源管理的核心职能是参与战略决策，根据内外环境需要倡导并推动变革，进行组织整体的人力资源规划，并实践相应的人力资源管理活动。战略人力资源管理的职能更加偏重于组织层次的决策、规划与实践活动，而非具体执行性事务。

（3）就其与战略的关系而言，人力资源管理职能与战略规划是一体化联系，是一种动态的、多方面的持续的联系，而不是一种按照先后顺序发生的相互作用。人力资源职能直接融入企业的战略形成和战略执行过程之中，也就是由过去的反馈执行者、协助者角色转化为关键参与者、倡导者、推动者及执行者角色。因此，人力资源管理部门也更加受到重视，人力资源管理部门的经理成为组织高层领导中的一名重要成员。

（4）就其实践而言，更加关注员工目标与组织目标的一致性问题，更加强调人力资源管理各项实践活动间匹配性及捆绑性，即强调系列人力资源管理活动的协同效应。

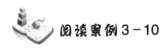

星巴克：咖啡的崇拜

星巴克咖啡销售的显著增长很大程度上归功于公司对人的管理。星巴克人力资源计划的整体思路是向其 20000 名员工灌输为客户服务的激情，这项计划被称为"合伙人"。为了雇用最好的员工，星巴克雇用年轻、热情和善于沟通的人员。合伙人的平均年龄是 26 岁，85% 的员工受过高中以上的教育。

星巴克聘用这些"毛头小子"，对他们进行严格的培训，教他们掌握煮咖啡的诀窍和客户服务的关键所在。"煮一杯最好的咖啡"是所有合伙人必须在 6 个星期内完成的一门课程。还要教会员工怎样"吆喝"，怎样做饮料。可能想象不到有那么多的规划需要记住。例如，牛奶要煮到 150℃，但不要超过 170℃。蒸汽加压的浓咖啡必须在 23 秒内拿出来，否则就要倒掉。另外一个项目称为"销售技巧"，有 8 个小时的讲座、演示和动作操作：擦拭咖啡柜上的油污、不把手伸进去而打开装咖啡豆的袋子，清洗蒸汽炉上的牛奶等。"咖啡知识"则是关于咖啡混合物的恰到好处的比例，员工要品尝各种各样的咖啡，分辨它们的特点。"顾客服务"教会员工为人处世的技巧，例如增强自尊、学会倾听、请求帮助等。工资也是星巴克人力资源战略的一个组成部分。为了确保得到并留住最好的员工，星巴克的工资高于同行的平均水平，此外，公司还为所有员工提供健康保险和股票期权。

公司还实行了一系列让员工发表意见和建议的机制。电子邮箱、建议卡和定期的论坛帮助管理者及时获得反馈。

公司的人力资源计划收到了良好的效果。员工的流动率低于同行平均水平 50%，员工也似乎真正有了主人翁意识。公司的增长令人瞩目。现在美国有 1000 多家星巴克的分店，利润达到 3500 万美元。

（资料来源：王林雪. 人力资源管理概论[M]. 西安：西安交通大学出版社，2006：296－297.）

（5）就其绩效关注焦点而言，人力资源管理部门的绩效已与组织绩效整合成一个整体。所以，其关注焦点集中在组织绩效的获取上，集中在组织持续竞争优势的获取上。

3.4.2 战略性人力资源管理的组织运作体系

战略匹配是战略人力资源管理的核心要求。Guest（1997）提出了 5 种类型的战略匹配：①作为战略性互动匹配，即寻求组织人力资源实践与外部环境的匹配，使组织中的人力资源战略及相应实践与环境互动；②作为权变的匹配，即使组织中的人力资源政策及实践能够适应外部环境的一些因素的突发性变化，如市场因素的变化、法律因素的变化等；③作为理想的系列实践的匹配，即承认存在系列最佳人力资源管理实践，并使组织努力接近这种最佳人力资源实践系列；④作为整体性的匹配，即主张有效的人力资源管理的关键在于发现人力资源管理各项实践的一种适当组合，认为各项实践的组合产生的效用远大于单个或部分效用；⑤强调组织各项人力资源实践之间的匹配，以获取"捆绑式"人力资源实践的组合结构。组织应该寻求最有效的那一种，也就是最匹配的那种捆绑结构。前两种匹配涉及组织与环境之间的匹配，后三种则是关于组织内部的匹配。总体而言，战略人力资源管理运作强调寻求最佳的匹配与组织内外部环境动态变化的捆绑式系列人力资源实践，如图 3.3 所示。

就具体实践而言，战略人力资源管理观点强调每一项人力资源实践活动都应围绕组织竞争优势的获取这一核心，各项实践的整合同样以此为中心。

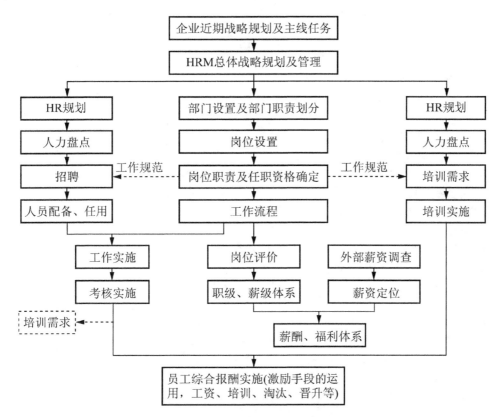

图 3.3　战略人力资源管理的组织内运作体系

本章小结

本章主要介绍了人性假设论、激励理论、人力资本与人本管理理论和战略性人力资源管理理论等，这些理论为人力资源开发与管理创新奠定了管理理论基础。尤其是以人为本的管理即人本管理，它把人视作管理的主要对象和企业最重要的资源，尊重个人价值，从而有效调动员工的积极性。

首先，本章着重阐述了西方国家有关人性观的主要观点，包括经济人、自我实现人、复杂人等。这种对人性认识的发展，在一定程度上使管理界对人的价值、人的尊严和人在生产中的地位与作用的认识有了转变，并在此基础上发展了以挖掘人的内在潜力为重点的管理方法。

其次，本章对人力资源管理中几种重要的激励理论进行了介绍，如需要层次论、双因素论、公平理论和强化理论等。管理者有必要针对不同的人使用恰当的激励手段。

最后，本章对人力资本、人本管理理论和战略性人力资源管理理论进行了详细的阐述。以人为本，尊重员工，企业不仅要把员工看成一项长期的投资，更要把员工当成企业的一项战略性资源看待，只有这样才能充分调动员工的积极性，从而实现组织目标。

关键术语

经济人　复杂人　自我实现人　激励理论　激励因素　保健因素　强化理论　人力资本　人本管理　战略性人力资源管理

综合练习

一、选择题

1. "人之初,性本恶"是由哪位思想家提出来的?(   )
   A. 荀子   B. 孟子
   C. 孔子   D. 老子
2. 以下哪项不是经济人的观点?(   )
   A. 人是天生懒惰的   B. 大多数人是有抱负的
   C. 大多数人缺乏理智   D. 非常看中物质激励
3. 以下哪项不属于内容型激励理论?(   )
   A. 需要层次论   B. 双因素论
   C. 成就激励理论   D. 公平理论
4. 以下哪项不属于保健因素?(   )
   A. 工资   B. 工作条件
   C. 管理方式   D. 工作责任
5. 以下哪项不属于成就激励理论的内容?(   )
   A. 成就需要   B. 自我实现需要
   C. 权利需要   D. 归属和社交需要
6. 人力资本理论是由以下哪位学者提出来的?(   )
   A. 爱德华·丹尼森   B. 麦克利兰
   C. 舒尔茨   D. 斯金纳
7. 以下哪项不属于人本管理的特征?(   )
   A. 管理人性化   B. 管理个性化
   C. 致力于人与企业的共同发展   D. 集权管理
8. 以下哪项不包含在Guest(1997)提出的5种类型的战略匹配?(   )
   A. 人职匹配   B. 战略性互动匹配
   C. 权变的匹配   D. 整体性的匹配

二、判断题

1. 中国近代著名思想家梁启超主张"个性中心论"。   (   )
2. 自我实现人观点包括人们是能够自我管理、自我控制的,外来的控制、惩罚不是鞭策人们为组织目标努力工作的唯一方法。   (   )
3. 在组织中为了公平,对每个人都采用同样的激励手段。   (   )
4. 公平理论认为人只喜欢拿自己和别人比较。   (   )
5. 为了避免打击员工的积极性,公司最好只采取正强化。   (   )
6. 对企业来说,一切人力资源都是最重要的。   (   )
7. 人本管理提倡开发人的潜能,体现人的价值,最终达到自我实现。   (   )
8. 战略性人力资源管理认为人力资源管理的核心职能是参与战略决策。   (   )

三、思考题

1. 人性假设理论主要有哪几种?
2. 过程型激励理论包括哪些内容?
3. 什么是强化理论,并回答它在实践中有何作用?
4. 人本管理的实质是什么?

第3章 人力资源管理的理论基础

5. 战略性人力资源管理有哪些基本特征？

案例分析

贾厂长皱起了眉头

贾炳灿原是上海高压油泵厂厂长，治厂有方，使该厂连获"行业排头兵"与"优秀企业"的称号，是颇有名望的管理干部。这次他主动向有关部门请求调到问题较多的液压件三厂来当厂长。有关部门对他能迅速改变这厂的落后面貌给予厚望。

贾厂长到任不久，就发现原有厂纪厂规中确有不少不合理之处，需要改革。但他觉得先要找到一个能引起震动的突破口，使改革公平合理，令人信服。

他终于选中了一条。原来厂里规定，本厂干部和职工，凡上班迟到者一律扣当月奖金1元。他觉得这条规定貌似公平，其实不然。因为干部们发现自己可能来不及了，便先去局里或公司兜一圈再来厂，有个堂而皇之因公晚来的借口而免于受罚，工人则无借口可依。厂里400来人，近半数是女工，又都做了妈妈，家务事多，早上还要送孩子上学或入园，有的甚至得抱孩子来厂入托。本厂未建家属宿舍，职工散住全市各地，路远的途中要换一两辆车；还有人住在浦东，要坐渡轮上班。碰上塞车、停渡，尤其雨、雪、大雾，尽管很早出门，仍难免迟到。所有这些，使迟到不能简单地责怪工人。贾厂长认为，应当从取消这条厂规下手改革。

有的干部提醒他莫轻举妄动，此禁一开，纪律松弛，不可收；又说别的厂还设有考勤制度，迟到一次扣10元，而且是累进式罚款，第二次罚20元，第三次罚30元。我厂才扣1元，算个啥？

但贾厂长斟酌再三，还是认为这条一定得改，因为1元虽少，但工人觉得不公、不服，气不顺，会影响到工作积极性。于是在3月底召开的全厂职工会上，他正式宣布，从4月1日起，工人迟到不再扣奖金，并说明了理由。这项政策的确引起了全厂的轰动，职工们报以热烈的掌声。

不过贾厂长又补充道："迟到不扣奖金，是因为常有客观原因。但早退则不可原谅，因为责任在自己，理应重罚；所以凡未到点而提前洗手、洗澡、吃饭者，要扣半年奖金！"这有时等于几个月的工资啊。贾厂长觉得这条补充规定跟前面取消原规定同样公平合理，但工人们却反应冷淡。

新厂规颁布不久，发现有几名女工提前2~3分钟去洗澡。人事科请示怎么办，贾厂长断然说道："照厂规扣她们半年奖金，这才能令行禁止嘛。"于是处分的告示贴了出来。次日中午，贾厂长偶过厂门，遇上了受罚女工之一的小郭，问她道："罚了你，服气不？"小郭不理而疾走，老贾追上几步，又问，小郭扭头道："有什么服不服？还不是你厂长说了算！"她一边离去一边喃喃地说："你厂长大人有没有上女澡堂去看过那像啥样子？"

贾厂长默然，他想："我是男的，怎么会去过女澡堂？"但当天下午趁澡堂还没开放，他跟总务科长老陈和工会主席老梁一块去了一趟女澡堂。原来这澡堂低矮狭小，破旧阴暗，一共才设12个淋浴喷头，其中还有3个不太好使。贾厂长想，全厂194名女工，分两班也每班有近百人，淋一次浴要排多久队？下了小夜班洗完澡，到家该几点了？明早还有家务活要干呢！她们对早退受重罚不服，是有道理的。看来这条厂规制定时，对这些有关情况欠调查了解……

下一步怎么办？处分布告已经公布了，难道又收回不成？厂长新到任定的厂规，马上取消或更改，不就等于厂长公开认错吗，以后还有啥威信？如果私下悄悄撤销对她们的处分，以后这一条厂规就此不了了之了，行不？……贾厂长皱起了眉头。

(资料来源：耿莉萍. 人力资源管理[M]. 北京：科学出版社，2008：30-31.)

根据案例所提供的资料，试分析以下内容。

(1) 贾厂长是以一种什么样的人性观来对待员工的？
(2) 作为这个厂的厂长，应该采取什么样的激励手段和管理方式？

第 4 章 人力资源管理原理

教学目标

通过本章的学习，了解人力资源管理过程中系统整合、能级对应、要素作用与环境适应 4 个层面的基本原理，理解同素异构原理、文化凝聚原理、弹性冗余原理、竞争强化原理等，掌握系统优化原理、能级对应原理、反馈控制原理、动态适应原理等，提高人力资源管理实践环节的思辨能力。

教学要求

知识要点	能力要求	相关知识
系统整合理念	人力资源系统整合规划方案设计 人力资源系统整合规划方案优选与实施 人力资源系统整合规划方案动态监控、反馈调整、纠偏提升	人力资源系统整合的意义 人力资源系统的特征 同素异构原理、系统优化原理、系统动力原理的内容
能级管理	人力资源管理中实施能级管理 解决能级错位问题 依据能级对应原理正确地使用人才	能级的概念 能级对应原理的内容 实现能级对应注意的问题 能级管理的内容与注意的问题
要素作用原理	树立要素有用理念 运用反馈控制充分发挥要素作用 实施文化凝聚管理	要素有用原理、反馈控制原理、互补增值原理的内容 影响反馈有效性的因素 运用反馈控制注意的问题
环境适应原理	树立弹性冗余管理理念 实施竞争强化管理	动态适应原理、竞争强化原理、主观能动原理的内容 弹性冗余原理的基本要点 竞争机制产生积极效果应具备的 3 个前提

第4章 人力资源管理原理

导入案例

爱若与布若的故事

爱若与布若差不多同时受雇于一家超级市场。开始大家都一样,从最底层干起。可不久爱若受到总经理青睐,一再被提升,从领班直到部门经理。布若却像被人遗忘了一般,还在最底层干。终于,有一天布若忍无可忍,向总经理提出辞呈,并痛斥总经理狗眼看人低,辛勤工作的人不提拔,倒提拔那些吹牛拍马的人。

总经理耐心地听着,他了解这个小伙子,工作肯吃苦,但似乎缺点儿什么,缺点儿什么呢?三言两语说不清楚,说清楚了他也不能服气。最后他忽然有了主意。

"布若先生,"总经理说,"您马上到集市上去,看看今天有什么卖的?"

布若很快从集市上回来说:"刚才集市上只有一个农民拉了车土豆在卖。"

"一车有多少袋?多少斤?"总经理问。

布若又跑去,回来后说有40袋。

"价格是多少?"总经理又问。

布若再次跑到集市上。

总经理望着跑得气喘吁吁的他说:"请休息一会吧,看看爱若是怎么做的。"说完叫来爱若对他说:"爱若先生,您马上到集市上去看看今天有什么卖的?"

爱若很快从集市上回来了,汇报说,到现在为止只有一个农民在卖土豆,有40袋,价格适中,质量很好,他带了几个土豆让经理看。这个农民过一会还将弄几箱西红柿上市,据他看价格还公道,可以进一些货。他想这种价格的西红柿总经理大约会要,所以他不仅带了几个西红柿样品,而且把那个农民也带回来了,他现在正在外面等着回话呢。

总经理看了一眼红了脸的布若,说:"请这位农民进来。"

(资料来源:窦胜功. 人力资源管理与开发[M]. 北京:清华大学出版社,2008:55-56.)

问题:

(1) 如果你是企业的管理人员,这个案例对你有什么启示?

(2) 如果你是企业的员工,这个案例对你有什么启示?

在人力资源开发和管理理论基础上,经过长期的人力资源管理实践,形成了人力资源管理系统整合、能级对应、要素作用与环境适应4个层面的基本原理。其中系统整合原理层面包括同素异构原理、系统优化原理与系统动力原理等;要素作用原理层面包括要素有用原理、反馈控制原理、互补增值原理、信息催化原理、文化凝聚原理等;环境适应原理层面包括动态适应原理、弹性冗余原理、竞争强化原理、利益相容原理、主观能动原理等。本章学习的重点是系统整合、能级对应原理,难点是对能级对应原理的应用。

4.1 系统整合原理

知识经济时代是一个以智力资源的占有配置与知识的生产分配使用为生存手段的新经济时代。在这个新经济时代,人力资本已经超过物质资本和自然资本,成为创造经济和财富增长的源泉。自从党的十七大报告提出"人力资源强国"以来,无论是宏观层面还是微观层面,人力资源管理不仅是一项富有现实意义的系统工程,而且是一项极具前瞻性的长远战略。如果现实工程是对存量资源的整合,那么前瞻性工程就是对增量资源的整合。存量整合主要是对现有战略性人力资源的配置。运用经济杠杆而非行政行为,运用市场调节而非计划调配。搞好增量整合,就是要依照企业发展战略制定战略性人力资源规划与实施方案。通过优化性、自动性和市场化配置整合，使存量资源和增量资源的综合能量得到大幅度的释放，从而实现战略性人力资源整合的总体性效应。因此，人力资源管理首先应遵循系统整合原理。

整合本身是一项系统工程，是对企业中不同层级和战略性人才职能的重新定位和再认识：从纵向分层上看，应考虑"战略决策层－管理执行层－实施操作层"的分工；从横向分类看，应当考虑业务流程和专业职责的分工、合作。运用利益相容原理，加强协同作用，做到整合目标与企业发展战略目标的一致性、一体化。因此，运用权变理论和系统原理，指导战略性人力资源的系统整合是必需的。

整合是系统的、动态的，它随时空、环境条件、整合对象、整合目标内容的变化而变化的。整合显示出相对阶段稳定和绝对动态变化的特性。把个人价值观与企业发展战略目标相统一并有机结合，符合先进的社会发展方向。整合的内在动力在于个人利益、企业和社会利益三结合、三统一，实现"三赢"战略，并建立能力、价值（贡献）、薪酬（报酬）互动机制，最大限度地发挥战略性人力资源的积极性、主动性和创造性。

系统整合程序是要通过对企业内外环境的分析，在确定企业发展战略的基础上，确定人力资源战略，对企业战略性人力资源进行系统整合规划、方案优选、组织实施，并对在实施过程中出现的问题及时进行反馈调整、纠偏提升。

系统整合过程中应注意以下几个问题：第一，如何发挥好、使用好引进人才的风险分析是做到"内留、外引"政策的公平、公开、公正的关键；第二，创新≠创效，创新的不是都对，创新具有风险，但不创新企业难以发展，创新是发展的动力；第三，整合不同于改革，整合必须有否定才能肯定，发挥 1+1＞2 效能，改革是消除阻力，革除不适应发展的要素，寻求支持企业发展的内在动力因素；第四，整合要表里如一，要重内涵，整合从形式走向融合，内在动力决定着整合的成败；第五，文化整合在人力资源整合中发挥着重要作用，特色文化是其他企业难以模仿的，使企业具有专业性优势。文化整合的核心是人的价值观的融合。整合不能生搬硬套别人的模式，要从实际出发，从需求出发，最大限度地促进企业发展。

战略性人力资源的整合将为企业发展提供强劲动力。整合是程序和活动的集合，是人力能量的有序和有方向性的叠加，是量变到质变的过程。整合的目标、价值导向使个人目标与组织目标一致化，个人价值与组织文化一体化，从而推动和提高绩效，有效提升核心竞争力。对战略性人力资源进行系统整合，才能得到提高，推动组织健康、和谐、可持续发展。因此，在遵循系统整合原理的过程中，同素异构原理、系统优化原理、系统动力原理也是值得注意的。

4.1.1　同素异构原理

同素异构原理是化学中的一个原理，意指事物的成分因在空间关系即排列次序和结构形式上的变化而引起的不同结果，甚至发生质的变化。

最典型的例子是石墨与金刚石，其同样是由碳原子组成，但由于碳原子之间的空间关系不同，因而结构也不同，从而形成了物理性能差别极大的两种物质，石墨很软，而金刚石则十分坚硬。

又如，甲醚和乙醇（酒精）具有相同数目的碳原子、氢原子和氧原子，但由于其空间排列不同，因而形成了两种不同的物质。乙醇是液体，溶于水，而甲醚则为气体，不溶于水。

把自然界的同素异构原理移植到人力资源开发与管理领域，意指同样数量的人，用不同的组织网络连接起来，形成不同的权责结构和协作关系，可以取得完全不同的效果。这在战争中表现得最为明显，同样数量的军事人员，如果组织松散，必然指挥混乱，失去战斗力；如果将他们合理地组织起来，形成战斗小组，如班、排、连、营、团、师、军等，严密组织和执行严格的纪律，则指挥有效、战斗力大增。

4.1.2 系统优化原理

用系统理论来分析，组织结构的作用是使人力资源形成一个有机的整体，可以有效地发挥整体功能大于个体功能之和的优势，也可以称为"系统优化原理"。系统是由两个以上元素组成的，相互联系而又相互作用的向同一目标运动的有机综合体。人力资源系统除具有一切系统的共性之外，还具有独特性。

（1）关联性。即人与人之间相互关联、相互影响和制约。

（2）目的性。参加某一系统的任何人都有着个体的目的，这种目的与系统的总体目标具有相关关系。

（3）社会性。人力资源系统的构成要素是人，而人本身具有较强的社会性。

（4）多重性。人可以同时归属于不同的人力资源系统，这是其他任何系统的要素无法达到的。

（5）有序性。自然万物，人之序超过物之序。人有男、女、长、幼，职位有高低，能力有大小，工作有先后，等等。

（6）适应性。人可以适应自然环境和社会环境，并在这种适应过程中不断地改造环境和被环境所改造，适者生存。

（7）冗余性。人力资源的冗余性主要表现在人的潜能及其发挥时的余地，而人的潜能发挥的程度与个人兴趣爱好、领导方法、环境状况有关。

正是由于人力资源系统的这些特征，形成了人力资源系统优化原理的 3 个基本要素。

（1）系统的整体功能必须大于部分功能的代数和。人力资源系统的整体功能通常有 3 种情况：①$1+1>2$；②$1+1=2$；③$1+1<2$。

第一种情况符合系统优化原理，整体功能大于部分功能之和；第二种情况是整体功能等于部分功能之和；第三种情况是人力资源系统内耗、摩擦，从而使此能量抵消出现了负效应。人们经常说一个组织内耗大，不能形成合力，做的是减法，即 $1+1<2$，就是指组织结构不合理，或组织文化劣质化，破坏了系统功能；而另一组织内耗小，凝聚力大，容易形成合力，做的是加法、乘法，即 $1+1>2$，甚至以 1 当 10，就是指合理的组织结构、先进的组织文化可以充分发挥人力资源的潜力，发挥出组织的系统优化功能。

（2）系统的整体功能必须在大于部分功能之和的各值中取最优，系统内的各要素（人力资源各部分）必须充满和谐，整体有奋发向上之力，使能力达到最强。

（3）系统内部的消耗必须达到最小。系统优化原理要求在人力资源管理中使人的群体功效达到最优，这是人力资源管理中最主要的原理。

4.1.3 系统动力原理

系统动力原理是指在人力资源管理活动中，通过物质的、精神的或其他方面的鼓励、奖惩的方式，激发人的工作热情的系统理论，它包括 3 个方面的内容。

1. 物质动力原理

物质动力是指人类对基本物质需要和物质享受的追求性。物质动力原理就是用物质鼓励的方法来满足人们对物质的追求，以激发人们对工作的积极性。

2. 精神动力原理

精神动力是指人们对友爱、表扬、职位、奖励、职称、信任、尊敬、荣誉等各种非物质的追求性。精神动力原理就是指用表扬、精神鼓励、提职、提干等各种手段，来表达对劳动者的友爱、信任，对业绩和能力的肯定，以达到激励工作的积极性，完成管理目标的目的。

3. 信息动力原理

信息动力是指一切美好的给人以期望或情感满足的信息。这种信息能增强人们的希望与追求，使人们心情愉快、顺畅，不怕困难，不怕牺牲，努力奋斗，积极向上，激发工作热情，提高经济和社会活动效率。这些信息如国家的形势、民族的自豪感、亲朋好友的教育等。

阅读案例 4-1

福特汽车公司

亨利二世对于员工问题十分重视。他曾经在大会上发表过有关此项内容的讲演："我们应该像过去重视机械要素取得成功那样，重视人性要素，这样才能解决战后的工业问题。而且，劳工契约要像两家公司签订商业合同那样，进行有效率、有良好作风的协商。"

亨利二世说到做到，他启用贝克当总经理，来改变他在接替老亨利时，公司职员消极怠工的局面。首先贝克以友好的态度来与职工建立联系，使他们消除了怕被"炒鱿鱼"的顾虑，也善意批评他们不应该消极怠工，互相扯皮。为了共同的利益，劳资双方应当同舟共济。他同时也虚心听取工人们的意见，并积极耐心地着手解决一个个存在的问题，还和工会主席一道制订了一项《雇员参与计划》，在各车间成立由工人组成的"解决问题小组"。

工人们有了发言权，不但解决了他们生活方面的问题，更重要的是对工厂的整个生产工作起到了积极的推动作用。兰吉尔载重汽车和布朗Ⅱ型轿车的空前成功就是其中突出的例子。投产前，公司大胆打破了那种"工人只能按图施工"的常规，而是把设计方案摆出来，请工人们"评头论足"，提出意见，工人们提出的各种合理化建议共达 749 次，经研究，采纳了其中 542 项，其中有两项意见的效果非常显著。在以前装配车架和车身时，工人得站在一个槽沟里，手拿沉重的扳手，低着头把螺栓拧上螺母。由于工作十分吃力，因而往往干得马马虎虎，影响了汽车质量，工人格莱姆说："为什么不能把螺母先装在车架上，让工人站在地上就能拧螺母呢？"

这个建议被采纳，既减轻了劳动强度，又使质量和效率大为提高。另一位工人建议在把车身放到底盘上去时，可使装配线先暂停片刻，这样既可以使车身和底盘两部分的工作容易做好，又能避免发生意外伤害。

此建议被采纳后果然达到了预期效果，正因为如此，他们自豪地说："我们的兰吉尔载重汽车和布朗Ⅱ型轿车的质量可以和日本任何一种汽车一比高低了！"

为了把《雇员参与计划》辐射开来，福特还经常组织由工人和管理人员组成的代表团到世界各地的协作工厂访问并传经送宝。这充分体现了员工参与和决策的重要性。

团结一致共建福特

20 世纪 70 年代到 90 年代，日本汽车大举打入美国市场，势如破竹。1978—1982 年，福特汽车销量每年下降 47%。1980 年出现了 34 年来的第一次亏损，这也是当年美国企业史上最大的亏损。

第4章 人力资源管理原理

1980—1982年，福特3年亏损总额达33亿美元。与此同时，工会也是福特公司面临的一大难题，十多年前，工会工人举行了一次罢工，使当时的生产完全陷入瘫痪状态。面对这两大压力，福特公司却在5年内扭转了局势。原因是从1982年开始，福特公司在管理层大量裁员，并且在生产、工程、设备及产品设计等几个方面都做出了突破性的改革，即加强内部的合作性和投入感。

鉴于福特员工一向与管理层处于对立状态，对管理层极为不信任，公司管理层把努力团结工会作为主要目标，经过数年努力，将工会由对立面转为联手人，化敌为友，终于使福特有了大转机。

目前，福特公司内部已形成了一个"员工参与计划"。员工投入感、合作性不断提高，福特现在一辆车的生产成本减少了195美元，大大缩短了与日本的差距，而这一切的改变就在于公司上下能够相互沟通；内部管理层、工人和职员改变了过去相互敌对的态度。领导者关心职工，也因此引发了职工对企业的"知遇之恩"，从而努力工作促进企业发展。从亨利二世重振雄风的事例中，人们也可以得到许多关于职工管理的启示。

尊重每一位职工

这个宗旨就像一条看不见的线，贯穿于福特公司管理企业的活动，同时也贯穿于企业领导的思想，这个基本信念对于其他任何企业领导来说都是不能忘记的，不但不能忘记，而且还应该扎扎实实地将它付诸实施。如果口是心非，受到惩罚的不是别人，只能是企业本身。

"生产率的提高，不在于什么奥秘，而纯粹是在于人们的忠诚，他们经过成效卓著的训练而产生的献身精神，他们个人对公司成就的认同感，用最简单的话说，就在于职工及其领导人之间的那种充满人情味的关系"。这段话揭示了这样一点："人是最宝贵的资源，对人尊重使工作成为一种心情的具有人情味的活动——爱你的职工，他会加倍地爱你的企业"。

尽管绝大多数经理都能够意识到人的重要性，但在现实中并不是绝大多数的经理都能真正地尊重人，尽管有些是他们无意识的行动。那么，怎样才算是尊重人呢？从福特公司所获得的巨大成功中可以发现一些适合于所有企业的一般性原则。

（1）要使职工真正地感到自己是重要的。在人类社会中，每一个人都是重要的，在企业中也不例外。因此，企业领导不论是在制订计划还是在日常的交往中，都必须发自内心地记住这一原则，并且要把这一原则处处体现在自己的行动上。

贝克经理在谈到自己对于职工的态度时说："每次当我看到某个人的时候，我都要一丝不苟地对待他们，使他们认识到自己的重要性，心不在焉只会给他们带来伤害。"

"所以他在与工人相处时，都以友好、平等的态度来倾听他们的谈话，帮助他们解决各种困难。这样一来，职工们会以更加高昂的士气去进行工作。"

俗话说得好，人心都是肉长的。一个感到别人对自己友好并尊重自己的人，是不会以怨报德的。这样一来，企业就会招揽更多的人才。

（2）要认真倾听职工的意见。装配线上的工人们由于工作在第一线，因而往往比领导更熟悉生产情况，他们完全可能想到经理们所想不到的意见来提高劳动生产率。此时，领导是否能够倾听工人意见便至关重要。

如果当职工找领导来谈关于公司生产经营等方面的建议，或其他有关企业的事宜而被领导拒绝，则会使他（她）的自尊心受到伤害，而对工作感到心灰意冷，最终影响企业劳动生产率。特别是青年人，往往会因为受到上级的责难怀恨在心而怠工，生产次品来进行报复。

所以作为一个企业领导，即使不从人情的角度来考虑，也应当从企业经济效益得失的角度考虑，认真倾听职工的意见。"士为知己者用"，如果连坐下来听听对方的谈话都做不到，那就更说不上使人才为你所用了。

（3）对每一位职工都要真诚相待、信而不疑。这与上面谈及的对高层领导人员用人不疑、大胆放权是如出一辙的，人与人之间最宝贵的是真诚。只有建立在彼此推心置腹、真诚相待、信而不疑基础上的关系才能经得起考验。管理人员要真正尊重职工，就必须和职工建立起这种经得起考验的关系。但要想做到这一点，并不是一件很容易的事，这要求管理者无论身居何职都要坚持不耻下问，与部属间兄弟般相处。

77

福特公司曾经向职工公开账目，这一做法使职工大为感动。实际上这种做法对职工来说无疑产生了一种强大的凝聚力，它使职工从内心感到公司的盈亏与自身利益息息相关，公司繁荣昌盛就是自己的荣誉，分享成功使他们士气更旺盛，而且也会激起他们奋起直追的感情。这就是坦诚关系的妙用。

全员参与生产与决策

这一点是福特公司在职工管理方法中最突出的一点。公司赋予了职工参与决策的权力，缩小了职工与管理者的距离，职工的独立性和自主性得到了尊重和发挥，积极性也随之高涨。"全员参与制度"的实施激发了职工的潜力，为企业带来巨大的效益。"参与制"不仅在福特公司，而且在美国许多企业，以致世界各地使用和发展着，实践证明：一旦劳动力参与管理，生产效率将成倍提高，企业的发展将会获得强大的原动力。

"参与制"的最主要特征是将所有能够下放到基层的管理的权限全部下放，对职工报以信任的态度并不断征求他们的意见。这使管理者无论遇到什么困难，都可以得到职工的广泛支持，那种命令式的家长作风被完全排除。

同时，这种职工参与管理制度，在某种程度上缓和了劳资之间势不两立的矛盾冲突，改变了管理阶层与工人阶级泾渭分明的局面，大大减轻了企业的内耗。

20世纪90年代是企业分权、授权与自由的时代，领导者应该紧握时代的脉搏，给职工权力并赋予其义务，以获得更多的支持与帮助。

（资料来源：人力资源开发与管理网．）

4.2 能级对应原理

4.2.1 能级与能级对应概述

能级的概念出自物理学。能，是表示外力对物体做功使物体增加的能量；能级，表示事物系统内部按个体能量大小形成的结构、秩序、层次。如物理学中原子的电子层结构，在不同层上的电子具有不同的势能（位能），由于不同能量的电子各在其位，所以才形成了稳定的物质结构，这就是能级对应关系。

能级运用于人力资源管理中是指人的能力大小分级。能级大表示能力强，办事本领大。能级对应就是指在人力资源管理中，根据人的能力大小安排其工作、岗位和职位，使人尽其才，人尽其用。能级对应原理的基本内容是承认人的能力有大小差别；按照人的能力不同建立和形成稳定的组织形态；不同能级应表现为不同的权力、物质利益和荣誉，人的能级必须和他所处的管理级次动态对应，人的能级具有可变性与开放性；人的能级与管理级次相互之间的对应程度标志着社会进步和人才使用的状态。因此，将能级对应原理引入人力资源开发管理领域，主要指具有不同能力的人，应摆在组织内部不同的职位上，给予不同的权力和责任，实现能力与职位的对应和适应。

为了使有限的人力资源发挥出最大的系统功能，必须在组织系统中建立一定的层级结构，并制定相应的标准、规范，形成纵向、横向上严格的组织网络体系，从而构成相对稳定的一种组织管理"场"，然后将所有组织成员按其自身的能力、素质，恰当地安排在整个网络的"纽带点"上，赋予其组织层次位置，确定其"组织角色"身份。

能级对应原理揭示出人力资源能级结构必须是一个稳定的结构，这种结构应该是正三角形的，如图4.1所示。A总是指有权威的个人或小组，具有决策权、财权、人权和权威性，能负责指挥全方位的高效运行。非稳定的能级结构在人力资源中的表现如图4.2所示。

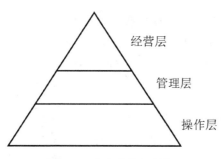

图 4.1　稳定的能级结构

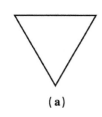  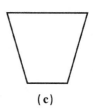

　　(a)　　　　　　　　(b)　　　　　　　　(c)

图 4.2　不稳定的能级结构

　　注：(a)为倒三角形结构。由于上大下小，相当不稳定，没有基础，缺乏权威，因而是最不稳定的人力资源结构。

　　(b)为菱形结构。这种结构中间大，两头小，中层以上是正三角形，因而是稳定的，但中层以下是倒三角形，因此就不稳定了。

　　(c)是梯形结构，看上去似乎是稳定的结构，但由于上、中、下三层结构失调，缺少"顶点"，没有最高的权威决策机构，平行的若干"点"会使下级无所适从，因此，也是一种不稳定的结构。

　　组织上层、中层、下层的不同职位对人员素质能力的要求差别很大，如图 4.1 所示。经营层要求有很强的决策能力和丰富的管理知识；管理层要求有很强的管理能力和一定的决策能力；而操作层则要求有很强的操作知识和能力。由于人员的实际素质和能力千差万别，因此，实现能级对应是一个分复杂、艰巨的动态过程。

　　为了实现能级对应，必须做到以下 3 点。

1. 能级管理必须按层次

　　现代组织中的"级"不是随便分设的，各个级也不是随便组合的。稳定的组织结构应该是正三角形的能级分布。造成非稳定结构的一个重要原因，是"人多好办事"的小生产效率观，应该彻底破除这种落后的观念，而应该树立"用最少的人办最多的事，多一个人，就是多一个故障因素"的现代观念。

2. 不同的能级应该表现出不同的权、责、利和荣誉

　　为了充分发挥人事管理系统的效能，除了合理划分和组织能级以外，还必须使系统的各个不同能级与不同的权力、物质利益和精神荣誉相对应。这不仅因为权力、物质利益和精神荣誉是能量的一种外在表现，还因为只有这样，才符合封闭原理。

　　能级对应原理不仅将人事管理系统中的各种要素按能级合理组织起来，而且规定了不同能级有不同的目标。下一能级的目标是达到上一能级目标的手段，只有下一能级圆满地达到自己的目标，才能保证上一能级顺利地达到目标，才能保证逐渐地达到整个系统的目标。因此上一能级对于下一能级有一定的要求和制约,也就是说,表现出一定的权力;同样,下一能级对上一能级负一定的责任,在完成功能方面做出相应的保证和努力。为了使整个系统各能级都在完成自身功能方面发挥高效,表现出可靠性,就要有一定的物质利益、精神荣誉以及纪律约束与之相对应。简而言之,能级原则要求人事管理系统中每一个要素都能在其位、谋其政、行其权、尽其责、取其酬、获其荣、惩其误。

显然,现代化人力资源管理的能级对应原理是与小生产的绝对平均主义相对立的。绝对平均主义不讲效率,不讲进步,不讲变化发展,缺乏系统观念,这与通过组织良好的能级结构获取高效率的现代化人事管理原则是完全不同的。有效的现代化人力资源管理不是绝对平均或消灭权力、物质利益和精神荣誉的差别,而是根据不同的能级相应地给予适当水平的权力、物质利益和精神荣誉,其最终目的是实现系统的目标。系统中的每一要素,一方面受到管理和制约,另一方面又间接、直接地参与系统的管理。每个人工作的好坏都影响自己的利益。个人的利益通过系统的效益体现出来,上下能级休戚相关。按照能级原理建立起来的人事管理结构就是这样建立起一种个人与集体之间辩证统一的关系的。

要实现人事管理系统中每个能级各自的管理目标,就必须授予能级上相应的权力,奖给相应的物质利益和精神荣誉。因为权力是保证目标实现的有力手段。一个人的才能能否充分发挥出来,授予他的权力是否得到恰当的行使,需要一种有效的外在驱动力作用于他,这种驱动力就是物质利益和精神荣誉。

3. 各类能级的对应不可能一劳永逸,它是一个动态过程

人有各种不同的才能,领导者必须知人善任。随着时间的推移,事业的发展,各个职位及其要求在不断变化。

在人力资源管理中,各种管理岗位处于不同能级,就要求不同才能的人合理地处于相应能级的岗位上。譬如,指挥人才应该具有高瞻远瞩的战略眼光,有出众的决策能力和组织才能,善于识人用人,善于判断,有永不枯竭的事业进取心;反馈人才必须思想活跃、敏锐,知识兴趣广泛,权力欲望弱;监督人才必须公道正派,铁面无私,同时要熟悉业务,联系群众;执行人员必须忠实坚决,埋头苦干,任劳任怨,善于领会领导意图;等等。人事管理者必须善于区别不同才能的人,把他们安排在合理的能级岗位上使用,不要用错。须知只有混乱的管理而没有无用的人才。

由于多方面的原因,人力资源管理工作中出现了各类能级错位现象。在人才的使用上乱点"鸳鸯谱"。学地质的偏要让去搞电机,熟悉工业的非要安排到商业部门,本来是内行几经折腾也成了外行。据有关资料显示,有些单位在调整干部队伍时,让许多长期从事科技工作的业务尖子、技术骨干担任党支部书记、工会主席、人事科长等脱离专业的党政职务。某县经济落后,县领导总结经验教训,决定任命一位工程师当经委主任。谁知这位工程师只擅长画他本行的图纸,缺乏组织管理能力,被"赶着鸭子上架",一上任便一筹莫展,勉强坚持了几个月,终于归队,许多不适合做领导工作的知识分子被提拔上来以后,不同程度地脱离了专业研究和教学工作。教授多年不上讲台,科学家没有时间进实验室,作家不再著书立说。有的专业人员进了领导班子后有职无权,在其位不得谋其政;有的事务缠身,专业荒疏;有的兼职太多,整天泡在会议里;等等。我国人才本来就十分缺乏,加上现有人才不能充分发挥作用,甚至积压浪费,这就使得我国人才问题更加尖锐突出。

根据能级对应原理来正确地使用人才,必须遵循以下原则:学用一致原则、择优任用

原则、因材施用原则、扬长避短原则、有职有权原则、放手使用原则、流动原则等。在人力资源管理工作中，只有坚持以上用人原则，才能使各类能级动态对应，避免造成人才大量积压浪费，并能够充分发挥人才的主观能动作用。

总而言之，岗位能级必须合理而有序，人才运动也应该合理，二者相结合才能使能级层序原理变成现实。能级管理制度是对机关和企事业单位进行能力管理改革的一种有效探索。它的基本内涵是通过建立科学合理的评价体系，对有关人员的岗位能力进行评定分级，据此决定其使用、责任和待遇。

4.2.2 能级管理的主要内容

能级管理主要包括三方面的内容：发现能力、使用能力、开发能力。

1. 发现能力

发现能力就是根据组织需要确定能力、测试能力。其基本原则是将员工个人生涯发展、目标与组织未来发展、目标统一起来。具体是采取测试加考核的方法建立能力评价体系，全面、客观地测评干部能力等级。测试重在考核知识，考核重在素质评价，两者按一定比例测评。根据测试与考核结果，将员工能力评定为1~6级。根据能力评定的结果和个人的优势能力加以使用。

2. 使用能力

使用能力就是实行按能上岗、量能使用的制度。在用人制度上，按照"德为前提，能为本位"的原则和"能岗匹配"的原则，根据员工个人能力情况和德才兼备标准选人，克服领导印象的片面性和主观随意性；在分配制度上，实行"按能级分配"，从制度上建立起一种完全由个人实力和努力决定的分配机制：能力×努力＝收入。

3. 开发能力

开发能力就是加强员工的后续培训，不断提升能力。通过建立科学完备的培训体系，一是全方位提升人的能力；二是从组织的发展需要有意、有目的地培养专门的能力；三是营造良好的组织环境、政策和学习气氛，从机制上促使干部根据个人发展需要，自觉、长期地开发和提升能力。

4.2.3 推行能级管理制的主要做法

（1）做好思想准备，调研论证。领导、专家经过反复研究，提出实施能级管理制的设想，并以多种形式在单位内部进行调研与论证，然后在干部中进行宣传、学习能级管理制，从而使员工初步奠定思想基础。

（2）制定方案，组织实验。在专家、教授的指导下，改革小组依靠各级组织人事部门参阅大量理论书籍，拟定在全系统推行能级管理的制度体系，确立试点推行新制度。

（3）转变思想，全面推广。改革小组通过座谈会、动员会、宣传材料等方式广泛动员，提高员工对能级管理制的认识，并全面推开。

4.2.4 实施能级管理应注意的问题

从理论上讲，能级管理制是符合人性、有利于人的全面而自由发展的，它也是当前知识经济、信息化时代社会发展的必然要求。但能级管理本身是一项新的探索，是对传统管理模式的扬弃，在实际的操作中仍会遇到一些现实问题。

1. 能力测评的具体操作合理化

能级管理运作中的能力测评是将人们能力结构中的知识测试和素质考核按一定的比例进行，如果知识测试占的比重过大，并且知识测试中客观知识的比重过大，那么为了应付考试，有的人正常工作可能受到影响。而对于工作经验丰富，但年龄较大、知识储备不足的干部，用这种方式测评他们的能力不够科学，这对他们也是不公平的。如果因为管理制度本身不够完善和具体操作不够合理而削弱了被管理者的工作积极性，就与推行能级管理制的初衷背道而驰。

2. 应科学有效地使用能力

科学用能、发挥人的最大潜能是能级管理的最终目的。不同人的优势能力表现在不同的方面，不同的岗位需要不同类型能力的人，这样才能真正实现员工能力与岗位的科学匹配。

3. 应完善培训体系，有效地开发能力

能级管理制必须有利于人的全面自由的发展，所以，建立和实施完备的培训措施以有效地补能和育能非常重要。除了能级管理制本身有利于从正、反两方面激发人们不断提高其能力外，还应该从组织的角度采取多种措施加大对被测评人员的知识和技能的培训力度。

阅读案例 4-2

白铭的跳槽

白铭大学毕业后被一家中日合资企业聘为销售员。工作的头两年，他的销售业绩确实不敢让人恭维。但是，随着对业务逐渐熟练，又跟那些零售客户搞熟了，他的销售额就开始逐渐上升。到第三年年底，他根据与同事们的接触，估计自己当属全公司销售员的冠军。不过，公司的政策是不公布每人的销售额，也不鼓励互相比较，所以小白还不能肯定。

去年，小白干得特别出色，到9月底就完成了全年的销售额，但是经理对此却是没有任何反应。尽管工作上非常顺利，但是小白总是觉得自己的心情不舒畅。最令他烦恼的是，公司从来不告诉大家干得好坏，也从来没有人关注销售员的销售额。

他听说本市另外两家中美合资的化妆品制造企业都在搞销售竞赛和奖励活动，公司内部还有通讯之类的小报，对销售员的业绩做出评价，让人人都知道每个销售员的销售情况，并且要表扬每季和年度的最佳销售员。想到自己所在公司的做法，小白就十分恼火。

上星期，小白主动找到日方的经理，谈了他的想法。不料，日本上司说这是既定政策，而且也正是本公司的文化特色，从而拒绝了他的建议。

几天后，令公司领导吃惊的是，小白辞职而去，听说是被挖到另外一家竞争对手那儿去了。而他辞职的理由也很简单：自己的贡献没有被给予充分的重视，没有得到相应的回报。

正是由于缺乏有效、正规的考核，这家公司无法对小白做出评价并且给予相应的奖励，才使公司失去了一名优秀的员工。

（资料来源：人力资源开发与管理课程网．）

4.3 要素作用原理

4.3.1 要素有用原理

要素有用原理的含义是在人力资源开发与管理中，任何要素（人员）都是有用的关键，是为它创造发挥作用的条件。换言之，"没有无用之人，只有没用好之人"。

可以从3个方面来理解这一原理。

（1）"天生我才必有用"，但人才的任用需要一定的环境。

① 知遇——快马依赖伯乐去发现。"萧何月下追韩信"的故事对人才任用发挥关键作用。

② 政策——良好的政策会给人才的任用创造出各种机遇。如毕业生就业中实行"供需见面，双向选择"的政策，为许多人才提供了选择合适岗位的条件。而"公开招聘""竞争上岗"的政策，又使许多人才走上了更高的岗位，甚至领导岗位。

（2）人的素质往往表现为矛盾的二极性特征，或者呈现复杂的双向性。人们常常看到这种现象：吝啬鬼有时也很慷慨；一向认真的人也会马虎；坚强的人也有胆怯；懦弱的人也会铤而走险……这为了解人、用其所长，以及发现和任用人才增加了许多困难。

（3）人的素质往往在肯定中包含着否定，在否定中包含着肯定，优点和缺点共存，失误往往掩盖着成功的因素。各种素质的模糊集合使人的特征千姿百态、形成"横看成岭侧成峰，南北东西各不同"的现象。平庸的人也有闪光的一面。一个优秀的领导者应当成为善于捕捉每个人身上的闪光点并加以利用的伯乐。

"无一人不可用"是指每个人身上都有闪光的一面，关键是将其放在适合的岗位，给他创造闪光的机会。例如，我国国有企业在进行员工的"优化劳动组合"时，企业领导者的指导思想不同会带来不同的结果。从"淘汰无用之人"的角度思考于是表现出所谓"铁面孔，铁心肠，铁手腕"，结果搞得劳动关系紧张，挫伤了员工积极性。若从"没有无用之人"的角度思考，通过优化组合使每个人找到更合适的岗位，发挥所长，或者通过培训走上新的岗位，更好地发光，开拓新的文化，既保护了员工的积极性，又提高了效率和效益。这是"要素有用原理"的有效实践。

4.3.2 反馈控制原理

1. 正反馈与负反馈

人力资源系统的各要素、各环节形成前后相连、首尾相顾、因果相关的反馈环，其中任何一个环节或要素的变化都会引起其他环节或要素的变化，最终又使该要素或环节进一步变化，形成反馈回路和反馈控制运动，称之为反馈控制原理。

如果系统中两个要素之间有因果关系，则称两个要素为因果关系键。如果其中一个要素增长或减少，另一个要素也因此增长或减少，就称两者为正因果关系，用"＋"表示，称之为正关系键；如果一个要素增长或减少，另一个要素因此减少或增多，则称两者为负因果关系，用"－"表示，这种关系称为负关系键或负键，如图4.3所示。

图4.3　正键与负键

因果反馈环有正反馈环和负反馈环之分。正反馈环是指一个反馈环中任意一个变量的变化最终导致该变量原变化趋势加强，具有自我强化效果的因果反馈环；负反馈环是指一个反馈环中任一变量的变化最终导致该变量原变化趋势减弱和自我调节、自我控制并使原变化趋势稳定的因果反馈环。

正反馈环和负反馈环在人力资源管理中具有重要的意义。如人才向特区流动的过程中，影响因素有特区建设速度、就业机会、迁入人口、生产力、特区人口总数等。当特区建设速度加快，就业机会增多时，人才就必然流向特区，则特区生产力就会显著提高，导致特区建设速度进一步加快，这就形成人才向特区流动的正反馈环。而当特区就业机会增多，流入的人口就增多，但职工总数不可能无限制增加，最终流入的人口总数会受到控制而逐渐趋于稳定。这就形成人才向特区流动的负反馈环。再如，企业注意人力资源开发，注意投资员工培训，必然会提高员工的文化素质，从而形成企业科技生产力，最终导致企业经济效益的提高，势必会有更多的资金用于员工的培训，形成良性循环，这就形成员工培训的正反馈环。

2. 影响反馈有效性的因素

反馈的有效性问题是反馈研究的核心问题，尽管学者们研究所选的变量不同，探索的问题各有侧重，但从根本上说，可以把反馈视为沟通过程的特例，它包括信息发送者（信息源）、所传送的信息以及信息接受者3个部分。在反馈这一特殊的沟通情况下，所传送的信息必然包括有关接受者的信息（如有关绩效的或其他方面的信息），反馈接受者对反馈的认知、所引起的反应会受到他（她）本人的人格特征、信息的实质以及反馈源的有关特征的影响。

第一，反馈源可以分成三类。第一类是提供反馈并可以观察到信息接受者行为的其他人，如上级、同事、下属或顾客等。第二类是有关的任务环境的信息，任务本身就会提供一定的反馈信息，例如，做一些目标追踪任务时，被试者对自己有没有跟上目标是清楚的，而是否完成任务，这本身就是一种反馈信息。第三类是反馈接受者本人判断自己任务完成得怎么样，这种判断会受个人特点的影响。例如，同样是获得了某种工作结果，有些人会感到很满足，认为只要保持现状，以同样的努力程度继续工作就可以了；但另一些人则会由于没有得到所希望的结果，会更加努力的工作，或者因此对自己丧失信心，不再努力工作。尽管这种分类符合逻辑，但是，都是从静止的角度来分析反馈机制的，这还不能完全回答每一种反馈源在多大程度上影响了反馈接受者。很多研究证明，一般情况下，自我反馈对绩效有更大的影响，其原因在于，人们在心理上容易接受自己对绩效的认识。研究表明，当人们信任反馈源，觉得反馈源是可靠的，这时反馈对员工的行为才会产生更大的影响。有学者从动态的角度研究了各种反馈源的贡献大小。他们考察了5种反馈源：正式的组织反馈、同事反馈、上级反馈、任务本身的反馈以及自己的感受。结果发现，首先，从组织中得到的正式反馈是最不受欢迎的，对绩效的改善更没有激励作用；其次，自我反馈对绩效有最大的积极影响，其他几种反馈源的作用从大到小依次为同事的反馈、上级的反馈、任务本身的反馈。这一结论对于改善日常管理有启发意义。在人力资源日常的管理过程中，多数情况下都是组织或上级领导对员工的工作表现进行总结、给予反馈，很少有企业或组织让员工对自己的工作进行评价。不过，如果单位领导的评价反馈与员工的自评不相符，如何处理这种差异，如何引导员工正确地认识自己，促进他们的自我发展，是值得高度重视的研究课题。

目前，人力资源绩效评估十分盛行的360度反馈评价可以在一定程度上解决这个问题。360度反馈又叫多评价者评估，它不同于由上级主管评定下属的传统评价方式。在这种评价方式中，评价者不仅包括上级主管，还包括与他密切接触的人员，如同事、下属、客户等，同时也包括被评价者自己。人的工作绩效体现在多个方面，而直接的上级所了解的只是其中的一些方面，其他人会了解另一些方面。即使不同的评价者对被评价者的绩效了解程度是相同的，但是，由于他们的经验和感受不同，其评价结果也不尽相同。所以，360度反馈评价的最大特点就是能够充分利用多种相关的信息，为被评价者提供更多、更准确的信息，从而促进被评价者更好地发展。当然，360度评价技术的核心还是对于评价过程的指导以及对于行为过程和结果的反馈。领导要能够很好地整合各种反馈源的信息，给予员工一个合理、公正的评价，就能促进员工进一步发展。如果管理者的反馈意见不被员工接受，那么想要通过反馈激励员工、改善员工绩效的目的就不可能实现。对提供反馈的信息源的信任与否决定了员工是否接受反馈，让员工接受反馈就要让员工感觉到提供反馈的人既熟悉任务，又对员工本人的绩效完成情况了如指掌；还有，要让反馈接受者感知到反馈会带给他们的利益或制裁力度有多大。力度越大，员工越信任，反馈的效果也就越好。也就是说，在一些重要时段的反馈，有必要让反馈与一定的奖惩措施挂钩，这样才能真正起到反馈者所希望达到的效果。

第二，反馈信息数量的多少，所提供信息的一致性、准确性与有效性都会影响反馈的效果。在一定程度上，反馈数量越多，对绩效的影响越好，但无休止地单纯增加反馈数量会使人感到厌烦，进而对工作有负面的影响。一旦人们认为，他们所得到的反馈是有意义的、有效的，那么，他们就会按照反馈所提供的信息去改变自己的行为，从而提高绩效水平。准确详细的反馈信息可以使员工清楚地了解自己的绩效，制订进一步行为的计划，而行为计划会有助于绩效的提高。当然，对于反馈信息的这几个维度，也有研究者持不同的观点。通过研究调查了711名管理者和下级员工，验证反馈的及时性、明确性、频率和敏感性是否为反馈的不同维度，结果说明这些因素之间并不是独立的，它们之间有高度的相关性。

反馈信息从性质上可分为正反馈（表扬、肯定）和负反馈（批评、否定）。研究表明，上级反馈是表扬还是批评，对员工的影响是不同的。一般来说，批评会使员工更加努力地工作，但也会降他们对目标的追求，或是导致他们拒绝批评；表扬则会增进员工追求或努力的程度。正反馈、负反馈对绩效的影响并不像反馈的准确性、明确性那样直接影响绩效，而是通过自我效能、信息源强度等因素的中介作用间接地影响绩效。有研究针对当人们接受批评时，提供反馈的人所具有的权威性以及接受者的自尊感是否能够预测员工进一步的努力和改善绩效。结果发现，同是被批评，如果员工认为提供反馈的人是专家，或是他的话具有参考价值，员工就会更加努力，从而导致绩效的提高；相反，如果员工认为批评是强制性的，员工就不会继续努力。批评越具有强制性人们就越会降低努力的程度。如果批评的同时，根据绩效的提高给予一定的奖赏，并不能使员工更加努力。研究还发现，员工的自尊感不同对批评的反应也是不同的。与高自尊的人相比，低自尊的人得到负反馈之后会更加低估自己的能力。研究说明，要想使反馈真正起到激励的作用，简单的批评不行，而应该让员工感觉到，提供反馈的人是真正为员工着想的，并不是强迫他去做什么；态度强硬的强制批评不仅不能起到激励作用，反而容易引发员工与上司的冲突，导致后来工作沟通的障碍。

反馈信息从内容上可以分为过程反馈和结果反馈。结果反馈就是告诉员工任务完成情况如何，有没有达到要求，它只包含很概括的信息，即使没有达到目标，也要说明下次如何做可以提高绩效，以促进任务的完成；而过程反馈针对的是员工在完成任务过程中所使用的策略，它可以激发员工思考有效完成任务的策略，从而提高绩效。研究验证了结果反馈与过程反馈对目标设置与任务绩效的影响，结果发现，过程反馈强烈地影响个体完成任务策略的质量，使他们积极地去寻求各种信息，改善原有的不足；结果反馈对自我努力程度以及自信有一定的影响，使员工认识到设立的目标与结果反馈之间有一定差距，如果这种不一致较小，人们还会感到满意，继续维持所达到的绩效水平；如果目标与结果反馈之间的差异很大，个体就会感到不满意，进而就会努力工作，当然，如果差异太大，可能会降低自信心。所以，对于管理者来说，应尽量使用对员工真正有帮助的过程反馈，只是告诉他们任务完成得怎么样，可能效果会更好。

第三，反馈的最后环节是接受反馈的个体，这个环节是决定反馈效果最重要、也是最难控制和预测的环节。不管是从哪个渠道来的，什么性质的信息，最后都要被信息接受者理解、接受，进一步影响其行为。同样的一句话，同一个人说出来，在每位员工听起来就可能会有不同的意义，出现不同的效果。因此，在反馈时，要考虑反馈接受者的个体差异。已有研究表明，自我效能感是影响反馈效果的重要中介变量，还有自我调节系统的调节作用。通过实验验证这两种调节系统对反馈的效果起到调节作用，他们用价值观、从事的职业以及工作动机来预测每个人的调节点，结果发现批评与表扬对具有不同调节点的人的作用是不同的。批评具有防备特点的人以及表扬具有促进特点的人，才会激发他们最大的动机。他们于是提出有效反馈体系的建立，是以表扬为主还是以批评为主，要充分考虑员工的职业、价值观、动机以及任务本身的特点，也就是要充分考虑到员工的心理特点对反馈效果的调节作用。

有关反馈的文化差异研究发现，员工本人的个人主义、集体主义倾向也会影响到反馈的效果，个人主义倾向强的人喜欢针对个人的反馈，集体主义倾向强的人则正相反，他们不喜欢单独被表扬或批评，而是喜欢上级针对集体的反馈。另外，一些人口学变量会影响对信息的接受，年龄就是一个经常被考虑到的变量。一般来说，员工年龄大，在单位工作的时间长，对领导反馈的接受程度就会降低。这是由于随着年龄、工作年限的增长，相应的工作经验、社会阅历都会增加，所以他们主要根据自己的经验来调整自己的工作，而对外界的反馈不是很看重。此外，反馈者处于什么样的群体，该群体的组织氛围如何，也对反馈效果有明显的影响。

3. 运用反馈控制应注意的问题

综上所述，反馈作为人力资源管理中激励员工、促进其发展的重要管理方式并不是一个简单的过程，在理论领域，反馈的研究更应该从动态角度全面地研究反馈的作用机制。在实践应用领域，管理人员运用反馈时要注意以下几点。

第一，管理人员应认识到反馈信息并不是原封不动地被员工完全接受，他们常会误解或按照自己的理解来认识信息，甚至不接受这些信息。所以，要想使反馈起到积极的作用，管理人员应该考虑怎样促进员工去理解信息，只有理解了信息，所发出的指令才会起作用。

第二，批评（负面反馈）比表扬（正面反馈）更容易被误解，但并不是说负面反馈是不能使用的。在对员工进行批评的时候，一定要具体描述员工的行为，陈述所造成的后果，对事不对人，要避免反馈的情绪化；要多听，多提供员工表达自己意愿的机会；为员工的改进提出具体改进的目标和建议。这样，就会使负面反馈收到良好的效果。

第三，上级对下属的反馈次数不要太多，以免使员工产生被监控感。要使员工感到能够得到上司的反馈是自己被重视的反映。自己是有能力、有自由控制自己行为的空间的。

第四，管理者要充分认识到员工的个人差异对接受反馈效果的影响。为此，需要了解员工的人格特征的差异，并根据个体差异采用不同的反馈策略。

4.3.3 互补增值原理

人作为人力资源管理中的个体要素，不是十全十美的，而是各有长短的，所谓"金无足赤，人无完人"。工作往往是由群体承担的，作为群体，完全可以通过个体之间取长补短而形成整体优势，达到组织目标，这就是互补增值原理。所谓互补增值原理是指人力资源个体之间在能力、性格、经验、创造性等方面各自发挥优势，扬长避短，互相补充，以使人力资源系统功能最优。其基本内容有6个方面。

（1）知识互补：不同知识结构互为补充，取长补短。
（2）气质互补：各种不同气质类型的人适当组合，刚柔相济。
（3）能力互补：各种不同能力的人互相取长补短。
（4）性别互补：男女性别互补，各展其优，发挥所长。
（5）年龄互补：不同年龄实质上反映了知识、精力、经验的差异，老中青恰当组合，效能最高。
（6）技能互补：不同技术专长互相补充。

4.3.4 信息催化原理

信息是指作用于人的感官，并被大脑所反映的事物的特征和运动变化的状态。

信息是一种资源，是人力资源管理的主要要素之一。不同的事物具有不同的特征和运动状态，会给人们带来不同的信息，人们正是通过获得和识别自然界和社会的不同信息来区分不同的事物，才得以认识世界和改造世界的。因此，离开了信息，就谈不上人力资源的开发。信息是人才成长的营养液，是人们发展智力和培养智力素质的基本条件。

随着科学技术的飞速发展，通信技术和传播媒介高度发达，信息的质和量迅猛增长，信息的传播速度日新月异，"信息爆炸"形象地说明了当代的时代特点。在现代社会，人们能否迅速地捕捉、掌握和运用大量的信息（科学技术信息、管理信息、社会信息、自然信息）决定了人们能否在激烈的竞争中站在科学技术和现代管理的前沿，能否使人力资源的开发跟上飞速变化的形势。

根据信息催化原理，人们应该高度重视发展教育事业，高度重视干部和职工的教育培训工作，应该用最新的科学技术知识、工艺操作方法和管理理论去武装自己，保持人力资源的质量优势，这是增强组织活力和竞争力的关键。因此，世界各发达国家和新型工业国家及其企业，花在教育和培训上的经费大量增加。这种培训已不仅仅局限在岗前培训、新员工培训、各种专业技能培训，而且扩展为终生性的教育和培训。随着网络技术的发展，在线学习、远程学习的活动方兴未艾。

人力资源管理的虚拟化是企业采用现代信息技术，以人力资源管理职能业务外包的形式，将企业内部人力资源管理的一些职能逐渐分离出来，由社会或其他组织、个人承担，并由它们为企业管理提供服务。目前企业人力资源的虚拟化管理主要有虚拟实践社团、人力资源外包和员工自主服务等几种形式，其中，人力资源外包是最重要的形式之一。人力资源的虚拟管理一方面会提高双方的效率，使企业得到优良的服务，另一方面还会因此而降低企业的经营风险，集中优势和资源关注自身的核心能力和竞争力。人力资源管理的虚拟化使企业增强了灵活应对环境变化的能力。

此外，应该在本地区、本部门、本单位建立起信息搜集、处理和通报制度，使信息管理这一基础性的管理工作上档次、上水平。e 化的人力资源管理系统是应用先进的软件，结合企业现有的硬件条件和网络技术发展而成的新的人力资源管理手段，是网络技术与人力资源管理技术的结合。它大致包括如下功能：薪资和福利计算、培训管理、考勤管理、人力资源管理、基于 Internet/Intranet 的人力资源管理。人力资源管理手段的 e 化除了需要相应的硬件和软件设施外，还需要由人力资源管理部门和开发方共同组成项目小组，并对企业业务流程进行整理，使企业业务和软件开发相结合，再通过人员培训、系统维护和规章制度的制定给管理系统的运作提供人员基础和组织保证。e 化的人力资源管理利用信息化技术给企业的人力资源管理搭建了一个标准化、规范化、网络化的工作平台，不仅改变了员工个人的生活和工作方式，而且增强了员工与公司之间的关系，让企业各级管理者及普通员工都参与到人力资源管理活动中来，使企业的人力资源管理水平能跟上技术发展的步伐。

4.3.5　文化凝聚原理

组织文化是人力资源管理系统的主要要素之一。人力资源开发与管理的一个重要方面是提高组织的凝聚力。组织的凝聚力强才能吸引和留住人才，才有竞争力。凝聚力包括两个方面：一是组织对个人的吸引力，或个人对组织的向心力；二是组织内部个人与个人之间的吸引力或黏着力。显然，组织凝聚力不仅与物质条件有关，更与精神条件、文化条件有关。工资、奖金、福利、待遇这些物质条件是组织凝聚力的基础，没有这些就无法满足成员的生存、安全等物质需要。组织目标、组织道德、组织精神、组织风气、组织哲学、组织制度、组织形象这些精神文化条件是组织凝聚力的根本，缺了它无法满足成员的社交、自尊、自我实现、超越自我等精神需要。换而言之，一个组织的凝聚力，归根结底不取决于外在的物质条件，而取决于内在的共同价值观。依靠建立良好的群体价值观，建设优良的组织文化来凝聚员工，才会收到事半功倍的效果。

随着生产力的突飞猛进，人们的温饱问题逐步解决，人们的需求层次在逐步提高，生存、安全需求日趋减弱，而社交、自尊、自我实现需求日益增加。因此，只靠泰勒的"重奖重罚""胡萝卜大棒"的管理方式，越来越难以凝聚人才。越来越多的企业家和事业家将眼光放在满足员工的高层次需要、精神需要上来，实现以人为中心的管理，用高尚的组织目标、组织精神、组织哲学、组织道德、组织风气来塑造人才、凝聚队伍，并取得了巨大的成功。

在跨国公司的国际人力资源管理中存在差异性和特殊性，造成这种差异性与特殊性的基础或言之为背景的就是文化差异。例如，在德国，除非获得允许，否则什么事情也做不成；在英国，除非受到禁止，否则什么事情都准做；在法国，即使受到禁止，什么事情还都可以做。这就是 3 个国家行事的态度，亦可理解为这 3 个国家代表了很多不同的国家，无论是英国、法国还是德国都是特色国家，有着很多的特色附属国。再如，麦当劳，汉堡就是其主打品牌，一个纽约人饿了，可能会买一个大汉堡，这是因为在美国，它是一个物美价廉的快餐；然而一个莫斯科人却会保留它的包装，以此作为曾经吃过它的证明。由此可见，文化差异是普遍存在的现象。每个国家特定的环境都会造成人力资源管理的跨文化差异。

文化差异对人力资源效用的影响可以是正面的,也可能是反面的。跨国公司要保持竞争优势,就必须认识到文化差异的存在,并对文化差异进行控制管理,提高人力资源的效率和效益。可以从以下几个方面努力。

(1) 注重本土文化培训。跨国公司要进行成功的跨文化管理,必须注意跨文化培训。但是目前的全球营销中很多公司都偏重于员工的纯技术培训,一味地把"科学技术就是第一生产力"的概念灌输给员工,而忽视了对员工尤其是管理人员的跨文化培训。鉴于这种情况,人们应该利用公司内部的培训部门或当地知名的高水平大学、科研机构、咨询公等有效资源,对员工进行跨文化的系统培训。减轻驻外经理可能遇到的文化冲突,使之迅速适应当地环境并行使正常职能;促进当地员工对公司经营理念及习惯做法的理解;维持组织内总公司员工及本地员工良好稳定的人际关系;加强团队协作精神与公司凝聚力。

(2) 识别文化差异,尊重本土文化,发展文化认同。有效的跨文化管理必须首先承认并理解差异的客观存在,力图克服狭隘主义的思想,重视对他国语言、文化、民俗、经济、法律等的学习和了解。其次,应把文化的差异看成一种优势而不是一种劣势,恰当、充分地利用不同文化所体现的差异,为企业发展创造契机。最后,要充分认识到跨文化管理的关键是人的管理,实行全员跨文化管理,全方位地进行观念整合,实现基于共同愿望的跨文化融合。

(3) 调查文化背景。不同的文化背景决定人们持有不同的价值观念和工作方式方法,具有不同的行为模式。进行文化背景调查是消除企业跨文化沟通障碍的重要前提,要求对企业全体成员的文化背景(包括国籍、民族、习俗、信仰等)进行调查登记,利用相关系统模型进行文化分析,找出不同文化所具有的价值观差异,将价值观相同或相似的人员安排在一起工作。以此最大限度地消除跨文化沟通障碍,促进企业和谐人际关系的建立。

文化是人类社会的产物,文化差异也是通过人的行为来影响组织效率的。换而言之,文化差异会影响人力资源在组织中的产出效率——公司竞争力的核心。现代资本市场使得世界各地的资本价格越来越趋于一致,融资渠道也四通八达。公司之间的竞争日益转向技术与人才的竞争,特别是人才的竞争。在这种情况下,跨国公司只有认识到人才是公司最宝贵的资源,关注人力资源管理中的跨文化管理,才是明智之举。

20世纪80年代兴起的企业文化理论和"企业文化热",为文化凝聚原理提供了新的理论武器和丰富的实践经验。中国企业、事业单位的领导者应该在中国现有的条件下,创造出文化凝聚人才的成功模式。创新企业文化是现代企业制度下的一个重要指标和鲜明特征。它与以往在企业内部广泛开展的企业文化活动的一个明显区别是现代企业文化更紧密地把企业文化活动与企业的实际收益联系在一起。因此,它在企业的地位就更加重要和突出。当企业内外条件发生变化时,企业文化也相应地进行调整、更新、丰富、发展。成功的企业不仅需要认识目前的环境状态,还要了解其发展方向,并能够有意识地加以调整,选择合适的企业文化以适应挑战,只有这样才能在激烈的市场竞争中依靠文化带动生产力、提高竞争力。所以,新经济时代的企业文化必须重视企业内部知识的分享、学习和创造,形成一种带有激励色彩的开放性文化,使个人的技能和经验得以整合,形成组织的系统知识。本书第14章还将详细介绍文化管理艺术。

阅读案例 4-3

美特斯邦威的凝聚力：四个不寻常

从零起步的美特斯邦威，老板与员工之间走的也是一条永远延续的路，要使自己的路能够延续，就要坚持让别人的路也能持久，周成健坚持的就是这种普及的感觉：公司内200名管理人员80%来自外地，所有的工作人员到了这个大家庭，就是其中的一员，公司内部严厉禁止用"打工""外来人员"等词汇对待员工，而在公司高层则严厉禁止自己的亲戚进入。只有这样才能形成美特斯邦威的凝聚力——周成健的坚持成就了四个不寻常。

第一，不寻常的"情谊"。2001年6月，杭州分公司的一位安徽籍员工接到家里急电：患肺癌晚期的父亲病危。在他急匆匆赶回安徽农村老家后的第三天，一件令全村老少惊讶的事情发生了：公司总经办的同志带着周成健的口信与慰问金来到他的家中。原来，出差在省外的周成健得知这个消息后，马上给公司打电话落实慰问等事。

第二，不寻常的"留人方式"。1998年，公司拿出300多万元买了20套商品房分给20位业绩突出的外地员工，而且都给他们办好了产权证。这件事在当地引起了不小反响。如今，有20多位外地员工通过公司的帮助，将户口落在了温州。同时，对符合条件的公司员工全部实行养老保险金、住房公积金等福利待遇，使一大批人才在企业中稳定发展。

第三，不寻常的"育人方式"。1996年的一天，周成健对当时在配送中心担任计划分析员的王泉庚说："手工统计传真的销售报表不及时，能不能使用一套连锁信息管理系统？"王泉庚回答："现在市场上的产品都不太适应我们企业。"周成健说："给你200万元去试一次，允许失败。"王泉庚埋头钻研了一年，终于成功地开发出一套信息管理系统。王泉庚也当上了分管信息的副总经理。

第四，不寻常的"创新力"。美特斯邦威公司的核心竞争力就在于设计领先与品牌塑造。谁也不会想到，位居上海的美特斯邦威设计中心拥有300人，"领衔主演"——设计中心主任却是1997年才从北京服装学院毕业的尹剑侠。为了让尹剑侠保持持久的创新力，周成健规定他每个月至少到欧美考察一次。如今尹剑侠带领的设计队伍一年开发新款1000个，成为引领国内休闲品牌潮流的创新团队。

（资料来源：中国人力资源网．）

4.4 环境适应原理

4.4.1 动态适应原理

在人力资源的开发与管理中，人与事的不适应是绝对的，适应是相对的，从不适应到适应是在运动中实现的，是一个动态的适应过程。这就叫动态适应原理。

根据动态适应原理，人们应该对人力资源实行动态管理。考虑到下述情况，这种动态管理尤为必要。

（1）学用不对口现象普遍存在。尽管在招聘和录用时考虑到这个因素，由于科学技术和生产经营活动的发展，长与短发生转化，仍可能造成人员能级与岗位能级不符的现象。

（2）技术工人和专业技术人员的结构比例失衡。年龄结构（人员老化问题）、专业（工种）结构、水平结构（不同层次人员比例）失去平衡，造成人才闲置与人才短缺，必须通过动态调整加以解决。

（3）科学技术和经济部门的迅速膨胀，边缘学科和综合学科的不断出现，新兴产业、高技术产业及新增生产力的出现，都意味着一些新职业和新工作岗位的涌现和一些旧职业、旧岗位的消失，这也要求对人员进行动态调整。

从动态适应原理出发,应该把人事调整作为一种经常性的任务抓好。这包括以下几个方面。

(1) 岗位的调整——设岗数、岗位职责的变化。
(2) 人员的调整——竞争上岗,招聘干部,平行调动。
(3) 弹性工作时间——小时工、半时工……工作时间自选等。
(4) 人岗动态匹配——一人多岗,一专多能,有序流动。
(5) 动态优化组合——劳动组织、机构人员的优化。

信息爆炸、知识更新快速、技术发展日新月异的时代要求有与之相应的动态发展变化的人力资源管理模式。首先是着眼全局的动态管理。现代人力资源管理的动态管理既体现在对员工的纵向管理,使人员的选拔录用、培训考评、薪酬奖惩和退休保障等有机地联系起来,又体现在横向上跨越企业内部部门分割的局限,将全部人员作为一个整体进行统一管理。其次是市场导向的动态管理。人力资源管理模式的创新不能只局限于内部的招聘、考勤、绩效和薪酬管理等活动,还要将外部顾客也看作是企业的人力资源,关注顾客和市场需求的变化,帮助企业员工了解市场的走向,对企业、市场和行业的发展全局把握,建立一个关注顾客需求与市场变化的动态的人力资源管理模式。

4.4.2 弹性冗余原理

弹性冗余原理是指人力资源管理过程中应留有余地,保持弹性,不能超负荷和带病运行。弹性有一个度,超过这个度,弹性就要丧失。同样,人的劳动强度、劳动时间、劳动定额也都有一定的度,任何超过这个度的管理,都会使员工身心交瘁,造成人力资源的损伤。

弹性冗余原理有4个基本要点。
(1) 劳动强度要适度有弹性。不能做力不能及的事,以保证劳动者的身心健康。
(2) 脑力工作要适度有弹性。以保证旺盛的精力、清醒的头脑和敏捷的思维。
(3) 劳动时间、工作定额要适度有弹性。不要让人感到压力太大,甚至产生厌倦或丧失信心。
(4) 目标设置要适度有弹性。要使员工经过努力后能够达到,并处于最佳工作状态。

人力资源管理的弹性冗余原理强调在充分发挥和调动人力资源的能力、动力和潜力的基础上,松紧合理,张弛有度,从而使员工更有效、更健康、更有利地开展工作。

4.4.3 竞争强化原理

公平竞争指对竞争各方遵循同样的规则,公正地进行考核、录用、晋升和奖惩的竞争方式。

我国经济改革的目标模式是社会主义市场经济。市场经济的本质是一种竞争机制,自由竞争,公平竞争。在人才市场上,各类人员通过竞争而选择职业和单位,组织内部的任用、提拔和调整也主要依靠竞争。在人力资源管理中引进竞争机制,可以较好地解决奖勤罚懒、用人所长、优化组合等问题。

若想使竞争机制产生积极的效果,应该具备3个前提。
(1) 竞争必须是公平的。按照法国著名管理学家法约尔的说法,公平包含两层意思,即公道和善意。公道就是严格按协定、规定办事,一视同仁,不偏不倚;善意就是领导者对所有人都采取与人为善、鼓励和帮助的态度,也就是说,"见人有善,如己有善;见人有过,如己有过"(《尸子卷上·治天下》)。

（2）竞争有度。没有竞争或竞争不足，会显得死气沉沉，缺乏活力；但过度竞争则适得其反：一是使人际关系紧张，破坏协作；二是产生内耗、排斥力，损害组织的凝聚力。掌握好竞争的度是一种领导艺术。

（3）竞争必须以组织目标为重。竞争分良性竞争和恶性竞争。良性竞争的特点是以组织目标为重，个人目标与组织目标结合得好，个人目标包含在组织目标之中。在竞争中，每个人主要不是同他人比，而是同标准比，同自己的过去比，即使同他人比，也主要是取人之长，补己之短，"学先进，赶先进，超先进，帮后进"。这样的竞争，既提高了效率，增强了活力，又不会削弱凝聚力。而恶性竞争则将组织目标弃之不顾，完全以个人目标为动力，或者组织目标与个人目标一致性很差，个人为了在竞争中取胜，不惜损害他人利益、损害组织目标。这种竞争必然损害组织的凝聚力，并且难以实现组织目标。

竞争要坚持公平竞争、适度竞争和良性竞争三项原则。因此，竞争强化原理是指通过有组织的、非对抗性的良性竞争达到充分施展才能、促进经济与社会发展的目的。

竞争强化原理的内容有 4 个方面。
（1）组织同类系统的竞争，发现战略性人才。
（2）组织系统内管理人才的竞争，发现和选拔各层次的优秀管理人才。
（3）组织本系统内各类技能的竞争，发现技术人才。
（4）组织开发新产品的竞争，发现创造型和开拓型人才。当然，竞争应该是公开、平等、合法的。

4.4.4 利益相容原理

一个人力资源系统内各方的利益经过适当地修改、让步、补充，并为各方所接受，从而获得相容，称为利益相容原理。

利益相容原理认为，系统内利益冲突的各方，可能因处理不好而导致对抗；也可能因处理得当而获得相容。利益相容必须有一方或各方让步、和解和宽容，各方经过协商以求得好的解决方法。利益相容要求原则性和灵活性相统一。

4.4.5 主观能动原理

人是生产力中最活跃的因素、最宝贵的资源，人是有生命、有思想、有感情、有创造力的一种复合体，人的运动形式是最高级的运动形式，它是生命运动与思维运动辩证统一。

人的生命运动包括机械的、物理的、化学的、生物的变化过程，是 4 种变化过程的有机统一。人的思维运动包括对目的、实践、知识和方法的思考和探索。人的生命运动是人的思维运动的物质基础，人的思维运动总要对人的生命运动产生能动作用。例如，人们每天生活、工作，一般都通过人的思维运动来进行安排。人的思维能力强，对主客观情况分析清楚，安排科学合理，人的生活和工作就有条不紊，成绩卓著，人的思维运动能力也进一步增强。反之，就会使人在思想上产生负担，精神不愉快，长此下去，不仅生活和工作到处碰壁，而且会使人心情压抑，甚至影响人的身体健康，导致神经衰弱、血压升高或心脏患病，使人的生命运动和思维运动双双受损。

由于人的主观能动性差别很大，因此强有力地影响了人的素质。为什么有的人年少志高，才华横溢；有的人年华虚度，碌碌无为；有的人功高盖世而虚怀若谷；有的人略有所得便目空一切；有的人几经艰险仍泰然自若；有的人稍遇挫折便心灰意冷……研究一下其在主观能动性上的差异便一清二楚了。

作为知识经济时代的企业，树立人本管理导向观念不仅是管理哲学的变革，也是出于对自身经济发展合理性的考虑。因此，企业管理者要把促进人才健康成长和充分发挥人才作用放在首要位置，更加注意人的潜能和能力的提高以及人的全面发展，努力营造鼓励人才工作的良好氛围，使人力资源的活力充分迸发。

企业之间的竞争是人才的竞争，实际上应该是学习能力的竞争。建立学习型组织和业务流程再造，是当今最前沿的管理理念。为了在知识经济条件下增强企业的竞争力，世界排名前100家企业中，已有40%的企业以"学习型组织"为样本，进行脱胎换骨的改造。知识经济时代，知识资本成为企业成长的关键性资源，企业要生存与发展，提高企业的核心竞争力，就必须强化知识管理，打造学习与工作紧密结合的新型教育模式，为人才的终身教育、不断获取新知识营造环境支持，从根本上提高企业的综合素质。

阅读案例 4-4

能动案例

姜华，北京住总人力资源开发服务中心主任，作为一个女性领导者，她的领导力、影响力和个人魅力是如此独特。

让人才在自己手中发光

"没有不能用的员工，只有用不好的员工"。作为专业的人力资源服务企业，尤其需要凝聚企业自身的人才。在这一点上，姜华对人才的发现、培养和爱惜是有目共睹的。同样的人，在其他公司可能默默无闻，到住总就会焕然一新。

姜华看人只看两点：一是能力，二是品质。一旦认准，就会为其成长创造一切机会，哪怕企业会因此为其交纳"学费"。下属遇到问题，她只给思路，不给方法，让员工在解决问题中拓宽思维领域。

遇到员工离职，她无论多忙，都会抽出时间与员工面谈，为离职员工举行欢送会。她知道，员工的离职，有其自身职业发展的需求，更会反映出企业在管理用人等方面的不足。她会通过员工离职的原因寻找企业的问题并尽快解决。

人才一定要动起来，这是一个社会发展的大的趋势所在，同时也是社会进步、用人机制搞活的体现。目前人力资源企业人才平均年流动率在15%~20%之间。这说明：①人力资源行业是新兴的行业，人才捉襟见肘、供给严重不足，人才的素质也参差不齐，所以流动是必然的；②人力资源企业要成为一个行业的领跑者，应该思考如何打造一个行业人才成长的健康的平台；③人力资源行业是一个新兴的行业，所以从业人员都非常年轻，以80后居多，如何对这一代人理解和引导是一个问题。企业的人才流动是正常的，但是超过一定的范围就说明企业在管理上是有缺陷的。

聪明女人的智慧人生

"唯有学习是可再生资源"，姜华从不掩饰自己对学习的热爱，也用这种热爱影响着周围的每一个人。每当她看到一本好书，发现一个新的理念时，都会及时向同事或朋友介绍推荐。

她看书的方式非常独特，只看书中间1/3的部分，其余部分则用思维做快速连接。所以，她看书的速度特别快，能够迅速掌握精髓，从历史、哲学、法律到人物传记，从美学、周易到儒释道，无不涉猎。

正是这样的知识沉淀，让她做事果断的风格有了智慧作为支持。她能在纷繁复杂的表象中迅速抓住问题的核心并做出决策，能够在遇到问题后马上准确说出解决这个问题的相关法律法规条款。慧博的诞生，就是她在人力资源行业尚未被广泛认识时，敏锐地发现市场商机并付诸行动的结果。

这种智慧在有些时候是以锋芒的形式体现的。2005年《劳动合同法》讨论稿公布，其中对派遣行业的严厉规定几乎取消了企业所有的生存空间，这让整个派遣行业一片哗然。危机时刻，姜华带领自己的企业站出来，代表行业向政府提出建设性意见。

"做企业一定要站在行业的高度看待企业发展的利益。"姜华说。在她看来，派遣这个新兴的行业未得到社会的认可，行政监管不到位、行业发展之初内部的不规范是全社会打压派遣行业的原因所在。在这种时刻，企业有责任说出行业自己的声音，让政府认识到派遣行业的积极作用，维护企业的权益。她组织召开新闻发布会，针对那些扼杀性条款提出行业的意见，同时倡导成立行业协会，制定行业公约，约束企业自身行为，这一举动同时也奠定了公司在行业内的领军企业地位。"政府不能轻易出台一部法律就扼杀一个行业的生存。我相信我们的政府和社会有接纳不同意见的胸怀和能力。我们不怕做先行者，也相信政府会从善如流。"

（资料来源：中国人力资源网．）

本章小结

人力资源管理实践中，人们通过能级对应原理；系统整合原理，包括同素异构原理、系统优化原理与系统动力原理等；要素作用原理，包括要素有用原理、反馈控制原理、互补增值原理、信息催化原理、文化凝聚原理等；环境适应原理，包括动态适应原理、弹性冗余原理、竞争强化原理、利益相容原理、主观能动原理等提高管理的有效性。

其中，系统优化原理是指人力资源系统经过组织、运行、控制，使其整体功能获得最优绩效的理论。能级对应原理引入人力资源开发管理领域，主要指具有不同能力的人，应摆在组织内不同的职位上，给予不同的权力和责任，实行能力与职位的对应和适应。我们应积极树立人力资源管理系统整合理念、实施能级管理，并创造良好的要素利用环境，提高对环境的动态适应能力，这也是提高人力资源管理有效性的重要保障。

 关键术语

同素异构原理　系统优化原理　系统动力原理　能级　能级对应原理　反馈控制原理　动态适应原理　弹性冗余原理

综合练习

一、选择题

1. 要素作用原理层面包括的原理有（　　）。
   A. 要素有用原理　　　　　　B. 反馈控制原理
   C. 互补增值原理　　　　　　D. 信息催化原理
   E. 文化凝聚原理

2. 人力资源系统除具有一切系统的共性之外，还具有独特的特征，包括（　　）等。
   A. 关联性　　　　　　　　　B. 目的性
   C. 社会性　　　　　　　　　D. 多重性
   E. 冗余性

3. 系统动力原理是指在人力资源管理活动中，通过物质的、精神的或其他方面的鼓励、奖惩的方式，激发人的工作热情的系统理论，它包括（　　）3个方面的内容。
   A. 物质动力原理　　　　　　B. 精神动力原理
   C. 信息动力原理　　　　　　D. 文化动力原理

4. 能级管理包括的主要内容有（　　）。
   A. 发现能力　　　　　　　　B. 使用能力
   C. 开发能力　　　　　　　　D. 管理能力

5. 环境适应原理层面包括的原理有（　　）。
   A. 动态适应原理　　　　　　B. 弹性冗余原理
   C. 竞争强化原理　　　　　　D. 利益相容原理
   E. 主观能动原理

二、判断题

1. 人力资源管理中存量整合主要是对现有战略性人力资源的配置。（　　）
2. 人力资源系统整合的内在动力在于个人利益、企业和社会利益三结合、三统一，实现"三赢"战略。（　　）
3. 人力资源管理各类能级的对应是一劳永逸、动态的过程。（　　）
4. 人力资源管理中若把反馈视为沟通过程的特例，那么它包括信息发送者(信息源)、所传送的信息以及信息接受者3个部分。（　　）
5. 竞争强化原理是指通过有组织的对抗性的良性竞争达到充分施展才能、促进经济与社会发展的目的。（　　）

三、简答题

1. 人力资源管理原理有哪些组成？
2. 什么是能级对应原理？
3. 实现能级对应注意哪些问题？
4. 举例说明如何通过能级管理推行能级管理制度？
5. 人力资源管理要素作用层面包含哪些原理？
6. 何谓控制反馈原理？影响控制有效性的因素有哪些？
7. 什么是动态适应原理与弹性冗余原理？
8. 举例说明如何在人力资源管理实践中实现文化凝聚原理。
9. 基于主观能动原理如何在人力资源管理中创建学习型组织？
10. 为何在人力资源管理中需要实现系统整合原理？

 案例分析

百度：用团队作战去替代个人英雄主义

百度身上可以看到一批中国企业尤其是知识型企业管理模式的转变。从无机管理模式到有机管理模式，两者之间差异很大。

作为中国创造型和知识型企业的代表，百度在创始人兼CEO李彦宏的带领下，从一家只有7个人的创业型公司，发展成在中国的搜索份额超过7成的全球最大中文搜索引擎。李彦宏在经营管理上有自己的独到之处，他的有机管理模式在百度发展过程中起了很大作用。

有机管理指的是企业组织在学长式(君子型)的核心管理者领导下，以使命与文化驱动为组织发展的原动力，管理者制定有中心使命，同时随着环境变化而有所调整的战略，充分调动员工的积极性，在开发员工潜能的同时实现组织的核心目标。

在实行有机管理模式的企业中，组织与组织成员间是成年人与成年人的关系，组织成员首先被看作是能主动发展并利用自身人力资本的投资者，组织成员对组织和自己都有职责和义务。核心管理者尊重、信任组织成员，鼓励团队合作与民主参与，组织构建以网络式为主，工作评价以成果为导向，员工被视为知识工作者，员工的创造力、创新性被有效激发，自主管理的特点明显，以进化型创新为主。

百度的有机管理主要由以下几个部分构成：李彦宏的君子型领导风格，简单可依赖的百度核心价值观，进化型创新的发展路径，以及有百度特色的用人机制和试错理论。

1. 君子型领导

5月的一天,李彦宏参加了一个由产品副总监召集的讨论会。像往常一样,李彦宏在这次会上就像不存在——这个关于百度是否要进入一个新领域并进行投资的讨论会几乎在一种无序的情况下进行。产品副总监和其他被邀参会者各自陈述了对进入这个领域的看法,与会者自由发表意见及理由。

会议进行了将近两个小时,最后这场看似将要毫无结果的会议在一位百度副总裁拍板下决定"暂不进入该领域",尽管后来李彦宏又提出可以先和这个领域的某个不错的公司"合资"试试,但这个想法马上被一个在电话上参加会议的高管否定。他认为应该先合作一段时间,深入了解一下这个公司,如果有价值再投资,因此应该先"合作"。这是这次会议形成的最终决议。

这样的会议在百度司空见惯。在百度,讨论任何问题,即使是李彦宏的意见,也仅仅是"一己之见",而不是领导意见。在李彦宏讲话的过程中,任何人都可以随时打断,发表自己的观点,或者提出质疑。在一些非绝对重要性的问题上,李彦宏的意见常常被否定,但这恰恰被认为非常符合李彦宏推崇的"百度不仅是李彦宏的,更是每一个百度人的"原则。李彦宏和百度的其他管理层也在尽量维护这种学长式的讨论氛围,刻意打破开会时从职位高的人开始发言的制造企业传统,努力减少高职位员工在公司决议上对普通员工的影响。

在他们看来,作为一家知识型公司,百度不应该像传统制造业那样进行家长式的领导;要尽量用网络式的组织形式去替代那些阶层式的组织;用民主参与替代简单命令;用团队作战替代个人英雄主义。

李彦宏的领导风格是西方特色与中国文化底蕴相结合的风格,这种风格不同于传统的中国企业家长式或草莽式的领导风格,包括自省和自律、胸怀和远见、信任与尊重、专注与专业、领先与超越。百度的管理、文化都反映了李彦宏的这种领导风格,有人称李彦宏的领导为"君子型领导"。

在中国古代,"君子"一词的本意是从道德层面来讲人的。这里提到的"君子型领导",是指李彦宏对百度的领导行为具有君子的本质。他的领导是基于人性本善的,是以君子的风度自觉、主动地想把公司发展好,为社会创造价值。

百度之所以始终能够根据用户需求和市场环境的变化进行调整,具有极强的学习能力和适应能力,一个重要前提就是李彦宏的"君子型领导"风格。

2. "简单可依赖"的核心价值观

有人说,技术就好比公司的智商,而文化好比公司的情商。智商很高,情商很低,也不能成大事。百度的公司文化在李彦宏"君子型领导"的风格影响下形成了鲜明特色,最基本的特征就是"简单可依赖"的核心价值观。这种"简单可依赖"首先指的就是公司内部的人际关系。

李彦宏曾经解释过这个词的含义:"'简单'就是这个文化没有很多复杂的人事关系在里面,人和人之间的关系非常简单,我想说什么就直说好了,大家想做什么就直接去做好了,不需要顾及很多的东西。'可依赖'就是可信任、可托付。作为团队,人和人之间要有很好的信任感,把一件事交给这个人,这个人说'好,我来做',那我们就放心交给他去做,做出来的东西就是好的、有需求的。有这样一个团队,效率就会很高,大家也会很喜欢。"

在百度,大家工作比较愉快,没有什么钩心斗角,没有公司政治,每个人都可以放心地把精力花在自己的工作上。不会出现你在前面冲锋陷阵,有人在背后说你坏话的情况。

"简单可依赖"的公司文化使得百度内部的人际关系非常简单,对于李彦宏来说,管理难度就大大降低了。所以李彦宏说:"我虽然是一个技术人员,但到现在还能坐在CEO这个位置上,这并非是我个人管理能力有多强,而是因为公司内部关系简单。"

除了人际关系的层面,百度的"简单"文化还包括以下层面:遵循公开、公平、公正的办事原则,用充满人文关怀的简单制度、文化以及优厚待遇吸引并留住高素质的"简单"人,务实敬业,积极进取,精诚合作,少说多做,鼓励创新,容忍失败,理解用户的简单需求,采用简单管用的方法技术,做出简单可信赖的产品,通过实现知识的共享来追求人类的真正平等。

很多中国企业其兴也勃焉,其亡也忽焉。内部消耗是其中很大的一个问题。我们经常看到的企业文化是江湖文化、山头文化、后宫文化、官文化、毛文化……企业内部发生一件事情,往往首先用阴谋论的方法论来解释。由这种文化来主导的中国企业往往很难做大做强,功亏一篑的案例时有出现。

"简单可依赖"的核心价值观对于百度的重要性并不亚于那些技术创新。有人说，一个国家如果不能输出自己的价值观，就不能成为一个真正的大国。而一家公司如果不能输出自己的价值观，也不可能成为一家真正伟大的企业。百度的核心价值观作为百度软实力的重要组成部分，对其成长发挥了推动作用。

3. 进化型创新

与传统企业相比，李彦宏为百度制定的战略不是一步到位的，而是通过不断进化及蜕变得来的。百度发展壮大的过程一直伴随着和各种对手的竞争博弈，持续面对的这种生存危机促使百度不断加强创新，管理和文化不断进化。在竞争过程中，百度不断在产品、技术、商业模式上进行创新，这种模式被称为"进化型创新"。

百度初创的时候将自己定位为门户网站的技术提供商。此时，百度的商业模式是通过给门户网站提供搜索技术获取服务费用。这个模式一直延续到2002年。

当发现给门户网站提供技术服务难以有较大发展的时候，百度对自己的商业模式进行了修正，开始尝试另外一种商业模式——给企业提供软件，通过出售应用软件与服务获得经济回报。这个商业模式帮助百度度过了艰难的创业期。但是，这个模式同样很难让百度有巨大发展，于是在找到另外一个更有发展潜力的商业模式后，给企业提供软件的商业模式在2006年最终终止了。

2001年9月，百度找到了一直持续到现在的商业模式——基于竞价排名的网络推广方式。再后来，百度又先后发展了另外一些包括品牌专区在内的新的商业模式。百度的商业模式是随着李彦宏等人对互联网认识的加深而不断优化的。商业模式没有最好，只有更好，而更好的商业模式是那些基于公司核心优势、适合公司发展的，具有巨大发展潜力的盈利方式。

进化论是百度成功的秘诀之一。传统竞争战略的制胜原则是如何把握机会消灭竞争对手，而百度这种动态竞争战略的关键是如何把握时机，重新配置自己的企业资源，不断建立新的优势。

"Google VS. Baidu"的竞争历程就是典型。正是激烈竞争压力的推动才有了如今的百度：在Google宣布进军中国市场前，百度在搜索市场的份额不过三成，而当Google进入中国市场以后，百度的市场份额却一路飙升超过七成。

4. 有甄别地引进人才

百度也如同其他高速发展的知识型公司一样，正在经历爆发式增长期都要经历的人才问题。

百度总结自己的"选人"经验为：那些通用类的技能职位可以大胆挖人，如市场、公关、会计等岗位——每个公司都相通；但是那些技术、产品等位置就需要靠内生，从内部培养、提拔——就像从自家后院里拔萝卜一样，熟悉可靠。

对于如何发现这些顶尖级人才，李彦宏有自己的秘密武器，就是百度发现人才的五大法则。

第一，多角度面试。百度引进任何人才，都会安排多个同事对候选人进行多角度评估，然后根据汇总结果进行最终决策。一般情况下，对于中层以上的职位，百度会安排8个人左右进行面试，对于高管岗位，则至少安排4人进行面试。

第二，背景调查。这是管理规范的企业普遍使用的——通过候选人的直接上级或同事多方面了解其德与才是否符合百度的要求。

第三，降级录用。这是百度与很多企业不同的地方，一般情况下，别的企业的副总到百度以后只能担任总监职位；别的企业的总监到百度只能担任高级经理的职位。

第四，证明自己。任何人来到百度，只有用实践结果证明能力以后才能获得提升。很多公司为了让员工出去谈业务的时候有个好的身份，随便给员工某个很好听的职务名称。而百度对于给予某人什么样的职务头衔十分苛刻和慎重。

第五，循序渐进。职位不但代表着权力，更代表着责任。百度在实践中锻炼和培养人才，不断给予其新的职责，根据其履行的情况检验其能力，职位由低到高，职责由小到大，循序渐进地培养人才。

李彦宏说："百度能够发展到今天，找对了人是一大重要保证。"

（资料来源：中国人力资源网．）

根据案例所提供的资料，试分析以下内容。

（1）本案例中百度公司人力资源管理有哪些特色？
（2）百度公司人力资源管理特色体现了人力资源管理中的哪些原理？

实际操作训练

课题4-1：人力资源系统整合规划方案

实训项目： 人力资源系统整合规划方案设计与优选。

实训目的： 学习怎样设计与优选人力资源系统整合规划方案。

实训内容： 学校为学生创业提供了资金、设备、场地、人员等资源，学生可以根据自身创业梦想开设公司。其中学生可利用的人力资源是来自学校内各院系各学科的同学，也可以聘请学校外专业人员等。

实训要求： 将参加实训的学生分成若干项目小组与评审团，各项目小组根据团队的创业梦想拟订一份创业计划书，其中必须包括人力资源整合规划方案。请评审团评审人力资源整合规划方案并给予点评。

课题4-2：DM公司人力资源部门有效能级管理

实训项目： 能级管理的运用。

实训目的： 学会在人力资源管理中运用能级对应原理。

实训内容： DM公司人力资源部门人岗匹配度低，工作流程混乱，人员配置缺陷，工作效率低下，严重影响了部门工作任务的完成与公司的整体运作。现要求公司董事会对人力资源部门进行能级管理，改善目前部门的工作现状。

实训要求： 要求参加实训的学生分成两组，一组作为DM公司人力资源部门员工，一组作为DM公司董事会。要求第一组提供DM公司人力资源部门内部运作与能级错位现状报告，并模拟运作流程；第二组"DM公司董事会"对目前DM公司人力资源部门能级错位问题进行分析，并进行有效能级管理。

中篇 人力资源管理实务篇

第 5 章 战略性人力资源规划

教学目标

通过本章的学习,掌握战略性人力资源规划的相关知识,明确人力资源规划的基本内容和制定、实施程序,了解战略性人力资源规划的支持技术。

教学要求

知识要点	能力要求	相关知识
战略性人力资源规划的含义与作用	管理人员在管理实践当中能够理解战略性人力资源规划的含义及作用	战略性人力资源规划的含义 战略性人力资源规划的特征 战略性人力资源规划的作用
战略性人力资源规划的制定过程	管理人员能够懂得在管理过程中制定战略性人力资源规划,进行总体规划和各项业务计划	战略性人力资源规划的层次 战略性人力资源规划的制定
战略性人力资源规划的实施过程	管理人员掌握战略性人力资源规划的实施步骤,明确制定和实施战略性人力资源规划过程中的注意要点	战略性人力资源规划的实施步骤 实施过程中的注意事项
战略性人力资源规划支持技术	管理人员独立进行战略性人力资源需求、供给预测 管理人员进行战略性人力资源的供求调节的实践 管理人员在预测中采取措施避免问题 管理人员建立合理的战略性人力资源信息系统 跨国经营公司建立战略性人力资源信息系统	战略性人力资源需求、供给预测及方法 战略性人力资源的供求调节的政策与措施 战略性人力资源信息系统的内容、功能及基础信息 跨国经营的战略性人力资源信息系统

导入案例

手忙脚乱的人力资源经理

D集团在短短5年之内由一家手工作坊发展成国内著名的食品制造商。企业最初从来不定什么计划，缺人了，就去人才市场招聘。企业日益正规后，开始每年年初定计划：收入多少，利润多少，产量多少，员工定编人数多少，等等。人数少的可以新招聘，人数超编的就要求减人，一般在年初招聘新员工。可是，因为一年中不时有人升职、有人平调、有人降职、有人辞职，年初又有编制限制不能多招，而人力资源部也不知道应当招多少人或者招什么样的人，结果人力资源经理一年到头往人才市场钻。

近来，由于3名高级技术工人退休，2名跳槽，生产线立即瘫痪，集团总经理召开紧急会议，命令人力资源经理3天内招到合适的人员顶替空缺，恢复生产。人力资源经理两个晚上没睡觉，频繁奔走于全国各地人才市场和面试现场之间。人力资源经理刚刚喘口气，地区经理又打电话给他说："自己公司已经超编了，不能接收前几天分过去的5名大学生。"人力资源经理不由怒气冲冲地说："是你自己说缺人，我才招来的，现在你又不要了！"地区经理说："是啊，我两个月前缺人，你现在才给我，现在早就不缺了。"人力资源经理分辩道："招人也是需要时间的，我又不是孙悟空，你一说缺人，我就变出一个给你？"

出现这些状况的根本原因在于人力资源规划缺乏可行性。制定过程缺乏对公司业务和人才结构的深入了解和科学预测。人力资源规划是各项人力资源管理活动的目标，无目标的管理活动等于没有管理，因此，如果解决了人力资源规划的难题，那么相关问题的解决将水到渠成。解决这个问题，需要在人力资源规划的制定中采用合适的方法和程序，使人力资源规划的实施具有可行性。

（资料来源：桂昭明. 人力资源管理[M]. 武汉：华中科技大学出版社，2008.）

问题：
（1）上述案例说明了人力资源规划有什么重要作用？
（2）该案例给我们什么启示？

随着经济全球化和以知识为基础的产业的发展，人力资源开始在组织的竞争中扮演着越来越重要的角色。组织面临的人力资源管理已经不再是事务性的、操作层面的，而需要提升到战略的高度来对待。因此，需要对人力资源的各项活动进行战略性规划。

古语云："凡事预则立，不预则废"。这句话的意思是说，做任何事情想要成功就要提前做好计划，否则往往会失败。有效的管理以成功的规划运筹为基础，规划有助于预见未来，减少未来的不确定性，更好地帮助组织应付未来的各种变化，解决和处理复杂的问题。任何组织在发展过程中必须要有与其目标相匹配的人力资源配置，但不断变化着的内部和外部环境又会对组织的人力资源配置产生不同程度的影响。因此，必须对组织的人力资源进行有效规划，通过对组织在不同时期内、不同内外部环境下、不同的组织战略目标下人力资源供需的预测，确保组织所需的第一资源——人力资源，并对人力资源进行有效的开发和管理，保障组织战略目标的实现。

5.1 战略性人力资源规划的含义、特征与作用

随着市场竞争的日益激烈，企业经常要面对人力资源规划的挑战，怎样确定企业需要的关键人才，如何前瞻性地进行人员发展规划，如何战略性地发展能力高卓的人力资本，这些问题已成为组织能否实现其商业目标的重要决定因素。

5.1.1 战略性人力资源规划的含义

战略性人力资源规划是一个企业、一个行业、一个部门或者一个地区为了实现其经济

发展、经营目标或组织规划,在员工管理、人员选拔任用和调整、绩效考核、工资福利、员工的培训与发展诸多方面所制定并依此实施的全局性、长期性的设想和规划。其侧重点是人力资源管理政策的调整和各项人力资源管理职能工作重心和指导方针的确定。这样,才能统筹协调、综合运用各项人力资源管理职能,以保证公司人力资源规划的实现,从而为公司整体经营战略的实现提供有力的保障。战略性人力资源规划包括战略性人力资源规划的制定和战略性人力资源规划的实施两部分内容。

人力资源规划(本章中人力资源规划均是指战略性人力资源规划)是人力资源管理战略的重要组成部分,是人力资源管理各项具体活动的起点和依据,它直接影响着人力资源战略实施的有效程度。

人力资源规划是指组织根据内外环境的变化,合理地分析和预测组织对人力资源的需求和供给情况,并据此制定出相应的计划或方案,以保证组织在适当的时候获得适当数量、质量和种类的人员补充,满足组织和个人的需求。这一定义包括三方面的含义。

(1) 它指出规划的背景——组织内外环境是不断发展变化的。在这种情况下,如果组织没有对自己的发展作长远规划,只会导致失败。俗话说"人无远虑,必有近忧。"现代社会的发展之快前所未有,在风云变幻的市场竞争中,没有规划、走一步看一步的企业必定难以生存。

(2) 组织的人员补充需要实现适时、适量、适岗 3 个目标,即按照组织的发展目标,在不同的发展阶段,需要有足够数量,符合组织要求并能达到人职匹配要求的员工,这是理想化的目标。在实现中,有效的规划必须非常有远见,才能做到及时地为组织输送合格员工。这就要求组织把人力资源规划放到战略性的高度上,制定长远的规划和方案,并切实执行。还要根据现实情况及时调整或重新定位,才能保证企业正确的发展方向和持久的发展动力。

(3) 人力资源规划既要满足组织的需求,也要满足个人的需求。这是指规划既要为组织获取合格的人才,也要为合格的人才匹配合适的岗位,即做到"人职匹配"。当今企业间的竞争已经转为不同企业所拥有的人力资源之间的竞争,优秀的人力资源是一种稀缺性资源,为此,每一个企业要想获得长足的发展,它必须要最大限度地利用它所拥有的每一位员工的能力,并且还要为每一位员工提供一个不断成长,最终实现个人价值的机会。为了达到这一目的,许多组织开始越来越多地强调职业规划。

阅读案例 5-1

苏澳玻璃公司的人力资源规划

近年来苏澳公司常为人员空缺所困惑,特别是经理层次人员的空缺常使得公司陷入被动的局面。苏澳公司最近进行了公司人力资源规划。公司首先由 4 名人事部的管理人员负责收集和分析目前公司对生产部、市场与销售部、财务部、人事部 4 个职能部门的管理人员和专业人员的需求情况以及劳动力市场的供给情况,并估计在预测年度,各职能部门内部可能出现的关键职位空缺数量。

经过一番努力,经理层次上人员空缺减少了 50%,跨地区的人员调动也大大减少。另外,从内部选拔工作任职者人选的时间也减少了 50%,并且保证了人选的质量,合格人员的漏选率大大降低,使人员配备过程得到了改进。人力资源规划还使得公司的招聘、培训、员工职业生涯计划与发展等各项业务得到改进,节约了人力成本。

(资料来源:余凯成,程文文,陈维政.人力资源管理[M].北京:高等教育出版社,2001:31-32.)

人力资源规划是预测未来的组织任务和环境对组织的要求，以及为了完成这些任务和满足这些要求而设计的提供人力资源的过程。它要求通过收集和利用信息对人力资源管理中的资源使用进行决策。对于一个企业来说，人力资源规划的实质是根据企业经营方针，通过确定企业人力资源来实现企业的目标。

5.1.2 战略性人力资源规划的特征

从战略性人力资源规划的定义可以看出其应具备以下几个特征。

1. 全局性

全局性是所有战略的最基本的特征，舍此就不能称之为战略。战略性人力资源规划的全局性包括两层意思：一是把全体员工当作一个整体而制定出的战略，属于人力资源的总体战略；二是作为企业总体战略的一个方面，必须要与企业的总体战略建立起有机的联系。也就是说，战略性人力资源规划虽然研究的是人员筹划方面的问题，但却不能不顾及其他与之相关联的方方面面。因此，必须以开阔的视野、系统的方法制定出与企业总体战略、与其他各个方面相协调的战略，这就是所谓的全局特征。

2. 长远性

长远性是从实现战略目标所需要的时间这一维度来考虑的。战略性人力资源规划目标的实现，继而带动并达成企业总体战略目标的实现，绝非一朝一夕之功，必须经过一个长期的实施、调整、补充、完善过程才能逐步完成。因此，企业战略性人力资源规划不应只是权宜之计，而应具有长远性的特征。

3. 阶段性

一般来说，战略都是分阶段的，或者说战略在实施过程中是分步骤进行的。所谓分步骤，就是把战略所要达到的最终目标按时间的先后进行分解，形成几个阶梯，通常称之为战略步骤。战略性人力资源规划同样也应遵循这一普遍规律。任何一个人在企业中的"运行轨迹"，正常情况下，也都要分几个步骤：招聘→录用→培训→上岗→晋升……→退休。这只是一个简单的个人的例子，如果涉及全体人员的"运行"，恐怕就不会这么简单了，不会是直线前进式地进行了，而是明显地呈现出阶段性。

4. 稳定性

战略性人力资源规划和其他战略一样，要求具有稳定性，不能朝令夕改。这就要求在制定战略时，要深入细致地进行调查研究，客观地估量在今后发展过程中可能出现的利弊得失，作出科学的预测，使战略性人力资源规划建立在既超前又稳妥可靠的基础上。

5. 灵活性

稳定性并不排斥变通。由于企业所处的外部环境的变化，尤其是市场条件变化具有某种程度的不可预知性，要求在制定战略性人力资源规划时，要综合考虑各方面的因素，充分估量可能发生的各种变化，并针对这些可能的变化因素，作出相应的预期对策和应急措施，使战略性人力资源规划在总体上具有稳定性，在某些方面、某些时间点上又能具备灵活多变的特点，以适应变化多端的外部客观环境，为企业的总体战略提供一个良好的战略性人力资源规划依据。

5.1.3 战略性人力资源规划的作用

企业的全体员工在生产经营活动中，按照客观需要进行内部分工，就会形成具有一定组织结构和管理指挥系统的构架。只有把各个部分、各个员工的活动科学地、高效地统一于企业生产经营的目标之下，才能充分地发挥企业员工的整体效应。能否做到这一点，主要取决于企业的人力资源规划制定得是否得当，取决于企业内部的各个重要环节和岗位是否具备所需要的人才。

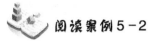

人力资源管理如何满足企业经营活动的变化

某公司是一家通信设备生产厂。在一次例行的周末经理会议上，销售经理说："我有一个好消息，我们得到一个大订单，但是我们必须在一年内完成，而不是两年年完成。我告诉客户我们能够做到。"

此时，人事经理提出一个现实的问题："据我所知，我们现有人员根本无法在客户要求的期限内生产出符合他们要求的产品。我们需要逐步地对我们现有的工人进行培训，同时还需要到社会上招聘一些具有这种产品生产经验的工人。我认为我们应该对这一项目再进行一些详细的分析。如果我们必须在一年内而不是两年内完成这一项目，我们的人力资源成本将大幅度增加，项目的成本也将增加。"

（资料来源：黄典瑛. 人力资源管理［M］. 北京：中国财政经济出版社，2002：53-54.）

人力资源规划的作用可以从以下6个方面体现。

（1）战略性人力资源规划是组织规划中最为重要的内容。组织规划主要包括人力资源规划、财务规划、设备规划以及原材料规划，其目的是使组织的各种资源（人、财、物）彼此协调并实现内部的供求平衡。作为组织中最积极、最活跃因素的人对组织的各项工作的展开都起到关键性的作用，因此，人力资源规划在组织规划中占有重要地位。

（2）战略性人力资源规划是组织适应动态发展需要的重要条件。变化是市场唯一的法则，组织要想在激烈的市场竞争中生存并得以发展，必须面对市场，不断对市场变化作出敏捷的反应。对于一个动态组织来说，人力资源的需求和供给不可能自动实现平衡，要分析供求的差异，并采取适当的手段调整差异。而人力资源规划的一项基本职能就是预测供求差异并调整差异。

（3）战略性人力资源规划是组织人力资源管理的重要依据。在组织的人力资源管理活动中，人力资源规划不仅具有先导性和战略性，而且在实施企业目标和规划的过程中，它还能不断调整人力资源管理的政策和措施，指导人力资源管理活动，因此，人力资源规划又被称为是人力资源管理活动的纽带。组织的工作分析等人力资源管理的基础活动是人力资源规划的重要前提，而人力资源规划又对人员的招聘选拔、报酬福利、教育培训等各种人力资源管理活动的目标与实施步骤，进行了具体而详尽的安排。

人力资源规划与其他人力资源管理活动之间的关系在于人力资源规划为组织的人力资源管理工作提供了一张"蓝图"。也就是说，人力资源规划为有关人事活动、人力资源专家以及职业经理人指明了方向。这些活动包括：①吸引具有合适技能和性格的高素质人才；②甄选那些最适合组织发展的、有潜力的人员；③留住能力强、组织需要的人员，辞退不能胜任工作、组织不需要的人员；④开发并有效利用组织内的人力资源。所以说，实行人力资源规划是保证组织有效性不可或缺的一部分内容。

（4）战略性人力资源规划对控制人工成本有重要作用。人力资源规划对预测中、长期的人工成本有重要的作用。人工成本中最大的支出是工资，而工资总额在很大程度上取决于组织中的人员分布状况。人员分布状况指的是组织中的人员在不同职务、不同级别上的数量状况。组织在初创时期，处于低职务的人多，人工成本相对便宜，随着时间的推移，人员的职务等级会上升，工资成本也就随之增加。在没有人力资源规划的情况下，未来的人工成本是未知的；难免会产生成本上升，效益下降的趋势。因此，在预测企业未来发展的条件下，有计划地逐步调整人员的分布状况，把人工成本控制在合理的支付范围内，显然是十分重要的。

（5）战略性人力资源规划有助于避免人事决策方面的失误。人力资源规划的信息往往是晋升、薪酬等人事决策的基础，这些决策对管理的影响大，持续时间长，调整难。为了避免决策的失误，准确的信息是至关重要的。例如，一个企业在未来某一时间缺乏某类有经验的员工，而这种经验的培养又不可能在短时间内实现，那么如何解决这一问题呢？如果从外部招聘，那么可能找不到合适的人员，或者成本高，而且招聘人员也不可能在短时间内适应工作。如果自己培养，就需要提前进行培训，同时还要考虑培训过程中人员的流失可能性等问题。显然，在没有确切信息的情况下，决策是难以客观进行的，而且可能根本考虑不到这些方面的问题。

（6）战略性人力资源规划有助于调动员工的积极性。人力资源规划对调动员工的积极性也很重要，它有助于引导员工职业生涯设计和职业生涯发展。如果组织运用人力资源规划，员工能有更多的机会预见到自己的职业生涯发展前景，能有更多的机会参加有利于提升自身素质和胜任能力的培训机会，使员工感到他们的才能对组织来说是重要的，从而可以增强自身在组织中的地位以及个人的自信心，在今后的工作中也会有更大的动力运用自身的聪明才智为组织做贡献。这样的情形往往会使员工的满意度增加，从而获得一系列的好结果——较低的缺勤率和流动率、较少的工作事故，以及完成更高质量的工作。

5.2 战略性人力资源规划的制定过程

5.2.1 战略性人力资源规划的内容

战略性人力资源规划的内容包括以下5个方面。

（1）战略规划：是根据企业总体发展战略的目标，对企业人力资源开发和利用的方针、政策和策略的规定，是各种人力资源具体计划的核心，是事关全局的关键性计划。

（2）组织规划：组织规划是对企业整体框架的设计，主要包括组织信息的采集、处理和应用，组织结构图的绘制，组织调查，诊断和评价，组织设计与调整以及组织机构的设置等。

（3）制度规划：制度规划是人力资源总规划目标实现的重要保证，包括人力资源管理制度体系建设的程序、制度化管理等内容。

（4）人员规划：人员规划是对企业人员总量、构成、流动的整体规划，包括人力资源的现状分析，企业定员，人员需求、供给预测和人员供需平衡等。

（5）费用规划：费用规划是对企业人工成本、人力资源管理费用的整体规划，包括人力资源费用的预算、核算、结算以及人力资源费用的控制。

人力资源规划又可分为战略性的长期规划、策略性的中期规划和具体作业性的短期计划，这些规划与组织的其他规划相互联系，既受制于其他规划，又为其他规划服务。一般

第 5 章 战略性人力资源规划

来说,长期规划是 5~10 年或更长的战略性规划,比较抽象;短期规划是 1~3 年的具体作业性规划,一般而言任务清晰、目标明确;中期规划是介于前两者之间的策略性规划。计划期的长短和环境不确定性大小的影响因素之间的配合关系见表 5-1。

表 5-1 不确定性与计划期的长度

短期计划:不确定/不稳定	长期计划:确定/稳定
组织面临众多竞争者	组织居于强有力的市场竞争地位
快速变化的社会、经济环境	社会经济、政治、技术等环境变化是渐进的
不稳定的产品、劳务需求	强大的管理信息系统
政治法律环境经常变化	稳定的产品、劳务需求
组织规模小	管理水平先进
管理水平低	

组织的战略性人力资源规划分两个层次:总体规划和各项业务计划。

人力资源规划是预测未来的组织任务和环境对组织的要求,以及为了完成这些任务和满足这些要求而设计的提供人力资源的过程。通过收集和利用现有的信息对人力资源管理中的资源使用情况进行评估预测。人力资源规划的实质是根据公司经营方针,通过确定未来公司人力资源管理目标来实现公司的既定目标。

5.2.2 战略性人力资源规划的制定

人力资源总体规划主要阐述在战略计划内组织对各种人力资源的需求和各种人力资源配置的总的框架,并制定人力资源规划的总原则、总方针和总目标。业务计划的制订主要包括以下几方面。

1. 职务编制计划

陈述企业的组织结构、职务设置、职务描述和职务资格要求等内容,主要解决公司的定员定编问题。公司要依据自己的近远期目标、劳动生产率、资本设备工艺要求等状况确立相应的组织机构、岗位职务标准,进行定员定编。

2. 人员配置计划

陈述企业中每个职务的人员数量、职务变动以及职务人员空缺等内容,主要包括以下 5 个方面。

(1) 人力分配计划。依据公司各级组织机构、岗位职务的专业分工来配置所需的人员,包括工人工种分配、管理人员职务调配及工作调动等内容。

(2) 晋升计划。实质上是组织晋升政策的一种表达方式。对企业来说,有计划地提升有能力的人员以满足职务对人的要求,是组织的一种重要职能。从员工个人角度来看,有计划的提升会满足员工自我实现的需求。

(3) 调配计划。组织内人员的未来职位的分配,是通过有计划的人员内部流动来实现的。

(4) 招聘计划。目的是合理填补组织中长期内可能产生的职位空缺。招聘计划与晋升计划是密切相关的。由于晋升计划的影响,组织内的职位空缺逐级向下移动,最终积累在较低层次的人员需求上。这就要求考虑对低层次人员的招聘。依据所需增加的人力资源,制订出相应的人才招聘计划,这种计划一般是以一年作为一个阶段的,内容包括:计算各年度所需人才,并计算可通过内部晋升调配的人数;依据企业目标,确定各年度必须对外招聘的人员数;确定招聘方式;寻找招聘来源;制订安置计划;设计留住人才的措施。

(5)退休解聘计划。编制要合理降低劳务成本,提高劳动生产率,制定退休政策及解聘程序。

3. 接班人计划

现在国内相当一部分企业存在接班人之忧,是强将手下真的无弱兵?还是将太强,而使手下人不能成长?从理论上讲培养接班人很重要,因为强将不仅是个人强,还要培养下属强。在中国,企业创始人不够强势,则企业做不大,创始人太强,往往手下人的舞台有限。在这一方面做得比较好的企业,往往会有接班人计划又叫继任者计划,这样做既可以使员工的职业生涯在企业得以顺利发展,又可以在一定程度上减少由于员工流失而带来的损失。

4. 教育培训计划

制订教育培训计划的目的是依据公司发展的需要,通过各种教育培训途径,为公司培养当前和未来所需要的各级各类合格人员。教育培训计划包括两方面:①对内挑选现有员工,对员工加强进行专业知识及工作技能培训;②对外应积极猎取社会上稀缺而又是企业未来急需的人才。

阅读案例 5-3

科龙的"黄埔军校"计划

自 2002 年年底,广东科龙集团开始大规模招收 MBA。去年 11 月,科龙称急需招聘 100 名 MBA,正当大家议论纷纷的时候,3 个月后,科龙又把计划招的人数做了大幅调整,从原先招收 100 人增加到 300~400 人。大批的 MBA 不断涌向科龙集团。

科龙高层,认为这是科龙优化、调整自己人力资源结构的重大战略举措。此次招收的 300~400 名 MBA,希望经过八九个月的培训和锻炼,能够成为公司一支全新的营销精英团队。科龙之所以把目光对准 MBA,按他们的话说,是因为 MBA 素质相对较高,经过短时间的培训就能成才。现代营销正在回归理性,以前家电业的营销人员素质普遍很低,无法适应竞争越来越激烈的市场竞争,让 MBA 进来有助于调整科龙的人力资源结构。

科龙将这一次大规模的 MBA 项目称为"黄埔军校"计划。对于 MBA 本身来说,人们有很多积极的评价,比如,通过基础理论的学习和大量案例的研究,可以学到管理思想和能力。这种思想包括人本思想、市场管理思想、资本运营思想等;而这种能力则是分析问题、发现问题和解决问题的能力。这也许是科龙集团如此看重 MBA 的缘由所在。

(资料来源:刘翠芳. 现代人力资源管理[M]. 北京:北京大学出版社,2006:66-67.)

5. 薪酬激励计划

目的是减少人才流动,提高员工士气,改进员工绩效。这里需要制定工资政策、激励政策和激励重点等政策。

6. 劳动关系计划

目的是降低优秀员工的离职率,改进劳资关系,减少投诉,提升员工的参与积极性,加强劳资之间的沟通。

7. 投资预算计划

上述各项计划的费用预算。

5.3 战略性人力资源规划的实施过程

人力资源规划通过一系列的步骤来帮助企业实现战略目标,其目的就是在合适的时间、合适的地点,获得合适数量、合适素质的员工,最终使企业和个人的收益都达到最大化。

1. 战略性人力资源规划的实施步骤

战略性人力资源规划的实施步骤如下。

1) 确定组织的战略目标和计划

人力资源规划的第一步就是确定组织的战略目标和计划。公司的目标,如取得多大的销售额和利润,在很大程度上反映了管理者的偏好和决策,但是受到环境因素的制约。其中,组织必须考虑的环境因素包括经济因素(如劳动力市场和产品市场中的一般特征)、法律规定、与劳动力和产品市场相关的社会和政治倾向以及影响到生产率的技术发展状况。按照组织的具体环境和状况,有些因素为组织发展创造了机遇,有些因素则对组织发展不利。很显然,要想实现组织的最大利益,就必须最大限度地利用有利条件,甚至还要修正组织的目标。

2) 预测人员需求

人力资源规划的第二步就是预测为实现第一步中制定的目标所需要的人力资源。这些需要包括为满足产出所需要的人力资源数量、一定的技能以及劳动力成本。该阶段一项重要的工作就是制定出一种"岗位档案",其中包括组织现有的以及将来要有的岗位信息。对每一项工作都应该详细地描述;应该详细规定任职者所必需的技能、职责以及评价绩效的标准。另外,了解每个岗位与整个组织结构之间的关系也是很重要的。因此,其中还应该包括以下内容:一个岗位在整个职业生涯通道中所处的位置;该岗位在组织中所能持续的时间,也就是说组织需要该岗位的时间。

3) 预测人力资源供给

预测人力资源供给首先要对组织内现有的人员状况有详细的了解,包括现有人员的数量、技能、职责以及薪水或工资水平,列出现有人员状况的"清单"。这是掌握组织内部人力资源供给状况的手段,这里还需要考虑到人员的变动,包括员工的辞职和退休情况、人力资源培训和开发方面的影响、企业的人员流动率及其原因、企业员工的职业发展规划状况以及企业员工的工作满意度状况。

与此类似,可通过相同的方法来预测组织外部的人力资源供给,包括可从劳动力市场上获得的一定数量和质量的人员,也包括对劳动力成本的估算,而这种估算必须是在对宏观上的人力资源工资的整体变动趋势做出正确评价的基础之上。

人才资源规划和配置的时间度量

在人力资源管理者眼里,及时、完整、合格的观点可能更重要。对于快速成长的机构,各个职位都有合适的人可能是最主要的需要。必须重视提供给部门的求职者的质量问题,只能提供一种类型的求职者:一个合格的求职者,最好是有工作经验的人。人们可以通过对比求职者的求职登记来验证这些。提供给公司不合适的候选人将影响机构未来的发展。

招聘过程有3个时间段：一个时间段是从发现合格的应聘者到介绍他们到用人单位去面试所花费的时间，被称为反应时间，这是人力资源部门有最大控制力的时期。另一个时间段是填补职位空缺所花的时间，被称为定位时间，一旦初步确定了符合条件的应聘者，人力资源部门的控制度就开始降低。第三个时间段是到岗时间，当新员工实际工作时这个阶段就结束了，这个阶段人力资源部门几乎没有什么控制力，但是不到这一阶段，别的任何事都是徒劳。

第一个时间段是反应时间，是指从有已经签字同意的职位申请单那天起，直到通知人力资源经理至少有一个合格的候选人等着面谈的那天为止的天数。这是一个重要的时间段，尽管它不意味着已经完成了招聘任务，但它表现招聘系统的工作速度。

第二个时间段是填补空缺职位的时间段。通常人们认为招聘过程是相对简单的事情，它包括将招聘申请单交给人力资源部门、做广告、初步筛选求职者、少许人被挑选去公司面试。事实上，整个过程包括许多个独立的小步骤。填补职位空缺的时间测算的是从申请单交到人力资源部门到选中求职者接受所提供的工作这之间的总天数。

第三个时间段测量的是到岗时间。它除了显示的是从接受到开始工作之间的天数外，计算与填补职位空缺所需时间一样。开始日期反映的是后备员工报到的日期，到岗时间是开始日期减去申请单收到日期。

（资料来源：中国劳动咨询网，http：//www.51Labour.com.）

4）制定人力资源供求平衡政策

根据人力资源供求数据，对组织在人力资源数量、质量和结构的预测结果和组织同期内的状况进行比较分析，可计算出人力资源净需求。计算出的结果一般有3种情况：①当净需求为正时，即人力资源供不应求时，组织需要招聘新员工、加班、培训、晋升、外包、工作再设计等；②当净需求为负时，即人力资源供大于求时，组织需要减少临时工数量、实行工作分享制、提前退休甚至解雇等；③当净需求为零时，即人力资源供求相等时，组织不需要采取重大的人力资源调整策略，但还是要考虑组织内人力资源的结构是否合理。

5）实施人力资源平衡措施

人力资源平衡措施制定出来之后就要付诸实施，这要通过整个组织内部的通力合作才能实现。一般来说，人力资源部门在实施这些措施的过程中发挥着主要的作用，他们具体负责人员的招聘、甄选、培训以及薪酬、福利制度的制定等工作。

6）评估人力资源规划的有效性

人力资源规划的评估主要是对整个人力资源规划的有效性进行评估。这是为了了解组织的目标是否已经达到，如果没有达到预期目标，那问题出在哪里？原因是什么？应该采取什么样的措施才能真正实现目标？初期制定的目标是否合理？评估可以采用目标对照审核法，即以原定目标为标准进行逐项的评估审核，还可以通过广泛收集相关数据分析法，如收集某一段时间内组织人员的流动状况、员工的生产积极性、满意程度等。为了保证评估结果公正，进行评估审核的人员可以是规划制定者的上级或同级，但不能是规划制定者本人或其下属。

2. 实施战略性人力资源规划过程中的注意事项

在制定战略性人力资源规划的过程中，必须注意以下几个方面因素。

1）国家及地方人力资源政策环境的变化

这包括国家对于人力资源的法律法规的制定，对于人才的各种措施，如国家各种经济法规的实施、国内外经济环境的变化、国家以及地方对于人力资源和人才的各种政策规定等。这些外部环境的变化必定影响企业内部的整体经营环境，从而使企业内部的人力资源政策也随之有所变动。

2）企业内部的经营环境的变化

企业的人力资源政策的制定必须遵从企业的管理状况、组织状况、经营状况和经营目标的变化。因此，企业的人力资源管理必须根据依据以下原则，根据企业内部的经营环境的变化而变化。

（1）安定原则。安定原则要求在企业不断提高工作效率、积累经营资本的基础上，企业的人力资源应该以企业的稳定发展为其管理的前提和基础。

（2）经营成长原则。经营成长原则是指企业在资本积累增加、销售额增加、企业规模和市场扩大的情况下，人员必定增加。企业人力资源规划的基本内容和目标是企业的壮大和发展。

（3）持续原则。人力资源规划应该以增强企业的生命力和实现可持续增长，并保持企业的永远发展潜力为目的，必须致力于劳资协调、人才培养与后继者培植工作。现实中，企业一时的顺境并不代表企业的长远发展，这就要求企业领导者和人力资源管理者具有长远的目标和宽阔的胸襟，从企业长远发展的大局出发，协调好劳资关系，做好企业的人才再造和培植接班人的工作。

企业的人力资源战略必须是企业整体战略的一个有机组成部分，而人力资源战略就是联系企业整体战略和具体人力资源活动的一座桥梁。

3）战略性人力资源的预测

根据公司的战略规划以及对企业内外环境的分析制订人力资源战略计划，为配合企业发展的需要，以及避免制订人力资源战术计划的盲目性，应该对企业所需的人才作适当预测，在估算人才时应考虑以下因素。

（1）因企业的业务发展和紧缩而所需增减的人才。

（2）因现有人才的离职和退休而所需补充的人才。

（3）因管理体系的变更、技术的革新及企业经营规模的扩大而所需的人才。

4）企业文化的整合

企业文化的核心就是培育企业的价值观，培育一种创新向上、符合实际的企业文化。在企业的人力资源规划中必须充分注意企业文化的融合与渗透，保障企业经营的特色，以及企业经营战略的实现和组织行为的约束力，只有这样，才能使企业的人力资源具有延续性，具有自己的、符合本企业的人力资源特色。国外一些大公司都非常注重人力资源战略的规划与企业文化的结合，松下的"不仅生产产品，而且生产人"的企业文化观念就是企业文化在人力资源战略中的体现。

总之，一个企业的战略性人力资源规划必须充分与企业外部环境和内部环境相协调，并融合企业文化特色。

在实施战略性人力资源规划的过程中，要注意协调好各部门、各环节之间的关系。

（1）必须要有专人负责既定方案的实施，要赋予负责人拥有保证方案实现的权利和资源。

（2）要确保不折不扣地按规划执行。

（3）在实施前要做好准备。

（4）实施时要全力以赴。

（5）要有关于实施进展状况的定期报告，以确保规划能够与环境、组织的目标保持一致。

5.4 战略性人力资源规划的支持技术

5.4.1 战略性人力资源规划的预测技术

1. 战略性人力资源规划的需求预测

1) 短期预测法

(1) 维持现状法。这是预测人员需求的一种简单定量分析方法，它假定目前的供给和人员组合适用于整个预测期，也就是人员的比例在整个预测期均保持不变。在这种情况下，计划仅仅意味着采取措施填补因某些人员提升或调离而造成的空缺。

维持现状法的另一种形式是配置比例法。一是人员比例法。例如，如果企业过去的管理人员与生产人员的比例为1∶20，亦即1名管理人员管理20名生产人员，那么，如果预测企业生产扩大在未来需要增加300名生产人员，就需相应地增加15名管理人员。二是生产单位与人员配置比例，如果每个生产工人每日可生产500单位的产品，其比例是1∶500，在劳动生产率不变的条件下，假定企业每日要增加50000单位产品，就要增加100个工人。

(2) 单元预测法。这是一种定量加定性的"自下而上"的预测方法，它要求下层管理人员对下一预测期内其管辖单位内的人员需求进行预测，然后将各单位的预测结果加以汇总，得出总需求。单元预测法可以是规范化的和非规范化的。规范化的单元预测法要求每个单位的经理或主管人员填写一张问卷。问卷涉及未来工作的性质、要求、岗位空缺数以及这些空缺能否通过培训或调动来加以补充或必须进行外部招聘等内容。非规范化的单位预测法要求每个单位的经理或主管呈报完成所有工作所需的新增人员数量，这种方法简单但主观随意性较大，提供的数据可能不太准确。

2) 中长期预测法

(1) 德尔菲法，也就是说让一组专家综合分析组织所面临的技术、经济、法律和社会环境，预测其中的种种变化，并提出自己的结论。德尔菲法可以综合分析影响企业将来发展方向和人员需求的各种因素，通过问卷调查来获得各个专家对相关问题的独立判断意见。

专栏5-2

德尔菲法

德尔菲法可以有效地避免专家之间由于名誉和地位而造成的对他人的影响，因此能充分表达专家本人的意见，结果较为客观，操作比较简单。另外，它不需要专家们面对面地坐在一起，这样就可以使不同地方的专家共同参与到一个课题中来。不过这种方法的不足之处在于费时，如果想要迅速做出决策，这种方法很不适用。这种方法的难点在于问题的提出和专家的回答要有信度和效度。因此，要使得该方法行之有效，应该注意以下几点。

(1) 专家最好不少于30人，问卷的返回率应不低于60%，以保证调查的权威性和广泛性。
(2) 问题应该清楚明确，不要含糊其辞，能够量化的地方尽量量化。
(3) 问题应该简单精练，与预测内容无关的问题最好不要问。
(4) 选择的专家一定是熟悉和精通这一领域的专业人员。
(5) 要给专家提供丰富而翔实的资料，帮助他们做出正确的判断。
(6) 一定要认真做好归纳总结工作，尽量使用专业术语，使结果尽量精确。

(资料来源：罗哲. 人力资源开发与管理[M]. 成都：四川大学出版社，2007：54.)

（2）多方案法，指综合分析各种影响因素以预测在每一特定环境下的人员需求。例如，某一企业的人员需求主要受经济环境、竞争对手强弱和技术变化的影响，那么这三类因素的不同组合就会形成不同的环境条件。利用多方案法可以预测在每一对应环境下的人员要求，有利于企业根据不同环境条件下的人员需求制定相应的政策和措施。

（3）公司职工的需求预测法。根据公司发展的要求，对将来某个时期内公司所需职工的数量和质量进行预测，进而确定人员补充的计划方案、实施教育培训方案。这是公司制定人力资源规划的核心和前提条件。预测的基础是公司的发展规划和年度预算。对职工的需求预测要持动态的观点，考虑预测期内劳动生产率的提高、工作方法的改进及机械化、自动化水平的提高等变化因素。

3）战略性人力资源规划需求预测的基本方法

（1）经验估计法，就是利用现有的情报和资料，根据有关人员的经验，结合本公司的特点，对公司职工的需求加以预测。可以采用"自下而上"和"自上而下"两种方式。"自下而上"是由直线部门的经理向自己的上级主管提出用人要求和建议，获得上级主管的同意；"自上而下"是由公司经理先拟定出公司总体的用人目标和建议，然后由各级部门自行确定用人计划。最好是将"自下而上"与"自上而下"结合起来运用，先由公司提出职工需求的指导性建议，再由各部门按公司指导性建议的要求，同人事部门、技术部门、职工培训部门确定具体用人需求；同时，由人事部门汇总确定全公司的用人需求，最后将形成的职工需求预测交由公司经理审批。

（2）统计预测法，是运用数理统计形式，依据公司目前和预测期的经济指标及若干相关因素，作数学计算，得出职工需求量。这类方法中采用最普遍的是比例趋势法，回归分析和经济计量模型比较复杂，用得不多。

（3）工作研究预测法，就是通过工作研究（包括动作研究和时间研究）来计算完成某项工作或某件产品的工时定额和劳动定额，并考虑到预测期内的变动因素，确定公司的职工需求。

2. 战略性人力资源规划供给的预测

在进行人力资源需求预测后，应对人力资源的供给进行预测，即估计在未来一段时间企业可获得的人员数量和类型。

人力资源供给预测一般包括以下几方面内容。

（1）要明确企业内部人员的特征，包括年龄、级别、素质、资历、经历和技能等。必须收集和储存有关人员发展潜力、可晋升性、职业目标以及采用的培训项目等方面的信息。技能档案是预测人员供给的有效工具，它包含每个人员的技能、能力、知识和经验方面的信息，这些信息的来源是工作分析、绩效评估、教育和培训记录等。技能档案不仅可以用于人力资源规划，也可以用来确定人员的调动、提升和解雇。

（2）分析目前公司员工流动的情况及其原因，预测将来流动的态势，以便采取相应的措施，避免不必要的流动，或者及时给予替补；掌握员工提拔和内部调动的情况，保证工作和职务的连续性；分析工作条件(如作息制度、轮班制度等)的改变和出勤率的变动对员工供给的影响；掌握员工的供给来源和渠道，可以来源于公司内部（如富余职工的安排、职工潜力的发挥等），也可来源于公司外部。

（3）对组织人力资源的供给进行预测，还必须把握影响供给的主要因素。这些因素可以分为两大类：①地区性因素：所在地和附近地区的人口密度；其他公司对劳动力的需求状况；当地的就业水平、就业观念；当地的科技文化教育水平；所在地对人们的吸引力；公司本身对人们的吸引力；当地临时工人的供给状况；当地的住房、交通、生活条件。②全国性因素：全国劳动人口的增长趋势；全国对各类人员的需求程度；各类学校的毕业生规模与结构；教育制度变革而产生的影响，如延长学制、改革教学内容等对职工供给的影响；国家就业法规、政策的影响。

3. 战略性人力资源规划的供求调节

1）人力资源剩余情况下的人力资源规划政策与措施

这种情况下主要有3种应对措施：重新安置、永久裁员和降低劳动成本。

如果企业内部的剩余人员只是局部的，可采取重新安置的办法来解决剩余人员问题。也就是说，只要某些岗位出现剩余人员，而另一些岗位却存在短缺现象时，就可把剩余人员安置到需要人员的岗位上去。不过，重新安置的一个前提是剩余人员必须具有新工作岗位所需的技能和知识。因此，重新安置需要提早计划、培训在先。人力资源规划要求企业人力资源管理人员综合运用计划、培训和调配手段来管理企业的人力资源。

永久性裁员是解决人员过剩的另一种办法。但是，要注意的是，即使在西方市场经济国家，采取这种方法也是十分谨慎的，因为它不仅涉及员工本人及其家庭的利益，也会对整个社会产生影响。只有在企业经营出现严重亏损，生产难以继续，或生产不可能恢复的情况下，才采取这种办法。在裁员之前，企业会告知员工目前企业的经营状况以及困难所在，并尽力为剩余人员寻找新的工作岗位。在企业内部确实无法安置的情况下，方可进行裁员。

解决人员过剩的第三种办法是降低人工成本，包括暂时解雇、减少工作时间、工作分担和降低工资等。以上这些措施是西方市场经济国家企业通常采用的办法。其优点在于，当预测到企业出现过剩人员时，不是简单地将其裁掉，而是留有缓冲余地，让企业和员工共同分担困难。如果员工个人不愿维持工作不充分、低工资的现状，可以自愿另谋高就，这就避免了将其立即推向社会的动荡。

2）人力资源短缺情况下的人力资源规划政策与措施

这种情况下主要有利用现有人员和从组织外部招聘人员两种方式。利用现有人员的方法有：将某些人员调到人员短缺的工作岗位上，培训某些人员将他们提拔到人员短缺的岗位，鼓励员工加班，提高劳动生产率等。提高劳动生产率是较为可行的一种方法，为了提高员工的劳动生产率，可以采取以下措施：为员工加薪，提供经济上的激励；提高员工的工作技能，以便他们能用较少的工作时间生产出较多的产品或降低劳动成本；鼓励员工提供建议和措施，重新设计工作程序和方法，提高产量；利用高效的机器或设备等。内部招聘可以通过建立公司人力资源储备库来实现，把员工的资料都归入系统中，从中选出能够胜任新职位要求的最佳人选；晋升计划指在公司内部帮助员工建立个人的职业生涯规划，指导员工顺着适合自己的职业阶梯逐渐向上爬；另外还有继任计划，这在国外比较流行。具体做法是人力资源部门对企业的每位管理人员进行详细调查并与决策者确定哪些人有资格升迁到更高层次的位置，然后制定相应的"职业计划储备评价图"，列出岗位可以替换的人选。

企业也可以采取从外部招聘新雇员的办法来解决人员短缺问题。从外部招聘新雇员要受到劳动力市场状况的影响，如果所需劳动力种类在劳动力市场上处于过剩状态，招聘就很容易；相反，如果同类人员在劳动力市场上处于紧缺状态，招聘难度就大得多。企业能否成功地获得所需的合格人员，取决于企业的劳动力市场的综合发展状态和企业自身的人力资源政策。例如，即使企业所需的人员在劳动力市场上处于短缺状态，如果企业的经济实力强大，愿意出高于市场水平的工资来招聘所需人员，就会具有强大的吸引力。

5.4.2 战略性人力资源规划的信息系统

1. 人力资源信息系统的内容与功能

1) 人力资源信息系统的内容

人力资源信息系统（Human Resource Information System，HRIS）是组织进行有关人力资源工作方面的信息收集、分析和报告的过程。计划的依据是信息，脱离大量翔实的信息而作出的计划是想当然的计划，对事物未来的发展起不到精确的作用。所以说，人力资源规划的效果如何，在一定程度上取决于企业人力资源信息系统建立与否及其内容的真实可靠程度。

阅读案例 5-4

正宁公司的人事工资考勤系统

正宁公司是一家生产防盗门的企业，成立于 1990 年。目前公司拥有员工 1050 人。在 1999 年以前，公司的人事管理，例如考勤、工资发放等工作，全部由人事部手工完成。

为了改变这种局面，提高工作效率，公司特请一家计算机公司，并针对本企业的实际情况设计了一套人事工资考勤系统。

这套"人事工资考勤系统"是专门从事人力资源管理的系统，它根据人力资源管理的原理，结合各种厂房、办公室中的人力资源管理实际流程及经验，采用当前优秀的开发工具开发而成。

系统结合实际情况，针对正宁公司在工资、人事和考勤管理上的特点，定义了工资项目计算公式，对员工分配、班组等方面也作了设置；对上下班时间、签卡、请假、自由班、临时班、节假日等进行预先设置。可处理白班、夜班、混合班、计时班等各种类班的考勤；考勤结果与工资紧密结合，自动统计出当月工资；系统报表完善。

操作员只要录入人员的基本信息、计薪公式、考勤设置，系统便可自动进行工资、统计以及考勤的计算；并进行统计、汇总、报表的输出等。强大的查询功能，可轻松应付几千人的工厂。

（资料来源：李小勇. 100 个成功的人力资源管理[M]. 北京：机械工业出版社，2004：16-17.）

完善的企业人力资源信息系统包括以下三方面内容。

（1）企业战略、经营目标及常规经营计划信息。根据这些内容可确定人力资源规划的种类及框架。

（2）企业外部的人力资源供求信息及对这些信息的影响因素。外部劳动力市场上各类人员的供求状况及未来趋势、各类需求人员的供职条件、国家政府部门对劳动用工制度的政策法规等，均对企业人力资源规划产生影响。

（3）企业现有人力资源的信息。只有在准确的现有人力资源信息的基础上，才能作出最有效的人力资源规划。

2) 人力资源信息系统产生的报表及经营预测

一个有效的 HRIS 还可以产生出若干重要的报表及与经营相关的预测。

（1）常规报表。按时间进度汇总的经营数据称为常规报表。每周或每月用人情况报表可能被送达总经理，而每个季度该报表可能被送达最高管理层。

（2）例外情况报表。该报表着重强调在经营活动中十分严重、足以引起管理者注意的变化。

（3）按需提供的报表。该报表是根据特殊需求提供的信息。

（4）预测。预测将一些预测模型应用于特定情况。管理者需要预测为满足企业发展的需要所需的员工数量和类型等。

3）人力资源信息系统的功能

企业人力资源信息系统除为人力资源规划决策提供信息外，还具有以下功能。

（1）为人力资源规划建立人事档案。

（2）为企业制定发展战略提供人力资源数据。

（3）为人事决策提供信息支持。

（4）为企业管理效果的评估提供反馈信息。

（5）为其他有关人力资源的活动提供快捷、准确的信息。

2. 人力资源信息系统的基础信息

一般来说，人力资源信息系统至少应包含下列基础信息。

（1）自然状况：性别、年龄、民族、籍贯、体重、健康状况等。

（2）知识状况：文化教育程度、专业、学位、所取得的各种证书和职称等。

（3）能力状况：表达能力、操作能力、管理能力、人际关系协调能力及其他特长的种类与等级。

（4）阅历及经验：做过何种工作、担任何种职务、取得的业绩、任职时间、调动原因、总体评价。

（5）心理状况：兴趣、偏好、积极性水平、心理承受能力。

（6）工作状况：目前所属部门、岗位、职级、绩效及适应性。

（7）收入情况：工资、奖金、津贴及职务外收入。

（8）家庭背景及生活状况：家庭成员、生活条件、居住地点、家庭职业取向及个人对未来职业生涯的设计等。

（9）所在部门使用意图：提、留、升、调、降。

3. 跨国经营的人力资源信息系统

由于跨国经营所需的劳动力十分复杂，所以开发有效的全球人力资源信息系统非常必要。全球人力资源信息系统是获得人力资源决策所需的相关和及时信息的一种有组织的方式。理想的信息系统是：当使用者需要时能向他们提供一切所需信息的系统。对于大多数企业尤其是那些从事国际经营的企业来说，这种理想的情况尚未达到。为弥补不太有效的全球人力资源管理信息系统，各个公司正在开发决策支持系统，该系统使用户们能够通过计算机相互影响，以尽快获得信息。决策支持系统使管理者能尽快调出可使用程序的菜单。通常，决策支持系统是复杂的数据库系统，它能够读取、显示和处理信息。在决策支持系统中，会使用图解法、模拟、建模和数量分析方法。不管信息系统的性质如何，及时提供许多影响人力资源因素的有关信息以确保作出最好的人力资源决策是非常必要的。

本章小结

战略性人力资源规划对企业的发展意义重大,包括战略性人力资源规划的制定和战略性人力资源规划的实施两部分内容。它具有全局性、长远性、阶段性、稳定性等特点,并在企业的各方面发挥十分重要的作用。

战略性人力资源规划的内容主要分为总体规划和各项业务计划两个层次。战略性人力资源规划的制定包括总体规划的制定和业务计划的制定,其中业务计划制定的内容包括职务编制计划、人员配置计划、接班人计划、教育培训计划、薪酬激励计划、劳动关系计划和投资预算计划等。

战略性人力资源规划的实施过程是通过一系列的步骤实现的,管理者需要根据具体实际情况确定目标、计划,制定政策,实施相应的措施并加以评估。在制定、实施战略性人力资源规划的过程中,管理者需要把握一些注意要点,使规划能更好地执行。

战略性人力资源规划的实施需要一定的技术予以支持,以期发挥更大的功效。管理者进行需求、供给预测时,需要借助相应的技术手段,准确预测并调节供求。建立战略性人力资源信息系统是人力资源规划的未来发展趋势,管理者需要掌握战略性人力资源信息系统的内容,利用 HRIS 的功能和优势,更好地为制定人力资源相关决策服务。

关键术语

战略性人力资源规划　总体规划　业务计划　人力资源规划预测　战略性人力资源信息系统

综合练习

一、填空题

1. 战略性人力资源规划的 5 个特征是:_____、_____、_____、_____、_____。
2. 战略性人力资源规划是指组织根据_____的变化,合理地分析与预测组织对人力资源的需求和供给情况,并据此制定出相应的_____,以保证组织在适当的时候获得适当_____、_____和_____的人员补充,满足_____的需求。
3. 战略性人力资源规划的具体程序是:第一,确定_____;第二,预测_____;第三,预测_____;第四,制定_____;第五,实施_____;第六,评估_____。

二、判断题

1. 现代管理者必须十分重视战略性人力资源规划的制定和实施,树立重视人才、依靠人才的意识和观念。（　　）
2. 把各个部分、各个员工的活动科学地、高效地统一于企业生产经营的目标下,就能充分地发挥出企业员工的整体效应。（　　）
3. 企业成长和发展的中心是资源,没有资源,就不可能成就事业。（　　）
4. 人力资源规划的信息往往是晋升、薪酬等人事决策的基础。（　　）
5. "岗位档案"只包括组织现有的岗位信息。（　　）

三、简答题

1. 什么是战略性人力资源规划?它有什么特征和作用?
2. 人力资源规划的内容是什么?
3. 组织规划具体包括哪些内容?

4. 什么是职务编制计划?
5. 教育培训计划的内容是什么?
6. 人员配置计划的含义和内容是什么?
7. 制定人力资源规划的过程是怎样的?
8. 人力资源需求预测的方法有哪些?人力资源供给预测的内容是什么?
9. 人力资源供求调节的措施是什么?
10. 人力资源信息系统的内容是什么?
11. 一个企业目前有总经理级人员5名,部门经理级人员14名,其他员工120名。一年后,总经理级人员退休1名,辞职1名;部门经理级人员退休2名,辞职3名;其他员工退休10名,辞职5名。如果该企业规模不变,将如何编制人力资源计划?

四、名词解释

职务编制计划　人员配置计划　接班人计划　教育培训计划　薪酬激励计划　劳动关系计划
投资预算计划　短期预测法　中长期预测法　经验估计法　统计预测法　工作研究预测法

"撞击反射实验"公开招考公务员

几个月前,S市在一个敏感的领域里抛出了一只撞击反射的球——《S市报》上登出了新成立的监察局公开招考公务员的启事。实行公务员制度是我国干部人事制度改革的突破口。监察局公开招考公务员,预示着一个新体制将诞生于S市。

一项社会舆论调查问卷结果表明,有49.8%的人将政治体制改革列为最关心的一项,关于其中的干部人事制度改革,有31.1%的人对公务员制度不了解,有39.3%的人对实行这项制度缺乏信心。

似乎深谙人们的心态,S市的决策者们深知抛出这只球的利害关系,决策之前理所当然地进行了一场认真的运筹和准备。市委组织郭××说,干部人事制度的改革将关系到每一个人的切身利益。每一项具体的改革步骤都可能对已经形成的利害关系进行调整,从而影响到一些人的社会地位和物质利益。由于人们缺乏对新体制的了解,又由于旧体制的强大惯性,相当一部分人对干部人事制度的改革和正在进行的公务员制度表现出疑虑和信心不足,是在意料之中的。

S市主要领导王××也说:"公务员制度肯定要实行,我们大胆搞一次'撞击反射实验'……实验总比等待好。"

改革是个系统工程,改革的"软件"必须与大局相配套,改革的旗号下不应有非改革的东西,哪怕一点点。相当多的人对改革抱有疑虑,轰轰烈烈之后仍有积重难返、重蹈旧迹的可能。

进行"撞击反射实验"的人们没有忘记将中国的"酱缸"哲学和同化性很强的陋习严格地摒弃在实验之外。搞公务员制度,就应该有个公务员的样子。要切实对公务员的吸收、录用、考核、晋升、辞退、奖惩、退休等形成一套崭新的管理办法,而不能只换件"衣服",或换块牌子。带着这样的思索,实验者搜集材料、掌握信息、外出考察、精密筹划,工作之艰辛绝不亚于物理学上的同类实验。

几个月后,有了探索的结果:S市人民政府"机关公务员试行办法""政府现职人员转为公务员暂行办法""人才再开发暂行办法"相继出台。

措施既定,新成立的监察局便成为第一个撞击反射的实验场。实验在慎之又慎的态势下进行:公开招考,但是范围有所限制——在全市现职在编干部中招考;考试为主,考核为辅,但是考试前规定了范围,因为人们对监察方面的知识知之甚少……然而,原则非常清晰——将择优、平等、公开的竞争机制引入干部管理体制,打破组织部门任命主要负责人、人事部门配干部的传统方法。

"步子还不够大,改革还不彻底,招考的范围为什么要限制?"有人摇头。

S市劳动人事局干部李××则说:"现有干部这么多,不'优化',怎么能行?"

实验在新、旧体制交替的阵痛中进行。监察局定编20人,除1名政务类公务员和5名公勤人员外,

第5章 战略性人力资源规划

其余16个名额在公开招考中产生。先进行文化知识考试，逐项打分，累积计算，够标准者录取，然后再进行考核。考试看卷面分数，考核则更全面，按16个因素对应试者进行测评，逐项打分，累计积分，够标准者录取，不够者不予录取。

登出启事后3天内，即有150多人打听报名情况，正式报名的有31人，但到考试那天，应试者仅剩下19人！

市政府一位25岁的司务长，看到启事便认定自己应该报名。他所在的行政科知道后，赶紧相劝，并许了许多愿："你一结婚就分房子，而且是带液化气设施的，还可以调到行政科……"年轻人很快打消了报名的念头。

也有这样的情形，而且很普遍：有的单位听到本单位有了报名的，领导的脸色顿时来了个不小的变化，"你不想在我这个单位，肯定是这单位不好，否则，你干嘛要走？"报名者一般是要考虑后路的，万一不录取，人家也有权力啊，譬如穿个小鞋什么的；市妇联3个报名的，考试前一天开了个会，决定3人要考一块考，要不考也一块不考，"法不责众"。还有一位青年人开了个不大不小的玩笑：这位自学大专毕业的公安局干部，以考试第3名的成绩列入录取名单。谁想，青年人慎重声明拒绝被录用。他说："我不是S市人，在此地没有关系。看了报纸，我就想试试你们，看是不是又来花架子……看来你们搞的是真格的。"

当然这个实验场也使许多人如愿以偿：一位原轻工局组织科的副科长，市里曾几次抽调他到别的单位，他都不同意，这次他报考了；50多岁的前工业局党委书记钟××，被民主推荐为监察局的政务类公务员。由长期从事的工业工作转为做非常陌生的监察工作，老钟起先是有所保留的。但是，他还是接受了任务，欣然搬到了监察局办公室。

（资料来源：中国人民大学行政系主编《行政管理学案例库》）

根据案例所提供的资料，试分析以下内容。
(1) 结合人力资源规划的相关知识分析该市进行公开招考公务员的原因。
(2) 该市公开招考公务员的最终效果如何？
(3) 如何科学使用人力资源规划方法来解决公开招考公务员的问题？

实际操作训练

课题5-1：战略性人力资源规划

实训项目：制定战略性人力资源规划。

实训目的：学习怎样制定战略性人力资源规划。

实训内容：学校不断发展壮大，准备在今年扩大教师规模，扩充教职工队伍，向社会招聘教职工，同时调整现有员工的职务以适应发展的需要，需要进行战略性人力资源规划。

实训要求：将参加实训的学生分成若干小组，代表学校领导人员制定符合学校发展战略的人力资源规划。

课题5-2：战略性人力资源规划过程

实训项目：战略性人力资源规划过程。

实训目的：学会如何进行战略性人力资源规划。

实训内容：第一步就是确定学校的战略目标和计划；第二步就是预测为实现第一步中制定的目标所需要的人力资源，即需要具备哪些条件的教职工；第三步对学校内外的人员状况有个详细的了解；第四步根据人力资源供求数据，对学校在人力资源数量、质量和结构的预测结果和学校同期内的状况进行比较分析，可计算出人力资源净需求；第五步制定人力资源平衡措施并付诸实施。

实训要求：要求参加实训的学生根据学校的发展战略进行人力资源规划，同时运用科学的预测技术制定合理的方案，并通力合作予以实施。

课题5-3：战略性人力资源规划评估

实训项目：评估战略性人力资源规划。

实训目的：学习如何评估战略性人力资源规划。

实训内容：对整个战略性人力资源规划的有效性进行评估。对招聘来的教职工和调整职务的员工进行评估，审核他们是否符合学校的发展需求。具体可以采用目标对照审核法，即以原定目标为标准进行逐项的评估审核，还可以通过广泛收集相关数据的分析法。

实训要求：了解学校的目标是否已经达到，如果没有达到预期目标，问题出在哪里？原因是什么？应该采取什么样的措施才能真正实现目标？明确初期制定的目标是否合理？

第 6 章 工作分析

教学目标

本章将学习工作分析的相关概念,以及工作分析的内容、程序与基本方法,并阐述如何通过工作分析编写职务说明书等内容。要求学生了解工作分析的历史发展与作用,理解工作分析的内容与程序,掌握工作分析的基本概念、基本方法,掌握编写职务说明书的技能。

教学要求

知识要点	能力要求	相关知识
工作分析的概述	了解工作分析的基本发展与相关概念	工作分析的概念与相关术语 工作分析的作用与外部环境分析 工作分析的发展趋势
工作分析的内容与方法	理解工作分析的内容与程序	工作分析的内容 工作分析的程序
职务说明书的编写	运用工作分析的基本方法编写职务说明书	工作分析方法 编写职务说明书的原则 工作分析应注意的问题

■ 导入案例

工作职责分歧

一个机床操作工把大量的液体洒在机床周围的地板上,车间主任叫操作工把地板打扫干净,操作工拒绝执行,理由是任职说明书里并没有包括清扫的条文。车间主任顾不上去查任职说明书上的原文,就找来一名服务工来做清扫工作。但服务工同样拒绝,他的理由是任职说明书里同样也没有包括这一类的工作,这个工作应该由清杂工来完成,因为清杂工的责任之一是做好清扫工作。车间主任威胁服务工说要解雇他,因为这种服务工是分配到车间来做杂务的临时工。服务工勉强同意,但是干完以后立即向公司投诉。

有关人员看了投诉以后,审阅了机床操作工、服务工和清杂工的任职说明书。机床操作工的任职说明书上规定:操作工有责任保持机床的清洁,使之处于可操作的状态,但并未提及清扫地板。服务工的任职说明书上规定:服务工有责任以各种方式协助操作工,如领取原料和工具,随叫随到,即时服务,但也没有包括清扫工作。清杂工的任职说明书确实包括了各种形式的清扫工作,但他的工作时间是从正常工人下班以后开始的。

(资料来源:窦胜功.人力资源管理与开发[M].北京:清华大学出版社,2008:125.)

问题:

(1) 在实际工作中,你是否也遇到过类似的问题?
(2) 产生这种状况的原因是什么?如何解决?

工作分析是人力资源管理的基础。没有周密、细致的工作分析,人力资源管理的科学性就得不到保障。为适应组织战略目标的要求,工作分析要形成组织人力资源管理的基本评价规则。它为组织招聘、考核、薪酬设计等人力资源管理活动提供了不可或缺的评价基础与前提。

6.1 工作分析概述

工作分析是人力资源管理的重要组成部分,是人力资源管理的初始点,在人力资源管理中发挥着重要的作用。在适应组织战略目标要求的过程中,工作分析形成了组织人力资源管理的基本评价规则,为组织招聘、绩效考核与薪酬设计等人力资源管理活动提供了不可或缺的评价基础与前提条件。

6.1.1 工作分析的基本概念

1. 工作分析的含义

工作分析(Job Analysis)又称职位分析或职务分析,是人力资源管理的基本环节和重要工具,是指全面收集和分析与工作有关的信息并对其进行描述和规范的过程,即采用一定的技术方法全面地调查和分析组织中的各种任务、职责、责任等情况,并在这一基础上对各种工作的性质及特征做出描述,对担任各种工作所需具备的基本的资格条件做出明确规定的过程。

工作分析的目的在于解决工作中的7个主要问题(即7W):谁负责即责任者(Who)、对谁负责(For Whom)、工作内容(What)、工作时间(When)、工作地点(Where)、工作方法(How)、工作目标(Why)。只有提供了这7个方面的工作信息,才能对工作的性质、特点及任职者的基本资格条件作出准确的描述和规范。

简单地说,工作分析是人力资源管理过程中了解某项工作有关信息与情况的一种科学手段。工作分析也是一种活动与过程,是分析者采用科学手段与技术收集、比较、综合有关工作的信息,为组织特定的发展战略、组织规划,为人力资源管理以及其他管理行为服务的一种管理活动。工作分析主体是工作分析者,客体是整个组织体系,对象是工作,包括战略目标、组织结构、部门职能、岗位中的工作内容、工作责任、工作技能、工作强度、工作环境、工作方法、工作时间等在组织中的运作关系。

工作分析对组织解决特定的工作关系起着至关重要的作用。它通过对具体的工作环节或行业状况的全面分析来制定职务说明书。因此,工作分析被认为是现代组织中一种重要的管理环节与手段。

2. 工作分析的相关术语

工作分析是一项专业性较强的人力资源管理工作，它涉及许多专业术语。为了更深入地理解工作分析的含义，必须对若干与工作分析相关的专业术语作出明确的规范，它们主要包括以下几个方面。

（1）工作要素（Job Factor）。工作中不能再继续分解的最小工作动作。例如，教师讲课，包含讲解、写板书、提问等工作要素。

（2）工作任务（Job Task）。为了达到某种目的所从事的一系列活动。工作任务可由一个或多个工作要素组成。例如，讲课、出考卷、改考卷、答疑等都是教师的工作任务。

（3）工作职责（Job Duty）。个体在工作中需要完成的大部分工作。一名商学院教师的职责有教学、研究、为企业政府做咨询服务等。

（4）工作职位（Job Position）。在一定时期内，组织要求个体完成的一项或多项责任。职位与个体一一匹配，又称为岗位。职位的数量称为编制。职位是以"事"为中心确定的，强调的是人所担任的岗位，而不是担任这个岗位的人。

（5）工作职务（Job Headship）。它是一组重要责任相似的职位。根据组织大小和工作性质，一种职务可以有多个职位。例如，学校中有教师职务、行政管理职务、后勤职务等。

（6）工作职业（Job Career）。在不同组织、不同时间从事相似活动的一系列工作的总称，有时与行业混用。例如，教师职业、医生职业等。

（7）工作描述（Job Description）。它指有关工作性质及特征的书面说明，它的内容涉及工作识别、工作概述、工作职责和工作条件等要素。

（8）工作资格（Job Specification）。也称任职资格或工作规范，是指担任某种工作所需具备的基本的资格条件，包括知识、技能、能力及其他个人特征（态度、人格特征、性情和价值观等），通常称之为 KSAOs，即英文中的 Knowledge，Skills，Abilities and Other Personal Characteristics 的缩写。

（9）工作评价（Job Evaluation）。它是指采用一定的方法对组织中的各种工作的价值作出评定。工作评价在工作分析的基础上进行，目的是设定出组织的薪酬等级。

（10）工作分类（Job Classification）。它是指按一定的标准及程序对组织中的众多工作所作的归类。工作分析可以看作是一种工作分类，但它作为一种人事分类，不同于职位分类。工作分析适用于各种组织，尤其是企业组织，职位分类则适用于行政组织的公务员系统。

各类组织为便于人力资源管理，通常将各种职位进行分类。所谓职位分类，是指将所有的工作岗位即职位，按其业务性质分为若干职组、职系（从横向讲）；然后按责任大小、工作难易、所受教育程度及技术高低分为若干职等、职级（从纵向讲），对每一个职位给予准确的定义和描述，制成职位说明书，以此作为对聘任人员管理的依据。

① 职系（Position Series）：工作性质相同，而责任轻重和困难程度不同，所以职级、职等不同的职务系列。

② 职组（Position Group）：工作性质相同的若干职系的综合称为职组，也叫职群。

③ 职级（Position Class）：指将工作内容、难易程度、责任大小、所需资格都很相似的职位划分为同一职级，实行同样的管理使用和报酬。

④ 职等（Position Grade）：工作性质不同或主要职务不同，但其困难程度、责任大小、工作所需资格都很相似的职级可称为职等。

我国现有 27 个职组 43 个职系，而美国有 23 个职组 524 个职系。表 6-1 是我国部分技术人员专业技术职务的分类表，该表可说明职系、职组、职级和职等的联系与区别。

表 6-1　职系、职组、职级和职等的联系与区别

职组	职系	职等 职级	V 员级	IV 助级	III 中级	II 副高职	I 正高职
高等教育	教师			助教	讲师	副教授	教授
	科研人员			助理工程师	工程师	高级工程师	
	实验人员		实验员	助理实验师	实验师	高级实验师	
	图书资料、档案		管理员	助理馆员	馆员	副研究馆员	研究馆员
企业	工程技术		技术员	助理工程师	工程师	高级工程师	教授级高工
	会计		会计员	助理会计师	会计师	高级会计师	
	统计		统计员	助理统计师	统计师	高级统计师	
	管理		经济员	助理经济师	经济师	高级经济师	

因此，从这个意义上说，工作(Job)也可以理解为组织中若干主要职责相似的职位集合，相当于职位分类中的职系。工作族(Job Family)则可以理解为组织中两种及其以上性质相近且相关的工作集合，相当于职位分类中的职组。职业(Occupation)则是指不同时间内、不同组织中工作要求相似或职责相当的职位集合。职业生涯(Career)是指一个人在其一生中所从事的一系列职位、工作或职业。

6.1.2　工作分析的作用

工作分析是人力资源管理的基础性工作。人力资源管理的每一项工作几乎都需要用到工作分析的结果。工作分析是人力资源规划的基础。企业内各项工作责任的大小、任务的轻重、时间的约束、工作条件的限制等因素决定了企业所需的不同人员。工作分析就是要根据企业的需要，将影响工作的因素逐一列举分析，首先决定企业中需要设置哪些工作，其次决定每项工作对从事的人员有何要求。通过对部门内各项工作的分析，得到各部门的人员编制，继而得到企业的人力资源需求计划。另外，通过工作分析可以将相近的工作归类合理安排，统一平衡供求关系，从而提高人力资源规划的质量。

阅读案例 6-1

王强到底要什么样的工人

"王强，我一直想象不出你究竟需要什么样的操作工人，"江山机械公司人力资源部负责人李进说，"我已经给你提供了 4 个面试人选，他们好像都还满足职位说明书中规定的要求，但你一个也没有录用。"

"什么职位说明？"王强答道，"我所关心的是找到一个能胜任那项工作的人。但是你给我提供的人都无法胜任，而且我从来就没有见过什么职位说明书。"

李进递给王强一份职位说明书，并逐条解释给他听。他们发现，要么是职位说明书与实际工作不符，要么是规定以后，实际工作又有了很大变化。例如，职位说明书中说明了有关老式钻床的使用经验，但实际所使用的是一种新型数字式机床。为了有效地使用这种新机器，工人们必须掌握更多的数学知识。

第6章 工作分析

听了王强对操作工人必须具备的条件及应当履行职责的描述,李进说:"我想我们现在可以写一份准确的职位说明书,以其为指导,就能找到适合这项工作的人。只要我们今后加强工作沟通,这种情况就再也不会发生了。"

(资料来源:姚裕群.人力资源管理[M].北京:中国人民大学出版社,2005.)

1. 工作分析有利于制订出科学的人力资源计划

人力资源计划依靠人力资源信息系统(包括人力资源统计、工作职位和组织发展3个子系统)进行分析和决策,而工作职位信息子系统是基于工作分析而形成的,也就是说,工作分析中所作出的工作描述和工作资格两个方面的规定为人力资源计划科学化提供了信息保障。

2. 工作分析有利于在招聘中选拔合格人才

组织中各类人员的招聘任用标准只有通过工作分析才能明确。因为工作分析中所作出的工作资格规定的任职要求是判断应聘者是否合格的客观标准,是设计招聘面试内容的主要依据;只有按照工作资格规定的任职要求来筛选应聘者,才能从中选拔出符合组织需要的人才。通过工作分析能够明确地规定各项工作的近期和远期目标,规定各项工作的要求、责任,掌握工作任务的静态和动态特点,提出任职人员的心理、生理、技能、知识和品格要求,在此基础上确定任用标准。有了明确而有效的标准,就可以通过素质测评和工作绩效评估,选拔和任用符合工作需要和工作要求的合格人员。只有工作要求明确,才可能保证工作安排的准确,做到没有冗员,每个岗位都人尽其才。

3. 工作分析有利于进行成功的职业生涯管理

无论组织还是员工,如果对工作描述和工作资格没有充分的了解,就不可能进行成功的职业生涯管理。因此,随着员工在组织内部和组织之间流动的日益频繁,工作分析的结果对进行成功的职业生涯管理越来越重要。

4. 工作分析有利于开展针对性的培训活动

培训在现代组织中日益重要,而培训工作应准确反映实际工作的情况,如谁需要接受培训、受训者需提高何种技能、培训内容涉及哪些层面等。工作分析的结果为这几方面的科学决策提供依据,使培训工作与组织发展的要求和员工的现实状况联系起来。工作分析具体规定每项工作如何被一步步完成,人力资源专业人员可以此为依据安排培训计划。

5. 工作分析有利于有效激励员工

组织在工作分析的基础上对各种工作的价值作出客观评定,并由此赋予不同职位相应的权力、薪酬及晋升制度,可以为员工明确发展的方向,并从多方面有效地激励员工为实现自己的目标而努力工作。

6. 工作分析有利于实行科学的绩效评估

绩效评估是人力资源管理的重要环节。工作分析由于明确了工作的规范与要求,使得员工的绩效评估有了客观的依据。管理者依据工作分析的要求,判断哪些工作已被完成,哪些工作未达要求。缺乏这个客观依据会影响到绩效评估的科学性,导致员工工作积极性下降,给企业带来损失。因此,作为工作分析的成果,工作描述和工作资格所确定的工作性质、特点及任职者的资格条件,为科学地设计评估内容、指标体系和等次评定标准提供了客观依据,为评估方法的科学性和评估结果的公正性提供了前提保障。

7. 工作分析有利于制定出合理的报酬等级结构

以工作分析为基础的工作评价，能够依据工作描述和工作资格所认定的劳动特点，评定每一项工作的相对价值，并由此确定每一项工作的报酬等级，因而有利于实现员工的劳动质量和劳动数量与其回报或酬劳的统一，体现了报酬管理的公平原则。企业中，每项工作对组织的相对价值或重要性是薪金比率的基础。工作价值通过技能水平、努力程度、责任轻重、工作条件之类的重要因素加以评价。工作分析所提供的信息可用于工作价值的评定，进而决定报酬等级结构的制定。

8. 工作分析有利于基本保障人力资源调控

由于工作分析的结果对岗位的任职资格与要求做出了明确说明，企业对员工的晋升、调配、解雇有了客观的标准，企业便可根据这些客观的标准与员工的个人能力、素质、绩效进行对比分析，做出晋升、调配、解雇等决策。此外，工作分析对生产率改善、安全健康、职业生涯规划、劳工关系等人力资源管理职能都有影响。它是人力资源管理的基石。

6.1.3 工作分析的历史沿革与发展趋势

1. 工作分析的历史沿革

工作分析的研究首先产生于美国。19世纪80年代，欧美各国正经历第二次科技革命，为了提高生产效率，美国开展了一场"提高效率运动"，即"科学管理运动"。1895年，被誉为"科学管理之父"的美国工程师泰勒和吉尔布雷斯夫妇首先提出了"工作分析"和"工作评价"的科学管理方法并获得成功。由此，工作分析和工作评价制度在欧美各国的工商企业中得到广泛推广，并大大提高了企业的劳动生产率。

工作分析在企业界的推广成功对西方国家的公务员制度也产生了重要影响。1883年，美国国会通过《公务员制度法案》，正式开始施行公务员制度。1905年，芝加哥市政府确认公务人员以职务为基础的分类原则，即在对职位的工作进行分析的基础上，给职位分类定级，处于同一等级的职位，其任职者获得的薪酬相等。1912年，芝加哥市政府正式实行职位分类(Position Classification)。1923年，美国政府制定第一个联邦政府职位分类方案《职位分类法》。职位分类在美国产生以后，一直处于不断调整和改革之中；而且，美国的经验受到许多国家的重视，他们结合本国实际对职位分类进行了各种改进，进一步推动了职位分类的发展和完善。

2. 工作分析外部环境的变化

1）社会环境的变化

首先是价值观的变化。许多受过高等教育的人渴望从事的工作不但富有挑战性而且有意义，并且，越来越多的年轻人形成"享受生活"的态度。其次，随着教育年限的延长以及教育水平的提高，企业内部员工的平均年龄在逐渐增长，并且许多职业男性与女性比例已基本相当；同时，企业国际化以及本土化战略的推行，促使企业内部劳动力日益多元化。

社会环境的变化对工作的影响可能有：①工作适应人，而不是人适应工作；②受过高等教育的员工个人发展及他们在工作中接受的挑战将会越来越复杂；③在工作中，不同背景的员工之间的沟通与交流显得越来越重要。

2）技术的变化

各种新技术、特别是现代计算机技术的飞速发展及其在各领域的广泛应用，对工作会带来以下影响：①在制造业中，工人从装配线上解放出来，逐渐从以"手"工作转变为用"脑"来工作；②对于办公室人员的工作产生了许多不利的影响，包括对工作的细分导致了技能丧失，广泛采用新技术增加了员工的心理压力，计算机的使用给员工带来了许多健康方面的问题等；③将会对未来的工作组织方式产生重要的影响。

3）组织经营环境的变化

组织经营环境的变化，特别是国际竞争的日趋激烈，对工作会带来以下影响：①工作任务的分配将越来越灵活，层级将会减少，组织内部的交流将更多地运用直接沟通的方式；②为了完成组织目标，员工将更多地拥有决策和执行的权力，而不用得到高层管理者的允许；③未来的组织将主要依靠自我激励，经理们的职责就是激励员工努力工作，业绩评价将以团队或工作单元的成果作为考核的标准。

3. 工作分析的发展趋势

1）战略性工作分析

战略性工作分析的主要思想是将环境变化因素、企业战略，以及特定工作的未来发展趋势纳入传统的工作分析中，以期充分预测企业的未来需求。一方面，它通过组织内部"自下而上"与"自上而下"的工作分析方式的有机结合，来满足由于工作性质的变化所带来的工作职责和任职要求的变化；另一方面，它还拓宽了信息的来源，要求从任职者和非任职者两方面来收集信息，其中非任职者包括战略制定者、人力资源管理者、相关领域的行业专家等多方面，他们可以更好地为企业战略目标的实现提供支持。

2）工作分析活动必须具有前瞻性

通过前瞻性的工作分析能够规避环境风险，增强组织对外界环境变化的适应能力。

3）工作分析的过程和方法要具有创新性

创新是人力资源管理的灵魂，也是工作分析必须遵循的基本原则；因此，组织的工作分析必须根据具体分析工作的对象和目的进行相应的创新和变革。

4）工作分析文件即工作描述和工作资格更富弹性

工作分析的结果更富弹性，可以使管理者根据实际需要丰富工作内容和拓展工作职责。其中，工作描述弹性化是指工作分析文件仅对工作的任务特性作出概要说明，不具体界定工作的责任性质，使工作描述更为宽泛；工作资格弹性化是指在明确任职者的基本任职知识和技能的前提下，组织在工作分析时更强调其适应组织战略和文化的能力。

5）工作分析文件适时更新

针对动态环境给工作分析带来的影响，需要在年度工作分析的基础上，适时更新工作分析文件的信息。

阅读案例 6-2

HRD 的职责与职权

关于职责，有"屁股决定脑袋"的说法。HRD 的职责是什么呢？是战略层面的决策者，还是管理层面的执行者？

都说新官上任三把火，但是万商集团新任 HRD 吴军到任已经一个多月了，天天在各地分公司做调研，不但一把火没放，甚至连灯都没点一个。

万商集团是国内领先的 B2B 企业，成立 10 年换了 5 任 HRD。前 4 任都是"吃过猪肉"的"牛人"，一上任就踌躇满志，先开动员会，然后做培训，接下来是调研、调结构、定流程、写方案、编制度，把人力资源部的同事们忙得昏天黑地，把公司弄得鸡飞狗跳。可惜好景不长，人力资源部忙了半年，其他部门涛声依旧，改革方案束之高阁，里里外外怨声载道，HRD 黯然离职。

同样的剧情上演了 4 次，所有人都有了经验，等着吴军开动员会、做培训。人力资源助理王燕计划明年生孩子。按她的经验，新 HRD 到位，肯定是先放三把火，头半年免不了一通瞎忙；接下来，HRD 就会发现忙了也是白忙，开始心灰意冷；等到了明年，HRD 终于想通了，忙还不如不忙，心如死灰的时候，人力资源部就开始"放羊"。那个时候正好去生孩子、休产假。等孩子差不多一岁了，自己也调养好了，养精蓄锐迎接新任 HRD 的又一轮折腾。

可是这个吴军没按牌理出牌，既不放火，也不点灯，不但王燕无所适从，CEO 赵刚都坐不住了。

1. 规模优势

吴军上任之前，赵刚说 HRD 主要有 3 项任务：一是文化建设，为万商集团注入"赢"的文化；二是结构调整，理顺集团总部、子公司、关联公司和分公司的关系；三是人才培养，为集团的进一步发展储备人才。

3 项任务都不简单，需要时间做调研，但一个多月过去了，总应该有点阶段性的成果吧。正当赵刚开始担心的时候，吴军找上门来汇报工作。

"老板，向您汇报一下调研的情况"，吴军先把一份报告递给赵刚，然后说，"我先说要点，详细情况报告里都有。"

"调研的第一个目的是搞清楚公司的战略优势和核心竞争力，搞清楚我们和竞争对手不一样的地方，目的是围绕核心竞争力调整组织结构和业务流程。调研发现公司没有核心竞争力、没有战略优势，只有竞争优势，目前的优势是规模和知名度。"

"核心竞争力和优势有什么区别？规模和知名度不是核心竞争力？"赵刚反问道。

"核心竞争力是别人很难模仿的能力，是建立在独有资源之上的；优势是别人可以模仿，但暂时不具备的能力，是建立在公共资源之上的。"吴军解释说："规模和知名度的基础是资本，资本是公共资源，不是独有资源。如果没有战略优势，新的资本进入，利润就摊薄了。"

"调研的第二个目的是搞清楚集团运营的业务模式，搞清楚公司的经营优势。调查发现公司在经营上没有效率优势，只有规模优势。"

"规模和效率有什么区别？"赵刚再一次反问道。

"效率优势是利润率比对手高，规模优势是营业额比对手大。"吴军解释说，"目前集团总部、分公司和子公司的业务一样，只有区域划分，相互之间是竞争关系，不是合作关系。"

"调研的第三个目的是搞清楚业务层面的执行流程，搞清楚营销和销售职位的操作优势，结果发现在操作层面没有效率优势，只有规模优势。"没等赵刚问，吴军解释说："操作层面的效率优势是人均营业额和人均利润高于竞争对手，规模优势是业务人员在数量上超过竞争对手。"

"你的意思是说我们完全没有优势？"赵刚皱了皱眉头说。

吴军回答道："也是也不是，我们进入的时间早，在规模上有优势，如果竞争对手加大投入，或者重量级的企业进来，有可能比我们的规模更大。"

2. 解决方案

赵刚说："这也正是我担心的地方，我们的规模优势在短时间内不会有人超过，但时间长了真不好说。你有什么办法把规模优势变成效率优势呢？"

"办法有很多，在执行层面上的办法有两种，一是把客户需求细分，按客户需求设计产品线；二是把销售和营销职位细分，按客户需求，把目前的销售顾问一个职位细分成销售代表、产品专员、客户代表 3 个职位，具体的做法我在报告里写了。"

"问题的关键不是执行层面上，"吴军说，"战略决策更重要，我个人的想法是这样。"

（1）把集团总部的功能升级，不做具体的业务，主要对分公司提供资金、技术、管理、人才和市场信息上的支持。让总部充分发挥大脑功能，具体的事情让分公司去做。

（2）分公司和子公司在业务上不要重叠，形成上下游关系上的专业协作和系统协作，这样既可以避免内部竞争，也可以提高专业水平和服务质量，类似阿里巴巴、阿里妈妈、支付宝、诚信通那样。

第6章 工作分析

(3) 终端下沉，三线城市采用加盟连锁，既可以迅速扩大规模，又避免了在三线城市开设分公司形成的高管理成本和市场容量小的矛盾。

"后面的3点我没有写在报告里。"吴军说，"这些是董事会决策范围内的事，如果有必要，我可以另外写一个提案。"

赵刚听了这个思路觉得眼前一亮，他也早有类似的想法，只是天天忙于事务性工作，没有往下细想。

3. 素位而行

"那就赶快写个提案吧，我先看看，如果有必要，你再交给董事会。"赵刚说，"企业文化、结构调整、人才培养，这3件事你别忘了。"

吴军又拿出一份报告给赵刚说："呵呵，没忘，这3件事的提案在这里。"

接着，两人又开始讨论调研报告，一一分析如何细分客户需求、如何细分营销职位的具体做法和可行性……不知不觉一天过去了，赵刚说："就按报告里你提出来的思路，之后我们找几家分公司先试试。"

最后，赵刚说："提案也要尽快写出来，如果有必要，我申请召开董事会特别会议，专门讨论战略调整的问题。不过你有没有仔细考虑过，要是董事会不同意你的这份提案，坚持现在的做法怎么办？"

吴军很平静地说："这个可能性我也想了好多天，如果真那样，我可能会辞职。"

"为什么？"赵刚吓了一跳。

吴军说："通过这一个月的调研，我觉得执行层面的调整，对公司的意义不大，公司迫切需要战略调整。到目前为止，我还没找到更好的调整方向。作为HRD，我的职责是成为战略和执行之间的桥梁。如果董事会认为现在的运营方式正确，不需要战略调整，那公司只需要一个人事经理来做执行层面的事情就够了，我没必要戴着HRD的空头衔，做人事经理的工作。"

吴军走了之后，赵刚陷入沉思。显然，这个HRD很专业，战略思维很清晰，也很有主见。但问题在于他太有主见了，不肯接受他的建议，他就选择辞职。

如果按照赵刚以往的用人原则，这样的人应该尽早让他离开，但是公司眼下真的需要战略调整，迫切需要一个像吴军这样的HRD。眼看着3个月的试用期就要到了，赵刚到底要不要留住这样的人才呢？在这个问题上他应该保持什么样的立场？

(资料来源：中国人力资源开发网.)

6.2 工作分析的内容、程序与方法

6.2.1 工作分析的内容

工作分析是获得有关工作信息的过程。一般包括需要完成的任务方面的信息和完成这些任务所需的人的特点方面的信息。对任务要求的综合的书面概括称为工作描述，即描述某项工作的具体内容。对工作者要求的综合书面概括称为工作规范，即说明某项工作需要什么样的人来做，见表6-2。因此，工作分析的内容综合起来主要集中在以下4点。

表6-2 工作描述与工作规范内容

工作描述内容	工作规范内容
职务名称：出纳 直接上级：财务部经理 本职工作：现金收发 工作责任：①负责现金收付；②处理报销事项；③……	职务名称：销售部经理 年龄：26~40岁 性别：男女不限 学历：本科以上 工作经验：3年销售经验 生理要求：无疾病 心理要求：健康

1. 工作内容

工作内容（做什么）不仅包括所有的体力劳动，如移动物品位置、移动原材料等，还包括所有的脑力劳动，如计划、判断、指导或控制体力劳动的支出等。大多数工作中包含多种任务，每种任务都带有脑力劳动和体力劳动不同程度的结合。

 阅读案例6-3

安德鲁飓风

1992年8月，安德鲁飓风席卷了南佛罗里达州，奥普蒂玛空气过滤器公司也受到影响，许多雇员的家都遭到了破坏，公司发现不得不雇用30个新雇员以取代离职者，然而出现问题是原来的老计时员对其工作是如此熟悉，因此就没有为他们编写工作说明书。但当30名新雇员走上岗位后，就产生了混乱现象，他们根本就不知道应该做些什么以及如何做。

对于需要空气过滤器的顾客来说，飓风已成为往事，不能再成为交不了货的借口。公司总裁菲尔·马恩现在处于束手无策的困境。他目前有30名新的雇员，10名老计时员，还有原来的工厂主管梅比林。他决定去会见一位来自当地一所大学工高管理学院的顾问琳达·洛依。琳达·洛依要求老计时员们填写工作描述问卷，列举出他们的工作任务。争议随之而起，因为菲尔和梅比林都认为，老计时员为了显示他们在企业中的重要地位，夸大了他们的工作分量；而这些老计时员却认为，他们很诚实地描述了自己实际的工作情况。一方面，公司内部的这种争论得不到解决；另一方面，顾客却在等待他们所需要的空气过滤器。

（资料来源：http://zhidao.baidu.com/question/90336069.html。）

2. 工作方法

工作方法（怎么做）涉及如何完成工作？工作中需要哪些机器、工具、原材料、测量仪器及其他设备？应该遵循哪些程序、标准和惯例？需要做哪些决定或决议？

3. 工作目的与原因

工作目的与原因（为什么做）是用来说明员工为什么这样做而不那样做，并对前两个问题予以检验，并说明为什么要这样做？它的最终目的是什么？每项任务有什么特定意图？每项工作之间有什么联系？它与全部工作又有什么联系？

4. 工作过程与结构

工作分析的最后一部分，即工作过程与结构（完成工作过程中包含的环节与要素），表明了工作任务及其完成的难易程度。这是工作分析的关键。

依据工作分析的内容，工作分析需要收集与工作及从事工作的人相关的一系列信息，主要包括以下几点。

（1）工作的名称、代码、所属部门等基本信息。

（2）工作的输出特征，即一项工作的最终结果表现形式，一般为某种物质成果或服务，这是界定工作任务和工作责任的基础，也是确定工作绩效标准的必要前提。

（3）工作的输入特征，指为了获得上述结果，应当输入什么内容，包括物质、信息、规范、条件及人的体力、智力等，这是界定工作来源、工作条件和任职资格的基础。

（4）工作的转换特征，一项工作是如何从输入转换为输出的，转化的程序、技术、方法是什么，在转换过程中人的行为、活动有哪些是界定工作方式的基础。

（5）工作的环境特征，包括工作所处的物理环境和社会环境。物理环境主要指工作地点的湿度、光线、湿度、噪声、安全条件等，还包括工作的地理位置，可能发生意外事件的危险性等。社会环境主要指组织结构和工作流程，每个职务在组织结构中的位置是什么，职责职权是什么，人员隶属关系如何等是界定工作关系的基础。

（6）聘用条件，主要描述工作人员在正式组织中的有关工作安置等情况。它包括工作时数、工资结构、支付工资的方法、福利待遇、晋升机会、工作的季节性、进修机会等。

6.2.2 工作分析的程序

工作分析按照公式化的程序进行，包括以下 4 个阶段。

1. 工作分析的准备阶段

准备阶段的主要工作是组建工作分析机构，其职责是筹划、组织和实施整个工作分析活动，通常由三部分人员组成：组织高层领导；工作分析员，包括组织人力资源部门的代表和组织中需要进行分析的工作部门的代表；组织外部聘请的若干工作分析专家和顾问。主要内容包括如下几方面。

（1）明确工作分析的意义、目的、方法、步骤。
（2）向有关人员宣传、解释。
（3）跟作为合作对象的员工建立良好的人际关系，并使他们做好心理准备。
（4）按精简、高效的原则组成工作小组。
（5）确定调查、分析对象的样本，同时考虑样本的代表性。
（6）制订工作计划，确定工作的基本难度。

2. 工作信息的收集阶段

收集工作信息的基本要求是：全面、客观、准确。收集工作信息的技术方法多种多样，如问卷调查法、关键事件法、面谈法、观察法等，可根据工作分析的特定目的和需要，并结合组织的实际情况，选择其中一种或几种，以获得符合要求的工作信息。主要内容包括以下几点。

（1）编制调查提纲，确定调查内容和调查方法。
（2）广泛收集有关资料、数据。
（3）对重点内容做重点、细致的调查。
（4）要求被调查员工对各种工作特征和工作人员特征的重要性和发生频率等作出等级评定。

3. 工作信息的分析阶段

工作信息汇集后，应由工作分析机构通过比较、分类和综合等分析技术，对各种工作信息创造性地进行全面分析和综合评定，其内容主要涉及两个层面：一是对工作性质及其特征的分析，包括工作名称、工作概述、工作职责、工作条件等基本要素；二是对工作资格的分析，包括任职者知识、技能、能力及其他个人特征等基本要素。主要内容包括以下几点。

（1）仔细审核收集到的信息。
（2）创造性地分析、发现有关工作和工作人员的关键成分。
（3）归纳、总结出工作分析的必需材料和要素。

4. 工作分析文件的编制阶段

在收集和分析工作信息的基础上形成的成果须以文件的形式记载下来。文件可以是叙述式或表格式,其中表格式文件更为通用,一般应由工作分析机构统一编制。此外,随着组织环境和组织结构的变化和发展,编制出的工作分析文件必须定期加以补充和更新,最好地综合使用年度工作分析和适时工作分析。主要内容包括以下两点。

(1) 根据规范和信息编制职务说明书。

(2) 反馈信息与沟通。

6.2.3 工作分析的方法

工作分析的方法多种多样,国外已开发出许多较为成熟的方法,在实践中得到广泛应用。现实中并不存在一种"最佳"的方法,因为工作分析的内容取决于工作分析的目的与用途,不同企业进行调查分析的侧重点会有所不同。合适的方法是相对于不同的用途而言的。

工作分析的方法,依靠不同的标准有不同的形式:依照分析内容和确定程度划分有结构性分析方法和非结构性分析方法;依照分析对象划分有任务分析法和人员分析法;依照基本方式划分有观察法、写实分析法和调查法等;依照结果可量化程度划分有定性方法和定量方法。每种方法都有各自的优、缺点,在实践中要做好工作分析,常常根据不同的岗位,把不同的方法结合起来。

1. 资料分析法

为了降低工作分析的成本,应当尽量利用现有的资料,以便对每个工作的任务、责任、权利、工作负荷、任职资格等有一个大致的了解,为进一步调查奠定基础。

岗位责任制是国内企业特别是大中型企业十分重视的一项制度。但是,岗位责任制只规定了工作的责任和任务,没有规定该工作的其他要求,如工作的社会条件、企业环境、应用条件、工作流程以及任职条件等,如果根据各企业的具体情况,对岗位责任制添加一些必要的内容,则可形成一份完整的工作描述和任职说明书。

另外,还可通过作业统计,如对每个生产工人出勤、产量、质量、消耗的统计,对工人的工作内容、负荷有更深的了解,它是建立工作标准的重要依据。人事档案则可提供任职者的基本素质资料。

资料分析法一般不单独采用,而是与其他工作分析方法结合使用。

2. 观察法

观察法是运用感觉器官或其他工具观察员工的工作过程、行为、内容、特点、性质、工具、环境等,并以文字或图表形式记录下来,然后进行分析与归纳总结。观察法有其局限性,一方面观察法只适宜一些变化少而动作性强的工作,对诸如流水线上的操作之类的以体力劳动为主、标准化、任务周期较短的工作,直接观察法是一种有效的工作分析方法。另一方面就是动作性强,观察也不能带来重要的资料(如显示工作的重要性)。因此,观察法宜与其他方法一起使用。

观察法是工作分析人员到现场实地查看员工的实际操作情况,并予以记录、分析、归纳,并整理成适宜的文字资料的方法。在分析过程中,应经常携带员工手册、分析工作指南,以便参考运用。分析人员观察工作时,必须注意员工在做什么、员工如何做、员工为何要做,以及工作的技能好不好等问题。对于可以改进、简化的工作事项,也应予以记录说明。在观察完某工作场所人员如何执行工作后,最好在其他两三处工作场所再进行观察,以证实其工作内容,避免因所观察工人的个人习惯产生的误差。分析人员应注意研究的目的是工作而不是个人的特性。因此，观察法具有以下使用原则。

（1）被观察者的工作应相对稳定，即在一定的时间内，工作内容、程序、对工作人员的要求不会发生明显的变化。

（2）适用于大量标准化的、周期较短的以体力劳动为主的工作，不适用于以脑力劳动为主的工作。

（3）要注意工作行为样本的代表性，有时有些行为在观察过程中可能未表现出来。

（4）观察人员尽可能不要引起被观察者的注意，不应干扰被观察者的工作。

（5）观察前要有详细的观察提纲和行为标准。

观察法虽在从事动作研究的时候，常为工程师所运用，但在工作分析时，如果仅运用此方法，所获得的资料往往不足以供撰写职务说明或职务规范之用。所以实际上，观察法多应用于了解工作条件、危险性或所用工具及设备等项目方面，且通常与访谈法结合使用，可先观察、后访谈，或同时进行。

在运用观察法时，一定要有一份详细的观察提纲，这样观察才能及时准确，见表6-3。

表6-3　工作分析观察法提纲

被观察者姓名：	观察者姓名：	工作部门：
观察日期：	观察时间：	工作类型：

观察内容：
①什么时候开始正式工作？　　　　　　　⑨每次交谈约多长时间？
②上午工作多少小时？　　　　　　　　　⑩室内温度多少？
③上午休息几次？　　　　　　　　　　　⑪上午抽了几支香烟？
④第一次休息时间从什么时候开始？　　　⑫上午喝了几次水？
⑤第二次休息时间从什么时候开始？　　　⑬什么时候开始午休？
⑥上午完成产品多少件？　　　　　　　　⑭出了多少次品？
⑦平均多长时间完成一件产品？　　　　　⑮搬了多少次原材料？
⑧与同事交谈几次？　　　　　　　　　　⑯工作地噪声分贝是多少？

3．访谈法

访谈法又称面谈法，是一种应用最为广泛的职务分析方法，指工作分析者就某一个职务或职位面对面地询问任职者、主管、专家等人。与任职者的面谈主要集中于有关工作内容和工作背景的信息；而主管的典型作用是评审和证实任职者回答的准确性，并提供有关任务重要性、所期望的绩效水平、新工人的培训需要和工作的必要条件等进一步的信息。

此种方法可对任职者的工作态度与工作动机等深层次内容进行详细的了解。

访谈法的程序可以是标准化的，也可以是非标准化的。一般情况下，应用访谈法时应以标准访谈格式记录，以便于控制访谈内容，并可对同一职务不同任职者的回答进行比较。

访谈法主要有以下几种类型。

（1）个别员工访谈法。主要适用于各个员工的工作有明显差别，工作分析时间又比较充分的情况。

（2）群体访谈法。群体访谈法运用于多个员工从事同样或相近工作的情况。注意使用群体访谈法时，必须请这些工作承担者的上级主管人员在场，或是事后向主管征求对收集到的材料的看法。

(3) 主管人员访谈法。指与一个或多个主管面谈,因为他们对工作非常了解有利于减少工作分析的时间。

典型的访谈提问方式,见表6-4。

表6-4 访谈法常用的提问方式

一般性问题	您的姓名是什么? 您的岗位名称是什么? 您的工作地点在哪里? 您的学历和工作背景是什么?
特殊问题	请描述您所属的部门在公司组织机构中的功能,以及您在部门担当什么角色? 您能回答"公司为什么需要我这个职位"这个问题吗? 工作的主要职责是什么(重要的和不重要的)?请举出典型的工作事例。 您必须遵循什么原则、规定、政策以完成您的职责? 您每天的工作流程是怎样的? 您怎样运用大部分的工作时间?最好能说出比例。 您工作之前必须完成哪些准备工作? 您在工作中可能会产生哪些差错?这些差错是如何被发现或检查到的?一旦差错未被发现,会产生何种后果? 您的岗位有哪些权利? 您在采取行动之前,有哪些决策必须请示主管领导,或必须通知您的部属? 您的工作受谁的监督,向谁报告?监督方式有哪些? 您所管辖的下属有哪些职位?谁向您报告? 您在预算上所负的责任如何(包括预算金额及您管理的资产价值)? 您和公司内或公司外哪些人有定期性的接触?这些接触的原则如何? 接班人在知识和经验上必须具备哪些资格才能完整地完成您现有的工作? 您是否清楚本岗位有哪些晋升途径? 您的岗位是否有进修和提高的机会? 请说明您的工作所需要的体力。 请您描述一下您工作的环境条件,您是否满意? 您的工作时间是否固定,是否经常需要加班?

4. 问卷调查法

问卷调查法是工作分析中最常用的一种方法,它是指采用调查问卷来获取工作分析的信息。首先由有关人员事先设计出一套职务分析问卷;然后,由工作承担者填写问卷,也可以由工作分析人员填写;最后,再将问卷加以归纳分析,并做好详细记录,据此写出职务说明书。形成职务说明书要再征求任职者的意见,并进行补充和修改。

调查问卷主要有几种类型:有通用的,适合于各种职务的问卷;也有专门为特定的工作职务设计的问卷;有职务定向的问卷也有人员定向的问卷,前者比较强调工作本身的条件和结果,后者则集中于了解职工的工作行为;有结构化程度较高的问卷,也有开放式的问卷。

表6-5是一份工作分析问卷的例子。

表6-5 一般工作分析问卷(部分)

1. 职务名称_____。
2. 比较适合任职的性别是_____。(请选择,下同)
   A. 男性　　　　　　　　B. 女性　　　　　　　　C. 男女均可
3. 最适合任此职务的年龄是_____。
   A. 20岁以下　　　　　　B. 20~30岁　　　　　　C. 31~40岁
   D. 41~50岁　　　　　　E. 51岁以上
4. 能胜任此职务的文化程度是_____。
   A. 初中以下　　　　　　B. 高中　　　　　　　　C. 中专
   D. 大学本科　　　　　　E. 本科以上
5. 此职务的工作地点是_____。
   A. 本地市区　　　　　　B. 本地郊区
   C. 外地市区　　　　　　D. 其他
6. 此职务的主要工作在_____(指75%以上时间)。
   A. 在室内　　　　　　　B. 在室外　　　　　　　C. 室内外各一半
7. 此职务信息的主要来源是_____。
   A. 书面材料(包括文字、报告、书刊杂志等)
   B. 数字材料(包括数据、图表等)
   C. 图片材料(包括照片、设计图等)
……

职位分析问卷法(Position Analysis Questionnaire,PAQ)是一种较常用的问卷分析法,它是美国普渡大学(Purdue University)麦考密克等人的研究成果。职位分析问卷法是一种以人为中心的工作分析方法,是人员行为定向问卷方法。该方法共有187项工作元素,7个与薪资有关的问题。这些元素与问题共分为6个类别(见表6-6),对每个工作元素都要用6个标准之一进行衡量:使用程度、对工作的重要程度、工作所需的时间、发生的概率、适用性、其他。通过这些衡量标准,可以决定一个职务在沟通、决策、社会责任、熟练工作的绩效、体能活动及相关条件这5个方面的性质。根据这些性质,可在不同组织的不同工作之间进行相互比较。表6-7是一份职位分析问卷表格。

表6-6 职位分析问卷法工作元素的分类

类别	内容	例子	工作元素数目
信息输入	员工在工作中从何处得到信息?如何得到?	如何获得文字和视觉信息?	35
思考过程	工作中如何推理、决策、规划?信息如何处理?	解决问题的推理难度有多大?	14
工作产出	工作需要哪些体能活动?需要哪些工具、仪器设备?	使用键盘式仪器、装配线	49
人际关系	工作中与哪些人员有关?	指导他人或与公众、顾客接触	36
工作环境	工作中物理环境与社会环境是什么?	是否在高温环境或与内部其他人员冲突的环境下工作?	19
其他特征	与工作相关的其他活动、条件或特征是什么?	工作时间安排、报酬方法、职务要求	41

(资料来源:Emest. MoCorrnick and Daniel R. Hgen,Industial Psychology,Englewood Cliffs,Nj:P-Rentice-Hail,Inc. 1980.)

表6-7　职位分析问卷表格示例（选自收集资料的资料来源部分）

使用程度：
NA：不曾使用　　1—极少　2—少　3—中等　4—重要　5—极重要
资料投入
工作资料来源（请根据任职者使用的程度，审核下列项目中各种来源的资料）
工作资料的可见来源
1.　__4__　书面资料（书籍、报告、文章、说明书等）。
2.　__2__　计量性资料（与数量有关的资料，图表、报表、清单等）。
3.　__1__　图画性资料（如图形、设计图、X光片、地图、描图等）。
4.　__1__　模型及相关器具（如模扳、钢板、模型等）。
5.　__2__　可见陈列物（计量表、速度计、钟表、划线Ⅰ：具等）。
6.　__5__　测量器具（尺、天平、温度计、量杯等）。
7.　__4__　机械器具（工具、机械、设备等）。
8.　__3__　使用中的物件（工作、修理和使用中的零件、材料和物件等）。
9.　__4__　尚未使用的物料（未经过处理的零件、材料和物件等）。
10.　__3__　大自然特色（风景、田野、地质样品、植物等）。
11.　__2__　人为环境特色（建筑物、水库、公路等，经过观察或检查已成为工作资料的来源）。

（资料来源：Gary Dessler, Human Resource Management, Prentice Hall International, Inc. 1977：94.）

5. 功能性工作分析法（FJA法）

功能性工作分析法（FJA法）是由美国培训与职业服务中心（U. S. Training and Employment Service）研究出的一种以工作为中心的分析方法。它的核心是：通过总结员工在工作时对信息、人、事的处理方式进行工作职能的分析，并在此基础上归纳出任职说明、绩效标准、培训需求等。

FJA法有以下几个基本假设。

（1）完成什么事件与员工应完成什么事件应有明确的界限。

（2）每个工作均在一定程度上与人、事、信息相关。

（3）事件需要用体能完成，信息需要思考才能处理，而对于人则需要运用人际关系方法。

（4）尽管员工的行为或他们所执行的任务有非常多的方式方法，但所要完成的职能是非常有限的。这些职能在难度和内容上有较大的差异，但每一种职能却只在相对较窄的范围内或特定的范围内依赖于员工的特性与资格未达到预期的绩效。

（5）与人、事、信息相关的职能根据从复杂到简单的顺序按等级排列，复杂的职能包含了简单的职能。例如，编辑数据包括了比较、复制、计算，但不包括分析等。

按照FJA法进行工作分析包括工作特点分析与员工职能分析两部分。工作特点主要包括员工的职责、工作的种类及材料、产品、知识范畴三大类。员工职能是指工人在工作过程中，与人、事、信息打交道的过程。任何工作都离不开人、事、信息这3个基本要素，而每一要素所包含的各种基本活动又可按复杂程度分为不同的等级。例如，在员工与数据打交道时，包括7种基本活动，最简单的"比较"活动为6级，而最复杂的"综合"活动为7。分析者在对所收集信息进行分类时，可以按以上标准给每项职务打分，并以此为依据，对职务加以详细的描述。工作的种类是指某项职务所属的工种，如焊接、钳工等，职务分析者在确定了工种之后，要对此工种的特点和涉及的设备与工具加以描述。材料、产品及知识范畴是指此项职务中，用于加工的原材料、最终产品和涉及的自然科学或社会科学知识范畴。

员工的特点包括正确完成工作所需的培训、能力、个性、身体状况等。

6. 关键事件记录法

关键事件记录法源自第二次世界大战时由军队开发出来的关键事变技术（CIT），这种技术在当时是识别各种军事环境下导致人力绩效的关键性因素的手段。在工作分析中，关键事件是指使工作成功或失败的关键行为特征或事件。

采用这种方法进行工作分析时，首先要对工作行为中的关键事件进行记录，记录者一般是管理人员、员工或熟悉工作的其他员工；其次，要对这些记录进行分类，总结出该工作的关键特征和行为要求。关键事件记录应包括以下几方面的内容：①导致事件发生的原因和背景；②员工特别有效或多余的行为；③关键行为的后果；④员工自己能否支配或控制上述后果。

关键事件识别对于员工招聘、选拔、培训及制定绩效评估标准都是极为有效的工具，但这种方法收集的信息有限，不能提供有关工作职责、工作任务、工作环境等相关信息。

7. 工作日记法

工作日记法是为了了解员工实际工作的内容、责任、权利、人际关系及工作负荷，而要求员工坚持记工作日记，然后经过归纳提炼，取得所需工作信息的一种职务信息获取方法。

工作日记法所获得的信息可靠性很高，适用于获取有关工作职责、工作内容、工作关系、劳动强度等方面的信息，所需费用也较低。但这种方法适用范围较小，不适用于工作循环周期较长、工作状态不稳定的职位，且信息整理工作量大，归纳工作烦琐。有可能由于工作执行者填写时的疏忽，在一定程度上影响工作的正常进行。

以上介绍的几种工作分析方法各有优、缺点，在实际工作中应结合使用。这几种方法的比较见表6-8。

表6-8 几种工作分析方法的比较

方 法	优 点	缺 点	应 用
资料分析法	成本低、工作效率高	信息不全、不能单独使用，要与其他方法结合使用	有现成相关资料的工作
观察法	工作分析人员能全面深入地了解工作要求	不适于脑力劳动为主的工作和处理紧急情况的间歇性工作；不能得到任职资格要求；被观察者可能会反感	标准化、任务周期短、以体力劳动为主的工作
访谈法	能了解到工作者工作动机与态度等深层次内容；收集信息简单具体迅速；缓解员工工作压力	访谈者受专门训练；费时、成本高、信息易失真	任务周期长，工作行为不易直接观察的工作
问卷调查法	成本低、速度快、调查范围广、结果可量化	问卷设计费时，需要对问卷进行解释；员工与调查者之间缺乏交流	各种类型的工作，从大群员工中获取信息时
FJA法	对工作内容提供一种彻底的描述	费时费力，不记录有关工作背景的信息	以培训与绩效评估为目的的工作分析

续表

方法	优点	缺点	应用
关键事件法	建立行为标准准确；能更好地确定每一行为的利益和作用	费时费力；无法描述工作职责、任务、背景、任职资格等；中等绩效员工	以招聘选拔、培训、绩效评估等为目的的工作分析
工作日记法	便于获取工作职责、工作内容、工作关系等信息，费用低、分析复杂、工作较为经济有效	关注过程而非结果；信息整理工作量大；存在误差；可能影响工作	任务周期较短；工作状态稳定的工作

阅读案例 6-4

工作分析 = 岗位绩效管理？

某焊接企业想从事大口径管道焊接的业务，年初派人到另外一家从事大口径管道焊接的企业，对管道焊工的安全性、劳动强度、作业环境和作业条件等做了现场调查（岗位调查）；工作人员回来后整理了调查资料，并编写了管道焊工工作环境说明、技术种类及要求、岗位操作规范、HSE 知识等说明书（岗位分析）；公司决定此种焊工由工程部直接负责管理，每两个焊工为一组，每 20 个焊工为一队，每队设一名队长，采取每小时工作轮班制（岗位设计）；公司在 3 月份中标了 100 千米的大口径管道焊接的业务，人力资源部在 3 月份招聘了 100 名符合要求的焊工（岗位实施）；工程部与焊工代表共同商讨了每天的工作量及施工进度计划，具体到每人每天完成多少道焊口（岗位绩效计划）；3 月底 100 名焊工全部到施工一线工作（岗位绩效实施），5 月底公司专门组织了操作规范和 HSE 等方面的培训（岗位绩效辅导）；7 月初人力资源部到施工一线调查与岗位相关的信息（岗位调查）；7 月底人力资源部对岗位进行了评价，评价发现焊工的工作劳动强度和粉尘危害程度比当初分析的要大，生活条件比较恶劣（岗位评价）；9 月底工程部对焊工的工作态度、工作效率及任务完成情况进行了评价（岗位绩效评价）；10 月初工程部与那些工作效率低的焊工进行了交谈，共同商量如何提高工作效率，许多焊工提出了改进意见（岗位绩效反馈及改进）；11 月初人力资源部对岗位重新进行了分析，并建议公司购买自动焊接设备，给焊工每月多发放一套劳保用具，建立条件更好的住宿营地（岗位再分析）；12 月底工程部决定每两个焊工为一组操作焊接设备，并采取每半小时轮班制（岗位调整）。

某企业的设备出现故障，专家做了两套解决方案：一是设计甲元件装在中部；二是设计乙和丙元件分别装在头部和尾部。企业购买了 A 厂的甲元件，A 厂保证其用一年，结果只用了半年。企业换用 B 厂昂贵的甲元件，B 厂保证其用 2 年，结果用了 3 年。企业又换用 C 厂的乙和丙元件，发现更经济、更有效、对设备其他部位影响更小。

如果将头部、中部和尾部比作岗位，将甲、乙和丙元件比作员工，可以看出：先有"岗位"后有"员工"，则"岗位"具有作用的可替代性，企业不一定能保留出色的"员工"等。那么，针对岗位的工作分析与针对员工的岗位绩效管理又有什么联系和区别呢？

（资料来源：中国人力资源开发网.）

6.3 职务说明书的编写

6.3.1 职务说明书的编制

职务说明书是工作分析的成果，它包括两个部分。工作描述（Job Description）：又称工作说明，说明有关工作的特征。工作规范（Job Specification）：又称任职说明，说明对从事工作的人的具体要求。

1. 工作描述的编写

工作描述是一种关于工作中包含的任务、职责以及责任的目录清单。任务、职责和责任是可以被观察到的活动。

工作描述的基本内容包括以下 6 个方面。

(1) 工作识别，又称工作标识、工作认定，包括工作名称和工作地位。其中工作地位主要指所属的工作部门、直接上级职位、工作等级、工资水平、所辖人数、定员人数、工作地点、工作时间等。

(2) 工作编导，又称岗位编号、工作代码。一般按工作评估与分析的结果对工作进行编码，目的在于快速查找所有的工作。企业中的每一种工作都应当有一个代码，这些代码代表了工作的一些重要特征，比如工资等级等。

(3) 工作概要，又称职务摘要，指用简练的语言概述工作的总体性质、中心任务和要达到的目标。

(4) 工作关系，又称工作联系，指任职者与组织内外其他人之间的关系。包括此工作受谁监督，此工作监督谁，此工作可晋升的职位、可转换的职位以及可迁移至的职位，与哪些部门的职位发生联系等。

(5) 工作职责，又称工作任务，是工作描述的主体。逐条指明工作的主要职责、工作任务、工作权限及工作结果(工作的绩效标准)等。为使信息最大化，工作职责应在时间和重要性方面实行优化，指出每项职责的分量或价值。

(6) 工作条件与工作环境。工作条件主要包括任职者主要应用的设备名称和运用信息资料的形式。工作环境包括工作场所、工作环境的危险性、职业病、工作的时间、工作的均衡性(一年中是否有集中的时间特别繁忙或特别闲暇)、工作环境的舒适度等。

2. 工作规范的描写

工作规范是一个人为了完成某种特定的工作所必须具备的知识、技能、能力以及其他特征(KSAOs)的一份目录清单。知识指的是为了成功地完成某项工作任务而必须掌握的事实性或程序性信息。技能指的是一个人在完成某项特定的工作任务方面所具备的熟练技术，能力指的是一个人所拥有的比较通用的且具有持久性的才能。其他特征主要是指一些性格特征，例如一个人达到目标的动力或持久性等。这些特征都是不能被直接观察到的与人有关的特点，只有当一个人实际承担起工作的任务、职责和责任的时候，才有可能对这些特点进行观察。

需要注意的是，这里所说的知识、技能、能力以及其他特征是对该项工作的任职者的最低要求，而不是最理想的任职者的形象。

工作规范的内容主要包括以下 3 点。

(1) 一般要求，包括年龄、性别、学历、工作经验等。

(2) 生理要求，包括健康状况、力量与体力、运动的灵活性、感觉器官的灵敏度等。

(3) 心理要求，包括观察能力、集中能力、记忆能力、理解能力、学习能力、解决问题的能力、创造性、数学计算能力、语言表达能力、决策能力、交际能力、性格、气质、兴趣、爱好、态度、事业心、合作性、领导能力等。

工作描述和工作规范可以采用文字描述的形式，也可采用表格的形式，有时两者合并为一份"职务说明书"。职务说明书的基本格式见表 6-9。

表6-9 职务说明书的基本格式

基本资料
职务名称；直接上级职位；所属部门；
工资等级；工资水平；所辖人员；
定员人数；工作性质。
工作描述
工作概要
工作活动内容：活动内容；时间百分比；权限等。
工作职责
工作结果
工作关系：受谁监督；监督谁；可晋升、可转换的职位及可升迁至的职位；与哪些职位有联系。
工作人员运用设备和信息说明
任职资格说明
最低学历
所需培训的时间和科目
从事本职工作和其他相关工作的年限和经验
一般能力
兴趣爱好
个性特征
性别、年龄特征。
体能要求：工作姿势；对视觉、听觉、嗅觉有何特殊要求；精神紧张程度；体力消耗大小等。
工作环境
工作场所；工作环境的危险性；职业病；工作时间特征；
工作的均衡性；工作环境的舒服程度。

6.3.2 职务说明书编写的原则

1. 统一规范

职务说明书的具体形式可能有多种，但其核心内容却不应当改变。对于职务说明书中的重要项目，如名称、工作概要、职责、任职资格等，必须建立统一的格式要求，否则职务说明书难以发挥职务管理的作用。

2. 清晰具体

职务说明书是任职者的工作依据和具体要求，内容必须具体明了，使任职者或监督者可以理解、操作、反馈。语言方面应当符合任职者的水平，不能让人看不懂。

3. 指明范围

在界定职位时，要确保指明工作的范围和性质，如用"为本部门""按照经理的要求"这样的句式来说明。此外，还要把所有重要的工作关系都包括进职务说明书。

4. 共同参与

职务说明书的编写不应当闭门造车，而应由担任该职务的工作人员、上级主管、人力资源专家共同分析协商。只有将各方面的意见考虑在内，制定出来的说明书才会为各方面所接受，才能在工作中真正发挥作用。

6.3.3 工作分析存在的问题

在人力资源管理的大部分活动中,几乎每一个方面都涉及工作分析。工作分析是整个人力资源管理的基础平台,是企事业实施全面管理系统的前提。但在工作分析的具体实践过程中出现了员工对工作分析的恐惧、动态环境中工作分析的局限性等难题,妨碍了工作分析的顺利进行,从而影响了工作分析的效果。

1. 员工的恐惧问题

一般而言,在工作分析过程中,员工如果出现对工作分析调查怀有冷淡、抵触情绪或提供的信息资料存在明显的出入与故意歪曲,就认为员工存在恐惧心理。产生员工恐惧的根本原因是工作分析的减员降薪功能,员工不清楚开展工作分析的意义。员工恐惧对工作分析产生较大的影响,具体表现在工作分析实施过程、工作分析结果可靠性、工作分析结果应用等方面。

可以考虑采取以下几种对策解决员工的恐惧问题。

(1) 阐明工作分析目的。鼓励员工参与工作分析活动,克服员工的恐惧心理,让他们提供真实的信息,工作分析人员应该在开始之前,让员工了解实施工作分析的目的与原因,让他们知道工作分析不在于了解现有的任职者水平,而是确定岗位职责、改进工作方法、规范工作内容等。与此同时,让员工尽可能参与工作分析的活动,因为只有员工在了解了工作分析的实际情况,并且参与到整个工作分析过程中之后,才会提供真实可靠的信息。

(2) 适当承诺。消除员工在工作分析过程中的顾虑,应对员工所提供的资料不会给他们带来负面影响作出适当的承诺,例如不会因此而降薪、减员与缩编,让员工有一定的安全感。

(3) 反馈信息。在工作分析完结之后,应及时向员工反馈工作分析的阶段性成果和最终结果。这样员工才会有参与感,才会支持工作分析及其结果的执行,通过信息反馈,还可以对后续的工作分析提出要求。

2. 动态环境问题

现代企事业处于经济知识化、信息化的外部环境和组织结构弹性化、制度体系创新化的内部环境之中,所面临的一切都不是一成不变的。在这种瞬息万变的内、外部环境中,工作分析也面临着巨大的冲击。动态环境是指由于社会经济因素的发展变化,引起企事业内、外部环境的变化,从而引发企事业组织结构、工作构成、人员结构等处于不断变动之中。除员工恐惧外,工作分析过程中经常遇到的问题是由于企事业处于动态环境之中而对工作分析造成的影响,具体表现在外部环境变化、企事业生命周期变化、员工能力和需求层次提高、工作设计、管理人员发展对工作分析实践的影响。一般可采用年度工作分析、适时工作分析方法与弹性职务说明书来解决动态环境的问题。

1) 年度工作分析

年度工作分析的具体步骤是:第一,在一个工作分析间隔期内,各部门主管准确、详细地记录本部门工作的变化情况;第二,在工作分析实施月或周内,各部门主管对一年内工作变动情况进行汇总,并征询本部门员工的意见;第三,工作分析实施之前,人力资源管理部门发文给各部门主管,要求其在一定时间期限内,递交本部门工作变化情况汇总表,并在等待期内制订工作分析的初步计划;第四,人力资源管理部门对各部门的工作情况表进行整理汇总,并据此制订工作分析的详细计划,包括具体实施步骤、工作分析小组成员的配置等；第五，具体实施年度工作分析；第六，编写工作分析结果——职务说明书；第七，反馈工作分析结果。

2）适时工作分析

适时工作分析的具体步骤是：第一，部门主管发现本部门工作有所变化或有必要进行改变时，立即以书面形式递交人力资源管理部门；第二，人力资源管理部门常设组织工作分析小组根据该部门主管要求，实施工作分析；第三，编写职务说明书；第四，反馈工作分析结果。

尽管年度工作分析和适时工作分析在一定程度上可以解决工作分析过程中的动态问题，但是也存在一些缺陷。

（1）年度工作分析使一些变革的岗位只能等到下一次工作分析开始时才能得到解决，这样不仅影响了岗位员工的实际工作过程，也相应地产生了绩效与工资福利等不相匹配的现象。

（2）因为年度工作分析要求每年对所有的工作进行一次全面的分析，但在实际中，企事业内只有少数工作需要改革。所以，实施年度工作分析会造成成本较高，而且会造成许多无效的工作。

（3）尽管适时工作分析仅对那些需要变革的工作进行分析，但是此方法也会及时根据目前的数据资料对员工的工作及工资进行调整，员工不用再等几个月获得自己应得的报酬，但是其存在的最大问题就是部门管理者可能并没有注意到这些工作的变化，或者并不认为这些变化已达到应对其进行工作分析的程度。这样，就会引起该工作岗位上的员工的不满，从而影响其工作积极性，甚至影响员工对本单位的满意度和忠诚感。

（4）适时工作分析的成本较高。因为部门管理者每一次发现工作有所变动，人力资源部门都要对该工作实施工作分析，这样会造成工作分析的无计划性，从而提高实施成本。上述问题的解决办法是综合交叉使用年度工作分析和适时工作分析这两种办法。例如，可以每隔两年进行一次定期的工作分析，而在这期间可以对各部门主管认为非常有必要的工作进行不定期的工作分析。这样就在一定程度上解决了年度工作分析和适时工作分析的问题。

3）弹性职务说明书

随着组织结构扁平化，工作小组或团队已成为组织结构的基本单位。同一个工作团队的员工彼此之间没有很清晰的职责划分，大家共同协作，共同为团队绩效负责。"无界限工作""无界限组织"将成为组织追求的目标。显然，传统的工作分析和职务说明书已无法满足要求，取而代之的是"弹性职务说明书"。弹性职务说明书一般只规定岗位工作任务的性质，以及任职者所需的能力、技术、知识、经验等，不再确认任职者到底属于哪一个小组或群体，也不再详细确定任职者的责任范围。工作分析的重点由细致地规范岗位工作任务转向确认任职者的能力和技术等方面的要求。这种弹性职务说明书可以更好地在组织的工作方向发生变化时保持其灵活的适应性。

 阅读案例 6-5

修改职务说明

会计主管王一辉十分恼火地来找人事部主管魏林力，说："魏主管，你发的这份文件要求我在两周之内修改财务部全部 10 项工作的职务说明。"

"对，有问题吗？"魏林力问。

王一辉说："这是在浪费时间，尤其是我还有其他更重要的事要做。它至少要花去我30个小时的时间。我们还有两周的内部审计检查工作未完成。你想让我放下这些去修改职务说明？这办不到。我们几年都没有检查这些职务说明了。它们需要做大的修改。而且当它们被发到员工手里时，我还会听到各种意见。"

"职务说明修改好后怎么还会有各种意见呢？"魏林力问道。王一辉回答："整个这件事就很复杂。让人们注意职务说明的存在，可能会使一些人认为职务说明中未规定的工作就不必做。而且我敢打赌，如果把我部门里的人实际正做的工作写进职务说明里，无形中就强调了一些工作的现实迫切性，同时也就忽视了另外一些工作。我现在可承担不起士气低落和工作混乱的后果。"

魏林力答道："你的建议是什么呢，王主管？上面已命令我两周之内完成这个任务。""我一点也不想做这工作"王一辉说，"而且在审计工作期间绝对不做。难道你不能向上面反映一下，让它推迟到下个月？"

（资料来源：人力资源开发与管理网．）

思考：

1. 在修改职务说明以前，魏林力和王一辉忘了做什么？那个步骤为什么重要？
2. 评析王一辉的这句话："让人们注意职务说明的存在，可能会使一些人认为职务说明中未规定的工作就不必做。"
3. 请你给提供一些建议。
4. 请谈谈由此案例你想到了什么？

本章小结

工作分析又称职务分析，是指获取并分析企业中某个特定工作职务的相关信息，以便对该职务的工作内容和任职资格等做出明确规定的过程。工作分析的成果是职务说明书。

工作分析是人力资源管理的基础性工作。人力资源管理的每一项工作，几乎都需要用到工作分析的结果。工作分析是人力资源规划的基础。工作分析有助于人员的选拔和任用。工作分析是实现人力资源调控的基本保障。工作分析为企业培训方案奠定了基础。工作分析可以为绩效评估提供标准和依据。工作分析为工作报酬决策提供了依据。此外，工作分析对生产率改善、安全健康、职业生涯规划、劳工关系等人力资源管理职能都有影响，它是人力资源管理的基石。

关键术语

工作分析　工作描述　工作资格　职系　职组　职级　职等

综合练习

一、填空题

1. 工作分析的研究首先产生于_____。
2. _____的主要思想是将环境变化因素、企业战略以及特定工作的未来发展趋势纳入传统的工作分析中，以期充分预测企业的未来需求。
3. 对任务要求的综合的书面概括称为_____，即描述某项工作的具体内容。对工作者要求的综合书面概括称为_____，即说明某项工作需要什么样的人来做。
4. 工作规范是一个人为了完成某种特定的工作所必须具备的_____、_____、_____以及其他特征（KSAOs）的一份目录清单。
5. _____一般只规定岗位工作任务的性质，以及任职者所需的能力、技术、知识、经验等，不再确认任职者到底属于哪一个小组或群体，也不再详细确定任职者的责任范围。

二、判断题

1. 工作分析主体是工作分析者，对象是整个组织体系，客体是工作。（　　）
2. 工作分析的最后一部分，即工作过程与结构表明了工作任务及其完成的难易程度。（　　）
3. 访谈法是运用感觉器官或其他工具观察员工的工作过程、行为、内容、特点、性质、工具、环境等，并以文字或图表形式记录下来，然后进行分析与归纳总结。（　　）
4. 职务说明书的编写不应当闭门造车，而应由担任该职务的工作人员、上级主管、人力资源专家共同分析协商。（　　）
5. 一般而言，在工作分析过程中，员工如果出现对工作分析调查怀有冷淡、抵触情绪或提供的信息资料存在明显的出入与故意歪曲，就认为员工存在恐惧。（　　）

三、简答题

1. 什么是工作分析？
2. 工作分析中的相关术语有哪些？
3. 工作分析的作用、程序有哪些？
4. 常用的工作分析的方法有哪些？试对这些方法的优缺点进行比较。
5. 工作分析的具体内容有哪些？
6. 工作分析如何组织与实施？
7. 如何编写职务说明书？
8. 工作分析存在的问题及对策是什么？

案例分析

一份职务说明书引起的出走事件

从事人力资源工作的 R 小姐虽没有做到 HRM 级别，但其所任职的是一家知名的大型上市公司，公司对 HR 工作极为重视，使得 R 小姐在此公司任职的 3 年中积累了较丰富的 HR 经验，同时也具有了一定的行政管理经验，深得领导好评。不久前，因经济环境影响公司大面积裁员，R 小姐不幸身列其中，于是开始寻求职业生涯的第二次发展机会。很快，一位朋友推荐一个小公司给她，声称此公司在寻找人力资源经理，并把职务说明书发给她，职务说明书中明确列出了 4 条 HRM 通用的任职资格和工作描述，另外加注"有一定的行政经验者优先"。由此 R 小姐得出，此职位相当于人力行政经理，重点在于人力资源各个模块的运用，和自己之前的经历相符，同时其本人也期望得到一个全面掌控 HR 工作的机会，由此看来，此机会很适合自己的发展。不出所料，面谈进展得很顺利，薪水 5000 元，虽低于之前的 5500 元，但 R 小姐并不介意，一周后正式入职。

入职 10 天后，R 小姐却主动提出离职，义无反顾地离开了这家公司。短短 10 天，是什么让 R 小姐的态度转变呢？经了解，R 小姐很胜任此工作，并在一周内将全公司的绩效考核体系搭建了起来，马上就要实施，此时却得到了减薪的通知，令她十分费解，找到投资方大老板沟通。

这次沟通直接导致她对工作及公司失去了信任。原来，大老板不但对其所做的工作不认可，还明确表示自己所需要的只是一个行政人员，相应的薪水并不能给到之前谈好的 5000 元，需要减薪至 3000 元左右，当时 R 小姐很愤怒。用 R 小姐的话说，行政的工作和人力资源的工作在老板眼里原来是一回事，这是对她的工作专业度的一种侮辱，这种看低 HR 工作的老板和公司，是不值得一起共事的。同时，R 小姐对公司出尔反尔的态度很费解。"说实话，如果刚开始谈 3000 元，我也不会完全拒绝，毕竟工作内容对我以后的发展有很大帮助，也是一种挑战，现在突然要求减薪，我不能接受。" R 小姐说。

（资料来源：中国人力资源网.）

根据案例所提供的资料，试分析以下内容。

(1) 该案例中 R 小姐离职的原因是什么?
(2) 如何撰写有效的职务说明书?

实际操作训练

课题 6-1：工作分析

实训项目： 运用工作分析方法。

实训目的： 学习怎样运用工作分析方法获得工作有关信息。

实训内容： 运用工作分析的常用方法，如观察法、访谈法、问卷调查法等对某一工作进行分析，获得该工作的相关信息。

实训要求： 将参加实训的学生分成若干项目小组。每个项目小组选取某一工作作为调查对象。项目小组自由选取观察法、访谈法、问卷调查法等工作分析方法对某一工作进行分析，获得该工作的相关信息。

课题 6-2：编写职务说明书

实训项目： 职务说明书的编写。

实训目的： 学会如何编写有效的职务说明书。

实训内容： 运用课题 6-1 所获得的某工作的相关信息编写该工作的职务说明书。

实训要求： 要求参加课题 6-1 的项目小组运用已获得的该工作的相关信息编写该工作的职务说明书，并将本项目小组的工作分析过程与职务说明书分享于课程，总结出工作分析过程中应注意的相关问题。

第 7 章 招聘与录用

教学目标

通过本章的学习，了解招聘与录用工作对企业的重要意义；明确企业在招聘与录用工作中应该遵循的基本原则；掌握员工招聘和选拔录用的工作程序；理解选拔录用方法的信度和效度的检验方法。

教学要求

知识要点	能力要求	相关知识
员工招聘概念	工作人员能明确招聘工作原则 工作人员能明确人力资源部门的职责	员工招聘的含义、意义、原则
招聘工作程序	工作人员能合理选择招聘渠道 工作人员能制订招聘计划 工作人员能恰当地选择招聘方法 工作人员能初步筛选简历 工作人员能评估招聘效果	内部招聘渠道的类型、优缺点 外部招聘渠道的类型、优缺点 招聘计划的内容 内部招聘方法的类型 外部招聘方法的类型 应聘简历的初步审核内容 评估招聘效果的指标
选拔录用概念	工作人员能明确选拔录用的原则、程序	选拔录用的含义、原则 选拔录用的程序
选拔测试	工作人员能掌握各类选拔测试方法	选拔测试方法的类型
面试	工作人员能有效组织面试过程 工作人员能掌握不同的提问技巧 工作人员能正确评价面试对象	面试的类型 面试的过程
信度和效度	工作人员能分辨不同方法的信度和效度	信度的含义、类型和检验方法 效度的含义、类型和检验方法

第 7 章　招聘与录用

■ 导入案例

一则失败的招聘案例

某企业集团正处于快速发展时期，急需高素质的人才加盟，以便推动企业的快速发展。因此集团要求引进中高级管理人才，包括人力资源部副经理、集团公共关系部经理、财务副经理等重要职位。人力资源部和多家猎头公司签订了合作协议，开始了大张旗鼓地招募选拔。该公司招聘面试的流程是：猎头公司推荐候选人，候选人资料(简历)经人力资源部经理筛选后交总经理审阅决定是否面谈，决定面谈后人力资源部和候选人协调时间来公司面谈。

面谈的程序是人力资源部接待候选人，参观公司的展厅、厂区，然后就是泛泛的谈话，包括了解候选人的学习工作经历、兴趣、特长等。面谈后人力资源部经理根据自己谈话的感觉向总经理汇报，询问总经理是否见面。总经理求才心切，担心好的人才被人力资源部埋没，一般都要亲自面谈，根据谈话的感觉决定是否聘用。

面谈后总经理对猎头公司推荐来的公关部经理的人选感觉非常好，当天就留下候选人跟随其去参加公司的对外接待，并通知人力资源部立刻办理录用手续。该公司在办理录用手续时需要填写员工登记表，在学历一栏里公关部经理填的是某名牌大学的两年制大专，而猎头公司推荐的简历上写的是某名牌大学的中文系本科生。两者之间相差甚远，并且总经理对人力资源部有要求，公关部经理的学历必须是名牌大学的中文专业的本科生或研究生。无奈人力资源部经理早在公关部经理正式入职前的介绍会上，已经说其学历是某名牌大学中文系的本科，于是人力资源部只有把学历不符作为秘密保守。然而，试用期后，公关部经理在很多方面的表现都很普通，总经理对此虽颇有微词，但也表现得很无奈。

（资料来源：www.qnrcy.com.）

问题：
（1）这个公司在招聘面试过程中出现的问题是什么？
（2）该案例给我们什么启示？

市场竞争归根结底就是人才的竞争。在人才竞争日趋激烈的今天，能否吸引并选拔到优秀的人才已成为企业生存和发展的关键。而作为人力资源管理的一项基本职能活动，招聘录用工作的有效实施直接反映企业人力资源管理水平的高低，也是企业正常运转的重要保障。

人们一般认为招聘录用是一项活动，实际上，人力资源管理是由员工招聘和选拔录用两个相互独立又彼此紧密联系的活动组成的。

7.1　员工招聘

员工招聘是整个招聘录用工作的第一阶段，这项工作的质量好坏直接关系到能否让符合企业需要的人才对企业的空缺职位产生兴趣，以及在后续的选拔录用工作中企业有没有足够的优秀人才可供选择的问题。

7.1.1　员工招聘概述

员工招聘是指企业为了发展的需要，根据人力资源规划和工作分析的数量和质量要求，通过一定的程序和方法，寻找、吸引那些有兴趣到本组织工作的人才的过程。

员工招聘一般发生的情形有：①新公司的成立；②调整不合理的员工队伍；③现有职位因种种原因发生空缺；④公司业务扩大；⑤为改造企业文化而引入高层管理人员和专业人才。

1. 员工招聘的意义

（1）员工招聘应适应组织发展的需要。企业要发展一定要使人才流动起来，一定要吸引更多的人才来承担新增的工作任务，满足组织发展对新增人才的需求。

（2）员工招聘工作的质量事关重大。新补充人员的素质不仅决定着本人今后的绩效，还会影响到组织整体的绩效，影响整个组织的工作氛围。

（3）员工招聘可以起到激励员工的作用。招聘工作会给现职员工带来一些压力，一方面是新进员工会带来新的竞争；另一方面是招聘的岗位给员工带来了新的挑战。

（4）卓有成效的员工招聘能有效降低企业的人力资源成本。一方面表现在可以直接减少招聘费用；另一方面，如果招聘的员工符合企业需要，流失率低，不需要再重新招聘，能有效降低企业人员的相关重置成本和离职成本。

2．招聘活动的原则

（1）公开原则。公开原则是指把招聘单位、种类、数量、报考的资格条件、考试的方法、科目和时间，均面向社会公告，公开进行。一方面给社会上的人才以公平竞争的机会，达到广招人才的目的；另一方面使招聘工作置于社会的公开监督之下，防止不正之风。

（2）平等原则。平等原则是指对所有应聘者一视同仁，不得人为地制造各种不平等的限制或条件（如性别歧视）和各种不平等的优先优惠政策，努力为社会上的有志之士提供平等竞争的机会，不拘一格地选拔、录用各方面的优秀人才。

（3）能级原则。人的能量有大小，本领有高低；工作有难易，要求有区别。招聘工作不一定要吸引最优秀的人才，但要吸引最合适的人才，要量才录用，做到人尽其才、用其所长、职得其人，这样才能持久、高效地发挥人力资源的作用。

（4）经济原则。根据空缺职位的情况，灵活运用适当的招聘形式，在保证招聘质量的同时，努力降低招聘成本，最大限度地节约组织资源，用尽可能低的成本录用高质量的人才。

3．招聘工作的职责分工

在招聘过程中，传统的人事管理与现代人力资源开发与管理的职责分工不同。过去员工招聘的决策与实施完全由人事部门负责，用人部门的职责仅仅是接收人事部门招聘的人员及其安排，完全处于被动的地位。在现代人力资源管理中，起决定作用的是用人部门，它直接参与整个招聘过程，并在其中拥有计划、初选和面试、录用、人员安置及绩效评估等决策权，完全处于主动地位。人力资源部门只在招聘过程中起组织和服务的作用（见表7-1）。

表7-1 招聘活动中用人部门与人力资源部门的职责分工

用人部门	人力资源部门
①招聘计划的制订与审批	②招聘信息的发布
③招聘职位的职位说明书及录用标准的提出	④应聘者登记、资格审查
⑤应聘者初选，确定参加面试的人员名单	⑥通知参加面试的人员
⑧负责面试、考试工作	⑦面试、考试工作的组织
⑩录用人员名单、人员安排及试用期待遇确定	⑨个人资料的核实、人员体检
⑬正式录用决策	⑪试用合同的修订
⑮员工培训决策	⑫试用人员报道及生活方面的安置
⑰录用员工的绩效评估与招聘评估	⑭正式合同的签订
⑱人力资源规划修订	⑯员工培训服务
	⑰录用员工的绩效评估与招聘评估
	⑱人力资源规划修订

说明：表中的数字表示招聘工作各项活动的顺序。

（资料来源：郑晓明．人力资源管理导论[M]．北京：机械工业出版社，2005．）

第7章 招聘与录用

阅读案例 7-1

用谁不用谁

福临汽车配件有限责任公司位于珠江三角洲,是乔国栋于1992年前创办的,专门生产活塞、活塞环、气门之类的产品,为华南的汽车制造与修理业服务,是个人合股企业。乔国栋是公司董事长兼总经理,傅立朝是副总,主管生产。生产厂长刘志仁是傅总自己找来的。事实上,在创业之初,厂区布局、车间设备、工艺、质量标准,甚至4位车间主任人选全由傅总招聘,包括第一批生产工人也是他招聘来的。乔总并未全力关注公司发展的全局和战略,而是将至少1/4的精力花在他擅长的营销、采购和公关方面。好在当时公司规模不大,市场也有利,这么干下来效益相当不错。

从一开始,公司的做法就是大胆放权,各车间主任和科室负责人都各自包下自己单位的人事职能,对自己手下的人,从招聘、委派、考核、升迁到奖惩都由他们说了算,公司领导基本不过问。经过7年的发展,公司规模扩大到340人左右,业务也复杂起来。乔总发现公司最初那几年的和睦气氛消退了,员工士气也在不断下降。领导班子开会研究,一致决定专门设一个管人事职能的办公室。但这个办公室该设在哪一级,大家意见不一。争辩再三,才决定设在生产厂长之下,该办公室设主任一名,并配一名秘书。

公司财务科成本会计师郭翰文,1998年从北方一所大学工商管理专业毕业,经他的父亲、乔总的一位亲戚推荐来公司财务科工作。那时公司还小,工作分工不细,他聪明能干,科长让他管成本控制,不久他就熟练了。他的工作使他跟生产与营销两方面的人都多有接触,人缘甚佳,乔总和傅总都觉得这小伙工作自觉。但他常说自己并不喜欢干财会,而是爱搞人事工作,喜欢跟人打交道,不爱跟数字打交道。当从总经理秘书小周处听到公司要设"人事办"的消息时,他马上递上书面申请,要求当这"人事办主任",又分头向乔、傅、刘"三巨头"口头汇报,找领导软磨硬缠,后来终于如愿以偿,当上了"人事办主任"。

郭主任新官上任三把火,上任伊始,他就向各车间主任发出书面通知:"为适应公司的扩展,公司决定对全厂员工的人事管理实行集权。为此成立本办公室。今后各车间一切人事方面的决定,未经本主任批准,一概不得擅自执行。"

通知下发后,车间主任们对此政策的不满便接踵而至。生产下降了,刘厂长听到主任们的抱怨,说:"工人们已经和刚招来时不同,难管多了。"又说:"我的手脚给捆住了,还怎么管得了工人。如今奖励、惩罚、招聘、辞退,我都没了权,叫我怎么控制得了他们?怎么让他们出活?"

有一天,有一位姓林的女工闯进人事办公室气冲冲地说她被车间主任无缘无故辞退了。郭主任就给那车间主任打电话:"喂,三车间张主任吗?我是郭翰文。你们车间小林是怎么回事?""我炒了她鱿鱼。""这我知道,但为什么?""很简单,我不喜欢她。""你知道,没有人事办的批准,你是不能随便辞退工人的。""是吗?可是我已经辞退她了。""老张,你不能这么办,你总得有个站得住脚的理由才……""我不喜欢她这一点就够了。"电话挂断了。

郭主任把这事向刘厂长做了汇报。刘厂长做了不少工作,并坚持让小林复职,这件事才平息下来。但车间主任们关于招的工人素质差,自己没有人事权管不了的抱怨有增无减,并主张人事办应当管的事越少越好。这件事终于闹到傅总那里,但乔总出差走访用户去了。

刘厂长对傅总说:"看来,现在这厂的规模还不算大,用不着设一个专门的人事职能部门"。他还建议用行之有效的老办法,让各车间主任自己管本单位的人事工作,郭主任还是回他财务科去做原来的成本会计为好。傅总左思右想,觉得恐怕只好按刘厂长意见办了。但他说还是等乔总回来以后,请示后再定。

(资料来源:陈维政,等. 人力资源管理[M]. 北京:高等教育出版社,2002:29-31.)

7.1.2 员工招聘的工作程序

为了保证招聘工作的科学规范，提高招聘的效果，制定明确的招聘流程是非常必要的，通过科学的工作程序可以规范招聘行为，提高招聘质量，还可以展示公司的良好形象。一般来说，招聘活动要按照图7.1所示的几个主要步骤来进行。

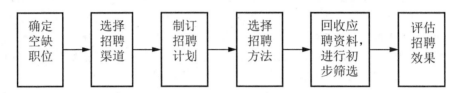

图7.1　招聘活动的工作程序

1. 确定空缺职位

确定空缺职位是整个招聘活动的起点，只有明确获知企业中的空缺职位以及职位的具体要求，才能够开始进行招聘。空缺职位的确定要以人力资源规划和工作分析为基础，各部门根据实际工作中出现的人力资源供应不足的情况，由部门经理填写《人员需求申请表》（见表7-2至表7-4），报主管负责人、总经理批准后，交人力资源部统一组织招聘。

表7-2　人员需求申请表（一）

需要理由		管理人员				研发人员				操作人员				合计
项目	说明	高层	中层	基层	小计	电机	机械	××	小计	电工	机工	××	小计	
因业务扩展														
因补充离职														
因组织变更														
因技术改变														
合计														

注：减少者用"-"表示。

表7-3　人员需求申请表（二）

需求部门：_____

职务名称			人　数	
聘用条件	学历要求		证书要求	
	工作经验要求		外语要求	
	工作年限要求		福利待遇	
备注				

单位主管：

表7-4　临时工雇用申请表

部门：　　年　月　日

申请理由						
工作地点						
工作时间		自　　年　月　日至　　年　月　日				
工人种类	单价	雇用工数	工人种类	单价	雇用工数	
备注						

本申请书一式两份。第一联：申请部门存查；第二联：连同工资表送会计部门核办。
（资料来源：曹亚克，等．人力资源规划、招聘及测评实务［M］．北京：中国纺织出版社，2004：117－120．）

需要指出的是，由于企业填补职位空缺的方法有很多，招聘录用只是其中的一种，因此只有当企业选择使用这种方法时，整个招聘工作的程序才会开始运作，否则即便是存在职位空缺，招聘也不会转化为现实的工作。比如，如果企业决定通过增加其他职位工作职责的办法来解决职位空缺问题，那么就没有必要进行招聘录用。

2．选择招聘渠道

确定空缺职位后，根据企业的实际情况和空缺职位的要求，决定从哪一种招聘渠道获得人力资源的补充。不同的招聘渠道意味着需要招聘的人员来源不同。人员招聘的渠道主要分为两大部分，即内部招聘和外部招聘。

1）内部招聘

内部招聘的主要渠道有企业内部晋升、内部调用、内部公开竞聘、临时人员转正等。这里着重谈内部晋升、内部调用和内部公开竞聘。严格地说，内部晋升并不属于人力资源吸收的范畴，而应该属于人力资源开发的范畴。但它又确实是企业与员工招聘关系最密切的一部分，因此放在这里一起阐述。

（1）内部晋升。当企业中有些比较重要的岗位需要招聘人员时，将企业内部符合条件的员工从较低级的岗位提升到一个较高级的岗位的过程就是内部晋升。内部晋升应遵循的原则有：①唯才是用；②有利于调动大部分员工的积极性；③有利于提高生产率。

（2）内部调用。当企业中需要招聘的岗位与员工原来的岗位层次相同或略有下降时，把员工调到同层次或下一层次岗位上去工作的过程称为内部调用。内部调用分为工作调换和工作轮换。工作调换就是通过在相同或相近级别的职位之间进行人员的调动来填补职位空缺，当这种调动发生不止一次时，就形成了工作轮换，这种方式有助于员工掌握多种技能，提高他们的工作兴趣，但是却不利于员工掌握某一职位的深度技能，影响工作的专业性。

内部调用应遵循的原则有：①尽可能地事前征得被调用者的同意；②调用后更有利于工作；③用人之所长。

（3）内部公开竞聘。当企业内部有职位空缺时，也可以通过内部公告的形式进行公开竞聘。一般来说，可以在企业内部网站的主页、公告栏或以电子邮件的方式告知所有员工，符合条件的员工可以根据意愿自由应聘。

内部公开竞聘应遵循的原则有：①所有需要招聘的职位信息都要尽可能通过公告的形式传递给全体员工；②要尊重员工的个人意愿；③参加内部招聘的员工同样也要像外部招聘的应聘者一样接受选拔测试，选拔测试要公平、公开、公正。

由于内部招聘费用低廉、手续简便、人员熟悉，因此当招聘少数人员时常常采用此方法，而且效果不错。内部招聘的主要优点如下。

（1）有利于提高员工的士气和发展期望，增强员工的工作积极性和主动性。
（2）对组织工作的程序、企业文化、领导方式等比较熟悉，能够迅速展开工作。
（3）对企业目标的认同感强，辞职的可能性小，有利于个人和企业的长期发展。
（4）风险小，对员工的工作绩效、能力和人品有基本了解，可靠性较高。
（5）节约时间和费用。

内部招聘的主要缺点如下。
（1）容易引起同事之间的过度竞争，发生内耗。
（2）竞争失利者常感到心理不平衡，难以安抚，容易降低士气。
（3）新上任者面对的是"老人"，难以建立起领导声望。
（4）容易近亲繁殖，工作中的思想、观念因循守旧，思考范围狭窄，缺乏创新与活力。
（5）如果内部关系处理不当，内部招聘容易演变成拉帮结派，引起其他纠纷，给企业管理带来困难。

阅读案例 7-2

索尼公司的内部招聘

日本索尼公司每周会出版一份内部小报，刊登各部门的"求人广告"，职员可以自由而且秘密地前去应征，他们的上司无权阻止。另外，公司原则上每隔两年便让职员调换一次工作，特别是对于精力旺盛、干劲十足的职员，不是让他们被动地等待工作变动，而是主动给他们施展才能的机会。这种发掘才智的新颖的人事管理制度为索尼公司的年轻职员提供了宽广的发展空间。

索尼公司"内部招聘制"的产生说来还有一个故事：一天晚上，董事长盛田昭夫按惯例走进职员餐厅与职员们一起吃饭、聊天，这是他多年来的习惯，以此培养职员的合作意识并与他们建立良好的关系。这一天，盛田昭夫发现一位年轻职员郁郁寡欢的样子，便与他攀谈，几杯酒下肚，那位年轻人终于开了口："进入公司前，我对索尼崇拜得发狂，认为这是我的最佳选择。但是，现在我才发现我并不是为索尼，而是为我的科长在干活！坦率地说，管我的科长是个无能之辈，而可悲的是，我的所有行动和建议都必须经过他的批准。对于我来讲，这个平庸的科长就等于索尼！我感到非常泄气。"年轻职员借着酒兴越说越激动，这番话对盛田昭夫颇有启发。他想，有类似问题的职员在公司里恐怕为数不少，公司应该关心他们的苦恼，了解他们的处境，不要堵塞他们的上进之路。于是他萌生了改革人事管理制度的想法。

索尼公司的"内部招聘制"取得了双重好处：①凡有能力的职员都能找到自己比较中意的岗位；②人事部门又可以发现"外流"职员的上司所存在的问题，并由此对他们采取适当的措施。

（资料来源：张芬霞，等．人力资源管理[M]．上海：上海财经大学出版社，2008：87.）

2）外部招聘

当企业内部员工不够或者没有合适人选时，就应该采取外部渠道进行招聘。外部招聘的主要渠道有校园招聘、人才交流会、职业介绍所、猎头公司、网络招聘、求职者直接申请、亲朋关系推荐等。下面主要就外部招聘渠道作简单介绍。

（1）校园招聘。校园招聘是许多企业采用的一种招聘渠道，企业到学校张贴海报、举办招聘介绍会，吸引即将毕业的学生前来应聘，对于部分优秀的学生，可以由学校推荐，对于一些较为特殊的职位，也可通过学校委托培养后直接录用。

通过校园招聘的学生可塑性较强，干劲充足。但是这些学生没有实际工作经验，需要进行一定的培训才能真正开始工作，且不少学生由于刚步入社会对自己的定位还不清楚，工作的流动性也较大。

阅读案例7-3

宝洁公司的校园招聘

曾经有一位宝洁的员工这样形容宝洁的校园招聘："由于宝洁的招聘实在做得太好，即便在求职这个对学生比较困难的关口，自己第一次感觉被人当作人来看。应该说是在这种感觉的驱使下，我带着理想主义来到了宝洁。"

1. 前期宣传

前期的广告宣传派送招聘手册，招聘手册基本覆盖所有的应届毕业生，以达到吸引应届毕业生参加其校园招聘会的目的。

2. 邀请大学生参加其校园招聘介绍会

宝洁的校园招聘介绍会程序一般如下：校领导讲话，播放招聘专题片，宝洁公司招聘负责人详细介绍公司情况，招聘负责人答学生问，发放宝洁招聘介绍会材料。

宝洁公司会请公司有关部门的副总监以上的高级经理以及那些具有校友身份的公司员工来参加校园招聘会。通过双方面对面的沟通和介绍，向同学们展示企业的业务发展情况及其独特的企业文化、良好的薪酬福利待遇，并为应聘者勾画出新员工的职业发展前景。通过播放公司招聘专题片，公司高级经理的有关介绍及具有感召力的校友亲身感受介绍，使应聘学生在短时间内对宝洁公司有较为深入的了解和更多的信心。

3. 网上申请

从2002年开始，宝洁将原来的填写邮寄申请表改为网上申请。毕业生通过访问宝洁中国的网站，来填写自传式申请表及回答相关问题。这实际上是宝洁的一次筛选考试。

宝洁的自传式申请表是由宝洁总部设计的，全球通用。宝洁在中国使用自传式申请表之前，先在中国宝洁的员工中及国高校中分别调查取样，汇合其全球同类问卷调查的结果，从而确定了可以通过申请表选拔关的最低考核标准。同时也确保其申请表针对不同文化背景的学生仍然保持筛选工作的相对有效性。申请表还附加一些开放式问题，供面试的经理参考。

因为每年参加宝洁应聘的同学很多，一般一个学校就有1000多人，宝洁不可能直接去和上千名应聘者面谈，而借助于自传式申请表可以帮助其完成高质高效的招聘工作。自传式申请表用计算机扫描来进行自动筛选，一天可以检查上千份申请表。宝洁公司在中国曾做过这样一个测试，在公司的校园招聘过程中，公司让几十名并未通过履历申请表这一关的学生进入下一轮面试，结果，这几十名同学没有一人通过之后的面试。

（资料来源：www.100guanli.com.）

（2）人才交流会。现在全国各地每年都有许多大型的人才交流洽谈会。用人单位可花一定的费用在交流会上摆摊设点，应征者前来咨询应聘。这种途径的特点是时间短、见效快。但是，在这种交流会上，小型企业很难招聘到优秀人才。

（3）职业介绍所。许多企业利用职业介绍所来获得所需人员。但有人认为，这类介绍所的求职者多为能力较差而不易找到工作的人。不过如果有详细的工作说明，让介绍所的专业顾问帮助遴选，不仅能使招聘工作简单化，也可以找到不错的人选。

（4）猎头公司。猎头公司(Head Hunter)是近年来发展起来的为企业寻找高层管理人员和高级技术人员的服务机构。它们一般从事两类业务：一是为企业搜寻特定的人才；二是为各类高级人才寻找工作。猎头公司的一大特点是推荐的人才素质高，猎头公司一般都会建立直接的人才库。

一般来说，通过猎头公司招募人才的费用相对较高，猎头公司的收费通常能达到所推荐人才年薪的25%~35%，但是，如果把单位直接招聘人才的时间成本、人才素质差异等隐性成本计算进去，猎头公司的高收费往往被许多公司接受。因为猎头公司一般对单位及其人力资源需求有较详细的了解，对求职者的信息掌握较为全面，在供需匹配上较为慎重，成功率较高。

（5）求职者直接申请。求职者直接申请是指外部求职者以寄送求职申请、简历或登门拜访求职的方式谋求工作。对企业来说，这虽是一种被动的方式，但通常有效且成本低，其应聘者更容易受到高度激励。当然，只有那些形象好、知名度高、工资待遇高的企业才会有较多的人登门求职。

（6）网络招聘。网络招聘一般包括企业在网上发布招聘信息甚至进行简历筛选、笔试、面试。企业通常可以通过两种方式进行网络招聘：一是在企业自身的网站上发布招聘信息，搭建招聘系统；二是与专业招聘网站合作，如中华英才网、前程无忧、智联招聘等，通过这些网站发布招聘信息，利用专业网站已有的系统进行招聘活动。

网络招聘没有地域限制，受众人数大，覆盖面广，而且时效较长，可以在较短时间内获取大量的应聘者信息，但是其中充斥着许多虚假信息和无用信息，因此网络招聘对简历筛选的要求比较高。

相对于内部招聘来说，各种外部招聘渠道同样既有优点又有缺点。

外部招聘的主要优点如下。

（1）为企业注入新鲜的"血液"，外部人才带来新的工作思路和观念，能够给企业带来活力。

（2）外部招聘管理人员在某种程度上可以缓解企业内部候选人竞争的矛盾。

（3）给企业内部人员以压力，激发他们的工作动力。

（4）选择的范围比较广，可以招聘到优秀的人才。

外部招聘的主要缺点如下。

（1）管理人员从外部招聘，对内部人员是一个打击，使内部人员感到晋升无望，会影响工作热情。

（2）外部人员对企业情况不了解，需要较长的时间来适应。

（3）对外部人员的实际工作能力和品性不是很了解，不容易做出客观的评价，可靠性较差。

（4）外部人员不一定认同企业的价值观和企业文化，会给企业的稳定造成影响。

以上分析了内部招聘和外部招聘的优、缺点，究竟采用哪一种渠道选聘员工对企业更适合，往往需要根据人事变动的具体情况进行具体分析，综合考虑各方面利弊后做出决策。而且对于这一问题，也没有标准的答案，有些企业倾向于从外部进行招聘，有些企业则更倾向于从内部进行招聘。例如，通用电气公司几十年来一直都从内部选拔CEO，而IBM、惠普等公司的CEO则大多从外部招聘。一般来说，企业往往是将这两种方法结合起来使用的，对于基层的职位从外部进行招聘，对于高层的或关键的职位则从内部晋升或调配。

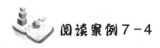

远翔机械有限公司对中层管理职位的招聘

远翔机械有限公司在最近几年招募中层管理职位上不断遇到困难。该公司是制造销售较复杂机器的公司,目前重组成6个半自动制造部门,公司的高层认为这些部门的经理有必要了解生产线和生产过程,因为许多管理决策需在此基础上做出。因而,传统上公司一贯是严格地从内部选拔人员。但不久就发现,提拔到中层管理职位的基层员工缺乏相应的适应新职责的技能。

这样,公司决定改为从外部招聘,尤其是招聘那些企业管理专业的好学生。通过一个职业招募机构,公司得到了许多有良好训练的工商管理专业的候选人,他们录用了一些,并先将其放在基层管理职位上,以便为今后提拔为中层管理人员做准备。不料在两年之内,所有这些人都离开了公司。

公司只好又回到以前的政策,从内部提拔;但又碰到了与过去同样的素质欠佳的问题。不久将有几个重要职位的中层管理人员退休,他们的空缺亟待称职的继任者填补。面对这一问题,公司想请管理咨询专家们来出些主意。

(资料来源:陈维政,等. 人力资源管理[M]. 北京:高等教育出版社,2002:140.)

3. 制订招聘计划

在确定招聘渠道之后就要制订招聘计划,由于内部招聘是在企业内部进行的,相对比较简单,因此招聘计划大多都是针对外部招聘而制订的。一般来说,招聘计划主要确定的内容有:招聘的规模、招聘的范围、招聘的时间和招聘的预算。当然,企业还可以根据自己的情况再增加其他的内容。

1) 招聘的规模

招聘的规模就是指企业准备通过招聘活动吸引多少数量的应聘者。招聘活动吸引的人员数量既不能太多也不能太少,而应当控制在一个合适的规模。

企业确定招聘规模主要取决于两个因素:一是企业招聘录用的阶段,阶段越多,招聘的规模就越大;二是各个阶段通过的比例,这一比例的确定需要参考企业以往的历史数据和同类企业的经验,每一阶段的比例越高,招聘的规模就越大。

2) 招聘的范围

招聘的范围就是指企业要在多大的地域范围内进行招聘活动。从招聘的效果考虑,范围越大,效果也会越好;但是随着范围的扩大,企业的招聘成本也会增加,因此对于理性的企业来说,招聘的范围应当适度,既不能太大,也不能太小。

企业在确定招聘范围时,总的原则是在与待聘人员直接相关的劳动力市场上进行招聘。这通常需要考虑以下两个主要的因素:一是空缺职位的类型。一般来说,层次较高或性质特殊的职位需要在较大的范围内进行招聘;而层次较低或者比较普通的职位则需要在较小的范围内进行招聘。二是企业当地的劳动力市场状况。如果当地的劳动力市场比较紧张,相关职位的人员供给比较少,那么招聘的范围就要扩大;相反,当劳动力市场宽松时,在本地进行招聘就可以满足需求。

3) 招聘的时间

由于招聘工作本身需要耗费一定的时间,再加上选拔录用和岗前培训的时间,因此填补一个职位空缺往往需要相当长的时间,为了避免企业因缺少人员而影响正常的运转,企业要合理地确定自己的招聘时间,以保证空缺职位的及时填补。

例如,企业计划在未来6个月内招聘30位销售人员,确定的招聘规模为3000人。分析表明，根据以往的经验，在招聘广告刊登10天内征集求职者的简历；邮寄面试通知需要5天；进行个人面试安排需要5天；面试后企业需要4天做出录用决策；得到录用通知的人需要10天做出是否接受工作的决定；接受职位的人需要10天才能到企业报到，按照这样的估计，企业应在职位出现空缺之前40天就开始进行招聘。在使用这种方法确定招聘时间时，也要考虑两个因素：整个招聘录用的阶段和每个阶段的时间间隔，阶段越多，每个阶段的时间间隔越长，那么招聘开始的时间就要越早。当然，在招聘实施过程中，由于各种原因，企业要随时对招聘时间进行调整以适应变化。

4) 招聘的预算

在招聘计划中还要对招聘的预算做出估计，招聘的成本一般由以下几项费用组成：①人工费用，就是公司招聘人员的工资、福利、差旅费、生活补助以及加班费等；②业务费用，包括通信费（电话费、上网费、邮资和传真费），专业咨询与服务费（获取中介信息而支付的费用），广告费（在电视、报纸等媒体发布广告的费用），资料费（公司印刷宣传材料和申请表的费用）以及办公用品费（纸张、文具的费用）等；③其他费用，包括设备折旧费、水电费以及物业管理费等。在计算招聘费用时，应当仔细分析各种费用的来源，把它们归入相应的类别，以免出现遗漏或重复计算。

4. 选择招聘方法

招聘方法是指在制订招聘计划后，企业采取某种形式让潜在的应聘者获知企业职位信息的方式和途径。选择的招聘渠道不同，针对的目标群体就不一样，而不同的群体由于其生活方式和行为特点的不同，获得相关职位信息的途径和方法有着很大的差异。所以，企业要根据不同的职位要求，考虑不同求职者的特点，选择合适的招聘方法，才能把相关职位的信息顺利地传递到符合企业需要且对企业职位感兴趣的人手中。

1) 内部招聘的方法

内部招聘的方法主要有两种：一是工作公告；二是档案记录。

（1）工作公告法。工作公告法是最常用的一种内部招聘方法，它是通过向员工通报现有的工作空缺，从而吸引相关人员来申请这些空缺职位。工作公告中应包括空缺职位的各种信息，如工作内容、资格要求、上级职位、工作时间以及薪资等级等。

发布工作公告时应注意，公告应置于企业内部人员都可以看到的地方，使有资格的人员有机会申请这些职位；公告应保留一定的时间，避免有些人因工作外出而看不到；应使所有申请人都能收到有关的反馈信息。

（2）档案记录法。企业的人力资源部一般都有员工的个人资料档案，从中可以了解到员工在教育、培训、经验、技能以及绩效等方面的信息，通过这些信息，企业的高层和人力资源部就可以确定出符合空缺职位要求的人员，再由企业的管理人员征求相关人员的意见，告知企业的职位调整计划从而实现空缺职位的人力资源补充。

使用这种方法进行内部招聘时要注意两个问题：一是档案资料的信息必须真实可靠、全面详细，此外还要及时更新，这样才能保证挑选人员的质量；二是确定出人选后，应当征求本人的意见，看其是否愿意进行调整。

2) 外部招聘的方法

相比内部招聘，外部招聘的方法就比较多，目前最主要有广告招聘、现场招聘、借助职业中介机构招聘、熟人介绍推荐等。

（1）广告招聘。广告是企业进行外部招聘时最常用的一种方法。借助广告，企业可以非常顺利地将职位信息顺利传递到受众那里。采用广告招聘时需要考虑两个问题：一是广告媒体的选择；二是广告内容的构思。

目前，通行的广告媒体主要有报纸、专业杂志、广播电视和因特网等，各种广告媒体分别具有自己的优、缺点和适用情况，最终选用什么媒体发布广告取决于所要吸引的职位候选人是哪些人，企业应当根据具体的情况来选择最合适的媒体。

招聘广告设计的好坏，也会直接影响应聘者的素质。选择不同的广告媒体，广告内容的设计重点也不一样。一份好的招聘广告至少要达到两个目的：一是吸引人才；二是宣传企业价值观与形象。所以，撰写与发布招聘广告应当紧紧围绕这两个目的进行。

阅读案例 7-5

香港廷铭有限公司驻厦门代表处招聘启事

香港廷铭有限公司驻厦门代表处因业务拓展，拟招聘以下诸类职员若干名。

① 房地产业务：年龄 55 岁以下，身体健康，熟悉本地区情况，近期连续从事本行业的设计、施工、经营工作 5 年以上，具有高、中级技术职称并有成功业绩者；② 国贸业务：年龄 50 岁以下，身体健康，知晓商品进出口业务、相关环节英语，近期连续从事本行业 3 年以上，具有大专以上学历（有外销员证者优先）并有成功业绩者；③ 综合事务：年龄 30 岁以下，身高 1.65 米以上，身体健康，相貌端庄，熟悉英语，近期连续从事文秘工作 2 年以上，具有大专以上学历的女性。

承蒙不嫌，请于见报日起 15 日内将本人身份证、本市常住户口、学历证、职称证（或外销员证）、个人简历（附 2.5 厘米免冠近期照片及期望待遇）、业绩介绍、所在单位介绍或推荐信的影印或原件，寄厦门市虎园路 16 号厦门宾馆 4 号楼厦门市外事服务部。邮政编码：361003。

厦门市外事服务部

（2）现场招聘。现场招聘是由招聘人员与应聘人员进行面对面的对话，让应聘人员直接了解企业及职位的相关信息，现场完成招聘面试的一种方式。现场招聘一般包括企业自主招聘、参加招聘会和进入人才市场 3 种方式。

现场招聘的方式不仅可以节省企业初次筛选简历的时间成本，同时简历的有效性也较高，在职位信息传递过程中能有效避免"漏斗现象"和失真现象，而且相比其他方式，它所需的费用较少。但是现场招聘也存在一定的局限，首先是地域性，现场招聘一般只能吸引到所在城市及周边地区的应聘者。其次，这种方式也会受到组织单位的宣传力度以及组织形式的影响。

（3）借助职业中介机构。职业中介机构有很多种类型，如职业介绍所、人才交流中心以及猎头公司等。由于职业中介机构是专门从事人员雇佣中介服务工作的，掌握着大量的求职信息和招聘信息，因此借助这些机构发布职位信息进行招聘，不仅可以使招聘活动更有针对性，而且可以代替企业完成很多工作，为企业节省大量的时间。现在，有一些企业就是将自己的招聘工作外包给这些机构来做。但是这种方法也存在问题，由于中介机构对企业的情况并不完全熟悉，招聘的人员可能会不符合企业的要求；这些机构的收费往往都比较高，会增加企业的招聘成本。

（4）熟人介绍。熟人介绍就是指通过企业的员工、客户或者合作伙伴的推荐来进行招聘，让应聘人员通过这些熟人介绍，事先对企业及职位信息有所了解，这也是外部招聘的一种重要方法。这种招聘方法的好处是招聘的成本比较低；推荐人对应聘人员比较了解；应聘人员一旦被录用，离职率比较低。它的缺点是：容易在企业内部形成非正式的小团体；如果不加控制，会出现任人唯亲的现象；由于推荐的应聘人员不可能太多，因此选拔的范围比较小。

总之，不管选择何种方法进行招聘，职位信息的顺利传递都是最重要的。招聘信息能否顺利地传递到符合企业需要的人才手中，对于招聘的效果有很大的影响。

5. 回收应聘资料，进行初步筛选

一般来说，企业通过有关的途径把招聘信息发布出去后，还要对应聘者的应聘资料进行登记整理，以便进行后面的招聘效果评估和选拔录用工作。当应聘人员带着本人简历及各种证件复印件来应聘时，还应让他们填写《应聘人员登记表》或者《职位申请表》。

招聘人员在回收应聘资料的过程中，并不只是被动地收取，还应当进行初步筛选，剔除那些明显不符合要求的人员，从而减轻选拔录用的工作量。一份应聘简历应从以下6方面进行初步筛选。

（1）对硬性指标，如年龄、性别、户口所在地、工作年限、学历、专业、相关职业背景、期望待遇水平、选择工作地域等信息进行快速筛选淘汰，同时根据不同的岗位进行分类。

（2）辨别简历的可靠性。首先要查看应聘者的年龄与其学历或者工作经历等是否相符，有无自相矛盾的地方；其次要看简历中对自己工作经历的描述是否清晰，语意表达不清的简历，往往含有虚假成分。

（3）查看简历信息是否完整、书写是否规范。如果简历信息不全、字迹潦草、书写错误较多，一般说明此人比较粗心或者求职态度比较随意，这样的人企业是坚决不能聘用的。

（4）检查简历中应聘者跳槽的频率。如果该应聘者跳槽的频率过高，则其对企业的忠诚性就值得怀疑。一般情况下，在一家公司3年以上被视为稳定，如果在一年中更换工作的次数较多，那么稳定性较差。

（5）离职原因。离职原因是企业借以判断应聘者价值取向和职业规划的重要凭证，并且可以从应聘者的离职原因中分析出他是否能够充分融入新的企业文化中去。

（6）查看求职者工作时间的衔接性。如求职者在工作时间衔接上有较长空档，则应做好记录，并在安排面试时提醒面试考官多关注求职者空档时间的情况。

人力资源部门按照招聘计划确定的规模通过对应聘人员的资料进行整理分类、初步筛选，确定需要进一步选拔测试的应聘者，并及时通知应聘者和用人部门主管经理。

需要强调指出的是，初步筛选剔除的人员不一定就不优秀，只是不符合此次招聘的要求而已，对于这些人员的信息，企业还是应当保留起来，建立一个专门的招聘信息库，这样以后进行招聘时还可以使用这些信息，避免重复工作，也可以加速招聘的进程。

阅读案例7-6

周勤和惠普的"缘分"

周勤现在是中国惠普培训服务部总经理，负责打理惠普公司客户培训方面的事项。9年前，周勤大学毕业，来到当时还不算太多的外企之一——中国惠普应聘。因为他听说惠普公司在培训方面比较有特色，这家公司"不仅用你，而且培养你"。经过一系列的笔试面试，很不幸，周勤没有如愿以偿。于是，他通过考试进了中国长城计算机公司。大约一年以后，惠普公司又找到周勤，因为这时候，周勤申请的职位出现了空缺，通过查阅当初的应聘者资料，惠普认为他仍然是比较合适的人选。又经过大致差不多的程序，周勤终于加入了惠普公司。

（资料来源：www.chinahrd.net.）

6. 评估招聘效果

一个完整的招聘程序应该包括招聘效果的评估这一环节。在招聘活动结束以后，应该对此次招聘的效果作一次全面、深入、科学、合理的评估，招聘目的是否达到？招聘渠道是否有效？招聘流程是否流畅？招聘预算的执行是否得当？招聘时间（周期）的安排是否合理？人才测评的方法是否可靠有效？所录用人员的实际业绩究竟如何？……这些都是企业要认真探究的问题。

通常，我国企业在进行人力资源招聘工作业绩评估时，主要以候选人的质量、数量及职位填补的及时性三者为考核指标。在实际的招聘效果评价过程中，企业常常采用一系列的指标体系来对整个招聘活动进行客观的评价。

1）一般评价指标
（1）补充空缺的数量或百分比。
（2）及时补充空缺的数量或百分比。
（3）平均每位新员工的招聘成本。
（4）业绩优良的新员工的数量或百分比。
（5）留职一年以上的新员工的数量或百分比。
（6）对新工作满意的新员工的数量或百分比。

2）基于招聘者的评价标准
（1）从事面试的工作者数量。
（2）被面试者对面试质量的评定。
（3）职业前景介绍的数量和质量等级。
（4）推荐的候选人中被录用的比例。
（5）推荐的候选人中被录用而且业绩突出的员工的比例。
（6）平均每次面试的费用。

3）基于招聘方法的评价指标
（1）引发申请的数量。
（2）引发的合格申请者的数量。
（3）平均每个申请的成本。
（4）从接到申请到方法实施的时间。
（5）平均每个被录用的员工的招聘成本。
（6）招聘的员工的质量（业绩、出勤率等）。

通过招聘效果的评估可以帮助企业反思招聘过程中存在的问题，对招聘工作形成一个更加清晰的认识，从而总结经验、吸取教训，在今后的招聘工作中，降低招聘成本，提高招聘效率。

7.2 选拔录用

选拔录用工作是人力资源进入企业或者具体职位的重要入口，它的工作质量直接关系到企业能否从前来应聘的人员中挑选出真正符合企业职位需要的人才，能否保障企业的正常运转。

7.2.1 选拔录用概述

选拔录用也叫人员甄选，是指通过运用一定的工具和手段对已经招募到的求职者进行鉴别和考察，区分他们的人格特点与知识技能水平、预测他们未来的工作绩效，从而最终挑选出企业所需要的、恰当的职位空缺填补者。

1. 选拔录用的原则

1）因事择人、知事识人

因事择人原则强调人员录用必须根据企业人力资源规划工作中的人员供需计划，满足企业的实际人员需要，而不是根据领导意志或个人喜好随意地进行人员的招聘和录用。知事识人则要求招聘者对空缺职位的特点和任职资格条件必须非常清楚，这样才能保证录用到真正符合职位需要的员工。

2）公平竞争、择优录用

应该做到对待所有的应聘者，一视同仁，不得人为地制造不平等的限制。当然，也要树立竞争的原则，通过严格的选拔测试程序，科学地决定最合适职位的优秀人选。

3）任人唯贤、知人善任

在选拔录用过程中要以企业利益为重，杜绝任人唯亲，录用人才时应做到大材大用、小材小用、无材不用。同时，要对应聘者进行客观公正的评价，任用时要考虑应聘者的能力素质和职位的要求，让人才和职位最恰当的匹配。

4）严爱相济、指导帮助

人才在通过初步选拔，进入试用期后，管理者必须为其制定工作标准和绩效目标，对其进行必要的考核。同时，对试用期的员工在生活上也要给予更多的关怀，尽可能地帮助员工解决后顾之忧，在工作上帮助员工取得进步，用情感吸引他们留在组织中。

2. 选拔录用的程序

为了保证选拔录用的效果，选拔录用工作一般来说要按照图7.2所示的程序进行。

图7.2 选拔录用的工作程序

从程序图可以看出，整个选拔录用过程由6个步骤组成，其中每一个步骤都是一个关键决策点，应聘者如果达不到该决策点的要求就要被淘汰，只有通过该决策点的应聘者才能继续参加下面的选拔。至于每个决策点的标准应该是什么，企业要根据自己的情况来确定，但总的原则是以空缺职位所要求的任职资格条件为依据。在选拔录用过程的6个步骤中，选拔测试和面试是比较关键也是比较复杂的两个步骤，其余的则相对比较简单，限于篇幅，下面只重点介绍这两个步骤。

7.2.2 选拔测试

选拔测试就是指运用各种科学或经验的方法对应聘者进行评价，从而挑选出那些符合职位要求的人员的过程。现代选拔测试的方法起源于美国的人才测评中心。所谓"人才测评中心",不能按字面上理解为某个机构,而是一种测评人才的活动、方法、形式、技术和程序,这种活动由一系列按照待测评维度的特点和要求而精心设计的测试、操演和练习组成,目的在于诱发被测评者在选定的待测评方面表现出有关行为从而可供测试者评价。

现代测评方法一般分为知识测试、个性心理测试和工作能力测试三大类。

1. 知识测试

知识测试常常以笔试的形式出现,主要是用来衡量应聘者是否具备完成职位职责所需要的知识。针对不同的职位,知识测试的内容也不一样。例如,录用会计人员,就要测试与会计有关的知识;录用人力资源管理人员,就要测试与人力资源管理有关的知识。

这种测试方法的好处是比较简单,便于操作,不需要特殊的设备;可以同时对很多应聘者进行测试,因此费用也比较低,可以节约大量的时间;相对来说比较公平,受主观因素影响较小。这种方法的缺点在于主要考察的是应聘者的记忆能力,对实际工作的能力考察不够,因此知识测试往往作为一种辅助手段同其他方法一起使用。

2. 个性心理测试

个性心理测试主要是对被测评人的个性特征和素质的测评。发达国家企业界在招聘和选拔管理人员时,比较重视对被选者的个性心理的了解,认为这是实现知人善任所不可缺少的信息,甚至还要为他们建立心理档案。但在这方面,我国几乎还是一项空白,只有少数的企业在经理测评的实践中试用过心理测试。

当然,这并不是说个性心理和职位是严格的对应关系,某种个性只能从事某种职务或者某项工作只能由某类人来做。事实上,在成功的管理者中可以找到各种个性类型的人,各种个性类型都有长有短、利弊参半,不过掌握了员工的个性,较有利于量材使用、用其所长、避其所短。

1)个性心理测试的内容

现在,个性心理测试的内容比较丰富,大体上有性格测试、智力测验、情商测试、价值观测试和职业兴趣测试等。

(1)性格测试。性格指个人对现实的稳定态度和习惯的行为方式,按照不同的标准可以将人们的性格划分成不同的类型。由于人们的性格在很大程度上决定着他们的行为方式,而不同的职位所要求的行为方式又不同,因此对应聘者的性格进行测试有助于判断他们是否能胜任所应聘的职位,如销售职位需要经常与人打交道,因而要求该职位的应聘者的性格外向一些。

(2)智力测验。智力包括多个方面,如观察力、记忆力、想象力、分析判断能力、思维能力、应变能力等,是人们认识客观事物并运用知识解决实际问题的能力。智力的高低通常用智力商数(Intelligence Quotient,IQ)来表示,用以标示智力发展水平。招聘录用中的智力测验不同于一般的智商水平测试,而是更强调应聘者的智力水平能否让其在工作中具有较强的信息关注度,善于找出主要问题,提高工作业绩。

(3)情商测试。情商又称情绪智力(Emotional Quotient,EQ),是一个人自我情绪管理以及管理他人情绪的能力指数,反映人在情绪、情感、意志、耐受挫折等方面的品质。情商包括自觉、自律、自励、同情、交际5个方面。现代研究表明,能清楚地了解自己的情绪并善于体会别人情绪的人,可能具有更高的工作效率。在很多大型企业公司的招聘录用过程中,常常进行情商测试来判别应聘者是否适应职位的需要。

（4）价值观测试。价值观是一个人对某种事物的是非、善恶和重要性的评价、看法，是个人对某种特定行为方式或者存在状态的一种持久信念。当空缺职位的要求与求职者的工作价值观不相符的时候，用人单位必须慎重考虑是否录用。一些求职者由于某些原因会去应聘与其工作价值观完全不符的职位，因此他们对所求职位或者职业并不满意，这不仅会降低其工作的热情和积极性，还会直接影响其工作绩效，甚至影响到组织的效率。

（5）职业兴趣测试。职业兴趣是指人们对具有不同特点的各种职业的偏好以及从事这一职业的愿望。职业兴趣会影响人们对工作的投入程度，如果应聘者的职业兴趣和应聘的职位不符，那么就会影响他的工作热情；相反，如果应聘者的职业兴趣和应聘职位相符，那么他就会积极主动地进行工作。

2）个性心理测试的方法

目前，对个性心理测试的方法有很多，主要可以归结为两大类。

（1）自陈式测试。就是向被试者提出一组有关个人行为、态度方面的问题，被试者根据自己的实际情况回答，测试者将被试者的回答和标准进行比较，从而判断他们的个性心理特征。自陈式测试常用的方法有卡特16种个性特征测验（16PF）、爱德华个性偏好量表（EPPS）、明尼苏达多项个性测验表（MMPI）、加州心理调查表（CPI）等。

（2）投射式测试。就是向被试者提供一些刺激物或设置一些刺激情景，让他们在不受限制的条件下自由地做出反应，测试者通过分析反应的结果，从而判断他们的个性心理。投射式测试常用的方法有罗夏墨迹测试、主题统觉测试、句子完成式量表和笔迹测试等。

3. 工作能力测试

一个人工作能力的高低将直接影响其是否能够顺利完成某种活动，是影响个人绩效的关键性因素。任何一种工作都要求从事者具备相应的能力。工作能力测试则衡量应聘者是否具备完成职位职责所要求的能力。由于这种测试可以有效地测量人的某种潜能，从而预测他在某职业领域中成功和适应的可能性，或判断哪项工作适合他，企业就可以通过这种测试挑选出真正适合职位需要的人员。

工作能力测试主要分为职业能力倾向测试和工作技能测试两个方面。

1）职业能力倾向测试

职业能力倾向测试包括普通能力倾向测试和特殊能力倾向测试两种。

（1）普通能力倾向测试强调的是对普通能力各个方面的测量，有些能力倾向是各种不同种类的工作都需要的，有些能力倾向只在特定种类的工作中才需要。各种工作都需要一定的能力组合。例如，一个会计人员需要有较好的数量关系能力、分析综合能力等；而一个电脑操作员需要有手指灵活运动的能力、手眼协调的能力等。在招聘选拔中经常测量的一些能力倾向有语言理解能力、数量关系能力、逻辑推理能力、综合分析能力、知觉速度、准确性等。

（2）特殊能力测试是指对那些与具体职位相联系的不同于一般能力要求的能力的测试。这种能力测试主要有两个目的：一是测量那些已有工作经验或受过有关训练的人员在某些职务领域中的熟练程度或水平；二是选拔那些具有从事某项职业的经验，在很少或不经特殊培训的情况下就能从事某种工作的人才。特殊能力倾向测试主要有文书能力测验、心理运动能力测验、视觉测验、机械能力测验及美术、音乐能力测验、创造力测验等。

2）工作技能测试

工作技能测试是对特定职位所要求的特定技能进行的测评。其内容因岗位的不同而不同，如对会计人员需考核其计算、记账、核算等能力，对秘书则需考核其打字、记录速度和公文起草能力，三资企业还对外语水平进行测评。技能测评有多种形式，既可验证应聘者已获得的各种能力证书，如会计上岗证、计算机能力培训合格证、外语等级证书等，又可以直接采取某种方法测试应聘者的工作技能。在实践中，常常采用以下几种方法。

（1）工作样本法。工作样本法就是要求应聘者完成职位中的一项或若干项实际任务，依据任务的完成情况来做出评价，这种方法强调直接衡量工作的绩效，因此具有较好的预测效果。

在实施工作样本测试时，首先挑选出职位中的关键任务；然后让应聘者完成这些任务，同时由测试者对他们的表现进行监测并记录下任务的执行情况；最后由测试者对应聘者的表现和工作完成情况做出评价。

工作样本测试的优点在于它测量的是实际工作任务，应聘者很难伪装或给出假答案；缺点是需要对每个应聘者进行单独测试，实施成本比较高，不适用于那些完成周期比较长的任务。

（2）公文模拟处理。公文模拟处理多是针对管理职位实施的一种测试方法。首先假设应聘者已经从事了某一职位；然后给他提供一定的模拟文件，文件的类型和内容要根据这一职位在实际工作中经常遇到的类型来设计，一般有信函、备忘录、报告、电话记录、上级指示和下级请示等；接着让应聘者在规定的时间和条件下处理完毕，并说明理由和原因。通过这种方法，可以对应聘者的规划能力、决策能力以及分析判断能力等做出评价。

（3）无领导小组讨论法。无领导小组讨论就是把几个应聘者组成一个小组，给他们提供一个议题，事先并不指定主持人，让他们通过小组讨论的方式在限定的时间内给出一个决策，评委们则在旁边观察所有应聘者的行为表现并做出评价。通过这种方法，可以对应聘者的语言表达能力、分析归纳能力、说服能力、协调组织能力以及集体意识等做出评价。

此外，工作技能的测试方法还有企业决策模拟竞赛法、角色扮演、案例分析和演讲等方法。

7.2.3 面试

面试是通过主考官与应聘者面对面的信息沟通，直接考察应聘者是否具备与空缺职位相关的工作能力和个性品质的一种人才选拔方法。

面试是用人单位最常用也是必不可少的测试手段。现代社会，企业越来越注重员工的实际工作能力和工作潜力，这方面的素质用知识测试的方法进行测试有一定的难度，需要通过面试来把握，因此，面试在人员筛选环节中具有非常重要的地位。

1. 面试的类型

按照不同的标准可以将面试划分为不同的类型。

（1）按照面试的结构化程度，可以分为结构化面试和非结构化面试。

结构化面试是指按照事先设计好的问题进行提问的面试。其优点是对所有应聘者均按同一个提纲进行提问，便于分析比较，这对面试考官的要求不高。缺点是谈话方式过于程式化，缺乏灵活性，不利于对重要问题进行深入了解，所收集到的信息的范围受到限制。

结构化面试样题范例

范例一：综合素质试题。

1. 假如你是某市学联的工作人员，领导交给你一项了解本市大学生求职就业意愿的任务，你准备怎样完成这项工作？（计划与控制）

评分参考标准。

好：有较周全的计划安排与切实可行的调研方法；组织协调各方面力量共同完成任务。

中：有计划安排；有协调的意识，但计划安排不够周全。

差：计划安排漏洞多，缺少协调意识，或夸夸其谈，不中要害。

2. 如果在工作中，你的上级非常器重你，经常分配给你一些属于别人职权范围内的工作，对此，同事对你颇有微词，你将如何处理这类问题？（人际关系）

评分参考标准。

好：感到为难，并能从有利于工作、有利于团结的角度考虑问题，态度积极、婉转、稳妥地说服领导改变主意，同时对同事一些不合适甚至过分的做法有一定的包容力，并适当进行沟通。

中：感到为难，但又不好向领导提出来（担心辜负领导的信任），私下里与对你有意见的同事进行沟通，希望能消除误会。

差：不感到为难，坚决执行上级交代的任务，并认为这是自己能力强的必然结果。

3. 在一次重要的会议上，由你代领导起草的大会报告中有一项数据明显错误，与会代表都知道此数据有误，领导的报告刚刚开始，文中有多次提到该数据，你该怎么办？

评分参考标准。

好：镇定，认识到问题的严重性，很快找出应变措施予以弥补。比如，可利用给领导倒水的机会带一张纸条提醒报告人等。

中：基本镇定，但不能很快找到解决的途径或办法，不够巧妙。

差：情绪紧张，不能找到补救措施，被动承受，或只会检讨自己。

范例二：专业素质试题。

1. （财会）某企业对 2000 年 1~11 月份的成本核算进行检查，查出该厂少摊成本 460000 元，原因在于审查人员发现该企业 11 月份的成本计算单中 5 道工序的期末产品成本之和比生产成本余额多 460000 元，试分析原因，并提出建议。（计划成本核算）

2. （建筑施工，技术）我国现行的建筑安装工程技术标准和技术规程包括哪些内容？

（资料来源：http：//www.sycp.com.cn.）

  非结构化面试是指无固定模式，面试考官根据实际情况随机进行提问的面试。这种面试的目的在于给应聘者充分发挥自己能力和潜力的机会，由于面试考官所提问题的真实意图比较隐蔽，所以应聘者应有很好的理解能力和应变能力。非结构化面试的优点是灵活自由、问题可因人而异，可以得到较深入的信息。缺点是缺乏统一的标准，易带来偏差，同时对面试考官的要求较高，需要考官有丰富的知识和经验，具备灵活的谈话技巧。

奇特的招聘

  公司准备聘用一名公关部长，经笔试筛选后，只剩下 7 名求职者等待专业技能的面试。面试限定每人在两分钟内对提出的问题做出回答。每一名求职者进入考场，主考官都说："请把大衣放好，在我的面前坐下。"其实房间里除了主考官使用的一桌一椅外，什么也没有。两名求职者不知所措，两名求职者急得直掉眼泪，一名求职者脱下大衣放在主考官的桌上，然后说："还有什么问题吗？"结果这5名求职者都被淘汰了，原因是他们慌张失措，反应呆板，没有应变能力。

第6名求职者听到提问后，环顾室内，先是一愣，旋即脱下大衣，往右手上一搭，躬身施礼，轻声说："既然没有椅子，就不用坐了，谢谢您的关心，我愿听下一个问题。"此人守中略有攻，处事老练，只是机智不够，可先培养用于内，后则可对外。

第7名求职者在听到提问后，眼睛一眨，把自己候座的椅子搬进来，放在离考官一米远处，脱下大衣，折好后放在椅背上，然后坐在椅子上。当"时间到"的铃声一响，他即起立致谢，退出门外，把门关上。此人不用一言一语却巧妙地回答了问题，被录取为公关部长。

（资料来源：http：//www.offer123.cn.）

（2）按照面试能达到的效果，可以分为初步面试和诊断面试。

初步面试类似于面谈，比较简单、随意，主要是用来增进用人单位和应聘者之间的相互了解。在这个过程中，面试者对应聘者的求职动机进行了解、向应聘者介绍企业状况、解释职位招聘的原因及要求等。应聘者简单介绍自己的情况，对其书面材料进行补充等。

诊断面试是对经初步面试筛选合格的应聘者进行实际能力与潜力的测试，它的目的在于招聘单位与应聘者双方补充深层次的信息。一般由用人部门负责，人力资源部参与，对于高级管理人员的招聘，则组织的高层领导也参加。这种面试对组织的录用决策及应聘者是否加入组织的决策至关重要。

（3）按照面试的过程，可以分为一次性面试和系列面试两种类型。

一次性面试对应聘者只进行一次面试就做出决策；系列面试则要对应聘者依次进行几轮面试才能做出决策。

2．面试的过程

由于面试的随意性比较大，面试的效果主要取决于面试者的经验，为了使面试容易操作，提高面试的质量与可比性，在实施中须掌握基本的程序和技巧。

1）面试前的准备阶段

这个阶段要做的事情有以下4点。

（1）选择面试者，面试者一般由人力资源部和具体用人的业务部门的人员共同组成。

（2）了解被面试者的基本情况，面试者应提前查阅应聘者的相关材料，对应聘者的基本情况有个大致的了解，以便在面试中更有针对性地提出问题，提高面试的效率。

（3）准备面试材料，如面试评价表、面试提纲等。

（4）明确面试时间，安排面试场所、通知被面试者等。

2）面试实施阶段

面试开始的时候，一般问一些比较轻松的或者应聘者可以预料到的问题，以消除应聘者的紧张情绪，建立起宽松融洽的面试气氛。

在正式的面试过程中，主考官要根据事先准备的提纲或者根据面试的具体进程对应聘者提出问题，并且对面试评价表上的各项评价要素做出评价，同时要对应聘者察言观色，密切注意应聘者的行为和反应，对所提的问题、问题之间的转换、问话时机以及对方的答复都要多加注意。

面试过程中，提问的问题不在于多，而在于精，要灵活运用多种类型的面试问题。

（1）知识型问题。知识型问题是指通过应试者的回答，可了解其知识面、个性倾向和思维方式等情况的问题。

（2）行为型问题。行为型问题是指用于考察应试者行为性技巧和能力的试题形式。如考察人际交往的意义和技巧、组织协调能力、人际交往能力、特别是解决平级组织间矛盾问题的能力，以及着重考察其人际沟通能力以及与同事建立信任关系等行为性技巧和能力。

例如，某一项工作要求任职者对项目进行管理，就可以问这样的问题："请你讲述在过去的工作中你曾经管理过项目的一次经历？"，"你是如何完成项目目标的？"

（3）情景型问题。情景型问题是指通过情景性试题考察应试者的应变能力、情绪稳定性、计划、组织、协调能力等个性及能力的试题形式。比如，"假设现在出现这样一个情况：本来你的工作负担已经很重了，可上级却给你安排了另一项任务。你觉得已没有精力再承担更多的工作，但又不想与领导发生冲突，你会怎样对待这个问题？"

（4）智能型问题。智能型问题是指通过对比较复杂的社会热点问题的讨论，考察应试者的综合分析能力，也在一定程度上考察应试者对社会的关心程度的试题形式。这类问题一般不是要应试者发表专业性的观点，也不是对观点本身正确与否做出评价，而主要是看应试者是否能言之成理。例如，"中国有句古话'识时务者为俊杰'，您怎么看？"

（5）意愿性问题。意愿性问题是指考察应试者的求职动机与拟任职位的匹配性、应试者的价值取向和生活态度的问题形式。比如，"您为何要离开原来的工作单位？""你能接受在工作期间经常出差吗？"

主考官在面试过程中要特别注意提问的方式，提问应当明确，不能含糊不清或产生歧义；提问应当简短，过长的提问既不利于应聘者抓住主题，也会挤占他们的回答时间；提问时尽量不要带感情色彩，以免影响应聘者的回答；提问时尽量不要问一些难堪的问题，除非是某种特殊需要；要综合运用多种提问方式，全面考察应聘者各方面的素质。

阅读案例 7-8
招聘面试中如何进行有效的提问

上个月，我受国内某大型制药企业华中区经理王总的邀请，给他们做一个重要职位招聘面试的测评，将要招聘的职位是高级营销经理，很不凑巧，飞机晚点，没有时间和王总做面试前的沟通，所以只好急匆匆地赶到现场，还好，面试刚刚开始。由于事先已经做了筛选，来参加面试的只有两位候选人。由王总亲自担任主考官，在半小时里，他对第一位候选人问了3个问题。

（1）这个职位要带领十几个人的队伍，你认为自己的领导能力如何？

（2）你在团队工作方面表现如何？因为这个职位需要到处交流、沟通，你觉得自己的团队精神好吗？

（3）这个职位是新近设立的，压力特别大，并且需要经常出差，你觉得自己能适应这种高压工作状况吗？

候选人回答完以后，我马上叫了暂停，因为我意识到王总提出的问题不妥当，我花了5分钟对应聘者进行了询问，然后我把应聘者的回答和他的真实想法告诉了王总。

候选人是这样回答3个问题：第一个问题，我管理人员的能力非常强，实际上王总也并不知道好不好；第二个问题，我的团队精神非常好，只能答 yes，因为王总已经提供了太明显的暗示，即希望团队精神非常好；第三个问题，能适应，非常喜欢出差。实际上，如果把工作条件进行排行的话，我最痛恨的就是出差，还有就是占用自己的下班时间。但是老总的问话方式直截了当地给我暗示，使我必须说"是"。

事实上，王总问的是3个本应该设计成开放式的问题，第一个问题是有没有领导能力，第二个问题是有没有团队精神，第三个问题是能不能承受巨大的工作压力。但是王总都错误地采用了封闭式提问的方式，而候选人由王总询问的问题中很容易就知道他想听到的答案是什么，实际上这是面试中最大的忌讳，而且肯定无法得到正确的答案。

接下来我花了 10 分钟的时间从 3 个方面重新为王总设计了以下问题。

1. 管理能力方面

(1) 你在原来的公司工作时，有多少人向你汇报？你向谁汇报？

(2) 你是怎么处理下属成员之间的矛盾纠纷的？举个例子好不好？（行为式问题）

2. 团队协作能力方面

(1) 营销经理和其他部门特别是人力资源部经常有矛盾，你是否遇到过这样的纠纷，当时是怎么处理的？（情景式问题）

(2) 作为高级营销经理，你曾经在哪些方面做过努力以改善公司内部的沟通状况？

3. 能不能经常出差

(1) 以前公司的工作频率如何？经常要加班吗？多长时间出一次差？

(2) 这种出差频率影响到你的生活没有？对这种出差频率有什么看法？

重新询问以上问题，王总从两位候选人中得到了更多的信息，最终选择了他需要的人才。

（资料来源：www.100guanli.com.）

3）面试结束阶段

主要问题提问完毕后，面试进入了收尾阶段，这时应该给应聘者一个机会，询问应聘者是否有问题要问，是否要加以补充或修正之处。不管录用还是不录用，均应在友好的气氛中结束面试。

面试结束后，主考官应根据面试记录等及时对应聘人员进行评估。评估方式有两种：评语式评估和评分式评估。评语式评估的特点是针对应聘者的不同侧面进行深入的评价，反映出每个应聘者的不同侧面，缺点是应聘者之间不能横向比较。评分式评估则是针对应聘者相同的方面进行比较，其特点正好与评语式评估相反。

由于面试是主考官与应聘者面对面的交流，带有较强的主观性和随意性，在很多时候，评价结果要受到主考官个人的经验、爱好和价值观的制约，因此主考官要特别注意这方面的问题，尽可能使评价结果趋向客观。

专栏 7-2

面试中常见的错误

(1) 面试考官说话过多，有碍于从应聘者那里得到与工作相关的信息。

(2) 对应聘者的提问不统一，造成从每个应聘者那里获得的信息类型不同。

(3) 问的问题或者与工作业绩无关，或者关系很小。

(4) 在面试过程中使应聘者感觉不自在，较难获得真实的或深入的信息。

(5) 面试考官对评价应聘者的能力过于自信，从而导致草率的决定。

(6) 被应聘者的非语言行为所影响。

(7) 给许多应聘者相同的评价，如优秀(面试过于宽大)、一般(有集中的趋势)或较差(过于严厉)。

(8) 由于一些应聘者的资格超过了当前的招聘者，就影响了对当前应聘者的评价。

(9) 某个应聘者的一两个优点或缺点影响了对这位应聘者其他特征的评价(晕轮效应)。

(10) 由于一些应聘者的资格超过了当前的应聘者，就影响了对当前应聘者的客观评价。

(11) 在最初的几分钟面试时，就对应聘者做出了评价(第一印象)。

(12) 由于应聘者在某个方面和面试者相似，而给应聘者较好的评价(像我效应)。

（资料来源：Robert D. Gatewood and Huber S. field（1998），Human Resource Selection, 4th ed. fort Worth, TX: Dryden, pp. 494－495.）

7.2.4 选拔录用方法的效果评估

在选拔录用过程中,企业要采用很多测评方法和技术手段,这些方法能不能测量出应聘者各方面的真实素质,选择出真正符合企业空缺职位需要的人才,录用的人员未来在职位上的工作绩效能否如企业预期,这是企业最重视的问题。为了解决这些问题,企业就有必要去分析所采用的选拔录用方法的效果,检验这些测评方法的信度和效度。

1. 信度的类型及其检测方法

信度是指测试的可靠程度,即测试方法不受随机误差干扰的程度,简单地说就是指测试方法得到的测试结果的稳定性和一致性程度。稳定性和一致性程度越高,说明测试方法的信度越高;否则,就意味着测试方法的信度越低。例如,用一把尺子来测量某人的身高,结果为170cm;第二天再来测量,发现结果变成了175cm,一个人的身高是比较稳定的,一天之内不可能发生这么大的变化,这说明这把尺子测量的结果的稳定性比较差,也就是说它的信度比较低。

检测信度的方法一般有以下4种。

(1) 再测信度。对某一应聘者进行测试后,隔一段时间用这种方法再对他进行测试,两次测试结果的相关程度越高,说明这种测试方法的信度越高,也叫再测检验法。这种检验方法的问题在于:①成本比较高,要进行两次测试;②应聘者可能记住了第一次测试的题目,第二次测试的结果可能会不真实。

(2) 复本信度。用两种内容相当的测试方法对同一个应聘者进行测试,两种测试结果的相关程度越高,说明测试方法信度越高。这种方法虽然可以避免再测检验法存在的第二个问题,但是实施的成本依然比较高。

(3) 分半信度。就是把一种测试方法分成两部分来进行考察,两部分的结果相关程度越高,说明测试方法的信度越高。例如,可以把测试题目按奇数和偶数分为两部分。

(4) 评分者一致性。随机抽取若干被测评对象,由两位或者两位以上的测评者用同样的一种测评方法分别评分,每个被测评对象都会得到不同的几个评价分数,然后计算这些评价分数的相关程度,所得结果就是这种测评方法的评分者一致性程度。

2. 效度

效度也叫有效性,是指测试方法测量出的所要测量内容的程度,也就是说它在多大程度上能测量出要测的内容。如果测量出要测内容的程度比较高,就说明测试方法的效度比较高;反之,就表明测试方法的效度比较低。比如,用英语出了一份试卷来测试学生的人力资源管理知识,那么这份试卷就是低效度的,因为某个学生的成绩比较低并不能说明他的人力资源管理知识不够,有可能是学生的英语水平不高才导致他无法回答出问题。

在选拔录用中,效度是指应聘者的测试成绩与今后的实际工作绩效之间的相关程度,如果在测试中成绩最好的人也是今后实际工作绩效最好的人,同时在测试中成绩最差的人也是今后实际工作绩效最差的人,就说明这一测试方法具有很高的效度。

检验效度的方法有以下3种。

(1) 内容检验。指测评工具所包含的题目能否真正代表所要测评的内容。主要采用专家判断法来检验,首先,专家要在工作分析的基础上确定从事某一职位所必备的工作行为,然后再判断测试的内容是否能够准确代表这些行为。比如,录用一个打字员,如果使用打字速度和准确性作为测试方法,那么它的内容效度就比较高;如果用计算机维修技术作为测试方法，那么它的内容效度就比较低，因为计算机维修技术并不是打字员的工作职责。

（2）预测效度。将应聘者在被雇用之前的测试分数与被雇用之后的实际工作绩效进行比较，两者的相关程度越高，说明测试方法的效度越高。例如，某企业在选拔录用过程中使用某种测试方法测评应聘者，甲在测试中的分数比乙高，但是录用之后经过一段时间发现在相同的条件下，乙的工作绩效却比甲好，就说明这种测试方法的预测效度不高。

（3）同时效度。用某种测试方法对现有的员工进行测试，然后将测试结果和这些员工的实际工作绩效进行比较，两者的相关程度越高，说明这种测试方法的效度越高。例如，已知甲的工作绩效比乙好，用某种测试方法对他们进行测试，发现甲的成绩就是比乙高，就说明这种测试方法的效度比较高。

本章小结

招聘和录用是企业人力资源管理的一项基本职能活动，它的有效实施直接反映企业人力资源管理的水平，也是企业正常运转的重要保障。

员工招聘是指企业为了发展的需要，根据人力资源规划和工作分析的数量和质量的要求，通过一定的程序和方法，寻找、吸引那些有兴趣到本组织工作的人才的过程。招聘活动必须坚持公开、平等、能级和经济原则。

员工招聘活动要遵循一定的程序，即确定空缺职位、选择招聘渠道、制订招聘计划、选择招聘方法、回收应聘资料并进行初步筛选、评估招聘效果。

选拔录用也叫人员甄选，是指通过运用一定的工具和手段对已经招募到的求职者进行鉴别和考察，区分他们的人格特点与知识技能水平，预测他们的未来工作绩效，从而最终挑选出企业所需要的、恰当的职位空缺填补者。

选拔录用要遵循6个步骤，即对经过初步筛选合格的应聘者，首先进行选拔测试和面试，接下来审核应聘者材料的真实性，接着就是进行体检，应聘者录用后还要经过一段试用期的考察，最后才能正式做出决策。本章主要介绍了选拔测试和面试两个步骤，以及各种选拔录用方法的信度和效度的检验方法。

关键术语

员工招聘　空缺职位　招聘渠道　招聘计划　招聘方法　招聘效果　选拔录用　选拔测试　面试信度　面试效度

综合练习

一、填空题

1. 招聘活动应遵循的原则是_____、_____、_____和_____。
2. 人员招聘的渠道主要分为两大部分，即_____和_____。
3. 工作调换就是在相同或相近级别的职位间进行人员的调动来填补职位空缺，当这种调动发生不止一次时，就形成了_____。
4. 影响招聘范围的主要因素有_____和_____。
5. 我国企业在进行人力资源招聘工作业绩评估时，主要以_____、_____以及_____三者为考核指标。

6. 现代测评方法一般分为_____、_____和_____三大类。
7. 现场招聘一般包括_____、_____和_____ 3种方式。
8. 工作能力测试主要分为_____和_____两个方面。
9. 按照面试能达到的效果，可以分为_____和_____。
10. _____是指某个应聘者的一两个优点或缺点，影响了面试者对这位应聘者其他特征的评价。

二、判断题

1. 空缺职位由人力资源部门根据企业实际人力资源供应情况来确定。（　）
2. 招聘录用只是其中一种填补职位空缺的方法。（　）
3. 内部招聘的优点之一是员工一般服从组织的工作安排。（　）
4. 招聘方法是企业决定从哪一种来源获得人力资源补充的方法。（　）
5. 网络招聘没有地域限制，受众人数大，覆盖面广，而且时效较长，可以在较短时间内获取大量的应聘者信息。（　）
6. 招聘活动吸引的人员数量越多，对招聘企业越有利，可以有足够的候选人才，因而企业招聘活动应该尽可能吸引更多的人。（　）
7. 人才测评中心是一个专门测评人才素质的机构。（　）
8. 招聘与录用这两个活动是同一意思，可以交换使用。（　）
9. 熟人推荐比较适用于专业人员的招聘。（　）
10. 测评方法的信度是指测试结果的可信程度，也就是说它在多大程度上能测量出要测的内容。（　）

三、简答题

1. 员工招聘的意义是什么？
2. 招聘活动的程序有哪几步？
3. 内部招聘的优、缺点是什么？
4. 外部招聘的优、缺点是什么？
5. 招聘渠道和招聘方法的区别是什么？
6. 企业如何对应聘者的简历进行初步筛选？

四、名词解释

员工招聘　内部调用　招聘方法　选拔录用　选拔测试　情商　面试　结构化面试　信度　再测信度　复本信度　分半信度　效度　预测效度　同时效度

案例分析

松下公司招聘实录

宽敞肃静的天极网会议室里人头攒动，《21世纪人才报》为松下举办的招聘会正在这里举行。一进大厅就可以看到醒目的条幅"松下招聘专场"，经过简单的时间安排介绍，招聘会正式开始了。

经过主考官一小时的单独面谈后，大家都聚集在大会议室内，启动正式的现场模拟活动。

第一回合：简介。

当记者踏进会议室时，活动已经开始了。大概有20个应聘者坐在会议室里，他们正在进行自我介绍，每个人以最简短的语言介绍自己，结束以后，主考官提出一个问题："介绍完后，谁能记住其中3个人的名字？"这个时候，只有两个人举手，然后把3个人的名字报了出来。"谁能记住两个？"此时又有3个人举手。"谁能记住其中5个？"没有人再把手举起来。这一回合结束了。

但是记者却深深地被主考官吸引住了。这似乎不像是老调重弹的面试，其中充满了种种的杀机，关键要看应聘者是否有这样的素质。也许自我介绍是很多场合下使用的一种方式，但是又有多少人会记住

第7章 招聘与录用

刚才那个人说了什么，只是一心想着自己如何介绍自己会更出色和吸引人。却不想，主考官要的就是这些反应。

第二回合：组织团队。

当记者还在感叹不已时，下个环节又开始了。这个回合是要看大家的分工协作能力。这个时候，大家被分为两组，在规定时间内，每个组要为自己的团队起一个名字，选一个队长，为自己谱一曲队歌，还要定出自己队伍的口号。看似简单的工作，却要甄别每个组的合作能力。这种游戏似乎让每个在场的人又回到了童年时代。第一组有两个女生，第二组清一色是男生。

第一组按照分工，开始了行动，先是选出自己团队的领导，然后讨论团队的名字，完全忘记了自己这个团队的人是来跟自己竞争职位的，而是融在了一起。一切定论后，开始探讨自己的队歌和口号。为了能够让自己的队歌和口号更动人，这个组的队长先让一个人负责思考，口号大家一起来商谈。一切定局后，他们还扯开了嗓子练习自己的队歌。在旁边观看的记者也被这种气氛感染了。这种众心一致的场景非常动人，况且是在招聘现场，而那些常规的面谈、考试程序都被抛到了九霄云外。在这里，他们好像就是同事，在做自己团队应该做的事情。

但是男性组似乎有些令人诧异，他们2个一组，3个一伙地在探讨着各自的话题，也许他们讨论的是同样的话题，但是大家不是共同讨论，而是分散。记者唯一的感受是：他们在面试，但是忘记了主考官要考的是什么，而恰恰面试的东西是分工协作。直到主考官提醒他们为止。

正当第一组的人忘我地进行自己的队歌排练时，主考官拿出一张残缺的纸，问大家："你们有谁注意到我的这张纸缺了一角？"

"我注意到了。"有几个人回答。

"我知道，因为你在面试我的时候把纸撕掉一角的。"其中一个男士说。

"那你们有没有注意在你们面试坐的椅子的腿边有个纸团，直到面试结束，都没有人把它捡起来。"

鸦雀无声。

"好了，你们继续吧。"

整个会场被第一组的歌声给渲染了，第二组的人也开始亮开了自己的嗓门。会场的气氛欢快愉悦，谁也不会想到这是在招聘，外面的人会以为这是在开文艺座谈会。

第三回合：建立团队。

工作在主考官的带领下，紧张有序且兴致盎然地进行着。随后进行的现场模拟是建立自己的市场部的结构。根据市场的需求，制定出所需要的职位和职位功能，以及适合这个职位的人所具有的素质。

看到他们的题目，记者想起自己在企业时所做的这个训练，即使工作了那么久，也很少有人知道自己所在职位的功能和所具有的素质。但是对企业来说，每个职位要起到一颗螺丝钉的作用，否则就是资源浪费。所以这些工作在招聘的时候就需要人力资源部经理做好，其实也是对他们的一种考验。

这个模拟需要大量的纸，这时工作人员把纸分发到两个桌上，但被主考官阻止了，说："今天的工作都需要我来做，谁要什么东西也要跟我说，其他人不能多做。"纸被收了回来。

主考官在题板上写了几个字：资源是有限的，资源是无限的。这其中的道理，但愿他们都能明白。

讨论完毕，需要每个组的队长把自己的结构图画到题板上。但是他们不知道的是，只有一支笔，谁先走到题板前，谁就先得到在题板上板书自己结构图的机会。

靠近题板最近的第一组却错过了机会。只好退下来。第一组的队长只好口述自己的结构图。但是第二组的人似乎并没有认真地听对手的方案，他们也许认为是说给主考官听，跟他们没有任何关系。但是却不料，每一个细节都是主考官要考的内容，今天的场景完全打乱了他们的阵脚。其中一个面试的人对记者说，以前没有这样的场面，没有想到是一种做游戏的方式。这个模拟游戏里处处充满杀机，而这些不经意的细节却关系到他们的命运。"你们对第一组的机构有何问题？"主考官终于问到了他们没有想到的问题。

众人无言。

第四回合：挑选产品。

主考官把3种产品给了两个团队，让他们用自己的市场眼光挑选出一种对市场更有冲击力的产品。结果他们挑选的产品都是相同的。

随之让他们制定产品的方案。两个组马上进入工作状态。当他们聚精会神地做事时，主考官发布了一条新闻：翰林汇经过潜心研究，向市场推出一款软件，市场价是1000元，但是不久，清华同方推出同样功能的产品，市场价只有725元，所以翰林汇的市场受到了重挫，为什么呢？他的话让大家停顿了一下，但是他的话一结束，他们又回头研究自己的方案。

记者实在纳闷，为什么主考官在这个时候来打断他们的思路，而且是一个不相关的信息。为此记者问了主考官。

他说："这个信息听起来是多余的，事实上，要看他们什么时候会意识到他们的产品是相同的，现在他们两个组就犹如两个竞争对手，但是他们有没有注意对方在做什么？有没有观察邻桌在做什么？现在他们好像都没有这样做。因为市场方案是要根据市场的动态来做的，要时刻观察着竞争对手在做什么。"记者恍然大悟。在记者的工作生涯中，经历过两个厂商的生死搏斗，现在想来，这种保持竞争的意识要时刻存在，特别是来应聘市场的人员。佩服主考官的精明，但是也为这些人才们感到遗憾。

第五回合：市场推广。

一套具体的市场推广方案能体现一个市场人员应该具备的最基本的素质。也许今天的方案并不是很优秀，但是可以看出这个人的市场基本功。

在他们策划方案的时候，他们两个组谁都没有去注意对方的动态，更别说主考官的行为了。

主考官在题板上写了一行字：游戏规则、制订者、执行者。而且把这行字圈了起来。但是这行字在那里默默地被挂了半个小时都无人问津。主考官实在看不下去了，就问了他们一个问题："你们当中有谁做过公关？"这个时候就有人零星地站起来说"我做过"。

"在公关当中，有没有人做过政府公关？"

"政府公关是要做的。"但是似乎底气不足。然后又开始了谋划。

主考官无奈地摇了摇头，自言自语地说了一声："我尽力了。"

观察细节，不只是某个行业的从业人员应该具有的素质，而是在生活中时刻要使用的。更何况是在应聘。难道是这样轻松的环境使他们放松了警惕吗？

在这个游戏开始时，规则是由主考官制定了，可是却没有人理会主考官想要的是什么，他的规则是什么。

做方案时依然，如果不知道这个市场的规则是什么，再漂亮的方案，如果不符合游戏的规则，照样行不通。主考官的意旨不完全在漂亮的方案上，重要的是这个方案的思路和可执行的程度。

不管怎么样，直到上午的活动结束，都没有人去注意竞争对手在做什么？也没有人关心松下这个外来企业在进入中国市场时所面临的政府公关。

第六回合：等待。

时间在快乐且有压力的氛围中进行了一半。12：00到了，是大家午餐和休息的时候。主考官对他们说："12：00—13：00是午餐时间，13：00正式开始。"但是他对下面的服务人员说："13：00—14：30之间，不允许给他们水喝，谁问都说不知道，就让他们等。"

游戏更好玩了。午饭回来后，看着一屋子坐着的人，一个都没有动，好像在等待着抽奖号码的公布。

第七回合：逐一面谈。

14：30终于到了。等待的结果是再等待。当别的人被主考官叫去面谈时，他们剩下的还是等待。直到下午17：00才结束招聘。气氛仍然很热烈，一整天的面试估计是前所未有的，但是这么长的时间，却没有任何一个人感到劳累，如果有的话，应该是这个主考官。

"我第一次遇到这样的招聘会，感到在里面学到了很多东西，而且还交了这么多朋友。很幸运能参加这样的招聘会。"一个即将离开现场的应聘者说。

（资料来源：董克用，等．人力资源管理概论[M]．北京：中国人民大学出版社，2003：285．）

根据案例所提供的资料，试分析以下问题。

(1) 松下公司在这次招聘活动中采用了哪些方法？各种方法有什么优点和缺点？
(2) 为什么松下公司要采取这些方法？
(3) 松下公司的人员招聘主要考察候选人哪些方面的素质？
(4) 松下公司的招聘过程对你有哪些启示？

实际操作训练

课题 7-1：招聘计划

实训项目：招聘计划的制订。

实训目的：学习怎样制订招聘计划。

实训内容：几名在校大学生准备创业，打算在校园开办一个计算机服务中心，为学生提供代为采购、组装、维修等服务，现在准备招收几名店员。

实训要求：把参加实训的学生分成若干创业小组，分别代表不同创业团队制订招聘计划。

课题 7-2：招聘广告

实训项目：招聘广告的撰写。

实训目的：学习怎样撰写招聘广告。

实训内容：在收集相关职位信息后，撰写招聘广告，以吸引符合组织期望的人员前来应聘。

实训要求：不同创业团队根据自己的招聘计划和职位要求撰写招聘广告，要把相关职位信息都包含进去。

课题 7-3：招聘方法

实训项目：招聘方法的选择。

实训目的：学习怎样选择招聘方法。

实训内容：根据招聘计划和职位的性质，选择合适的招聘方法把相关职位的信息传递到符合组织要求并对职位感兴趣的人员手中。

实训要求：不同创业团队选择自己的招聘方法，并写出所选招聘方法的优、缺点和理由，以及要注意的一些事项。

课题 7-4：面试材料

实训项目：面试材料的准备。

实训目的：学习怎样准备面试材料。

实训内容：在确定被面试者人选后，正式面试前要准备好面试提纲和面试评价表。

实训要求：不同创业团队根据自己的职位要求，准备好面试提纲和面试评价表并说明理由。

课题 7-5：面试过程

实训项目：面试过程模拟。

实训目的：学习怎样进行面试。

实训内容：根据事先准备好的面试提纲和面试评价表对应聘者进行面试，选出符合企业需要的人才。

实训要求：选出上述面试准备工作比较优秀的面试材料，将参加实训的学生分成若干小组，分别代表面试者和被面试者，模拟整个面试过程。

第 8 章 培训与开发

教学目标

通过本章的学习，了解培训开发工作对企业和员工的重要意义，掌握企业培训中成人学习的特点和规律，了解企业培训开发的类型和不同的培训方法，掌握企业培训与开发的工作流程。

教学要求

知识要点	能力要求	相关知识
培训开发的概念	工作人员要能将成人学习特点运用于组织培训活动中	培训与开发的含义及意义 成人学习的特点及规律
培训的类型和方法	工作人员要能分辨不同培训类型和培训方法的优、缺点	培训开发的类型 培训开发的方法
培训开发的工作流程	工作人员要能进行组织的培训需求分析 工作人员要能制订培训计划 工作人员要能做好培训的准备工作和组织工作 工作人员要能有效地促进培训成果的转化 工作人员要能进行培训效果的评估	培训需求的分析思路及分析方法 培训计划的内容 培训迁移的含义及影响因素 培训的评估内容

■ 导入案例

惠普的培训

周勤现在是中国惠普培训服务部总经理，负责打理惠普公司客户培训方面的事项。他经常要在多种场合(包括惠普公司内部或者客户那里)讲课。据说，他的"项目管理"课程讲得颇有名气。

1. 培训的历程

9年前，周勤加入惠普。在惠普的这几年，周勤大约上了二三十门课，都是公司花钱提供的。这些课程有在国内进行的，也有在新加坡、美国进行的，课程的形式多种多样。

第8章　培训与开发

初到惠普，首先是"新员工培训"，这将帮助一个人很快熟悉并适应新环境。周勤说："通过这个培训，我有3个收获：第一，了解公司的文化；第二，确立自己的目标；第三，清楚业绩考核办法。明白了这3点，也就明白了该如何规划自己的职业生涯。"

很快地，周勤和自己的老板一起确定了目标，并拿到一张单子，清楚地写着什么时间参加什么培训。周勤也提出了一些自己的需求，于是，那张单子相应地做了些调整。后来，人事部门就依据调整后的单子不断地安排课程。这一阶段的课程主要是与工作紧密相关的技术类培训，比如编程、系统管理等。

5年之后，周勤通过公司内部招聘成为一线经理，加入到公司内部管理工作中来。新工作有了新目标，当然他自己对培训课程也有了新的需求，根据这个目标，考虑他的需求，公司部门领导结合自己的经验又给他做了一份培训计划。与人事部门协调之后，确立了每门课的内容和进度，这份计划开始实施。这个阶段的课程主要包括沟通、谈判以及基本的管理培训。

两年前，周勤得到升迁，出任培训服务部的总经理。这时候，需要参加什么培训就主要由他本人决定了。但是，"我发现自己实在是难以拿出三五天的时间去参加培训！"工作一段时间之后，周勤觉得，如果不参加培训，工作的效率就始终难以提高。还是那句老话"磨刀不误砍柴工"，于是，他又参照人事部门的培训计划，结合在线培训课程等方面的安排，为自己制定了新的培训方案。

"为了帮助年轻的经理人员成长，我们有一个系统的培训方案——向日葵计划（Sunflower Program）。"中国惠普教育培训部总经理郭崇华说，"这是一个超常规发展的计划，帮助较高层的经理人员从全局把握职位要求，改善工作方式。"

周勤在自己的第三阶段培训中主要参加了一些管理类的课程。比如，今年参加的两门课给他留下了深刻的印象。3月份，惠普从北美、欧洲及亚洲等不同地方请来20多位心理学家，为十几位经理人进行了为期一周的领导特质360度全方位考察。周勤没有料到，前些天他又收到两份图表，上面有客户如何看待他、同事如何看待他、同事的同学如何看待他等很多方面的信息。"这些图表体现了我与别人打交道方面的行为一致性，也清楚地展现了我的弱点。这样的训练非常必要。"

再比如"管理成熟度评估"课程，这实际上是对经理人员的一个考核，用一系列方法来评估参训人员的工作计划。该课程首先通过实际收集市场、客户信息来评定计划的合理性；然后通过提问评定计划中每个责任人的状况；半年之后，还要评定计划的执行结果。这些培训往往既看重眼前的成果，也关注长期的影响。

郭崇华认为，周勤在惠普公司8年多的培训经历和成长过程，全面地反映了惠普公司对员工培训所付出的努力。他说："从周勤的讲述中可以看出，这个培训过程是由'硬'到'软'的，提供的课程从技术业务知识到沟通技巧再到文化、思维，是一个不断深化的过程；这里体现了惠普在培养人方面的一种哲学——在需要的时候提供必要的培训。"

据郭崇华观察，员工进入惠普，一般要经历4个自我成长的阶段。第一个阶段是自我约束阶段，不做不该做的事，强化职业道德；然后进入自我管理阶段，做好应该做的事——本职工作，加强专业技能；进入第三阶段，自我激励，不仅做好自己的工作，而且要思考如何为团队做出更大的贡献，思考的立足点需要从自己转移到整个团队；最后是自我学习阶段，学海无涯，随时随地都能找到学习的机会。

2. 培训的支撑

很难想象，为中国惠普1100多名员工提供培训支持的教育培训部只有区区4个人。4个人如何做得到呢？郭崇华说："首先，我们有一个全球化的策略。"所以，惠普在全球的培训有着相同的行为标准，惠普公司的人无论来自美国、马来西亚或别的国家，都带有明显的"惠普烙印"。

惠普的教育培训系统分三块：经理培训、员工培训及培训平台，它连接着全球培训管理系统。郭崇华说："我们必须根据惠普公司的核心精神（HP DNA）不断地改进课程。"比如，新惠普更加鼓励创造精神，就在全球统一的新员工培训中增加了一项内容，让大家在心理上承受一次突破极限的刺激。教育培训部还必须增强核心过程开发的能力，主动地向业务部门提出战略规划，并提供相关的课程。

"统一的培训平台只是我们工作的50%。"郭崇华说，"余下50%的工作是要针对各个业务部门特殊的需求来帮助他们。"比如说，近来郭崇华就在和周勤的客户培训服务部进行合作。今年以来，郭崇华已经给华为、邮政总局、建设银行等很多客户和代理商讲过惠普公司的绩效考核系统。因为他们有着共同的目标,把优秀的课程推广到客户,客户成功之后,一定会对惠普的生意有所帮助。

在惠普,各业务部门的情况很不同,大的部门还有自己专门负责培训的人员,而小的部门就没有。针对不同的需求,郭崇华带着自己的培训资源,不断地转换着角色。有时,他们要包办一切培训上的事;有时他们作为业务部门人力资源主管的同行;有时,他们就是咨询师。

惠普公司90%的培训课程是由经理们上的,比如周勤现在就讲"项目管理"等课程。惠普公司对讲课的要求非常严格,而且对经理们不计报酬。"给员工讲课已经成为经理们的一种觉悟。"

郭崇华说,教育培训部就是要具有"四两拨千斤"的功力,从而把事情做好。因为平日为业务部门着想,业务部门反过来也非常支持郭崇华等人的工作,产生了"正反馈"效益。所以,郭崇华很骄傲地说:"在亚太区,我们总是能够很快掌握到业务部门的信息。"从1997年开始,郭崇华还创办了由教育培训部和业务部门负责人力资源管理的同事共同参与的惠普公司中国教育委员会(简称EC)。现在,惠普公司亚太区已经开始学习EC经验。

据郭崇华介绍,惠普公司在员工培训方面花的钱远远超过著名培训机构ASTD调查数以千计的美国公司得到的平均水平(每人每年1000美元)。但是,"只有在会计做账时,这笔钱才被看作是费用;在惠普公司的理念中,我们总认为这是投入产出比最高的投资。"

(资料来源:www.chinahrd.net.)

问题:

(1) 惠普公司的培训有什么特点?

(2) 该案例给我们什么启示?

面对日新月异的现代科学技术和激烈的市场竞争,人力资源对价值创造和工作效益的贡献日益增加,为了不断提高企业经营管理效益,企业必须重视和加强对员工的培训与开发。据美国《培训》杂志报告,美国商业界每年对正式培训的投资超过520亿美元,总体而言,每年有将近5000万人接受企业提供的正式培训,每人每年接受培训的平均时间超过30个小时。

8.1 培训与开发概述

培训与开发是企业人力资源管理的一项基本职能活动,是提高组织运转绩效、使组织获取和增强竞争优势、维持组织有效运转的重要手段。无论是企业的新员工还是老员工,企业都应该通过加强培训开发工作,使他们的素质和能力符合工作的需要,适应不断变化的环境,为企业绩效的提高做出更大的贡献。

8.1.1 培训与开发的含义

培训与开发是指企业通过各种方式使员工具备完成现在或者将来工作所需要的知识、技能并改变他们的工作态度,以改善员工在现有或将来职位上的工作业绩,并最终实现企业整体绩效提升的一种计划性和连续性的活动。

有些学者则将培训和开发作为两个不同的概念来理解,他们认为培训更多的是一种具有短期目标的行为,目的是使员工掌握当前所需的知识和技能,例如教会一名新工人如何操作机器就是一种典型的培训;而开发则更多的是一种具有长期目标的行为,目的是使员工掌握将来所需的知识和技能,以应对将来工作所提出的要求。

但是,这两者除了关注点不同以外,一个更关注现在,而另一个更关注将来,其实质是一样的,都是通过对员工展开一系列的活动满足组织对人力资源的需要,进而提高组织的竞争优势,而且随着市场竞争的加剧,必须用战略性眼光面对组织内部各项人力资源管

第8章 培训与开发

理的核心业务,所以,越来越多的经理人已经习惯了把二者结合起来对待,在组织中把培训与开发活动看成是一个不可或缺的整体。

8.1.2 培训与开发的意义

现在,许多企业越来越重视对员工的培训与开发的工作,但是在实践中经常效果不佳,究其原因,企业的管理者存在这样的疑惑:企业为什么需要培训?企业在为谁培养人才?

1. 培训开发对企业的重要意义

(1)培训能增强员工对企业的归属感和主人翁责任感。百事可乐公司曾对深圳的270名员工中100名进行调查,这些人几乎全部参加过培训。其中80%的员工对自己从事的工作表示满意,87%的员工愿意继续留在公司工作。就企业而言,对员工培训得越充分,企业对员工越具有吸引力。

(2)培训塑造优秀的企业文化。不少企业通过采取自己培训和委托培训相结合的办法,将培训融入企业文化的建设中,通过高质量的培训工作,促进企业与员工、管理层与员工层的双向沟通,增强企业向心力和凝聚力,使企业管理人员和员工都认同企业文化,培养员工的敬业精神、革新精神和社会责任感。

(3)培训能提高员工的综合素质,提高生产效率和服务水平,树立企业良好形象,增强企业盈利能力。摩托罗拉公司每年向全体雇员提供至少40小时的培训,调查表明摩托罗拉公司每1美元培训费可以在3年以内实现40美元的生产效益。摩托罗拉公司认为,素质良好的公司雇员们已通过技术革新和节约操作为公司创造了40亿美元的财富。

(4)适应市场变化、增强竞争优势,培养企业的后备力量,保持企业永续经营的生命力。企业的竞争说穿了是人才的竞争。明智的企业家越来越清醒地认识到培训是企业发展不可忽视的"人本投资",是提高企业"造血功能"的根本途径。有了一流的人才,就可以开发一流的产品,创造一流的业绩,企业就可以在市场竞争中立于不败之地。

2. 培训开发对于员工个人的作用

(1)有利于增强员工的就业能力。现代市场经济要求人像其他资源一样按市场供求流动。而换岗、换工主要倚赖于自身技能的高低,培训是企业员工增长自身知识、技能的一条重要途径。因此,很多员工要求企业能够提供足够的培训机会,这也成为一些人择业时考虑的一个方面。

(2)有利于员工得到收入以外的报酬。培训不但可以提高员工的工作技能,还能够满足其对知识渴求的欲望,提高员工的欣赏能力,培养兴趣爱好,并利用业余时间用培训学来的技能去赚外快。虽然这不能给企业带来直接的效益,但是可以增加员工对企业的忠诚度。

(3)有利于员工获得较高收入的机会。员工的收入和其在工作中表现出来的劳动效率和工作质量直接相关。为了追求更高收入,员工就要提高自己的工作技能。技能越高,报酬越高。

(4)有利于增强员工职业的稳定性。企业花费了很大的代价培训员工,必然不会随便解雇这些员工,为防止他们离去给企业带来的损失,总会千方百计地留住他们。从员工来看,他们把参加培训、外出学习、脱产深造、出国进修等当作是企业对自己的一种奖励,经过培训后,素质能力得到提高,在工作中表现得更为突出,就更有可能得到企业的重用或晋升,因此员工也更愿意继续为企业服务。

3. 培训开发对于社会的作用

企业的培训与开发工作也是现代企业为社会应尽的一种不可推卸的责任和义务。企业的社会责任是指企业在创造利润、对股东利益负责的同时，还要承担对雇员、消费者、社区和环境的社会责任，企业在向社会提供符合社会需要的合格产品和服务的同时，也需要向社会输出和培养具有更高素质的社会劳动者，推动整个社会向学习型社会转变，实现社会的全面发展。

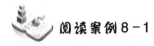

培训是为他人作嫁衣吗

华政公司与员工李毅于 1998 年 6 月 28 日签订《劳工合同书》，期限为 1 年。合同中约定，双方签订的培训协议作为《劳动合同书》的补充附件，与《劳动合同书》具有同等法律效力。

1999 年 4 月 8 日，华政公司与李毅签订《出国培训协议》，由公司出资，选派李毅去美国受培训，培训期限为 1999 年 4 月 15 日至 1999 年 7 月 15 日。协议约定了服务期限和违约赔偿方式。1999 年 7 月 15 日之后，公司根据项目建设的调整情况，延长李毅在美国的培训期限，直至 1999 年 12 月 23 日。但不久，李毅不辞而别且去向不明。

为此，华政公司申请劳动争议仲裁，要求李毅赔偿 1999 年 4 月 15 日至 1999 年 12 月 23 日在美国的培训费用。仲裁委员会经过调查认为，双方当事人签订的《劳动合同书》和《出国培训协议》合法有效，华政公司提出李毅应按双方约定的培训协议赔偿培训费用，符合《中华人民共和国劳动法》第 102 条"劳动者违反本法规定的条件解除劳动合同或者违反劳动合同中规定的保密事项，对用人单位造成经济损失的，应当依法承担赔偿责任"及原劳动部《关于贯彻执行中华人民共和国劳动法若干问题的意见》第 33 条"劳动者违反劳动法规定或劳动合同的约定解除劳动合同，给用人单位造成经济损失的，应当承担赔偿责任"。

仲裁委员会裁决，解除双方劳动合同关系，李毅应当赔偿华政公司自 1999 年 4 月 15 日至 1999 年 7 月 15 日在美国的培训费用 4 万美元。华政公司虽然胜诉，但是李毅至今下落不明，他需赔偿的培训费用也没有着落。

（资料来源：吴冬梅，等．人力资源管理案例分析[M]．北京：机械工业出版社，2008：259.）

8.1.3 基于企业培训与开发的学习规律

企业培训与开发的对象是员工，而员工是成人。显然，成人的学习活动有别于在校学生，呈现出终生性、主动性、开放性、实用性的特征。因此，了解成人学习的特点，对于企业加强培训的效果将大有助益。

1. 成人学习的特点

由于培训对象的特殊性，成人学习过程中表现出来的特点很多，有关研究表明，成人在很多培训实践中有如下学习特点。

（1）成人需要在了解学习的目的和原因之后才会去学。

（2）成人在感觉有现实或迫切的需要时才会更愿意去学，而且他们对感兴趣的内容也会自发地、乐意地学习。

（3）成人对学习内容的实用性和结果尤为关注，他们常常说："学习之后能有什么用？"

（4）成人对与现实联系较为密切的知识或信息比较关注。他们重视应用与成效技能。他们要求即学即用，对理论性、学术性、抽象性的知识不感兴趣。

(5) 成人都渴望拥有成就感，喜欢在培训过程中有表达个人意见和见解的机会，感觉到其存在的价值。

(6) 成人拥有丰富的经验，喜欢将新的知识与旧的经验做比较；年纪越大，对新生事物的接受态度就越审慎。

(7) 成人喜欢受到尊重和重视，在轻松、愉悦和友爱的环境下学习，效果会更好。

(8) 成人喜欢按照自己的学习方式和进度来学习，期望了解学习的结果。因此，在培训过程中应注意不时地反馈信息，评价其学习表现，如成绩、错误、进步、退步等。

(9) 年纪越大，对于复杂动作的协调性就越差。年纪大的人学习操作技能如操作复杂的机器、驾驶汽车等，需要花费更长的时间。

(10) 成人比小孩的自尊心更强，更讲"面子"，在众人面前喜欢听到积极和肯定的评价。如果当众遭到贬低或轻视，他们会选择逃避或者对抗的态度。

(11) 成人喜欢在学习过程中有一定的独立性。他们喜欢在培训过程中有一定的独立思考、独立操作的时间，喜欢自己找到答案和结果。

2. 成人学习的特点对企业培训实践的指导

在成人学习的众多特点中，有几个规律最重要的，也是从事人力资源培训工作的专业人员必须掌握的，如果这些人员能够理解这些规律和其背后的逻辑，他们就能很好地做出培训计划，能很好地在培训项目中激励成人并和他们一起学习。

(1) 成人把许多经验带进学习中，因此他们既可能为培训做出贡献，也可能失去一些东西。这一原理是建立在一定的假设条件下的：每个成人的学习都是独特的，都以自己的速度和方法来学习；他们有许多经验可供投入；成人很少愿意改变他们的自我认知。如果希望他们发生变化，最好是出于他们自己的决心和意志。培训者不能强制他们发生这种改变。

这一原理对人力资源培训与开发的实践指导包括：①成人把他们所知道的东西带到学习中来进行检验，因此可以鼓励他们提出各种来自于他们自身的有关经验的问题；但是，另外，他们又常常不愿意以自己的自尊受到伤害为代价来和大家分享经验，这时就有可能暴露他的缺点、弱点或者错误，因此需要注意培训的气氛，例如，在学习中，当学习者的上级在场时，他们是很不愿意发言的；②成人不会"购买"培训者提供的答案，他会自己去寻找答案，因此，应该避免将信息陈述为"真理"；③成人在学习中很需要自尊心和自信心的保护，所以，正如法国人所说的那样："当你教育一个成人时，最好的方法就是让他看不出，或者是让旁人看不出你是在教育他"；④学习应该是一种支持性的、富有挑战性的任务，培训者最重要的提示是要多鼓励、少批评，成人就会积极地投入学习中；如果他们感觉到有威胁，就会反抗和撤退；⑤成人需要了解关于他们学习效果的反馈，在他们尝试新的技能时，他们应该得到积极的肯定和确认，他们也特别需要了解关于他们潜能的反馈。

(2) 成人希望能以现实生活中此时此地的问题和任务为核心，而不想探讨学术问题。这一原理的假设条件是：成人将学习当成是达到目的的手段，而不是将学习本身当成目的。学习对他来说应该是自愿的，是只有个人意义的，最好是直接的、能产生立竿见影的效果的；否则他就不会感兴趣。他只会学习自己感兴趣的知识，当然，这也是成人容易发生学习问题的症结所在。因为很少有能够立竿见影的学习。

这一原理对人力资源培训与开发的指导在于：①应该保证培训项目或活动能提供一些有用的知识，而这些知识应当与学习者当前的需要直接相关；②应该将培训的目的、好处和计划进程告知学习者；③经常进行总结和回顾，并对成年人的学习进行积极的评价。

（3）成人习惯于积极的、自我引导的方式。这一原理的假设条件是：成人习惯于以经验和实践为基础进行学习；大多数成人喜欢与人合作，努力推动合作进程，喜欢分享别人的经验。这一原理对人力资源培训与开发的指导意义在于：①应该给予成人更多的机会，需要采用鼓励、支持的方法来促使其学习。在参与学习方面，刚开始很难发动成人的学习积极性，但是如果培训者坚持，受训者常常会给予配合，而最终的结果是大家都感觉有所收获；②应该安排成人在学习中做一些事情，他们必须具有投入感，以致力于他们进行的练习或者他们需要完成的任务，他们需要通过动手和犯错误来进行学习，需要自己发现解决问题的方法；③成人需要培训者就学习的问题能够和他商量，并倾听他的意见。

大通曼哈顿银行的"独特"培训

大通曼哈顿银行的分支机构遍布世界各地，员工有8万多人。他们把在国外招来的新员工调回国内进行2年岗前培训，并在会计、信贷等4个主要业务部实习半年，然后再派到其所在国家工作。这种做法受到银行领导的赏识，也受到这些新员工的欢迎。

大通曼哈顿银行相信"百闻不如一见"，因此，大通曼哈顿银行的本地员工工作期满6年者就可前往国外分支机构考察。大通曼哈顿银行认为，让员工在国外住上一段时间，获得宝贵的经验，自然而然就产生了国际性构想。员工有这样的构想，对企业将大有裨益。

大通曼哈顿银行决定以最快的方式培养国际性的从业人员。每隔一两年，银行便派几名员工去日本实习。虽然自愿前往日本实习的员工很多，但银行培训部绝不会批准一人独行，必须夫妻同行。银行培训部的理由是夫妻同行，一起学日文，以后回到国内夫妻就可以经常以日语交谈，那么所学的就不会忘记；反之只有丈夫一人学会日语，回国后找不到交谈对象，一番心血便白费了。银行进一步的计划是在荷兰以及世界各地普遍进行实际交流，这样一来便可派员工到世界各地趁机学习一下法语、德语、西班牙语，那么无论哪一国的顾客都能享受到大通曼哈顿银行宾至如归的服务。

趣味性数学是大通曼哈顿银行专家们自编的一种现代化新型高科技产物，他们把枯燥无味的数学用动画或讲故事、说笑话的形式编入计算机中，然后反馈到学员的记忆库中。学员可以随意用计算机联动系统提出问题，师生注意双向交流，使学习气氛活跃，学员主动参加，可以较好地理解和掌握教学内容。

通常学员培训处的专家们最头痛的事情莫过于如何提高员工的学习积极性，而大通曼哈顿的银行培训处却认为这种事是很简单的。大通曼哈顿银行的培训专家们认为，只需让员工有使命感，他们自然会充满干劲。办法是平常教导学员怎么做才能对企业、对国家有所贡献。培训后的学员有了前进的方向和目标，就会竭尽全力工作，企业也不愁培养不出人才了。翻开世界历史便可知道，一项工作如果对社会大众没有什么帮助，往往很难获得成功。另外，大通曼哈顿银行的培训组织让员工渴望通过自己的学习、工作来表达他们贡献社会的心愿，为他们的工作增加了一份责任感。

美国大通曼哈顿银行之所以在培训上卓有成效，一个重要原因是将企业的培训要求与员工的培训需求有机地结合起来；另一个不可忽视的原因是在培训中充分考虑了成人学习的特点，应用了成人培训学习原理。人力资源培训总是针对成人进行的，而成人学习与儿童学习有着迥然不同的特点。因而，在培训中如何有效运用成人学习原理增强培训效果就显得非常重要。

（资料来源：曹振杰，等. 人力资源培训与开发教程[M]. 北京：人民邮电出版社，2006：27.）

8.2　企业培训的类型和方法

企业的培训工作做得越具体、越深入，培训的效果和质量就越高。作为组织的一种战略性投资，为了提高其效益，培训必须有针对性地进行。针对不同内容、不同对象的培

第 8 章 培训与开发

训，其类型、方法也不尽相同。这里将对常见的培训类型和方法进行简单介绍。

8.2.1 企业培训的类型

企业培训的类型按照不同的分类标准可划分为多种类型，大致来说常见以下一些分类。

1. 按培训对象的不同分类

培训对象的不同可以将培训开发划分为新员工培训和在职员工培训两大类。新员工培训指对刚刚进入企业的员工进行培训，在职员工培训指对已经在企业中工作的员工进行培训。由于培训的对象不同，这两类培训之间存在比较大的差别，新员工培训相对来说比较简单。在职员工培训按照员工所处的层次不同，又可以继续划分为基层员工培训、中层员工培训和高层员工培训三类。由于这三类员工在企业中所处的位置不同，承担的职责不同，发挥的作用也不同，因此对他们的培训开发要区别对待，应当侧重不同的内容，采取不同的方法。

阅读案例 8-3

麦当劳的人力资源培训

在一家麦当劳分店里，一般只有三四名正式员工，其中包括店长和副店长，主要从事管理工作；其余的六七十名员工都是兼职人员，采用轮班制并计钟点工资。麦当劳提倡所谓的"年轻人才短期战斗力"和"持续的人才活性化"系统，新员工主要从应届高中和大学毕业生中招聘。麦当劳的晋升及薪酬政策与其培训制度密切相关。

1. 新员工入职培训

新员工一经录用，即成为麦当劳中戴白色船帽的水手(取名"水手"，即象征每一家麦当劳餐厅都是一艘船，员工是船员，在激烈的市场竞争海洋中，全体员工必须同舟共济)，经过 6 天的入职培训并通过成果检验后，他们就会成为戴蓝色船帽的水手。

新员工培训的第一天是"水手指导"项目的训练，内容包括认识新环境，了解"麦当劳文化"、作业状况、工作准则及员工的各项权利义务等。培训的方式是由资深指导员利用"水手手册"、录像带等进行亲切、和善的说明、讲解以及参观现场等，主要目的是通过了解麦当劳，消除新员工初到新环境可能产生的紧张和不安。

第二天则进行初级课程训练。男生跟随一名指导员学习厨房事务，包括认识厨房设备、熟悉器具用法、学习厨房礼仪和产品制造，以及如何清洁环境等，时间约 3 小时；女生则被分配到柜台学习如何招呼客人、收账、接受客人点菜及收拾整理环境等技巧。

经过 5 天的新员工培训，第 6 天进行成果检验，通过检验的新员工被授予蓝色船帽，晋升为正式水手，钟点费同时加级。

2. 晋升指导员的培训

新水手戴上蓝色帽子后，即加入生产、销售行列。在指导员的带领下，经过一两个月的学习和锻炼，如果他们已经熟练掌握了分内工作，可以自己申请，或通过主管推荐参加一项员工高级训练项目。这项训练和考核都非常严格，时间也比较长，因此，参加这项高级训练的员工被称为"挑战者"。

要通过这项训练项目，男生必须掌握柜台销售工作，女生则必须懂得厨房生产作业，而且要利用上班时间，努力改善一对一训练时所指出的店中业务缺失的状况。最后通过考核者将从"蓝帽水手"升格为指导员，优秀者更可成为"明星"(比指导员高一级)。

3. 晋升副经理的培训

晋升副经理的条件必须是指导员中成绩优秀者，须在一家分店担任指导员 3 个月以上，经由店长和副店长推荐，方可获得资格参加为期 1~2 个月的"副经理训练程序"培训。

"副经理训练程序"课程包括学习生产管理、客户管理、商品管理、基本营运管理、接待和安全管理等内容。最后通过考核者将晋升为副经理。副经理是兼职人员中的最高级别。

4. 晋升第二副店长的培训

第二副店长属于正式员工。麦当劳正式员工的来源有两个:一是从优秀的兼职人员内部提拔;二是对外招聘。无论哪种途径,都必须在店中实习2个月,同时接受管理训练程序中的"在职训练",然后进入麦当劳公司的汉堡大学受训9天,学习商品制作法、销售管理、原料和商品品质库存管理、店铺卫生安全管理,以及劳务、顾客、利润、保养和情报管理等专门为该职位设计的课程。修完全部课程并成绩合格者,可获得汉堡大学学士学位,同时晋升为第二副店长。

5. 晋升店长的培训

晋升为第二副店长后,他们将回到分店参与实际作业,同时研修"管理发展程序"。约6个月后,他们又会进入汉堡大学接受为期10天的密集训练,学习专门为培养店长而设立的课程。

店长训练课程的内容包括劳务、机器制造原理、全套经营管理、普及技术革新及新产品的指导等课程,成绩合格者即获得汉堡大学硕士学位。但是要想晋升为店长,还须时常复习,反复演练在培训中学到的知识,并经过推荐和审查合格后方可晋升。由于店长是一家分店的领导,其才干及领导能力关系到全店业务与管理的成长,因此在人选的考虑和审核上,须特别慎重和严谨。

麦当劳完整、严格、规范的员工培训制度,切实保证了麦当劳餐厅的各级员工都具备本职工作所必需的能力和素质。员工的高素质确保了公司组织效能的充分发挥,有效地支持了企业竞争优势的确立,这也是麦当劳享誉世界、长盛不衰、不断扩张发展的关键因素之一。此外,摩托罗拉、宝洁、安利、可口可乐、喜来登、假日(Holiday Inn)、杜邦、松下电器、台塑等世界一流的跨国企业都与麦当劳一样,拥有完善的内部晋升及培训系统,他们奉行公司的高级主管从基层人员晋升的原则,要求其管理人员从基层做起。不同的只是根据行业及自身发展的特点,他们晋升及培训的具体方式和内容有所区别。

(资料来源:曹振杰,等. 人力资源培训与开发教程[M]. 北京:人民邮电出版社,2006:1.)

2. 按培训内容的不同分类

按培训内容的不同可以将培训开发划分为知识培训、技能培训、态度培训、思维培训和心理培训五大类。

(1) 知识培训的主要任务是对受训者所拥有的知识进行不断更新,其主要目的是要解决"知"的问题。现代社会知识不断更新,要求员工及管理人员要不断更新自己已有的知识结构、吸纳新知识,不仅要让员工具备完成本职工作所需的知识,还要让员工了解组织运营的基本情况、组织的发展目标、战略及规章制度等。知识培训是组织培训中最基本的也是最常用的培训。

(2) 技能培训的主要任务是对受训者所具有的能力加以补充,开发员工的技能潜力,提升员工的实际技能操作水平。其主要目的是要解决"会"的问题。

(3) 态度培训的主要任务是改善员工的工作态度,员工的工作态度对其士气及组织的绩效影响很大,必须通过培训建立起组织与员工相互信任的态度,培养员工对组织的忠诚及为适应组织文化发展需要而应该具备的意识和态度。

(4) 思维培训的主要任务是改变受训者固有的思维定式,主要目的是要解决"创"的问题。思维培训就是让受训者超越原来的思维定式,以一种更具现代意识的崭新视野来观察问题、思考问题、解决问题。

(5) 心理培训的主要任务是开发受训者的潜能,其主要目的是通过心理调整,引导他们利用自己潜在的各种因素,开发出自己工作中的能力。心理培训的重点在于使受训者能够"转识成智"。

3. 按受训者与岗位的关系不同分类

按受训者与岗位关系不同可以将培训开发划分为导向培训、在职培训和脱产培训。

（1）导向培训也称为岗前培训，是指新员工学习组织重要的价值观和行为规范，学习如何建立工作关系，以及学习如何在岗位上履行职责的过程。这种培训对新员工更快适应工作和走向职业化起着导向的作用。

（2）在职培训也叫在岗培训，是指为了使员工具备有效完成工作任务所必需的知识、技能和态度，在不离开工作岗位的情况下对员工进行的培训。

（3）脱产培训是指离开工作和工作现场，由组织内外的专家和培训师对员工进行集中的教育培训。脱产培训还可以按照脱产时间的长短分为全脱产培训和半脱产培训。

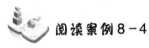

某汽车销售公司的导向培训流程

某汽车销售公司的导向培训是从应聘者来公司报到并签订劳动合同后开始的。

第一周理论培训，内容有公司简介、员工手册、俱乐部知识介绍、保障部知识介绍等；第二周业务培训，内容有业务操作规范等。上述培训结束后，学员要参加综合考试，不合格者将被淘汰。

考试合格的员工要在门店、修理厂或俱乐部见习两周，全面熟悉公司的业务。见习结束时，还要对员工进行评定，不合格者将被淘汰。

评定合格的员工正式定岗。试用期结束时，通过《试用期员工评定卡》对员工进行评定，不合格者被淘汰，合格者即转为正式员工。

此培训流程的特点是将对员工的培训过程视为筛选过程，员工从签订劳动合同到转为正式员工需要经过三关。

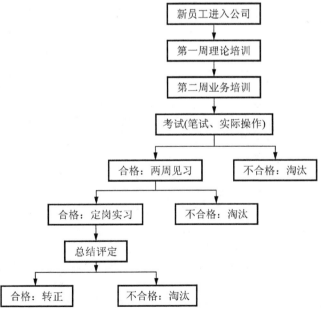

（资料来源：曹振杰，等．人力资源培训与开发教程［M］．北京：人民邮电出版社，2006：172．）

4. 按培训性质的不同分类

按培训性质的不同可以将培训开发划分为传授性的培训和改变性的培训。

（1）传授性的培训指那些使员工掌握自己本来所不具备的内容的培训。例如，员工本来不知道如何操作机床，通过培训使他能够进行操作，这种培训就是传授性的培训。

（2）改变性的培训则是指那些改变员工本来已具备的内容的培训。例如，员工知道如何操作机床，但是操作的方法有误，通过培训使他掌握正确的操作方法，这种培训就是改变性的培训。

此外，按其他的标准培训开发还可以划分为其他不同的类型。需要再次强调指出的是，对培训开发类型的划分的意义并不完全在于这些类型本身，而在于对培训开发的深入理解。在培训实践中，各种各样的培训活动常常综合起来运用，以增强培训的效果。

阅读案例 8-5

广州宝洁的培训特色

广州宝洁有限公司是1988年宝洁在中国成立的第一家合资公司。迄今为止，宝洁公司已经在广州、北京、成都、天津、苏州等地设立11家合资、独资企业，在中国生产出众多家喻户晓的产品，如妇女卫生用品及口腔保健用品等，在华投资总额已逾3亿美元。自1993年起，宝洁连续多年成为全国轻工行业向国家上缴税额最多的企业，1997年利税在全国23000家各类大中型企业中名列第6位，在1999年的中国最受尊重的外商投资企业评比中宝洁公司名列第3。

1. 培训特色

人才是企业成功的基础，对于宝洁而言也不例外。最优秀的人才加上最好的培训发展空间就是宝洁成功的基础。"注重人才，以人为本"，宝洁把人才视为公司最宝贵的财富。宝洁的一位前任董事长曾说过："如果你把我们的资金、厂房及品牌留下，把我们的人带走，我们的公司会垮掉；相反，如果你拿走我们的资金、厂房及品牌，而留下我们的人，10年内我们将重建一切。"

作为一家国际性的大公司，宝洁有足够的空间来让员工描绘自己的未来职业发展蓝图。宝洁是当今为数不多的采用内部提升制的企业之一。员工进入公司后，宝洁就非常重视员工的发展和培训。通过正规培训以及工作中直线经理一对一的指导，宝洁员工得以迅速成长。宝洁的培训特色就是全员、全程、全方位和针对性。

（1）全员：是指公司所有员工都有机会参加各种培训。从技术工人到高层管理人员，公司会针对不同的工作岗位来设计培训的课程和内容。

（2）全程：是指员工从迈进宝洁大门的那一天开始，培训的项目将会贯穿职业发展的整个过程。这种全程式的培训将帮助员工在适应工作需要的同时不断稳步提高自身的素质和能力。这也是宝洁内部提升制的客观要求，当一个人到了更高的阶段，就需要相应的培训来帮助其成长和发展。

（3）全方位：是指宝洁培训的项目是多方面的。也就是说，公司不仅有素质培训、管理技能培训，还有专业技能培训、语言培训和计算机培训等。

（4）针对性：是指所有的培训项目都会针对每一个员工个人的长处和待改善的地方，配合业务的需求来设计，也会综合考虑员工未来的职业兴趣和未来工作的需要。

公司根据员工的能力强弱和工作需要来提供不同的培训。从技术工人到公司的高层管理人员，公司会针对不同的工作岗位来设计培训的课程和内容。公司通过为每一个员工提供独具特色的培训计划和极具针对性的个人发展计划，使他们的潜力得到最大限度的发挥。

宝洁把人才视为公司最宝贵的财富。重视人才并重视培养和发展人才，是宝洁为全世界同行所尊敬的主要原因之一。公司每年都从全国一流大学招聘优秀的毕业生，并通过独具特色的培训把他们培养成一流的管理人才。宝洁为员工特设的"P&G学院"提供了系统的入职培训、管理技能和商业知识培训、海外培训及委任、语言培训、专业技术培训。

2. 入职培训

新员工加入公司后，会接受短期的入职培训，其目的是让新员工了解公司的宗旨、企业文化、政策及公司各部门的职能和运作方式。

3. 管理技能和商业知识培训

公司内部有许多关于管理技能和商业知识的培训课程，如提高管理水平和沟通技巧、领导技能培训等，它们结合员工个人发展的需要，帮助新员工在短期内成为称职的管理人才。同时，公司还经常邀请 P&G 其他分部的高级经理和国外机构的专家来华讲学，以便公司员工能够及时了解国际先进的管理技术和信息。公司独创的"P&G 学院"，通过公司高层经理讲授课程，确保公司在全球范围的管理人员参加学习并了解他们所需要的管理策略和技术。

4. 海外培训及委任

公司根据工作需要，通过选派各部门工作表现优秀的年轻管理人员到美国、英国、日本、新加坡、菲律宾等地的 P&G 分支机构进行培训和工作，使他们具有在不同国家和工作环境下工作的经验，从而得到更全面的发展。

5. 语言培训

英语是公司的工作语言。公司在员工的不同发展阶段，根据员工的实际情况及工作需要，聘请国际知名的英语培训机构设计并教授英语课程。新员工还要参加集中的短期英语岗前培训。

6. 专业技术的在职培训

从新员工加入公司开始，公司便会派一些经验丰富的经理悉心对其日常工作加以指导和培训。公司为每一位新员工都制订了个人的培训和工作发展计划，由其上级经理定期与员工进行总结回顾，这一做法将在职培训与日常工作实践结合在一起，最终使他们成为本部门和本领域的专家能手。

（资料来源：曹振杰，等. 人力资源培训与开发教程[M]. 北京：人民邮电出版社，2006：161 – 163.）

8.2.2 企业培训的方法

在培训过程中，选择一种适宜的培训方法至关重要。一方面，不同的培训方法存在各自的优点和缺点；另一方面，不同的培训方法的适用范围不同，所培训的对象也不同，所以组织应综合考虑具体的培训需求、受训者的特点、培训内容等来选择最恰当的培训方法。

企业培训的方法可以分为演示法、体验法和实地培训法三大类，此外，还有一些应用新兴技术的培训方法。

1. 演示法

演示法是指在向参训对象传授知识和技能的过程中，讲授者主动将知识和技能灌输给参训者，而参训者被动地接受这些知识和技能的培训方法。常用的演示法有课堂教学法、研讨法和视听法等。

1）课堂教学法

课堂教学法又称讲座法、演讲法，即培训者讲，受训者听并汲取知识，是通过语音和文字书写的方式将学习信息和材料传达给受众的一种演示法。课堂教学法是最简便、成本最低的一种培训方法。因此其应用最为普遍，同时也是最古老的培训方法之一。

2）研讨法

研讨法也叫会议法，是将兴趣相同的人聚集在一起讨论并解决问题的一种广泛使用的教学方法。通常，讨论小组的负责人是管理人员。小组负责人的作用是使讨论正常进行并避免某些人的观点偏离主题。讨论问题时，负责人倾听并允许小组成员解决他们自己的问题。参与会议的人虽然身处培训中，但是可以解决日常工作中面临的实际问题。

3）视听法

视听法也称视听教学法，就是利用幻灯、电影、录像、计算机等视听教材进行培训的方法，它是一种多感官参与的途径，多用于对新员工的培训。通过录像、录音等设备可以有效地帮助教师增强其讲授内容的直观效果，非常客观地记录研究对象的活动、学员在学习中的表现以及教师的教学过程；在必要时还可以反复播放，对帮助学员掌握知识、提高他们的技能有着其他培训方法所不及的优点。不过，这种方法很少单独使用，它通常与讲授法结合使用。

2. 体验法

体验法就是要求受训者积极参与培训过程的方法。这种方法可以使学习者亲身经历一次任务完成的全过程，或学会处理工作中发生的实际问题。企业中经常使用的体验法包括情景模拟法、行为示范法等。这些方法主要是让受训者通过亲身体验学会在工作中可能用到的某些技能或行为。

1）情景模拟法

情景模拟法将受训者置于模拟的现实工作环境中，让他们依据模拟的情景及时做出反应，分析该情景中可能出现的各种问题，培养解决问题的能力。

按照具体培训方式的不同，可以把情景模拟法分为角色扮演法、管理游戏法、一揽子公文处理法、仿真学习法等方法。

2）行为示范法

行为示范法是指向受训者示范演示关键行为（即完成一项任务所必需的一组行为），然后给他们实践这些关键行为的机会的学习方法。社会学习理论认为人的许多行为模式是通过观察别人而得来的，而人们的行为模式也可以通过看到别人使用这些行为而得到强化。在组织中，员工学习各种各样的行为，这当中有工作行为也有非工作行为。员工是通过观察主管、经理、同事等的行为来进行学习的。

3）案例研究法

案例研究法是指为参加培训的学员提供员工或组织该如何处理棘手问题的书面描述，让学员分析和评价案例、提出解决问题的建议和方案的一种培训方法。案例研究法由美国哈佛大学商学院推出。案例研究法旨在给受训者提供一种体验、一个认识和分析实际管理情景并提出管理对策的模拟实战的机会，从而提高参加者分析、解决实际问题的能力。

3. 实地培训法

实地培训法就是为了避免所学知识与实际工作相脱节的问题，在工作场地进行培训的一种方法。该方法将工作和学习融为一体，因此这一方法在培训中得到了广泛应用。实地培训法既包括古老而又为人们所熟悉的师徒制、工作轮换、教练法，也包括初级董事会、调查法、实习法、职务指导培训等。下面对一些主要方法作简单介绍。

1）师徒制

现在的师徒制培训不同于传统的师徒制，要求根据学习的技术程度制订学习计划，并指定专人负责，采用在职培训和课堂培训相结合的方式分阶段地进行培训，因而使其效率大大提高。按照形式的不同，师徒制还可以细分为学徒培训和技工学校培训。

2）工作轮换

工作轮换也称轮岗，指根据工作要求安排新员工在不同的部门工作一段时间（通常为 1~2 年），以丰富新员工的工作经验的培训方法。

3）教练法

教练法是一种由管理人员与专业教练进行的一对一的培训方式。企业教练不仅是知识训练者或技巧训练者，他们更着重于"激发人的潜能"，注重一种态度训练。企业教练并不是解决问题的人，而是为培训对象提供一面镜子，使培训对象洞悉自己的人。利用教练法来反映出培训对象的心态，使培训对象理清自己的状态和情绪，并就其表现的有效性给予直接的回应，令培训对象及时调整心态、认清目标，以最佳的状态去创造成果。

4）行为学习

行动学习是指给团队或工作群体一个实际工作中面临的问题，让他们合作解决并制订一个行动计划，然后由他们负责实施这一计划的培训方法。

行为学习的群体一般由6~30人构成。成员的构成可以是同部门的，也可以是跨部门的，还可以包括客户和分销商等，具体的人员构成根据任务的要求而定。

5）初级董事会

初级董事会是将培训对象组成一个初级董事会，让他们对公司的经营策略、政策及措施进行讨论并提出建议，为培训对象提供分析公司现状和发展问题的一种培训方法。

初级董事会一般由10人左右组成，一般都是公司现任的中级管理人员，即公司未来高层管理人员的候选人。公司让他们讨论和分析公司正式董事会上要讨论的问题，让他们分享和积累公司正式董事会讨论、决策问题的经验。初级董事会可就公司的组织结构、员工的激励政策和报酬政策、公司经营发展战略、部门之间的冲突等问题展开讨论，提出建议或方案，提交公司正式董事会。公司正式董事会就有关决策与他们进行沟通和反馈意见。

4. 应用新兴技术的培训方法

今天，由于计算机技术和网络技术的迅猛发展，许多信息技术手段被应用到人力资源培训中，形成了许多新兴的培训方法。这些培训方法允许受训者应用多媒体、远程学习和电子支持系统等技术手段进行跨越时间、空间的学习。应用新兴技术的培训方法主要有计算机辅助培训、网络培训和多媒体远程培训等。

阅读案例8-6

瑞士雀巢公司的电子学习

瑞士雀巢公司是驰名世界的食品工业巨头，其足迹遍布全球，在世界各地共拥有22.5万名员工。雀巢为实现其各地子公司人员"本土化"的目标，特别重视开发人力资源，尤其重视对公司在职人员的培训。公司总部设有培训中心，为公司各类员工提供培训，以便能更好地适应职业培训与开发的新形势。目前，该中心开设了电子学习（e-Learning）远程网络教育课程。雀巢请一家软件公司专门设计了特别课程，通过网络迅速向世界各地的员工传授食品工业的专业知识，了解行业的发展动向，交流经验，提高员工的工作效率和业务能力，尤其是财务监督方面的课程已作为这种网络教育的特别项目。全球的雀巢员工可通过密码上网，听老师授课，并可下载授课内容以备空闲时学习。每期网上课程都有考核，成绩合格者方可获得该期学习的结业证书。雀巢电子学习远程网络教育课程已在25个地区推出，利用网络参加学习的员工人数迅速增加，预计今后几年将有30%的雀巢员工通过电子学习接受职业培训和知识更新教育。根据形势的发展，雀巢将继续发展网络教育，增设网上辅导课程，扩大网上授课范围，以满足广大员工参加职业培训的需要。

（资料来源：曹振杰，等. 人力资源培训与开发教程[M]. 北京：人民邮电出版社，2006：133.）

8.3 培训与开发的流程管理

培训开发工作是一项非常复杂的活动，为了保证它的顺利实施，在实践中应当遵循一定步骤。一般来说，培训开发要按照下面的流程来进行：首先要进行培训需求分析，接着是制订培训计划，然后是实施培训，再就是培训迁移，培训结束后实现培训成果的转化，最后是培训的评估和反馈。整个过程如图 8.1 所示。

图 8.1　培训开发的工作流程

8.3.1　培训需求分析

企业的培训开发活动并不是盲目进行的，只有存在相应的培训需求时，培训与开发才有必要实施。实践中，大多数企业在进行培训时由于没有做培训需求分析而导致培训效果不佳。培训需求分析是整个培训与开发工作的起始点，它决定着培训活动的方向，对培训的质量起着决定性的作用。

1. 培训需求的可能性和现实性

培训需求既要有可能性，也要有现实性。

培训需求的可能性是指企业目前出现了一些问题，或者将来可能会出现问题，要解决这些问题，就需要企业采取培训的手段。这些问题就是产生培训需求的"压力点"，一般来说，培训需求的压力点出现的时机有：①新员工进入；②职位变动；③顾客要求；④引入新技术；⑤生产新产品；⑥企业或个人绩效不佳；⑦企业未来的发展。

培训需求的"压力点"主要来源于两个方面：①企业层面的问题；②个人层面的问题。一般来说，企业层面出现的问题需要进行普遍性的培训，而个人层面出现的问题只需进行特殊性的培训即可。当然，如果个人层面的问题具有共性，就变成了企业层面的问题。

培训需求的现实性是指引发企业培训需求的"压力点"经过培训确实能得到解决，培训活动具有现实可操作性。反之，如果问题不能通过培训解决，培训需求就不具备现实性，企业就没必要培训。例如，由于工资水平过低而导致员工的生产效率低下，这种情况下对员工进行培训是没有意义的，而是应当通过提高工资水平来解决这个问题。

从某种意义上说，培训需求的现实性就是培训需求分析的结果。通过培训需求分析，企业要能回答这样几个问题：是否需要培训？在哪些方面需要培训？企业培训的内容有哪些？哪些人员需要培训以及需要什么样的培训？

2. 培训需求分析的思路

对于培训需求的分析，最有代表性的观点是麦吉和塞耶于 1961 年提出的通过组织分析、任务分析和人员分析 3 种方法来确定培训需求。

1）组织分析

组织分析是在企业层面展开的，它包括两个方面的内容：一是对企业目前的整体绩效做出评价，找出存在的问题并分析问题产生的原因，以确定企业目前的培训重点；二是对企业未来的发展方向进行分析，以确定企业今后的培训重点和培训方向。通过组织分析，可以确定在企业层面需要进行什么样的培训。

企业目前的培训重点主要是根据对企业目前的整体绩效分析来确定的。首先设定出企业绩效考核的指标和标准，然后将企业目前的绩效和设定的目标或者以前的绩效进行比较，当绩效水平下降或者低于标准时，就形成了培训需求的"压力点"，接着要对这些"压力点"进行分析，提炼出现实的培训需求。例如，通过对企业绩效的评价，发现产品的合格率较低，那么就要对产生这一问题的原因进行分析，如果是由于员工的操作不规范而引起的，那么就要对员工重点进行操作规范的培训；如果是由于员工的质量意识不够而引起的，那么相应地就要重点进行质量意识的培训；但如果是由员工士气低落造成的，就需要采取其他的措施来加以解决。

企业今后的培训重点和培训方向，主要是依据企业的经营发展战略来确定的。企业的发展战略不同，经营的重点也不同，因此培训的重点和方向也是不同的。除此之外，企业的竞争战略、经营策略等也都会影响到企业今后的培训重点和培训方向。

2）任务分析

任务分析就是前面所讲的职位分析，只是它比职位分析更详细。任务分析最主要的目的就是界定在个人层面进行培训时培训内容的范围，这是设计培训课程的重要依据。

任务分析的4个步骤如下。

（1）选择有效的方法，列出一个职位所要履行的工作任务的初步清单。

（2）对所列出的任务清单进行分析，确定完成这些任务所需要的技能。这需要回答以下几个问题：需要什么样的资格条件或者技能？技能的操作执行频率如何？完成每项任务所花费的时间是多少？成功完成这些任务的重要性和意义是什么？学会这些技能的难度有多大？

（3）对每项任务需要达到的标准作出准确的界定，尽量用可以量化的标准来表述，例如每小时生产20个。

（4）确定完成每项工作任务的KSA，即知识、技能和态度，这也是企业在设计员工培训内容时的重要参考依据。

3）人员分析

人员分析是针对员工来进行的，与组织分析类似，它也包括两个方面的内容：一是对员工个人现在的绩效水平做出评价，找出存在的问题并分析问题产生的原因，以确定解决当前问题的培训需求；二是根据员工的职位变动计划，将员工现有的状况与未来的职位要求进行比较，以确定解决将来问题的培训需求。通过人员分析，要能够确定出企业中哪些人员需要接受培训，以及需要接受什么样的培训。

人员分析的第一个方面是基于对员工的绩效考核来进行的，这也需要首先设定出绩效考核的指标和标准，然后将员工目前的工作绩效和设定的目标或者以前的绩效进行比较，当绩效水平下降或者低于标准时，就形成了培训需求的"压力点"，当然，这个"压力点"并不意味着就必须对员工进行培训，企业还要对员工绩效不佳的原因进行分析，以提炼出现实的培训需求。

影响员工绩效的因素主要有5个方面：个人特征、投入、产出、结果和反馈。个人特征指员工的知识、技能、能力和态度；投入指员工在工作过程中所获得的支持和资源，如上级的指导、设备、时间和预算等；产出指工作的绩效标准；结果指为了促使员工很好地完成工作而向他们提供的激励；反馈则是指员工在工作过程中得到的信息。

如果员工绩效不佳的原因在于个人特征，而其他几个因素还是令人满意的，那么就需要对员工进行培训；如果导致员工绩效不佳的原因不是个人特征，而是其他几个因素，那么对员工进行培训就没有效果，而要采取其他措施来解决问题。例如，由于缺乏必要的设备而导致员工的绩效不佳，那么就应当给员工提供相应的设备，而不是进行培训来解决这个问题。需要强调指出的是,不需要对员工进行培训,并不意味着就不需要培训,有可能是要对其他人员进行培训,如果员工绩效不佳是由于缺乏有效的绩效反馈而造成的,那么员工可能不需要培训,但是他的上级管理人员却有可能需要接受如何进行绩效反馈的培训。

人员分析的第二个方面则是基于员工的职位变动计划来进行。按照人力资源规划,员工将来可能会调配到其他的职位上工作,由于不同的职位工作任务不同,所要求的知识、技能和态度也不同,即使员工在当前职位上不需要培训,但是为了适应将来调配的职位,也可能需要接受培训。在具体做法上,首先要确定出哪些员工在未来的一段时期内会进行职位的变动;然后把员工目前所具备的知识、技能和态度与将来职位的要求进行比较,由此确定出培训的需求。

3. 培训需求分析的方法

进行培训需求分析的方法有很多,其中最为常用的方法有 4 种:观察法、问卷调查法、资料查阅法和访问法。这几种方法各自都有自己的优、缺点,在实践中,企业要根据实际情况来选择合适的方法。表 8-1 就是这几种方法优、缺点的一个简单比较。

表 8-1 培训需求分析方法的优、缺点比较

方　法	优　点	缺　点
观察法	可以得到有关工作环境的信息 将分析活动对工作的干扰降至最低	需要高水平的观察者 员工的行为方式可能因为被观察而受到影响
问卷调查法	费用低 可以从大量人员中收集信息 易于对信息进行归纳总结	耗费时间 回收率可能很低,有些信息可能不符合要求(虚假或隐瞒)
资料查阅法	有关工作程序理想信息的来源 目的性强 有关新的工作和再生产过程中所包含任务的理想信息来源	材料可能过时 需要具备专业知识
访问法	有利于发现培训需求的具体问题及其产生的原因和解决方法	耗费时间 分析难度大 需要高水平的专家

(资料来源:孙海法. 现代企业人力资源管理[M]. 广州:中山大学出版社,2002:290.)

阅读案例 8-7

摩托罗拉大学的培训需求分析

摩托罗拉大学是摩托罗拉公司内部设置的,为摩托罗拉各事业部、客户、员工及合作伙伴设立的教育培训机构。基于公司的发展要求,摩托罗拉大学提出了为公司发展和员工成长提供"及时而准确的知识"的学习方案。通过长期的实践和探索,公司建立了一套完整、先进的员工培训与培养系统。

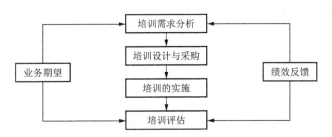

摩托罗拉的员工培训系统主要由培训需求分析、培训设计与采购、培训的实施和培训评估4部分组成。与此相应，摩托罗拉大学设置了4个职能部门：客户代表部、课程设计部、培训信息中心及课程运作管理部。

负责培训需求分析的是摩托罗拉大学的客户代表部，它将组织、工作和人员3个层面的需求分析融为一体。摩托罗拉的培训工作以客户为导向，摩托罗拉大学客户代表部的主要职责是与各事业部的人力资源发展部门紧密合作，分析组织现状与组织目标之间的差距，判断这些差距中哪些是可以通过培训解决的、哪些是培训解决不了的，并以此确定组织的培训需求，提供组织发展的咨询和培训方案。之后，它将与各事业部的各级领导合作，制订学员的培训计划。比如，某事业部下一年的战略是要申请通过ISO 9000质量系统认证，那么客户代表部就将与该事业部的有关部门合作，对该事业部质量系统方面的培训需求做出分析。首先，从理想的状态来看，通过ISO 9000系统认证的相关人员都应该具备相关方面的知识和经验，他们应该熟知该系统认证的过程；然后，对该事业部相关人员的现有情况进行相关分析，确定他们现有的水平，理想与现实之间的差距就是该事业部当前认证所急需解决的问题。依据这个"差距"，制定出相关的培训方案。

摩托罗拉大学的客户代表部还根据事业部的发展目标和任务，分别对其事业部的各部门和员工个人职业发展计划的培训需求进行分析，并依据已经找出的"差距"，分别制订相应的培训计划并设置培训课程。

（资料来源：曹振杰，等. 人力资源培训与开发教程[M]. 北京：人民邮电出版社，2006：69-70.）

8.3.2 制订培训计划

在进行完备和详尽的培训需求分析之后，要有效地实施培训，就要制订详细的培训目标和培训计划。组织应根据培训需求，结合自己的战略目标来制订培训计划。培训计划主要包括设定培训目标和内容，确定培训人员、培训方法和培训形式以及培训预算等。

1. 培训计划的内容

有人将培训计划的内容概括为"5W1H"原理，用来规划组织培训计划的架构及内容。所谓"5W1H"即 Why（为什么）、Who（谁）、What（内容是什么）、When（时间）、Where（在哪里）、How（如何进行），如果将其所包含的内涵对应到制订的培训计划中来，即要求在培训计划中明确下列要素。

1) 培训的意义和目标

培训者在进行培训前，一定要明确培训的真正意义，并将培训意义与公司的发展、员工的职业生涯紧密地结合起来。这样，培训效果才更有效，针对性也更强。因此，在组织一个培训项目时，要将培训的意义用简洁、明了的语言描述出来，以成为培训的纲领。

培训的目标是指培训活动所要达到的目的，从受训者角度进行理解就是指在培训活动结束后应该掌握什么内容。培训目标的制定不仅对培训活动具有指导意义，而且也是培训评估的一个重要依据。

在设置具体的培训目标时，应当包括3个构成要素：①内容要素，即企业期望员工做什么事情；②标准要素，即企业期望员工以什么样的标准来做这件事情；③条件要素，即在什么条件下要达到这样的标准。例如，在对商店的售货员所进行的顾客服务培训中，培训目标就应当这样设置：培训结束之后，员工应当能够在不求助他人或者不借助资料的情况下（条件要素），在半分钟到一分钟之内（标准要素），向顾客解释清楚产品的主要特点（内容要素）。

2）培训负责人

明确培训的责任人和组织者有利于培训工作的顺利开展，能够促使问题得到及时解决，保证培训工作的高质、高效。负责培训的管理者，虽然因组织规模、行业、经营方针、策略的不同而归属于不同的部门，但大体上，规模较大的组织一般都设有负责培训的专职部门，如训练中心等，来对全体员工进行有组织、有系统的持续性训练。

3）培训的内容

在明确了培训的目的和期望达到的学习效果后，接下来就需要确定培训中所应包括的传授信息。培训内容千差万别，一般包括开发员工的专门技术、技能和知识，改变工作态度的组织文化教育，改善工作意愿等，究竟该选择哪个层次的培训内容，应根据各个层次培训内容的特点、培训需求分析以及受训人员来选择。

阅读案例 8-8

摩托罗拉大学的培训内容

摩托罗拉大学的培训课程科目很多，总的来说可以分为 4 类：管理、质量、技术、市场与营销。

1. 管理培训

摩托罗拉一直推行管理本土化的政策，所以它设置了很多管理课程，以培养本土管理人才。

（1）"中国强化管理培训"（CAMP）：这是一个把数年的管理经验浓缩为 10 个月的培训项目。在中国强化管理项目中，有前途的中国员工被推荐出来，以 15 名学员为一班，接受 5 段共 10 个月的培训。培训主要在课堂上及工作中进行，也包括在中国各省和海外的实习培训。毕业时，学员将接受一系列的技能训练，包括管理、领导才能、交流、行政、认知和技术能力等方面。

（2）LEAD 培训项目：为了满足首次加入管理层的一线经理的管理技能培训的需要，摩托罗拉大学与大中华寻呼机部一起设计了 LEAD 培训项目，课程设置包括课堂培训、岗上培训和工作项目完成，以此来提高学员的管理技能。

（3）各种短训班：摩托罗拉大学还为公司的各级管理人员提供了时间不等的短训班，例如"全球经理人员讲座"，旨在帮助经理们掌握国际贸易动态。"摩托罗拉经理"是另外一个为期一周的培训，意在把公司的中层经理培训为具有远见卓识和创造性的领导人才。

（4）各种专业培训班：摩托罗拉大学还在各地开设了各种专业培训班，包括财务、人力资源和公共关系等培训，这些培训都是为了提高管理者的能力和管理技术而设置的。

2. 质量培训

摩托罗拉大学的质量课由基本和深化两部分组成，主要讲述技师控制标准程序和系统。质量培训的一个主要特点是建立"顾客完全满意小组"，这组学生将解决摩托罗拉在工作中碰到的实际问题。他们在一起工作，通过使用"摩托罗拉解决问题 6 步骤"，发扬团队精神，倾力协作，研究并实施具体的解决方案。最好的小组将参加摩托罗拉国家级、地区级及全球级等不同级别的"顾客完全满意竞赛"。由于这些小组每次解决现实的问题，因而这些"顾客完全满意组"几年之中已经为摩托罗拉节省了上百万美元。

3. 技术培训

摩托罗拉大学主要提供三类技术培训：①给技师和工程师提供专业技术培训；②培训员工使用办公室计算机和各种软件工具；③派专人到合资公司供应商所在地上门进行技术培训。

4. 市场与营销培训

摩托罗拉坚信"任何一个销售摩托罗拉产品的人都必须经过良好的培训"。因此,摩托罗拉对全球各地的分销商也经常进行培训。摩托罗拉的"泛培训文化"渗透到所有与其业务有关的企业和组织中。

(资料来源:曹振杰,等.人力资源培训与开发教程[M].北京:人民邮电出版社,2006:213.)

4)培训的对象

根据组织的培训需求分析,不同的需求决定着不同的培训对象与培训内容。经过具体的培训需求分析后,可以根据需求来确定具体的培训内容,也可以确定哪些员工缺乏相关的知识或技能,培训内容与缺乏的知识及技能相吻合者即为本次受训者。虽然一般情况下培训内容决定了大体上的受训者,但并不等于说这些人就是受训者,有些组织还专门为某个或某些员工单独设计培训内容。

在选择受训者时还应从学员的角度看其是否适合受训:一方面,要看这些人对培训是否感兴趣,若不感兴趣则不易让其受训,因为如果受训者没有积极性,那么培训效果肯定不会很好;另一方面,要看其个性特点,有些人的个性是天生的,即使通过培训能掌握其所需的知识、技能,但他仍不适合于该工作,那么他就需要换岗位,而不是需要培训。

从培训内容及受训者两方面考虑,最终确定培训的对象。确定培训对象就是指要对什么人进行培训,哪些人是主要培训对象,哪些人是次要培训对象。此外,事先确定培训对象的数量也很重要。准确地选择培训对象,有助于培训成本的控制,强化培训的目的性,增强培训效果。

5)培训师

培训师的来源一般来说有两个渠道:一是外部渠道;二是内部渠道。从这两个渠道选择培训师各有利弊,单独依靠这两个渠道的任何一种选择培训师都存在一定的问题,因此企业应当根据培训的内容、培训的对象等具体情况,来选择恰当的培训师。一般来说,通用性的培训可以从外部选择培训师,而专业性的培训则要从内部来选择培训师。现在,也有很多企业是将这两种方法结合起来使用,具体的做法就是长期从外部聘请相对固定的培训师,这样就在一定程度上弱化了从单一渠道选择培训师的缺点。

6)培训时间

培训的时间是培训计划的一个关键要素。培训时间的选择如果及时合理,就能够保证组织目标和岗位目标的顺利实现,提高劳动生产效率。培训时间过于超前,就可能会在需要时,员工已经忘记了培训内容,影响工作进度;培训时间过于滞后,就会影响组织正常的生产经营活动,使培训失去作用。

一般而言,培训的时间和期限可以根据培训的目的、场地、讲师、受训者能力及上班时间等因素来决定。

7)培训方法

在各种教育训练方法中,选择哪些方法来实施培训是培训计划的主要内容之一,也是培训成败的关键因素之一。根据培训的项目、内容、方式的不同,所采取的培训技巧也有区别。组织培训的方法有多种,如讲授法、演示法、案例法、讨论法、视听法、角色扮演法等,各种培训方法都有其自身的优、缺点。为了提高培训质量,达到培训目的,往往需要将各种方法配合起来,灵活使用。

8)培训场所及设备的选择

合适的培训场所有助于创造有利的培训条件,建立良好的培训环境,从而增进培训效果。培训地点的选择,最主要的是要考虑培训的方式,应当有利于培训的有效实施。例如,如果采取授课法,就应当在教室进行;如果采取讨论法,就应当在会议室进行;而采取游戏法的话，则应选择有活动空间的地方。此外培训地点的选择，还应当考虑到培训的人数、培训的成本等因素。

此外，在培训计划中，还应当清楚地列出培训所需的设备，如座椅、音响、投影机、屏幕、白板以及文具等，准备好相应的设备也是培训顺利实施的一个重要保证。

9）培训考评方式

为了验证培训效果、督促受训人员学习，每一次培训后必须进行考评。同时还要选择一个能较好地测试培训结果的方法进行考评，切不可走形式主义，失去考评的作用。比如培训后对学员进行闭卷考试。

从时间上讲，考评可分为即时考评和应用考评，即时考评是指培训后马上进行考核；应用考评是指在培训后对工作中应用情况的考评。

10）培训经费预算

由于培训都是需要费用的，因此在培训计划中还需要编制出培训的预算，这里的培训费用一般只计算直接发生的费用，例如培训地点的场租、培训的教材费、培训者的授课费以及培训的设备费等。对培训的费用做出预算，便于获取资金支持以保证培训的顺利实施，同时也是培训评估的一个依据。

2. 培训计划的落实

培训计划要具体落实还必须得到培训部门上级主管的大力支持和经费资源，因此，培训部门负责人必须根据培训计划的时间要求，及时向上级主管递交培训申请和经费申请，争取上级主管的支持。

培训计划得到批准后，还要及时发布通知，确保培训计划相关人员知道什么时候要开始培训，这样他们就可以提前做好准备，以免发生时间上的冲突，影响培训的实施。

8.3.3 实施培训活动

1. 培训前的准备

在培训正式实施之前，组织应该通过各种努力创造出一种良好的培训环境。在这种环境下，培训的一切活动将有积极的导向性，最终培训自然也会取得最佳的效果。为了形成这样的氛围，组织应做好以下几方面的工作。

（1）让员工感到培训是必需的。

（2）为员工创造一个良好的学习氛围。

（3）良好的培训环境。

2. 培训的过程管理

在培训活动过程中，培训的组织管理者要抓好以下几方面工作。

（1）受训者报到。在培训场地的入口附近设置报到处接待学员，最好实行"一条龙"服务，比如登记、领资料袋、收回预先给学员布置的作业等。

（2）开训仪式。这是培训课程的起点，通过一些有组织的活动激励学员、介绍培训内容等，提高学员对本次培训的重视程度，增强培训效果。

（3）维持培训秩序，有效控制过程，做好各种服务工作，灵活解决突发事件。

（4）了解影响培训计划展开的因素，尽力提升实施效果。

有的时候，组织规模比较大，在同一时期企业的培训任务比较多，培训部门就必须要根据这些培训计划对企业的重要性程度和急迫性来安排培训工作。

第8章 培训与开发

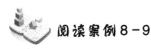

多重责任：培训经理的典型一天

卓越通信器材公司拥有并经营着3家工厂：一家电话机厂（湖景），一家程控交换机厂（东方），还有一家线缆厂（晶蓝）。该公司以其高质量的产品在全国享有很高的声誉，特别是在子母电话机方面。总部坐落在公司的电话机生产厂所在的开发区内。东方、晶蓝的厂房分别距开发区100~200千米，雇用1000~1500名工人。开发区总部大约有2500名雇员。

李应明大学毕业后就在卓越公司的东方工厂上班。他通过几个参谋职位快速地得到了晋升。然后做了两年夜班领班。他以能建立起一个融洽团队的能力而受到好评，在他的团队里从未有过对他的抱怨。虽然他在提高生产率方面的成绩并不出众，但因他较好地处理了几次员工冲突而得到了公司的信任。也因为他在这方面的能力，被晋升为公司的人事部助理经理。

李应明的进步被张春江——公司分管人力资源工作的副总裁注意到了。张春江把李应明调到了有着许多人事问题的湖景厂，让他做特别参谋助理。6个月后，当这个工厂的人力资源部经理突然辞职时，他就做了人力资源管理部经理。一年多的锻炼使李应明具备了处理大多数人力资源问题的能力。一个月前，总公司由于业务发展的需要，成立了培训部，他又被晋升到公司总部担任培训经理，负责培训工作。现在他开始考虑的问题是怎样创建一个一流的培训部。

他筹划着这一天的工作，一件接着一件，试图建立起一个优先的顺序。最后他认为建立公司的电子学习系统是最重要的。半年前，他和张春江同时参加一个电子学习的研讨会时讨论过此事。他们都认为实行电子学习，有利于协调解决3个工厂几千名工人学习时间的问题，而且认为应该在总部施行此计划。

随后他开始考虑主管培训计划。他需要考虑如何提高主管培训质量的问题。公司过去对主管很少进行深入和系统的培训需求调查。现有的系统不仅笨拙不便，而且主管们似乎也不配合，因此经常缺少重要信息。还有许多让人忧烦的遗留待办的雇员对培训的抱怨问题，一些是因为管理者的管理问题，一些是因为恶劣的培训条件，还有一些是因为缺乏沟通的人际关系，还有一些是临时想不起来的其他问题。

车子驶进了停车场，李应明的思绪也被打断了。他在停车场看到了王爱民——仓库领班，于是，李应明愉快地向他打招呼："很不错的一天啊，爱民。"

"不怎么样，我那个新来的工人还没有进行新员工培训呢。"爱民抱怨说。

"他已经报名了吗？"李应明问。

"还没有报，但我手下也有已经报名但是现在还没被排上的。他们如果不参加新员工培训就上岗是不符合规定的，这你是知道的。有许多简单的事情都需要教给他们。"爱民回答。

李应明皱着眉说："让他们打电话问问泰瑞。"

王爱民迟疑了一会儿说："应明，好像不是这么简单。报名是通过E-mail来协调的，而新员工在工厂要获得新的邮箱需要等一周。"

李应明边走边说："我会关注这个事情。"然后走向他的办公室。

办公室里已经有很多工厂的雇员围着他的秘书杨泰瑞挤成一团了，他们都是来申请最近将要举办的一个职业生涯开发培训的。因为公司是第一次举办这样的培训，所以报名很踊跃。这让他出乎预料。

他坐到桌前，其中一个职员拿给他一大摞邮件。他一边让她拿给他一些办公用品，一边打开邮件阅读。电话响了，下周五讲座请来的国外知名公司专家的秘书打电话来确定专家到达的时间，需要安排人去机场接。李应明一边听电话，心里一边想："安排谁去呢？这几天大家都很忙。"

（资料来源：谢晋宇. 企业培训管理[M]. 成都：四川人民出版社，2008.）

8.3.4 培训迁移

培训迁移是指受训员工将培训所学知识和技能有效地、持续地运用于工作之中。培训开发的目的就是要改善员工的工作业绩并最终提高企业的整体绩效，因此员工在培训中所学到的内容必须运用到实际的工作中去，这样培训才具有现实意义，否则培训投资对企业来说就是一种浪费。

1. 培训迁移的理论

关于培训迁移，有3种主要的理论，这里做个简要的比较，见表8-2。

表8-2 培训迁移的3种理论

理 论	代表人物	强调重点	适用条件
同因素理论	桑代克	培训环境与工作环境完全相同	工作环境的特点可预测并且稳定，如设备使用的培训
推广理论	贾德	一般原则运用于多种不同的工作环境	工作环境的特点不可预测并且变化剧烈，如谈判技能的培训
认知转化理论	班杜拉	有意义的材料可增强培训内容的存储和回忆	各种类型的培训内容和环境

（资料来源：[美]雷蒙德·A. 诺伊，等. 雇员培训与开发[M]. 北京：中国人民大学出版社，2001：92.）

2. 培训迁移的影响因素

一般来说，影响培训迁移的因素主要有培训设计、受训者特征和工作环境3个方面。其中，培训设计主要决定于前面所说的培训计划和培训项目设计，下面简单讨论下影响培训迁移的后两个因素。

1）影响培训迁移的受训者特征

影响培训迁移的受训者特征主要包括受训者的学习风格、学习策略、知觉偏好、学习动机等。

（1）学习风格。每个人的高度个性化都会影响自己的学习偏好和兴趣。由于学习过程的复杂性，就会出现个体的差异和偏好。学习风格代表在学习过程中个体在选择哪些信息和如何加工信息上所做的选择。学习风格上的差异可以解释为什么某些个体对一些培训方法（例如角色扮演、讲授和录像带）感觉更舒适。类似地，受训者学习风格的差异，同样也造成了他们喜欢某种类型的培训方法胜过其他方法。

这一理论能帮助培训专业人员、主管和员工识别对不同学习方法的偏好，从而可以在传统的培训项目和计算机辅助教学中调整培训项目来适应个体的学习偏好。这一理论还有利于受训者在团队学习中组成一个更好的团队来发挥各自的优点，克服各自的缺点。

（2）学习策略。学习策略是学习加工中所使用的对信息的注意、复述、精细加工、组织和(或)领悟新材料以及影响自我激励和情感的技术。学习策略已经应用到"学会去学习"的项目中，它能向学习者提供在任何学习情境下都能有效学习所必需的技能。学习策略是决定学习结果的重要因素。学习策略决定着学习者能学习到什么、如何学习以及能否成为成功的终身学习者。显然，如果员工能够获得并且有技巧地应用不同的学习策略，那么他们将能够从正式的学习机会（例如培训项目）和非正式的学习机会（例如问题解决会议）中获益更多。

(3) 知觉偏好。正如个体对信息类型和信息加工过程有偏好一样，个体对用于获取信息的感觉渠道也有偏好，因而需要用不同的方式来对其进行培训。

知觉偏好意味着培训者应该在尽可能的情况下调整他们的材料和培训技术来匹配受训者的偏好。如果偏好和培训方法不匹配，那么培训效果和受训者的积极性就会很低。知觉偏好的另外一个应用是可以让学习者通过利用多重知觉渠道来提高学习效率。

(4) 学习动机。学习动机是直接推动人们学习的内部动因。学习者是否积极地学习、学习得怎么样，都跟学习动机有关。学习动机是许多动力因素的复合体，包括学习需要、学习兴趣、价值观、诱因、爱好、情绪、意志和认知等。

由于企业培训开发的对象是成人，因此如何推动他们增强自己的学习动机，提高参加企业培训开发的兴趣和积极性，对提高企业培训效果来说就显得尤为重要。

2) 影响培训迁移的工作环境

工作环境是指能够影响培训成果转化的所有工作上的因素，包括管理者支持、同事支持、转化氛围和执行机会。

(1) 管理者支持。这是影响培训成果转化的最重要的因素，一般来说，上级的支持程度越高，培训成果就越有可能得到转化。上级的支持表现在以下几个方面：①鼓励受训者在工作中运用培训所学到的内容；②在受训者没有意识到的时候，提醒他们在工作中运用培训所学到的内容；③要给受训者提供机会，使他们能够在工作中运用培训所学到的内容；④在受训者运用从培训中所学到的内容时，及时给予指导和反馈。

(2) 同事支持。这里的同事不仅包括一起参加培训的同事，还包括那些没有参加此次培训的同事。这种支持主要表现为：①在一起相互讨论培训成果转化的体验，分享成功的经验，吸取失败的教训，从而使培训成果的转化更有成效；②当其他同事在运用从培训中所学到的内容时，提供必要的帮助；③鼓励其他同事在工作中运用从培训中所学到的内容。

(3) 转化氛围。良好的外部氛围将有助于员工培训成果的转化。表8－3列举了一些有利于培训成果转化的环境特征。

表8－3 有利于培训成果转化的环境特征

特　　点	举　　例
任务提示：受训者所从事的工作的特点推动或者提醒受训者应在培训中获得的新技能和行为	对受训者的工作进行重新设计，使他们能够将培训中所学到的技能运用到工作中去
惩罚限制：不能因为受训者运用了在培训中所学到的新技能和行为而受到公开打击	刚刚接受完培训的受训者在运用培训内容时失败，不责备他们
外在强化结果：受训者因为运用了在培训中所学到的新技能和行为而得到外在奖励	刚刚接受完培训的受训者如果能够成功地将培训内容加以运用，会得到加薪奖励
内在强化结果：受训者因为运用了在培训中所学到的新技能和行为而得到内在奖励	对那些在工作中按照培训要求去做的受训者予以表扬

(资料来源：[美]雷蒙德·A.诺伊，等.人力资源管理[M].北京：中国人民大学出版社，2001：285.)

(4)执行机会。执行机会即应用所学技能的机会,它受工作环境和受训者学习动机的双重影响。对执行机会的衡量可通过让受训者反馈他们是否执行过任务、执行了多少次任务以及难度大且富有挑战性任务的执行情况。报告显示,执行机会少的人将成为"复修班"(旨在让受训者实践和复习培训内容的进修班)的主要候选人。复修班是很有必要的,因为这些人所学的各种能力会由于没有机会实践而正在逐渐退化。执行机会少也可说明工作环境对应用新技能的影响。例如,管理者不支持培训活动或不给员工提供能够应用培训所强调的技能的工作机会。最后,执行机会少,还能反映出培训内容对员工的工作并不重要。

此外,影响培训迁移的因素还有技术支持、组织层次的支持、学习型组织建设等。学习型组织是组织层次支持的最有力的工具。在学习型组织中,培训被看作是其所设计的智力资本构件系统中的一部分,它不仅包括学习执行现任工作所需具备的基本技能,而且还包括激发员工获取并应用知识的创造力和革新能力。

阅读案例 8-10

拓展训练的效果为何不能延续?

小王是拓展教练,前几天和一帮朋友吃饭时,一家大型国企的朋友说起拓展训练的事情,他们公司上个月组织了一次拓展训练。当时,员工们一起做了"集体木鞋""孤岛求生""信任背摔"等训练。大伙都很入戏,彼此倾力协作,共渡难关,玩得热火朝天。训练中,许多平时很沉默的员工也玩开了,跟大家打成一片,丝毫没有了平时的拘谨与严肃;有些小过节的同志们也在游戏中一笑泯恩仇;一些给人感觉过于自私的员工在游戏中学会了换位思考;刚进来的新员工也在这种融洽的氛围中感受了大家独具一格的热烈欢迎。

公司的主要领导看到这场景,心中乐开了花。一位负责人事的副总还专门表扬了公司的人力资源部经理,认为他提出的这种训练方法解决了公司的很多顽疾,此后公司的氛围肯定会越来越融洽和谐,并鼓励他要经常搞些类似的活动。

可训练完之后的下一个周一,大家回到单位时,却仍然像以前那样,丝毫看不出有什么大的改观。很多人提起这次拓展训练,也只是说类似"这游戏好玩""这游戏有趣"的话。以前沉默的还是继续不说话,以前不团结的仍然拉帮结派,以前自私的也仍旧不会无私,只剩下刚进来的"傻瓜"——新员工还在那里纳闷:"仅仅过了一个周末,这些人怎么差别那么大?"

(资料来源:http://media.ccidnet.com/art/2661/20080318/1393803_1.html.)

8.3.5 培训评估和反馈

培训开发活动的最后一个步骤就是要对培训进行评估和反馈,这不仅可以监控此次培训是否达到了预期的目的,更重要的是它还有助于对以后的培训进行改进和优化。

培训评估主要包括以下 4 个方面的内容。

(1)反应层。这是培训评价的第一个层次,主要是了解受训人员对培训方式、培训设施和培训人员是否满意,培训课程是否有用等,通常以问卷的形式获得受训人员的反馈意见。

(2)学习层。这是目前最常见也是最常用到的一种评价方式。培训组织者可以通过笔试、绩效考核等方法来了解受训人员在培训前后对知识和技能的掌握有多大程度的提高。

(3)行为层。行为层的评价往往发生在培训结束后的一段时间,由上级、同事或客户观察受训人员的行为在培训前后是否有差别,在工作中是否运用了培训中学到的知识。这种评价方法要求人力资源部与职能部门建立良好的关系,以便不断获得员工的工作效果。

(4)结果层。这是对培训的最高层次的评价。结果层的评价上升到了组织的高度,即组织是否因为培训而经营得更好,员工和企业的绩效通过培训是否得到了改善和提高。

阅读案例8-11

摩托罗拉大学的培训不考试

摩托罗拉大学根本就不考试。为此,摩托罗拉大学(北京区)校长姚卫民是这样解释的:"因为我们培训员工的目的本来就不是为了考试,我们从来没有说招来的员工因考试不合格又被辞退的。"在摩托罗拉大学,员工是培训的主体,一切靠他们自己。摩托罗拉充分尊重学员的感受,甚至连培训的方式是不是最好的也需要他们来打分,给课题组调整教材时做参考。正是这种尊重与信任极大地提高了学员对培训的责任感与参与度,绝大多数学员都能从培训中受益。

摩托罗拉大学虽然没有传统意义上的考试,但也有4个层次的评估,即"四级评估":第一是学员意见调查评估;第二是学习者收获评估;第三是应用程度评估;第四是培训效益评估。

第一层学员意见调查表是必须要做的,而其他的评估需要在工作中结合实际情况进行。第二层评估和第三层评估是员工和主管双方的事,如果主管不负责考核员工学习的收获和应用,那他派学员来学习就没什么意义。每个员工和主管才是摩托罗拉大学最好和最后的"监考官"。

摩托罗拉一向强调将公司发展与个人发展紧密地结合在一起。摩托罗拉认为,企业既要发展业务也要发展人,只强调培训一方是不合理的。因此,摩托罗拉每年在进行员工培训规划时,既考虑工作岗位的需要,也考虑员工个人的发展需要。

摩托罗拉给员工提供超出工作范围之外的培训课程,这也是很多企业做不到的地方。虽然有些员工会因为得到了培训,掌握了一门新技能而跳槽,但摩托罗拉却一如既往地秉承发展人的理念,进行员工培训。它认为,单从数量上讲,可能会损失一个人才,但是由于这种文化会吸引来两个人才,甚至更多。很多人只看到了有人跳槽,而没有看到更多的人来投靠。这正是摩托罗拉精明的地方。

(资料来源:曹振杰,等. 人力资源培训与开发教程[M]. 北京:人民邮电出版社,2006:213.)

 本章小结

培训与开发是指企业通过各种方式使员工具备完成现在或者将来工作所需要的知识、技能并改变他们的工作态度,以改善员工在现有或将来职位上的工作业绩,并最终实现企业整体绩效提升的一种计划性和连续性的活动。培训与开发有助于改善企业绩效、提高员工满意感和职业能力,也是企业对社会应尽的一种责任和义务。

企业培训与开发的对象是员工,而员工是成人。因而,了解成人学习的特点,对于企业加强培训的效果将大有益处。

在实践中,作为组织的一种战略性投资,培训开发必须有针对性地进行。针对不同内容、不同对象的培训,其类型、方法也不尽相同。本章对常见的培训类型和方法进行了简单介绍。

一般来说,培训开发要按照下面的流程来进行:首先要进行培训需求分析;接着就是制订培训计划;然后就是实施培训;再就是培训迁移,培训结束后实现培训成果的转化;最后是培训的评估和反馈。

关键术语

培训与开发　成人学习　培训类型　培训方法　培训需求分析　培训计划　培训迁移　培训的评估和反馈

综合练习

一、填空题

1. 按培训对象的不同,可将培训开发划分为_____和在职员工培训两类。
2. 按培训内容的不同,可将培训开发划分为知识培训、_____、态度培训、_____和心理培训五大类。
3. 按受训者与岗位关系的不同,可将培训开发划分为_____、在职培训和脱产培训。
4. 培训需求的_____是指企业目前出现了一些问题,或者将来可能会出现问题,要解决这些问题就可能需要企业采取培训的手段。
5. 培训需求的_____是指引发企业培训需求的"压力点"经过培训确实能得到解决,培训活动具有现实可操作性。
6. 影响员工绩效的因素主要有5个方面:_____、投入、产出、_____和反馈。
7. 培训目标应当包括3个构成要素:_____、_____和_____。
8. 影响培训迁移的因素主要有_____、受训者特征和工作环境3个方面。

二、判断题

1. 企业培训开发与学校教育方式大同小异。　　　　　　　　　　　　　(　　)
2. 成人比小孩的自尊心更强,更讲"面子",在众人面前喜欢听到积极和肯定的评价。(　　)
3. 成人在有竞争、严肃的环境下学习,效果会更好。　　　　　　　　　　(　　)
4. 成人比在校生有更强的理解能力,对纯理论性的知识更感兴趣。　　　　(　　)
5. 心理培训的主要任务是改善员工的工作态度。　　　　　　　　　　　　(　　)
6. 情景模拟法属于培训方法中的体验法。　　　　　　　　　　　　　　　(　　)

三、简答题

1. 培训开发对企业的重要意义是什么?
2. 培训开发对员工个人的重要意义是什么?
3. 成人学习的特点是什么?
4. 培训开发的流程是怎样的?
5. 企业应该如何进行培训需求分析?
6. 在培训需求分析方法中,问卷调查法的优、缺点是什么?
7. 影响培训迁移的受训者特征是什么?
8. 影响培训迁移的工作环境是什么?
9. 简述培训评估4个方面的主要内容。

四、名词解释

培训与开发　知识培训　技能培训　态度培训　心理培训　导向培训　传授性培训　改变性培训　行为示范法　行为学习　初级董事会　培训迁移

案例分析

A 公司员工培训的困境

今天，A 公司进行了年度工作总结。忙碌了一年，终于可以松一口气了，大家都在憧憬着会后的聚餐，可是，人力资源部负责人张君却高兴不起来，耳边不时回响着王总在会上的讲话："公司今年成绩斐然，业务拓展蓬勃开展，但是，内部管理还存在着严重不足，特别是公司制度建设和员工培训，与我们预先设想的目标还有相当大的距离。"

王总并没有点名批评人力资源部，相反还批评其他相关部门负责人配合不力。张君感激王总的支持和理解，但是，培训工作没有做好，自己终归是要负责任的。几天前，财务部还明确提出今年的培训费用太高了，耗时耗力却收效甚微，可以说，人力资源部过去一年主抓的员工培训基本上是失败的。

张君来 A 公司的时间并不长，两年前作为公司招聘的主管进入公司，在招聘岗位干了 1 年，部门负责人调离后，他以诚恳的工作态度和娴熟的专业技能赢得了王总的青睐，被提升为人力资源部负责人。走马上任之初，王总单独找张君长谈过一次：近几年来，公司急于业务拓展，员工人数大增，但疏忽了内部管理，再加上前任人力资源部负责人自身能力的关系，员工整体素质大不如前。因此，王总希望，张君上任后能够把整个人力资源管理抓起来，首先，用一年时间把员工培训做好。

张君首先走访了各部门同事，特别是各部门负责人和基层的一线员工，听取大家的培训想法和意见。与此同时，张君还组织人力资源部发放培训需求调查表，对公司全体员工进行书面调查。经过两周的访谈和调查，人力资源部分析出了公司全体人员的培训需求，开始着手编写公司培训管理办法。

首先是年度培训预算费用。张君提出，A 公司的培训总预算占上一年总销售额的 1.5%。在公司例会上讨论方案时，各部门负责人表示培训预算费用太高。在王总的建议下，预算费用削减一半，方案算是通过了。针对近年新员工增加比较多，对企业认同感比较低的问题，人力资源部准备请知名培训专家来公司做企业文化培训，但由于费用的原因，只好取消了相关计划。

考虑到培训预算，张君决定开发课程，编写教材，选拔一批业务熟练、表达能力强的人组成内部讲师队伍。由企业内部培训师培训，不涉及教材的版税，只要员工的工资，再加上一些设备、材料的损耗费，培训费用最低。

张君将培训分成公司培训和部门培训两个层级。人力资源部把公共类的课程和计划早早地编写完，但各个部门叫苦不迭，初次接手课程编写就一下子要编写那么多。专业培训课程迟迟不能出炉，一拖就拖到了年后 3 月份，催了几次才陆续交来，内容和形式大部分都达不到要求。反复修改，勉强定稿已经是 4 月份，但却几乎没有人报名参加内部讲师，平时工作已经很累，哪有时间和精力备课，报酬又寥寥无几。最后下了任务，每个部门必须指定一人，讲师才基本到位。

但各部门负责人似乎希望人力资源部能全力承担所有的培训工作，基本都没有完成专业培训计划。新入职的员工自从人力资源部做完入职培训后，部门几乎就没有再专门做其他培训，一部分经验相对少的员工在试用期内就萌生了离职的念头。

折腾了一年，公司培训似乎还是原来的样子。张君沉思着，这里面到底有什么问题呢？

（资料来源：吴冬梅，等．人力资源管理案例分析［M］．北京：机械工业出版社，2008：265．）

根据案例所提供的资料，试分析以下内容。
（1）A 公司失败的原因是什么？
（2）A 公司下一步的培训工作又该如何开展？

实际操作训练

课题 8-1：培训需求分析
实训项目：培训需求调查分析演练。

实训目的：学习怎样分析培训需求。

实训内容：某公司从各高校新招聘应届毕业生 30 名，按照公司培训制度的规定，要进行为期一周的封闭式培训，为了改进新员工培训工作，决定要了解一下这些应届毕业生对于新员工培训的要求，此项工作由公司人力资源部负责。

实训要求：将参加实训的学生分成两个小组，分别代表公司人力资源部工作人员和新招收的应届毕业生，由人力资源部先设计一份培训需求调查表并发给各位新员工填写，再汇总出结果，根据汇总结果由人力资源部负责人主持与各位毕业生的座谈会，收集需求信息并进行培训动员。

课题 8-2：培训计划

实训项目：新员工培训计划的制订。

实训目的：学习怎样制订新员工培训计划。

实训内容：某企业新招收一批员工，其中会计 2 名，人力资源部薪酬专员 1 名，产品设计人员 2 名，销售代表 10 名，另外该公司是一家生产和销售专业音响的公司，现有员工 285 名。现在该公司人力资源部培训专员要为公司设计一个为期 3 天的新员工培训计划。

实训要求：将参加实训的学生分成若干小组，分别帮助该公司的培训专员设计新员工培训计划，老师最后总结评价不同小组的培训计划。

课题 8-3：年度培训规划

实训项目：年度培训规划的制订。

实训目的：学习怎样制订年度培训规划。

实训内容：某工厂为适应市场竞争的需要，决定用一年的时间对全厂 205 名工人（包括班组长）、35 名中层干部和 8 名高层管理人员进行全员培训，现在要求人力资源部设计一个年度培训规划。

实训要求：将参加实训的学生分成若干小组，分别帮助该公司设计年度员工培训规划（要区分培训对象，包括时间、方式、内容、费用等），老师最后总结评价不同小组的培训规划。

课题 8-4：培训效果评估

实训项目：编制培训效果评估调查表。

实训目的：学习怎样进行培训效果评估。

实训内容：培训工作结束后应当及时评估本次培训工作的效果，为今后的培训工作提供经验教训。

实训要求：根据课题 8-3 的年度培训规划，各小组的同学分别按照不同对象的培训工作设计培训效果评估调查表。

第 9 章 绩效管理

教学目标

本章将学习绩效管理的相关概念,以及绩效管理的作用、程序,并阐述如何进行绩效计划、绩效考核、绩效沟通等绩效管理的主要工作内容。通过本课程的学习,使学生对大纲所涉及的内容有比较系统和全面的认识,了解和掌握绩效管理的有关概念、方法及原理;掌握制订绩效计划的技能,掌握绩效评价指标设计的方法,熟悉绩效考评的设计程序;能够利用所学知识分析问题,了解如何通过绩效管理引导企业行为,掌握解决现实中的有关绩效管理方面问题的方法。

教学要求

知识要点	能力要求	相关知识
绩效管理	开展绩效管理各阶段的工作	绩效管理的内涵 绩效管理的流程 绩效管理的作用
绩效计划	绩效指标和标准的设定 绩效计划的制订与签约	绩效计划的概念 绩效计划的原则 绩效指标和标准
绩效考核	绩效考核的开展 绩效考核方法的选择与应用	绩效考核的步骤 绩效考核的方法
绩效沟通	绩效沟通的开展 绩效改进计划的确定	绩效沟通的概念、内容 绩效沟通的程序与方法

导入案例

MLK公司绩效考核

MLK公司是一家机械加工企业，现有员工千余人，成立于20世纪60年代，注册资本2亿元人民币，现公司已转制成为股份制企业。由于公司前身是国企，虽然经过改制，只是投资方发生转换，但公司自身的管理理念滞后，管理体制不正规，现代企业制度也没有真正建立起来。特别是体现在人力资源管理问题上，公司并没有一套行之有效的人力资源管理体系，缺少现代的激励、考核措施。

公司意识到这些问题，相应制定了公司的中长期发展战略。在人力资源管理方面，下大力气转变以往的"人才上不去，庸才下不去"的状况，在公司内部以岗位责任制为基础，采取记分制绩效考核手段，基于以绩效考核为核心的集团内部人员流动机制，建立了一套人力资源考核与管理体系。

公司年度绩效考核主要分为两大类型：表现考评和目标考评。

1. 年度表现评估

每年的12月初开始启动，对每个员工本年度的工作态度、工作质量、工作能力等方面进行综合考评。由上级经理按照规定的表格内容结合员工的表现进行客观的考评。考评者和被考评人需要进行面对面的沟通，最终打出合理的分值。考评结果分为5个不同的等级。此结果会成为次年调薪方案的重要因素。

2. 年度目标考核

每年年初公司最高领导会给部门经理设置部门年度目标，部门经理根据部门目标设置个人目标。次年1月份对设置的目标达成情况进行考核。考核的结果分为3等：没有达成目标低限，赋值0；达成目标，赋值1；达成或超过目标最高值，赋值1.5。这三等考核结果直接和年底奖金挂钩。从某种程度上刺激员工的工作积极性。

虽然公司建立了这套绩效考评体系，但在具体实践过程中，公司负责人力资源的老总却遇到许多困扰，大致可以归纳为以下几个方面。

（1）绩效考核工作在实施过程中难以落到实处，"雷声大，雨点小"，各部门的考核者乐于充当好好先生，应付了事。

（2）在考核过程中，公司员工缺少参与的积极性，抵触情绪很强，不少员工甚至质疑：是否绩效考核就是通过反复地填表、交表来挑员工的毛病。

（3）考核的过程烦琐，耽误正常的工作时间，推行过程中往往又因为得不到高层的足够支持而阻力重重。

（4）另外，考核过程和结果的公正性难以保证，大多数员工对于考核的结果都心怀不满，怨声四起，同事的关系也往往因考核而变得紧张，不利于公司日常工作的开展。

（资料来源：宋联可，杨东涛. 高效人力资源管理案例——MBA提升捷径[M]. 北京：中国经济出版社，2009.）

问题：

（1）MLK从国有企业转制成股份制企业，这类企业在绩效考核变革中最可能遇到哪些问题？

（2）表现考评与目标考评的主要差异是什么？在使用中，两种方式应如何进行有效配置？

（3）针对MLK目前面临的问题，您有什么好的建议？

绩效管理包括绩效计划制订、绩效辅导沟通、绩效考核评价、绩效反馈与改进等过程，其目的在于提高员工的能力和素质，改进与提高公司的绩效水平。无论企业处于何种发展阶段，绩效管理对于提升企业的竞争力都具有很大的推动作用，进行绩效管理都是非常必要的。绩效管理对于处于成熟期的企业而言尤其重要，没有有效的绩效管理，组织和个人的绩效得不到持续提升，组织和个人就不能适应残酷的市场竞争，最终将被市场淘汰。人力资源管理的一项任务，就是设计、实施这种绩效考核、评定与改进系统，目的是让员工工作得更好，发展得更快。

9.1 绩效管理概述

追求良好的工作绩效无疑是工商企业的重要目标，虽然不是唯一的目标。而企业的绩效又与员工个人的工作绩效直接相关。因此，通过招聘、培训，把符合要求的人员录用和分配到合适的工作岗位后，接下来就需要运用正式的评价系统，不断地对人员的工作或成绩做出准确、公正、积极的考核和评定，对员工的绩效进行有效的控制。有关研究发现，绩效管理被广泛地应用于工薪管理、工作改进和员工长、短处的确认。

9.1.1 绩效管理的内涵与机制

1. 绩效管理的内涵

绩效是指具有一定素质的员工围绕职位的应负责任所达到的阶段性结果以及在达到过程中的行为表现。所谓绩效管理是指管理者与员工之间在目标与如何实现目标上所达成共识的过程。

绩效管理强调组织目标和个人目标的一致性，强调组织和个人同步成长，形成"多赢"的局面；绩效管理体现着"以人为本"的思想，各个环节都需要管理者和员工的共同参与。绩效管理的概念告诉人们：它是一个管理者和员工保持双向沟通的过程，在过程之初，管理者和员工通过认真平等的沟通，对未来一段时间（通常是一年）的工作目标和任务达成一致，确立员工未来一年的工作目标，在更高层次的绩效管理里用关键绩效目标（KPI）和平衡记分卡表示。

绩效管理的过程通常被看作一个循环，这个循环主要分为4个环节，即绩效计划、绩效辅导、绩效考核与绩效反馈。制订绩效计划是绩效管理的基础环节，不能制订合理的绩效计划就谈不上绩效管理；绩效辅导沟通是绩效管理的重要环节，这个环节工作不到位，绩效管理将不能落到实处；绩效考核评价是绩效管理的核心环节，如果这个环节出现问题，会给绩效管理带来严重的负面影响；绩效结果应用是绩效管理取得成效的关键，如果对员工的激励与约束机制存在问题，绩效管理不可能取得成效。

2. 绩效管理发挥作用的机制

影响绩效的主要因素有员工技能、外部环境、内部条件以及激励效应。员工技能是指员工具备的核心能力，是内在的因素，经过培训和开发是可以提高的；外部环境是指组织和个人面临的不为组织所左右的因素，是客观因素，是完全不能控制的；内部条件是指组织和个人开展工作所需的各种资源，也是客观因素，在一定程度上能改变内部条件的制约；激励效应是指组织和个人为达成目标而工作的主动性、积极性，激励效应是主观因素。

在影响绩效的4个因素中，只有激励效应是最具有主动性、能动性的因素，人的主动性、积极性提高了，组织和员工就会尽力争取内部资源的支持，同时组织和员工的技能水平将会逐渐得到提高。因此绩效管理就是通过适当的激励机制激发人的主动性、积极性，激励组织和员工争取内部条件的改善，进而提升个人技能水平和组织绩效。

绩效管理发挥效用的机制是对组织或个人设定合理目标，建立有效的激励约束机制，使员工向着组织期望的方向努力，从而提高个人和组织绩效；通过定期有效的绩效评估，肯定成绩，指出不足，对组织目标达成有贡献的行为和结果进行奖励，对不符合组织发展目标的行为和结果进行一定的约束；通过这样的激励机制促使员工自我开发，提高能力素质,改进工作方法,从而达到更高的个人和组织绩效水平。

9.1.2 绩效管理的作用

很多企业投入了较多的精力进行绩效管理的尝试,许多管理者认为公平的评价员工的贡献,为员工薪酬发放提供基础依据,激励业绩优秀的员工、督促业绩低下的员工是进行绩效管理的主要目的。当然上述观点并没有错,但是绩效考核就是绩效管理,绩效考核的作用就是为薪酬发放提供依据这种认识还是片面的,绩效管理不仅能促进组织和个人绩效的提升,而且还能促进管理流程和业务流程的优化,最终保证组织战略目标的实现。

1. 绩效管理促进组织和个人绩效的提升

绩效管理通过设定科学合理的组织目标、部门目标和个人目标,为企业员工指明了努力方向。管理者通过绩效辅导沟通及时发现下属工作中存在的问题,给下属提供必要的工作指导和资源支持,下属通过工作态度以及工作方法的改进,保证绩效目标的实现。在绩效考核评价环节,对个人和部门的阶段工作进行客观公正的评价,明确个人和部门对组织的贡献,通过多种方式激励高绩效部门和员工继续努力提升绩效,督促低绩效的部门和员工找出差距改善绩效。在绩效反馈面谈过程中,通过考核者与被考核者面对面的交流沟通,帮助被考核者分析工作中的长处和不足,鼓励下属扬长避短,促进个人发展;对绩效水平较差的组织和个人,考核者应帮助被考核者制订详细的绩效改善计划和实施举措;在绩效反馈阶段,考核者应和被考核者就下一阶段工作提出新的绩效目标并达成共识,被考核者承诺目标的完成。在企业正常运营情况下,部门或个人新的目标应超出前一阶段的目标,激励组织和个人进一步提升绩效,经过这样绩效管理的循环,组织和个人的绩效就会得到全面提升。

另外,绩效管理通过对员工进行甄选与区分,保证优秀人才脱颖而出,同时淘汰不适合的人员。通过绩效管理能使内部人才得到成长,同时能吸引外部优秀人才,使人力资源能满足组织发展的需要,促进组织绩效和个人绩效的提升。

2. 绩效管理促进管理流程和业务流程优化

企业管理涉及对人和对事的管理,对人的管理主要是激励约束问题,对事的管理就是流程问题。所谓流程,就是一件事情或者一个业务如何运作,涉及因何而做、由谁来做、如何去做、做完了传递给谁等几个方面的问题,上述4个环节的不同安排,都会对产出结果有很大的影响,极大地影响着组织的效率。

在绩效管理过程中,各级管理者都应从公司的整体利益以及工作效率出发,尽量提高业务处理的效率,应该在上述4个方面不断进行调整优化,使组织运行效率逐渐提高,在提升了组织运行效率的同时,逐步优化公司的管理流程和业务流程。

3. 绩效管理保证组织战略目标的实现

企业一般有比较清晰的发展思路和战略,有远期发展目标及近期发展目标,在此基础上根据外部经营环境的预期变化以及企业内部条件制订出年度经营计划及投资计划,在此基础上制定企业年度经营目标。企业管理者将公司的年度经营目标向各个部门分解,就成为部门的年度业绩目标;各个部门向每个岗位分解核心指标,就成为每个岗位的关键业绩指标。

年度经营目标的制定过程中要有各级管理人员的参与,让各级管理人员以及基层员工充分发表自己的看法和意见,这种做法既保证了公司目标可以层层向下分解,不会遇到太大的阻力,同时也使目标的完成有了群众基础,大家认为是可行的,才会努力克服困难,最终促使组织目标的实现。对于绩效管理而言,企业年度经营目标的制定与分解是比较重要的环节,这个环节的工作质量对于绩效管理能否取得实效是非常关键的,绩效管理能促进和协调各个部门以及员工按着企业预定的目标努力,形成合力最终促进企业经营目标的完成,从而保证企业近期发展目标以及远期目标的实现。

4. 绩效管理在人力资源管理中处于核心地位

人力资源管理是站在如何激励人、开发人的角度,以提高人力资源利用效率为目标的管理决策和管理实践活动,人力资源管理包括人力资源规划、人员招聘选拔、人员配置、工作分析与岗位评价、薪酬管理与激励、绩效管理、员工培训与开发等几个环节。

绩效管理在人力资源管理中处于核心地位。首先,组织的绩效目标是由公司的发展战略决定的,绩效目标要体现公司发展的战略导向,组织结构和管理控制是部门绩效管理的基础,工作分析是个人绩效管理的基础;其次,绩效考核结果在人员配置、培训开发、薪酬管理等方面都有非常重要的作用,如果绩效考核缺乏公平性、公正性,上述各个环节的工作都会受到影响,而绩效管理落到实处将对上述各个环节的工作都会起到促进作用;绩效管理和招聘选拔工作也有密切联系,个人的能力素质对绩效影响很大,人员招聘选拔要根据岗位对任职者能力素质的要求来进行;通过薪酬激励激发组织和个人的主动性、积极性,通过培训开发提高组织和个人的技能水平,从而带来组织和个人绩效的提升,进而促进企业发展目标的实现。

组织和个人的绩效水平将直接影响组织的整体运作效率和价值创造,因此,衡量和提高组织、部门以及员工个人的绩效水平是企业经营管理者的一项重要的常规工作,而构建和完善绩效管理系统是人力资源管理部门的一项战略性任务。

阅读案例 9-1

王先生的绩效管理

王先生最近情绪很不好,全公司 25 个办事处,除了自己负责的 C 办事处外,其他办事处的销售业绩都有所增长,而自己的办事处非但没有增长,反而有所下降。

在公司里,王先生是公认的销售状元,进入公司 5 年,业绩可谓"攻无不克,战无不胜",从一般的销售工程师,晋升到办公室主任。王先生当了办公室主任后,深感责任重大,把最困难的工作留给自己,并经常给下属传授经验,但业绩却令人失望。临近年末,除了要做销售冲刺外,还要完成公司推行的"绩效管理"。王先生自语道:"天天讲管理,市场还做不做?管理是为市场服务的。不以市场为中心,管理有什么意义。又是规范化,又是考核,办事处哪还有时间抓市场。人力资源部的人多了,就要找点事儿做。"

好在对绩效管理已是轻车熟路,通过内部电子系统,王先生给每个员工发了考核表,要求他们尽快完成自评。同时自己根据一年来员工的总体表现进行了排序。但因时间相隔较长,平时又没有很好地做记录,谁表现好坏已经难以区分。好在公司没什么特别的比例控制。最后,王先生选了 6 名下属进行了 5~10 分钟的沟通,一切 OK。

从人力资源部看,考核内容是人力资源部费尽心血做出来的,但到了各级主管手中,却像一个死循环一样,习惯性地重复使用。从员工来讲,年复一年地写的工作总结,公司和管理者从没仔细地看过,考核真的变成了一种"形式"。"只要别出错,结果差不到哪里去""干活好不如把上司的脉"等想法普遍存在于员工之中。从管理者来讲,平时工作已经够忙了,人力资源部还要无事找事。

但从实际看,王先生的部门运作得不是很好。他的员工不能按要求完成任务;他们对应该做什么不是很清楚,造成有事没人做;同一错误重复发生,但没人知道为什么会这样;而王先生对发生的事都不太清楚，他只知道他很忙，他的下属也很忙，却不知道为什么没有忙出结果。这个问题主要说明，王先生实际上没有设立清晰的绩效目标，平时不但对下属的绩效辅导不到位，而且对员工绩效的重大事件也不了解，从而导致部门绩效不好，等到要做绩效评估时却不知道评定的依据是什么。

（资料来源：http://pinghengdian.com/ucHome/space.php?uid=30&do=blog&id=89.）

9.1.3 绩效管理的流程

绩效管理流程包括4个环节：绩效计划、绩效辅导、绩效考核、绩效反馈与改进。

1. 绩效计划

绩效计划是绩效管理循环的起点，是绩效管理的基础。制订绩效计划的过程就是对企业战略目标和年度经营计划进行分解和确定的过程，也就是将企业的战略目标和年度经营计划转化为部门目标和员工个人目标的过程。在对战略目标和年度经营计划进行分解时，采用平衡计分卡（BSC）的思想，通过层层分解，形成公司级平衡计分卡（BSC）、部门级平衡计分卡（BSC）、部门级关键绩效指标（KPI）库。

绩效计划由员工和其直接上级双方签字确认，作为绩效管理的基础性文件在绩效管理的过程中加以使用。其实在绩效计划阶段，让员工参与计划的制订，并且签订非常正规的绩效合同，也是让员工感到自己对绩效计划的内容是做了很强的公开承诺的，这样他们就会更加倾向于坚持这些承诺，履行自己的绩效计划。如果员工没有参与到绩效计划的制订过程中，仅仅是主管人员强加给他们的计划，或者他们的计划只是口头确定的，没有进行公开签字，那么就很难保证他们能坚持这些计划。

此外，管理者要意识到没有目标、没有计划，也就谈不上绩效。要根据每个岗位的特点提炼出关键绩效指标，编制规范的考核基准书，作为考核的契约。设计绩效考核的流程，对考核的程序进行明确规定，同时要对考核结果的应用做出合理的安排，主要应体现与绩效奖金的挂钩，同时应用于工作改进、教育训练与职业规划。

2. 绩效辅导

绩效辅导是有效实现绩效管理过程的保证。为了保证绩效目标得到有效的落实，经理和员工之间必须保持持续不断的绩效沟通；为了帮助员工更好地实现绩效目标，经理应对员工进行绩效辅导，帮助员工提高实现绩效目标的能力；为了帮助员工更好地实现绩效目标，经理应及时了解员工的工作状态，为员工提供必备的资源支持、智力支持和领导力支持，帮助员工清除前进中的障碍；在实施绩效沟通与辅导的过程中，经理和员工都应做好绩效记录，为将来进行绩效考核提供翔实的事实依据，使绩效考核更加公平和公正。

绩效辅导是当前绩效管理体系建设过程中做得最不好的一个环节，现实中90%的管理者没有做好这项工作，甚至从来就没有做过这项工作。这是绩效管理迟迟得不到提升的一个很重要的原因，就像一根链条缺了一环，断了，永远也接不起来，绩效辅导就是那个最重要的一环。辅导可以帮助员工持续改进绩效，增强员工的工作积极性。

3. 绩效考核

企业绩效管理组织运行，实施绩效管理与考核，并依据绩效管理方案周期性地分析评估，持续改进完善绩效管理及企业各方面管理。必须培训考核者熟悉绩效管理工具，并对绩效考核进行宣传，开展全员的培训工作，要每个员工都能深刻理解绩效考核的意义以及操作办法。可以根据企业的实际情况和考核的实施情况，对考核的相关方案作出一定的调整，以确保考核的实效性与科学性。测评核算出绩效成果，并对结果进行分析，挖掘绩效问题并组织相应的绩效面谈，以不断提升绩效。

4. 绩效反馈与改进

此阶段在很多企业被忽视或轻视，原因就在于没有对绩效管理进行正确的定位。绩效管理的目的不是绩效评估，而是实现企业的战略目标。在绩效汇总结果向员工反馈之前，应及时与员工进行正式有效的沟通，共同商讨存在的问题和制定相应的对策。反馈沟通实质上是一个增强组织人文关怀和凝聚力与实现企业目标互惠的过程。通过绩效反馈面谈既表达了组织对员工的关心，增强员工的组织归属感和工作满意度，也有利于帮助员工查找绩效不佳的原因，与员工一起制订下一绩效周期的计划，提高员工的绩效，推动员工个人职业生涯的发展。这也有利于促进组织目标的实现。

绩效评估结果主要集中于两方面的应用：一方面是绩效奖惩，如员工工资的调整、相关人员职位的晋升或惩戒，绩效奖金的发放等措施；另一方面就是绩效提升，企业需要依据绩效评估结果所反映出的问题制订服务于下一周期的绩效改善计划。就两方面的关系来讲，二者是相辅相成、互为促进和发展的。如果将评估结果的应用只停留在员工工资的调整、职务的晋升、相关人员的惩戒方面，而不注重评估结果所揭示的问题所在，不仅对组织发展不利，也不利于员工职业生涯的有序发展。此外，若不采取相应的绩效激励措施，那么所制订的绩效改善计划难以得到有效的执行。因此，企业应将这两个方面综合起来共同运用于企业的绩效发展。

9.1.4 绩效管理的现状及存在的问题

1. 对绩效管理认识不足

许多管理人员认为年末填写的那几张考评表就是绩效管理。事实上，那只是绩效考评。绩效考评是绩效管理过程中的一个环节，绩效考评绝不等于绩效管理。完整的绩效管理包括绩效计划、绩效沟通、绩效考评、绩效改进等方面的管理活动。在绩效管理过程中，不仅强调达成绩效结果，更要强调通过计划、分析、评价、反馈等环节达成结果的过程。绩效管理所涉及的不仅仅是员工个人绩效的问题，还包括对组织绩效的计划、考评、分析与改进。目前许多公司缺乏完整的绩效管理体系，还停留在绩效考评阶段。绩效管理是对绩效实现过程中各要素的管理，是基于企业战略基础上的一种管理活动。绩效管理是通过对企业战略的建立、目标分解、业绩评价，并将绩效成果应用于企业的日常管理活动之中，以激励员工业绩持续改进并最终实现组织战略目标的一种管理活动。

2. 沟通不畅、反馈不及时

要做好绩效管理工作就必须有良好的沟通与反馈机制，让员工充分了解企业的绩效管理的目标、作用、成果。绩效管理的最终目的在于确保企业战略目标的实现，对员工进行指导与开发，最后才是将考评结果运用于工资和奖惩等方面。目前在公司的绩效管理过程中，沟通与反馈机制不完善。尽管制定了绩效考评的反馈、申诉制度，但由于缺乏信息反馈和有效的沟通，员工并不知道自己工作中存在的缺点和今后努力的方向，绩效考评工作无法达到改进管理绩效的目的，进而影响绩效考评对职工的指导教育作用。绩效考评找到了问题却解决不了问题，公司中大多数部门的领导不重视与员工进行沟通和为员工提供不断提高自身能力的机会，缺乏管理技巧，公司要加强对各级管理人员进行管理技能方面的培训与开发。

3. 绩效管理与战略目标脱节

公司各部门的绩效目标不是从企业的战略逐层分解得到的，而是根据各自的工作内容提出的，是自下而上的申报，而不是自上而下的分解。这样，绩效管理与战略目标发生了脱节现象，难以引导所有员工趋向组织的目标。绩效管理作为企业战略实施的有效工具，能否将战略目标层层分解并落实到每位员工身上，促使每位员工都为企业战略目标的实现承担责任是关键。绩效管理实际上是一种自上而下传递绩效压力以及分散工作任务的过程，变企业高层承担压力为各级管理人员以及普通员工都承担压力，从而把组织变成一个有机的整体。

4. 绩效指标设置不科学

选择和确定什么样的绩效指标是考评中一个重要的，同时也是比较难于解决的问题。在实践中，公司为了追求指标体系的全面和完整，采用绩效指标。绩效指标表现在职能部门方面是部门职责的完成情况，表现在员工方面是德、勤、能、绩等一系列因素。然而，在如何使考评的标准尽可能地量化而具有可操作性并与绩效计划相结合等方面却考虑不周。绩效管理应该主要抓住关键业绩指标，针对不同的员工建立个性化的考评指标，将员工的行为引向组织的目标方向，太多或太复杂的指标只能增加管理的难度、降低员工的满意度，影响对员工行为的引导作用。公司的绩效考评机制属于一种非参与性的评价制度，员工被动地接受任务，目标模糊，责任不明确，工作完成后由上级采用有限的指标和主观印象对下属进行评价与考核，偏差较大，无法激发员工的积极性。过多定性化指标的存在，自然无法避免在实际考评过程中出现考评组织者的随意主观性判断，影响考评工作的严肃性与有效性。

5. 绩效考评存在主观性与片面性

健全的绩效考评制度旨在通过对员工过去一段时间内工作的评价，判断其潜在的发展能力，并作为对员工奖惩的依据。但在实践中，绩效考评的正确性往往受人为因素的影响而产生偏差，常见的如月晕偏差、类己效应、趋中效应、近因效应。绩效考评制度的种种缺陷大都来自考评的主观性与片面性，其结果势必影响绩效考评的信度与效度。

9.2 绩效计划

绩效计划是绩效管理体系的第一个关键步骤，也是实施绩效管理系统的主要平台和关键手段，通过它可以在公司内建立起一种科学合理的管理机制，能有机地将股东的利益和员工的个人利益整合在一起，其价值已经被国内外众多公司所认同和接受。

9.2.1 绩效计划的内涵

绩效计划是被评估者和评估者双方对员工应该实现的工作绩效进行沟通的过程，并将沟通的结果落实为订立正式书面协议即绩效计划和评估表，它是双方在明晰责、权、利的基础上签订的一个内部协议。

1. 绩效计划是关于工作目标和标准的契约

在绩效考核期开始的时候，一般由公司或者公司董事会与公司经营层签署绩效计划契约，公司总经理与各个部门协商确定各个部门的绩效计划，各个部门负责人和本部门员工协商确定各个岗位的绩效计划和工作标准。绩效计划作为绩效管理的一种有力工具，体现了上、下级之间承诺的绩效指标的严肃性，使决策层能够把精力集中在对公司价值最关键的经营决策上，确保公司总体战略的逐步实施和年度工作目标的实现，有利于在公司内部创造一种突出绩效的企业文化。

2. 绩效计划是直线领导和下属双向沟通达成绩效契约的过程

绩效计划不仅仅是纸面上的契约，如何达成这个契约的过程非常重要，建立绩效契约的过程是一个双向沟通的过程。所谓双向沟通，是指在绩效契约制定的过程中，直线领导和下属对绩效计划的制订都负有责任，任何一方都应主动、积极地将各自的真实想法和对方交流，一个完善的绩效计划的制订是多次沟通的结果。

在制订绩效计划时，直线领导应该向下属解释和说明的事项有以下 6 点。

（1）公司的远期和近期目标是什么？目前公司面临着何种机遇与挑战？

（2）为了完成公司的整体目标，各部门的目标是什么？

（3）为了达到这样的目标，被管理者的工作重点和对其的期望是什么？

（4）对被管理者的考核指标是什么？

（5）绩效目标和绩效标准是什么？对于定量的考核指标，要确定绩效目标的具体数值，对于定性的考核指标，应明确工作应该达到的标准。无论是定量指标还是定性指标，都应明确完成工作的期限。

（6）各个考核指标的关系和权重是什么？应明确告诉被管理者，哪些指标是必须达到的。

下属应将自己的真实想法同直线上级进行充分的沟通，以便绩效计划的制订更具有现实的合理性。下属应该向直线上级表达的是：①自己对公司目标以及本部门目标的认识，自己对公司目标以及部门目标的不理解之处；②对自己工作目标的规划和打算；③完成个人工作过程中可能遇到的难题以及需要申请的资源支持。

在下属和直线上级多次沟通后，在公司目标、部门目标、个人工作目标取得协调一致的基础上，分析为完成这些目标，公司对部门、部门对个人需要给予哪些资源支持，各级管理者要密切关注下属的工作动向，及时提供业务上的指导，及时给予资源上的支持，只有这样才能促进个人完成绩效目标，从而部门、公司才能完成目标。

3. 参与和承诺是制订绩效计划的前提

人们坚持某种认知和行为的程度以及改变这种认知和行为的可能性主要取决于两个因素：一是在形成这种认知和行为决定时卷入的程度，即是否参与或主导了认知形成和行为决定的过程；二是他是否为此进行了公开表态，即做出正式承诺。对参与或主导了认知形成和行为决定并已做出公开承诺的个体来说，他会更加坚信这种认知，会更加坚持这种行为。因此在制订绩效计划时，一定要让被管理者充分发表自己的建议，参与整个绩效计划的制订过程，使绩效计划更加符合实际，同时被管理者应该对自己参与制订的绩效计划进行表态，承诺完成当期的绩效计划。

9.2.2 绩效计划制订的原则

不论是对于公司进行经营业绩计划，还是员工进行绩效计划，在制订绩效计划时应该注意以下原则。

1. 与公司发展战略和年度绩效计划相一致原则

设定绩效计划的最终目的是保证公司总体发展战略和年度生产经营目标的实现,所以在考核内容的选择和指标值的确定上,一定要紧紧围绕公司的发展目标,与战略规划、资本计划、经营预算计划、人力资源管理等管理程序紧密相连,配套使用,自上而下逐层进行分解、设计和选择。由此可以分为年度绩效计划、季度绩效计划、月度绩效计划等。年度绩效可分解为季度绩效计划,季度绩效计划可以进一步分解为月度绩效计划。季度、月度绩效计划的制订以年度、季度绩效计划为基础,同时还要考虑外部环境变化以及内部条件的制约。

2. 突出重点原则

员工担负的工作职责越多,所对应的相应工作成果也较多。但是在设定关键绩效指标和工作目标设定时,切忌面面俱到,而是要突出关键、突出重点,选择那些与公司价值关联度较大、与职位职责结合更紧密的绩效指标和工作目标,而不是整个工作过程的具体化。通常,员工绩效计划的关键指标最多不能超过 6 个,工作目标不能超过 5 个,否则就会分散员工的注意力,影响其将精力集中在最关键的绩效指标和工作目标的实现上。

3. 可行性原则

关键绩效指标与工作目标一定是员工能够控制的,要界定在员工职责和权利控制的范围之内,也就是说要与员工的工作职责和权利相一致,否则就难以实现绩效计划所要求的目标任务。同时,确定的目标要有挑战性,有一定难度,但又可实现。目标过高,无法实现,不具激励性;目标过低,不利于公司绩效的提高。另外,在整个绩效计划的制订过程中,要认真学习先进的管理经验,结合公司的实际情况,解决好实施中遇到的障碍,使关键绩效指标与工作目标贴近实际,切实可行。

4. 全员参与原则

在绩效计划的设计过程中,一定积极争取并坚持员工、各级管理者和管理层的多方参与。这种参与可以使各方的潜在利益冲突暴露出来,便于通过一些政策性程序来解决这些冲突,从而确保绩效计划制订得更加科学合理。由此分为公司绩效计划、部门绩效计划以及个人绩效计划 3 个层次,一般来讲,公司绩效计划可分解为部门绩效计划,部门绩效计划可分解为个人绩效计划;一个部门所有员工个人绩效计划的完成支持部门绩效计划的完成,所有部门绩效计划的协调完成支持公司整体绩效计划的完成。

5. 足够激励原则

使考核结果与薪酬及其他非物质奖惩等激励机制紧密相连,拉大绩效突出者与其他人的薪酬比例,打破分配上的平均主义,做到奖优罚劣、奖勤罚懒、激励先进、鞭策后进,营造一种突出绩效的企业文化。

6. 综合平衡原则

绩效计划是对职位整体工作职责的唯一考核手段,因此必须要通过合理分配关键绩效指标与工作目标完成效果评价的内容和权重,实现对职位全部重要职责的合理衡量。

7. 职位特色原则

与薪酬系统不同,绩效计划针对每个职位而设定,而薪酬体系的首要设计思想之一便是将不同职位划入有限的职级体系。因此,相似但不同的职位,其特色完全由绩效管理体系来反映。这要求绩效计划内容、形式的选择和目标的设定要充分考虑到不同业务、不同部门中类似职位各自的特色和共性。

9.2.3 绩效计划的制订流程

绩效计划的设计从公司最高层开始,将绩效目标层层分解到各级子公司及部门,最终落实到个人。对于各子公司而言,这个步骤即为经营业绩计划过程,而对于员工而言,则为绩效计划过程。

1. 绩效计划的准备

绩效计划通常是通过管理人员与员工双向沟通的绩效计划会议得到的,那么为了使绩效计划会议取得预期的效果,事先必须准备好相应的信息。这些信息主要可以分为3种类型。

(1) 关于企业的信息。为了使员工的绩效计划能够与企业的目标结合在一起,管理人员与员工将在绩效计划会议中就企业的战略目标、公司的年度经营计划进行沟通,并确保双方对此没有任何歧义。因此,在进行绩效计划会议之前,管理人员和员工都需要重新回顾企业的目标,保证在绩效计划会议之前双方都已经熟悉了企业的目标。

(2) 关于部门的信息。每个部门的目标是根据企业的整体目标逐渐分解而来的。不但经营的指标可以分解到生产、销售等业务部门,而且对于财务、人力资源部等业务支持性部门,其工作目标也与整个企业的经营目标紧密相连。

例如,公司的整体经营目标是:将市场占有率扩展到60%;在产品的特性上实现不断创新;推行预算,降低管理成本。那么,人力资源部作为一个业务支持性部门,在上述的整体经营目标之下,就可以将自己部门的工作目标设定为:建立激励机制,鼓励开发新客户,降低成本的行为;在人员招聘方面,注重在开拓性、创新精神方面的个人素质;提供开发客户、提高创造力、预算管理和成本控制方面的培训。

(3) 关于个人的信息。被评估者个人的信息中主要有两方面的信息:一是工作描述的信息,二是上一个绩效期间的评估结果。在员工的工作描述中,通常规定了员工的主要工作职责,以工作职责为出发点设定工作目标,可以保证个人的工作目标与职位的要求联系起来。工作描述需要不断地修订,在设定绩效计划之前,对工作描述进行回顾,重新思考职位存在的目的,并根据变化了的环境调整工作描述。

2. 绩效计划的沟通

绩效计划是双向沟通的过程,绩效计划的沟通阶段也是整个绩效计划的核心阶段。在这个阶段,管理人员与员工必须经过充分的交流,对员工在本次绩效期间内的工作目标和计划达成共识。绩效计划会议是绩效计划制订过程中进行沟通的一种普遍方式。但是绩效计划的沟通过程并不是千篇一律的,在进行绩效计划会议时,要根据公司和员工的具体情况进行修改,把重点放在沟通上面。

管理人员和员工都应该确定一个专门的时间用于绩效计划的沟通,并且要保证在沟通的时候最好不要有其他事情打扰。在沟通的时候气氛要尽可能宽松,不要给人太大的压力,把焦点集中在开会的原因和应该取得的成果上。

在进行绩效计划会议时,首先往往需要回顾一下已经准备好的各种信息,在讨论具体的工作职责之前,管理人员和员工都应该知道公司的要求、发展方向以及对讨论具体工作职责有关系和有意义的其他信息,包括企业的经营计划信息、员工的工作描述和上一个绩效期间的评估结果等。

3. 绩效计划的审定和确认

在制订绩效计划的过程中，对计划的审定和确认是最后一个步骤。在这个过程中要注意以下两点。

(1) 在绩效计划过程结束时，管理人员和员工应该能以同样的答案回答几个问题，以确认双方是否达成了共识。这些问题是：员工在本绩效期内的工作职责是什么？员工在本绩效期内所要完成的工作目标是什么？如何判断员工的工作目标完成得怎么样？员工应该在什么时候完成这些工作目标？各项工作职责以及工作目标的权重如何？哪些是最重要的，哪些是其次重要的，哪些是次要的？员工的工作绩效好坏对整个企业或特定的部门有什么影响？员工在完成工作时可以拥有哪些权力？可以得到哪些资源？员工在达到目标的过程中会遇到哪些困难和障碍？管理人员会为员工提供哪些支持和帮助？员工在绩效期内会得到哪些培训？员工在完成工作的过程中，如何去获得有关他们工作情况的信息？在绩效期间内，管理人员将如何与员工进行沟通？

(2) 当绩效计划结束时，应达到以下的结果：员工的工作目标与企业的总体目标紧密相连，并且员工清楚地知道自己的工作目标与企业的整体目标之间的关系；员工的工作职责和描述已经按照现有的企业环境进行了修改，可以反映本绩效期内主要的工作内容；管理人员与员工对自己的主要工作任务、各项工作任务的重要程度、完成任务的标准以及在完成任务过程中享有的权限都已经达成了共识；管理人员和员工都十分清楚在完成工作目标的过程中可能遇到的困难和障碍，并且明确管理人员所能提供的支持和帮助；形成了一个经过双方协商讨论的文档，该文档包括员工的工作目标，实现工作目标的主要工作结果，衡量工作结果的指标和标准，各项工作所占的权重，并且管理人员和员工双方要在该文档上签字确认。工作业绩计划表见表9-1。

表9-1 工作业绩计划表

工作业绩计划/考核表

姓名：_____ 部门：_____ 岗位：_____ 考核期间：___年___月___日至___年___月___日

重点工作项目	目标衡量标准	关键策略（时间和关键节点）	权重(%)	资源支持承诺	参与评价者评分	自评得分	上级评分
(1)							
(2)							
(3)							
(4)							
(5)							
(6)							
(7)							
合计	评价得分=∑(评分*权重)		100%				

计划确认：本人_____ ___年___月___日 直接上级_____ ___年___月___日

续表

制定计划填写说明	（1）"重点工作"一般不超过6项，不能确定的用"上级临时交办的任务"表示，但权重不能超过10 （2）"关键策略"要求把重点工作按照时间和关键节点进行展开，以制定具体的阶段性分目标，便于落实 （3）"资源支持承诺"指为达成目标所需的资源和上级的支持，经双方确认后填写 特别强调：若考核期间出现重大计划调整（如权重大于20的工作任务取消或新增；现有任务权重增减超过20），须重新填写本表作为工作指导和考核依据
考核评分说明	参与评价者：一般为矩阵管理模式下的虚线上级、员工所参与项目的负责人、业务交叉或有协作关系的部门负责人等 评分标准：100分——创造性地、完全超乎预期地达成目标；85分——明显超越目标；70分——完成目标并有所超越；60分——基本达成目标，但有所不足；40分——与目标存在明显差距；0分——未进行此项工作 评分说明：最小单位是5分，单项评分超过85分或低于40分时，要在述职报告和上级评定中进行文字说明

（资料来源：管理资源吧，www.glzy8.com.）

在上述几个绩效契约中，一般包括以下几个方面的内容。

（1）绩效指标及权重。公司、部门、员工在本期工作的重点是什么，哪些工作应该得到加强；为了完成组织的目标，公司、部门、员工应该完成哪些工作；为了表明各项工作的相互关系以及重要程度，要明确各个指标之间的关系以及权重。

（2）绩效目标和标准。对于定量的指标，要明确绩效目标是多少；对于定性的指标，要明确写出绩效的标准。

（3）绩效考核评分标准。应该有详细的绩效考核评分标准，明确哪些工作做到什么程度会得多少分数。

9.2.4 绩效计划考核的内容

1．考核要素与评价指标

考核要素的内涵。所谓工作绩效要素，就是指那些用作衡量工作表现的工作构成部分，即考核评价因素。员工考核的要素大致可以分为德、能、勤、绩4个方面。根据不同的需要，考核时要有侧重。

（1）德，主要指员工的思想政治、工作作风、社会道德和职业道德水平。在现代企业中，员工不再处于跟着机器转的从属地位。整个企业经营管理都以人为中心，这一点尤其集中体现在企业人才的作用上。企业技术骨干和经营骨干的一个点子，往往能给企业增加极大的效益，而这种点子仅用监督的办法是难以从人头脑中开发出来的。为此，不仅需要企业有适当的激励办法，而且需要企业员工具有较强的敬业精神和职业道德。

（2）能，是指员工从事工作的能力，即分析和解决问题的能力以及独立工作的能力等。具体地说，它主要包括学识水平、工作能力和身体能力3个方面。其中前两种能力属于能力评价范围，身体能力主要是指年龄和健康状况两个因素。

学识水平包括文化水平、专业知识水平、学历、工作经历等，主要通过书面测验、企业内训成绩、技术职称或专业资格称号的取得等得到了解，评价较为容易。

业务能力包括领导能力、管理能力、决策能力、计划能力、组织能力、监督能力、调控能力以及反应能力、适应能力、预见能力、创造能力、表达能力、谈判能力等。它较为抽象，评价时可能渗入较多主观性。为了尽量客观地评价业务能力，只能通过评价工作成绩间接进行。在工作分配合理、本人职务与能力相适应的情况下，工作成绩能够大体上反映本人的业务能力，但也可能因工作分配不当、上级命令指示不正确、工作难易不适当、周围同事的配合帮助不够等影响成绩。通过工作成绩评定业务能力的通常做法是：考察过去连续两次或三次工作成绩考评的评语，对于成绩相同或成绩上升的情况，能力评定以工作成绩中较好的评语为准。

（3）勤，就是指勤奋精神，即员工在实施工作行为时所带的主观感情色彩以及所处的心理状态。它包括事业心、出勤情况、纪律性、干劲、责任心、主动性、自我开发愿望等表示员工工作态度的因素。不同的工作态度将导致不同的工作行为，从而导致不同的行为结果。企业的工作是在分工协作中进行的，一个员工的工作与其他员工有直接关系，例如流水线上的操作工。即使是比较独立的岗位，例如推销员，也不是只看他能否完成推销任务就行，还要看他是如何工作的，是否尽到了自己的责任。尽职尽责但完不成任务，和能完成任务但不努力，都不是好的状态，说明管理中有问题。合理的情况应该是员工愿意也能够较好地完成任务。勤是联系德、能、绩之间的纽带。

工作态度是较抽象的因素。评定这些因素，除了主观性评价之外，没有其他办法可想。员工的工作态度只能由直接上级根据平时的观察予以评价。以日本企业为例，由于对各级管理人员的指导教育作用极为重视，调动部下的积极性，培养部下成为自己职位的继任人是各级管理人员能否得到晋升的重要条件，管理人员一般评价下属的工作态度比较认真慎重，以便通过工作态度评价达到促进员工上进心的作用。

（4）绩，即员工的工作成绩，就是工作人员的实际贡献，指在预定时期内实际完成工作的数量和质量。它包括人员是否按时、按质、按量完成本职工作和规定的任务，在工作中有无突出成绩等。用计划目标水平去衡量实际工作成果就是业绩评价。反映了被考核者在考核期间对企业的贡献度。对工作成绩的评价主要有4个方面的要求，即工作量的大小（数量）、工作效果的好坏（质量）、对部下的指导教育作用，以及在本职工作中努力改进与提高等创造性成果。

工作成绩还可以分岗位上取得的成绩和岗位之外取得的成绩。岗位成绩与岗位职责有关，是员工成绩的主体。在企业管理中，岗位职责体现为一系列的任务标准和操作标准，这种标准要求每一个员工都能达到，达标成绩是员工的起码成绩。在此之上，根据工作任务和工作规范的执行情况，表现出不同的业绩水平。除了本职工作之外，作为企业的一员，员工还可能为企业做出其他方面的成绩，例如合理化建议。这些成绩也体现着员工对企业的贡献，考评时不能忽视。

考核只表示对考核要素的细化，考核指标的设计是一项复杂的工作，既要考虑到考核指标是否能概括被考核者的工作业绩和个人品质，又要考虑到评定者方面以及考核结果的真实性，因此在确定考核指标时，内容要客观明确，使考评人和被考评人一看即懂每项指标的考评重点。如"是否具有良好的工作态度""是否肯学肯钻，任劳任怨"等是很难考核的，必须细化为更容易定量的考核指标，减少考核的主观性。

2. 考核标准的制定

许多经理把考核的理论引入自己的管理中，然而当就某种"工作事实"进行考核时，

第 9 章 绩 效 管 理

却常常会同员工产生分歧,这是最糟糕的事情。原因不在于考核的理念,而在于他是否恰当地制定了考核的标准。绩效评估必须以标准作为分析和考察员工的尺度。

1) 评价标准的含义

评价标准就是在人员评价过程中,企业期望员工在工作中的表现水准,以此作为对各类人员的功能进行评价的准则和尺度。尺度能使主管区别不同程度的绩效。每项主要工作要素均应与工作表现标准联系起来。标准应有完整性、协调性、比例性。

2) 评价标准的分类

按考核的手段分类,有定量、定性标准。定量标准就是作为标度的标准,往往是一些客观标准,如工作能力和工作成果一般用数字作为标度。定性标准就是用评语或字符作为标度的标准,往往是一些主观标准,但也许是简单且有效的方式,如有些机构用"不满意""满意""杰出""超出"等字眼;也可用"无法接受""可接受""好""很好"和"优秀"等标准来评估绩效。

按标准的属性一般可分为绝对标准和相对标准。绝对标准是以客观现实为依据,而不以考核者或被考核者的个人意志为转移的标准,如出勤率、废品率、文化程度等。绝对考核标准能够反映员工的实际工作绩效,比较客观,但可比性差,因为每个工作的标准有一些可能不一样。这种考核主要适用于绩效改进。绝对标准又可分为业绩标准、行为标准和任职资格标准三大类。所谓相对标准,是采取相互比较的方法,每个人既是被比较的对象,又是比较的尺度,因而标准在不同群体中往往就有差别,而且不能对每一个员工单独做出"行"与"不行"的评价。如在评选先进时,规定10%的员工可选为各级先进。相对考核标准虽然可以确定每个员工在考核上的位置,但主观性比较强,有时难以服众,这种考核主要适用于奖惩。总之,绝对考核标准和相对考核标准各有利弊,要根据考核目的灵活选取。打个比方,绝对考核标准就相当于运动员的记录,而相对考核标准就相当于运动员的比赛名次。因此,一个运动员可能获得好的名次,但并不一定能破纪录。一般而言,评估标准采用绝对标准。

按标准的来源可以分为个人特点、工作方式和结果等。以个人特点的标准所确定的是一些主观的性格特征,如"令人愉快的个性""主动性"或"创造力"等。这类标准与具体的工作没有太大关系,而且往往显得模棱两可。并且,普遍认为基于"适应能力""一般举止"等个人特点的考核过于模糊,从而不能作为与人力资源管理有关的各种决定的依据。以工作方式为基础的标准侧重于能使工作取得成功的行为方式。关于工作方式的标准制定起来往往比较困难,但其优点是可以明确指出管理者所希望看到的行为方式。但在这方面也存在潜在的问题,因为在一个既定的环境下,可能有几种工作方式都能取得工作上的成功。以结果为基础的标准侧重于员工做了些什么和完成得怎么样。对那些易于衡量、适于衡量的工作来说,以结果为基础的标准最为有用。不过,那些被衡量的部分往往容易被过分强调,而同等重要但却不易度量的部分往往被忽视了。例如,一位个人收入只取决于销售量的汽车销售员,也许不情愿做任何与其汽车销售无直接关系的书写工作。此外,当只强调结果而不注重这些结果是如何取得的时候,还有可能导致道德甚至法律方面的问题。

绩效考核标准对于一定时期员工的努力方向和积极性有重要影响,因此应慎重对待。在标准设定时可遵循 SMART 原则,其中"S"是明确的(Specific)、"M"是可衡量的(Measurable)、"A"是可操作的(Attainable)、"R"是相关的(Relevant)、"T"是有时限的(Time Defined)。如对推销员的销售额要素而言,假如分成三档的话,用"50 万以上为

'合格'得1分，100万以上为'良好'得3分，150万以上为'优秀'得5分的标准就比'较少'得1分，'较多'得3分，'很多'得5分"的衡量标准要好。

阅读案例9-2

惠通公司的绩效计划

惠通公司一年来的销售业绩不错，公司领导决定为员工加薪，于是就让人力资源部设计出一套绩效评估的方案，依据绩效评估的结果决定为哪些员工加薪，加薪的幅度有多大。惠通公司的绩效评估结果分成以下几档。

A(5分)出色，工作绩效始终超越本职常规标准的要求，通常具有下列表现：在规定的时间之前完成任务，完成任务的数量、质量等明显超出规定的标准，得到来自客户的高度评价。对应的加薪比例为40%。

B(4~4.5分)优良，工作绩效经常超出本职位常规标准的要求，通常具有下列表现：严格按照规定的时间完成任务并经常提前完成任务，经常在数量、质量上超出规定的标准，获得客户的满意。对应的加薪比例为15%~20%。

C(3~3.5分)可接受，工作绩效经常维持在或偶尔超出本职位常规标准的要求，通常具有下列表现：基本上达到规定的时间、数量、质量等工作标准，没有客户的不满。对应的加薪比例为5%~10%。

D(2.5分)需改进，工作绩效基本维持或偶尔未达到本职位常规标准的要求，通常具有下列表现：偶尔小的疏漏，有时在时间、数量、质量上达不到规定的工作标准，偶尔有客户的投诉。没有加薪。

E(2分)不良，工作绩效显著低于常规本职位正常工作标准的要求，通常具有下列表现：工作中出现大的失误，或在时间、数量、质量上达不到规定的工作标准，经常突击完成任务，经常有投诉发生。根据情况决定降职或辞退。

小张是惠通公司的一名业务代表，在这次绩效评估中她为自己打了3.5分，而她的主管却对她不甚满意，给她打了2.5分，原因是小张在一份客户报告中弄错了一个数据，不过幸好那次是草稿，没有让客户看见，否则后果将非常严重，另外，主管认为小张有时候做事有点马虎。小张则认为自己虽然在工作中有错误和粗心的时候，但自己一直在注意学习和改正，再说，谁能一点儿错误都不犯啊？更何况自己所犯的错误并没有造成什么严重的影响，因此，她认为自己至少是符合职位要求的，两人始终争执不下。

（资料来源：http://www.folo.cn/user1/465/archives/2006/3941.html.）

9.3 绩效考核

为了使绩效管理获得良性循环，以下3个方面是非常重要的环节：一是目标管理环节，二是绩效考核环节，三是激励控制环节。目标管理环节的核心问题是保证组织目标、部门目标以及个人目标的一致性，保证个人绩效和组织绩效得到同步提升，这是绩效计划制订环节需要解决的主要问题。绩效考核是指根据人事管理的需要，按照一定的标准，采用科学的方法，在一定时间段内，检查和评定员工对职务所规定的职责的履行程度，以评定其工作成绩，并将考核结果转达给有关员工的过程，也称考绩、员工评分、员工考核、工作考评、表现评价和成果考核等。绩效考核是绩效管理模型发挥效用的关键，只有建立公平公正的评估系统，对员工和组织的绩效做出准确的衡量，才能对业绩优异者进行奖励，对绩效低下者进行鞭策，如果没有绩效评估系统或者绩效评估结果不准确，那么将导致激励对象错位，整个激励系统就不可能发挥作用了。

第9章 绩效管理

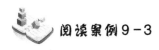

亚太公司的绩效评估

亚太公司到了年终绩效评估的时候了,由于去年采取了比较公开的方式,结果因为打分高低的问题出现了不少矛盾,今年为了避免重演去年的悲剧,决定采用背靠背的打分方式,即主管人员为员工打分但并不让员工知道,而员工也需要为主管人员打分作为民意调查的结果。这几天业务三部办公室里的气氛跟往常有点不大一样。一向比较矜持冷峻的王经理也对部下露出了一点笑容,平时经常上班迟到的小邓早早就来到了办公室。每个人心中都各自打着小算盘。老张心想:"我在这里资格最老,这么多年,没有功劳也有苦劳,没有苦劳也有疲劳。现在的年轻人,书本上的理论知识一套一套的,可真正做起业务来,还不得靠我这样的老业务员么!王经理要是比较有头脑的话,一定不会亏待我的。"小蔡暗自想:"我可是名牌大学毕业的,我觉得我在这里的能力最强,去年把我评了个先进,那帮老家伙老大不乐意,今年王经理会不会害怕别人的闲言碎语不敢把我评得太高呢?"老吴心里琢磨:"那天王经理说了句'现在的年轻人外语/计算机水平都比我们强,真是青出于蓝胜于蓝啊!'看来我们这些老同志是一天不如一天值钱了,不知年终奖金能分到多少?"小郭心里想:"经理看我的眼神有点不对劲,肯定是那天开会我给她提了一条意见她还耿耿于怀呢,看来今年我算倒了霉了。"看来在评估的结果出来之前,大家的心情每天都会这么紧张。每个人的小算盘还会打多久?

其实殊不知绩效评估是否能够得到期望的目的是取决于很多前提条件的。因为首先绩效评估不是一项孤立的工作,它是完整的绩效管理过程中的一个环节,所以,在绩效评估之前的全部工作都会对绩效评估产生重要的影响,绩效评估是否能做好,取决于绩效评估前后所有的活动。

(资料来源:http://www.folo.cn/user1/465/archives/2006/3941.html.)

9.3.1 绩效考核的步骤

一般来说,绩效考核程序应相对稳定和统一,并严格地按程序进行,不随意变动。通常一个完备的考核程序应具备以下内容:确定绩效考核的目的;确定绩效考核的机构及职责;明确绩效考核的标准和范围;选择绩效考核的方法;选定绩效考核的时机和时间;组织绩效考核;最后是整理绩效考核的结果并进行绩效考核结果的应用与反馈。当然,一个组织的绩效考核程序不一定必须具备上述程序的每一项,一些小企业的绩效考核程序相对于大企业的绩效考核程序要简单得多,它们可能把程序中的某几项合并为一项。

1. 考核的准备工作

1)制定绩效评估方案

首先是考核形式及地点的选择。考核形式有集中和分散两种。集中考核就是将考核者集中在某一场所进行考核,分散考核就是在明确考核要求以后,考核者各自分散对照参照标准进行考核。考核时可根据实际情况选择具体的考核形式,有时也可以将两者结合起来使用。其次,确定评估的标准和方法。人力资源部门根据本企业不同部门的实际情况,制定一个科学合理的绩效考评办法(包括考评量表的设计、标准核定等)。考核标准以及考评办法制定的好坏,将直接影响到绩效考评的最终实施效果。最后,制订绩效评估计划。为了保证绩效评估地顺利进行,必须在明确评估目的的前提下,有目的地选择评估的对象、内容、时间、要求、考核办法,并形成计划。

2)宣传与培训

成立考评小组并进行考核前的动员与培训。首先在考核前应有针对性地宣传动员。向各级人员宣传考核的科学性、目的和意义、考核方法的合理性及考核的有关纪律和要求，其重要性绝不亚于考核的实际内容或考核怎么实施，如果员工认为绩效考核是轻率地进行的或者管理是草率的，那么他们就不会重视绩效考核，绩效考核也就发挥不出其应有的作用。其次，对考评者进行训练。在考核中，考核人员都存在着一种认知和心理偏差，这些认知和心理偏差直接影响着考核效果。因此，绩效考评要公正地进行，必须对考评者加以训练。使考评者对绩效考评计划和实施过程能正确理解并在全企业范围内采用统一的评价标准，减少拙劣的绩效考核所带来的士气的降低和生产率的下降，避免由于绩效考核中管理的不统一可能产生的法律问题。

3）考核资料的收集

绩效评估是一项长期、复杂的工作，对于作为评估基础的数据收集工作要求很高。从这一次考核到下一次考核之间，主管应该搜集情报，使考核工作公平正确，否则评估就可能只是依据模糊的记忆或部属最近的行为、成就来判断。在这方面，国外的经验是注重长期的跟踪、随时收集相关数据，使数据收集工作形成一种制度。绩效考核的资料来源主要有3种：客观数据、人力资源资料和评判数据。

（1）客观数据。许多企业和单位都用客观的生产与数据作为员工工作成效的指标。比如生产、加工、销售、运输、服务的数量、质量、成本等，按规定填写原始记录和统计。定期抽查生产、加工、服务的数量、质量，用以评定期间的工作情况。

（2）人力资源管理资料。绩效考核的另一种资料来源是人力资源管理数据和资料。采用比较多的有缺勤率、离职率、事故率和迟到情况。在这些人力资源管理数据和资料中，缺勤率是工作表现得最灵敏的指标之一。

（3）评判数据。评判数据是绩效考核中运用最广泛的资料。剑桥大学受聘的教授们曾经对1500多种考核测量标准作考察，发现有60%的测定采用了管理人员对下级工作情况评判的方法，而主观评判却适用于几乎所有工作职务。评判数据以管理人员（上级）的评定为主，还包括员工本人的评判、同事的评判以及下属人员的评定等。

2. 考核的具体实施

在确定了考核的时间、地点、方式及资料来源之后，考核者就可以根据评估的目的、标准和方法，对所收集的数据进行分析、处理、综合，对被考核者进行考核。考核者应该客观、公正、实事求是地填写考核表。

1）考核评价

考核评价可以是单一方位（直接上级）的，也可以是多方位的，这取决于考核的性质和目的。一般由主管先独立完成考核表，而后再与员工面谈，借此了解并接受部属对自己考核的看法。考核进行完毕以后，考核表应由部门主管领导或专职人员回收，并注意为考核者保密，以避免考核者因怕泄露考核情况而造成的心理压力。其具体过程如下。

划分等级。把每一个评估项目，如出勤、责任心、工作业绩等，按一定的标准划分为不同等级。一般可分为3～5个等级。如优、良、合格、稍差、不合格。

对评估项目的量化。主考人根据评估标准的要求对每个评估项目进行量化，给不同等级赋予不同数值，用以反映实际特征。如优为10分，良为8分，合格为6分，稍差为4分，不合格为2分。

适当的评语。评语要客观、中肯。

2）整理绩效考核效果

考核数据的整理就是通过对考核实施所获得的数据进行汇总与分类，利用概率论、数理统计等方法进行加工、整理，以得出考核结果的过程。其具体过程如下。

考核数据的汇总与分类。考核数据的汇总与分类就是将收集上来的不同考核人员对同一被考核者的考核表进行汇总，然后根据被考核者的特点，对考核结果汇总表进行分类。

确定权重。权重，即加权系数。所谓加权就是强调某一考核要素在整体考核要素中所处的地位和重要程度，或某一考核者在所有考核者中的地位和可信程度，而赋予这一考核要素或考核者某一特征的过程。特征值通常用数字表示，称为加权系数。加权能够通过确定大小不同的权重，显示各类人员绩效的实际情况，提高考核的信度和效度。

考核结果的计算。在获得大量考核数据之后，可利用数理统计的方法计算考核结果。可用算术平均法和体操打分法对同一项目不同评估结果的综合。在有多人参与的情况下，同一项目的评估结果会不相同。为综合这些意见，可采用算术平均法或加权平均法。有时为达到某一评估目标要考察多个评估项目，只有把这些不同的评估项目综合在一起，才能得到较全面的客观结论。一般采用加权平均法。当然，具体权重要根据评估目的、被评估人的层次和具体职务来定。

考核结果的确定。考核结果可以采用多种方法表示。数字表示法是考核结果表示的最基本形式。它是直接利用考核结果的分值对被考核者的绩效情况进行描述的方式。文字表示法是用文字描述的形式反映考核结果的方法。它是建立在数字描述基础上的，有较强的直观性，重点突出，内容集中，具有适当的分析。图线表示法是通过建立直角坐标系，利用已知数据描绘出图线来表示考核结果的方式。

3. 结果的反馈

得出评估结果并不意味着绩效评估工作的结束。在绩效评估过程中获得的大量有用信息可以运用到企业各项管理活动中，决定改进工作的行动。考核工作一旦完毕，企业通常还要求管理者开展考评面谈，将结果告诉被考核员工，与他一起讨论考核结果。向员工反馈评估结果，使他清楚地了解直接上司以及企业怎样看待他，并帮助员工找到问题、明确方向，改进员工工作，促进绩效的提高。

4. 考核结果运用

（1）确定成绩考评评语。直接上级根据与部下面谈的结果，填写成绩评价表，通过间接上级和人事部门的调整平衡，最终形成成绩考评评语。

（2）考评结果的归档。直接主管将下属的考评结果（绩效考评表以及考评分数汇总表）送交人力资源部门，人力资源部对考评结果作出分类统计分析，报主管总经理签核，然后存档，以备在以后的人事决策时使用，为人事决策如任用、晋级、加薪、奖励等提供依据。

目前在许多企业中，为人事档案管理设有专门的计算机管理系统和人事信息等。它们设在人事部内，企业所有员工的全部人事管理信息都分类编码存入其中，调用时十分方便迅速。这对于企业充分发掘内部人才潜力非常有效。

（3）检查企业管理各项政策，如人员配置、员工培训等方面是否有失误，还存在哪些问题。

9.3.2 绩效考核的基本方法

考核的方法很多,这里只介绍一些比较容易操作的方法。实际上,复杂的考核方法不易掌握,效果也未必比简单的方法好。只要根据考核的基本原理,并结合具体情况,可以摸索出一套适合自己特点的考核方法来。

1. 按考核依据分

1)生产记录法

生产记录法广泛地应用于现场工作人员,设计和操作起来十分简单,只要认真加以控制,效果是非常理想的。对现场工作的考核指标一般可以采用数量、质量、时间进度、消耗和工时利用状况等。具体操作是,由班组长按实际情况每日在班后填写,经每个员工核对无误后签字,交给统计员按月统计,作为每月考核的主要依据。此种考核方法表面看起来比较烦琐,但如果能够持之以恒地做下去,会收到良好的效果。表9-2就是一个实例。

表9-2 员工生产记录表

车间:　　　　　　班组:　　　　　　时间:　　　　　　组长:

姓名	合格品数量	残次品数量	废品数量	实际工时数	出勤状况	备注	个人签字

2)工作标准法

工作标准法先确定员工在某一工作岗位上正常的或平均的生产产出,即制定工作标准或劳动定额,然后把员工的工作与工作标准相比较以考核员工绩效。工作标准一般是确定每小时生产多少或生产单位产品所需的时间。这种工作标准使企业可以支付员工计件工资,但是制定工作标准不是一项简单的工作。时间研究可以用来制定特定的岗位上员工的产出标准。工作抽样这种建立在随机抽样基础上的统计技术,也可以用来制定工作标准。现代组织很少单独采用工作标准法进行绩效考核。生产数量仅仅是工作成绩的一部分;其他的一些方面也应被考核到。当进行员工提升时,单独地以计件工作记录作为绩效标准就不行了。除此之外,越来越少的工作能单独用生产水平来衡量。因为一个员工的生产量至少部分地依赖于其他员工的绩效。如果生产线停了或协同工作的其他人表现不佳,个人的生产就不可避免地受影响。许多现代工作并不是仅仅承担每小时生产多少的任务。相反,他们与别人的职责或任务有联系,而这些是无法直接衡量的。因此,其他绩效考核方法用得越来越多。

3)目标管理法

目标管理(MBO)是被讨论最广泛的绩效考核方法。目标管理指详细确定员工希望在一个适当的时期内所实现的工作表现方面的各种目标,并将其列入管理计划。在此基础上,每个经理再根据所有员工的具体目标和企业的基本目标制定自己的工作目标。不过,应注意,不应使目标管理变相地成为上级将目标强行加给经理和员工的一种工具。目标管理方法通常用来对经理人员进行考核,但目标管理的作用并不限于这种考核。

目标管理考核制度以3个假定为根据。第一,如果在计划与设立各种目标和确定衡量

第9章 绩效管理

标准的过程中，让员工也参与其中，那么，就可增强员工对企业的认同感，提高工作积极性。第二，如果所确定的各种目标十分清楚和准确，那么员工就会更好地工作以实现理想的结果。第三，工作表现的各种目标应该是可衡量的并且应该直接针对各种结果。经常出现在许多上级对下属的考核中的"具有主动性"和"具有合作精神"这些过于模糊的一般性概括评价，应该尽量予以避免。应切记，各种目标是由将要采取的各种具体行动和需要完成的各种工作所构成的。如"每月5日提供区域销售报告""平均每月至少从5个客户获得新订单""使工资总额保持在销售额的10%左右""将物耗损失降到5%以下""企业的所有空缺都在空缺出现后的30天内予以填补"等。

MBO方法的好处很多。员工和监督者均参加考核程序。MBO方法独一无二的地方是，目标是在考核期开始前事先确定的。事先讨论过考核方法在员工成绩已经完成之后的应用。由于MBO程序在考核期开始前给员工以指导，因此它在定义员工努力的方向和成绩实现程度方面是开发性的。在绩效考核体系中，MBO程序的目标制定方针也是独一无二的。MBO方法的缺陷是，在考核中监督者和其部下都得花时间并做出努力。

4）关键事件法

关键性事件考核方法是经理对员工表现中最令人赞许和最令人难以承受的行为进行书面的记录，形成书面的考核资料。当一个员工与工作有关的"关键性事件"发生时，经理便将其记载下来。而平常的或一般的工作表现均不予考虑。因此，这种方法强调的是代表最好或最差表现的关键事例所代表的活动。每个员工的关键性事件清单在整个考核期限内始终予以保留。当关键性事件方法和其他一些方法同时使用时，就可以更充分地说明为什么一个员工被给予一个特定的考核评定。

在关键事件法中，管理者要及时将员工在考核期间内所有的关键事件都真实地记录下来。其优点在于针对性强，结论不易受主观因素的影响。其不利方面在于。首先，对于什么属于关键性事件，并非在所有的经理人员那里都具有相同的定义，因此要求在记录中不能带有主观意愿，在实际操作中往往难以做到；其次，每天或每周记下对每个员工的表现评价会很耗时间；此外，它可能使员工过分地关注他们的上司到底写了些什么，并因此而恐惧经理的"小黑本"。

记录关键事件可以使用STAR法。S——情境：这件事情发生时的情境是怎么样的。T——任务：他为什么要做这件事。A——行动：他当时采取什么行动。R——结果：他采取这个行动获得了什么结果。

阅读案例9-4

安妮的故事

安妮是公司的物流主管。物流主管负责将客户从海外运过来的货，清关、报关，并把货提出来，然后按照客户的需求运到客户那里，保证整个物流的顺利进行。

这家公司很小，共有20位员工，只有安妮一人负责这项工作。物流工作除了她再没人懂了。刚进行完一月份的考评，二月份安妮就发生一件事情：她80多岁的祖母，在半夜里病逝了。她从小由祖母养大，祖母的病逝使她很悲伤。她为料理后事，人很憔悴，也病了。碰巧第二天，客户有一批货从美国进来，并要求清关后，要当天下午六点钟之前准时运到，而且这是一个很大的客户。安妮怎么做呢？她把家里的丧事放在一边，第二天早上九点钟准时出现在办公室，经理和同事都发现她的脸色铁青，精神也不好，一问才知道家里出了事。但是，这个小女孩什么话也没说，一直做着进出口报关、清关的手续，把货从海关提出来，并且在下午五点钟就把这批货发出去了，及时运到了客户那里。然后，五点钟时，她就下班走了，可公司是六点钟下班，她提前走了，回去处理祖母的丧事去了。

这是一个关键性事件。如果这件事情她的部门经理没有发现，不记下来，或者人力资源部也没有发现，那在其他员工的眼里，六点钟下班，她五点钟就走了，会认为是早退。但是，如果部门经理善于观察，发现了这件事情，问清楚是怎么回事儿，会发现这是很光彩的事情。如果她的祖母没有去世，那帮助客户快速办理货物，这是一个物流主管正常的工作，是不会记下来的。但这一天，她置个人的事情于不顾，首先考虑公司的利益，为了不让客户受损失，克服了种种困难出现在办公室，提前完成了任务。这是要加分的，就应当把这件事情记录下来。

当时的情景 S 是：安妮的祖母头一天晚上病逝了。

当时的目标 T 是：为了第二天把一批货完整、准时地运到客户那里。

当时的行动 A 是：她置家里的事于不顾，准时出现在办公室，提前一个小时把货发出去了。

当时的结果 R 是：客户及时收到了货，没有损伤公司的信誉。

STAR 的 4 个角就记录全了。这个例子可以帮助理解什么叫 STAR 法。STAR 法是最典型的关键事件法，可以记光彩的事情，也可以记不光彩的事情，同样要用情境、目标、行为和结果这 4 个角。

（资料来源：http://www.folo.cn/user1/465/archives/2006/3941.html.）

2. 按评价方式分

1) 排队法

排队法就是考绩者根据自己所管辖人员的工作成绩的大小进行排队而进行的考核。这种方法较为简单，在所属人员不多的情况下，省时迅速，可完全避免趋中或严格/宽松的误差。但缺点在于标准单一，不同部门或岗位之间难以比较。常被用于进行月度考绩，以确定奖金的分配。

在实际运用中，排队法衍生出一种配对比较法。它把员工两两相比，积分排序。如果 A 与 B 比，A 比 B 好，A 就在横行 B 栏中记 1 分，B 就在纵列 A 栏中记 0 分。如果 C 和 A 比，A 不如 C，则在 C 行 A 列记 1 分，A 行 C 列记 0 分。表 9-3 是一个范例。这种方法的缺点是，下级人数一多(大于 5 人)，手续就比较麻烦，因为配比的次数将是按 $[n(n-1)]/2$(其中 n = 人数)的公式增长的。5 个下级的配比需要 10 次；10 个下级就要配比 45 次；如有 50 个下级就要 1225 次。而且只能评比出下级人员的名次，不能反映出他们之间的差距有多大，也不能反映出他们的工作能力和品质的特点。

表 9-3 配对比较法范例

姓名	A	B	C	D	E	分数
A		1	0	1	1	3
B	0		0	1	0	1
C	1	1		1	1	4
D	0	0	0		0	0
E	0	1	0	1		2

2) 序列评定法

序列评定法是把每一个员工按考核要素排序，然后合计总分的方法。具体做法是：先设定考核要素并列成表，然后针对每个要素评价员工。这时，评价工作只是排一下员工的先后顺序，待全部要素评价排序完毕后，计算总分。

从表 9-4 中可以看出，G 得分 22，成绩最好；A 得分 28，名列第二；H 得分 33，排在第三；B 和 E 得分 36，处于中等水平；D 得分 41，属于一般偏下；C 得分 50，名列第四。

表9-4 序列评定法范例

	责任心	主动性	差错率	服从性	效率	合作性	创造性	出勤	分数
A	3	4	1	5	8	4	2	1	28
B	2	3	7	3	7	6	5	3	36
C	5	7	6	7	5	8	6	6	50
D	6	5	3	4	6	5	7	5	41
E	1	8	2	6	3	7	1	8	36
F	8	1	8	8	2	3	8	4	42
G	7	2	4	1	1	1	4	2	22
H	4	6	5	2	4	2	3	7	33

3）因素评分

它是将一定的分数分配给各项考绩因素，使每一项考绩因素都有一个评价尺度，然后根据被考绩者的实际表现在各因素上评分，最后汇总得出的总分就是被考绩者的考绩结果。此法简便易行而且比排队更为科学。例如可将考绩因素定为4项。

出勤，占总分30%，分为上、中、下3个等级。出勤率100%为满分（30），病、事假一天扣1分，旷工一天扣20分，迟到或早退一次扣15分，旷工一天以上或缺勤30天以上者不得分。

能力，占总分20%，分上、中、下3等。技术高、能独立工作、完成任务好、能胜任本职工作的评为上，低于这个技术水平的评为中或下。在考核阶段内如有1个月未完成下达任务的扣10分。

成绩，占30%，分上、中、下3等。协调性好，积极主动工作、安全生产、完成任务好的评为上，较差的评为中，再差的评为下。在工作、生产中出现的一次差错，造成损失的或安全、质量方面发生事故经公司研究作出处理者一次扣10分，情况严重者不得分；如有1个月未完成下达任务的扣15分，病事假每1天扣0.5分。

组织纪律，占20%，分为上、中、下3等。工作服从分配、遵守规章制度、讲究文明礼貌、能团结互助的评为上，否则评为中或下。违反公司规章制度或因工作失职经公司处理者一次扣10分。各考绩因素的上、中、下3个等级的比例均分别控制在25%、60%、15%。

4）增减考核法

增减考核法主要由两部分构成，一是考核的判断基准，二是增减分的标准。考核的判断基准是客观的，例如报表计算差错、客户投诉、与同事发生冲突、没有按时完成计划等。而增减分的标准则说明什么情况出现应增减分数，增减多少。考核者的任务就是确认有否出现这种情况，尽量把主观判断降到最低。

5）强制选一法

强制选一法要求考核者在每个考核要素给定的几个描述上，选择一个与员工行为最相似的描述。表9-5中列出的4种描述是考核员工工作效率的一个方面。采用此种考核方法时，首先要确定考核要素，然后考虑应从哪几个方面去评价这个要素，最后把每一个方面转换成为具体的描述。以工作积极性这个要素为例，先分析工作积极性主要表现在哪几个方面，比如说有工作执行的效率、承担任务的主动性、承担责任的主动性、工作中的创造性等。然后把这4个方面转换为下列的具体描述。

表9-5 增减考核法（部分）

姓名：　　　　　单位或部门：　　　　　主考人：　　　　　日期：

判断基准	增分标准	减分标准	实际得分
1. 总是提前完成工作任务	5		
2. 一般情况下能按时完成任务	3		
3. 在完成工作任务方面时有拖延		1	
4. 在不断催促下也难按时完成任务		5	

（1）当有特殊工作需要当日加班完成时：(a)尽管自己手头的工作也很多，仍能主动承担额外任务；(b)虽然没有主动承担，但领导安排也能接受；(c)尽管领导的安排能够接受，但牢骚满腹；(d)以种种理由拒绝接受工作。

（2）当工作出现问题时：(a)总是主动承担责任，虚心接受批评；(b)虽然能够承担责任，但不够主动；(c)在承担责任的时候怨天尤人；(d)以种种客观理由推卸自己应承担的责任。

（3）在工作中：(a)总是提出一些有价值的建议；(b)有时能够提出一些有价值的建议；(c)当领导征求建议时能提出一些想法；(d)从来提不出什么有价值的建议或思想。

从上述的例子不难看出，其优点在于用来描述员工工作表现的语句并不直接包含明显的积极或消极内容，评估者并不知评估结果的高低。其缺点在于评估者会试图猜想人力资源部提供选项的倾向性。此外，由于难以把握每一选项的积极或消极成分，因而得出的数据难以在其他管理活动中应用。强制选一法的操作难点在于如何把考核要素转换为可以用做判断的描述。要解决这个问题，就要认真研究工作和所要达到的理想目标，再经过周密的思考，是可以做到的。如果把在强制选一法中的中间描述去掉，就成为典型的硬性分布法。

6）硬性分布法

"按照一条曲线进行等级评定"，即将限定范围内的员工按照某一概率分布划分到有限数量的几种类型上的一种方法。具体做法大致上是，首先将被评价雇员的姓名写在卡片上，然后根据每一种评价要素来对雇员进行评价，最后根据评价结果将这些代表雇员的卡片放到相应的工作绩效等级上去。

使用这种方法意味着要提前确定按照一种什么样的比例原则来确定雇员的工作绩效分布情况。例如，假定员工工作表现大致服从正态分布，评价者按预先确定的概率（比如共分5个类型，优秀占5%，良好占15%，合格占60%，稍差占15%，不合格占5%）把员工划分到不同类型中。这种方法有效地减少了趋中或严格/宽松的误差，但问题在于假设不符合实际，各部门中不同类型员工的概率不可能一致。图9.1表示了一个硬性分布所采用的分级标准。

硬性分布法也有若干缺陷。首先是负责考核的人可能不愿将任何人置于最低（或最高）组。其次，当考核人被员工问及为什么他被置于某一等级而有些其他人被置于高于他的等级时，解释起来也可能存在一定的困难。再次，当一个群组人数较少时，也许并没有理由假定正态分布会符合员工表现的实际差别。最后，在有些情况下，考核者本人也可能会感到自己被迫在员工中人为制造一个根本不存在的正态分布，这会给考核者带来心理上的压力。

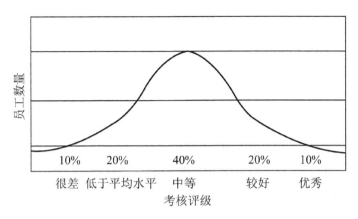

图9.1　正态曲线分布

3. 按考核主体分

1）自我考核

自我考核是自己对自己一段工作的评价，让被考核者主动地对自己的表现加以反省、评估，形成对自己工作所做的书面形式总结。这种方法适用于较高级管理人员的自我评估，并且测评的人数不宜太多。

自我考核的意义是十分深远的，因为传统的自上而下的考核方法往往会受主管主观因素的影响，而使得结果与事实有所出入。此时若受评者不提出异议，则人事部门便将错就错，所采取的措施也会失去效果，也不利于公司的人才挖掘；若被考核者对自己或他人的评价提出异议，则各执其理，也会带来困扰。因此，增加了自我考核，等于对自己公开了考核所注重的范围，被考核者在平日工作中也可照此目标行事，同时，也可叙述工作情况及自我评价，以供主管参考。

自我考核可以让被考核人写一份工作报告，对照岗位要求，回顾一年的工作及列出将来的打算，并举出一年内1~3件重大贡献事例及1~3件失败事例，并对不足之处提出有待改进的建议。一般每年在年终进行，要求大家集中在一起，预先不清楚集中的目的，且要求没有助手参加，自己独立完成总结。

2）相互考核

相互考核又称为公评法，是指同事之间、部门之间平行关系的考核。例如，一个科里的科员们互相打分评判成绩，或是工厂的操作工彼此评判。相互考核的方法盛行于第二次世界大战期间的美国军队，现代企业也常采用此方法，以表明他们的开明作风。

相互考核具有以下优点：①在时间有限而人事变化迅速时，采用此法可以把握时效；②让下属有参与感，形成企业内的民主作风；③大家都是朝夕相处的伙伴，彼此了解较深，力求做到客观性；④只是综合一个人的印象，而非评定某人的特定技能，在技术上较为简单易行。

相互考核弊端有：①人缘好的人往往得到好评，但人缘好未必表示他办事能力强；②此办法有时会被善于心计者利用，他可能在人际关系方面下苦功，使别人产生错觉；③此办法易造成同事间彼此的猜忌、内部失和、帮派之争等情形；④这种民主评定的方法往往不为主管所接受，一方面得做统计，另一方面会觉得下属瓜分了他的权力。

既然相互考核有优点也有缺点，因而应慎重实施，根据实际情况而定。如果该企业的一贯作风是开明的，则可以一试。

3）立体考核法

考核者一般由5种人组成，即：直接上级、同级同事、被考评者自身、直属下级、外界考核专家或顾问还有客户。

4. 考核形式分

1）评级量表法

评级量表是最古老也是用得最多的考核方法之一。评级量表法把员工的绩效分成若干项目，每个项目后设一个量表，由考核者做出考核。评级量表法之所以能实现考核的目标是因为它创造了一种数量化考核，它把员工绩效的每一因素都反映了出来，总考核成绩可以被看作绩效增长或被用作进行提升的依据。

每个企业可根据自己行业的特点，统计一些量表作为评价的依据，量表可以复杂些，也可简单些，只要能测出不同的品质就行。

总的说来，评级量表法既简单又省事，又好学，并且有效性也很高。同时，决策者发现评级量表可以满足很多考核目标，因为它给出了绩效的结果，这个数量结果可以用来调薪、调配工作等。

评级量表法也有缺陷。使用这种量表，考核者很容易使考核者的偏见或晕圈效应进入绩效考核中，产生晕圈误差和趋中误差。过于宽大的或中庸的考核者，就会把每个人的每个项目很快地评为高分或平均分。大多数人高度集中于某一等级。多数评级量表并不针对某一特别岗位，而是适用于组织的所有单位，因而不具有针对性。

除表形式的评级量表，还有非表形式的评级量表。非表形式的量表通常有效性更强，因为它对量表表现行为上的每一点的特征都做了简短的说明，而不是简单地量表上的高或低，因为评级量表上的每一水平的特征都做了精确的描述，因此考核者可以给员工（被考核者）的绩效一个更精确的评价。在以表形式的评级量表上，考核者只能主观地确定每个要素每一等级的水平。如什么是"低于平均"？多数评量表都是非表形式的，因为其考核内容与工作联系更紧，更针对员工的表现。

2）评语法

评估者以一篇简洁的记叙文的形式来描述员工的业绩，并特别举出长处、缺点的例子。这种方法集中描述员工在工作中的突出行为，而不是日常每天的业绩。由于这种方法迫使考核讨论绩效的特别事例，而且不使用评级量表，它能减少考核者的偏见和晕圈效应，也能减少趋中和过宽误差。

这种考核方法有明显的弱点：评估结果在很大程度上取决于评估者的主观意愿和文字水平，考核者对每一员工写一篇独立的短文所花费的时间较多。此外，由于没有统一的标准，不同员工之间的评估结果难以比较。这种方法最适用于小企业或小的工作单位，而且主要目的是开发员工的技能，激发其表现。

3）面谈考核法

面谈制度是一项十分重要的方法，广泛用于人事管理的各个环节。比如，企业规定上级管理人员定期与下级面谈，听取下级意见，进行指导教育。除此之外，还有不定期的面谈申诉规定，有用在考评工作的面谈，有录用新员工时的面谈测验，有晋升考评中的面谈答辩，也有成绩考评中的反馈面谈，等等。晋升中的面谈答辩一般由多个上级管理人员组成考评团进行，但这种考评的结果并不具有决定性作用，因为晋升主要由长期以来日常考评评语的积累效果决定。

4) 综合法

综合法顾名思义，就是将各类绩效考评的方法进行综合运用，以提高绩效考评结果的客观性和可信度。在实际工作中，很少有企业使用单独的一种考评方法来实施绩效考评工作。雇主有时决定利用包含着开发性目标形式又包含着评价性目标形式的考核方法。如肯德基的考核就是一个因素的三点（极好、满意、不满意）量表，另外再有一个总的绩效评级，这个表也要求用短语解释所给要素的每一评级。这个考核表与许多别的表不同的一点是它考核的是一个"团队"而不是一个员工，它表明肯德基烤鸡的重点既在团队又在个人。

5. 选择评估方法的考虑因素

在确定评估目标、对象、标准后，就要选择相应的评估方法。绩效考核方法决定了绩效考核所花费的时间和费用，决定了考核的侧重点。如员工自我评价法就是员工根据考评办法，按照考评表的要求，以本人的实际与行为事实为依据对本人逐项进行"自我评估"评分。理想的绩效考核方法应便于操作，而且能使考核结果客观准确。因此，选择绩效考核方法应考虑以下几个因素。

（1）绩效考核所花费的时间和其他费用。不同的绩效考核方法其难度是不同的，它所花费的时间和费用也是不一样的。绩效考核方法的选择必须考虑其所投入的时间和费用。与企业中其他工作一样，企业中的任何工作都有一个投入与产出的问题，企业要实现利润最大化目标，就必须使每一项工作的投入尽量少，产出尽量多。绩效考核工作也不例外，若绩效考核工作的投入大于产出，那还不如不进行绩效考核。绩效考核方法不同，其投入的时间和费用也不同，当然其效果也不同。投入的时间和费用是选择绩效考核方法的重要因素。

（2）考核的信度和效度。考核的信度是指考核结果的前后一致性程度，即考核得分的可信程度有多大。考核效度是指考核所得到的结果反映客观实际的程度和有效性，也就是考核本身所能达到期望目标的程度有多大。一般来说，考核的效度高，信度也高；而考核的信度高，效度不一定高。信度和效度是反映考核效果的最重要的指标，而不同的绩效考核方法所产生的考核结果的信度和效度也不同的。因此，考核结果的信度和效度是选择绩效考核方法的一个因素。

（3）绩效考核的精度。绩效考核的精度是绩效考核结果反映被考核者绩效的详细程度。不同的考核目的，对精度的要求也不一样。不同的考核方法，其精度也是不一样的。可以根据考核目的的精度要求，选择符合精度要求的绩效考核方法。当然绩效考核并不是精度越高越好。

（4）易于操作。绩效考核方法应能使绩效考核易于操作。

（5）适应性。绩效考核方法的适应性是指某一种绩效考核方法能适用于哪些人员。一般情况下，不同的绩效考核方法其适应性也不一样，某一种绩效考核方法可能仅适用于某一类或几类人员。通常为了较好的绩效考核结果和效果，对不同人员采用统一的考核程序、考核方法、考核标准是较好的。因此，绩效考核方法的适应性是选择绩效考核方法的重要因素之一。

9.4 绩效沟通

绩效沟通在整个人力资源管理中占据着相当重要的地位，是绩效管理的核心。狭义的绩效沟通是指考核者与被考核者就绩效考评反映出的问题以及考核机制本身存在的问题展开实质性的面谈，并着力于寻求应对之策，服务于后一阶段企业与员工绩效的改善和提高的一种管理方法。如员工本人不同意主管的考评意见，可向上一级主管提出申诉并由上一级主管做出最终考评。广义的绩效沟通就是上、下级之间就绩效目标的设定及实现而进行持续不断的双向交流的过程。在这一过程中，管理者与被管理者从绩效目标的设定开始，一直到最后的绩效考评，都必须保持持续不断的沟通，任何单方面的决定都将影响绩效管理的有效开展，降低绩效管理体系效用的发挥。

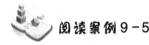

绩效沟通之后的烦恼

小王在一家私营公司做基层主管已经有3年了。这家公司在以前不是很重视绩效考评，但是依靠自己所拥有的资源，公司发展很快。去年，公司从外部引进了一名人力资源总监，至此，公司的绩效考评制度才开始建立起来，公司的大多数员工也知道了一些有关员工绩效管理的具体要求。

在去年年终考评时，小王的上司要同他谈话，小王很是不安，虽然他对一年来的工作很满意，但是不知道他的上司对此怎么看。小王是一个比较"内向"的人，除了工作上的问题，他不是很经常和上司交往。在谈话中，上司对小王的表现总体上来讲是肯定的，同时，指出了他在工作中需要改善的地方。小王也同意此看法，他知道自己有一些缺点。整个谈话过程是令人愉快的，离开上司办公室时小王感觉不错。但是，当拿到上司给他的年终考评书面报告时，小王感到非常震惊，并且难以置信，书面报告中写了他很多问题、缺点等负面的东西，而他的成绩、优点等只有一点点。小王觉得这样的结果好像有点"不可理喻"。小王从公司公布的"绩效考评规则"上知道，书面考评报告是要长期存档的，这对小王今后在公司的工作影响很大。小王感到很不安和苦恼。

（资料来源：管理资源吧，www.glzy8.com.）

9.4.1 绩效沟通的必要性

绩效管理是一个持续的交流过程，该过程由员工和其直接主管之间达成的协议来保证完成，并在协议中对未来工作达成明确的目标和理解，并将可能受益的组织、经理及员工都融入绩效管理系统中来。事实上，通过绩效沟通，员工可以清楚地知道公司希望他做什么，什么事可以自己说了算，工作要干到什么份儿上，什么时候需要上级出面。

要是绩效管理缺乏了有效的绩效沟通，那绩效管理就不能称之为绩效管理了，至少在某种程度上讲是不完整的绩效管理。妥善有效的绩效沟通将有助于及时了解企业内外管理上存在的问题，并可采取应对之策，防患于未然，降低企业的管理风险。同时也有助于帮助员工优化后一阶段的工作绩效，提高工作满意度，从而推动企业整体战略目标的达成。而且和谐的企业文化的构建，优秀的人力资源品牌也离不开妥善有效的绩效沟通的助推作用。

1. 设定共同认可的绩效目标

作为企业组织中的一员，要界定员工在企业中所处的角色，角色的定位决定了员工将担当的功能是什么，他的能力要求是哪些，需要承担什么样的工作职责。通过有效的绩效互动沟通，才能对上述进行规划谈判，才能清晰地了解期望员工做些什么，在什么样的情况和环境下履行哪些职责，让管理者与被管理者都做到对绩效目标结果何为优何为劣"心中有数"。做到了"心中有数"，员工对实现目标就有了努力的方向和动力，管理者对量化考核员工也就有了双方都认可的标准。

在设定绩效目标的过程中，要能使制定的目标信息互通，在这一环节中，如果管理者忽视了沟通的作用，使双向互动沟通在这一环节缺失，形成绩效目标信息的下达而无上传的单流向，这不单影响员工对绩效目标的了解和认可，还极可能造成制定的目标偏离客观实际、空洞、片面甚至重大失误。因为没有上传的绩效目标信息流，管理者或者说绩效目标设定者就不可能全面具体地了解、掌握下一级员工所在职位绩效目标设定的最优化。套用篮球场上的一句名言：离篮筐最近的人，离总冠军最近。那么，离基层最近的人，离真理也就最近。例如，在一个销售部门，部门经理在给员工下达销售任务时，就必须从员工那里了解其产品过去的销售情况：市场占有率、销售地区分布、竞争对手情况等，了解员工对未来销售市场的分析，他们的分析很有价值，也最值得信赖。如果部门经理闭门造车，臆断市场行情，凭空设定销售目标，很可能会出现企业产品市场占有率下降，重则企业产品在市场将遭灭顶之灾。所以，通过绩效沟通，才能使设定的绩效目标最优化，绩效目标要求才能达成一致，并得到共同认可。

2．在履行目标职责的过程中不断勘误

管理者与员工就员工工作目标和工作任务的完成情况，以及工作中存在的问题进行沟通，这是员工的业绩反馈和管理者的业绩指导阶段，员工要反馈预定的工作目标完成情况，从管理者那里得到支持和帮助，而管理者需要了解员工的工作进展情况，了解员工所遇到的障碍，通过了解，才能帮助员工清除工作的障碍，提供员工所需要的培训，提供必要的领导支持和智力帮助，将员工的工作表现反馈给员工，包括正面的和负面的。

从绩效管理的流程来看，绩效沟通是串联绩效目标管理过程的重要环节，它贯穿于整个过程的始终。当绩效目标在实施过程中朝良性方向发展时，通过不间断的沟通与对话，管理者掌握员工在目标实施过程中继续提升业绩的空间有多大，员工在后期工作中有什么样的期望和要求；通过沟通，员工能及时地反馈工作完成情况，从上级主管那里得到必要的帮助，有利于从胜利走向胜利。当绩效目标在实施过程中朝恶性方向发展，偏离正确的轨道时，这个时候的绩效沟通尤显重要，对企业而言，它有助于降低负面影响，及时阻止损失的继续蔓延，甚至及时的沟通会将对企业的负面影响和损失全面清除，重新为提升企业整体业绩起到助推作用；对员工而言，及时的沟通有助于员工改进方法、措施，重回正确轨道，有助于改变糟糕业绩，避免成为企业整体业绩提升的"罪人"。在这一过程中，管理者如果假设员工自己知道而一味姑息，一味不管不问，其最终结果只能是害了员工，于员工绩效的提高和职业生涯的发展无益。

3．**使考核思想深入人心，考核结果令人信服**

通过绩效沟通，使员工（包括被考核的员工和作为考核者的各级主管）认识到对绩效目标的考核有利于提升企业整体业绩和长远发展和员工职业生涯发展，并清除和澄清对绩效考核的错误及模糊认识。绩效管理不是考核者对被考核者滥用手中职权的"杀手锏"，也不应成为无原则的走过场、走形式。通过沟通，使绩效考核者和被考核者都认识到，绩效的考核不是为了制造员工之间的差距，不是把员工分为三六九等的标尺，而是实事求是地挖掘员工工作的长处，发现其短处，以扬长避短。

通过沟通，考核者把工作要领、目标以及工作价值观传递给被考核者，使考核者明白要考核什么、考核谁、如何考核，让被考核者明白自己该干什么、怎么干，什么事干得好、什么事干得不好，最终让双方达成共识与承诺，避免在绩效考核实施过程中出现分歧，影响对考核结果的认可度。绩效沟通能使绩效考核思想深入人心，绩效考核这一工具的使用和考核结果能得到认可，绩效考核结果能被广泛认同。

总之，绩效管理中的沟通是非常重要的，不管是目标建立过程的绩效沟通，还是绩效实施过程中的沟通，甚至还是绩效评价时候的绩效沟通，都非常重要。在目标建立阶段，管理人员和员工经过沟通就目标和计划达成一致，并确定绩效评价的标准，这是非常基础的一个环节，如果缺少了沟通，员工没有参与感，心里有抵触甚至根本不认同单独由管理人员提出来的目标和计划，所以这个环节的沟通是不可缺少的。在目标实施的过程中，员工可能会遇到这样或那样的问题，甚至还会遇到一些跨部门的障碍，作为管理人员有义务与员工随时进行沟通，解决他们在权力、技术、资源、经验、方法上的困难，确保他们在顺利完成目标的同时能获得最直接的指导、帮助和经验积累。最后在绩效评价时，沟通更为重要和必要，通过沟通，管理人员能告诉员工过去几个月来的成绩、失误、长处和不足，并指导员工朝正确的方向发展，并就上一个工作周期的工作结果达成一致的意见。

9.4.2 绩效沟通的内容和方法

1. 绩效沟通的内容

绩效沟通的内容应围绕员工上一个绩效周期的工作开展，一般包括4个方面的内容。

（1）工作业绩。工作业绩的综合完成情况是主管进行绩效沟通时最为重要的内容，在沟通时应将评估结果及时反馈给下属，如果下属对绩效评估的结果有异议，则需要和下属一起回顾上一绩效周期的绩效计划和绩效标准，并详细地向下属介绍绩效评估的理由。通过对绩效结果的反馈，总结绩效达成的经验，找出绩效未能有效达成的原因，为以后更好地完成工作打下基础。

（2）行为表现。除了绩效结果以外，主管还应关注下属的行为表现，比如工作态度、工作能力等，对工作态度和工作能力的关注可以帮助下属更好地完善自己，并提高员工的技能，也有助于帮助员工进行职业生涯规划。

（3）谈改进措施。绩效管理的最终目的是改善绩效。在沟通过程中，针对下属未能有效完成的绩效计划，主管应该和下属一起分析绩效不佳的原因，并设法帮助下属提出具体的绩效改进措施。

（4）谈新的目标。绩效沟通作为绩效管理流程中的最后环节，主管应在这个环节中结合上一绩效周期的绩效计划完成情况，并结合下属新的工作任务，和下属一起提出下一绩效周期中的新的工作目标和工作标准，这实际上是帮助下属一起制订新的绩效计划。

2. 绩效沟通的方法

绩效沟通的方法可分为正式方法与非正式方法两类。

（1）正式沟通。是事先计划和安排好的，如定期的书面报告、面谈、有经理参加的定期的小组或团队会等。

定期的书面报告。员工可以通过文字的形式向上司报告工作进展、反映发现的问题，主要有周报、月报、季报、年报。当员工与上司不在同一地点办公或经常在外地工作的人员，可通过电子邮件进行传送。书面报告可培养员工理性、系统地考虑问题的能力，提高其逻辑思维和书面表达能力。但应注意采用简化书面报告的文字，只保留必要的报告内容，避免烦琐。

一对一正式面谈。正式面谈对于及早发现问题，找到和推行解决问题的办法是非常有效的；可以使管理者和员工进行比较深入的探讨，可以讨论不易公开的观点；使员工有一种被尊重的感觉，有利于建立管理者和员工之间的融洽关系。但面谈的重点应放在具体的工作任务和标准上，鼓励员工多谈自己的想法，以一种开放、坦诚的方式进行谈话和交流。

定期的会议沟通。会议沟通可以满足团队交流的需要；定期参加会议的人员相互之间能掌握工作进展情况；通过会议沟通，员工往往能从上司口中获取公司战略或价值导向的信息。但应注意明确会议重点；注意会议的频率，避免召开不必要的会议。

（2）非正式沟通是未经计划的，其沟通是通过组织内的各种社会关系进行的。其形式如非正式的会议、闲聊、走动式交谈、吃饭时进行的交谈等。

非正式沟通的好处是形式多样、灵活，不需要刻意准备；沟通及时，问题发生后，马上就可以进行简短的交谈，从而使问题很快得到解决；容易拉近主管与员工之间的距离。

9.4.3 绩效管理的沟通过程

沟通在绩效管理中起着决定性的作用。在某种程度上，沟通是绩效管理的本质与核心，它贯穿了绩效管理循环的始终——制订绩效计划与目标要沟通，帮助员工实现目标要沟通，年终评估要沟通，分析原因、寻求进步要沟通。总之，绩效管理的过程就是员工和经理持续不断地沟通，以提升绩效的过程。离开了沟通，企业的绩效管理将流于形式。

也就是说，沟通是无处不在的，它存在于绩效管理的全过程：沟通绩效理念、绩效目标沟通、绩效过程沟通、绩效结果沟通。

而许多管理活动失败的原因都是沟通出现了问题，绩效管理就是致力于管理沟通的改善，全面提高管理者的沟通意识，提高管理的沟通技巧，进而改善企业的管理水平和管理者的管理素质。

精心准备，灵活操纵，"音中有效"一个完备的绩效沟通全过程主要是由沟通前的准备阶段、沟通过程中的操纵阶段和沟通后的跟踪阶段三部分构成。而且这三部分是紧密相连的，互为作用，共同构成了一个具有较强逻辑性的循环圈。

1. 准备工作阶段

取得理想效果的绩效沟通是离不开前阶段的周密准备工作的。可以说，离开了周密的准备，整个绩效沟通就失去了开展沟通的稳固基础。具体来讲，准备阶段的工作主要有以下几方面。

（1）沟通对象的分类。实施沟通的人员第一步就应依据考评表和考评结果所反映出的信息将被考核者进行分类。将同一部门的考评表集中在一起，然后又从同一部门的考评表中依据考评结果分为好、中、差三类。那整个绩效考评表从横向层次上就被归入了各部门，从纵向层次上则分为了好、中、差三类。将考评表分类的过程，实际上也是一个对沟通对象快速解读的过程，这样做一方面有利于从全局上了解和把握企业的整体绩效状况，另一方面也便于与员工进行有针对性的分门别类的沟通，从而提高沟通的效率。

（2）绩效沟通的总目标和分目标的定位。任何沟通都离不开目标的导向。只有在正确的沟通目标的引导下，并围绕目标需求展开话题，获取支撑目标达成的信息，才能使沟通真正产生效果。就绩效沟通来讲，绩效沟通的总目标是通过与员工开展沟通来提高员工的工作绩效，从而带动企业战略目标的达成。在确定了绩效沟通的总目标后，当然也不能忽视了支持总目标的分目标的确立。从本质上说，总目标实际上就是各个分目标的提炼和汇总。确立绩效管理的分目标实际上也就是针对每次具体沟通所拟定的一个沟通期望。如通过这次沟通要向员工传递什么信息？沟通之后要达成怎样的沟通效果等一些较为具体详细的目标。但要注意的是分目标的确立一定要有针对性，要从评估表和工作分析表中提炼出依据性信息。

(3) 全面解读绩效考评结果。只有认真全面地解读了绩效考评结果，真正获取结果所反映出的信息，才具有与沟通对象展开沟通的"共同语言"基础，否则彼此之间的沟通将会存在不同程度的隔膜。

解读绩效考评结果应完成4个问题：

沟通对象应该做什么；沟通对象已经做了什么；沟通对象为什么会得到这样的考评结果；沟通对象应该朝什么方向改进。通过对这4个问题的思考，实施沟通的人员会对沟通对象及其所在的岗位有一个初步的了解，沟通也就会在共同语言的基础上有的放矢地进行。

(4) 合适的场所和时间的选择。所谓合适的场所和时间就是指进行绩效沟通时要注意时机和场所的选择，绝不能马虎了事。毕竟在不同的时间和环境所进行的沟通产生的效果是不一样的。恰当的时机和愉悦的沟通环境将有助于使沟通达到"事半功倍"的效果。那么何谓恰当的沟通时机呢？企业的绩效沟通最好安排在绩效考评结果公布的第一时刻进行。一家外资企业的董事长习惯性的做法就是在考评结果公布后，其本人立刻亲自邀请考评成绩靠后的20名员工共进晚餐，共同开展绩效沟通。这种做法颇得企业员工的称赞，沟通效果也较为明显。考评结果的差异性对每个考评对象的影响不尽相同，同时也可能有些员工对绩效考评结果和考评机制本身存在异议，这些情况的存在都使得绩效沟通应当快速展开。

至于愉悦的沟通环境，其应具备正规性和权威性两个特征。一般可以选择在会议室或专门的办公室进行，让沟通对象意识到企业对本次沟通的重视；具备干扰性的因素不存在。愉悦的沟通环境应该使沟通能够不受干扰，如人员的进出、电话铃声等。这就需要工作人员进行妥善的准备和布置。

(5) 制定沟通提纲。如果将沟通目标当作指挥者，那沟通提纲就是向导。成功的绩效沟通是离不开沟通提纲的"向导作用"的。具体来讲，沟通提纲应分为两类，一类是沟通计划，其主要是对沟通全过程的一个事先安排，如什么时候开展沟通、在哪里进行沟通、沟通应由哪些人员参加等；另一类就是面谈提纲，其主要是细化到对一个具体沟通对象的沟通安排，如问什么样的问题、如何记录、首先问哪些问题等。制定沟通提纲要注意有针对性和有选择性，一方面要使绩效沟通达到好的效果，另一方面又要注意沟通的效率。

2. 沟通操纵阶段

有了周密的准备，整个绩效沟通就成功了一半。但绩效沟通的实质性操纵阶段也不容忽视，否则会造成前功尽弃的局面出现。在沟通过程中应注意以下4方面的问题。

(1) 站稳自己正确的立场。站稳自己正确的立场包含两方面的信息：第一，要保证立场是正确的而非不公平或错误的，这就需要绩效管理人员从全局和整体方向上把握，冷静地分析考评表，理性地对待每一位参与沟通的员工，并从中提炼出一个公平公正的立场；第二，在保证自己的立场正确的前提下稳固地坚持自身的立场。在绩效沟通中，有些员工可能对绩效结果的公正性、公平性持有怀疑甚至对抗的态度，根本就不认同绩效管理人员的观点和立场。在这种情况下，作为企业的管理者一方面要认真倾听员工的言论并认真记录，使员工感觉到企业对其重视；另一方面要稳住自己正确的立场，切忌出现立场不坚定或混乱，从而保证此次沟通的有序性。

(2) 围绕已定目标展开沟通。在沟通的准备阶段，绩效管理人员就已经为沟通制定了总目标和具体的分目标。沟通的执行阶段就是解决如何完成这些目标的问题。相对于总目标的实现来讲，其关键之处就是要从总体和全局的观念上来把握每一次具体的沟通，在沟通中注意搜集和把握全局性和不同沟通对象反映的共性信息。至于具体的分目标的实现，实际上就是完成已定的工作任务。如通过这次沟通要获取哪些信息？要向沟通对象传达哪些信息？确定这些任务和目标之后，沟通也自然需要围绕这些任务而展开。

(3) 灵活应对突发事件。在任何活动进行的过程中都有可能发生意料之外的突发事件。绩效沟通当然也不例外。如企业一方由于某种原因使沟通演变成了说教，员工完全成为一个"忠实"的听众。又如遇到内向型的员工，整个沟通根本就不能进展下去等一系列的突发事件。面对这些突发事件，作为代表企业一方的人员，首先应摆正心态，快速冷静思考，找出应对之策。如若遇到沟通演变成说教的突发事件，企业一方在意识到这一点之后就应及时将自己转换为倾听者，并适当延长原定的沟通时间，以避免由此带来的负面影响。其次，企业也可以主动地向员工"道歉"，拉近彼此之间的距离，防止突发危机扩大化。

(4) 重在探讨解决问题的应对之策。如果说改善员工及企业的绩效是沟通的出发点，那么探讨解决问题的对策则是沟通的落脚点。与员工展开绩效沟通若是未能探讨出解决问题的对策，那从根本上说绩效沟通是失败的或称之为"无意义"。因此，在进行绩效沟通之时应重在探讨解决问题的对策。在开展绩效沟通时探讨应对之策有两方面的意义：它可以借助企业一方的智慧帮助员工谋求应对之策；它也集合了员工的智慧，使探讨出的应对之策更具有可操作性和现实性。

3. 沟通跟踪阶段

一个完善的绩效沟通机制，当然也离不开沟通后的跟踪观察阶段。在完成了绩效沟通后，绩效管理人员应对沟通对象进行跟踪观察，及时了解沟通对象的工作动态，并从中提炼出沟通效果和沟通目标达成程度的信息，为后阶段"调试"企业沟通机制和绩效管理机制提供参考依据。具体可请求沟通对象所在的相关部门和人员给予帮助和配合。

绩效沟通在人力资源管理活动中既是一项重要的活动，又是一项不易把握、较为复杂的活动。面对绩效沟通，管理者务必要摆正心态，认真准备，灵活操控，妥善对待，切勿轻视了之。否则，极容易陷入绩效沟通的恶性循环的怪圈中去。

9.4.4 绩效沟通面谈的注意点

考核谈话既是机会也存在风险。由于管理者必须传递表扬和建设性批评两方面的信息，这对管理者和员工来说都是一个易动情绪的时刻。在这种谈话中，管理者主要关注的是如何既强调员工表现中的积极方面，又能就员工应如何改进，与员工进行讨论。如果这种谈话处理得很糟，员工很可能产生愤慨甚至引发冲突，从而影响今后的工作。在评价面谈中，有几个方面是应该注意的：①建立彼此相互信任的关系，创造有利的面谈气氛；②清楚地说明面谈的目的，鼓励下属说话，倾听而不要打岔；③避免对立和冲突；④集中精力讨论绩效而不是性格；⑤集中对未来的绩效改进，而不是追究既往；⑥优、缺点并重；⑦以积极的方式结束面谈。

经过这样的面谈，下属在离开时会满怀积极的态度，而不是不满的情绪。表9-6归纳了负责人和管理者为进行有效的考核谈话所需注意的事项。

表9-6 管理者在考核反馈谈话中应注意的事项

应做什么	不应做什么
事先做好准备	教训员工
聚焦于工作表现和今后发展	将工作考核和工资、晋升一并谈论
对评定结果给予具体的解释	只强调表现不好的一面
确定今后发展所需采取的具体措施	只讲不听
思考负责人在下属今后发展方面的角色	过分严肃或对某些失误"喋喋不休"
对理想的表现予以强化	认为双方有必要在所有方面达成一致
重点强调未来的工作表现	将该员工与其他员工进行比较

9.4.5 制订绩效改进计划

绩效改进计划是考核工作最终的落脚点。绩效改进计划就是采取一系列具体行为改进部属的绩效,包括做什么、谁来做、何时做。一个切实可行的绩效改进计划应包括以下要点。

1. 切合实际

为了使绩效改进计划确实能够执行,在制订绩效改进计划的时候要本着这样3条原则:①容易改进的优先列入计划;②不易改进的列入长期计划;③不急于改进的暂时不要列入计划。也就是说,容易改进的先改,不易改进的后改,循序渐进,由易至难,以免使员工产生抵触心理。

2. 计划要有明确的时间性

绩效改进计划应有时间的约束,有利于管理者的指导、监督和控制,同时给员工造成一定的心理压力,使其认真对待,避免流于形式。

3. 计划要具体

列入绩效改进计划中的每一个内容都要十分具体,看得见、摸得着、抓得住才行。例如,为改进新员工的培训能力,可以建议他们读一本有关的书,和同事交流一下各自的体会,听听有关的讲座(见表9-7)。

表9-7 绩效改进计划(例)

改进者:李×	监督人:章××	制定时间:1994年12月25日	第(1)页
绩效改进项目:训练新员工		执行人	执行时间
1. 向王××请教他的方法		李×	1月15日以前
2. 观摩王××训练新员工		李×	王××有新员工时
3. 参加〔如何训练新员工〕研讨会		李×	2月12日
4. 阅读下列书籍		李×	
(1)新员工的培训与指导			1月15日以前
(2)有效的沟通			2月10日以前
(3)管理者的在职训练			3月15日以前

4. 计划要获得认同

在制订计划的时候,不要有长官意志。员工工作绩效最终不是由管理者而是由员工自已控制的。经理的任务是帮助员工，确保使员工明白怎样从事他们的工作、什么是良好的工作绩效、他们现在做得怎么样、是否需要及怎样改进等。因此，绩效改进计划必须得到双方的一致认同，并使绩效改进者感觉到这是他自己的事，而不是上级强加给自己的任务，方能确保计划的实现。

5. 绩效改进指导

现代考核技术中，应把在工作中培养下属视为改进工作绩效的重点来抓。因此，主管人员要经常带头与下属讨论工作，以有效地完成工作作为讨论的核心，并时常对下属的工作和绩效改进予以具体的忠告和指导。对绩效改进计划的指导要一直持续到下次考核为止。主管人员要时时牢记：下属的绩效就是自己的绩效，下属的失误就是自己的失误，如果不能有效地指导下属改进工作，就是自己的失职。

本章小结

绩效管理是指管理者与员工之间在目标与如何实现目标上所达成共识的过程，促进员工成功地达到目标的管理方法，促进员工取得优异绩效的管理过程。绩效管理目的在于提高员工的能力和素质，提高公司的绩效水平。

绩效管理的过程通常被看作一个循环，这个循环主要分为 4 个环节，即绩效计划、绩效辅导、绩效考核与绩效反馈。绩效计划制订是绩效管理的基础环节，不能制订合理的绩效计划，就谈不上绩效管理；绩效辅导沟通是绩效管理的重要环节，这个环节的工作不到位，绩效管理将不能落到实处；绩效考核评价是绩效管理的核心环节，这个环节的工作出现问题会给绩效管理带来严重的负面影响；绩效结果应用是绩效管理取得成效的关键，如果对员工的激励与约束机制存在问题，绩效管理不可能取得成效。

 关键术语

绩效　绩效管理　绩效计划　绩效考核　绩效沟通

综合练习

一、单项选择题

1. 组织未来所面临的挑战主要是建于绩效考评之上的一系列绩效改进活动，即可以称之为（　　）。
   A. 绩效管理　　　　　　　　　　B. 绩效管理制度
   C. 绩效管理目的　　　　　　　　D. 绩效管理特点
2. 关键事件法的缺点是（　　）。
   A. 无法为考评者提供客观依据　　B. 不能做定量分析
   C. 不能贯穿考评期的始终　　　　D. 不能了解下属如何消除不良绩效
3. 硬性分布法假设员工的工作行为和工作绩效整体呈（　　）分布。
   A. 偏态　　　　　　　　　　　　B. 正偏态
   C. 正态　　　　　　　　　　　　D. 负偏态
4. 组织开始使用包含外部和内部顾客的各种来源，综合运用这些信息来源的方法被称为（　　）。
   A. 360 度反馈　　　　　　　　　 B. 270 度反馈
   C. 180 度反馈　　　　　　　　　 D. 90 度反馈

5. 在绩效面谈中，反馈的信息应该"去伪存真"，这体现了有效信息反馈所具有的（　　）。
   A. 针对性　　　　　　　　　　B. 及时性
   C. 主动性　　　　　　　　　　D. 真实性

6. 在本期绩效管理活动完成之后，将考评结果以及有关信息反馈给员工本人，并为下一期绩效管理活动创造条件的面谈，称为（　　）。
   A. 绩效计划面谈　　　　　　　B. 绩效考评面谈
   C. 绩效总结面谈　　　　　　　D. 绩效指导面谈

7. 一个有效的绩效管理系统是通过多个环节提高员工工作绩效的，而增强企业竞争优势的首要问题是（　　）。
   A. 目标第一　　　　　　　　　B. 考核第一
   C. 安全第一　　　　　　　　　D. 收集资料第一

8. 绩效管理的（　　）是为了促进企业与员工的共同提高和发展。
   A. 最终手段　　　　　　　　　B. 最终要求
   C. 最终目的　　　　　　　　　D. 最终目标

9. 所谓（　　）就是指确认组织或员工工作绩效的不足和差距，查明产生的原因，制订并实施有针对性的改进计划和策略，不断提高企业员工竞争优势的过程。
   A. 绩效管理　　　　　　　　　B. 绩效信息
   C. 绩效改进　　　　　　　　　D. 绩效目的

10. 绩效考核一般不用作（　　）的依据。
    A. 晋升　　　　　　　　　　　B. 工资
    C. 调任　　　　　　　　　　　D. 组织设计

二、简答题

1. 谈谈你对绩效的理解。
2. 试分析绩效管理的目的。
3. 绩效管理与绩效评价之间的关系与区别是什么？
4. 为什么要制订绩效计划？你认为绩效计划可以包括哪些内容？
5. 试解释绩效评价与绩效改进之间的关系。
6. 解释4种最主要的绩效评价方法及各方法之间的区别。
7. 在选择绩效评价方法时需要考虑哪些影响因素？试结合实例解释各个因素是如何影响评价方法的选择的。
8. 谈一谈你对绩效沟通的理解。
9. 如何理解绩效反馈面谈的重要性。

三、名词解释

绩效　绩效管理　绩效计划　绩效考核　绩效沟通

洗衣店的绩效考核

布朗是一家洗衣公司新到的人力资源主管。在工作几周后，布朗惊讶地发现，在老板独自经营洗衣公司的这些年里，他竟然从来都没有对雇员的工作绩效进行过正式的考核。在与老板的交谈中，布朗了解到：老板认为他自己有更重要的事情要去做，如提高营业额降低成本等。因此根本没有时间去制定正式的工作绩效评价制度，此外，雇员的流动率也很高，许多雇员实际上坚持不到该做工作绩效评价的时候就已经离职了。不过，老板还是有一些做法来弥补没有正式工作绩效评价体系的弊端，实际上，像熨烫工和洗衣工这些体力工人，一般会不定期地从老板那里得到一些积极的反馈，比如老板会称赞他们工作干得好；当然，有时也会受到老板的批评，这时往往是因为老板发现其洗衣店里的某一部分发生了问题，与此同时。老板从来不隐瞒告诉管理人员洗衣店里的问题。以使他们明白洗衣店的处境。

尽管存在这些非正式的反馈系统，布朗仍然认为应当建立更为正式的工作绩效评价制度，他相信即使是对计件工人来说，也存在一些像质量、数量、出勤率和工作完成准时率等此类应当定期予以评价的工作绩效标准，此外，他十分强烈地感觉到，管理人员应当有一份关于各种事情的工作质量标准，比如商店的整洁性、效率高低、安全性以及需要严守的预算等，这些标准将成为正式工作绩效评价的依据。

根据案例所提供的资料，试分析以下内容。
(1) 老板采用的是一种什么考核方式？
(2) 老板进行的绩效考核有什么不足？
(3) 布朗应在绩效考核中注意哪些问题？

实际操作训练

课题 9-1：

实训项目：制订工作业绩计划表。

实训目的：学习怎样制订工作业绩计划。

实训内容：小张是北方区的人力资源部经理，他制定了工作的目标。第一是招聘。这项任务对小张并不算重，因为一年可能招不了几个经理职位，所以这个的权重不应太大。第二是要做员工的培训和发展规划。小张要对各个部门的经理进行职位和发展培训，这部分的权重要比招聘大一些。第三是进行员工关系管理。也就是，北方区500多名员工，对公司满不满意，有什么抱怨，满意度比去年是上升了，还是下降了，直接放在目标里，所以小张给员工关系管理这一项赋予50%的权重，因为它太重要了。小张的最后一个目标是薪酬管理。由于有一个老板专门负责设计所有的薪酬福利，小张只是北方区的执行者，所以只给10%的权重。

实训要求：根据该公司的实际情况，针对以上4个目标的权重，帮助小张制订今年的工作业绩计划表。

课题 9-2：

实训项目：绩效沟通。

实训目的：设计绩效面谈的方案。

实训内容：假定你是公司销售部经理。黄刚是你部门负责东北地区的销售员，3 年前由一个小公司加入你们部门。前两年黄刚都未能完成销售任务，同时只是把精力用于发展客户关系上，对客户的业务需求了解很肤浅，对产品的了解也很有限。根据这些表现，你给黄刚的业绩评定连续两年都是及格。

今年，东北地区突然决定做项目A，你和技术部经理立即组织力量投标，经几轮奋战，最终拿到了合同。作为销售工程师的黄刚，在项目期间工作很努力，以建立各种关系为重点，成为项目组的骨干。由于项目A的成功，黄刚的销售业绩达到了130%。

但同时，你注意到黄刚在与技术工程师合作时，关系处理得非常紧张。工程师抱怨黄刚不能准确提供用户需求，没有计划，也不与大家沟通，造成几次方案重新设计。大家都不愿与他合作。另外，黄刚没有在事先预报项目A，目前订货、交货期都有问题。

综合以上考虑，你计划给黄刚良好的业绩考核成绩。今天你约了黄刚做本年度的业绩考核面谈。

实训要求：根据该员工的实际情况，设计绩效面谈的方案以及工作业绩改进计划表。

第10章 薪酬管理

教学目标

通过本章的学习，了解薪酬体系及相关基本概念，明确各种薪酬制度的特征，掌握薪酬制度设计的主要程序、要点。

教学要求

知识要点	能力要求	相关知识
薪酬管理及原则	整体认识薪酬的内涵 了解相关基本概念	薪酬概念、薪酬管理原则、薪酬策略影响薪酬制度的因素
薪酬制度体系及构成	掌握薪酬体系的内涵	薪酬结构
基本薪酬制度类型、特点与设计	了解各种基本薪酬制度的特征，掌握计点法职位薪酬制度的设计程序	职位薪酬制度、技能薪酬制度、能力薪酬制度
绩效薪酬形式与制度设计	理解激励原理，掌握各种绩效薪酬制度的特征、要素和实施程序	短期绩效薪酬、奖金、利润分享制度、长期激励制度
福利制度管理	了解福利的意义，掌握福利管理体系	福利类型、管理要素

导入案例

A企业如何进行薪酬变革？

将A企业的薪酬水平与A企业所在地区的市场薪酬水平进行比较，来确定企业的薪酬调整策略，这是第一步。前期调研过程中，研究者对A企业所在地区进行了薪酬调查，初步了解了该地区的市场薪酬状况，并结合A企业现有员工的薪酬数据，大致绘出A企业所在地区的市场薪酬结构线与A企业薪酬结构线的对应关系，如图10.1所示。

从图10.1可以得出以下结论：

（1）从A企业薪酬结构线来看，其尾端下翘，表明具有高职位价值的企业关键员工虽然对企业的生存和发展具有重大影响，但并没有得到有效的薪酬激励，其薪酬水平的提升速度低于低职位价值的一般员工。

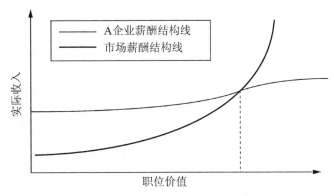

图 10.1 A 企业薪酬市场比较

（2）将 A 企业薪酬结构线与市场薪酬结构线加以比较来看，企业关键员工的薪酬水平明显低于市场平均薪酬水平，而一般员工的薪酬水平高于市场平均薪酬水平。这充分说明：①企业"大锅饭"现象比较严重；②薪酬结构缺乏市场竞争力；③薪酬对关键员工激励乏力，不能达到吸引、激励与保留关键员工的目的，等等。针对这些问题，应制定 A 企业的薪酬调整策略，即在控制人工成本的基础上，加强对关键员工的薪酬激励，使关键员工的薪酬水平高于市场水平，从而保证企业的薪酬政策进一步向具有高职位价值的关键员工倾斜。

薪酬管理是人力资源管理的重要环节，与人力资源管理的其他环节紧密联系。对薪酬的认识和实践水平是企业人力资源管理水平的重要标志。薪酬管理与企业的自身性质、企业的员工素质、企业的经济效应密切相关，与政府的政策法规、社会的经济发展关系也很密切。

10.1 薪酬管理概述

10.1.1 薪酬与薪酬管理

1. 基本概念

报酬是员工为某个组织工作而获得的所有他认为有价值的东西，可以分为金钱形式的经济性报酬与非经济性报酬。

薪酬属于报酬体系中的经济性报酬，是指员工因为雇佣关系的存在而从雇主那里获得的各种形式的经济收入以及有形服务和福利。薪酬从构成看，主要包括以下 3 点。

（1）基本薪酬是组组根据员工所承担或者完成的工作本身，或者是员工具备的完成工作的技能与能力，向员工支付的稳定性报酬。

（2）绩效薪酬与绩效直接挂钩的部分。

（3）间接薪酬是指对员工的福利和服务。

从员工方面看，薪酬功能具有：①经济保障功能；②心理激励功能；③社会信号功能。从企业方面看可以：①控制经营成本；②改善经营绩效；③塑造、强化企业文化；④支持企业变革。

薪酬管理是指一个组织针对所有员工提供的服务来确定他们应当得到的报酬总额、报酬结构和报酬形式的过程。薪酬管理目标是实现薪酬制度的公平性、有效性和合法性。

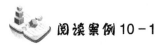

联想的薪酬福利

联想的薪酬福利制度经历了4个发展阶段。第一阶段是1984—1988年的低工资、低福利阶段，公司刚成立，条件很艰苦，资金也很困难，只能维持原有的工资水平，基本没有什么福利。第二阶段是1988—1992年的低工资、中福利阶段，公司得到逐步发展，有条件提高员工的待遇，但是当时社会大环境不便于给高工资，而且个人调节税的起点很低，联想就保持工资变动不大，增加福利，采用了季度性劳保、年度职工置装、食堂补贴和年节发实物性奖励等福利措施。第三阶段是1993—1998年的中工资、低福利阶段，随着整个社会工资的上调，联想在1993年也进行了一次大规模的调整，不再按事业单位的工资标准，工资往上提，但是减少福利部分。联想只是把实物发放和置装费等放入工资，比起同行业，待遇水平偏低。第四阶段是1998年底至今的高工资、中福利阶段，改等级工资制为岗位工资制，以为企业做的贡献为评定基础，进行了大规模的改革。联想的工资水平高于一般国有企业，达到上等水平，开始为职工办理养老保险、住院基金和医疗保险等。

联想统一薪酬的价值标准体系分为三方面：一是贯彻事业部管理体制和扁平化管理思想；二是借鉴先进的经验规划人力资源系统，为联想的人力资源管理规范化和科学化打基础；三是体现企业文化"以人为本"的思想和"公正、公平、公开"的原则，把个人的价值实现与企业的价值实现结合起来。在统一薪酬上还有3个原则：一是形成统一、合理的结构，工资、奖金、福利、股份等要素的比例要合理；二是确定统一的定薪方法，采取CRG（Corporate Resources Group，CRG）的岗位评估方法和总额控制，CRG是CRG公司（国际人力资源顾问公司）评估岗位的基本工具；三是确定统一的调薪原则。

联想已经将员工的薪酬福利体系合理化，对各个部门和相关问题都进行了明确规定。并且根据行业情况和企业情况进行了调整，使薪酬体系既公平又有激励作用。薪酬福利是员工所获得的所有报酬，其中包括工资、年终奖金、员工持股、社会福利和公司福利，联想对此都有相关政策。

工资——依据CRG国际职位评估方法确定岗位工资。岗位的职责大小、劳动强度、劳动难度、贡献大小等都是支付工资的标准。并根据国家的标准对不同地区的工资进行调整。

年终奖金——总部职能部门的年终奖金与全集团的业绩挂钩；子公司的年终奖金与子公司的业绩挂钩；个人的年终奖金与个人的业绩挂钩。发放年终奖金的目的就是肯定一年的工作，并给予物质上的奖励，起到激励员工下年继续努力的作用。

员工持股——遵循全员持股的原则，只要是在公司工作过一段时间的员工都可以分配到股权，具体分配的数量根据岗位的价值决定。

福利——统一薪酬后，员工享受越来越多的福利。企业按国家规定给员工社会统筹养老保险、医疗保险、失业保险等福利，还为员工建立住房公积金等。福利政策遵循"福利社会化"原则，逐步减少公司福利。为提高员工工作效率和工作积极性的带薪休假和工作餐等福利将继续保留。

薪酬福利的进一步完善是人力资源管理的规范化内容之一。通过合理的薪酬福利结构、公平的制定标准，让员工的收入明确，更好地激励员工工作。

（资料来源：宋联可，杨东涛. 高效人力资源管理案例——MBA提升捷径[M]. 北京：中国经济出版社，2009.）

2. 薪酬的重要性

企业的薪酬系统对于企业的正常运作十分重要。可以这样说，一旦薪酬系统失灵，企业的运作就会立即失灵。

薪酬系统的重要性主要有以下几点。

（1）吸引人才。在目前市场经济中，薪酬无疑是吸引人才的有效工具，并不是说工资越高越能吸引人才，但是薪酬系统的完备与优秀一定能吸引更多的人才。

（2）留住人才。一个优秀的薪酬系统能够为企业留住人才，使员工认识到，在该企业工作的时间越长，工作越努力，绩效越好，越有回报。

（3）激励人才。使人才为实现企业目标努力工作是薪酬系统有效运作的主要目的。优秀的薪酬系统应该促使每个员工都能自觉地为企业目标努力工作。

（4）满足组织的需要。企业的一项基本目标是以较低的成本来获取合理的利润，一个优秀的薪酬系统应该既满足员工的需要，又满足企业的需要。

10.1.2 薪酬管理的重要决策、原则与政策

1. 薪酬管理中的重要决策

（1）薪酬制度：职位薪酬制度、技能薪酬制度和能力薪酬制度。

（2）薪酬水平：各个职位、部门和整个企业的平均薪酬水平决定了企业薪酬的外部竞争性。

（3）薪酬等级：同一组织内部的不同职位薪酬之间的相互关系，涉及薪酬内部的一致性，反映了企业对职位重要性和职位价值的态度。

（4）薪酬形式：薪酬支付方式及支付基础。

（5）特殊群体薪酬：体现员工的工作目标、内容、方式和行为之间的区别。特殊人群包括销售人员、专业技术人员、管理人员等。

（6）薪酬管理政策：薪酬成本、预算编制方式、薪酬制度等。

要进行有效的薪酬决策，一定要制定出相应的原则与政策。

2. 薪酬管理的原则

（1）公平性。公平是薪酬系统最主要的原则。要使员工认识到人人平等，只要在相同的岗位上，做出相同的业绩，都将获得相同的薪酬。

（2）适度性。适度性是指薪酬系统要有上限和下限，在一个适当的区间内运行。

（3）安全性。安全性是指薪酬系统要使员工感到安全，使企业感到安全，不能经常变动，一些重要内容的变动更要慎重。

（4）认可性。薪酬系统是由企业管理层制定的，但应该使大多数员工认可，这样会起到更好的激励作用，当然，更要符合法律。

（5）成本控制性。一般来说，薪酬系统应该接受成本控制，也就是在成本许可的范围内制定薪酬系统。

（6）平衡性。平衡性是指薪酬系统的各个方面要平衡，不能只注重直接薪酬，而忽视非直接薪酬；也不能只注重金钱薪酬而忽视非金钱奖励。

（7）刺激性。刺激性是指薪酬系统对员工要有强烈的激励作用。

（8）交换性。交换性是指一个企业的薪酬系统与外部市场有可交换的内容，不能自行一套，我行我素。

3. 薪酬管理的策略

（1）业绩优先与表现优先。业绩优先是指企业主要根据员工业绩的优劣来支付薪酬；表现优先是指企业主要根据员工的努力程度来支付薪酬。

（2）工龄优先与能力优先。在企业中，如果工龄在薪酬系统中的权重比能力大，则称之为工龄优先，反之则称为能力优先。相似的还有学历优先与能力优先、性别优先与能力优先等。

（3）工资优先与福利优先。在企业制定薪酬系统时，工资很优厚，而福利较差的称为

工资优先；而福利相当好，工资一般的称为福利优先。

（4）需要优先与成本优先。在企业制定薪酬系统时，主要考虑企业的需要，而忽视成本控制的称为需要优先。反之，如果主要考虑成本控制，而忽视企业需要的称为成本优先。

（5）物质优先与精神优先。在薪酬系统中强调金钱薪酬，而忽视非金钱奖励的称为物质优先；在薪酬系统中较重视非金钱奖励，不强调金钱薪酬的称为精神优先。

（6）公开化与隐蔽化。员工之间相互知道薪酬多少的称为公开化；反之，员工之间不提倡相互了解薪酬多少的称为隐蔽化。

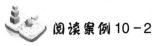

诺基亚的薪酬福利

诺基亚是电信业的一个传奇，从一家小小的芬兰造纸厂历经百年，成为手机领域的重量级跨国公司，可见其生命力的持久和旺盛。人是企业的核心，持久而强烈地吸引员工、激发员工是企业基业长青的保证。薪酬无疑是吸引和激发员工最有效的工具之一。诺基亚认为，优秀的薪酬体系不但要求企业有一个与之相配的公平合理的绩效评估体系，更要在行业内表现出良好的竞争力。

诺基亚启动了人力投资（Invest In People，IIP）项目，每年必须和员工进行两次高质量的谈话。首先，要对员工的业绩表现进行评估，通过交谈了解员工的工作情况，区分员工自身原因和外部原因，对其绩效做出公平的评价。其次，帮助员工认识自己的潜力，发现自己的特长，为其指引发展方向，并建议员工接受什么样的培训和提高哪方面的技能，从而更好地挖掘自身潜力。IIP项目的实施有利于打造公平合理的绩效评估体系，同时还能帮助员工成长。

高薪酬水平和低人力成本往往是两个不可兼得的目标，为使薪酬具有吸引力，常以高成本为代价。诺基亚一方面要保持薪酬在业内的竞争力，另一方面也要注意控制成本，因而在薪酬体系中引入了一个重要的参数——比较率（Comparative Rate）。

计算公式为：比较率＝诺基亚员工的平均薪酬水平/行业同层次员工的平均薪酬水平。

当比较率大于1时，意味着诺基亚员工的平均薪酬水平超过了行业同层次员工的平均薪酬水平；比较率等于1时，说明两者相等；比较率小于1时，说明前者低于后者。诺基亚将比较率维持在1～1.2，即保证诺基亚员工的薪酬水平高于行业内同层次员工，但控制在高出20%之内。为了确保比较率的准确性，诺基亚每年都会拨出一定的经费，让专业的第三方市场调查公司进行大规模的市场调查，更新市场数据，再对员工的薪酬进行相应的调整。从而保证诺基亚在控制成本的前提下，保证薪酬具有竞争力。

（资料来源：宋联可，杨东涛. 高效人力资源管理案例——MBA提升捷径[M]. 北京：中国经济出版社，2009.）

10.1.3 影响薪酬制度的因素

1. 影响薪酬制度的外部因素

影响薪酬制度的外部因素主要有以下几种。

（1）法规政策。政府的许多法规政策影响薪酬系统，例如，对员工最低工资的规定；员工的所得税比例；工厂安全卫生规定；女职工的特殊保护；员工的退休、养老、医疗保险；等等。

（2）当地的经济发展状况。一般来说，当地的经济发展处在较高水平时，企业员工的薪酬会较高。反之，企业员工的薪酬会较低。目前，中国的各地区经济发展不平衡，沿海地区的经济发展水平较高；大城市的经济发展水平较高。

(3) 劳动力市场。劳动力市场和企业的薪酬系统关系十分密切,当劳动力充沛时,企业的薪酬相应会降低;当劳动力匮乏时,企业的薪酬相应会提高。

(4) 行业行情。由于历史原因和现实需要,各行业的员工对薪酬的期望是不同的,因此,也影响了企业的薪酬系统。例如,金融行业、信息行业等员工对薪酬的期望较高;而纺织行业、环卫行业等员工对薪酬的期望较低。

(5) 企业所有制。一般来说,企业所有制对企业的薪酬系统也有一定的影响。例如,民营企业的员工工资会相对高一点,而福利会相对低一点;国有企业的员工工资会相对低一点,而福利会相对高一点;外资企业的薪酬系统相对健全一些。

(6) 当地的生活指数。由于薪酬系统与员工的生活息息相关,因此,当地的生活指数较高时,企业内员工的薪酬也会相应提高。反之,当地的生活指数较低时,企业内员工的薪酬也会相应降低。

2. 影响薪酬制度的内部因素

影响薪酬制度的内部因素主要有以下几种。

(1) 企业的发展阶段。企业的发展阶段不同,企业的战略也不同,企业的赢利能力也不同,因此,企业的薪酬系统也会受到影响。例如,企业在启动阶段,往往采用低工资、高奖金、低福利的薪酬系统;企业在稳定阶段,往往采用高工资、低奖励、高福利的薪酬系统。

(2) 企业的文化。企业的文化与企业的价值观紧密相连,因此影响薪酬系统。例如,有的企业推崇个人英雄主义,因此薪酬差别很大;有的企业提倡集体主义,因此薪酬差别较小;有的企业鼓吹冒险性,因此工资很高,福利较差;有的企业提倡安全性,因此工资较低,但福利较好。

(3) 员工的学历。一般来说,员工的学历较高时,工资也较高,主要因为学历越高,员工自身的投资也越大,另外,学历高的员工的相对潜力也大些。

(4) 员工的工龄。一般来说,员工的工龄越长,工资也越高,福利也越好,因为工龄长意味着对企业的贡献多。

(5) 员工的能力。员工的能力主要从绩效中反映出来,因此,员工的能力越强,员工的绩效也越好,其薪酬也应该越高。

(6) 工种。工种与企业内部的人力资源市场有关,不同工种,其薪酬系统也是不同的。例如,推销员往往工资低,但奖金高;财务经理往往工资高,但奖金低;工人可能是计件工资;秘书则常常是固定工资。

(7) 工会。企业中工会的一项主要工作是保护工人的权益,因此工会的强弱也影响薪酬系统,因为薪酬毕竟是工人的主要利益之一。

10.1.4 薪酬管理难点

在人力资源管理领域,薪酬管理是最敏感的管理任务,它的困难性有以下3个方面。

(1) 员工对薪酬的极大关注和挑剔。
(2) 薪酬管理根据实际情况的不同,没有一个统一的模式。
(3) 对多数员工而言,他们会非常关心自己的薪酬水平,因为这直接关系到他们的生存质量。

10.2 基本工资制度

薪酬制度指员工薪酬的各构成项目及各自所占的比例。一个合理的组合薪酬制度应该是既有固定薪酬部分，如职位工资、技能或能力工资、工龄工资等，又有浮动薪酬部分，如绩效工资、业绩工资、奖金等。

从总体来看，企业可以从职位、技能、能力3种要素之中选择其一作为确定企业基本工资制度的设计依据。其中，以职位为基础确定基本薪酬的薪酬系统称为职位薪酬制度，以技能和能力为基础确定基本薪酬的薪酬系统，分别称为技能薪酬制度和能力薪酬制度。

阅读案例 10-3

谁来决定员工的加薪？

一家高科技公司有两位能干的年轻财务管理人员提出辞职，到提供更高薪酬的竞争对手公司工作。其实，该公司的财务负责人半年前曾经要求公司为这两人加薪，因为他们的工作十分出色。但是人事部门主管认为，这两位年轻财务管理人员的薪酬水平，按照同行业平均水平来说，已经是相当高了，而且这种加薪要求与公司现行建立在职位、年龄和资历基础上的薪酬制度不符，因此拒绝给予加薪。

对这两位年轻人的辞职，公司里议论纷纷。有人说，尽管这两位年轻人所得报酬的绝对量高于同行业平均水平，但是他们的工作那么出色，这样的报酬水准仍然很难令人满意。也有人质疑，公司人事部门的主管明显地反对该项加薪要求，但是否应当由了解其下属表现好坏的财务部门对本部门员工的酬劳行使最后决定权呢？

该公司的薪酬制度有无不合理之处？合理的薪酬制度应该符合哪些标准要求？

（资料来源：金圣才. 企业人力资源管理师(三级)过关必做习题集 [M]. 北京：中国石化出版社，2009.）

10.2.1 职位薪酬制度

1. 职位薪酬制度的特点、优点和缺点

1) 职位薪酬制度的特点及其适用性

所谓职位薪酬制度，就是首先对职位本身的价值做出客观的评价，然后再根据这种评价的结果来赋予承担这一职位工作的人与该职位的价值相当的薪酬这样一种基本薪酬决定制度。职位薪酬制度是一种传统的确定员工基本薪酬的制度。

它最大的特点是：员工担任什么样的职位就得到什么样的薪酬，与新兴的技能薪酬制度和能力薪酬制度相比，职位薪酬制度在确定基本薪酬的时候基本上只考虑职位本身的因素，很少考虑人的因素。

2) 职位薪酬制度的优点

(1) 实现了真正意义上的同工同酬，因此可以说是一种真正的按劳分配体制。

(2) 有利于按职位系列进行薪酬管理，操作比较简单，管理成本较低。

(3) 晋升和基本薪酬增加之间的连带性加大了员工提高自身技能和能力的动力。

3) 职位薪酬制度的缺点

由于薪酬与职位直接挂钩，因此当员工晋升无望时，也就没有机会获得较大幅度的加薪，其工作积极性必然会受挫，甚至会出现消极怠工或者离职的现象。

由于职位相对稳定,同时与职位联系在一起的员工薪酬也就相对稳定,这显然不利于企业对于多变的外部经营环境做出迅速的反应,也不利于及时地激励员工。

2. 实施职位薪酬制度的前提条件

(1)职位的内容是否已经明确化、规范化和标准化。职位薪酬制度要求纳入本系统中来的职位本身必须是明确、具体的。因此,企业必须保证各项工作有明确的专业知识要求,有明确的责任,同时这些职位所面临的工作难点也是具体的、可以描述的。

(2)职位的内容是否基本稳定,在短期内不会有大的变动。只有当职位的内容保持基本稳定的时候,企业才能使工作的序列关系有明显的界线,不至于因为职位内容的频繁变动而使职位薪酬制度的相对稳定性和连续性受到破坏。

(3)是否具有按个人能力安排职位或工作岗位的机制。由于职位薪酬制度是根据职位本身的价值来向员工支付薪酬的,因此,如果员工本人的能力与所担任职位的能力要求不匹配,其结果必然会导致不公平的现象发生。故而企业必须能够保证按照员工个人的能力来安排适当的职位,既不能存在能力不足者担任高等级职位的现象,也不能出现能力较强者担任低等级职位的情况。当个人的能力发生变动的时候,他们的职位也能够随之发生变动。

(4)企业中是否存在相对较多的职级。在实施职位薪酬制度的企业中,无论是比较简单的工作还是比较复杂的工作,职位的级数应该相当多,从而确保企业能够为员工提供一个随着个人能力的提升从低级职位向高级职位晋升的机会。否则,职位等级很少,大批员工在上升到一定的职位之后就无法继续晋升,其结果必然是阻塞员工的薪酬提升通道,损伤员工的工作积极性和进一步提高技能和能力的动机。

(5)企业的薪酬水平是否足够高。这是因为,即使是处于最低职位级别的员工也必须能够依靠其薪酬来满足基本的生活需要。如果企业的总体薪酬水平不高,职位等级又很多,处于职位序列最底层的员工所得到的薪酬就会非常少。

3. 职位薪酬制度的设计流程

职位薪酬制度的设计步骤是:①搜集关于特定工作的性质的信息,即进行工作分析;②按照工作的实际执行情况对其进行确认、界定以及描述,即编写职位说明书;③对职位进行价值评价,即进行职位评价或工作评价;④根据工作的内容和相对价值对它们进行排序,即建立职位结构。这一流程用图 10.2 来描述。

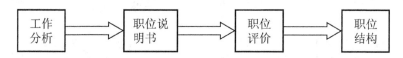

图 10.2 职位薪酬制度的设计流程及其步骤

10.2.2 职位评价以及职位薪酬制度的设计方法

工作分析内容已经在前面章节中有介绍,本章主要介绍职位评价方法以及职位薪酬制度的设计。

1. 排序法

1)排序法的内涵

排序法是一种最简单的职位评价方法,它根据总体上界定的职位的相对价值或者职位对于组织成功所做出的贡献来将职位从高到低排列。在运用这一方法时,要求评价者对需要评价的职位内容相当熟悉，否则就不可能做出准确的判断，这种评价工作通常由人力资源管理人员或一个评价委员会来完成。

2）排序法的操作步骤

步骤一：获取职位信息，即通过职位分析来充分了解职位的具体职责和职位承担者所应当具备的能力、技术水平、经验等任职资格条件。

步骤二：选择薪酬要素并对职位进行分类。通常是根据"职位的总体状况"来对职位的价值进行排序，但是无论如何，排序的依据仍然是一些薪酬要素，排序依据的既可以是单一要素（如工作的复杂程度），也可以是多种要素（如工作的复杂程度、工作的压力、工作的环境等），但是，无论选择多少薪酬因素，最好要向职位评价人员仔细地解释这些薪酬因素的具体含义，以确保评价工作的一致性。

步骤三：对职位进行排序。对职位进行排序的最简单做法是给每个职位建立一张索引卡片，每张卡片都要对职位进行简短的说明，然后把这些卡片按其代表的职位价值从低到高进行排序。

步骤四：综合排序结果。在对职位排序时，为了避免个人的主观偏见和误差，通常会采取评价委员会的形式来对职位进行排序，因此，在每个人的排序结果出来之后，还要对每个人的评价结果取一个平均值，从而完成对职位的最终评价。

3）排序法的优、缺点

排序法最大的优点在于快速、简单、费用较低，而且容易和员工进行沟通。但是，排序法也存在很多问题，首先，在排序方面各方可能很难达成共识，尤其是在一些价值差异不是很明显的职位之间；其次，由于是从整体上对职位的价值进行评价，因此不同来源和不同工作背景的人不可避免地会在评价过程中夹杂个人的主观意志甚至偏见；再次，即使不同职位之间的价值高低可以判断出来，具体的价值差距大小却无法得到明确的解释；最后，当职位的数量太多时，排序法的使用难度会较高。

2. 分类法

1）分类法的操作步骤

分类法是一种将各种职位放入事先确定好的不同职位等级之中的一种职位评价方法。分类法最初是由美国联邦政府开始使用的，其主要特征是能够快速地对大量的职位进行评价。目前，分类法在公共部门以及企业中仍然有着广泛的运用，尤其是在存在技术类工作的组织中。

分类法职位评价的操作方法类似于先造好一个书架（总体职位分类），然后对书架上的每一行中所要放入的图书用一个标签（职位等级描述）来加以清晰的界定，最后再把各种书籍（职位）按照相应的定义放入不同的横排中。

步骤一：确定合适的职位等级数量。这一决策实际上是确定了职位价值的层级结构。在通常情况下，企业中的职位类型越多，职位之间的差异越大，则需要的职位等级就会越多；反之，就会比较少。此外，企业对于企业职位等级设计的战略思路也会影响企业内部职位等级的数量。

步骤二：编写每一职位等级的定义。这里的职位等级定义通常是对职位内涵的一种较为宽泛的描述，它所要达到的目的是，指明可以被分配到本等级中来的职位所承担责任的性质、所承担职责的复杂程度以及从事本等级中的这些职位上的工作所需要的技能或者职位承担者所应当具备的特征。职位等级定义的编写可以较为复杂，也可以较为简短。

步骤三：根据职位等级定义对职位进行等级分类。即将每一个职位的完整的职位说明书或者工作描述与上述的相关职位等级定义加以对照，然后将这些职位分配到一个与该职位的总体情况最为贴切的职位等级中去。以此类推，直至所有的职位都被分配到相应的等级中去。

2）分类法的优、缺点

分类法的优点是简单、容易解释、执行起来速度较快、对评价者的培训要求少。一旦职位的等级定义明确，管理起来较为容易。尤其是组织中存在大量比较类似的职位时，可以很容易地将各种职位归纳到一个系统之下。

分类法的缺点是，在职位多样化的复杂组织中，很难建立起通用的职位等级定义。首先，职位等级描述留下的自由发挥的空间太大，很容易出现范围过宽或者范围过窄的情形，结果导致一些新的职位或调整后的职位只能硬性塞入同一职位评价系统之中去。其次，分类法也不能排除这样一种可能，即有人试图通过修改或歪曲职位描述来操纵职位评价结果的目的。此外，分类法对职位要求的说明可能会比较复杂，对组织变革的反应也不太敏感。最后，与排序法一样，分类法也很难说明不同等级的职位之间的价值差距到底有多大，因而在用于确定薪酬时不是太好用。

3. 计点法

1）计点法及其操作步骤

计点法也称要素计点法，是一种比较复杂的量化职位评价技术。自20世纪40年代开始被运用，直到今天一直是组织中最常用的一种职位评价方法。它要求首先确定组织为评价职位的价值所需要运用的若干薪酬要素，然后对每个薪酬要素进行等级划分和界定，并赋予不同的点值，一旦确定了每一种职位中的每一个薪酬要素实际处于的等级，评价人员就只需把该职位在每一个薪酬要素上的点值进行加总就可以得出该职位的总点值，最后再根据每一种职位的总点值大小对所有职位进行排序，即可完成职位评价过程。要素计点法通常包括三大要素：①薪酬要素；②反映每一种薪酬要素的相对重要程度的权重；③数量化的薪酬要素衡量尺度。具体来说，计点法包括以下几个操作步骤。

步骤一：选取合适的薪酬要素。所谓薪酬要素，是指一个组织认为在多种不同的职位中都包括的一些对其有价值的特征，这些特征有助于组织战略的实现以及组织目标的达成，因而，薪酬要素实际上是在多种不同的职位中都存在的组织愿意为之支付薪酬的一些具有可衡量性质的质量、特征、要求或结构性因素。计点法实际上是对排序法和分类法的一种重大改进，因为它将这两种方法评价工作的标准显性化了，而这种标准就是薪酬要素。

在实际操作中，最为常见的薪酬要素主要是责任、技能、努力以及工作条件四大薪酬要素及其相关子要素。

步骤二：对每一种薪酬要素的各种程度或水平加以界定。选择了薪酬要素之后，就应该对每一种薪酬要素的各种不同等级水平进行界定。每一种薪酬要素的等级数量取决于组织内部所有被评价职位在该薪酬要素上的差异程度。差异程度越高，则薪酬要素的等级数量就需要越多；反之，则会相对较少。

步骤三：确定不同薪酬要素在职位评价体系中所占的权重或者相对价值。薪酬要素在总体薪酬要素体系中所占的权重是以百分比的形式表示的，它代表了不同的薪酬要素对于总体职位评价结果的贡献程度或者是所扮演角色的重要程度。

步骤四：确定每一种薪酬要素在内部不同等级或水平上的点值。在各种薪酬要素所占的权重确定下来以后，组织还需要为即将使用的职位评价体系确定一个总点数或总分，如1000点、800点还是500点比较合适。在通常情况下，如果被评价的职位数量比较多，而且价值差异比较大，那么需要使用的总点数就应该高一些；反之，总点数可以相对低一点，原则是应当能够准确、清晰地反映出不同职位之间的价值差异。

在不同薪酬要素的总点值确定下来之后，组织还必须确定每一种薪酬要素在内部不同等级上的点值。

步骤五：运用这些薪酬要素来评价每一职位。前面的步骤仅是对职位评价的前期准备，即为职位评价提供一套依据、标准或者说是尺度。真正的职位评价实际上在这一步才开始。在进行实际的职位评价时，评价者需要考虑被评价职位在每一个既定的薪酬要素上实际处于哪一个等级，然后根据这种等级所代表的点数确定被评价职位在该薪酬要素上的点数，当被评价职位在所有薪酬要素上的点数都得到之后，将此职位在所有薪酬要素上的得分进行加总即可得到该职位的最终评价点数。

步骤六：将所有被评价职位根据点数高低排序，建立职位等级结构。待所有职位的评价点数都算出来之后，只要按照点数高低加以排列，然后用等差的方式来将职位进行等级划分，制作成职位等级表，至此，职位评价的工作宣告完成。

2）计点法的优点和缺点

计点法的优点：首先，与非量化的职位评价方法相比，计点法的评价更精确，评价结果更容易被员工接受，而且还允许对职位之间的差异进行微调；其次，可以运用可比性的点数来对不相似的职位进行比较；再次，这种职位评价方法广泛应用于蓝领和白领职位；最后，由于明确指出了职位比较的基础——薪酬要素，因而能够反映组织独特的需要和文化，强调组织认为有价值的那些要素。

要素计点法的缺点：方案的设计和应用耗费时间，它要求组织必须首先进行详细的职位分析，有时还可能会用到结构化的职位调查问卷。此外，在薪酬要素的界定、等级定义以及点数权重确定等方面都存在一定的主观性，并且在多人参与时可能会出现意见不一致的现象，这些都会加大运用计点法评价体系的复杂性和难度。

10.2.3 技能薪酬制度

1. 技能薪酬制度的概念

所谓技能薪酬制度或技能薪酬计划，是指组织根据一个人所掌握的与工作有关的技能、能力以及知识的深度和广度支付基本薪酬的一种薪酬制度。这种薪酬制度通常适用于所从事的工作比较具体而且能够被界定出来的操作人员、技术人员以及办公室工作人员。员工所获得的薪酬是与知识、一种或多种技能以及能力而不是职位联系在一起的。

2. 技能薪酬制度的优点和缺点

1）技能薪酬制度的优点

从企业的角度来说，技能薪酬制度的优点主要表现在以下几个方面。

（1）技能薪酬制度向员工传递的是关注自身发展和不断提高技能的信息，它激励员工不断开发新的知识和技能，提高员工在完成同一水平层次以及垂直层次的工作任务方面具有更大的灵活性和多功能性，从而有利于员工和组织适应市场上快速的技术变革。

（2）技能薪酬制度有助于达到较高技能水平的员工实现对组织更为全面的理解。这是因为，员工掌握的技能越多，他们越能够成为一种弹性的资源——不仅能够扮演多种角色，而且能够建立起对整个工作流程的一种更好的全方位理解，而一旦员工能够更好地理解整个工作流程，从而更好地理解自己对于组织所做出贡献的重要性，那么他们就会更好地提供客户服务，更努力地帮助组织去实现其战略目标。

（3）技能薪酬制度在一定程度上有利于鼓励优秀专业人才安心本职工作，而不是去谋求薪酬很高但是却并不擅长的管理职位。

（4）技能薪酬制度在员工配置方面为组织提供了更大的灵活性，这是因为员工的技能区域扩大使得他们能够在自己的同伴生病、流动或者其他原因而缺勤的情况下替代他们的工作，而不是被动等待。同时，由于技能薪酬向员工所获得的新的知识和技能支付薪酬，因此，技能薪酬制度对于新技术的引进非常有利。此外，在实行工作分享和自我指导工作小组的组织中，员工的这种灵活性和理解力更是至关重要。

（5）技能薪酬制度有助于高度参与型管理风格的形成。由于薪酬与员工对组织的价值而不是所完成的任务联系在一起，因此，员工的关注点是个人以及团队技能的提高，而不是具体的职位，并且技能薪酬制度的设计本身需要员工的高度参与，因此，这种薪酬制度有助于强化高度参与型的组织设计，提高员工的工作满意度和组织承诺度，从而在生产率提高、成本降低、质量改善的同时，降低员工的缺勤率以及离职率。

2）技能薪酬制度的不足之处

（1）由于企业往往要在培训以及工作重组方面进行投资，结果很有可能会出现薪酬在短期内上涨的状况。

（2）技能薪酬制度要求企业在培训方面付出更多的投资，如果企业不能通过管理这种人力资本投资转化为实际的生产力，则企业可能会因此而无法获得必要的利润。

（3）技能薪酬制度的设计和管理都比职位薪酬制度更为复杂，因此它要求企业有一个更为复杂的管理结构，至少需要对每一位员工在技能的不同层级上所取得的进步加以记录。

3. 设计技能薪酬制度时的几个关键决策

（1）技能的范围。准备实行技能薪酬制度的组织必须清楚自己准备为之支付薪酬的那些技能到底是哪些，并且还要将这种信息传达给每一位员工。

（2）技能的广度和深度。组织还必须确定自己所要提供薪酬的那些技能开发的范围。企业到底是鼓励员工成为通才，还是鼓励他们仅仅去不断提高那些具有很高价值的特定技能？此外，在处理技能广度、深度与薪酬之间的关系时，企业需要遵守的一条规则是，员工向上一级或同级技能的扩展是应当得到薪酬的，但是如果仅仅是低一级技能的强化，则不应当给予薪酬。

（3）培训体系与资格认证问题。实行技能薪酬制度的企业必须建立一套培训体系来对员工进行技能培训，同时帮助他们开发组织所要求具备的那些新技能。

（4）学习的自主性。企业还必须决定是应当由员工自己来掌握下一步学习何种技能，还是要由企业、工作流程的流动方向或者客户的需求来决定员工应当学习的技能类型。

（5）管理方面的问题。技能薪酬的管理重点不再是确保工作任务的安排与职位等级保持一致，而是要放在如何最大限度地利用员工已有的技能方面。此外，一旦员工在工作多年之后发现自己已经达到了最高的技能等级，但无级可升，那么其继续学习新技能的动机就会被削弱，这时，企业可能需要考虑利用利润分享等其他刺激手段。

4. 技能薪酬制度的设计流程及其步骤

从本质上讲，技能薪酬制度的设计目的就是把职位薪酬制度所强调的工作任务转化为能够被认证、培训以及对之付酬的各种技能，或者说，技能薪酬制度的设计流程的重点在于开发出一种能够使技能和基本薪酬联系在一起的薪酬计划。

1）成立技能薪酬计划设计小组

技能薪酬计划设计小组应当由那些来自将要执行这种薪酬计划的部门的员工组成。小组成员应当能够反映出总体劳动力队伍中的性别比例以及其他一些人口特征。除了这些人之外，设计小组还应当包括来自人力资源管理部门、财务部门、信息管理部门的代表。在存在工会的情况下，设计小组还应当就可能会影响雇佣合同条件的所有问题对作为员工法定代表的工会进行咨询。

2）进行工作任务分析

尽管说技能薪酬制度将重心从员工所需完成的工作任务转移到了员工的技能水平上，但是如果没有首先对所要完成的工作进行准确的理解，技能薪酬计划根本就无法操作。事实上，如果没有对员工所要完成的工作任务的准确描述和深入分析，技能的区分以及技能水平的划分都是不可能的，这样，技能薪酬的基础也就不存在了。

3）评价工作任务，创建新的工作任务清单

这一步实际上是要求设计小组在工作任务分析的基础上，评价各项工作任务的难度和重要性程度，然后重新编排任务信息，对工作任务进行组合，从而为技能模块的界定和定价打下基础。

4）技能等级的确定与定价

在界定技能等级之前有必要明确在此过程中经常用到的几个基本概念：工作任务、知识、能力、技能以及绩效能力。任务（Task）是指一份用来说明一位员工需要做什么、为什么要做、如何做以及在哪里做的书面任务描述。知识（Knowledge）是指人的能力和技能发挥作用的必要的信息基础，包括抽象的知识、经验性的知识以及程序性的知识。知识只有与脑力、体力和能力相结合才能够产生业绩。能力（Ability）是指一位员工完成工作的实际能力。技能（Skill）是能力概念的一种延展，它包括一种绩效标准在里面。一位技术工人就是指一位能够很容易、很准确、很熟练地完成工作的人。绩效行为能力（Competency）则是技能概念的一个变种，它与技能之间的差异主要存在于应用的职业范围不同方面。总的来说，技能往往是指精神运动能力（如蓝领工作以及事务性工作），而绩效能力则通常在对管理人员、专业人员、技术人员以及其他白领工作进行讨论时才会被提到。

技能等级模块的界定。所谓技能等级模块，是指员工为了按照既定的标准完成工作任务而必须能够执行的一个工作任务单位或者是一种工作职能，可以根据技能模块中所包含的工作任务来对技能模块进行等级评定。

技能模块的定价。在通常情况下，可以按照下列几个方面的维度来确定技能模块之间的相对价值。

（1）失误的后果。由于技能发挥失误所导致的财务、人力资源以及组织后果。

（2）工作的密性。技能对于完成组织认为非常重要的那些工作任务的贡献程度。

（3）基本的人力资源水平。学习一项技能所需要的基本的数学、语言以及推理方面的知识。

（4）工作或操作的水平。工作中所包含的各种技能的深度和广度，包括平行工作任务和垂直工作任务。

（5）监督责任。在该技能等级上涉及的领导能力、小组问题解决能力、培训能力以及协作能力等的范围大小。

5）技能的分析、培训与认证

设计和推行技能薪酬计划的最后一个阶段是如何使员工置身于该计划中，对员工进行培训和认证。在这一阶段中，在对员工的现有技能进行分析的同时，还要制订出培训计划、技能资格认证计划以及追踪管理工作成果的评价维度。

10.2.4 能力薪酬制度

1. 能力的基本概念

这里所谓的能力严格来说实际上是一种绩效行为能力，即达成某种特定绩效或者是表现出某种有利于绩效达成的行为的能力，而不是一般意义上的能力（Ability）。绩效行为能力又被称为素质、胜任能力等。

为了更好地理解绩效行为能力，可以来看一看海叶集团所提出的关于能力的冰山模型。这一模型认为，一个人的绩效行为能力是由知识、技能、自我认知、人格特征和动机五大要素构成的。其中，知识是指一个人在某一既定领域中所掌握的各种信息。如知道如何运用办公软件处理文件；了解公司的政策以及公司制订年度经营计划的程序等。技能（Skill）则是指通过重复学习获得的在某一活动中的熟练程度。如在打字、推销产品或者平衡预算方面的技能。自我认知（Self-concept）是一个人所形成的关于自己的身份、人格以及个人价值的概念，它是一种内在的自我评价与认识（自己到底是领导者、激励者或者仅仅是一颗螺丝钉）。只有当自我认知被作为一种可观察的行为表达出来的时候，它才会成为一个绩效问题。人格特征（Trait）是指在一个人行为中的某些相对稳定的特点以及以某种既定方式行事的总体性格倾向（如是不是一个好的聆听者，或者是否很容易产生紧迫感）。动机（Motives）是指推动、指导个人行为选择的那些关于成就、归属或者权力的思想。如一个人希望达成个人成就并且希望影响他人的绩效。人格特征和动机同样也只有在可观察的时候才会成为一个与绩效从而与薪酬有关的问题。

2. 能力薪酬计划的建立步骤

步骤一：确定哪些能力能支持公司战略，为组织创造价值，从而应当获得薪酬的。在这一步骤上，实际上要求组织界定自己准备支付薪酬的能力到底是哪些。因为在不同的战略导向和文化价值观氛围以及不同的行业中，作为企业薪酬对象的能力组合很可能会存在差异，有时候，即使不同的企业所使用的能力在概念上是一样的，但是同样的能力在不同的组织中却很可能有不同的行为表现。

最为常用的20种核心能力包括成就导向、质量意识、主动性、人际理解力、客户服务导向、影响力、组织知觉性、网络建立、指导性、团队与合作、开发他人、团队领导力、技术专家、信息搜寻、分析性思考、观念性思考、自我控制、自信、经营导向、灵活性。

步骤二：确定这些能力可以由哪些品质、特性和行为组合表现出来，即具备何种品质、特性以及行为的员工最有可能是绩效优秀者。

步骤三：检验这些能力是否真的使员工的绩效与众不同。只有那些真正有特色的能力和行为才应被包括在内。

步骤四：评价员工能力，将能力与薪酬结合起来。这是能力薪酬制度操作的最后一个步骤，根据界定好的能力类型及其等级定义，对员工在某领域中所具备的绩效行为能力进行评价，然后将评价的结果与他们所应当获得的基本薪酬结合在一起。

在对3种重要的基本薪酬决定方式以及与之相关的薪酬制度的操作要点讨论过以后，对这3种薪酬制度做一个简要的总结，见表10-1。

表10-1 能力薪酬制度与职位薪酬制度和技能薪酬制度的比较

	职位薪酬制度	技能薪酬制度	能力薪酬制度
薪酬制度	以市场和所完成的工作为基础	以经过认证的技能以及市场为基础	以能力开发和市场为依据
价值评价对象	薪酬要素（计点法）	技能模块	能力
价值的量化	薪酬要素等级的权重	技能水平	能力水平
转化为薪酬的机制	赋予反映薪酬制度的点数	技能认证以及市场定价	能力认证以及市场定价
薪酬提升	晋升	技能的获得	能力开发
管理者关注的重点	员工与工作的匹配 晋升与配置 通过工作、薪酬和预算控制成本	有效地利用技能 提供培训 通过培训、技能认证以及工作安排来控制成本	确保能力能够带来价值增值 提供能力开发的机会 通过能力认证和工作安排控制成本
员工关注的重点	寻求晋升以挣到更多的薪酬	寻求技能的提高	寻求能力的改善
程序	职位分析 职位评价	技能分析 技能认证	能力分析 能力认证
优点	清晰的期望 进步的感觉 根据所完成工作的价值支付薪酬	持续性学习 灵活性 人员数量的精简	持续学习 灵活性 水平流动
缺点	潜在的官僚主义 潜在的灵活性不足问题	潜在的官僚主义 对成本控制的能力要求较高	潜在的官僚主义 要求有成本控制能力

10.3 绩效薪酬制度的设计

10.3.1 短期绩效薪酬制度的设计

1．计件工资

1）计件工资制度的含义与计算公式

计件工资是指预先规定好计件单价，根据员工生产的合格产品的数量或完成的工作量来计量工资的数额。

计件工资 = 计件单价 × 合格产品数量。

2) 计件工资的优点

能够从劳动成果上反映劳动的差别，激励性强，公平性强；有利于工作方法的改善，工作时间的有效利用；计算方式简单。

3) 计件工资的缺点

容易出现追求产量、忽视质量、消耗定额，增加成本的现象；管理水平提高后，要提高定额比较困难；可能导致工人工作过于紧张。

4) 计件工资的适用范围

必须是一些数量和质量取决于劳动者个人技能、劳动数量程度及个人努力程度的工作。必须是那些产品质量容易检查的工种；容易制定劳动定额的工种；生产过程持续与稳定，大批量生产的工种。

5) 计件工资的具体形式

（1）直接无限计件工资制。不考虑完成产量的多少，均按照同一计件单价发工资。产量越高，工资越多。

特点：工人的工资随同其完成的产量的多少同比例增减；单位产量的直接人工成本是一个常数；产量增加可以节约间接费用，因而产品总成本下降。

（2）直接有限计件工资制。对超额工资的数额进行限定，规定了个人超额收入的最高限。

原因：实施这种计件工资的形式，一般是由于劳动定额不够准确，为了防止工人的工资远远超出劳动力市场水准而设置的一种办法，也有的是为了保护工人身体健康采用的一种办法。

优点：工人工资的增加比例低于产量增加的比例，单位产量直接人工成本随产量的增加而降低。这样，既可以保证企业的利润，又可以避免定额不准导致的计件工人与计时工人工资悬殊。

缺点：在一定的程度上限制了工人生产的积极性，不利于提高劳动生产率，不宜长久使用。一般试行一段时间后应当改为无限计件工资制。

（3）累进计件工资制。将产量分为定额内和定额外两部分，定额内按照一种计件单价计算工资，超额部分则按照一种或几种递增的计件单价计算工资。一般定额外的计算单价高于定额内。

优点：累进计件对员工的鼓励作用特别明显。对提高劳动生产率的促进作用比其他计件工资形式更加有效果。

缺点：工人工资的增加比例超过产量增加的比例，使单位产量的边际直接人工成本提高，员工工资的增加有可能抵消甚至超出因产量增加而节约的全部间接费用，企业反而得不偿失。

适用：一般仅在某种产品急需突击增加产量时使用。

（4）超额计件工资制，又称为有工资保证的计件工资制，通常有两种不同的形式。一种是定额以内部分按照本人的标准工资以及完成定额的比例计发工资，超额部分不同等级的工人按照同一个单价计发超额计件工资。另一种形式是定额以内部分按照计时工资标准计发工资，保证本人的标准工资；超额部分，不同等级的工人按照同一单价计发超额计件工资。

超额计件工资制特点主要有以下内容。这种工资形式可以看作是对计时工资形式的一种补充。其中的第一种形式实际上等同于直接无限计件工资制，因为它并没有保底工资，如果原来实行的是计件工资，现在改为这种形式，员工往往难以接受；第二种形式的计时工资标准实际上是保底工资，超额部分可以理解为奖金。

适用：从计时工资向计件工资的过渡。

（5）包工工资制是一种集体的计件工资方式，即用工单位将成批量的，或成系统的生产当作任务承包给雇员集体，事先协定好工作量、完成期限、包工工资数额等双方的义务与权限，使承包方如期完工之后，获得合同规定的工资总额，然后在包工集体中进行再分配。也可以在包工前预付部分包工收入或分阶段支付工资。

适用：劳动量大，难以精确分解和必须集体进行的工作，如建筑等。

特点：促使雇员缩短任务完成期，并保质保量地完成任务，减少管理成本。

（6）提成工资制也叫酬金制，雇员个人或者集体按照一定的比例从营业收入或纯利润中提取薪酬的一种工资支付方式。

适用：一些劳动成果难以事先定量化和不易确定计件单价的工作。如一些服务性与辅助性的工作、市场营销工作。

特点：提成的比例根据过去的劳动定额或者实际达到的营业收入和员工实际工资收入来确定。

（7）间接计件工资制。对生产、销售部门中一些辅助性工作人员的工资，采用他所服务的部门的产品产量或赢利作为计算其工资的决定性标准。

目的：促使辅助人员关心一线的生产或销售。

间接计件工资制的计算方法为

工资额 = 辅助工人的单位时间工资标准 × 同时间计件工人完成定额的百分比

（8）综合计件工资制。计件单价必须综合考虑产量定额、质量、原材料、消耗以及产品成本等因素，可以根据需要确定各个因素的分配权限。

2. 各种奖金

1）奖金含义

奖金是一种补充性的薪酬形式，它是对雇员超额劳动或者增收节支的一种薪酬形式，劳动者在创造了超过正常劳动定额以外的劳动成果之后，企业以物质的形式给予补偿，其中，以货币形式给予的补偿就是奖金，主要特点如下。

（1）较强的针对性和灵活性。奖励工资有较大的弹性，它可以根据工作需要灵活决定其标准、范围和奖励周期等，有针对性地激励某项工作的进行；也可以抑制某些方面的问题，有效地调节企业生产过程对劳动数量和质量的需求。

（2）弥补基本工资制度的不足。任何工资形式和工资制度都具有功能特点，也都存在功能缺陷。例如，计时工资主要是从个人技术能力和实际劳动时间上确定劳动薪酬，难以准确反映经常变化的超额劳动；计件工资主要是从产品数量上反映劳动成果，难以反映优质产品、原材料节约和安全生产等方面的超额劳动。这些都可以通过奖金的形式进行弥补。

（3）较强的激励功能。在各种工资制度和工资形式中，奖金的激励功能是最强的，这种激励功能来自于依据个人劳动贡献所形成的收入差别。利用这些差别，使雇员的收入与劳动贡献联系在一起，起到奖励先进、鞭策后进的作用。

（4）将雇员贡献、收入及企业效益三者有机结合。奖金不具有保证企业雇员基本生活需要的职能，它既随着企业的经济效益而波动，又能体现个人对企业效益的贡献。例如，当企业经营效益好的时候,企业和雇员的总体奖金水平都提高,但个人奖金不一定与总水平同步提高,因为每个人的贡献是有差异的;反之,企业经营效益不变,总体收入水平下降,但贡献大的奖金收入不一定会下降,甚至会脱离总体奖金水平而提高。

2) 奖金标准

奖金标准的作用有两个:其一是规定奖金提取的额度;其二是规定奖金分配的各种比例关系。在奖金标准的确定中有几个比例关系需要注意。

(1) 奖金与基本工资的比例。基本工资与奖励工资是雇员工资的两大组成,二者的比例一定要适当。按照一般的工资结构和工资职能原理,基本工资的比重应超过奖励工资,这种比例关系是由两者的不同性质和作用决定的。

(2) 奖金占超额劳动的比重。奖金是雇员部分超额劳动的薪酬,但不是全部超额劳动的薪酬,一般而言,奖金在超额劳动薪酬中所占的比重应高于基本工资在其定额劳动中所占的比重。

(3) 各类人员奖金标准比例,主要是一些共同创造的超额劳动成果在集体成员之间的薪酬分割。从某种意义上讲,奖金相对比例比绝对额分配更影响雇员的劳动情绪。

在一般情况下,根据指标完成情况和工作责任两个因素确定内部奖金分配比例,即主要职务(工种)高于辅助职务(工种);繁重劳动高于轻便劳动;复杂劳动高于简单劳动。例如,第一层次的奖金是主要经营者和管理者;第二层次的奖金是主要生产者;第三层次的奖金是一般生产者和辅助人员。

3) 奖励类别

奖励类别的选择是在特定的奖金制度下,根据奖励目标确定奖励对象。例如,为了刺激雇员全面或超额完成生产计划就要设立超额奖;为了刺激雇员技术革新,提高企业的技术水平,就要设立革新发明奖等。奖励一般分为单项奖和综合奖两大类别。

(1) 单项奖。单项奖是企业常用的奖励形式,它的设置是为了奖励雇员在某一方面对企业的贡献,具有灵活、易于管理、针对性强的特点。缺点是容易引导雇员片面追求单项目标,影响企业生产和工作的全面发展。

(2) 综合奖。综合奖是为了促进生产和工作的全面发展,将反映各种超额劳动贡献的具体奖励指标有机地结合在一起,成为一个综合性的奖励体系,对雇员全面考核计奖。质量、产量、劳动生产率、人工及物料消耗等指标在综合奖励体系中均被作为分指标,按相应的考核条件进行考核之后,衡量出一个综合的奖励水平。综合奖的优点是评价全面、统一支付奖酬;缺点是计奖指标过多,容易导致重点不突出、差距偏小、激励作用小等。因此,在一般的情况下,应以综合奖励为主;在特殊情况下,要发挥单项奖励的作用,并注重两者的协调与配合。

4) 奖励条件

奖励条件是指特定奖项所要求的超额劳动的数量和质量标准,在确定时要注意以下原则。

(1) 要与劳动者的超额劳动紧密结合,实行多超多奖、少超少奖、不超不奖的奖励原则。

(2) 对不同性质的超额劳动,采用不同的评价指标和奖励方式,准确反映各类雇员所创造的超额劳动的价值。

(3) 将奖励的重点放在与企业效益有关的生产环节和工作岗位,以实现提高企业生产经营效益、降低生产成本的最终目的。

（4）奖励条件做到公平合理、明确具体、便于计量。科学化、数量化和规范化的工作评估体系是奖励工作的基础。

奖励项目根据以上奖励条件可以分为以下几类。

（1）激励雇员超额劳动的奖励项目，这些项目体现多超多奖的原则，如产品数量、产品质量、销售和利润等指标。

（2）约束雇员节约成本，减少消耗的奖励项目，这些项目体现为企业增收节支就可获奖，如原材料消耗、劳动纪律、操作规程、客户投诉等。

（3）体现部门性质的奖励条件和奖励指标，例如，生产部门主要以产量和质量以及原材料消耗等作为奖励条件；销售部门主要以销售量和销售收入作为奖励重点；服务部门主要以上岗情况和服务质量作为奖励依据。

5）奖金分配办法

企业奖金总额和分配原则确定之后，要选择一定的方式分配给每个雇员。对较为固定的生产奖，一般采取计分法和系数法进行分配，不固定的临时性奖项，则根据情况采取不同的分配方法。

（1）计分法是将各项奖励条件规定最高分数，有定额的雇员按照超额完成情况评分。无定额的雇员按照任务完成的情况评分，最后按照奖金总分求出每位雇员奖金的分值。

简单地说，评分法就是先计算每个超额分的单位奖金值，然后确定每个雇员的分数，单位分值乘以分数即为奖金数额。

（2）系数法是在按岗位进行劳动评价的基础上，根据岗位贡献的大小确定岗位的奖金系数；然后根据个人完成任务的情况，按系数进行分配。

相对而言，评分法适用于生产工人，系数法适用于企业的管理人员。但无论哪种方法，确定客观的评价指标，避免人为因素的干扰是关键。在无考核的情况下，进行所谓的"自评"和主管单方评定，容易出现分配不公和平均分配的现象，应当避免。

6）奖金效果评价

奖金制度和基本工资制度一样，实施效果的好坏直接影响劳动者的积极性，因此，对一种特定的奖金制度，要进行科学的分析和效果检验，分析影响的具体因素和环节，改进运行环境和运行机制，使其有效地发挥作用。

阅读案例 10-4

如何分配这笔奖金？

某煤矿是有2000余人的年产120万吨原煤的中型煤矿，2006年上级主管部门拨下15万元奖金，奖励该矿在安全与生产中做出贡献的广大员工。该矿长召集5位副矿长和工资科长、财务科长、人事科长和相关科室的领导，讨论安全奖金的分配。会上，大家认为：工人只需要保证自身安全，而主管们不但要保证自身安全还要负责一个班组、区、队或一个矿的安全工作，尤其是矿领导，不但要负经济责任，还负法律责任。因此会议决定：将奖金根据责任大小分为5个档次，矿长3000元，副矿长2500元，科长800元，一般管理人员500元，工人一律50元。奖金下发后全矿显得风平浪静，但是几天后矿里的安全事故就接连发生。矿长带领工作组到各个工队追查事故起因时，矿工们说："我们拿的安全奖少，没那份责任，干部拿的奖金多，让他们干吧。"还有一些工人说："我们受伤就是为了不让当官的拿安全奖。"

（资料来源：金圣才. 企业人力资源管理师（三级）过关必做习题集[M]. 北京：中国石化出版社，2009.）

根据国内外一些企业的经验,影响奖金制度实施效果的因素共有19个,分为三大类,见表10-2。

表10-2 影响奖金制度实施效果的因素

因素分类		具体内容	影响程度
制度科学性	1	劳动定额和工作标准制定的科学合理性	40%
	2	奖励条件是否突出直接生产(工作)人员	
	3	对个人奖金份额的限制程度	
	4	管理人员和辅助人员奖励条件的科学合理性	
	5	奖金结算和兑现情况	
	6	奖励条件的制定是否重点突出、协调	
奖金分配过程	1	管理监督方法是否适宜、可接受	30%
	2	工作时间安排是否合理	
	3	管理者与雇员对奖金评定的认识是否一致	
	4	奖励条件制定中是否参考雇员的意见	
	5	上级对奖励计划的支持	
	6	对雇员培训的投入及效果	
薪酬管理水平	1	工作评价标准的稳定性	30%
	2	工作标准与生产特点的适应性	
	3	工资标准的合理性	
	4	管理者的业务能力	
	5	生产、工作计划的执行情况	
	6	工作质量控制效果	
	7	统计和工作分析的及时、准确程度	
合计			100%

3. 利润分享计划

利润分享计划是指根据对某种组织绩效指标(通常是指利润这样的财务指标)的衡量结果来向员工支付薪酬的一种团体绩效奖励模式。根据这一计划,所有或者某些特定群体的员工按照一个事先设计好的公式来分享所创造利润的某一百分比,员工根据公司整体业绩获得年终奖或者股票,或者是以现金或延期支付的形式得到红利。在传统的利润分享计划中,组织中的所有员工都按照一个事先设计好的公式,立即分享所创造出的利润的某一百分比。其特点是,员工可以按照组织的利润立即拿到现金奖励而不必等到退休时再支取,但是当时却必须按照国家税法的规定缴纳收入所得税。这种利润分享计划的设计和执行往往比其他浮动薪酬计划要容易一些,它不怎么或很少需要员工方面的参与。而现代的利润分享计划则将利润分享与退休计划联系在一起。其做法是,企业将利润分享基数用于为某一养老金计划注入资金,经营好时持续注入,经营状况不佳时则停止注入。利润分享的组织范围也由原来的整个组织降低到承担利润和损失责任的下级经营单位。当然,在实施利润分享之前,通常要求实施单位能够达到某一最低投资收益率(绩效水平),否则利润分享基金中是不会有实实在在的货币的。

利润分享计划具有两个方面的潜在优势：一方面，利润分享计划使员工的直接薪酬的一部分与组织的总体财务绩效联系在了一起，向员工传递了财务绩效的重要性的信息，从而有助于促使员工关注组织的财务绩效以及更多地从组织目标的角度去思考问题，员工的责任感、身份感和使命感会增强，而不像个人绩效奖励计划那样会引导员工只关注个人的行为和工作的结果；另一方面，由于利润分享计划不会进入员工个人的基本薪酬之中，因此它具有这样一个有利的特点，即在企业经营陷入低迷时有助于企业控制劳动力成本，从而避免在解雇人员方面产生较大的压力，而在经营状况良好的时候，则为组织和员工之间的财富分享提供了方便。利润分享计划的这样一个特点对于经营周期性很强的企业比较有效，因为这些企业的固定薪酬通常相当于或者低于市场水平，而且希望薪酬能够保持一定的灵活性，而利润分享计划恰恰使得他们能够在经营好的年份支付高于市场水平的薪酬，而在不景气的年份则不必大量裁减人员或压缩正常的成本开支。

但是，利润分享计划的缺陷也是非常明显的，其主要表现是，尽管利润分享计划可以从总体上激励员工，但是它在直接推动绩效改善以及改变员工或团队行为方面所起的作用却不大。其中原因主要是：组织的成功尤其是利润更多的是取决于企业的高层管理者们在投资方向、竞争战略、产品以及市场等方面所做出的重大决策，员工个人甚至普通员工群体的努力和企业的最终绩效之间的联系是非常模糊的，简而言之，除了中高层管理者之外，大多数员工都不大可能看到自己的努力和自己在利润分享计划下所能够获得的薪酬之间到底存在多大的联系。按照期望理论的观点，员工的工作动机取决于行为和有价值的结果之间所具有联系的紧密程度。如果员工们看不到如何才能增加利润以及确保利润分享基金到位，那么，他们是不可能因为这一计划的存在而更为努力地工作的。因此，利润分享计划更适用于小型组织或者大型组织中的小型经营单位，因为在这样一些规模较小的单位中，员工们知道如何达到利润目标并且对利润目标的实现确实是有一定的影响力的。

如果员工对最终利润没有控制力，那么他们就不会愿意承担这种计划可能给他们带来的收入风险。在企业经营状况良好的时候，实行利润分享计划可能还不会遇到太大的困难，而在企业经营困难的时候如果要实施利润分享计划，员工们很可能对其是一种抵触态度，因为他们认为自己不应当对自己所无法控制的一些因素负责。为此，有些企业便将利润分享计划设计成一种只有薪酬上升而没有薪酬下降风险的机制。然而，这样一来，利润分享计划的最重要的优势也就不复存在了。所以，利润分享计划作为薪酬制度的一个组成部分可能是有用的，但是它以能还需要以能够将薪酬与个人或团队所能够控制的结果紧密联系起来的其他一些薪酬方案作为补充。

10.3.2 长期绩效薪酬制度的设计

1. 长期绩效薪酬制度的内涵及其特点

长期绩效薪酬制度是指绩效衡量周期在一年以上的对既定绩效目标的达成提供报酬（主要以股票的形式）的薪酬制度。之所以将长期界定为一年以上，是因为组织的许多重要战略目标都不是在一年之内能够完成的，事实上，长期绩效薪酬的支付通常以3~5年为一个周期的。长期绩效薪酬制度强调长期规划和对组织的未来可能产生影响的那些决策，它能够创造一种所有者意识，有助于企业招募、保留和激励高绩效的员工，从而为企业的长期资本积累打下良好的基础。对于那些新兴的风险型高科技

第 10 章 薪酬管理

企业来说，长期绩效薪酬制度的作用是非常明显的。此外，长期绩效薪酬制度对员工也有好处，它不仅为员工提供了一种增加收入的机会，而且为员工提供了一种方便的投资工具。

大多数长期绩效薪酬制度以经济目标为导向，但越来越多的计划也开始向涵盖其他绩效要素扩展，如客户满意度以及质量改善。这与员工绩效评价的改进有密切关系，组织对员工绩效进行评价的指标已经不仅仅局限于短期的经济收益了。例如，美国运通(American Express)公司于20世纪90年代中期创建了一种长期绩效薪酬制度，该制度所规定的薪酬不仅包括经济绩效，还包括客户和员工的满意度。这些满意度指标对员工所获得的奖励性薪酬的影响高达25%，显然，它已经成为企业将员工的行为从关注短期经营结果向关注组织文化转移这一战略的一个重要组成部分。

传统的长期绩效薪酬制度多针对组织的高层管理人员，以促使他们关注长期经营结果。但在组织中(无论是国际性大公司还是小公司)的较低层次上，这种制度——通常采取员工持股计划的形式——可能也是有效的，它同样能够使员工更关注组织的长期绩效和经营结果。就长期绩效薪酬制度的内容而言，尽管大多数是围绕股票计划来设计的，但是其他一些经济奖励也同样可以成功运用。参与长期项目或者风险计划的员工有时会有资格参与一种非常类似短期群体奖励计划的长期绩效薪酬计划，他们以现金的形式或者股权的形式得到奖励。比如，石油勘探公司的地质专家有时可以从成功发掘出来的一口油井中得到一定百分比的产量；软件设计师有时可以从自己所设计的软件的销售中获得一定的版税。这种长期奖励计划非常适用于奖励基金来源有限的情况，或者团队或个人的贡献对于项目的成功与否起着至关重要作用的情况。

2. 长期绩效薪酬制度类型——股票所有权计划

所谓股票所有权计划，实际上是指企业以股票为媒介所实施的一种长期绩效薪酬制度类型。传统的股票所有权计划主要是针对企业中高层管理人员的，目前有向普通员工扩展的趋势。常见的股票所有权计划可以划分为三类：现股计划、期股计划以及期权计划。

所谓现股计划，是指通过公司奖励的方式直接赠予，或者是参照股权的当前市场价值向员工出售股票，总之是使员工立即直接获得实实在在的股权，但这种计划同时会规定员工在一定的时期内必须持有股票，不得出售。期股计划则规定，公司和员工约定在将来某一时期内以一定的价格购买一定数量的公司股权，购股价格一般参照股权的当前价格确定，该计划同时也会对员工在购股后出售股票的期限做出规定。期权计划与期股计划类似，但是存在一定的区别，在这种计划下，公司给予员工在将来某一时期内以一定价格购买一定数量公司股权的权利，但是员工到期时可以行使这种权利，也可以放弃这种权利，购股价格一般参照股权的当前市场价格确定，该计划也同样要对员工购股之后出售股票的期限做出规定。

上述3种不同的股权计划的权利义务是不同的，3种股权计划一般都能使员工获得股权的增值收益权，包括分红收益、股权本身的增值收益。但是在持有风险、股票表决权、资金的即期投入以及享受贴息优惠等方面却有所不同，具体如下。

现股计划和期股计划都是预先购买了股权或确定了股权购买协议的奖励方式，当股价贬值时，员工需要承担相应的损失。因此，员工持有现股或签订了期股购买协议时，实际上是承担了风险。而在期权激励中，当股权贬值时，员工可以放弃期权，从而避免承担股权贬值的风险。在现股计划中，由于股权已经发生了实际的转移，因此持有股权的员工一般都具有与股票相应的表决权。而在期股和期权计划中，在股权尚未发生转移时，员工一般不具有股权对应的表决权。现股计划中，不管是奖励性授予还是购买，员工实际上都是在即期投入了资金（在奖励性授予的情况下，实际上也是以员工应得奖金的一部分购买了股权）。而期股和期权计划则是要求员工在将来的某一时期才投入资金购买。在期股和期权计划中，员工在远期支付购买股权的资金，但购买价格却参照即期价格确定，同时从即期起就享受股权的增值收益权，因此，实际上相当于员工获得了购股资金的贴息优惠。

阅读案例 10-5

各个国家的员工股票持有计划

德国职工入股有几种形式。

（1）职工沉默股份。这种股份只参加企业分红，不承担企业风险，即在企业盈利分红时参加企业的分红，而在企业亏损时，原则上沉默股份的入股资金全部退还职工，即沉默股份具有优先清偿权。沉默股份不享有其他股东享有的表决权。也有的企业职工股份有监督权，在这种情况下，就不能保证在企业发生亏损导致破产时百分之百地退还入股资金。

（2）职工优先股份。这种股份与一般的优先股份一样，可获取较高红利，但无表决权。一般还规定，职工股票在3~5年内不得上市交易，但期限结束后，可以与普通股票一样上市。

（3）职工基金。职工基金是企业全部资本的一部分，主要用于职工福利，余额也可用作企业经营的流动资金。职工在职工基金中入股，可以享受企业利润提成分配。

（4）职工购买分配权，即由企业规定一个企业利润分配权的价格，企业职工可以购买。利润分配权与股票的区别是，分配权只有参加利润分配的权利，没有相对应的资产。

（5）企业内部信贷和内部债券。企业内部债券是只向企业职工发行的债券，到期还本付利。内部信贷与内部债券相似，只是没有采取债券形式。德国企业的职工入股出资主要是从工资和年末奖金中扣缴。

英国的一些企业用分享利润的办法购买股票，公司把企业利润的一部分作为红利分给职工，但红利的形式不是现金，而是股票。这种股票一般需要由信托公司先保管2年，如果股票是免税的，则需要由信托公司先保管7年，期满后，职工才能出售或转让。

美国是推行职工持股计划比较早的国家，20世纪80年代中期，实行职工持股的企业已经发展到8000家左右，约有1000万职工参加了职工持股。20世纪90年代以后，发展得更快，1991年已有11000家公司的股份完全或部分地归他们的职工所有。参加职工持股计划的职工所持有的公司股份的总值达到2250亿美元，其中85%是不公开发行股票的私营公司的资产。此外，还有300万到500万名企业职工参与了其他形式的职工所有计划，如用股份代替奖金，用股份代替退休金；等等。在股份完全归职工的企业中，职工们把生产口号从"我们加油干"改为"业主们加油干"。

美国推行持股计划的企业多数采用申请贷款的办法，即企业成立一个职工持股信托基金会，由企业担保，基金会先向银行或保险公司贷款，以购买本企业的股票。企业每年提取职工工资总额的一定比例，投入持股基金会，以偿还贷款。贷款还清后，就把股份计入每个职工的"职工持股计划账户"。

西方企业积极推行的职工持股计划与国家的支持推动，与缓和劳资矛盾的动因密不可分。例如，美国对企业直接把股票出售给职工是免税的，同时企业对职工股分红也无须纳税。而银行贷款给企业的职工持股信托基金会所得到的利息，只有一半算作银行收入，另一半息收入是免税的。德国从1984年开始实行分配权，每个企业内部利润分配权的价格为100马克，职工只需出70马克，企业补贴30马克。每个职工最多允许购买10个分配权。分配权期限为6年，期内参与企业利润分配，期满后返还分配权面额资金。分配权的实际收入平均约为面额的19.4%。职工购买分配权，参与利润分配的所得部分，国家免收其资本所得税。

西方国家的一些企业推行职工持股制度，从效果看，有利于改善企业内部的劳资关系，给职工的劳动热情增加了新的动力。一般情况是企业经营越好，企业利润率越高，职工持股的积极作用就越大；反之，则不但不会起到积极作用，反而会造成反面的消极影响。

实行职工持股的一个突出的例子是美国最大的航空公司——美国联合航空公司。1994 年 7 月，连续多年亏损的联合航空公司的多数职工以未来年薪的 15% 为代价，换来了公司 55% 的股权，并在由 12 个人组成的公司董事会中取得了 3 个职工席位。职工取得控股权以后，新上任的董事长格林沃尔德开始推行职工参与管理等一系列的管理改革。在收购了大部分公司股权以后，职工们在各方面都表现出了新的工作态度。例如，主动提出减少员工缺勤的刺激办法——全勤职工抽奖活动：公司的全勤职工都可以参加，每次有 25 人中奖，奖品是一辆切诺基吉普车，或 2 万美元。这项措施使公司的缺勤率减少了 17%，为公司节约了 1820 万美元。同时，职工申请工伤病假的数量也下降了 17%，使公司在这方面的费用下降了 30%。由于年薪下降 15%，公司的劳工费用下降了 7%。

负责联航公司职工持股工作的经理布罗克·维登海默说：“在实行职工持股以前，联航公司也是一个相当传统的、自上而下的公司，由高级管理人员做出决定，然后由公司里的其他人来执行这些决定。新的工作作风正好相反，是由职工们提出建议，并让他们自己去贯彻执行这些建议。结果，他们在公司里发动了许多非常成功的变革。"

比较一下 1995 年联合航空公司和它的两个主要竞争对手——美洲航空公司和德尔塔航空公司的情况，很能说明问题。美国第二大航空公司——美洲航空公司和美国第三大航空公司——德尔塔公司都采取了紧缩策略，其中德尔塔公司一共解雇了 15000 名员工，而联合航空公司却增添了 7000 名职工，使营业额增加了 7%。市场份额的扩大并没有影响它的利润率，联合航空公司的税前营业毛利提高了一倍以上，超过了两个竞争对手。这使得联合航空公司得以提前偿付 7.5 亿美元的债务，从市场上购回 1 亿多美元的优先股。自从联合航空公司实行职工持股以来，联航的股票价格增长了 150%，而美国航空业股票价格平均仅增长 45%。

美国职工所有制中心曾经对 45 家实行了职工持股的公司和 225 家没有实行职工持股的公司进行了一次对比调查。调查结果表明，推行职工持股并允许职工参与管理的公司，一般比没有实行职工持股的公司的增长率高出 8%～11%。另一项调查表明，对职工拥有公司 10% 以上股权的公司进行投资，收益率要比一般投资的平均收益高出一倍以上。据统计，在美国，10 多年来，推行职工持股制度的企业比一般企业的销售额增长的幅度高出 46%；生产率增长比一般企业高出 52%。

但调查结果也表明，并不是所有实行职工持股的公司都表现良好。一些公司的情况很糟，甚至到了破产的边缘。这些公司的根本问题是管理人员不让职工参加管理，也就是说职工持股并不等于企业以人为本，也不等于职工参与管理。职工持股只是提供了企业改善劳资关系的一种可能性。由劳资关系改善的可能性转化为企业以人为本、职工参与管理的现实，还需要企业付出更多的努力。

（资料来源：刘昕. 薪酬管理[M]. 2 版. 北京：中国人民大学出版社，2007.）

3. 我国企业的股票所有权计划

我国对于现代企业股票所有权制度的探索是从 20 世纪 90 年代后期才开始的，它是随着我国国有企业产权制度改革的需要应运而生的，这种探索的主要目的可以分为两个：一是试图通过国有企业高层管理人员持股来解决对国有企业高层管理人员的激励问题；二是试图通过员工持股来达到改变企业员工的行为和企业文化，以提高企业生产效率，提高企业竞争力的目的。

（1）我国国有企业的高层经理人员的持股问题。我国国有企业高层经理人员的持股问题实际上主要是对企业的总经理、董事长等企业高层的产权激励问题。由于这一问题到目前为止还处在探索阶段，在法律上还存在很多不完善的地方，所以在具体的操作手段上，各地的情况不完全相同，但大体上都包括以下几个方面的内容。

① 购股规定。按净资产或股票价格确定购股价格，分期购股，经营者不得放弃购股。

购股资金来源于经营者的奖励收入和个人资金投入,股权数量不大。

② 售股规定。任期结束可按每股净资产或股票价格(上市公司)出售所持有的股权,也可继续持有(上海);可在任期满两年后按评估的每股净资产出售股权,也可保留适当比例的股权(北京);在分期购得股权后即获得完全的所有权,其股票的出售主要受国家有关证券法规的限制(武汉)。

③ 权利义务。在期股到期购买之前,经营者一般只享有分红收益权,没有表决权,同时承担股权贬值的亏损风险。

④ 股权管理。经营者一旦在经营管理过程中出现过失行为,将会在股权的获得方面受到惩罚。

⑤ 操作方式。在操作中一般都发生实际的股权转让关系。股票来源包括从二级市场购买、大股东提供等,各地还要求企业在实行股权激励时首先进行改制,国企经营人员必须竞争上岗等。

(2) 我国企业的员工持股的主要运作模式是:①公司与员工达成协议,自愿将部分股权转让给员工;②公司出面向银行贷款交托管机构或由公司担保由托管机构向银行贷款;③托管机构按市场价格以贷款购买本公司股份,股份存在托管机构的员工暂记账户中;④公司以红利的形式向托管机构提供用于偿还员工购买股份的贷款;⑤托管机构向银行返还到期贷款;⑥员工持有本公司股份。

(3) 员工持股计划的典型内容包括:①工作一年以上的员工均可参加;②股份和股东分配权以员工的薪酬为依据,兼顾工龄和工作业绩;③员工持有的股份或股票交公司外部的公共托管机构或内部托管机构管理;④在符合规定的时间和条件的情况下,员工持有的股份或股票有权出售,公司有责任收购;⑤员工依计划持有的股份或股票一般在 5~7 年后才有百分之百的所有权;⑥上市公司持股的员工享受与其他股东相同的投票权,员工对于公司的重大决策享有发言权;⑦政府对于实行员工持股计划的公司给予税收优惠。

10.4 福 利

福利是指企业为员工提供的除金钱之外的一切物质待遇。一项调查指出,跨国大公司在过去的 50 年中工资增加了 40 倍,而福利增加了 500 倍。

10.4.1 福利的重要性及其影响因素

1. 福利的重要性

为什么企业愿意花这么多金钱来支持福利项目,原因是福利对企业的发展具有许多重要意义,主要有以下几点。

(1) 吸引优秀员工。优秀员工是企业发展的顶梁柱,以前一直认为,企业主要靠高工资来吸引优秀员工,现在许多企业家认识到良好的福利有时比高工资更能吸引优秀员工。

(2) 提高员工的士气。良好的福利使员工无后顾之忧,使员工有与企业共荣辱之感,士气必然会高涨。

(3) 降低流动率。流动率过高必然会使企业的工作受到一定的损失,而良好的福利制度则可以留住员工,从而降低流动率。

（4）激励员工。良好的福利会使员工产生由衷的工作满意感，进而激发员工自觉为实现企业目标而奋斗的动力。

（5）凝聚员工。企业的凝聚力由许多因素组成，但良好的福利无疑是一个重要的因素，因为良好的福利体现了企业的高层管理者"以人为本"的经营思想。

（6）更好地利用金钱。良好的福利一方面可以使员工得到更多的实惠，另一方面用在员工身上的投资会产生更多的回报。

2．影响福利的因素

影响企业中员工福利的因素很多，主要有以下几种。

（1）高层管理者的经营理念。有的管理者认为员工福利能省则省，有的管理者认为员工福利只要合法就行，有的管理者认为员工福利应该尽可能好，这都反映了他们的经营理念。

（2）政府的政策法规。许多国家和地区的政府都有明文规定企业员工应该享受哪些福利。一旦企业不为员工提供相应的福利则算犯法。

（3）工资的控制。由于所得税等原因，一般企业为了控制成本，不能提供很高的工资，但可以提供良好的福利，这也是政府所提倡的措施。

（4）医疗费的急剧增加。由于种种原因，近年来世界各地的医疗费都大幅度增加。员工一旦没有相应的福利支持，如果患病，尤其是重危病人，往往会造成生活困难。

（5）竞争性。由于同行业的类似企业都提供了某种福利，迫于竞争的压力，企业不得不为员工提供该种福利，否则会影响员工的积极性。

（6）工会的压力。工会经常会为员工福利问题与企业资方谈判，有时资方为了缓解与劳方的冲突，不得不提供某些福利。

10.4.2 福利的类型

企业中的福利五花八门、不胜枚举。每个企业除了法律政策规定的福利以外，可以提供任何有利于企业和员工发展的福利项目。

下面是企业中经常选用的一些福利项目。

1．公共福利

公共福利是指法律规定的一些福利项目，主要有以下几种。

（1）医疗保险。这是公共福利中最主要的一种，企业必须为每一位正式员工购买相应的医疗保险，确保员工患病时能得到一定的经济补偿。

（2）失业保险。失业是市场经济的必然产物，也是经济发展的必然副产品。为了使员工在失业时有一定的经济支持，企业应该为每一位正式员工购买规定的失业保险。

（3）养老保险。员工年老时，将失去劳动能力，因此企业应该按规定为每一位正式员工购买养老保险。

（4）伤残保险。员工由于种种意外事故受伤致残，为了使员工在受伤致残失去劳动力时得到相应的经济补偿，企业应该按规定为每一位正式员工购买伤残保险。

2．个人福利

个人福利是指企业根据自身的发展需要和员工的需要选择提供的福利项目，主要有以下几种。

（1）养老金，又称退休金，是指员工为企业工作了一定年限，到了一定年龄后（中国男性为55~60岁，女性为50~55岁），企业按规章制度及企业效益提供给员工的金钱，可以每月提取，也可以每季度或每年提取。根据各地的生活指数，有最低限度。如果企业已为员工购买了养老保险，养老金可以相应减少。

（2）储蓄，又称互助会，是指由企业组织、员工自愿参加的一种民间经济互助组织，员工每月储蓄若干金钱，当员工经济发生暂时困难时，可以申请借贷以渡过难关。

（3）辞退金，是指企业由于种种原因辞退员工时，支付给员工一定数额的金钱，一般来说，辞退金的多少主要根据员工在本企业工作时间的长短来决定，聘用合同中应该明确规定。

（4）住房津贴，是指企业为了使员工有一个较好的居住环境而提供给员工的一种福利，主要包括：①根据岗位不同每月提供住房公积金；②企业购买或建造住房后免费或低价租给或卖给员工居住；③为员工的住所提供免费或低价装修；④为员工购买住房提供免息或低息贷款，全额或部分报销员工租房费用。

（5）交通费，主要指上、下班为员工提供交通方便，主要包括：①企业派专车到员工家接送其上、下班；②企业派专车按一定的路线行驶，上、下班员工到一些集中点去等候车子；③企业按规定为员工报销上、下班的交通费。

（6）工作午餐，是指企业为员工提供免费的或低价的午餐，有的企业虽然不直接提供工作午餐，但可以报销一定数额的用餐发票。

（7）海外津贴，是指一些跨国公司为了鼓励员工到海外去工作而提供的经济补偿。海外津贴的标准一般根据以下条件制定：职务高低、派往国家的类别、派往时间的长短、家属是否可以陪同、工作时期回国度假机会的多少、愿意去该国的人数多少等。

（8）人寿保险，是指企业全额资助或部分资助的一种保险，员工一旦死亡，其家属可以获得相应的经济补偿。

3. 有偿假期

有偿假期是指员工在有薪酬的前提下，不来上班工作时的一类福利项目，主要有以下几种。

（1）脱产培训。脱产培训既是企业对人力资源投资的一种商业行为，又是一种福利，尤其是该培训项目对员工有明显的直接好处时，更显示出福利的特点。

（2）病假。有的企业要求员工出示医生证明，有的企业只要上级管理者同意即可，但一般较长的病假需出示医生证明。

（3）事假。各企业的事假规定不一，主要包括婚假、丧偶假、父母丧假、男性员工的太太产假、搬迁假等。有时员工为了个人私事而调休不作为事假。

（4）公休是指员工根据企业的规章制度，经有关管理人员同意，在一段时间内不来上班的一种福利。探亲假也可以看作是一种公休。企业一般根据种种条件，规定员工每年有一周至一月的公休。

（5）节日假。我国规定的国定节日假有10天：春节3天、元旦1天、国庆节3天、劳动节3天，但有些企业还有一些节日假，如青年节、妇女节、圣诞节、中秋节、元宵节、端午节等。

（6）工作间休息是指员工在工作中间的休息，一般上下午各一次，每次10~30分钟不等。

（7）旅游是指由企业全额资助或部分资助的一种福利，企业可以根据自己的实际情况制定旅游时间与旅游地点。可以每年一次，也可以3年一次；可以去欧美，也可以去附近的名胜古迹。

4. 生活福利

生活福利是指企业为员工的生活提供的其他各类福利项目，主要有以下几点。

（1）法律顾问。企业可以聘用长期法律顾问为员工提供法律服务，也可以为员工聘请律师而支付费用。

（2）心理咨询。现代企业中员工的心理问题日益严重，企业可以为员工提供各种形式的心理咨询服务。例如，设立心理咨询站、长期聘用心理顾问、请心理专家作心理健康讲座等。

（3）贷款担保。员工由于个人的原因需要银行贷款时，企业出具担保书，使员工能顺利贷到款。企业可以根据不同情况，规定担保贷款的数额。

（4）托儿所。往往在两种情况下企业建立托儿所会深受员工的欢迎：一是有幼儿的员工多，又很难解决托儿问题；二是寒、暑假期间，孩子无人看管。

（5）托老所。由于城市老龄化的不断发展，员工父母年老体弱，需要人照顾的现象将越来越严重，因此，有些企业根据自身的需要开始设立托老所，以帮助员工更安心地工作。

（6）内部优惠商品。某些生产日用品的企业为了激励员工，会以成本价向员工出售一定数量的产品，也有些企业会购买一些员工需要的商品，以折扣价出售或免费向员工提供。

（7）搬迁津贴。是指企业为员工搬迁住所而提供一定数额的经济支持。但企业会规定多少年以上搬迁才有此津贴，或规定何种岗位有多少津贴等。

（8）子女教育费。现代员工越来越重视子女的教育，为了使员工子女能接受良好的教育，企业提供的子女教育费成为一项吸引优秀人才的重要福利。企业会根据自身的情况制定相关的政策。例如，不同的岗位有不同的待遇；可以全额报销子女教育费用；可以为员工子女进入优秀学校提供赞助费；可以每月提供一定数额的经济支持；可以为员工子女进入优秀学校而设立奖金；可以为员工子女出国深造提供国际旅费或奖学金；等等。

阅读案例 10－6

上海贝尔薪酬福利

符合员工需要的福利才是有效的福利，不管花多大成本，不管用什么形式，只有那些迎合员工迫切需要的激励方式才能充分发挥激励作用。上海贝尔公司的福利政策始终设法贴近员工需求，根据员工的现实情况实施相应的福利方案。上海贝尔的员工平均年龄仅为28岁，正值成家立业之年，而这个阶段的年轻人又恰恰没有什么积蓄。上海高昂的房价足以浇灭许多年轻人在上海安家立业的梦想，许多人视上海为淘金地，却不敢当上海是安身所。上海贝尔了解员工的难处，为帮助员工解决后顾之忧，推出无息购房贷款的福利项目。员工不但可以轻松贷款，而且当工作年限达到一定期限后，还可减半偿还。解决了员工的燃眉之急，员工方可安心地长期工作。在无息购房贷款福利项目的推动下，许多员工视上海贝尔为终身的理想雇主。还有一些员工已解决了住房问题，有意于购置私家车，上海贝尔又为这部分员工推出了购车的无息专项贷款。根据员工的需求和变化推行相应的福利项目，为员工提供最渴求的福利，才能对人才持续保持吸引力。

上海贝尔还对福利项目加以创新，给员工更多的选择权。如购房和购车专项贷款额度累加合一，员工自己选择是购房还是购车；员工可以领取津贴自己解决上、下班交通问题，也可以不领津贴搭乘公司的交通车……更多的选择权利可以让福利项目更加人性化，从而增强了对员工的激励作用。

（资料来源：宋联可，杨东涛．高效人力资源管理案例——MBA提升捷径[M]．北京：中国经济出版社，2009．）

10.4.3 福利的管理

企业提供的福利反映了企业的目标、战略和文化，因此，福利的有效管理对企业的发展至关重要。有些企业由于不善于管理福利，虽然在福利方面投入了大量的金钱，效果却不理想，许多优秀人才纷纷离职，企业效益明显下降，福利的管理涉及以下几个方面：福利的目标、福利的成本核算、福利的沟通、福利的调查、福利的实施。

1. 福利的目标

每个企业的福利目标各不相同，但是有些内容是相似的，主要包括：①必须符合企业的长远目标；②满足员工的需求；③符合企业的薪酬政策；④要考虑员工的眼前需要和长远需要；⑤能激励大部分员工；⑥企业能担负得起；⑦符合当地政府的法规政策。

2. 福利的成本核算

这是福利管理的重要部分，管理者必须花较多的时间与精力在福利的成本核算上。主要涉及：①通过销量或利润计算出公司最高可能支出的福利总费用；②与外部福利标准进行比较，尤其是与竞争对手的福利标准进行比较；③做出主要福利项目的预算；④确定每一个员工福利项目的成本；⑤制订相应的福利项目成本计划；⑥尽可能在满足福利目标的前提下降低成本。

3. 福利的沟通

要使福利项目最大限度地满足员工的需要，福利沟通相当重要。研究显示并不是福利投入的金额越多，员工越满意，员工对福利的满意程度与对工作的满意程度呈正相关。

福利沟通可以采用的方法有：①用问卷法了解员工对福利的需求；②用录像带介绍有关的福利项目；③找一些典型的员工面谈了解某一层次或某一类型员工的福利需求；④公布一些福利项目让员工自己挑选；⑤利用各种内部刊物或其他场合介绍有关的福利项目；⑥收集员工对各种福利项目的反馈。

4. 福利的调查

福利的调查对于福利管理来说十分必要，主要涉及3种调查：①制定福利项目前的调查，主要了解员工对某一福利项目的态度、看法与需求；②员工年度福利调查，主要了解员工在一个财政年度内享受了哪些福利项目、各占比例多少、满意程度如何；③福利反馈调查，主要调查员工对某一福利项目实施的反应如何，是否需要进一步改进？是否要取消？

5. 福利的实施

福利的实施是福利管理最具体的事项，应该注意：①根据目标去实施；②预算要落实；③按照各个福利项目的计划有步骤地实施；④有一定的灵活性；⑤防止产生漏洞；⑥定时检查实施情况。

第10章 薪酬管理

本章小结

薪酬与薪酬管理的基本内涵是认识薪酬管理体系的核心。组织必须明确薪酬管理的原则和策略。薪酬管理体系包括基本工资制度、绩效薪酬制度和福利制度。基本工资制度主要有职位薪酬制度、技能和能力工资制度3种方式。职位薪酬制度运用更为广泛。绩效薪酬制度类型更为多样,既需要按照个体/群体绩效薪酬制度划分,也需要按照时效分为长期绩效薪酬制度和短期绩效薪酬制度,每种制度类型又都包括具体的绩效薪酬方式。组织应该根据组织性质和薪酬政策合理地选择适当的绩效薪酬类型和形式。福利政策和目标会影响福利类型、方式。福利政策的制定还必须符合国家的政策法规和民族的文化习惯。

关键术语

薪酬　薪酬管理　职位薪酬制度　绩效薪酬　福利

综合练习

一、单项选择题

1. 有的企业提倡安全性,因此(　　)。
   A. 工资较低　　　　　　　　B. 工资较高
   C. 福利较差　　　　　　　　D. 员工没有积极性
2. 薪酬制度指员工薪酬的各构成项目及(　　)。
   A. 企业的支付标准　　　　　B. 各自所占的比例
   C. 企业的薪酬水平　　　　　D. 福利项目
3. 职位薪酬制度设计的第一个步骤是(　　)。
   A. 职位评价　　　　　　　　B. 职位结构设计
   C. 进行工作分析　　　　　　D. 人员分配
4. 所谓技能薪酬制度或技能薪酬计划,是指组织根据一个人所掌握的与工作有关的技能、能力以及(　　)支付基本薪酬的一种薪酬制度。
   A. 资历　　　　　　　　　　B. 知识的深度和广度
   C. 职位　　　　　　　　　　D. 个性
5. 研究显示,利润分享计划在直接推动绩效改善以及改变员工或团队行为方面所起的作用(　　)。
   A. 大　　　　　　　　　　　B. 持续性强
   C. 不大　　　　　　　　　　D. 尚不明确
6. 年薪由基薪和(　　)两部分构成。
   A. 奖金　　　　　　　　　　B. 福利
   C. 工龄工资　　　　　　　　D. 风险收入
7. 年薪是指以(　　)为时间单位计发的工资收入。
   A. 一年　　　　　　　　　　B. 以企业会计年度
   C. 每年　　　　　　　　　　D. 国家法律规定的期间
8. 在技能薪酬制度中,(　　)。
   A. 员工向上一级职位晋升应该得到高薪酬
   B. 同级技能的扩展是应当得到薪酬的
   C. 低一级技能的强化不应当给予薪酬
   D. ABC 都正确

9. 一般来说，工资调查是针对（　　）岗位进行的。
   A. 关键性 B. 所有
   C. 高薪酬 D. 高能力要求

10. 与高级管理人员的薪酬制度比较，中级管理人员的薪酬制度中长期激励部分比重（　　）。
    A. 比较大 B. 较小
    C. 基本一致 D. 会随时变化

二、多项选择题

1. 工资形式主要可以分为（　　）。
   A. 固定工资 B. 奖金
   C. 计件工资 D. 计时工资

2. 薪酬系统主要分为两大部分：（　　）。
   A. 工资 B. 福利
   C. 非金钱奖励 D. 金钱薪酬

3. 企业在启动阶段，往往采用（　　）的薪酬系统。
   A. 低工资 B. 高奖金
   C. 低福利 D. 高福利

4. 传统的薪酬制度类型主要有（　　）。
   A. 以绩效为导向的薪酬制度
   B. 以工作为导向的薪酬制度
   C. 以能力为导向的薪酬制度
   D. 组合薪酬制度

5. 海叶集团所提出的关于能力的冰山模型认为，一个人的绩效行为能力是由知识、技能和（　　）五大要素构成的。
   A. 自我认知 B. 人格特征
   C. 动机 D. 态度

6. 奖金标准的作用有（　　）。
   A. 规定奖金提取的额度 B. 体现公司的文化
   C. 规定奖金分配的各种比例关系 D. 提高员工的积极性

7. 公司的福利项目主要包括（　　）。
   A. 公共福利 B. 个人福利
   C. 有偿假期 D. 生活福利

8. 计件工资的适用工作是（　　）。
   A. 产品质量容易检查的工种
   B. 容易制定劳动定额的工种
   C. 生产过程持续与稳定的工种
   D. 大批量生产的工种

9. 关于奖金，正确的说法包括（　　）。
   A. 它是一种补充性薪酬形式
   B. 它是对雇员超额劳动的薪酬
   C. 它是对雇员增收节支的一种薪酬形式
   D. 它是按照员工劳动时间计算的薪酬形式

10. 关于计时工资的正确说法包括（　　）。
    A. 主要受岗位评估影响
    B. 注重工作本身的价值

C. 主要看员工在此岗位上表现出的技能和能力的价值
D. 注重员工的业绩质量或数量

三、简答题

1. 薪酬系统的重要性有哪些？
2. 职位薪酬制度的特点和应用条件是什么？
3. 要素计点法的操作步骤有哪些？
4. 计件工资有什么特点？适用范围如何？
5. 年薪制的实施条件有哪些？
6. 能力薪酬计划的建立步骤有哪些？主要内容是什么？
7. 影响薪酬制度的企业内部因素主要有哪些？

案例分析

美国通用汽车的薪酬制度

1. 美国通用汽车的薪酬理念

美国通用汽车高级管理人员薪酬制度的准则是：高级管理人员的利益应该与通用汽车的股东回报大体保持一致。大多数方面，通用汽车的几个主要子公司的薪酬理念与母公司的薪酬理念都极为类似。

通用汽车的薪酬理念包括以下几方面的内容。

（1）每个高级管理人员的薪酬占公司总薪酬的比例直接与其完成的特定的、可衡量的业绩水平相联系。而且无论是短期还是长期，都要确保他们的业绩能够为股东创造价值。

（2）鼓励高级管理人员不断提高公司各方面的业绩和盈利能力，特别是他们各自所在业务部门的业绩水平。同时，只有当达到事先所设定的、特定的、可衡量的业绩目标时，公司才授予高级管理人员薪酬。

（3）每一个高级管理人员的业绩水平和对公司的贡献大小情况都将体现在不同类别的工资和激励奖金档上。

（4）长期激励奖励以普通股的形式出现，通过公司普通股的奖励，可以将高级管理人员的利益和股东的利益更加紧密地联系在一起。

（5）在业绩表现良好的年份，高级管理人员能够得到更为丰厚的薪酬；而在业绩水平低于行业一般水平的年份，他们只能得到较低的薪酬。

正是因为这些特殊的薪酬准则，通用汽车才能够吸引住、留住并激励具有领导才能的优秀人才。而正是因为这些优秀的人才各自兢兢业业的服务和贡献，才有了通用汽车今天骄人的地位。

2. 薪酬支付的类型

除了薪酬委员会制定的各项福利津贴标准之外，公司还将授予高级管理人员一个所谓的"总薪酬袋"（Total Compensation Package）。高级管理人员的总薪酬袋包括3个部分：基本工资、年度激励奖项和长期激励奖项。

在计算每一种薪酬组成部分的奖励数额时，薪酬委员会都要参照一些大型的工业公司对于类似的职位所支付的薪酬数额。通常，这些都是与通用汽车竞争高级管理人员的工业公司。因为高级管理人员的劳动力市场的竞争范围并不只限于汽车行业，一些大型的、跨国工业/服务业公司，也被薪酬委员会看作"参照对象"。每年在制定薪酬政策时，薪酬委员会都会参照这些公司所支付的薪酬数额，以及他们相应的业绩。同时，在决定公司高级管理人员适当的业绩衡量标准和薪酬水平时，薪酬委员会必须将此作为考虑的因素之一。同时，薪酬委员会也向外部的咨询公司咨询，要求他们为公司提供一些其他信息和建议。

1）基本工资

在公司的薪酬计划中，对于参照公司群体中类似职位所支付的工资水平而言，通用汽车高级管理人员的基本工资处于第三档工资中的最高位。由于受其他因素的影响，每一个高级管理人员的基本工资可能会围绕所设定的工资标准上下波动。这些其因素包括个人的工作表现、将来的发展潜力、责任感以及他们在目前职位的任职时间。

通用汽车的薪酬委员会认为高级决策层的持续和稳定能够使公司的运转过渡到最佳状态。为了鼓励他们继续在本公司任职,每一个记名的高级管理人员都已经与公司达成一项协议:如果离开通用汽车,那么在离职之后的两年内,不得在与本公司有竞争关系的公司任职。这是通用汽车与这些高级管理人员之间达成的唯一的书面协议。

2) 年度激励奖

所有的高级管理人员都有资格接受年度激励奖。但是,年度激励奖的授予必须针对公司事先所设立的目标,而这些目标通常基于通用汽车的整体业绩情况以及个人的业绩状况。薪酬委员会可以有选择地对奖励进行必要的调整,以反映意外事件的影响。

薪酬委员会在设定目标奖励和业绩标准的同时也设定了最低业绩目标,即在获得任何一种奖励形式之前所必须达到的最低业绩目标。如果连最低的业绩标准也没有满足,管理人员将得不到任何年度激励奖。最高奖励则要经股东大会讨论通过,并作为年度激励计划的一部分。在设定奖励的授予范围时,薪酬委员可以参照过去的业绩标准和计划的业绩标准,以及外部的市场条件来评估为了达到既定的目标所必须实现的业绩水平。这些外部市场条件包括经济预期、具有竞争力的业绩水平、汽车行业发展空间的预计以及对市场份额的估计。一般薪酬委员会不会对这些因素加以特殊的考虑,但是他们会根据自己的判断建立一个业绩目标以及相应的支付范围,而且这个业绩目标及相应的支付范围必须符合股东和高级管理人员之间的最佳利益组合。当然,最终奖励数额的大小依赖于实际业绩水平。

1997年和1998年,管理人员曾建议薪酬委员会在1999年继续提高业绩标准,并设定更有挑战性的业绩目标。对此薪酬委员会表示赞同,并且要求把年度激励奖的授予与股东大会中所设定的各项具体的业绩标准包括净收入、净资产回报率、市场份额和产品质量联系起来。经过管理层的审核,薪酬委员会会严格设定各项具体的盈利水平、市场份额和质量目标。1999年年末,薪酬委员会全面评估了公司的各项营运业绩。净收入和净资产回报率明显高于预设目标水平。而且,在某些地区或业务部门,薪酬委员会根据这些地区或部门所事先设定的有关质量和市场份额的目标,对他们的业绩情况进行评估。有些地区的业绩水平低于目标期望值,这样,他们就不能得到业绩奖励薪酬。为此,2000年年初,公司决定提高全公司的现金年度激励奖,但是这个奖励额不会高于激励计划中既定的最高奖励额度。

3) 股票期权

所有的高级管理人员都有资格获得股票期权。授予股票期权是为了向高级管理人员强调公司股票长期表现的重要性,同时鼓励他们持有公司的股票。通用汽车授予的股票期权的执行价格通常等于授予日的股票市场价格。这样,只有在股票价格上升的时候,高级管理人员才会得到实质性的奖励,而与此同时,公司股东的价值也得到了提高。根据薪酬委员会的计划,通用汽车的股票期权不允许再定价。

在授予股票期权的同时,薪酬委员也制订了极富竞争力的长期激励性薪酬计划。在设定股票期权授予的数量以及下面所讨论的其他长期奖励的授予数量时,同样必须参照其他公司的情况。在决定再次授予记名高级管理人员一定数量的股票期权时,薪酬委员必须考虑他们已经获得的股票期权的份额。

4) 其他长期激励奖项

根据通用汽车的业绩奖励计划,通常只有公司的高级管理人员才能得到基于股票价格和业绩的奖励。一般来说,这些奖励与年度激励奖励类似,每年都要设立一次。但是,这些奖励的最终支付与否则取决于管理人员是否达到了预设的"三年计划"目标。在最近几年,通常是以净资产回报率为目标。虽然在股东大会中,公司反复强调净收入和净资产回报这两项指标的重要性,但是经股东大会讨论通过后,长期激励奖项的目标重心还是有所转移。现在,长期激励奖项的业绩目标主要是普通股股东的股东回报。根据1999—2001年的业绩表现,通用汽车以普通股的形式授予高级管理人员业绩奖励。到"三年计划"期末,最终发放的股票数额取决于通用汽车在标准普尔500指数中相对于其他公司的排名(根据市场价格的增值,加上股利再投资的综合影响)。如果3年内公司在标准普尔500指数中的排名下降至第25或者更后,那么公司将不再支付任何形式的业绩奖励;如果公司在标准普尔500指数中的排名在前10%,那么高级管理人员可以获得奖励计划中的最高奖励。通常,公司实际发放的奖励比例介于门槛值(Threshold)和最高值之间，具体的比值高低要视具体的排名状况而定。通过这种方式来授予奖励将会使高级管理人员受到极大的鼓舞，鼓励他们不断提高业绩水平以提高公司的股票价格。这种奖励方式可以同时兼顾公司管理人员和股东两者的利益。

1997年，为了激励所有的高级管理人员将重点集中于提高公司的净资产回报率上，薪酬委员会设立了一项特殊的"净资产回报奖"（RONA）。全球范围内的通用汽车管理团队都有资格获得该奖励。如果不考虑个人的业绩调整，预计授予这项奖励将会提高公司25%的净资产回报率，并且使2000年年底前4个季度的平均净资产回报率达到12.5%。在业绩期末之前的15个月，也就是1999年9月，公司的净资产回报率已经达到并超过了该目标值，为此，公司在1999年的第4季度以公司股票的形式支付了这些奖励。

3. 对CEO的奖励

1998年年底前，通用汽车的薪酬委员会召开会议，讨论决定1999年Smith先生（董事会主席兼首席执行官）的薪酬问题。由于Smith的有效领导及其为公司的发展做出的不懈努力和巨大贡献，公司已经成功地实现了营运的扩张化和倾斜化，而且通用汽车在全球范围内的竞争力也得到了很大的提高，业务部门的数量也有所增加。不仅如此，Smith的有效领导给通用汽车带来了许多积极的发展因素，包括公众对新产品的良好反映，销售记录再创新高，新产品Delphi Automotive Systems也取得了极大的成功，带领整个高级管理层与薪酬委员会等主要组织之间建立起了建设性的关系。而正是因为这些积极的发展因素才使得通用汽车在美国和加拿大不断与优秀的管理人才签订新的劳务合同的同时，又没有造成任何重大的雇佣关系的中断。通过E-GM和GM Trade X Change的设立，通用汽车在全球范围内平衡分布了其资源和技术，使得公司在电器商业领域同样处于领先地位。另外，在Smith的领导下，公司与富士重工业（Fuji Heavy Industries）建立了新的联盟关系，而且与丰田汽车和本田汽车建立了合作关系。这种合作关系的建立促进了公司在亚太地区乃至全球与其他业务伙伴的战略革新。同时薪酬委员会注意到，1999年通用汽车创造了高达26%的股东回报率，远远高于福特、戴姆勒—克莱斯勒，同时也高于许多其他相关的权益指数，包括标准普尔500指数。但同时公司并没有实现其市场份额目标，而且在北美和欧洲的一些地区产品的质量目标也没有达到。综合以上各项因素，经薪酬委员会的严格评审，决定授予Smith先生的薪酬制度和数量如下。

1）基本工资

考虑到他连续几年优异的领导能力和工作业绩，Smith先生的工资水平自上一次上涨以来，将在24个月之后再度上涨5%，达到205万美元，有效期至2000年1月1日。

2）年度激励奖

1999年年初，在遵守公司的薪酬理念的前提下，薪酬委员会根据净收入、净资产回报率、市场份额和质量等各项具体目标为Smith先生设定了其个人奖励目标。1999年年末，按照相关的、已设定的业绩衡量标准，薪酬委员会评估了他的个人奖励。Smith先生最终的奖励数额超过了既定目标，但低于最高值。

3）股票期权

作为公司连续的薪酬评估过程的一部分，薪酬委员会比较了参照公司群体授予首席执行官的股票期权的情况，给出了应授予Smith先生的股票期权的数量。考虑到公司曾经授予他的股票期权份额，1999年授予Smith先生的股票期权数量是35万股普通股，后来被调整为42.07万股普通股，以此反映新产品Delphi Automotive Systems的影响。

4）其他长期激励奖

业绩贡献计划的目标奖励包含的业绩期为1999—2001年这3年。目标奖励的数额按照上述方法进行计算。至此，Smith先生1999—2001年的奖励方案已经决定：以普通股和H类普通股的形式进行一次性支付。

根据以上案例所提供的资料，试分析美国通用汽车公司的薪酬理念、薪酬制度和对管理阶层的薪酬制度设计的特点，有哪些值得借鉴的地方。

实际操作训练

课题 10-1：

实训项目：某中小型纺织企业营销人员薪酬调查。
实训目的：了解薪酬调查对于薪酬设计的作用；掌握薪酬调查的一般流程。
实训内容：基准职位的选定，薪酬调查问卷的设计。
实训要求：实验信息是否充分、完整；基准职位选择是否恰当；薪酬问卷是否符合该企业的需要。

下篇 人力资源管理艺术篇

第11章 人心管理艺术

教学目标

通过本章的学习,了解人力资源开发与管理中的人心管理艺术;掌握人心管理的基本原理;明确人心管理八大法则的基本内容;掌握人心管理的八大具体方法。

教学要求

知识要点	能力要求	相关知识
人心管理原理	人的心思、心情的梳理、清理、整理 人的思维方式的变动 总体把握人心管理体系	人心管理的含义 人心管理的理论体系
欣赏与感动管理艺术	理解欣赏管理、感动管理法则的内涵 体会案例的意义 掌握欣赏管理、感动管理方法	欣赏管理艺术,欣赏管理的3个层面 感动管理艺术,感动管理的3个层面
品性与理解管理艺术	理解品性管理、理解管理法则的内涵 体会案例的意义 掌握品性管理、理解管理的方法	品性管理艺术,性格分析与人才测评基本方法 管理艺术,沟通漏斗原理及其解决办法
精神与情绪管理艺术	理解精神管理、情绪管理法则的内涵 体会案例的意义 掌握精神管理、情绪管理的方法	精神管理艺术,个人精神、团队精神 情绪管理的艺术,个人情绪的管理,情绪管理方法
心态与满意管理艺术	理解心态管理、满意管理法则的内涵 体会案例的意义 掌握心态管理、满意管理的方法	心态管理艺术,对现实、对人与事的不同态度 满意管理艺术,如何让员工满意、让客户满意

导入案例

四支烟

阿诚一个人坐在咖啡店里,他在等一个很重要的人。半包烟抽完了,等的人也还没来。这时,一个戴眼镜的中年男人坐到了他的对面,说:"兄弟,我也在等人,无聊得很,不如我们聊会儿天。"说着,他弹了一下手中的那包烟,将一支香烟从烟壳里抽出一半,送到了阿诚面前。

阿诚略一犹疑,说了句"谢谢",便伸手抽出那支香烟,发现那中年男人的烟壳是"中华",而香烟却是"阿诗玛"牌的。中年男人说话了:"你听说过阿诗玛的传说吗?"阿诚吐着烟圈摇摇头,中年男人接着说:"阿诗玛是云南彝族撒尼人的一个经典传说,姑娘阿诗玛和青年小黑相爱,结果受财主迫害,阿诗玛被淹死了,变成了一座石峰,名叫'抽牌神',其实也就是回声神,你怎么喊她就怎么回应你。"

中年男人继续说道:"我有一个朋友,他叫老纪,老纪开了个饭店,生意还不错,饭店旁边是个小型的歌舞厅,歌舞厅的门口总是摆着巨大的宣传牌,占用了老纪店门前的一块地方,老纪跟歌舞厅老板吵了几次,都没有结果。后来老纪便时常趁着夜里将泔水倒在歌舞厅门口,从此歌舞厅里就弥漫着酸臭的味道,又屡次发生客人滑倒事件,慢慢地,歌舞厅便关门了。"阿诚听到这里,将手中的烟头用力地摁在烟灰缸里。这当儿,中年男人又抽出一支香烟递给阿诚,阿诚看了一下是"黄鹤楼"牌的,阿诚吃了一惊,刚才那支"阿诗玛"香烟不过5毛钱,现在这种"黄鹤楼"烟却要卖200元一包,一支烟都得10块钱。阿诚疑惑地看着中年男人,中年男人问:"知道黄鹤楼在哪个地方吗?"

阿诚撇撇嘴,说:"我当然知道了,我是武汉人!"

"那我再问你,黄鹤楼的由来你知道吗?"

阿诚回答道:"小时候听说过,记不清了。"中年男人喝了一口茶,接着说:"以前有一位辛先生,平日以卖酒为业。有一天,来了一位衣着褴褛的客人,要讨一杯酒喝,辛先生不因对方像个乞丐而怠慢,急忙盛了一大杯酒奉上。如此经过半年,辛先生并不因为这位客人付不出酒钱而厌倦,依然每天请这位客人喝酒。有一天客人告诉辛先生说,我欠了你很多酒钱,没有办法还你,于是他从篮子里拿出橘子皮,画了一只黄色的鹤在墙上,接着一边用手打节拍,一边唱着歌,墙上的黄鹤也随着歌声,合着节拍,翩翩起舞,从此酒店因这只仙鹤而生意兴隆。客人走后,经过了10年,辛先生也因黄鹤累积了很多财富。有一天,那位衣着褴褛的客人又飘然来到酒店,辛先生上前致谢,那人接着便取出笛子吹了几首曲子,没多久,只见一朵白云自空而下,画鹤随着白云飞到客人面前,客人便跨上鹤背,乘白云飞上天去了,辛先生为了感谢、纪念这位客人,便在那里盖了一栋楼,取名黄鹤楼。"

阿诚点头说:"好像是这么回事。"

中年男人说:"这两个故事其实告诉我们,计较细节往往会吃亏,胸怀大度却常常有意想不到的回报。如同辛先生,不计较小小的酒钱,而获得了大量财产,而我的那个朋友老纪,过于斤斤计较,虽然他搞得歌舞厅关门了,但他自己的店很快也倒闭了,因为他饭店的主要生意就来源于歌舞厅的客人。开始老纪还想不明白这个道理,后来在朋友点拨之下,他才恍然大悟。"

阿诚听着,呆了一下,第二支烟很快也燃尽了,中年男子再次将露出烟嘴的烟壳递了过去:"猜猜看,这一支烟又是什么牌子的?"

阿诚丈二和尚摸不着头脑:"我怎么会知道,这么多香烟牌子。"

"那好,你就抽出来看看吧!"

阿诚抽出了那支香烟,这是一支"熊猫"牌香烟,这种烟阿诚并不熟悉,他不知道这烟多少钱,不过他也不关心烟的价格了,他想知道这次中年男人会借机说一个什么故事。

中年男人又问道:"看过前不久上映的电影《功夫熊猫》了吗?"

阿诚点点头,中年男人接着说:"里面那只叫阿宝的熊猫,又懒又笨又胖,最后却学会了武功,战胜了凶残的大龙,成为了一个大侠,你知道为什么吗?"

阿诚有些不知所措地摇摇头,中年男人说道:"因为那只熊猫喜欢吃东西,吃东西就是它最大的追求,所以它的师父利用它的这一特性,激发了它的潜能,从而学会了绝世武功。"

阿诚继续点头,中年男人忽然转换了话头,说道:"其实熊猫能够战胜对手的真正原因,却不是武功,而是它终于相信了自己的能力。看得出来,你也是一个很有潜力的人,只是你不够自信而已。"阿诚听着中年男子的话,有些云里雾里,他像是在自言自语:"我不自信吗?"

中年男子紧接着说:"你当然不自信,如果自信的话,你今天还会坐到这里来吗?是不是啊,阿诚?"阿诚大惊,不安地问:"你怎么知道我叫阿诚的?"

阿诚是一家大型零售企业的部门经理,最近公司内部有消息,要在中层管理干部中提拔一名店长。阿诚对此本来挺有信心的,但在前几天,他却被通报批评了一次,因为他的工作疏忽造成了货物损耗。其实阿诚也已经自掏腰包弥补了损失,但没想到这事最终还是被捅到了上面,阿诚经过调查才发现是公司另一个经理捣的鬼,那人的目标也是店长的职位。阿诚很气愤,于是找到了一个叫韩风的朋友,想让他帮自己想个办法,整垮和自己竞争职位的那个经理,韩风便约了阿诚到这家咖啡店见面。

阿诚想了想说:"你是不是认识韩风?"

"何止认识,我当初开饭店倒闭后,就是在韩风的开导和帮助下,才重整旗鼓,开了今天这家咖啡店。"

阿诚一愣:"这么说,你就是故事中的老纪,你也是韩风的朋友?"

"没错,我就是老纪。韩风特意约你到我店里,想通过我的故事告诉你——斤斤计较常吃亏,以错对错最为错。只有胸怀宽广,才能成就大事。"老纪的话有些语重心长。

阿诚低着头了,突然有人拍了拍他的肩膀,他抬头一看,立刻大喊一声:"韩风,你这是唱的哪一出?"

韩风坐了下来,笑呵呵地说:"你是个聪明人,还要我说吗?你要自信一点,你就是你,一定行的。"

阿诚拿过老纪手中的"中华"烟壳,抽出了最后一支烟,看了一眼,有些尴尬地笑道:"这支烟和烟盒是一致的,是支'中华',我明白,意思就是要做自己,我就是我,表里如一,我一定行的!"

3个人都"哈哈"笑了起来,爽朗的笑声在咖啡厅里久久回荡……

(资料来源:梅永远.四支烟[J]故事会,2009(11).)

问题:

(1) 四支烟里分别蕴藏着什么道理?
(2) 阿诚最大的困惑来自于哪里?
(3) 该案例给人们什么启示?

人力资源管理最重要的目的是最大限度地发挥人的作用,实现绩效的最大化。这里所指的"人"包括组织中的个人与团队,所指的"绩效"包括员工个人绩效与组织整体绩效。最大限度地发挥人的作用的基本途径是人力资源开发与管理。其中管理是对人已有的资源进行有效管理、最佳配置,实现现有人力资源的效用最大化;而开发则是对人的潜在资源、潜在力量进行开拓、挖掘、激发并合理组合、有效应用,实现潜在人力资源开发的最大化,再与已有的人力资源有效组合,达到个人绩效的最大化,进而促进组织绩效的最大化。人心管理理论及其应用,就是解决人的问题,解决人心顺、齐、稳、美、乐等问题,从发挥个人作用到影响团队整合力量、从发挥员工个人绩效到整体发挥组织绩效,人心管理成为人力资源开发的重要途径。从另一角度看,人心管理的八大法则:欣赏管理、理解管理、感动管理、精神管理、满意管理、品性管理、情绪管理、心态管理,一方面有效开发了人力资源;另一方面又是人力资源管理具体艺术的应用,通过人心管理进一步实现员工个人效用的最大化,进而推进组织绩效的最大化。本教材是将人心管理作为人力资源管理艺术进行阐述的。

11.1 人心管理概述

任何管理,其重点、难点最后都指向一点:人心!由人,决定着事情的发展方向;由人,决定着事情的成功与否;也是由人,决定着事情的效率、效益。

可是不一样的人,思维方式不一样,处理事情的方式不一样,决定了事情的结果也不一样；人们只是在意事情已经发生后的现实，按照已经发生的现实来评价和判断事情的对错、人的好坏，却很少想到如果换一个人来做，换一种方式来做，可能结果就大不相同了。这是因为，人总是按习惯思维看问题，也就是思维定式，而这种思维定式的形成，与人的个性、经历相关，与人的后天的环境、处境、生活轨迹有关。因此，人力资源管理需要从人的性格、人的思维、人的智能结构和人的经验积累梳理等角度进行艺术化管理，即从人的思维、观念的变动着手，到人心的认同与支持结束。思维方式的改变从人心开始，观念更新归结为人心变动，人与组织的效用最大化能否实现，取决于人心的认同与否。

结论就是：一切管理应从人心开始，一切管理的终点仍然是人心，得人心者得天下！

11.1.1 人心管理内涵

人心管理之"管理"一词的意义，有两方面内涵。

（1）人心管理的管理是管与理的组合。管是管教、管束、管辖、管制，反映在企业运行过程中就是命令、指挥、控制；理是梳理、清理、料理、整理，反映在企业运行过程中就是疏导、疏通、理顺、理解、协调、协作、调停、调谐等。理是人心管理活动中最重要的活动，理出头绪、理清心绪、理顺心态是管理的核心。从这个意义上说，管是相对稳定的，理则是不断动态变化的；管一般通过法规、条例、公约等约束性规章制度来实现，职位带来的权力一般就可以实现；理则需要一个管理者的境界、胸怀、智能和亲和力等，是管理者的人格魅力带来的力量实现的。人心管理，三分管七分理。

（2）人心管理的管理是自我管理，同时引导组织中其他成员实现自我管理。人心管理是从人的内心世界里获得管理效果的一种管理艺术，即让人从心底里理解、醒悟、觉察，从而以自觉的思维、自觉的行动实现管理的目标。不能自我管理，就不可能管理好别人、管理好事务，在组织中也就一事无成，甚至有可能成为组织成长或发展的障碍。

阅读案例 11-1

制造"抢劫"风波

在美国某州公路上急驰着一辆装着过期面包的面包车。

这个州发生了水灾，粮食紧张，面包脱销，到处缺货。

汽车走到半路上，被饥饿的人们发现，车子被团团围住，人们抢着要买车上的面包。

押货员感到十分为难，说什么也不能把过期的面包卖给这些人。

这时，恰巧有记者跑来，探询发生的事情。

他们一听，觉得有趣，一方是急需购买面包，一方是押货员碍于公司规定，怎么也不卖车上过期的面包。这是怎么一回事呢？

"不是我不肯卖"，押货员说，"我们老板规定太严格，她规定不论在任何时候、任何情况下，也不许卖过期面包。如果有人明知故犯，把过期面包卖给了顾客，一律开除。我要是把过期面包卖给他们，我的饭碗就给砸了呀！"

他的话虽然能引起人们的同情，但怎么能止得住饥饿者们往外直冒的口水？

记者说："先生，现在是非常时期，你就把这车面包卖了吧，总不能让这些饥饿者失望吧！"

押货员无奈，灵机一动，以神秘的表情，凑到记者面前说："卖，我是说什么也不敢的，如果他们强行上车去拿，我就没责任了。"

"那岂不是抢劫吗？"记者说。

第11章 人心管理艺术

"他们把面包强行拿走,凭良心留下应交的几个钱,岂不就不是抢劫,而是强买吗?"

大家恍然大悟。片刻,一车面包就这样被强买光了。

几天后,这条消息便在报上详细披露出来了,这家面包公司的信誉陡然上升。

(资料来源:2006年03月02日金羊网-民营经济报《品牌故事:制造"抢劫"风波》.)

押货员如果没有良好的自我管理能力,事情是不可能如此完美地处理的:既没有违背公司的规定,又让饥饿的受灾人群度过了饥荒,还通过这一事件做了一次极好的广告宣传,大大提升了企业形象。有着良好自我管理能力的人,把组织的利益时刻放在心中,成为一种自觉的思维、自觉的行动。而只知道"管"不懂得"理"的人,也不可能把事情迅速理出一个头绪,迅速找到处理问题的最佳方式。正是因为这位押货员深谙理的内涵与意义,所以才能"灵机一动",才能变"抢劫"为"强买",才能在"不能违背公司规定"和"不能视饥饿的人群于不顾"的两难困境中迅速找到"双赢"的方法。

所以,人心管理既是组织内部人员管理的方式方法,也是组织对外部人员管理的方式方法;既是一种心灵环保,也是一种心灵洗涤,还是一种心灵按摩。其目的就是从心底里产生一种渴望、产生一种力量、产生一种智慧实现个人职业目标,实现组织发展目标。根据这一原理可以得出人心管理的含义。

所谓人心管理(Mind Management,MM),是指以开发人力资源为切入点,以各种有效的心灵梳理式管理方式为手段,以组织成员的心态平和正道、心境愉悦阳光、心灵纯净高尚为宗旨,以提升组织内外的精神生产力为目标,各种社会交往中主客双方彼此达到和谐能动、协调共赢的一种管理艺术、管理模式。人心管理既是一种组织对人的管理哲学,也是一种组织对人的管理文化,更是一种以人为本的管理理念。

人心顺是一种生产力,人心齐是一种生产力,人心快乐是一种生产力,人心和谐是一种生产力,人心管理就是这样一种生产力的新崛起!

11.1.2 人心管理体系

人心能够得以有效的管理,使管理的主体与客体双方共同和谐、内部与外部双向共同和谐——即经济与管理双和,经济活动或管理活动的主客方彼此双和,小则企业成功,大则安邦定国——谋得人心双和,便可安定企业;谋得人心双和,便可经世济国。要谋得人心双和,则主要取决于人的心态。

 阅读案例 11-2

心态决定成败

有两个年龄差不多的兄弟,哥哥是城市里最顶尖的会计师,弟弟是监狱里的囚徒。

一天,有记者去采访当会计的哥哥,问他成为这么棒的会计师的秘诀是什么?哥哥说:"我家住在贫民区,爸爸既赌博,又酗酒,不务正业;妈妈有精神病,我不努力,能行吗?"

第二天,记者又去采访当囚徒的弟弟,问他失足的原因是什么?弟弟说:"我家住在贫民区,爸爸既赌博,又酗酒,不务正业;妈妈有精神病。没有人管我,我吃不饱,穿不暖,所以去偷去抢……"

(资料来源:徐井岗.人心管理:生产力之新崛起[M].香港:中国教育文化出版社,2006:247.)

人心管理理论(Theory of Mind Management,TMM)体系,是培育良好心态的一种体系,包括一套理论、三个突围、八大法则。

1. 一套理论

即人心管理理论。这一理论分别从企业成长理论视角(内外成长)、人力资源管理艺术视角、人力资源开发视角进行构建，从东西方哲学思想尤其是心理学精髓中提炼营养，从和谐社会创建需要和中国传统文化传承呼唤美德回归出发，提出人心管理"管"的重点是法规约束，"理"的关键是沟通梳理；自我管理的要义在于内省，能实现自己内心的反省并调适好心态是第一步，引导并影响组织成员内心的反省并调节好心绪，是更高一步的要求。人心管理理论认为，人心不是用来管制的，但可以约束规范；人心也不是用来管辖的，但可以梳理引导。

阅读案例 11-3

巧妙的批评

卡尔文·柯立芝于1923年登上美国总统宝座。

这位总统以少言寡语出名，常被人们称作"沉默的卡尔"，但他也有出人意料的时候。

柯立芝有一位漂亮的女秘书，人虽长得不错，但工作中却常粗心出错。一天早晨，柯立芝看见秘书走进办公室，便对她说："今天你穿的这身衣服真漂亮，正适合你这样年轻漂亮的小姐。"

这几句话出自柯立芝口中，简直让秘书受宠若惊。柯立芝接着说："但也不要骄傲，我相信你的公文处理也能和你一样漂亮的。"果然从那天起，女秘书在公文上很少出错了。

一位朋友知道了这件事，就问柯立芝："这个方法很妙，你是怎么想出来的？"柯立芝说："这很简单，你看见过理发师给人刮胡子吗？他要先给人涂肥皂水，为什么呀，就是为了刮起来使人不痛。"

(资料来源：百度文库·营销智谋《营销故事大全》.)

建构人心管理理论有两大基础，一是人力资源开发的途径与目标，二是企业成长的战略规划。据此，可以建构该理论模型。制图方式是以企业人力资源开发途径为横轴（改善人的行为表现——行为性强往左、满足人的心理需求——心理性强往右），以企业人力资源开发目标为纵轴（达到人与人、组织与组织之间的互为认同——感性认同强往上、理性认同强往下），以企业成长战略为总框架，构成基本的人心管理坐标图。4个象限中，从核心层到战略圈之间形成两个层面八大人心管理法则，内层是欣赏管理、满意管理、精神管理、心态管理，外层是感动管理、理解管理、品性管理、情绪管理。这一体系受政治、文化、环境和社会4个方向的宏观因素影响，如图11.1所示。

第1象限与第3象限构成互相对应的两个象限，情感性较强的管理方法在第1象限，理性行为较强的管理方法在第3象限。第1象限中，欣赏管理是人心管理的基础，感动管理是人心管理要达到境界，管理中，最好的认可是欣赏，最高的欣赏是感动——这与人的文化内涵、个人技术有关，更与组织的企业文化、科技水平有关；第3象限中，精神管理是人心管理的内核，品性管理是人心管理的保障，做人需要精神，做企业也需要精神，这一精神的底线是道德品质，这一精神的要义要与个性特征相吻合——既符合政治体制、政治素质，也符合经济活动和经济责任。

第2象限与第4象限构成互相对应的两个象限，情感性较强的管理方法在第4象限，理智性较强的管理方法在第2象限。第4象限中，满意管理是人心管理的方向，理解管理是人心管理的追求，管理中，让各方满意是基本方向，最终要达到彼此的理解与认同——这与社会秩序、社会公德相关；第2象限中，心态管理是人心管理的关键，情绪管理是人心管理的矫正器，管理中，需要舒缓员工的压力、稳定员工的情绪、调整好职场心态。这是与员工个人环境和际遇有关。

2. 三个突围

人心管理理论中所说的突围是指"突出心围"。一切束缚最重要的来自于自己的内心；

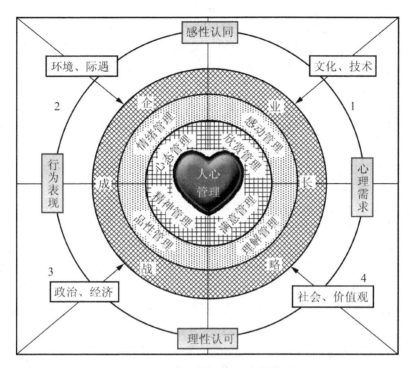

图 11.1　人心管理理论建构模型

一切错误源起于心灵的围困。在组织管理中，关于自身心灵围困最严重的是来自于上层——老板、中层——管理者、基层——员工三个方面，三个突围也就是老板管理突围、中高层管理突围、员工管理突围。

无论是风头正劲的老板，还是在稳步成长的老板、小富即安的老板、艰难跋涉的老板，还是"出师未捷身先死"的老板，内心世界或如履薄冰，或受烈火煎熬——家家有本难念的经——心理被围，心灵被困。

对很多老板而言——因为曾经的成功把他们送上了高处不胜寒，知识的硬伤束缚了他们腾飞的翅膀，对关系网的迷信让他们还在玩冲破政策限制的游戏，对钱色的迷恋让老板陷入了纠缠不清的纷争，企业管理触礁于老板的心灵束缚！需要寻求思想观念突围的路子。

因为老板的性格影响着企业的走势，追求造就着各异的欲望，帝王心态衍生了"奴"力资源，自尊又自卑的复杂心理疏远了员工关系，用人又防人的自保意念失落了企业的动力！需要挖掘老板管人管事的深层心态，寻找老板冲出自闭藩篱的阳光道。

因为民企老总带着家族的烙印，而改制的企业多少带着"大锅饭"的痕迹，面对老板的"企业皇帝"宝座，经理人仰天呼喊"明主"在何方？"外脑"们苦笑走江湖。管理路在何方？走下"皇位"，走近知识，走进员工中去，用"第三只眼"看一看自己、看一看企业，让自己近视的心灵带上眼镜！突出管理的重围，需要老板脱胎换骨。

中国的企业，中高层是一个特殊阶层，他们在众人眼里风光无限，却常常陷入上压下挤、左攻右击、内外交困的境地。他们代表着企业、代表着股东、代表着老板，在企业里发号施令，却不知不觉周旋于烽火连天的市场中，证明着自己、实现着自己。中高层管理人员上要顾及老板，中要顾及同行，下要顾及基层员工，于是，他们总在一个个又一重重的围困中，尤其是心灵围困中，上下求索，谋求新出路。中高层管理者上面有人管着，下面需带着一帮人，如何突破上下围困、前后挤压、内外竞争？怎样从埋头管事中抬起头来看看来路的对错，看看去路的走法？人与人相处中会有各种不同的心态，中高层管理人员是否能够认清哪些心态是对组织管理有利的，哪些心态是对组织管理不利的，怎样的思维方式指导下的管理是能促进效率效益的，怎样的思维方式指导下的管理是阻碍企业发展壮大的，等等。

社会环境给"经理们"树起了一道道考验的篱笆，企业业主（老板）给"经理们"垒起了一堵堵诚信的围墙，基层员工给"经理们"拉上了一张张心灵的大网！更重要的是，"经理们"在这重重的外在围困下，还无可避免地陷入了自身的束缚：心锁！

"经理们"如何冲出这现实的围追堵截？如何冲出这心灵的雪山草地？

培育领导力，提升执行力，善用沟通力，明人、明事、明理，空降兵业界软着陆：找准切入点广袖长舞；土八路管理显真章：融古今中外、商海遨游；亲兵营、发狠练内功：超越自我、提升综合力；经理人竞争求生存：胸中自有雄兵百千万。

员工管理目前最大的围困在于企业管理者思想认识上的围困，尽管"民工荒""技工荒"年年苦恼着这些管理者，尽管一线员工离职率居高不下，但把关注的目光重点放在这些基层员工身上仍然很少很少。理论上谁都明白：谁不把员工当回事，员工就把谁不当回事。可实际上，企业只把骨干力量当回事！正是这种员工管理上的认识，使得许多企业成长不起来。老板如何管理员工？中高层如何管理员工？基层管理者如何管理员工？员工自己如何自我管理？员工如何配合上司的管理？等等，这些问题已经积累很多很久了。员工管理恰恰就是在关注员工的内心世界，关注员工的心灵需求方面十分弱化。

未来的中国民营企业，对于今天的金融瓶颈、质量瓶颈、科技瓶颈等，可能都不如人才瓶颈那么来得迫切、那么让企业束手无策；人才瓶颈中，技术人才、高层管理人才、专业管理人才可能也渐渐不是影响企业生命力的最主要的人才瓶颈，恰恰是现在并不为很多企业所重视的基层管理者、技术工人甚至是普通员工成为人才瓶颈中的瓶颈！

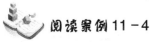

输给下属的厨师长

有个酒店需要招聘一位厨师长。这个酒店的湖蟹很有名，每天都能卖出很多。湖蟹在进蒸笼之前需要用塑料绳捆绑起来，这是个很烦琐的工序，而且稍一不小心还会让湖蟹夹住手，几乎所有的厨房员工都不喜欢这个工序。所以每次绑湖蟹都由厨师长亲自带头，这样其他的员工才会陆续加入进来。

有两位厨师同时来应聘，两人将各自上岗试工3天，6天后才决定聘用谁。第一位试工的厨师很勤快也很有管理头脑，除了自己带头外，还经常与其他厨师来一场"绑湖蟹比赛"。其他厨师谁都比不上他的速度，包括酒店老板在内的所有人都为他娴熟的技巧所折服——5分钟内他绑了20只湖蟹，其他厨师最多绑12只！让老板更加满意的是，他懂得用比赛来提高大家做事的效率，之前厨师们5分钟最多只能绑10只湖蟹。

接下来的3天是另一位应聘者上阵，他也是一位非常有管理经验的厨师，与前面那位厨师一样，也懂得"竞争"的规则。每天一开始绑湖蟹他就号召大家来比赛，但是他不用手表计时，光是比最后的个数。让所有人都没有想到的是，这位厨师的手脚并不快，虽然他的喊声最大，但是每次一开赛，别的厨师一认真就很容易超过他。于是，这几乎成为大家的笑料。尽管如此，那位厨师并没有觉得羞愧，反而更有斗志地喊着一定要追上其他厨师。他拼命地加快速度追，其他员工自然也就拼命地加快速度不让他追上，直到试工结束，他的效率依旧落在其他厨师后面。

决定聘用谁的时刻到了。第一位厨师充满信心,酒店其他员工也都认为这个职位非他莫属,但老板最后录用的却是第二位厨师。大家都很困惑:作为一名厨师长,干活的效率竟然比手下员工还慢,怎么服众啊?

老板说出了其中的奥秘。第一位应聘厨师虽然手脚很快,也很有激发员工热情的精神,但每次比赛,他总是拿第一,让大家缺乏了自信和动力。大家都知道这是个不可能赢的比赛,还能拿出真正的动力和积极性来吗?而第二位厨师虽然慢,但他的"步步紧追"却推着大家既兴奋又紧张地拼命加快速度,就在这追与被追之间,每个人都在无意识中提高了劳动效率。接着老板让所有员工再绑一次湖蟹做试验,这次的结果几乎所有员工都感到意外——他们竟然每5分钟可以绑18只湖蟹了,让他们更没有想到的是——刚才在老板办公室里,第二位厨师已经当着老板的面绑过一次湖蟹,他的效率是每5分钟25只。

"我是故意让别人赢的,只有赢才会给人自信和动力!"他说,"我一个人少绑10只湖蟹,但是其余10个人由此提高了积极性,每个人多绑了6只,60减去10,那么总效率就提高了50只!"

作为一名管理人员,他的价值不在于个人创造的效益如何,而是他所管理出来的整体效益如何!输给下属,这是一个管理者的智慧和胸襟。

(资料来源:徐井岗. 员工管理突围[M]. 哈尔滨:黑龙江人民出版社,2008:127.)

3. 八大法则

前述4个象限、八大人心管理法则,在内外因素作用下构建了人心管理理论的基本内涵。而这八大管理法则就是人心管理的具体方法、规则和原则,这些法则在具体运用中,需朝着图11.2外圈所示的管理方向努力。

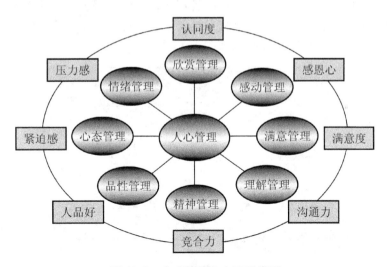

图11.2 人心管理八大法则模型

欣赏管理——欣赏实现各方高度认同。就是通过对上下左右内外六方相关人员欣赏式管理方法的具体运用,完成挖掘长处、肯定闪光点、提供发挥优势平台的欣赏管理三部曲,达到人与人之间的互相认同。认同度的高下直接决定着人心管理的效果。

感动管理——感动的最高境界是感恩。如果说欣赏是管理方的主动行为,那么感动就是让受管理方自己获得心灵的认可,其中学会感恩、懂得感恩,拥有一颗感恩的心是感动管理的重中之重。是否拥有一颗感恩的心是人心管理能否达成目标的重要分界线。

满意管理——满意是人心理顺的开始,对企业而言是让员工满意、股东满意、客户满意、社会满意,对个人而言是让上司满意、同事满意、下属满意、顾客满意、家人满意。满意度提升是理顺人心的起点,其高下决定着企业在市场、个人在职场的成功与否。

理解管理——有正确的沟通才有理解。创造一个互相理解的工作环境，形成一个彼此默契的文化氛围，是人心管理的重要任务。沟通是理解管理也是人心管理最重要的工具、最有效的方法。沟通力的大小决定着企业的成熟程度，个人在职场的成熟程度。

精神管理——取舍的真正意义是双赢。即实现"人是要有点精神"的哲学，人心是魂，精神是脊梁，市场经济不仅仅是竞争，更重要的是竞争中有合作，竞合作用下，保持一颗纯洁的心灵、拥有一种阳光而正直的精神，是人心管理的中流砥柱。

品性管理——高尚的品德适宜的性格。人有人品、文有文品，公司有司品、学校有校品。人在职场可以追名逐利（入世），但道德品行的底线不能突破；也可以淡泊名利（出世），但回报社会的责任不能忘却。了解自己的性格，以扬长避短；把握团队成员的性格，以取长补短。学一点性格学，是为了更好地在职场发展。

心态管理——具有责任心才有紧迫感。心态决定成败是一种理念，更重要的是所谓解放思想、更新观念，其实就是心态的改变、责任感的加强。职场的危机感不是草木皆兵，职场的紧迫感不是繁杂忙乱，而是思想的警觉性、行动的有效性和心灵的责任感的最佳、最真实的体现。

情绪管理——不良情绪来自过度压力。人是感性的，工作中、人际交往中会有情绪，良好的情绪能促进工作绩效，不良的情绪如果得不到有效的疏导，就会演变成强烈的压力感。压力积聚到一定的程度，不在沉默中灭亡，就在沉默中爆发。无论是灭亡还是爆发，都是职场之大忌，也是企业之大不幸！情绪管理就是有效舒缓压力、化解情绪。

八大管理法则在内涵上体现了八个方向性要求，具体在管理行为中，每个法则又有3个层次的管理目标，形成三级目标制，如图11.3所示。

欣赏管理——使员工	心服口服、	心悦诚服、	心甘情愿
理解管理——使员工	心中有数、	心领神会、	心照不宣
感动管理——使员工	心平气和、	心花怒放、	心旷神怡
满意管理——使员工	心明眼亮、	心胸开阔、	心满意足
品性管理——使员工	心地善良、	心口如一、	心安理得
心态管理——使员工	心态平正、	心情舒畅、	心灵满足
精神管理——使员工	心有所属、	心无所累、	心存高尚
情绪管理——使员工	心有所驰、	心无杂绪、	心理阳光
管理目标——	初级目标	中级目标	高级目标

图11.3　人心管理的三级目标模型

以欣赏管理为例，第一级目标是实现心服口服。心服口不服不行，因为不服的口中语会影响士气、伤害同仁。第二级目标是心悦诚服，管理不仅仅让人服，还要让人服得开心、服得实诚——愉快地、诚恳地接受管理，是更高一级的境界，最高境界就是让人心甘情愿。其他各个管理法则的三级目标层次依此类推。

11.2　人心管理艺术的种类

人心管理艺术也就是人心管理体系中八大管理法则的具体运用。为了说明方便，将八大法则相关的部分进行两两组合，构成四方面管理艺术。

11.2.1 欣赏与感动的管理艺术

1. 欣赏管理

所谓欣赏管理，是指管理者从人心是相通的角度出发，善于发现和挖掘被管理者的优势、长处和闪光点，并对其给予肯定、认可、赞许，同时给予其能发挥个人优势、长处的岗位或工作，使其闪光点不断地有机会闪烁并被大家接受的一种管理思想和管理行为的总和。欣赏管理使团体变成团队。

阅读案例 11-5

错 题

一位小学老师在黑板上写了 5 道题让一名学生上来做。

$$3 \times 9 = 27 \quad 4 \times 9 = 36 \quad 5 \times 9 = 45 \quad 6 \times 9 = 54 \quad 7 \times 9 = 62$$

当学生写完 62 时，台下多数同学都大声叫喊起来："老师，他错了，最后一题错了……"

老师说："最后一题是错了，可大家为什么只说他错的这题，而不说他前面 4 道题都做对了呢？看来，我们是多么容易发现别人的错误，而忽略别人的正确……"

不是吗？当人们面对一件事时，更多的是看到其阴暗面，还是看光明面？

当人们面对一个人时，更多的是看其缺点，还是优点？

当人们面对困难时，更多的是看到失败，还是看到希望？

当人们处于低谷，更多的是看到失去，还是看到得到？

人们为什么总是习惯看到别人的不足而加以批评，忘却对别人的优点而加以欣赏？

享受美好的事物，领略其中的趣味谓之欣赏。以真诚坦然的心态去发现同事或下属人员美好的品质才华，体味领略其人性中善的一面、有知识的一面、有能力的一面、有风采的一面，并让其登上可以尽情挥洒这些长处的舞台，这就是欣赏管理。

发现长处，使员工心服口服。现实社会中有着许许多多不同的社会阶层，每个人几乎无可例外地期望从某个有利于自己的阶层里寻觅到可以让自己位列"上流"、可以满足自尊、可以获得心灵快感的个人长处来。因为人们希望生活在被认同被重视的环境里。

肯定优势，使员工心悦诚服。营造一个良好的组织氛围，是实现欣赏管理的重要前提。真心认可了员工的优势、长处、闪光点，员工会从心里感到高兴，也就是心悦诚服。这时候进入一个团队，他是愉快的、开朗的、充满信心和活力的！

亮点闪烁，使员工心甘情愿。欣赏管理的境界就是让团队成员心甘情愿去做组织要求去做的事，愉快地实现组织的目标。能够从工作中获得心理上的满足、工作环境是快乐而有前途的、组织的要求符合人心里所崇尚的和认可的，就可以达到员工的心甘情愿。

阅读案例 11-6

一分钟谈话改变了托尼的一生

谢尔曼·罗杰斯大学暑假实习时，是在爱达荷州的一个伐木场度过的。当时的负责人要外出几天，他让罗杰斯临时负责一下伐木场的工作。

"如果工人不听从我的命令怎么办？"罗杰斯心中有些惶惶。他想到了托尼，一个移民工人，整天牢骚满腹、凶巴巴的，让别人都有点怕他。

"开除。"负责人说。接着，仿佛看出罗杰斯的心思似的，他又说："我想你是在想着如果有机会的话就开除托尼吧。我觉得这不好。我已经在这里40年了。托尼是我见到的最可靠的工人。我知道他脾气不好,他对什么都要抱怨。但他从来最早上班,最后下班。他干了8年从来没有出过事故。"

第二天,罗杰斯找到托尼谈话。

"托尼,你知道今天开始我负责这里吗?"托尼咕哝了一声,"我本想,只要跟我争辩一声,我就开除你,但我想让你知道我不会这么干。"

他把负责人的一席话全都告诉了托尼。

当他说完,托尼手上的一铲沙子撒落在地上,泪水从他眼眶中涌出。

"他为什么不在8年前告诉我?"

那一天,托尼比任何一天都干得卖力,而且,他笑了!他后来对罗杰斯说:"我告诉玛丽亚,你是这个国家里第一个对我说:'干得好,托尼'的工头。这让玛丽亚感觉像是圣诞节一样。"

那年夏天过后,罗杰斯又返回大学。12年之后他又遇到托尼,托尼如今是西部最大伐木公司铁路建设的负责人。罗杰斯问他,他怎么会来到加利福尼亚,并且获得了如此的成功。

托尼回答道:"如果不是那次在爱达荷州你对我说的一分钟的话,我会杀人。一分钟改变了我一生。"

一分钟,一分钟说出内心真实的欣赏,可以改变一个人的一生!

(资料来源:《环球时报》2006年11月10日第14版.)

2. 感动管理

所谓感动管理,是指管理者从人心相通的角度出发,通过管理双方的感悟、感念、感恩、感召、感化、感受等互为感染的交流,和感人肺腑的真情行为,拨动人的心弦,激发人性的向善,从而使人在感动中自发地致力于工作内容和工作对象,不再无谓地躁狂,而是在获得真心感动的同时进入一种心旷神怡境界的一种管理思想和管理行为的总和。

感动管理不是一套管理的程序或规范,不是一种操作的工艺或制度,而是职场人自身人格魅力的提升及其对他人的影响力,是人自身付出的真情在组织工作中的作用发挥。很多感动他人的事甚至不需要有多少额外付出,更不需要穷尽一生之力去做到。好多事情只需举手之劳便可完成。平平凡凡的小事,在一点一滴地去做时,感动就开始潜滋暗长并扩散开了,然后滋润到人的心灵深处,推动人们内在动力的自然滋长。

以真诚拨人心弦,使其心平气和。让人心平气和的关键就是调整心态,管理者用真诚的心去影响他人,比唠叨的说教更有效,比指责性批评更令人乐意接受。

以品德激人向善,使其心花开放。人们可以不是圣人,可以不是道德先锋,甚至可以不是高风亮节的楷模,但却必须有最起码的道德规范,必须是守法的公民,必须是品行端正的职场人士。

以人格促人高尚,使其心旷神怡。感恩父母是启动感恩的心的开始。中华民族一直是一个懂得感恩、讲究感恩的民族,只要调整得当,这份感恩的心是可以激发出来的。从感恩父母迁移到职场感恩,事实上,职场的许多人的确值得感恩的。

反映在营销管理上,人心管理的重点是营销人心,感动在营销领域同样非常重要。

阅读案例11-7

老农夫和服务小姐

在一个炎热的午后,有位穿着汗衫,满身汗味的老农夫伸手推开厚重的汽车展示中心的玻璃门,他一进入,迎面立刻走来一位笑容可掬的柜台小姐,很客气地询问老农夫:"大爷,我能为您做什么吗?"

老农夫有点腼腆地说:"不用,只是外面天气热,我刚好路过这里,想进来吹吹冷气,马上就走了。"

小姐听完后亲切地说:"就是啊,今天实在很热,气象局说有 32℃呢,您一定热坏了,让我帮您倒杯水吧。"接着便请老农夫坐在柔软豪华的沙发上休息。

"可是,我们种田人衣服不太干净,怕会弄脏你们的沙发。"

小姐边倒水边笑着说:"有什么关系,沙发就是给客人坐的,否则,买它干什么?"

喝完冰凉的茶水,老农夫闲着没事便走向展示中心内的新货车东瞧瞧,西看看。

这时,那位柜台小姐又走了过来:"大爷,这款车很有力哦,要不要我帮您介绍一下?"

"不要!不要!"老农夫连忙说,"你不要误会了,我可没有钱买,种田人也用不到这种车。"

"不买没关系,以后有机会您还是可以帮我们介绍啊。"然后小姐便详细耐心地将货车的性能逐一解说给老农夫听。

听完后,老农夫突然从口袋中拿出一张皱巴巴的白纸,交给这位柜台小姐,并说:"这些是我要订的车型和数量,请你帮我处理一下。"

小姐有点诧异地接过来一看,这位老农夫一次要订 8 台货车,连忙紧张地说:"大爷,您一下订这么多车,我们经理不在,我必须找他回来和您谈,同时也要安排您先试车……"

老农夫这时语气平稳地说:"小姐,你不用找你们经理了,我本来是种田的,由于和人投资了货运生意,需要买一批货车,但我对车子外行,买车简单,最担心的是车子的售后服务及维修,因此我独生子教我用这个笨方法来试探每一家汽车公司。这几天我走了好几家,每当我穿着同样的旧汗衫,进到汽车销售厂,同时表明我没有钱买车时,常常会受到冷落,让我有点难过……而只有你们公司,只有你们公司知道我不是你们的客户,还么热心地接待我,为我服务,对于一个不是你们客户的人尚且如此,更何况是你们的客户……"

(资料来源:《文艺生活》(智慧幽默版)2007 年 07 期.)

11.2.2　品性与理解的管理艺术

1. 品性管理

所谓品性管理,是指管理者从人心是相通的角度出发,通过管理者对被管理者的心灵沟通、向善引导,辅之以必要的约束规范、教育警示,促使其在道德品行上自律,在性格特征上自省,自觉自愿地达到言行一致、心灵宁静的一种管理思想和管理行为的总和。管理领域有一条铁的定律,就是允许人犯错误,也允许人改正错误。但有两个错误是不可原谅的,一是犯同样的错不可原谅,二是犯品行情操方面的错不可原谅。品性管理一是要让组织成员不犯品行情操方面的错;三是促使组织成员完善自己的人格,在性格上扬长避短、取长补短。

因此,品性管理的三大目标是:第一,教育警示,使被管理者心地善良;第二,约束规范,使被管理者心口如一;第三,自律自省,使被管理者心安理得。这一管理的心理学理论基础是为人不做亏心事,半夜敲门心不惊!而管理原理是舍得舍得,有舍才有得,没有舍,何来得!通过管理,要让大家明白,人要学会"舍",才能有所"得"。

品性管理要对人的本性——人本来的性格特征进行有效管理。管理学界越来越重视对人才的性格分析,通过分析性格确定对其在职场的使用和团队之间的配置。通过对个人的性格分析,可以使其明白自身的努力方向并能扬长避短;通过对团队成员分析,可以使团队真正把握团队性格特征并达到成员之间的取长补短。目前古今中外各种分析工具不断被挖掘、被发现出来,并应用于企业的人力资源管理。中华传统相学分支中的"字相学",即现在的笔迹学,其应用举例如阅读案例 11 - 8。其他如易经中的阴阳性格分析、五行性格分析、八卦性格分析等带有浓郁中华传统特色的分析法,也在不断挖掘、创新中应用着。

阅读案例 11-8

招聘案例

某公司所在的部门需要招聘一名文员,要求英语专业的女性。接到了大量的求职信。经过对几十个人的初筛后,选定了部分人面试。经过层层考核,其中几个人实力相当,难以取舍。在最终抉择中,是笔迹分析让考官迅速做出了判断。先让每个应聘者写一篇800字以内的中文作文,一方面考察她们的文字表达能力,另一方面是通过分析笔迹来判断谁最适合这个岗位。

A 小姐

有在加拿大留学的光鲜经历,考官面试中发现她的英语口语和写作都非常出色。但由于部门文员需要做大量日常琐碎的工作,所以除了英语水平外,日常工作的严谨、上进和办事细腻程度也是考察的重点内容。

她的作文中的字歪斜懒怠,横倒竖斜,没有任何棱角,通篇很不整洁,很多地方有大团涂抹的污迹。整个字体给人的感觉是懒惰、不思进取、散漫和得过且过。

这也可以从她说话极慢的语速和不是很灵活的眼神得到印证。她不是一个合适的文员人选。

B 小姐

英语水平和中文表达能力都极其出色,而且由于她看过很多书,谈吐非常得体。面试时考官对她的印象很好,已经把她作为第一考虑人选。但仔细研究她的笔迹后发现,她的字体非常大、棱角过于突出,经常有一些竖笔画划到下一行的现象。通篇有一种不可一世、压倒一切的霸气。

经过分析,这是个很有才气同时又很有野心的女孩,她不会安心于终日做一些琐碎日常的工作。而且由于她自信心极强,她字体里反映出的不可一世,让她也不可能很随和地与部门里的人相处。而且作为经理,会非常难领导这样的下属。有这样字体的女孩子更适合做营销、公关等能带来高度挑战感的工作。

选择放弃她。

C 小姐

人长得非常漂亮,口齿伶俐,在面试时的一问一答都反应机灵而敏捷。她的英语口语非常出色。但在研究她的笔迹后发现,她的字体非常小而粘连,弱弱娇娇,字没有一点骨架,有很强的讨好别人的谄媚之相。研究后强烈地感觉这是个心胸很小、娇滴滴的、吃不了一点苦的而且还有极强虚荣心的人。

她曾反复打听进了公司后是不是经常有机会出国,可以判断这是个极爱出风头的花瓶一类摆在那里看的女孩,所以不予考虑。

D 小姐

表面看她没有任何优势,她是通过英语自学考试拿到的英语本科文凭,无法与其他人光鲜的大学背景相比。虽然通过考试发现她英语口语和写作都不错,但由于人长得非常不起眼,而且说话很少、声音很轻,刚面试时她没给考官留下什么印象。恰恰是她的字让招聘主管立刻注意了她,部门文员就是她了。

她的字写得娟秀清爽整齐,笔压很轻,通篇干干净净,字的大小非常均匀,而且适度的棱角让字体很有个性,但这种棱角又没有咄咄逼人的压迫之气。从她的字可以判断出来她做事非常认真仔细,自律意识很强且安心做日常琐碎的工作。她有自己独立的见解但又不至于没有团队精神。

她的问题是笔迹非常轻,从中可以看出自信心不足,但可以在今后的工作中慢慢培养她的自信。

在笔迹分析的帮助下,单位选择了 D 小姐为该部门文员。半年过去了,事实证实她的性格走向完全与招聘人员当初的判断相符:她敬业且高效,严谨且认真,她将部门的日常工作处理得非常好。

(资料来源:根据招聘工作实际案例改编.)

2. 理解管理

所谓理解管理,是指管理者从人心是相通的角度出发,通过有效的心灵梳理式管理,努力寻求一种心灵的融洽、心意的相通，人与人之间彼此达到一种默契、一种理解，然后同心同德、共同努力，完成预期任务的一种管理思想和管理行为的总和。

理解是一种不言的支持，一种无声的力量，一种交融的幸福，一种自觉的贡献！

理解要经得起考验，包容、体谅、信任和尊重是理解的四大支柱。

人心通畅的前提在于心灵的沟通，沟通的目标在于达到彼此的理解。管理就是要达到管理方与被管理方的互相理解。理解的实质在于准确把握和认可对方内心真实的感受、意愿和态度。

这就是说，理解管理要达到3个目标：第一目标是消除一切误会，人与人之间关系融洽，被管理者对组织的行为、方向、规划等心中有数；第二目标是通过有效的沟通，达到管理双方彼此默契，被管理者对组织共同的愿景、组织对自己的期望与信任心领神会；第三目标也是理解管理的最高目标，是在前两个目标的基础上组织内成员互相之间心意相通，管理双方同心同德、共同努力去实现组织的目标，多数时候彼此之间已是心照不宣。

缺乏起码的理解，就会生出许多误会，就会产生不和谐。而误会产生的根源之一就是可怕的"我以为"心态在作怪，一切错误都用"我以为……"来解释，于是一切都顺理成章了。解决办法就是消除"我以为"思想，寻找事情的真相、问题的本质。

阅读案例 11-9

敢用不敢用

有一顾客到一家商场买烟。买后就抽起来。

营业员对他说："对不起，这是无烟商场，请不要在这儿抽烟！"

顾客不高兴了："我在这儿买烟还不让我在这儿抽？"

营业员听罢，冷笑一声说："哼！我们这儿还卖手纸，那你敢在这儿用吗？"

（资料来源：百度文库《营销小故事大全》.）

运用理解管理重在沟通。三分管七分理都离不开沟通。没有良好的沟通，就没有满意的结果，也没有真正的理解。

沟通的重要性谁都明白，但沟通的效果总是达不到预期，原因何在？除了沟通方式、沟通时机、语气措辞等显性的原因外，还有一个潜在的原因——沟通漏斗——造成的沟通失效，是所有原因中最重要的一个原因，如图11.4所示。

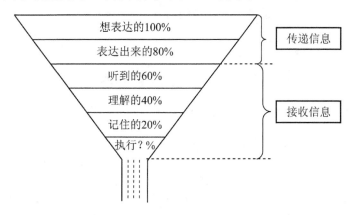

图 11.4　沟通漏斗

沟通中传递信息时的每一个环节，接收信息时的每一个环节，都有可能漏掉一部分信息，而且漏掉部分往往当事人不能自觉。这就是为什么会出现在下达任务时，再三问接受任务者听明白了没，对方回答"明白了！"可做出来的结果总不能达到任务布置者要求的原因所在。

人心管理实务中，必须要高度重视沟通漏斗现象，寻求各种解决办法，使沟通的信息尽可能完整地传递到人。具体工作的做法有以下几点。

传递信息时，对想表达的内容先在脑海里过几遍，确信无误后将其内容写出来，对写出来的内容再进行校对，确定无误再进行下一步传递；把信息传递给他人时，可以辅之以任务单、计划书等文字稿，可保证信息不漏。

接收信息时，接收完毕后复述一遍给传递者听，有遗漏的进行补正；将修正好的内容形成工作备忘录等文字稿，执行时，时时事事对照落实，以此达到信息不遗漏目的。

11.2.3　精神与情绪的管理艺术

1. 精神管理

所谓精神管理，是指管理者从人心是相通的角度出发，通过有效的心灵梳理式管理，使被管理者的意识、思维活动的内心有所依属（即人是需要有点精神的）；使被管理者心无所累、轻装上阵，表现出一种昂扬的活力与热情；使被管理者的一般心理处于活跃有生气的状态，且能志存高远、心存高尚，真正成为一个有精神内核的人的管理理念和管理方法的总和。

作为职场人，个人要有个人的精神，团队要有团队精神。

所谓个人精神，简单地说就是要有一种内在的追求、一种可以影响自己决策的动力。比如说人要有奉献精神，或者要有拼搏精神、敬业精神、创新精神、吃苦精神、合作精神、娱乐精神，甚至要有坚持真理的精神、不怕失败的精神等。有精神的感觉就是整个人看着都有种成功的感觉，能够昂首挺胸，拥有自信的眼神、真诚的笑容。

所谓团队精神，简单来说就是大局意识、协作精神和服务精神的集中体现。团队精神的基础是尊重个人的兴趣和成就。核心是协同合作，最高境界是全体成员的向心力、凝聚力，反映的是个体利益和整体利益的统一，并进而保证组织的高效率运作。

精神管理所要达到的三个目标，其实就是在管理中要获得三颗心：心有所依——归属心，心无所累——平常心，心存高远——事业心。

阅读案例 11-10

生命丰碑——启迪世人

环顾四周，会发现身边的人似乎都很忙碌，看到这些有时人们不禁会想：为什么而忙碌？为什么而活？生命的意义和价值又是什么？冯志远的一生对这些问题做了最好的诠释！

20世纪50年代，能在上海工作是多少年轻人梦寐以求的事情，即便是现在，也有很多人都向往着能到上海这个国际大都市去生活。可是1958年就分配到上海市南中学教书，工作了5年的冯志远却放弃了优越的条件和繁华的都市生活，离开了新婚的妻子，毅然响应国家号召去西部宁夏工作，而且一去就是漫长42年。在这40多年的时间里，冯志远面对的是艰苦的工作环境，可是他却顽强不屈的坚持了下来。

教室是土坯房，黑板是水泥刷成的，学校的教学条件跟上海没法比。学校离县城二十多公里，隔着一条黄河，没有桥。去县城寄封信、买些生活日用品，需步行两个多小时走到黄河边，乘坐羊皮筏子渡过黄河，再步行两个多小时才能到达。当地地势较高，严重缺水，学校老师每天每人供应一暖瓶水。他和学生们一起挤宿舍、吃食堂。宿舍里一铺土炕、一副桌椅、一只白炽灯。吃水要打井水，上厕所要到室外，想洗澡根本没条件，只能拿毛巾擦擦了事，伙食主要是白菜和土豆。就是这样的环境，冯志远也是淡然面对，因为在他眼里只有孩子们的纯真、朴实和一双双渴求知识的眼睛。

在他一心扑在这个由孩子们组成的大家庭时，远在上海的妻儿小家庭也是他的牵挂，和学生在一起时，他常常想此时此刻妻儿也许正在翘首期盼他的归来，期盼他的问候，期盼他的关怀……午夜宁静的钟声是否是妻子的心跳，清晨晶莹的露珠是否是骄儿的泪珠，晨曦中的第一缕阳光是否是母亲思儿的目光……

"再回头凝视一笑，我今宵的容颜，错过那花满枝丫的昨日，今朝仍要重复那相同的别离"，这首《生别离》表达了冯老师无比至深的亲情和亲情无法完满的遗憾，而对亲人的思念之情和愧疚之情他只能深埋心底，对学生默默地奉献他的知识和真情，这就是冯老师的博大情怀，牺牲了个人幸福，却成全了那贫瘠土地上的孩子们。

也许有人会认为冯志远割舍亲情而忙于事业是图名利、图前途。如果这样想，那就彻底错了。因为冯志远从教一生没有获取过任何荣誉，也没有任何职称。在视力从逐步下降到完全失明期间，他遭遇了常人难以想象的困难，但他都从来没有找过学校领导要求解决任何个人困难。1987年学校第一次进行教师系列职称评定时，冯志远老师完全有资格直接评高级教师，由于职称名额少，加之他完全失明任课少，学校就没考虑他。2000年之后，学校再次评定教师职称时，冯志远老师已经退休了，拿着1130元工资的他由于常年病体缠身过着普通而拮据的生活，平凡的如他自己所说"是一颗草籽儿"。

尽管2006年年初，冯志远老师当选为"2005年度感动吉林十大人物""2005年度感动宁夏十大人物"，可是当问到病榻上的他最大的愿望是什么时，他用微弱的声音说"还想再给孩子们上一堂课"。多么质朴感人，只计付出，不图回报。

他是一座生命的丰碑，他那淡泊名利、大公无私的情操和他那"先天下之忧而忧，后天下之乐而乐"的生活理想诠释了他普通平凡却又伟大不凡的人生，在这座丰碑上刻下了他关于生命的意义和人生的价值的最满意答案，而所有的人都应该将其作为一面镜子照见自身，并书写自己的有意义、有价值的人生答卷！

"今天，我就要离开这里，离开你们，离开这片土地。我将自己最美好的岁月留在这里，同时这里也有我生命中最宝贵的财富——你们，我的学生！这张讲台我站了40多年，从来没有像今天这么不知所措。作为父亲，我愧对自己的孩子；作为丈夫，我愧对自己的妻子；作为老师，我又愧对你们，因为我再也没能力将自己的知识留给你们。"

——冯志远

这是影片结尾时冯志远老师最后一次走上讲台和学生告别时所讲的话，没有冠冕堂皇给予希望的话，有的只是对家人的愧疚，对学生的不舍，对那片黄土地的留恋，还有对自己曾经奉献教育事业的骄傲，以及为自己不能继续教书的遗憾！这朴实无华的话语再一次带人们走近他的生命：他是一支大漠红烛，照亮孩子的人生之路；他是一个教师楷模，示范同行为师之道；他是一座生命丰碑，启迪世人为人之道！

（资料来源：平凡的巨人，永远的丰碑——观《冯志远》有感，http://www.ndkj.com.cn/News/mainNewsDetail.aspx? newsid=5172.）

精神管理要做到以下3点。

（1）要保持精神上的愉快，对生命的热爱，爱生命、爱自然，是自然给了人们享受自然环境精神愉悦，要时刻充满活力地去生活。

（2）遇到困难和挫折时人最容易低沉，人的一生不可能一帆风顺，有困难和遇到挫折时，更要坚强，要锻炼自己的意志，只有坚强的人才能做到时刻充满活力。

（3）要坚持身体锻炼，身体好了，心情就好，没有好的身体就没有活力，经常进行体育锻炼，在锻炼中体验生活、运动带来的愉悦。这样能更爱生命，工作和生活中就会多一些活力，少一些苦闷。

活力永远是自己的，取之不竭，用之不尽。

2. 情绪管理

所谓情绪管理，是指管理者从人心是相通的角度出发，通过有效的心灵梳理式管理，使被管理者主动体察自己的情绪，内心在紧张和高压力状态下有所松弛，从难过、委屈、伤心、害怕等为特征的负面情绪中转移出来，进入开心、乐观、满足、热情等为特征的正面情绪，心头宁静、洁净、无杂绪，并通过组织和团队的双生力量，使员工心理阳光的管理理念和管理方法的总和。

情绪管理最先由因《情绪智商》（Emotional Intelligence）一书而成名的丹尼高曼（Daniel Goleman）提出。情绪是指个体对本身需要和客观事物之间关系的短暂而强烈的反应。它是一种主观感受、生理的反应、认知的互动，并表达出一些特定的行为。情绪管理是将这些感受、反应、评估和特定行为挖掘并驾驭的一种手段。

情绪管理要通过研究个体和群体对自身情绪和他人情绪的认识、协调、引导、互动和控制，充分挖掘和培植个体和群体的情绪智商、培养驾驭情绪的能力，从而确保个体和群体保持良好的情绪状态，并由此产生良好管理效果。

个人情绪管理方法如下。

（1）体察自己的情绪。也就是时时提醒自己注意"我现在的情绪是什么？"人一定会有情绪的，学着体察自己的情绪，是情绪管理的第一步。

（2）适当表达自己的情绪。目的是关键，手段为目的服务，如果婉转表达能达到目的就婉转，如果需要刚毅才能达到目的就刚毅。如何适当地表达情绪是一门艺术，需要用心地体会、揣摩，更重要的是要确实用在生活、工作中。

（3）以合宜的方式缓解情绪。缓解情绪的目的在于给自己一个理清想法的机会，让自己好过一点，也让自己更有能力去面对未来。如果缓解情绪的方式只是暂时逃避痛苦，而后需承受更多的痛苦，这便不是一个合宜的方式。有了不舒服的感觉要勇敢地面对，仔细想想，为什么这么难过、生气？怎么做将来才不会再重蹈覆辙？怎么做可以降低不愉快？这么做会不会带来更大的伤害？

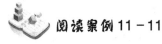

职场情绪管理故事三则

改变不了事情就改变对待事情的态度

一次，美国前总统罗斯福的家中被盗，丢失了许多东西。

一位朋友知道后，就马上写信安慰他，劝他不必太在意。罗斯福给这位朋友写了一封回信，信中说："亲爱的朋友，谢谢你来安慰我，我现在很平安，感谢生活。因为，第一，贼偷去的是我的东西，而没伤害我的生命，值得高兴；第二，贼只偷去我的部分东西，而不是全部，值得高兴；第三，最值得庆幸的是，做贼的是他，而不是我。"

发现事物美好的方面

发明家爱迪生想从植物体中找出天然橡胶的新原料，做了无数次的实验。当他第50000次实验失败后，他的助手垂头丧气地对他说："先生，我们已经做了50000次的实验了，都毫无结果。""有结果！"爱迪生热切地叫出声来，"怎么会没有结果呢？我们有了不起的发现呀，我们现在已经知道有50000种东西是不行的！"对同一个问题，从不同的角度去看，得出的结论就不同，心情也就自然不同。

只看自己拥有的，不看自己没有的

在台湾，黄美廉的名字可以说是家喻户晓的。她出生时因为一些意外而患上了脑性麻痹，在6岁之

前，全身的运动神经和语言神经受到伤害，面部畸形，口水还常常不停地向外流，而且也失去了发声讲话的能力，在旁人的眼里，她就像是一个丑陋的怪物。但黄美廉没有让这些外在的痛苦击败她内在奋斗的精神。

小学二年级时，在老师马怡江的启发下，她找到了自己人生的目标，确立了当一位画家的志向。中学毕业后，黄美廉分别进入了洛杉矶学院和加州州立大学修读艺术，身体的残疾丝毫没有打败她的信心，反而让她更加坚定自己的意志。在付出比常人十倍百倍的努力之后，黄美廉最终获得美国著名的加州大学艺术博士学位，而她的画展也轰动了世界。

在一次演讲会上，一个中学生问她："黄博士，你从小就长成这个样子，请问你怎么看你自己？你难道从来都没有过怨恨吗？"在场的很多人都责怪这个学生提出了这么不敬的问题，担心黄美廉难堪和受不了，出乎众人意料的是，不能说话的黄美廉嫣然一笑，十分自然地在黑板上龙飞凤舞地写下了这么几行字："①我好可爱！②我的腿很长很美！③爸爸妈妈那么爱我！我会画画，我会写稿！④我有一只可爱的猫！⑤上帝这么爱我！⑥还有……"最后，她以一句话作结论："我只看我所有的，不看我所没有的！"掌声在学生中经久不息。

（资料来源：做一个快乐的自己——职场情绪管理的方法·节选，医学教育网：http://www.med66.com/html/2008/11/fu7502253841421180027350.html.）

根据 ERG 理论，可以将影响员工情绪的因素可以分为 5 个方面。

（1）工作的物理环境，包括灯光、温度、湿度、噪声、工作场所的大小、颜色的变化、工作工具和机器的适用性、办公设备的空间位置等因素。舒适的工作物理条件对员工的正面情绪有积极的刺激作用，无论是在工作满意度上还是生产率上都会有很积极的反应。如果各种设备布局不合理，员工负荷增加，则抱怨不满情绪就会随之而来，工作效率也会下降。

（2）工作本身的性质和行业特点。由于各工作和行业的属性不同，员工在实现自己的存在需要时也会遇到刺激负面情绪出现的因素。有的工作如车间工人，他们的工作性质是高重复性和高体力活动等，有的工作如科研人员，他们的工作性质包括脑力劳动强度大、科研结果的不确定性等，这些行业和工作的本身属性对员工的情绪也有很重要的影响。

（3）工作心理环境。这里所讲的工作心理环境是指员工在工作中产生关系需求时需要的一种人际环境，这种工作软环境主要包括企业或者团队文化氛围、同事之间关系、与上级的关系、与下级的关系、组织赋予的权利地位等因素。当员工的行为因工作的心理环境而受到强化时，产生的是正面情绪；反之，当行为与工作心理环境的冲突时，负面情绪也就表现得更为强烈。

（4）生活因素。一些生活因素如夫妻关系、子女问题、生病等会严重影响员工的情绪。美国俄亥俄州立大学费希尔商学院教授斯蒂芬妮·维尔克在对一家大型保险公司呼叫中心的员工的研究中发现，员工刚上班时的情绪比其他任何变量和因素，都将会对员工一天的工作绩效产生更加激烈与持久的影响。

（5）个人因素。成就感或挫折感等情绪是因人而异的，每个人的情绪波动就与其个人因素有关。情绪相关的个人因素包括个人的健康状况、心理成熟度、思维状况、性格特质等。夸大或缩小事实、追求绝对化、偏执、合理思维都将导致负面情绪。情绪是行为的基础，这些因素最后将以个人的特定行为作为结果表现出来。

有一句格言说"日出东海落西山，愁也一天，喜也一天；遇事不钻牛角尖，人也舒坦，心也舒坦。"职场中，保持心情快乐的途径有两条：①发现快乐的东西并增加它；②发现不快乐的东西并减少它。

11.2.4　心态与满意的管理艺术

1. 心态管理

所谓心态管理，是指管理者从人心是相通的角度出发，通过有效的心灵梳理式管理，使被管理者能够全身心地融入组织，在一个和谐而坚强的团队里工作，并在本组织的平台上展现自己、成就未来，从而达到心态平和端正，心情惬意顺畅，进而进入心态管理的最高境界：心灵满足！心态决定成败是一种管理思想和管理行为的总和！前面涉及的每一项人心管理法则，其实都是一种心态的表现，这里单独列出来，只是为了强调：很多时候心态真能决定成败，心态就是想站在一个什么样的立场、什么样的高度、什么样的视角来看待人与事情。

阅读案例 11-12

墙　和　路

公司要从 29 名文员中选拔一名文员进总裁办。经过审核、考察、面试和入围文员的公开竞争，胜出两名，进总裁办试用，由总裁最后裁决。

这两名试用文员一个叫王飞，一个叫刘军。大家都觉得王飞是当然的胜利者，刘军只是跟着走一趟而已，因为王飞资深才高，其非凡的业绩总裁心里是很清楚的，早有提拔之意；刘军是新人，各方面和王飞比都有着明显的差距，只因谦虚赢得了大家的选票。

总裁面试时，问了一个有关公司发展的尖端问题。王飞一番有理有据的演讲让总裁面露惊喜，连连点头称是，刘军却掏出个本本，认真地做起了记录。总裁问刘军，刘军红着脸说他没有细想过这个问题。总裁要过刘军的本本，看了一会儿，还给刘军，没有再说什么。两个月后，总裁再次面试，问的还是那个问题。王飞还是那番见解，但这次刘军说出了新见解，也就是在王飞的基础上弥补了几个小小的漏洞。这让王飞大吃一惊，脸上的笑容一下子不见了。总裁也没有说什么，让二人继续工作。

3 个月后，总裁说，要对二人进行最后一次面试。

总裁先让王飞将刘军近来的工作小结一下，并针对个人的素质和能力方面进行评定。王飞认为这是总裁让他说明刘军暂不适合留总裁办的缘由，当然就用不着客气了。他对刘军的评定归纳了 10 条，主要是说刘军经验欠缺和天资薄弱，也都是点中了要害。刘军还是在本本上记着，不时地点头，一脸感激。总裁却没有再让刘军说什么，带二人走出公司。

一直走到后围墙，总裁对二人说："最后一题：现在我心脏病突然发作，我的药在办公室，只有你们二人知道放在哪里，怎么办？"

王飞笑说："我百米赛跑得过第一。"

总裁看着刘军，刘军上前一步，手扶围墙蹲下大叫："王飞！快上！"

总裁看着王飞，笑了。王飞呆了一下，低下头，红着脸说："我输了！"

总裁说："其实，第一次面试我就决定留下刘军了，因为他脸上那种微笑和这个本本。你也是个难得的人才，只要你能多想着别人而不嫉妒；只要你在人命关天的时刻，能想到与人合作，能想到让别人踩你一下。你就是个可大用的高才！"

王飞陷入了沉思……

总裁握着王飞的手，殷切地说："公司同样需要你这样的高才！愿意与刘军他们合作吗？"

（资料来源：http：//www.g371.com/bbs/ShowPost.asp？ThreadID=8084，选用时有删改.）

心态就是指对事物发展的反应和理解表现出不同的思想状态和观点。世间万事万物，可用两种观念去看它，一个是正的、积极的，另一个是负的、消极的。这一正一反就是心态，它取决于人自身的想法。

第11章 人心管理艺术

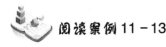

保持好心情

到处都不景气，工作心情是否也染上了些许低迷呢？一大早，我跳上一部出租车，要去深圳郊区一企业做内训。因正好是高峰时刻，没多久车子就卡在车阵中，此时前座的司机先生开始不耐烦地叹起气来。随口和他聊了起来："最近生意好吗？"后照镜的脸垮了下来，声音臭臭的："有什么好？到处都不景气，你想我们出租车生意会好吗？每天十几个小时，也赚不到什么钱，真是气人！"

显然这不是个好话题，换个主题好了，我想。于是我说："不过还好你的车很大很宽敞，即便是塞车，也让人觉得很舒服……"他打断了我的话，声音激动了起来："舒服个鬼！不信你来每天坐12个小时看看，看你还会不会觉得舒服？"接着他的话匣子开了，抱怨车价要下调等，我只能安静地听，一点儿插嘴的机会也没。

第二天同一时间，我再一次跳上了出租车，去郊区同一家企业做训练，然而这一次，却体验了迥然不同的经历。一上车，一张笑容可掬的脸庞转了过来，伴随轻快愉悦的声音："你好，请问要去哪里？"真是难得的亲切，我心中有些讶异，随即告诉了他目的地。他笑了笑："好，没问题！"然而没走两步，车子又在车阵中动弹不得了起来。前座的司机先生手握方向盘，开始轻松地吹起口哨哼起歌来，显然今天心情不错。于是我问："看来你今天心情很好嘛！"

他笑得露出了牙齿："我每天都是这样啊，每天心情都很好。""为什么呢？"我问："大家不都说工作时间长，收入都不理想吗？"司机先生说："没错，我也有家有小孩要养，所以开车时间也跟着拉长为12个小时。不过，日子还是很开心过的，我有个秘密……"他停顿了一下，"说出来先生你别笑我，好吗？"

他说："我总是换个角度来想事情。例如，我觉得出来开车，其实是客人付钱请我出来玩。像今天一早，我就碰到你，花钱请我跟你到关外玩，这不是很好吗？等到了关外，你去办你的事，我就正好可以顺道赏赏关外的景色，抽根烟再走啦！"他继续说："像前几天我载一对情侣去东湖水库看夕阳，他们下车后，我也下来喝碗鱼丸汤，挤在他们旁边看看夕阳才走，反正来都来了嘛，更何况还有人付钱呢？"

我突然意识到自己有多幸运，一早就有这份荣幸，跟前座的EQ高手同车出游，真是棒极了。又能坐车，心情又开心，这样的服务有多难得，我决定跟这位司机先生要电话，以便以后有机会再联系他。接过他名片的同时，他的手机铃声正好响起，有位老客人要去机场，原来喜欢他的不只我一位，相信这位EQ高手的工作态度，不但替他赢到了心情，也必定带进许多生意。

经济不景气，心情就更要争气。心理学家发现，快乐其实是一种习惯，不管大环境怎么变，EQ高手的快乐决心是不会改变的。能换一种心态去看待自己的工作，并带着游戏般的愉快心情面对工作，会发觉自己的内在能量强大许多，抗压应变的功力也因此大为增进，而这，也正是贯彻快乐决心的最佳做法。

只要调整了心态，工作心情就能抛开不景气的阴影，自创一片格局。

（资料来源：http://nj7151.blog.163.com/blog/static/818712382010012115328126/.）

2. 满意管理

所谓满意管理，是指管理者从人心是相通的角度出发，通过管理者的真诚体贴、有效沟通，使被管理者解开心中疙瘩、流畅看问题的思路，同时进一步开阔眼界，人心更加明理，心胸更为宽广，从心灵上、工作上、成就上获得一种满足的快感的一种管理思想和管理行为的总和。

许多人习惯于将"客户满意"挂在嘴边，但往往达不到预期的效果。原因何在？因为仅仅喊"顾客满意"，等于没有重视"员工满意"。在一条完整的服务价值链上，服务产生的价值是通过人，也就是单位的人在提供服务的过程中才体现出来的，员工的态度、言行也融入到了每项服务中,对客户的满意度产生重要的影响。而员工是否能用快乐的态度、礼貌的言行对待顾客,则与他们对企业单位提供给自己的各个方面的软硬条件的满意程度息息相关。

所以,企业首先要明白"为什么要让员工满意"。员工满意是企业利润增长的驱动力;员工满意是客户满意的基础;员工满意是员工忠诚的前提;员工满意是企业管理水平的重要体现。一个员工满意的公司必然是一个充满生机、昂扬向上的公司。

那么如何让员工满意呢?

要想让员工满意,首先是招聘合适的员工,并营造快乐和相互尊重的工作氛围,实施管理层对员工的支持。只有让员工满意才能调动员工的积极性。也就是说,管理领域让员工满意,营销领域让顾客,员工满意的目的是实现顾客满意。这就要使员工感到公平、被关心、被尊重,从而从内心激发工作的积极性。

阅读案例 11-14

满意管理故事二则

惠普的敞开式办公室

美国惠普公司创造了一种独特的"周游式管理办法",鼓励部门负责人深入基层,直接接触广大职工。

为此目的,惠普公司的办公室布局采用美国少见的"敞开式大房间",即全体人员都在一间敞厅中办公,各部门之间只有矮屏分隔,除少量会议室、会客室外,无论哪级领导都不设单独的办公室,同时不称头衔,即使对董事长也直呼其名。这样有利于上下左右通气,创造无拘束和合作的气氛。

单打独斗、个人英雄的闭门造车的工作方式在现今社会是越来越不可取了,反而团队的分工合作方式正逐渐被各企业认同。管理中打破各级各部门之间无形的隔阂,促进相互之间融洽、协作的工作氛围是提高工作效率的良方。

不要在工作中人为地设置屏障分隔,敞开办公室的门,制造平等的气氛,同时也敞开了彼此合作与心灵沟通的门。

对一个企业而言,最重要的一点是营造一个快乐、进步的环境,在管理的架构和同事之间,可以上下公开、自由自在、诚实地沟通。

索尼的内部跳槽

有一天晚上,索尼董事长盛田昭夫按照惯例走进职工餐厅与职工一起就餐、聊天。他多年来一直保持着这个习惯,以培养员工的合作意识和与他们的良好关系。

这一天,盛田昭夫忽然发现一位年轻职工郁郁寡欢,满腹心事,闷头吃饭,谁也不理。于是,盛田昭夫就主动坐在这名员工对面,与他攀谈。几杯酒下肚之后,这个员工终于开口了:"我毕业于东京大学,有一份待遇十分优厚的工作。进入索尼之前,对索尼公司崇拜得发狂。当时,我认为我进入索尼,是我一生的最佳选择。但是,现在才发现,我不是在为索尼工作,而是为科长干活。坦率地说,我这位科长是个无能之辈,更可悲的是,我所有的行动与建议都得科长批准。我自己的一些小发明与改进,科长不仅不支持、不解释,还挖苦我癞蛤蟆想吃天鹅肉,有野心。对我来说,这名科长就是索尼。我十分泄气,心灰意冷。这就是索尼?这就是我的索尼?我居然放弃了那份优厚的工作来到这种地方!"

这番话令盛田昭夫十分震惊,他想,类似的问题在公司内部员工中恐怕不少,管理者应该关心他们的苦恼,了解他们的处境,不能堵塞他们的上进之路,于是产生了改革人事管理制度的想法。之后,索尼公司开始每周出版一次内部小报,刊登公司各部门的"求人广告",员工可以自由而秘密地前去应聘,他们的上司无权阻止。另外,索尼原则上每隔两年就让员工调换一次工作,特别是对于那些精力旺盛、干劲十足的人才,不是让他们被动地等待工作,而是主动地给他们施展才能的机会。在索尼公司实行内部招聘制度以后,有能力的人才大多能找到自己较中意的岗位,而且人力资源部门可以发现那些"流出"人才的上司所存在的问题。

这种"内部跳槽"式的人才流动是要给人才创造一种可持续发展的机遇。在一个单位或部门内部,如果一个普通职员对自己正在从事的工作并不满意,认为本单位或本部门的另一项工作更加适合自己,想要改变一下却并不容易。许多人只有在干得非常出色,以致感动得上司认为有必要给他换个岗位时才能如愿,而这样的事普通人一辈子也难碰上几次。当职员们对自己的愿望常常感到失望时,他们的工作积极性便会受到明显的抑制,这对用人单位和职员本身都是一大损失。

(资料来源:http://blog.csdn.net/hanguangfeng/archive/2008/12/26/3612736.aspx。)

员工满意的关键因素主要包括:①薪酬待遇;②事业前途;③工作环境;等等。

员工满意的另一种简单判别在于公司是否满足了员工的需求,员工的需求是多样的,在不同时期也会变化,用马斯洛需求理论可以做进一步的阐述,但是,管理者更希望简单有效的识别方式,来自人力资源实践者的经验表明,大部分情况下,只需询问员工3个简单的问题,就可以获得答案,"你对目前公司所给予的报酬满不满意""你在现在的工作中干的开不开心""你是否觉得个人能力在工作中正在得到提升"。3个问题代表着3种不同的需求,"钱拿的爽不爽"——生理与安全的需求;"工作开不开心"——社交及尊重的需求;"能力是否正得到提升"——自我价值能否实现的需求。

如果3个问题的答案都是肯定的,公司能如此全面地满足该员工的各种需求,不用管理者做更多的工作,这样的人绝对是死心塌地地愿意跟随企业成长的员工,现实中,只有走了运,才能遇到这样的雇主;如果3个答案中有2个是肯定的回答,员工在公司的工作状态会保持稳定,越是在职场上经历久的人,越清楚毕竟十全十美的满足太少;只有1项需求得到满足的员工是犹豫的,他也许不会绞尽脑汁地去跳槽,但只要有更好的机会,他很容易被打动并离开,这样的员工工作状态通常是痛苦的,他从公司所获得的需求的满足程度让他觉得食之无味,弃之可惜。如果这部分人中有值得挽留的人才,管理者千万要加强对其挽留及激励的工作,一般来说,赶在员工作出辞职决定前去挽留比较有效。如果一名员工在公司中任何一项需求都得不到满足,并且公司不打算做出改变时,千万不要再和这名员工谈忠诚的问题,员工在公司得不到任何需求的满足,他注定是会在短期内离开的。

此外,企业在讲绩效管理时,是否注意到其关键问题在于是否关注了员工的心理。员工的心理是需要培养的。企业心理培训是指将心理学的理论、方法和技术应用到企业管理活动之中,以更好地解决员工的动机、心态、心智模式、情商、意志、潜能及心理素质等一系列心理问题。目前,在世界500强中至少有80%的企业为员工提供了心理援助计划(EAP)。

企业想要留住人才,关键问题是让人才"满意"。

企业想要稳定市场,关键问题是让顾客"满意"。

本章小结

人心管理理论与人心管理应用实务是为了解决人的问题,包括人的思想问题、情绪问题、成长问题等而形成的一种人力资源管理艺术,或者叫人力资源开发方式。

人力资源管理需要从人的性格、人的思维、人的智能结构和人的经验积累梳理等角度进行艺术化管理。思维方式的改变从人心开始,观念更新归结为人心变动,人与组织的效用最大化能否实现,取决于人心的认同与否。

人心管理之"管理",既是管与理的组合,也是自我管理的管理;所以人心管理是一种管理艺术、管理模式,是一种组织对人的管理哲学,是一种组织对人的管理文化,是一种以人为本的管理理念。

人心管理理论(Theory of Mind Management,TMM)体系,是培育良好心态的一种体系,包括一套理论、三个突围、八大法则。

人心管理艺术也就是人心管理体系中八大管理法则的具体运用。将八大法则两两组合,构成四方面管理艺术:欣赏与感动的管理艺术、品性与理解的管理艺术、精神与情绪的管理艺术、心态与满意的管理艺术。

关键术语

人心管理　管理艺术　人力资源开发　管理突围　管理法则

综合练习

一、判断题

1. 人心管理既是一种人力资源管理艺术,也是一种人力资源开发方式。　　　　　(　　)
2. 人心管理三分管七分理,主要是理顺被管理者的心。　　　　　　　　　　　(　　)
3. 人心管理也是一种物质生产力。　　　　　　　　　　　　　　　　　　　　(　　)
4. 了解自己的性格,以扬长避短;把握团队成员的性格,以取长补短。　　　　(　　)
5. 欣赏就是赞美。　　　　　　　　　　　　　　　　　　　　　　　　　　　(　　)
6. 感动管理的最高境界是以真诚拨人心弦,使其心平气和。　　　　　　　　　(　　)
7. 品性管理与其他管理一样非常讲究人的自省自律。　　　　　　　　　　　　(　　)
8. 沟通漏斗是指沟通中要像漏斗那样细水长流。　　　　　　　　　　　　　　(　　)

二、简答题

1. 什么是人心管理意义上的突围?
2. 为什么说一切管理从人心开始,一切管理都指向人心?
3. 建构人心管理理论的基础是什么?
4. 八大人心管理法则分别设立什么样的层级?
5. 什么是个人精神、什么是团队精神?
6. 个人情绪管理的方法有哪些?
7. 根据ERG理论,影响员工情绪的因素可以分为哪些方面?

三、名词解释

人心管理　欣赏管理　感动管理　品性管理　理解管理　精神管理　情绪管理　心态管理　满意管理

第11章 人心管理艺术

成人之美

迈克原本是公司的骨干推销员，业绩突出。后来一步步上升，当上部门经理，成为老总裁看好的助理人选之一。

老总裁让3个候选者填了表，然后让他们各自写一份有关公司管理和业务发展等方面的规划报告。迈克每年都向上面提交建议书，是出了名的嘴勤、手勤、脚勤——三勤好手。因此，他第一个把报告送到了老总裁手里。

接下来，迈克满怀信心地等待着第二关考核项目。然而，就像阵风吹过水面，微波荡漾后便风平浪静。这一等就是好几个月，考核竟然没有了下文，一个季度过去了，老总裁再也没有提这件事，他连他们写的报告都没有给一句评语，好像是把这件事彻底忘记了。

那天上班，一位漂亮的姑娘从迈克身边擦身而过，对他亲热地"嗨"一声，然后扭着腰身，走进了总裁助理办公室。她在进去的刹那，还对望着她发愣的迈克回眸一笑。迈克绕着弯向总裁身边的秘书打听，原来她是新从外面招进公司来的人才。

丽人上班第一天，就把一位竞选者叫进助理办公室谈话，谈了很久。他出来时，脸色阴沉。第二天，又叫了第二位竞选者去，又谈了很久。出来时，脸色也很阴沉。第三天，轮到迈克了。迈克走进助理办公室时，丽人正忙着找什么，神情不大愉快，只冲他点点头说："我想跟你说点事，但忘了，瞧我忙的！"

"你找什么……我能帮你吗？"

她似乎没听见迈克的话，只管自己忙来忙去翻找东西。迈克在那儿站了好久，她才想起什么似的，随意挥挥手说："你忙去吧。"

听她随意轻慢的口气，看她颐指气使的模样，俨然一副上司的派头。迈克只是笑笑，谦和地应一声，出来了。他明白那两位竞选者为什么脸色发阴了——来了一位脾气不小的上司。老总裁让她找他们一一见面，等于是向他们正式宣布，竞选的事已经尘埃落定。

迈克像前两位竞选者一样阴起了脸。竞选无望了，他的心里茫然而失落。妻子一向支持他的事业，抱的希望比他还大呢。如果告诉妻子自己落选了，她的安慰会让他更难堪。

迈克神情沮丧地走出公司，脚步迟缓地向家走去。每遇到不顺心的事，散散步、想一想是他的习惯。

这时，一位中年妇女不知道遇上什么高兴事，载歌载舞地在人行道上迎着低头走路的迈克撞了上来。迈克没有提防，当中年妇女倒下的时候，他也四脚朝天倒在了地上。他听到对方喊哎哟，赶快爬起来，上前去，以多年当推销员养成的礼貌习惯，一边关心地问："太太，对不起——您伤着了吗？"

中年妇女自称是安利太太。她也表示歉意，说："是我不好，都怪我接到奎加的好消息而乐晕了头。知道吗先生，奎加说他在国外赚了大钱，一个星期后就要回来跟我团聚，那时我就不寂寞了，所以——"

迈克连忙说："啊，我理解您，并且祝贺您生活幸福，安利太太！"

安利太太指着一旁的栅门说："我家就住这里。啊，如果我亲爱的奎加回来，他准会先在窗边为我献上一束鲜花——那是多么美好的事情啊……可是，可是我还得等上一个星期哪，唉！"说着，安利太太喜悦的脸上显出一丝伤感来。她对迈克笑一笑，开启栅门进去了。

迈克一直看着安利太太走进家门，又看着她出现在窗边。他想安利太太为即将到来的好生活而喜悦，她现在很想得到一束鲜花，我为什么不能成人之美呢？他没有犹豫，立即去附近的花店买来一束鲜花，开启栅门进去，走到安利太太的窗前，对她说："安利太太，我再次祝贺您有了幸福的生活！"

安利太太显得十分惊喜，她在窗内接过鲜花，说："我该付给你钱吗？"

迈克说："不必了，这是我们公司送给顾客的礼品。"他掏出名片递给她，介绍自己的公司为顾客服务的内容。他说他就是以公司提倡的客户至上的精神时刻来为他人着想的。"所以，"迈克说，"我体察到了您的需要，很愿意为您做一点锦上添花的事……"

安利太太说："啊，你们公司的服务真好，你这人也好——而且帅极了！""谢谢。""你进来喝杯咖啡吗？""时间晚了，我妻子在家等着呐——如果您需要什么，明天我再来拜访您。"

第二天，迈克一上班，就被叫到了助理办公室。老总裁坐在靠椅上，新聘的丽人变了一个样子，恭敬地站立一旁。见到迈克进来，她谦和地微笑着对他鞠了一躬，走了出去。老总裁乐呵呵地问："迈克，现在你的感觉好点了吗？"

迈克在上班的时候总是显得精神饱满，轻松愉快。面对老总裁，他又打出推销员的推销语，说"我努力为每一位客户服务，先生。"

总裁说："那好，现在，这间办公室是你的了。"

迈克反而疑惑起来，问："您不是聘用了她吗？"

老总裁笑着对他说："不，迈克，我没有说过定下助理人选的话。新来的姑娘所以在这里忙乎，是因为她是助理的秘书，得帮你收拾好办公室。你们3个候选人的考核一直在进行着。面对名利，只有你最放松、最坦然。而且根据安利太太反映说，你能在自己心情最糟糕的时候仍然保持礼貌待人，更可贵的是还时刻想着公司的利益——宁肯浪费时间和金钱，以浪漫的情怀给她送上一束鲜花，不放弃吸引我们潜在客户的任何机会——"

老总裁站了起来，边走边说："所以，坐吧，迈克——你中选了！"

（资料来源：山海经，2004-10（上）.）

根据分析案例所提供的资料，试分析以下内容。
(1) 从迈克的行为中你能说出什么是职业素养吗？
(2) 面对挫折，怎样的心态才是最佳职业心态？
(3) 迈克先生为什么对安利太太如此热心？
(4) 总裁为什么最终选定迈克为总裁助理？

实际操作训练

课题11-1：欣赏管理

实训项目： 你会欣赏别人吗？

实训目的： 运用欣赏管理凝聚团队。

实训内容： 学校团委拟在学生中评选出一批代表学校的形象大使，请在同一教学班同学中确定候选人，并通过规定问答、自由问答、共同讨论等环节，寻找出候选人能够成为形象大使的特色性优点、长处和闪光之处。

实训要求： 将参加实训的学生分成若干讨论小组，每组确定一名候选人，通过提问、回答等，发现和挖掘候选人的优点、长处、闪光点，然后进行总结，最后安排发言人在全班介绍。

课题11-2：感动管理

实训项目： 对需要感恩的人说感恩的话。

实训目的： 通过感恩行动激发感恩心态实行感动管理。

实训内容：

(1) 在10分钟内写出需要感恩的10个人的名字；(2)对其中的3个人写出感恩辞，选择其中1个材料或打电话或发信息给感恩人；(3)谈谈活动体会。

实训要求： 要求参加实训的学生分成若干小组，写出各自感恩的人，在完成感恩文稿后，选择打电话或发信息向感恩对象发出感谢。然后在小组范围内谈体会，并选择一个优秀代表到全班发言。

课题11-3：理解管理

实训项目： 教不会打领带的人打领带。

实训目的： 学习沟通中的语言表达能力。

实训内容： 让会打领带的同学教不会打领带的同学如何正确打领带。

实训要求： 将参加实训的学生分成会打领带和不会打领带两组，再由每个会打领带的同学带几位不会打领带的同学组成小组,进行打领带教学活动。教的同学不能使用领带实物、不能示范,只能有语言说明;学的人一开始打领带,教者则不能再开口。

课题 11-4:精神管理

实训项目:逃离火灾现场。

实训目的:领会团队取长补短紧密合作的真正意义。

实训内容:假定有三个人,一个是瞎子、一个是跛子、一个是哑巴,在一所房里遭遇火灾,他们必须在最快的时间逃离火海,不然就会葬身火海。

实训要求:组成若干个3人小组,每人在本小组内分别担任瞎子(蒙眼)、跛子(绑上1条腿)、哑巴(闭嘴)的角色,进行火海逃生比赛,最后的组将被宣布葬身火海。

课题 11-5:心态管理

实训项目:等待的后遗症

实训目的:体会许多事不是能不能做而是去不去做的心态效应

实训内容:让每一位参加实训的同学回忆思考后,写下在工作中、学习中、生活中因等待而拖拉下来的若干件事情,写出等待的理由、形成的后果、现在的体会。

实训要求:将参加实训的学生分成若干讨论小组,等每位同学写出等待的事情后进行讨论。首先是每位同学选择1项因等待而拖拉下来的事情进行叙述、分析原因、谈出体会。然后大家进行分析共享,最后每组推选1名代表进行全班发言。

课题 11-6:品性管理

实训项目:感受美德。

实训目的:懂得美德的真正意义。

实训内容:针对公正、真实、美丽、幽默、忠诚、希望、慈善7种美德进行小组自由讨论:哪种美德最有价值?统计出7种美德中,大家选定的最有价值的前3位;然后谈谈大家的感想、感受及自己选前3位美德的原因。

实训要求:将参加实训的学生分成若干讨论小组,每组根据讨论选定的美德,根据自己理解的其他美德内涵,来赞扬身边人,赞扬同学。

第12章 激励管理艺术

教学目标

通过本章的学习，学生应能理解激励管理的重要性，掌握激励的内涵与原则；重点是熟练应用几种经典的激励管理理论；难点在于针对具体的人群与具体的情况，选择合适的个人激励计划与整体激励计划。

教学要求

知识要点	能力要求	相关知识
员工激励的内涵、作用与原则	理解激励的内涵、作用，应用激励原则	员工激励的内涵、激励的作用、激励的原则
个人激励计划	针对不同人群设置不同的激励计划	生产工人激励计划、专业人员激励计划、销售人员激励计划、经理人员激励计划
整体激励计划	在个人利益与组织利益之间取得平衡	利润分享计划、员工持股计划、斯坎伦计划、拉克计划、收益分享计划、风险收益计划

■ 导入案例

台塑集团的员工激励

如何充分调动人的积极性呢？台塑集团是通过压力管理和绩效奖金制度来达到这个目标的。

1. 压力管理

一个企业要想求生存、求发展，没有压力是不行的。压力越大，企业向上发展得就越快，效率提高得也越快。这就是压力管理和压力下求发展的真谛所在。为了激发员工潜能，提高工作效率，台塑在企业中推行逼迫式的压力管理，让台塑的所有从业人员有压迫感。

为了贯彻他的主张，并严密地考核各事业单位的成效，王永庆特别成立了人数达200余的幕僚单位——总经理室，其主要任务是不断在各事业分支机构发现问题，追踪、考核，使台塑的员工们随时都产生一种紧迫感，不敢放松，不敢满足于现状。有一次，他们派出一支小分队，在南亚公司驻扎3个月，

第12章 激励管理艺术

针对某个包装部门的工作效率进行了调查。他们离开后，这个公司有270个员工被"炒鱿鱼"。采取这种措施后，台塑集团每年光材料费用就节省了745万美元。

为了使各部门的主管尽忠职守，努力工作，台塑给他们施加了压力，这种压力主要是来自激烈的竞争淘汰制度和咄咄逼人的"午餐会报"。

台塑的"午餐会报"是全世界出名的。听到"王永庆要请你吃午餐"的台塑人，都会吓得脸色发白。

原来，王永庆手下有几万名员工，不可能亲自督导各个单位，为了省时间，王永庆就利用中午时间，安排旗下主管聚餐，吃的是台塑员工餐厅卖的60元新台币一盒的便当。

简单吃完午餐后，就一个个单位依序报告，王永庆聚精会神地聆听，只要有一丁点疑问，马上打断，并且用犀利的口气，像对待小学生般逼问，如果谁支支吾吾答不上来，或者含糊不清，王永庆便更加刨根究底，这位主管便有可能被"折磨"数小时，甚至有可能被当场降职或者解除职务。

这种午餐，从接获通知起就会令人忐忑不安，当天吃的便当更是消化不良，因此一个个开完会，都得到医院去看肠胃科，医生看多了，戏称这是"午餐会后遗症"。

在午餐会报上，要报告些什么呢？主要是讨论台塑企业各项制度的统一和管理改善，如各部门的制度设定、个性、执行效果等。一般由总经理室的幕僚人员来出题目，看哪个单位管理成果不佳，就会出题目给老板。王永庆看了题目之后，指示要谈的题目，然后于两个月前将题目通知各单位，各单位接获"题目"后，立即总动员针对这个题目，足足一个多月，直到王永庆正式召开，已经弄得精疲力竭。一年365天，王永庆少说也会主持360天午餐会，几十年如一日，各主管只有在王永庆出国时，才稍微放松一下，一听说他快要回来了，马上又是一脸紧张。"午餐会"除了给主管造成压力，使他们勤于职守外，还有3个妙用：一是追踪、考核台塑各有关单位，了解命令贯彻的实际情况；二是考察各单位主管和幕僚人员的能力；三是为行政主管和幕僚人员提供重要的沟通场所。经过几十年的实施，午餐会的权威在"台塑人"的心中屹立不摇了。

2. 实行绩效奖金制度

要想提高效率，除了施加压力、激发员工的潜力之外，经营者还必须对员工进行适当的激励。台塑激励方式有两类：一类是物质激励，另一类是精神激励。王永庆相信"重赏之下，必有勇夫"。他对物质激励的作用有足够的、合理的认识，他采用了绩效奖金制度去推动员工积极进取。

台塑从1967年就开始实行绩效奖金制度，台塑的奖金以年终奖和改善奖最有名。台塑的年终奖是比较高的，在1986年经济最不景气的时候，奖金也相当于员工4个月的工资。除了员工奖外，干部和特殊有功人员另有奖金。改善奖金是台塑为了鼓励员工积极参与在台塑实行的改善提案的成果奖。台塑特别制定了一项"改善提案管理办法"，办法中第6条规定，改善提案若有效益，可依"改善提案审查小组"核算的预期改善效益的1%计奖，奖金100~20000元不等。另外，成果奖金的核定则以改善以后3个月的平均月净效益的5%计奖，每件最高不超过10万元。这种改善奖极大地调动了技术人员和生产工人的创新精神。他们的积极创造、发明，为台塑的技术进步和生产发展注入了生机与活力。

台塑推行的这一套以实际绩效来评定奖金的做法，使得员工对追求工作绩效产生了切身感，把自身的潜能最大限度地发挥出来，使企业效率得到大幅度的提高。

（资料来源：世界经理人网站，http://oxford.icxo.com/zt/wangyongqing/.）

问题：

（1）台塑集团员工管理中采用了哪些激励手段？

（2）请思考台塑集团的激励用到了哪些激励理论？

对于一个企业的长期价值以及最终生存而言，真正至关重要的就是它的人力资源管理状况，人力资源已经成为企业乃至整个国家的第一资源；而企业的人力资源要充分发挥其创造性和能动性，在很大程度上取决于员工激励管理。激励管理是一种科学，也是一门艺术；既遵循一定的规律、原则，同时具体的形式、手段也是千变万化、因时而异的。

12.1 员工激励的内涵、作用与原则

12.1.1 员工激励的内涵

"激励"一词是心理学上的术语,是指激发人的行为动机的心理过程,即通过各种客观因素的刺激,引发和增强人的行为的内驱力,使人达到一种兴奋的状态,从而把外部的刺激内化为个人自觉的行动。根据美国哈佛大学威廉·詹姆士教授的研究成果,一个计时工只要发挥个人潜力的20%~30%即可保住饭碗,但通过恰当的激励,这些工人的个人潜力则可以发挥出80%~90%。显然,激励对发挥个人的潜力至关重要,它可以调动人的主观能动性,显著提高劳动生产率。

所谓员工激励,就是说在人力资源管理过程中,采用激励的方法对员工的各种需要予以不同程度的满足或限制,以此引起他们心理辛勤工作状况的变化,达到激发动机,引起行为的目的,并使员工的每一种内在的动力,朝着所期望的组织目标做出持久努力,再通过正反两方面的强化,对行为加以控制和调节。激励的目的是调动人的积极性,使个人行为目标与组织行为目标相一致。该定义体现了以下几个基本点。

(1) 激励必须按照人的客观行为规律进行。
(2) 激励要综合运用能够影响人的行为的各种力量。
(3) 激励具有很强的目的性。

心理学的研究表明,人的行为都是由动机决定和支配的,而动机则是在需要的基础上产生的。当人们产生了某种需要而这种需要又没有得到满足时就会产生一种紧张和不安的情结,为了消除这种紧张和不安,人们会去寻找满足需要的对象,从而产生行为动机。在动机的支配下,自然会产生满足需要的行为,在需要不断得到满足的过程中,动机会逐渐减弱,当人们的需要完全得到满足时,紧张和不安的心理状态就会消除,然后就会产生新的需要,形成新的动机,引发新的行为,如图12.1所示。

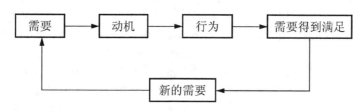

图12.1 行为的形成过程图

根据行为的形成过程,管理学家 A. D. 希拉季(A. D. Szilagyi)和 M. J. 华乐斯(M. J. Wallace)把激励的过程分为7个阶段,如图12.2所示。

由图12.2可以看出,激励过程中的7个阶段如下所述。

(1) 需要的产生,在人的内心产生不平衡,引起心理上的紧张。
(2) 个人寻找和选择满足需要的对象和方法,当然,选择满足需求的途径要以自身的能力为基础,不能选择那些不现实的方法。
(3) 个人按照既定的目标去行动,为实现目标而努力。
(4) 组织对个人在实现目标方面的绩效进行评价。
(5) 根据绩效考核的结果进行奖励或惩罚。

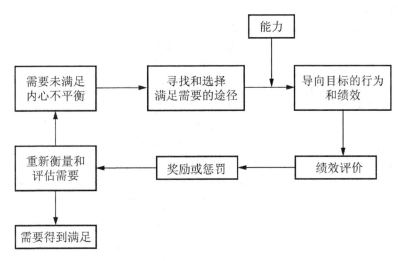

图 12.2　激励的基本过程图

（6）根据奖励和惩罚重新衡量和评估需要。

（7）如果这一激励过程满足了需要，个人就会产生满足感；如果需要没有得到满足，激励过程就会重复，可能要选择另一种不同的行为。

12.1.2　激励的作用

从企业员工管理角度来看，激励的作用主要体现以下方面。

（1）调动员工的积极性。通过激励机制，可以使员工保持工作的有效性和高效性，激发员工的创新能力，同时也使企业充满活力和竞争力。

（2）形成员工流动机制。企业的激励机制是形成员工流动机制的保证，通过对员工行为的正向和负向强化，成为调节员工流动机制的杠杆。

（3）提高员工素质。提高员工的素质的途径主要有两个：一是培训，二是激励。任何值得奖励的行为都是员工素质优异的表现，也是员工素质提高的证明，奖励这种行为，实质是进一步鼓励员工自觉地提高各方面的素质。

（4）促进良好的企业文化。良好的企业文化是由企业内生的，通过激励可以提高企业员工的群体素质，摒弃和杜绝不良文化，形成健康的、有利于企业生存和发展的企业文化。

（5）留住优秀人才和吸引优秀的人才到企业来。管理大师德鲁克认为，每一个组织都需要3个方面的绩效：直接的成果、价值的实现和未来的人力发展。缺少任何一方面的绩效，组织注定非垮不可。因此，每一位管理者都必须在这3个方面均有贡献。在三方面的贡献中，对"未来的人力发展"的贡献就是来自激励工作。在发达国家的许多企业中，特别是那些竞争力强、实力雄厚的企业，通过各种优惠政策、丰厚的福利待遇、快捷的晋升途径来吸引企业需要的人才。

12.1.3　激励的原则

1. 期望行为原则

美国著名管理学家米切尔·拉伯夫经过20年的调查研究，总结出这样一个规律，即

"人们会去做受到奖励的事情"。人们参与劳动是期望通过劳动满足自己的需要,期望值越高动力就越大。利用期望激励员工要注意以下几点。

(1) 接连不断地建立新的期望值。组织可以通过不断建立新的期望值使员工不断有新的需要,从而保持旺盛的精力和对工作的不懈努力。

(2) 让员工的期望能够实现。如果员工的各种期望得不到满足,会导致他们的失望和挫折,并无法建立新的期望,工作积极性也会慢慢消失。为了避免这种情况的发生,组织一方面要想方设法为员工实现这些期望创造有利条件;另一方面还要为员工建立多项期望,即使有其中一项落空,员工对企业仍然保持着其他期望。

(3) 做到短期期望、中期期望和长期期望的统一。短期期望是易实现的一些目标,如奖金、提升等;中期期望是为企业服务一段时间才得以实现的目标,包括事业的成功、在企业中的声誉和影响力、同事之间的人际关系等;长期期望是指员工一生中所要追求的目标,包括各方面素质的提高、自我价值的实现等。组织应鼓励员工树立长远的期望,追求事业上的成功和自我完善,以此来保持员工的持久工作动力和积极性。

2. 目标结合原则

在激励计划中,目标设置必须体现组织目标的要求,否则激励将偏离实现组织目标的方向。目标设置还必须能满足员工个人的需要,否则无法提高员工的目标效价,达不到满意的激励强度。只有将组织的目标和个人的目标结合好,使组织目标融合较多的个人目标,使个人目标的实现离不开为实现组织目标所做的努力,才会收到良好的效果。

在涉及具体目标时,除了注意到个人目标与组织目标的结合外,还应注意到总目标与阶段性目标、长远目标与近期目标相结合,以及目标设置的难度适当,经过努力能够实现。目标设置太高,无法实现就会失去吸引力;目标设置太低,不需要努力就轻易达到,也收不到好的激励效果。

3. 物质激励与精神激励相结合原则

员工既有物质方面的需求,也有精神方面的高层次的需求。激励方式相应也应该是物质激励与精神激励相结合。物质需要是员工最基本的生活需要,精神激励是企业管理者以企业文化精神调动员工积极性、创造性的有效方式,并以此激发员工的主观能动作用的持久性。两者的关系是精神激励以一定的物质激励为基础,物质激励本身体现精神激励的因素。

4. 按需激励原则

按需激励是指:①因人而异,不同的员工,渴望满足需要的类型层次不同;②每个人可能同时有几种需要,要分清主次,轻重缓急,进行灵活激励;③每个人在不同的时期有不同的需要,个人的需要是动态的,因时而异。

激励内容和措施要不断进行深入的调查研究,了解和掌握员工不同时期的需要层次和需要结构的变化趋势,如果不了解人的需要的差别,采取统一的奖励,即使花费了资金和心血,也收不到好的效果。对于低收入的员工,可以充分利用奖金的效用;对于收入水平较高的员工,特别是知识分子和管理人员,则要注重精神奖励,如晋升职称和职务、尊重人格、放手让其大胆工作等。因此,有针对性地适时采取灵活的激励措施,才能收到实效。

5. 公平公正原则

公平性是员工管理中一个很重要的原则,员工感到的任何不公的待遇都会影响他的工作效率和工作情绪,并且影响激励效果。奖励必须做到公平合理,不能因人的地位、家庭背景以及与领导关系的亲疏等而有所不同。

 阅读案例 12-1

郑濂碎梨:于细微处见公平

明朝时有一个读书人叫郑濂,他们家里总共有上千口人居住在一起,家中七代同堂,而且家庭和睦,200多年间,家族中没有一个人外迁去谋生。这样的千口之家能够相处得好,可是个大学问。皇帝听了很欢喜,就御赠一块"天下第一家"的匾额。御封之外,送了他两个大水梨,还派锦衣卫跟在后面,看看他如何把两个大水梨分给1000个人。如何分的?郑濂回去之后,不慌不忙,吩咐人运来两个大水缸,一边放一个梨,把梨捣碎,让梨汁流到水缸里,混合在一起。然后说:"来,每人喝一碗",如此大家都觉得非常公平。子孙中比较亲的人,见郑濂能如此公平,就会肃然起敬;比较疏远的后代,见长辈能这样公平,也非常佩服和崇敬。

(资料来源:郭巧云.人力资源管理[M].长沙:中南大学出版社,2009:46-47.)

公平公正原则的内容是:①激励的程度与被激励员工的功过相一致;②评估员工工作实绩标准不能因人而定或带有主观随意性,要具有一致性;③为员工提供平等竞争的条件,机会要均等;④评比过程要公开化、民主化。

6. 激励的时效性原则

注意掌握奖励的时机和频率,奖励时机直接影响到激励效果。而奖励时机又与奖励频率密切相关,频率过高或过低都会削弱激励效果。因此,要根据实际情况选择奖励时机和频率。一般来说,对于复杂、难度大的任务,奖励频率宜低;对于简单、容易的任务,奖励频率宜高。任务周期长的,奖励频率宜低;任务周期短的,奖励频率宜高。

7. 正激励与负激励相结合的原则

所谓正激励就是对员工的符合组织目标的期望行为进行奖励。所谓负激励就是对员工违背组织目的的非期望行为进行惩罚。正负激励都是必要而有效的,不仅作用于当事人,而且会间接地影响周围其他人。正激励是主动性激励,负激励是被动性激励,就二者的作用而言,正激励应是第一位的,负激励是第二位的。在激励中应坚持先应用正激励,再应用负激励的原则。同时,只有坚持正激励与负激励相结合的方针,才会形成一种激励合力,真正发挥激励的作用。

 阅读案例 12-2

浙江"方太"的人力资源激励

浙江"方太"厨具有限公司,仅6年时间,就从无到有,由200多家吸油烟机厂的最后一名做成中国厨具行业的第二大品牌。除了其二次创业转型成功、父子顺利交接班以外,在人力资源开发方面,"方太"也有独到之处,以下是"方太"在人力资源激励方面的一些"镜头"。

——如何管好董事长、总经理"身边的人"?"方太"的做法是,太太如果没有能力管理企业,还是尽量不要让她参与。身边的其他人,比如小车司机、秘书,虽然没有职位,但别人会对他另眼相看;还有办公室主任,他掌握的事特别多,其一言一行,均会影响企业形象。这些"董事长、总经理身边的人"往往因自己特殊的身份而产生优越感,进而忽视纪律约束。"方太"对这些"身边的人",一是经常教育,要求他们带头遵守厂纪厂规,做工作的模范;二是一旦他们违反厂纪厂规,则坚决处理,绝不护短。

——董事长茅理翔身边的一个工作人员将调任另一部门做他想做的事。此人与茅理翔之间合作得很好。在其写调职申请报告时,有很多人持担心态度,茅理翔也有顾虑,再招一个新手会不会马上适应?尽管这会使茅理翔的工作带来很大不便,但最后茅理翔还是尊重他的选择。临走的时候,他对茅理翔说:"董事长,谢谢您!您是我职业生涯中最好的老师。"

——"方太"针对人才跳槽的问题,试验了内部人才流动的办法,效果很好。

——"方太"根据公司的实际情况,搞了车间承包责任制,把生产部门分成 4 个车间,把主要模具工提拔为车间主任,让他们独立承包,并授予一定的权力,如招工权、酬劳分配权等。

——"方太"文化最具特色的是市场文化和品牌文化。"方太"的企业价值观是"让家的感觉更好"。在品牌文化上,他们提出产品、厂品、人品"三品合一""文化兴牌"的战略,着力提高"方太"的文化品位。他们非常重视党建工作,成立了慈溪市第一家乡镇企业党校,职工文化也开展得有声有色。

(资料来源:HR 管理世界 http://www.hroot.com/html/2003 - 11 - 9/200311981819.htm)

12.2 个人激励计划

员工的激励计划总体上分为个人激励计划和整体激励计划,对员工个人激励计划有多种分类方法,本书按员工的分类将员工个人激励计划分为以下几类:生产工人激励计划、专业人员激励计划、销售人员激励计划和经理人员激励计划。

12.2.1 生产工人激励计划

1. 计件工资制

计件工资制是继泰罗的科学管理之后最古老最广泛的激励形式,它是指依据工人生产合格产品的数量或完成的工作量,以劳动定额为标准,预先规定计件单价来计算劳动报酬的一种形式。建立有效的计件工资制要求组织通过工作评价和工业工程设计来明确工作的小时工资率和产量标准,通过产量标准的表现形式——单位时间的产量或单位产品的消耗时间,计算出每件产品的工资率。如小时工资率为 12 元,生产一件产品费时 10 分钟,则小时生产率就为 6 件,每件产品为 $12/6 = 2$ 元。计件工资制又分为直接计件工资制和有保障的计件工资制。计件工资的具体形式在本书第 10 章中已详细介绍,此处仅作一些补充。

计件工资制具有下列优点。

(1) 计件工资的显著特点是将劳动报酬与劳动成果直接、紧密地联系在一起,能够准确地反映出员工实际付出的劳动量,使不同员工之间以及同一员工在不同时间上的劳动差异在劳动报酬上得到合理反映。

(2) 计件工资的计算与分配事先都有详细、明确的规定,在企业内部工资分配上有很高的透明度,使得员工对自己所付出的劳动和能够获得的劳动报酬心中有数,因此具有很强的物质激励作用。

但计件工资制也有许多的不足。

(1) 计件工资制只适合那些能够用产量体现绩效的、重复性和连续性的、操作周期短而且技能单一的工作种类,那些个人贡献难以区分和衡量或者那些员工对产出不能有效控制的工作难以使用计件制。

(2) 改变产量标准或确定了新的小时工资率时需要修订计件工资率,无疑增加了设计或维持能被员工接受的衡量标准的难度。

(3) 计件工资制是一种个人的奖励，不利于团队的合作和同事之间人际关系的和谐。

(4) 长期使用计件工资制会导致员工过分关注产品的产量而忽视产品或服务的质量，或者为了防止收入的减少而抵制新技能的训练及工作岗位轮换，甚至忽视安全等问题去追求产量的增加。

2．标准工时制

标准工时制与计件工资制不同的是它不依据产品的计件工资率确定工人的报酬，而是以时间作为奖励的尺度，当工人完成工作的时间超过事前规定的标准时间时，组织以高于标准水平的百分比付给工人同等比例的奖金。在该计划中需确定员工的工时工资率，以及每单位产出所需要的标准时间。因为重新制定小时工资标准之后不必重新计算计件工资率，所以它更适合于那些工作周期长、非重复性的、需要多种技能且不易计算单位产出的工作。如完成某项工作的小时工资率是 30 元，标准工时是 8 小时，如果工人在 6 小时内就完成了该工作，则节省下来的两个小时相当于他可以获得 125% 的小时工资，他的工资核算为：$30 \times 125\% \times 8 = 300$ 元。同样，标准工时制也无法避免工人为了节省时间而忽视产品质量的现象。

3．班组或团队激励计划

通常在一个项目小组中，职位之间是相互关联的，一个员工的绩效不仅反映自己的努力结果，也反映其同事共同努力的结果，这时候易采用班组或团体激励计划。通常为以下 3 种形式。

第一种是确定团队中各成员的工作标准，并记录每个成员的产出水平。接着按以下 3 种方式对团队成员计酬：按团队成员中产量最高的工人的标准计酬、按产量最低的工人的标准计酬或者按团队平均的水平计酬。

第二种是简单地选定团队所能控制的绩效或生产率的测量标准。不要求用计件工资制或标准工时制所需的精确的工业工程标准，只使用每件产成品所耗总工时这样的概括性的指标即可。

第三种是根据班组或团队最终的整体产出水平确定产量标准，所有成员都根据团队所从事工作的既定的计件工资率获得同样的报酬，且团队激励多以标准工时制为依据。

班组或团队激励计划有以下优点。

(1) 该计划加强了团队制订计划和解决问题的能力，并有助于确保员工的相互合作，从而构筑了一种团队文化。

(2) 不同于仅以产出为基础的激励计划，团队激励可以通过激励员工扩大贡献的范围。

(3) 团队激励鼓励交叉培训和获得员工之间的新的能力。

(4) 团队奖励倾向于减少员工的妒忌和关于标准"松"或"紧"的抱怨。如在日本，"首要的原则是从不奖励某个人"，相反，雇都是集体受奖，其目的是减少员工之间的猜忌，使团队成员能相互感激并鼓励合作精神。

但班组或团队激励计划因为不再依据员工个人的绩效确定其报酬，工人无法看到个人努力带来所期望的报酬，单个团队成员可能认为自己的努力对于团队的成功和所获得的激励性奖金不相匹配，所以该计划可能比个人计划缺乏效率。另外，该计划还会引起一些团队内的不良社会问题——限制绩效的压力(比如，团队成员害怕某个人会使其他人难堪)和"搭便车"效应(某个人努力程度比别人低，但拿得跟别人一样多)的出现。

阅读案例 12-3

联邦快递的团队激励机制

俗话说得好,"遣将不如激将",命令他人去做某事不如激励他人去做某事,在完成团队目标,提升团队绩效的过程中,有效的激励无疑是一种重要的手段。通常所说的激励,有研究者将其分为精神激励、情感激励、物质激励及民主激励。在联邦快递,接近50%的支出用于员工的薪酬及福利上。员工报酬的确定在于认同个人的努力、刺激新的构想、鼓励出色的表现及推广团队的合作。所有这些因素都在员工的整体报酬中反映出来。美国联邦快递公司(FedEx)的团队激励机制包括三大方面:整体报酬、名誉奖励、发展计划,整体报酬可以看作保健因素,名誉奖励和发展计划可以看作激励因素。整体报酬综合了薪金计划、福利计划及优质工作/生活计划。具体包括加薪、奖励性酬金、进修资助、有薪休假及假期、医疗保险、生命及意外身亡保险、优惠价托运、机票折扣优惠、备机票等。美国联邦快递公司经常让员工与客户对工作进行评价,并重视精神激励的作用,通过设奖来表彰成绩卓越的团队成员,主要奖项如下。

Bravo Zulu(祖鲁奖或勇士奖):奖励超出标准的卓越表现。

Finders Keepers(开拓奖):给每日与客户接触、给公司带来新客户的员工以额外奖金。

Best Practice Pays(最佳业绩奖):对员工的贡献超出公司目标的团队以一笔现金。

Golden Falcon Awards(金鹰奖):奖给客户和公司管理层提名表彰的员工。

The Star/Superstar Awards(明星/超级明星奖):这是公司的最佳工作表现奖,相当于受奖人薪水2%~3%的支票。

作为一家跨国公司,美国联邦快递公司尊重多元化的文化并鼓励员工与公司共同成长,相应地提供给员工一系列的发展计划,如:雇员内部晋升政策是指公司内的空缺以内部雇员为优先考虑人选;黄金计划是一项内部的管理发展计划,包括成长/机会/领导及发展计划。

(资料来源:中国人力资源网, http://www.hr.com.cn/.)

12.2.2 专业人员激励计划

专业技术人员,是指那些凭借掌握的专业性和技术性知识解决组织问题的员工。工程师、会计师、经济学家、律师、科学家、人力资源专家等都可以纳入专业技术人员的范畴。这类员工主要是通过知识和技能来获取报酬的,所以组织在激励计划设计上应考虑到其独特性。但是在某些组织中,按照传统的薪酬设计一些专业技术人员的薪酬不能超越薪资结构中某一点,除非他们同意接受一定的行政管理责任。一旦他们被提升,其专业技术才能得不到充分发挥。在此过程中,企业可能失去一个很好的专业技术人员而得到一个蹩脚的管理人员,为避免出现这种情形,有些企业已经将专业技术人员的工资范围扩大到等于或基本上接近管理人员的薪资。

随着人力资源管理的发展,组织更注重对员工职业生涯的管理,在职业生涯通道的选择上,组织开发出了适合专业技术人员的双轨制薪酬体系,即专业技术人员可以选择管理通道的晋升获得高的报酬,也可以走技术通道得到与管理人员对等甚至更丰厚的薪酬。专业人员的薪酬大多是依据成熟曲线确定的,这些曲线不仅能够反映资历因素在薪酬支付上的差异,也体现了绩效对薪酬的影响,如图12.3所示。

随着员工工作年限的增加,整体薪酬是呈递增趋势发展的。而不同的曲线又代表了不同的绩效,也反映了专业人员在一定的工作年限内其薪酬水平是随着绩效的变动而在一定的区间内浮动的。比如,有8年工作经验的人,其月薪可能在3000元到5900元之间变化,这完全取决于他的绩效水平。现在假设一名工作8年的专业人员的薪酬水平在B曲线

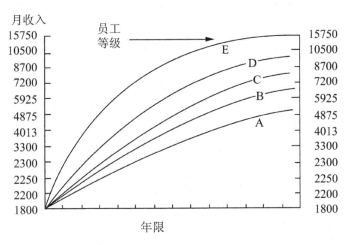

图 12.3　专业技术人员的成熟曲线

上，但这也不意味着他以后的薪酬水平就会按着 B 曲线以后的发展上升，而还是完全取决他具体的绩效情况。如果他后来的绩效突出，很可能就上升到 C 等级甚至一下就跳到了 E 等级。所以，各个等级的曲线只是决定了特定年限的特定绩效的薪酬水平和整个薪酬水平的可能变动范围，而不是限定了员工薪酬的发展线路。

鉴于专业技术人员对组织的重要作用，组织也可以对绩效优秀并有一定工作年限的员工提供与中高层管理人员一样的激励计划。比如，分红或者股权激励。另外，对多数专业人员来说，相对于金钱的刺激，他们更渴望有出色的工作成果和被同事、组织认可和赞扬。因此，更多的非薪资因素也可以促使专业人员做好工作，包括提供非货币的薪酬或者用出版专业著作的方式表示对他们的认可和奖励。

12.2.3　销售人员激励计划

薪酬是运用最为广泛的激励销售队伍的手段，研究表明，销售代表更看重加薪，而不是晋升机会、薪外福利或认同等其他报酬。因此，现行的销售计划主要有薪资计划、佣金计划和复合计划。

1. 薪资计划

根据薪资计划，销售人员获取的报酬主要是固定的薪资，偶尔也可能获得红利、销售竞赛奖之类的奖励。这种方法比较适合于：公司的主要目标是从事开发性工作（包括寻找新顾客）；从事事务性和服务性工作，如开发和执行企业对销售人员进行有关销售和生产方面的培训，以及参与国家与当地的贸易展销活动等。

使用薪资计划的优点如下。

（1）有保障的固定收入会给销售人员带来很大程度的安全感。薪资计划保证了收入的稳定性，不像佣金计划那样常常会有很大幅度的波动。

（2）常规、固定收入的稳定性对培养忠诚的销售人员和提高他们的满意度大有裨益。只拿薪水的销售队伍的离职率通常比只拿佣金的销售队伍低。而且，比起其他任何形式的佣金，在固定薪水计划下，管理层在分配任务、改变销售人员的工作范围和工作额度上比较容易。

（3）在提高销售人员对组织的忠诚度的同时，固定的薪资可以鼓励员工以更多的时间投入顾客服务，注意建立组织的良好声誉和培养稳定的长期顾客群，而不是仅仅局限在眼前的销售业绩上。

薪资计划的局限性在于由于薪酬水平不取决于工作绩效，所以它无法激励销售人员付出足够的努力而提高组织的销售额，同时也减弱了销售人员为增加销售业绩进行的各种训练及提高销售技能的意愿，降低了具有潜在高绩效的员工的热情和进取动力。固定薪资计划的另一个劣势是它是一项固定成本，薪水支出与销售额没有直接的关系，销售量下降时，固定的薪酬费用会成为公司的负担。

薪资计划的最佳使用是在以下两种情况：一是管理层期望一个均衡的销售工作；二是管理层能够恰当地监督并激励销售代表。具体体现在下列情形。

（1）新聘的销售人员正在接受培训或对工作不熟悉，以至于无法销售足够的产品来依靠佣金进行生活。

（2）公司开辟新的市场或销售新产品。

（3）只进行宣传性销售活动的销售工作，或者同一个较大客户打交道的几个销售代表必须长期协同工作。

2. 佣金计划

佣金计划是直接按销售额的一定比例确定销售人员的报酬，它只根据销售人员的业绩来决定其薪酬水平。

佣金计划的优势是：①对销售人员来讲，它给予销售队伍异乎寻常的激励，许多企业对销售代表的佣金收入上不封顶，他们取得收入的机会是不受限制的，更能促使销售代表努力地工作；②对于公司来说，佣金是对销售的直接反映，即只有销售或其他活动完成时才会产生费用，如果要淘汰没有效率的销售代表，佣金计划是最好的方案。

同样，佣金计划也有很多缺点，销售人员过度强调扩大销售额和只注重推销获利高的产品，容易忽视开发有潜力的顾客和培养长期顾客，不愿意为小客户服务，不愿意销售获利少的产品和难以出售的产品。更为重要的是销售人员的业务会受产品销售周期和经济状况等外部因素的影响，使得他们的收入波动大、不稳定。如在销售旺季时销售人员的佣金额会很高，但在销售淡季佣金会很少甚至没有，淡旺季收入上的差距会导致在淡季时人员离职率的增加，以及旺季时为了获得较高的报酬，销售人员之间进行恶性的竞争。

在下列情况下，佣金计划可以成为最佳选择：①公司处于财务困境，因此销售成本必须与销售额直接挂钩；②需要开展极少的非销售性和宣传性活动，或者为完成足够的销售额需要巨大的激励；③公司雇用兼职的销售人员或独立承包人，比如制造企业的代理商。

3. 复合计划

复合计划是目前大多数组织常用的激励计划，在这类计划中销售人员的薪酬由固定的薪资和浮动的佣金共同组成。因此，复合计划不仅具备直接薪资计划和直接佣金计划的优点，同时也具备二者的缺点。销售人员有基准收入，因此可以确保维持其家庭生活开支。而且，公司可以通过确定销售人员的薪资来指导其活动，而佣金则是激励绩效显著的销售人员的一种手段。

在复合计划中激励成分和薪资所占的份额，是由销售任务的性质和公司的营销目标决定的。如果公司寻求的是销售或毛利的增长，特别是短期的增长，那么激励成分应该更多些。当管理层看重的是客户服务、充分均衡的销售活动或团队销售时，薪水部分应该占更大比重。

B公司销售人员的激励方案

B公司是一家位于广东的民营冰箱生产企业,行销网络遍及我国华南大部省区,公司预计2009年产值回款为人民币3000万元。由于冰箱行业的竞争非常激烈,公司的市场策略是攻坚战。销售是市场策略的核心,而销售人员又是销售策略的执行者,销售人员的业绩直接关系到公司的生存与发展。为了吸引和留住优秀人才,公司制定出针对销售人员的激励薪酬方案,以激励销售人员创造佳绩。

1. 销售代表岗位激励奖金

个人年度完成下表业绩可享受相应的销售代表激励奖金。

档 次	年度业绩(万元)	奖金比例(%)
1	30以下	0
2	30~40	1
3	41~50	1.5
4	51~60	1.8
5	61以上	2

2. 长期服务激励奖金

服务满3年的销售人员(合同内)每年提取总业绩的2%存入其长期账户,至其离职时一次性支付,根据其服务年限,可支付的账户总额的比例如下。

档 次	连续服务年限(年)	可支取账户比例(%)
1	3以下	0
2	3	50
3	4	60
4	5	70
5	6	80
6	6以上	100

3. 增员奖金

销售人员任职3个月后可以招聘新的销售人员,经公司考核后一经聘用,招聘人可获取以下增员奖金。

(1) 所招聘的销售人员进入公司3个月内业绩累计达到2万元以上,招聘人可获取增员奖300元。

(2) 招聘人可获取所招聘人第一年业绩总和的1%作为伯乐奖。

4. 销售人员福利、保险和补助

(1) 合同销售人员任职3个月享受100元为底数的基本商业保险和每月150元为底数的社会保险。

(2) 入职1个月享受每月交通补助150元,电话补助100元。

(3) 入职后可免费享受公司食堂中餐。

(4) 高级总监享受公司规定的自备汽车用车补助。

(5) 入职后可享受公司安排资助的团队活动。

(6) 销售人员年度业绩超过100万元,享受旅游表彰,即国外旅行15天,旅行补助1.5万元。

(7) 销售人员年度业绩超过50万元,享受旅游表彰,即国内旅行15天,旅行补助0.5万元。

(资料来源:中国人力资源互动网,http://www.chinahrhelp.com/read.php?tid=5505.)

12.2.4 经理人员激励计划

经理人员,泛指组织中的中高层管理人员,是组织正常运行赖以依靠的主要对象,在组织决策的制定和实施过程中对组织的绩效有着非常大的影响力。对他们的激励计划在各个企业中都占据着首要的位置,一般分为短期激励计划和长期激励计划两大类。

1. 短期激励计划

年终分红是短期激励计划的主要方式,旨在激励中高层管理人员提高短期绩效,年终分红的总额随着组织每年的绩效的改变而发生变化。

红利是企业在达到一定的绩效水平后对员工的一次性支付,它常常依赖于企业本身的绩效水平以及个人绩效表现。因此,组织在实施短期激励计划时需要明确3个基本问题:资格条件、支付数额(分红规模)和个人奖励额。其中,资格条件确定哪些管理人员具备加入年终分红计划的资格;支付数额涉及组织整个分红支付数额的问题,企业通常预留最低限度数量的利润,在此项扣除的基础上,再提取一定比例的数额作为分红基金;而个人奖励额是关于个人从红利中所得奖励的多少。

1) 资格条件

通常组织会采取下列3种方法之一来确定资格条件。一种方法是关键职位。组织通过对各个职位对企业利益的影响的测算,对每个职位进行评价并确定关键职位。另一种方法是通过设定薪资水平阈值来确定资格条件,任何收入超过该阈值的员工都有资格参加短期激励计划。第三种方法是通过工资等级来确定资格条件,它规定所有处在某一工资等级或其上的员工都有资格加入短期激励计划。

2) 支付数额(分红规模)

在实际操作中不同企业采用确定红利规模的具体方案互不相同:有的组织采用非扣除法,即在净收益中抽取固定比例的资金作为短期激励基金;有的采用扣除法,即组织先预留最低限度数量的利润满足股东投资回报的需要,接着在此项扣除的基础上将税前利润的一定比例作为分红基金。如企业当年年利润为1000万元,扣除10%来保证股东的投资,若管理人员的分红基金比例为20%,即为180万元。

3) 个人奖励额的确定

个人奖励额的确定是基于个人奖励红利计划的,与整体激励计划中的利润分享计划是不同的,利润分享计划不关心个人的绩效如何,每个人都可以根据组织的经营状况获得红利。在真正的个人激励计划中,则依据管理人员的个人业绩水平确定其所获得红利的数量。

一些组织采用两分法的红利分配方式,即按照个人绩效和组织绩效为依据将红利分为两个等份。但这样做的缺陷是某些管理人员绩效达不到要求,仍可以享受到组织绩效红利。因为红利总额水平有限,这种分法对绩效高的管理人员来说缺乏公平,起不到太大的激励作用。目前组织确定个人奖励额的通行做法,是先制定每个具备资格的职位的红利标准,然后再依据实际绩效上调或下调其红利。

短期激励计划能够对管理者起到一定的方向性的引导作用,因为分红是会因绩效提升而增加总额的。但是,它常常会因为管理人员过于注重短期的利润目标而导致短期行为。如忽视资源浪费、设备保养等,不利于企业的长远发展。

2. 长期激励计划

长期激励计划指在企业长期成功发展的基础上，通过为管理人员提供积累财富的机会，建立管理人员在决策时的长期观念，鼓励他们与组织共同奋斗以同时满足组织的长期繁荣发展和有效激励管理人员的需要。它通常有以下形式：股票期权计划、股票增值计划、股票购买计划、股票面值计划、虚拟股票计划及管理层收购等。

1）股票期权

股票期权是指在一定时间内，以特定价格购买一定数量公司股份的权利。也就是让期权接受者（中高层管理人员）获得期权兑现时的股票市价与签订期权合约时的股票买入价之间的价差。股票价格受企业获利能力和利润增长的影响，高层管理人员在一定程度上可以影响这些因素，这样股票期权才能具有激励作用。股票期权的内存逻辑是：提供期权激励——经理人员努力工作，实现企业价值最大化——企业股价上升——经理人员行使期权获得收益。反之，经理人员利益就受损，股票期权的本质就是让经理人员拥有一定剩余索取权并承担相应风险。

股票期权的优点主要表现在以下几个方面。

（1）股票期权体现了人力资本的价值。现代企业员工管理理论认为人力资源也是企业的一种资本，同样具有稀缺性，有其独特的产权特征。传统薪酬制度已不能体现这一稀缺性资源的产权价值，股票期权制度使经理人员的身价有了判别依据，具体地体现了人力资本的价值，同时，也有利于职业经理人市场的建立和职业企业家的培养，引入市场化的企业家评价机制。

（2）该计划有助于降低企业的直接激励成本。股票期权仅仅是企业给予核心员工的一种选择权，是一种非现金激励方式，是建立在公司收益实现基础之上的未来收入预期，在整个实施过程中，没有大规模的现金活动，即使经理人员行使权利也是在公司现金流活动之外进行的。以现金行使期权，公司的资本金会增加；若不行使期权，对公司的现金流量不产生任何影响；如果以增发新股的形式实施股票期权制度，公司的资本金还会增加。同时，经理人员在取得股票期权后，会比较容易接受相对较低的基本工资和奖金。

（3）它有利于降低代理费用。代理费用是由契约的非完备性所引起的，主要是指在股东与经理人之间订立、管理、实施那些或明或暗的合同的全部费用。通过股票期权，将经理人的薪酬与公司长期业绩或者某一长期财务指标更为紧密地结合在一起，在降低股东对经理人员的监督费用的同时，使经理人能够分享他们的工作给股东带来的收益。

（4）实现了持有人与公司利益的趋同性，进而使经理人员行为长期化。经理人员的短视心理是其在任期有限和传统薪酬制度下追求实现自身利益最大化的一种行为模式。股东关心公司未来的利润目标，而经理人员只关注其任期内现金流量和经营业绩，往往追求的是短期利润。股票期权制度建立了经营者与企业之间的资本纽带，将经营者的薪酬与公司长期收益的不确定性联系起来，经理人在退休后或离职后仍会继续拥有公司的期权或股权（只要他没有行使期权及抛售股票），会继续享受公司股价上升带来的收益，这样出于自身未来利益考虑，经理人员在任期期间就会与股东保持视野上的一致性，从而使其更为关注企业财务指标，降低企业营运成本，致力于公司利润的最大化和长期发展。

2）股票增值计划

股票增值计划是以期权期间内管理人员选定的任一股票价格的上涨为依据决定的现金或股票奖励。

3）股票购买计划

股票购买计划是给予管理人员以市场价格或一定折扣购买股票的机会。

4）虚拟股票计划

虚拟股票计划中虚拟股票的价格等于公司普通股票的价格，但虚拟股票不像真实股票那样具有真实的公司所有权利益，雇主仅仅是将这些虚拟股票贷记到公司账簿中，随公司股票价格的涨落这些虚拟股票的价格也随之涨落。经过规定的一段时间后，公司赎回虚拟股票而将虚拟股票在持有期内的任何升值以现金形式支付给虚拟股票所有者（即管理人员）。

5）股票面值计划

股票面值计划允许中高层管理人员以目前的股票面值（这个面值是通过对公司资产的评估确定的）购买股票，管理人员可以获得自有股票的股息，随着公司的发展，他们所持有股票的面值可能会随之增长。当这些雇员离开公司时，他们可以以新的、较高的面值卖回给公司。

6）管理层收购

管理层收购是经理层持股的一种特殊形式。管理层收购特指公司经理层利用借贷所融资本或股权交易收购本公司（或称目标公司）的行为。通过收购，他们由单一经营者角色变为所有者与经营者合一的双重身份，公司的所有者结构发生了改变，企业的管理层把所有权与经营权集于一身，公司管理层成为本企业的实际控股人，从而对管理层形成激励。

长期激励计划确实可以起到吸引、保留和激励中高层管理人员的作用。但高层管理人员与持股人的利益往往不一致，如高层管理人员通常只需花费很少或无须花费现金即可购买股票，然后他们再转手并很快卖出手中的股票。因此，现在日益强调高层管理人员的长期激励计划具有一定的风险性。

12.3 整体激励计划

整体激励计划是全体员工均可参与的奖励计划，包括利润分享计划、员工持股计划、斯坎伦计划（Scanlon Plan）、拉克计划（Rucker Plan）、收益分享计划和风险收益计划。

12.3.1 利润分享计划

利润分享计划，在本书第10章中已进行分析，这里只作简要补充。利润分享计划是指根据对某种组织绩效指标（通常是指利润这样一些财务指标）的衡量结果来向员工支付薪酬的一种团体绩效奖励模式。利润分享计划也称"企业全员奖励制"。

利润分享计划有两个潜在的优势：一是将员工的薪酬和企业的绩效联系在一起，因此可以促使员工从企业的角度去思考问题，增强员工的责任感；二是利润分享计划所支付的报酬并不计入基本薪酬，这样有助于灵活地调整薪酬水平，在经营良好时支付较高的薪酬，在经营困难时支付较低的薪酬。

在实施利润分享计划时，组织必须考虑3个方面的问题：员工分享利润的比例、分配方式和支付形式。一般组织在制定利润分享计划时就会明确一个具体的利润比例，员工可以分享利润的5%~50%不等的数额。在决定了利润分配总额后组织应该解决如何在员工中实现公平分配，通常的做法是平均发放，每位员工的利润份额相同或者是依据员工的基本薪资以一定的比例进行发放。从这种分配方式中可以看出利润分享计划与员工的个人绩效和个人贡献并没有多大的联系。所以，在增加员工绩效方面这个计划的作用是很小的。它关注的主要是对员工合作成果的认同和团队工作方式的肯定。利润分享计划一般有3种实现形式：一是现金现付制，就是以现金的形式即时兑现员工应得到的分享利润；二是递延滚存制，就是指利润中应发给员工的部分并不立即发放，而是转入员工的账户，留待将来支付，这种形式通常是和企业的养老金计划结合在一起的，有些企业为了减少员工的流动率，还规定如果员工的服务期限没有达到规定的年限，将无法得到或全部得到这部分薪酬；三是混合制，就是前两种形式的结合。

利润分享计划尽管有很多的优点，但是它不大能够增加员工的绩效，而且在更多的时候，组织的利润影响因素有许多是员工无法控制的。如组织会因为经济不景气或突发性的事件等因素的影响不可避免地出现亏损，尽管员工已经非常努力地工作，但他们依然要受到组织利润下降的惩罚，导致了在组织中产生负面效应。尤其是在组织连续亏损时，员工一直享受不到利润分享计划的好处，就会逐渐对此计划丧失信心，同时也降低了对组织的认同感甚至脱离组织。

12.3.2 员工持股计划

员工持股计划，是指企业内部员工以个人出资（大都指未来劳动的收益）的方式，来持有本企业的一部分特殊股票，并委托员工持股会集中管理的一种产权组织形式。员工持股计划基本上属于一种股票奖励计划，员工可借此渠道参与企业经营管理和分享利润。管理专家把员工持股计划表述为"四金"：金手铐、金色的梦想、金色的握手和金饭碗。员工持股计划过程如图12.4所示。

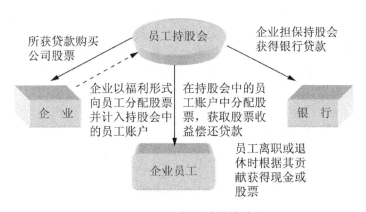

图12.4 员工持股计划的过程

员工持股计划具体有以下优点。

（1）在员工方面，员工拥有了公司的股份，可以分享公司的经营业绩和资本增值，员工和企业的利益两者紧密相关。从心理上讲，员工有了主人翁的责任感，就会增强参与意识，尽心尽力使企业取得更好的业绩。因为企业经营的好坏，将直接影响到股份拥有者的利益。除此之外，员工拥有的股权或股票是一种长期性的收益权，所以持有期权的时间越长，获得巨大利益的可能性越大。这样就促使公司所有员工都能从长期利益的角度来对待自己和公司的发展，解决了短期利益与长期利益之间的矛盾。

（2）在公司方面，明晰了企业产权关系，可以凭此手段缓和员工与企业之间利益的矛盾，激励员工努力工作，广泛吸收人才，增强企业的竞争力；可以扩大资金来源，获得低成本资金；可以减轻税务负担；防止其他公司的恶意收购与兼并。还可用作资产剥离和重组的一种手段，也有利于分散经营风险。

（3）在股东方面，可以收回自己的投资，特别是独资公司的投资者，在自己退休时，既可以保留公司不被竞争者收购，又可以收回大部分投资；可以通过红利分享公司利润；可以减轻赋税（根据有关法律，股东向员工出售股份可以减免增值税）。

总之，正如通用电气公司总裁韦尔奇所说："通用电气公司22万名员工，不论级别都享有股票期权，因而都被一种非常明确的财务上的因素所激励，一起努力致力于公司业绩的提高。这就使员工的个人利益、公司利益、股东利益都统一于公司经营业绩这一强有力的基础之上。"

12.3.3 斯坎伦计划

约瑟夫·斯坎伦于1937年提出了利润分成的概念，当时是作为一个不含工资因素的员工参与制度提出来的。斯坎伦计划（Scanlon Plan）的特点是强调员工参与，组织更乐于将员工看成合伙人而不仅仅是完成组织交付任务的劳动工具，这是一种新的经营哲学理念，也是更为人性化和有重大现实意义的管理模式，它实际上包括了许多与今天培养献身精神的方案和质量改进计划有关的因素。斯坎伦认为如果员工接受公司的目标的话，只要有机会，他们就会自我指导和自我控制，并且去明确和接受自己的责任。

斯坎伦计划有以下3个组成部分。

（1）强调在管理层提供有关生产信息的基础上，通过团队合作降低成本。

（2）员工向劳动管理委员会提出降低成本的建议，然后由该委员会检查和执行被接受的建议。

（3）根据生产力的提高对员工进行货币奖励，鼓励员工的参与。

斯坎伦计划中的利润分成公式是根据各公司自己的需要而定的。基本公式通常是计算劳动力成本和产品销售价值的比率。其中，产品销售价值是销售收入和存货价值之和。

$$斯坎伦比率 = \frac{劳动力成本}{产品销售价值}$$

斯坎伦比率小意味着和产品销售价值相比，劳动力成本比较低。

斯坎伦计划的说明

在过去的3年中，XYZ制造公司每年的平均劳动成本是44000000美元。同样在这3年中，XYZ制造公司的平均销售价值是每年83000000美元。（另外，在这83000000美元中，有65000000美元是销售收入，18000000美元是存货的价值。）XYZ制造公司的斯坎伦比率是：44000000/83000000 = 0.53。

0.53的比率就是基准线。在这个基础上，任何提高带来的利益，例如最终生产方式的改进降低了劳动成本，都和工人一起分享。换句话说，当改进使斯坎伦计划比率降低到0.53的标准以下时，员工就可以得到利润分成奖金。

XYZ制造公司2001年3月的经营情况是：总劳动力成本　　31000000美元
　　　　　　　　　　　　　　　　　　　产品销售价值　　72000000美元

根据2001年3月的数据，斯坎伦比率是：31000000/72000000 = 0.43。

2001年3月的斯坎伦比率低于基于历史数据的0.53的标准。劳动成本如果有节约的话，2001年3月的劳动力成本就一定少于38160000美元（0.53×72000000美元）；38160000美元是根据XYZ制造公司的斯坎伦标准比率计算出的 2001 年 3 月的可接受的劳动力成本。

总之,2001 年 3 月可接受的劳动力成本是 38160000 美元,而实际的劳动力成本是 31000000 美元。这样,节约的 7160000 美元(38160000 美元 – 31000000 美元)就可以作为奖金奖励给工人了。

12.3.4 拉克计划

拉克计划(Rucker Plan)是 1933 年由艾伦·W·拉克提出来的,其基本原理类似于斯坎伦计划。这两个计划都强调员工参与,并用货币奖励鼓励员工参与。主要的区别是它们计算生产力的公式不同。拉克计划是使用一个增加值公式来计算生产力,增加值是产品销售价值和产品原材料的购买价值之间的差额。

下列比率用来计算根据拉克计划是否应该发奖金。

$$\text{拉克比率} = \frac{\text{增加值}(\text{净销售额} - \text{原料成本、供给和服务})}{\text{计划参与的雇佣总成本}(\text{薪金工资、工资、税边缘薪酬})}$$

和斯坎伦比率不同,拉克比率越大,对公司越有利。拉克比率越大就意味着增加值相对于总雇佣成本来说更大。

专栏 12 – 2

拉克计划的说明

去年,ABC 制造公司的净销售额是 7500000 美元。公司支出了 3200000 美元购买原材料,250000 美元购买各式各样的供给,以及 225000 美元购买服务,如责任险、基础维护和公用事业。根据这些数据,增加的价值是 3825000 美元(净销售额 – 原料成本、供给和服务) = 7500000 美元 – (3200000 美元 + 250000 美元 + 225000 美元)。

同年,总雇佣成本是 2400000 美元,包括蓝领工人的小时工资、白领工人的年薪、工资税和所有福利成本。根据拉克公式,增加值和总雇佣成本的比率是 1.59。这一比率意味着如果发奖金的话,奖金每增加一美元的雇佣成本,就必须增加 1.59 美元的增加值。

ABC 制造公司 2001 年 7 月的经营情况是:增加值　　　　670000 美元
　　　　　　　　　　　　　　　　　　　　总雇佣成本　　625000 美元

根据 2001 年 7 月的数据,拉克比率是:670000/625000 = 1.07。

ABC 制造公司 2001 年 7 月的拉克比率小于根据历史数据得出的 1.59 的标准。如果要有奖金的话,2001 年 7 月的增加值必须大于标准量 1065300 美元(1.59 × 670000 美元)。但根据 2001 年 7 月的拉克比率(1.07),增加值只有 716900 美元。因此,ABC 制造公司的员工在 2001 年 7 月的绩效得不到利润分成奖金。

12.3.5 收益分享计划

收益分享计划是指在员工和企业之间按预定比例分享由于生产率提高或成本降低所带来的收益。由于生产率或成本的控制很难针对整个企业的经营来执行,因此收益分享计划通常是在一些具体的业务单位层次上实施。斯坎伦计划和拉克计划都是收益分享计划早期的标准化形式。收益分享计划实施的步骤通常如下。

(1)确定计划的总体目标,可能包括公司需要提高生产效率,增加班组工作量等。

(2)定义具体的绩效测量标准。这通常包括生产率测量标准,如单位产品所耗劳动力或所耗工时或所耗成本、每小时的资金流动量、每个全日制雇员的总成本。所用的财务测量标准可能包括税前利润、投资回报等。

(3) 确定基金规模测量标准,如"工资总额/销售总额"。这明确了计划参与者的资金分配额。

(4) 决定采用何种方法在员工内部分配收益额。典型的方法是平均分配,虽然有些计划也试图依据个人绩效分配收益额。

(5) 报酬的数量必须足以引起员工注意并对其行为有激励作用。一位专家建议为工资额的4%~5%,雇员完成目标的概率应有70%~80%。

(6) 确定报酬方式。通常采取现金形式,但偶尔也采用普通股票或现金延期支付的形式。

(7) 决定红利的发放周期。这取决于所采用的测量标准,多数标准倾向于每年发放一次,使用劳动生产率标准则倾向于每季度或每月发放一次。

(8) 建立员工支持或参与体制。这种体制一般包括决策参与、计划修订会议、建议制度、协调人员关系、解决问题小组、部门参与、培训方案、业务交流、内部审计和外部审计。

与利润分享计划相比,收益分享计划更多的是采取那些容易理解,被认为是公平的与经营管理目标之间存在紧密联系的绩效标准和衡量体系,而且更多的是实施现金的即期支付和较短的支付周期。

12.3.6 风险收益计划

风险收益计划,按字面含义就是把员工一定比例的基础工资置于一定的风险之上。它是运用共同经营、共担风险的管理哲学,将员工的薪资水平同组织的经营管理目标的实现程度进行挂钩,使员工在关心自己薪资的同时对企业的目标负责。例如,员工的基本薪资可以被设为市场薪资水平的90%,这就意味着员工其余10%的薪资由于不一定能够实现而具有了风险,如果员工想获得另外的10%的薪资甚至想获取更多的额外的收益,就必须将自己的行为与组织目标结合起来。风险薪资的比例并不是固定的,比例越高当然实现的风险也就越大,其激励程度也可能会越高。但是风险薪资的比例要适度,风险薪资过高会使员工认为实现薪资收益的可能性太小而采取消极行为或者离开组织,这是与计划的初衷相悖的,也是组织不愿意见到的。因此,风险激励计划既是一种激励机制,更是一种约束机制,是员工激励机制和约束机制的统一。

阅读案例 12-5
股权激励常用的 4 种模式

1. 股票期权——高科技公司

背景特点:某公司是一家在境外注册的从事网络通信产品研究、设计、生产、销售及服务的高科技企业,在注册时就预留了一定数量的股票计划用于股票期权激励。公司预计2006年在境外上市。目前公司处于发展时期,但面临着现金比较紧张的问题,公司能拿出的现金奖励很少,连续几个月没有发放奖金,公司面临人才流失的危机。在这样的背景下,经邦咨询为该公司设计了一套面向公司所有员工实施的股票期权计划。

主要内容如下:

(1) 授予对象。这次股票期权计划首次授权的对象为2003年6月30日前入职满一年的员工。

(2) 授予价格。首次授予期权的行权价格为 $0.01,被激励员工在行权时只是象征性出资。以后每年授予的价格参照每股资产净值确定。

(3) 授予数量。拟定股票期权发行最大限额为1460500股,首次发行730250股。期权的授予数额根据公司相关分配方案进行，每年可授予一次。首次授予数额不高于最大限额的50%；第二年授予数额不高于最大限额的30%；第三年授予数额不高于最大限额的20%。

（4）行权条件。员工获授期权满一年进入行权期，每年的行权许可比例是：第一年可行权授予总额的25%，以后每年最多可行权授予总额的25%。公司在上市前，暂不能变现出售股票，但员工可在公司股票拟上市而未上市期间保留或积累期权的行权额度，待公司股票上市之后，即可以变现出售。如果公司3年之后不上市，则要求变现的股票由公司按照行权时的出资额加上以银行贷款利率计算的利息回购。

案例分析如下。

（1）激励模式。这是一家典型的高科技企业，公司的成长性较好。最适合高科技企业的股权激励模式就是股票期权。由于该公司是在境外注册准备境外上市，没有国内上市公司实施股票期权计划存在的障碍，因此选择股票期权计划是很合适的。

（2）激励对象。对高科技企业而言，人才是根本，在其他条件相似的情况下，企业如果缺乏有效的激励和约束机制，就无法吸引和稳定高素质的人才，也就无法取得竞争优势，实现长期发展的目的。该公司员工90%以上具有大学本科以上学历，其中30%具有硕士以上学位。因此该方案以全体员工为激励对象是一个明智之举，它将公司的长远利益和员工的长远利益有机地结合在一起，有助于公司凝聚和吸引优秀的人才，建立公司长期发展的核心动力。

（3）激励作用。该方案的激励作用来自于公司境外上市后的股价升值和行权后不兑现的情况下持有公司股票享有的所有权利，激励力度比较大，但由于周期较长，对于更需要现金收入的员工来说这种方式就较难起到激励效果。

2. 员工持股——院所下属企业

背景特点：某科研院所下属企业于2000年由研究所出资成立，是一个以冶金及重型机械行业非标设备设计成套及技术贸易为主业的科技型企业，目前在编人员80%以上为具有中高级职称的工程技术人员。公司成立以来，国家没有实质性投入，只是投入品牌和少量资金；通过管理层与员工的不懈努力，公司资产飞速增值。为了解决公司员工的创业贡献与公司目前股权结构不相符合的问题，该公司决定进行股份制改造。该公司先请某机构设计了一份股份制改造方案。该方案依据资本存量改造的思路设计。由于该方案未能解决无形资产估价问题，被该公司的上级主管部门否决。该公司再邀请经邦重新设计股份制改造方案。经邦力求多赢，依据存量不动，增量改制的思路重新设计股份制改造方案。在新方案中，该公司的注册资本拟由原来50万元增加至人民币500万元；在增资扩股中引入员工持股计划，即其中40%的股份将通过实施员工持股计划由高管层和员工持有，另60%的股份仍由研究所持有。该方案已获上级主管部门批准，目前激励效果初步显现。

主要内容如下。

（1）授予对象，包括公司董事在内的所有在职员工。

（2）持股形式。员工持股计划拟在3年内完成，由公司担保从银行贷款给员工持股会，员工持股会用于购买本公司40%的股份后再分配给员工，其中的10%由员工直接出资购买，另外30%由日后每年公司分红归还本息。然后根据当年归还本息的数额按照员工的持股比例将股份再转给员工。

（3）授予数量。员工持股会的股份分配在全员范围内分3层次进行：第一层次为核心层（董事、总经理），占员工持股会持股总数的50%，其中最高20.44万，最低13.26万；第二层次为技术骨干层，占员工持股会持股总数30%，主要为工龄较长且具有高级职称者，包括重要部门的部门经理，其中最高9.75万，最低7.42万；第三层次为员工层，占员工持股会持股总数的20%，包括工龄较短或具有中级职称的部门经理、各部门业务员，其中最高4.48万，最低0.63万。

案例分析如下。

（1）激励模式。公司原先规模较小，且属国有研究所下属的科技型全资子公司，职工人数只有30人左右，且多数为中高级职称的技术人员，因此在增资扩股中引入员工持股计划比较适合。一方面可以解决增资扩股的部分资金来源，另一方面可以让员工分享公司的成长价值，未来公司的利润转化为员工的股份，有利于形成长期激励机制。

（2）激励作用。公司在职员工通过拥有公司股权参与企业利润的分享，有助于增强企业对员工的凝聚力,利于形成一种以"利益共享"为基础的企业文化,还有一定的福利作用,体现了国有资产控股公司的特征。

3. 干股＋实股＋期权——民营科技企业

背景特点:这是一家由3个自然人出资成立的网络信息技术公司,是华东地区著名的Internet应用平台提供商和基础网络应用服务商。公司发展迅速,年销售额增长率达到500%,公司在几年高速发展过程中,引进了大量的管理、技术优秀人才,也建立了一套工资、奖金收入分配体系。经邦咨询认为,为了适应公司的战略规划和发展,构建和巩固企业的核心团队,需要重新界定和确认企业的产权关系,本企业实施股权激励的目的不是单纯分配企业目前的财富,而是为了使公司创业者和核心骨干人员共享公司的成长收益,增强公司股权结构的包容性,使企业的核心团队更好地为企业发展出力,更具凝集力和效率。因此,经邦咨询为其设计了一套干股＋实股＋股份期权的多层次长期激励计划。

主要内容如下。

(1) 授予对象。高管层和管理、技术骨干共20位。

(2) 持股形式。第一部分,持股计划。在增资扩股中由高管层和管理、技术骨干自愿现金出资持股。第二部分,岗位干股计划。①岗位干股设置的目的是着重考虑被激励对象的历史贡献和现实业绩表现,只要在本计划所规定的岗位就有资格获得岗位干股。②岗位干股落实办法,岗位干股的分配依据所激励岗位的重要性和本人的业绩表现,岗位干股于每年年底公司业绩评定之后都进行重新调整和授予,作为名义上的股份记在各经理人员名上,目的是获得其分红收益。岗位干股的授予总额为当期资产净值的10%。第三部分,股份期权计划。①股份期权设置的目的是着重于公司的未来战略发展,实现关键人员的人力资本价值最大化。②股份期权的授予,从原股东目前资产净值中分出10%转让给被激励对象。依据每位经理人员的人力资本量化比例确定获受的股份期权数。如本计划开始实施时一次性授予,可假定为2004年1月1日。以一元一股将公司当期资产净值划分为若干股份,授予价格即为每股一元。行权时经理人员以每股一元的价格购买当时已增值的公司股份。

案例分析如下。

(1) 激励模式。这是一个处于高速成长期的民营企业,构建一个稳定的核心团队和留住员工最关键。多层次的股权激励方案设计,一方面通过自愿原则实现员工主动参与企业经营管理,分享公司的成长价值;另一方面通过岗位干股设置体现员工对公司的现实贡献;再通过股份期权设计反映公司的战略规划,构建长期稳定的核心团队,获受股份期权的人数最少,只是少数有发展潜力的公司核心人员。这种模式是一种开放的、动态的、既民主又体现公司意愿的设计。

(2) 激励作用。这个方案既通过干股设置实现了短期激励,又通过现金购股和股份期权实现了长期激励,体现了公司原股东的股权包容性和一种利益共享的企业文化,有较好的激励效果。

4. 业绩股票——上市公司

背景特点:这是一家综合类的上市公司,其业绩较为平稳,现金流量也较为充裕。正值公司对内部管理机制和行业及产品业务结构进行大刀阔斧的改革和重组创新,企业结构发生了较大的调整。为了保持业绩稳定和公司在核心人力资源方面的优势。经邦咨询考虑对公司高级管理人员和核心骨干员工实行业绩股票计划,既是对管理层为公司的贡献做出补偿,同时也有利于公司吸引和留住业务骨干,有利于公司管理制度的整体设计及与其他管理制度之间的协调和融合,降低制度安排和运行的成本。

计划内容如下。

(1) 授予对象。公司高级管理人员和核心骨干员工。

(2) 授予条件。根据年度业绩考核结果实施奖罚。考核合格,公司将提取年度净利润的2%作为对公司高管的激励基金,购买本公司的流通股票并锁定;达不到考核标准的要给予相应的处罚,并要求受罚人员以现金在6个月之内清偿处罚资金。

案例分析如下。

(1) 激励模式。这是一家综合类的上市公司,其业绩较为平稳,现金流量也较为充裕,因此比较适合实行业绩股票计划。

(2) 激励对象。该方案的激励对象包括公司高级管理人员和核心骨干员工,既是对管理层历史贡献的补偿,又能激励管理层为公司的长期发展及股东利益最大化而努力,有利于公司吸引和留住业务骨干,

第12章 激励管理艺术

保持公司在核心人力资源方面的优势。另外，这样的激励范围因为涉及人数不多，公司的激励成本能得到有效控制。因此激励范围比较合适。

（3）激励作用。该公司激励方案确定的激励力度为不大于当年净利润的2%，虽然公司的净利润基数较大，但分摊到每一个被激励对象后与实施业绩股票激励制度的上市公司总体比较是偏低的。如：公司某年度的净利润为1.334亿元，按规定可提取266.8万元的激励基金，激励对象如果按15人计算，平均每人所获长期激励仅为17.8万元。在该公司的主营业务以传统产品为主的时候，由于传统行业的企业对人才的竞争不像高科技企业那么激烈，因此，激励力度偏小对股权激励效果的影响不会太明显。但近年来，该公司已逐步向基础设施公用事业转移，并在原有产业中重点投资发展一些技术含量高、附加值高、市场潜力较大的高科技产品，实现产品的结构调整和高科技创新，而高科技企业对人才的争夺将会比传统企业激烈得多，此时的激励力度应随之调整。

另外，在该方案中，所有的激励基金都被要求转化为流通股，这可以强化长期激励效果，但同时短期激励就无法强化了。因此可以考虑将激励基金部分转化为股票，而部分作为现金奖励留给个人，这样就可以比较方便地调节短期激励和长期激励的力度，使综合的激励力度最大化。

（资料来源：中国企管网，http：//manage.china-qg.com/viewArticle.asp？ID=5634.）

 本章小结

激励管理本章是人力资源管理中不可或缺的环节。所谓员工激励，即在人力资源管理过程中，采用激励的方法，对员工的各种需要予以不同程度的满足或限制，以此引起他们心理状况的变化，达到激发动机、引导行为的目的，并使员工的每一种内在的动力，朝着所期望的组织目标做出持久努力，再通过正反两方面的强化，对行为加以控制和调节。激励的目的是调动人的积极性，使个人行为目标与组织行为目标相一致。激励有助于调动员工的积极性，形成员工流动机制，提高员工素质，促进良好的企业文化，留住并吸引优秀人才。

激励原则有期望行为原则、目标结合原则、物质激励与精神激励相结合原则、按需激励原则、公平公正原则、时效性原则、正激励与负激励相结合的原则等。

具体的激励计划分为个人激励计划与整体激励计划。个人激励计划中，本章分别讨论了生产工人、销售人员、专业人员和经理人员的激励计划。整体激励计划包括利润分享计划、员工持股计划、斯坎伦计划、拉克计划、收益分享计划和风险收益计划。

 关键术语

激励　员工激励　长期激励计划　短期激励计划　计件工资制　股票期权　员工持股计划　斯坎伦计划　拉克计划　个人激励计划　整体激励计划

综合练习

一、填空题

1. 心理学的研究表明，人的行为都是由（　　）决定和支配的，而动机则是在（　　）的基础上产生的。
2. 员工的激励计划总体上分为（　　）和（　　）。
3. 计件工资制是依据工人生产合格产品的数量或完成的工作量，以（　　）为标准，预先规定（　　）来计算劳动报酬的一种形式。
4. 斯坎伦比率 =（　　）/（　　）。
5. 年终分红是＿＿＿＿的主要方式，旨在激励中高层管理人员提高短期绩效。

二、判断题

1. 心理学的研究表明，人的行为都是由动机决定和支配的，而动机则是在需要的基础上产生的。（   ）
2. 激励就是尽量讨好员工。（   ）
3. 激励员工既要考虑成本，又要考虑利润。（   ）
4. 相对来说，长期激励比较适合管理人员，短期激励比较适合普通职员。（   ）
5. 职员需要的复杂性，决定着任何激励手段都是无用的。（   ）
6. 斯坎伦计划的特点是强调员工参与，组织更乐于将员工看成合伙人而不仅仅是完成组织交付任务的劳动工具。（   ）
7. 收益分享计划属于个人激励计划的一种形式。（   ）

三、简答题

1. 员工激励的含义和目的是什么？
2. 思考员工激励的过程。
3. 简述激励的作用体现在哪些方面？
4. 简述计件工资的优点和不足之处。
5. 激励应遵循哪些原则？
6. 试论述个人激励计划与整体激励计划的优、缺点。
7. 思考不同激励计划适用的环境和条件。

四、名词解释

激励　计件工资制　股票期权　员工持股计划　斯坎伦计划　拉克计划

案例分析

"海底捞"的管理智慧

在过去两年里，"海底捞"餐厅已经成为餐饮界的一个热点现象，吸引了众多媒体的关注。北大光华管理学院两位教授对"海底捞"进行了一年多的深入研究，甚至派人"卧底"当服务员，总结出"海底捞"的管理经验。中国的企业有很大一部分属于劳动密集型的中小企业，员工工时长、工作累、报酬低，劳资矛盾突出，经常为人诟病。本篇中国特稿却告诉人们，即使是在火锅这样技术含量不高的行业，一样可以创造出令人羡慕的高昂士气、充满激情的员工团队和出色的业绩。

1994年，还是四川拖拉机厂电焊工的张勇在家乡简阳支起了4张桌子，利用业余时间卖起了麻辣烫。14年过去，"海底捞"在全国6个省市开了30多家店，张勇成了6000多名员工的董事长。张勇认为，人是"海底捞"的生意基石。客人的需求五花八门，单用流程和制度培训出来的服务员最多能达到及格的水平。制度与流程对保证产品和服务质量的作用毋庸置疑，但同时也压抑了人性，因为它们忽视了员工最有价值的部位——大脑。让雇员严格遵守制度和流程，等于只雇了他的双手。

大脑在什么情况下才有创造力？心理学家的研究证明，当人用心的时候，大脑的创造力最强。于是，服务员都能像自己一样用心就变成张勇的基本经营理念。怎么才能让员工把"海底捞"当成家？答案很简单：把员工当成家里人。"海底捞"的员工住的都是正规住宅，有空调和暖气，可以免费上网，步行20分钟到工作地点。不仅如此，"海底捞"还雇人给员工宿舍打扫卫生，换洗被单。"海底捞"在四川简阳建了海底捞寄宿学校，为员工解决子女的教育问题。"海底捞"还想到了员工的父母，优秀员工的一部分奖金，每月由公司直接寄给在家乡的父母。

要让员工的大脑起作用，除了让他们把心放在工作上，还必须给他们权力。200万元以下的财务权都交给了各级经理,而"海底捞"的服务员都有免单权。不论什么原因,只要员工认为有必要,都可以给客人免费送一些菜,甚至免掉一餐的费用。聪明的管理者能让员工的大脑为他工作,当员工不仅仅是机械地执行上级的命令,他就是一个管理者了。按照这个定义,"海底捞"是一个由6000名管理者组成的公司。

人是群居动物,天生追求公平。"海底捞"知道,要让员工感到幸福,不仅要提供好的物质待遇,还要让人感觉公平。"海底捞"不仅让这些处在社会底层的员工得到了尊严,还给了他们希望。"海底捞"的几乎所有高管都是服务员出身,这些大孩子般的年轻人,独立管理着几百名员工,每年创造几千万营业额。没有管理才能的员工,通过任劳任怨的苦干也可以得到认可,普通员工如果做到功勋员工,工资收入只比店长差一点。

"海底捞"把培养合格员工的工作称为"造人"。张勇将造人视为"海底捞"发展战略的基石。"海底捞"对每个店长的考核,只有两个指标,一是客人的满意度,二是员工的工作积极性,同时要求每个店按照实际需要的110%配备员工,为扩张提供人员保障。"海底捞"这种以人为本、稳扎稳打的发展战略值得不少中国企业借鉴。

(资料来源:黄铁鹰,梁钧平,潘洋.哈佛《商业评论》2009年4月号.)

根据案例所提供的资料,试分析以下内容。
(1)"海底捞"使用了哪些激励手段?
(2)试用激励理论对"海底捞"的激励管理进行解释。

实际操作训练

课题12-1:员工个体激励计划

实训项目: 为不同类型的人员制订激励计划。

实训目的: 学习如何根据不同类型员工的特点制订激励计划。

实训内容: 针对不同类型的员工,根据企业所处的行业、发展阶段、战略目标等基本特点,依据所掌握的激励理论和实务知识,为员工制订个体激励计划。

实训要求: 全班同学划分为若干小组,每个组成员间进行分工,根据事先抽签决定的企业案例,搜集相关材料,分别为生产工人、销售人员、研发人员、企业高级管理人员制订相应的激励计划。

课题12-2:员工持股计划

实训项目: 制定员工持股方案。

实训目的: 学习如何设置员工持股计划,认识员工持股计划整体激励的特点。

实训内容: 选取目标企业,依据所掌握的激励理论和实务知识,为企业制定员工持股方案。

实训要求: 全班同学划分为若干小组,每个小组选择一家目标企业,收集相关材料,为目标企业制定员工持股方案。

第13章 团队管理艺术

教学目标

通过本章的学习，了解团队概述的基本内容，明确团队的培育过程，掌握团队管理的主要内容和方法。

教学要求

知识要点	能力要求	相关知识
团队概述	了解团队的基本范畴 了解团队的发展过程 了解团队的作用 了解团队的类型 理解团队精神	团队的概念、特点、构成要素 团队的发展阶段及内容 团队的作用 团队的基本类型及新发展 团队的精神
团队培育	管理人员明确团队培育的方法 管理人员明确团队培育的方案	团队培育的内容、作用 团队业务技能培训内容、培训方法、培训技术、培训效果强化 团队精神的培养
团队管理	管理人员掌握团队管理的内容及相关解决问题的方法、技术	团队激励的概念、方法 团队沟通的概念、技巧 团队冲突的概念、影响、解决方法 团队决策的概念、内容 团队绩效的概念、问题，确定测评维度的方法 团队领导的概念、方法

第 13 章 团队管理艺术

导入案例

TRW 公司劳伦斯分部的团队建设

TRW 是一家多样化的跨国生产企业,其销售额达到 55 亿美元。它的历史也很古老,可追溯到 1901 年成立的克利夫兰螺帽公司,当时总投资仅 2500 美元,员工只有 29 人。时至今日,通过兼并和多样化策略,公司已雇用了 88000 名职员,在全世界 17 个国家拥有 300 多个分部。

油井电缆分部就是其中之一,它隶属于 TRW 的工业和能源部,占了全企业净销售额的 7.2%。但是,最近 TRW 公司由于战略的考虑,把油井电缆分部迁移到了堪萨斯州的劳伦斯城。

当金诺·斯圣里波利受命运作劳伦斯的业务时,他发现可以借此机会组建新的管理体系。新的工厂、新的设备、几乎全新的员工,真是天赐良机,正好可以测试团队管理的价值。金诺向来支持团队管理,现在他有大好的机会能用实验检验他的想法。

在劳伦斯的工厂中共有 11 个团队,成员从 4~17 人不等。其中 5 个生产团队是按劳伦斯的作业过程组建的。每个团队每周要聚一次,或根据需要随时碰头,只有资源团队是个例外,每两周才聚一次。会议一般延续近两个小时,团队会议并没有什么正式的结构,但一般都按类似下面的程序操作。

(1) 规划工作时间和加班安排。
(2) 轮流讨论和各厂区委员会的报告(如安全和分红)。
(3) 各区域经理谈论有关废料、劳动效率和其他自上次会议以来的新信息。

团队所做的一些其他决议也显示了油井电缆分部各级管理部门的职能以及各层级之间的关系。例如,最高管理层负责制定分部的目的或目标,以及为各团队完成目标提供必需的原料。

区域经理是一种中介员,大多的团队会议他们都要出席,充当协调员并向各团队提供完成计划职能所需的信息。此外,他们还充作协作之用,每周聚会两次,讨论相互之间的困难和在每周团队会议上应提出的问题。

可以看到,团队实际上履行的是一种管理职能,他们所做的决策都是传统工厂管理层通常执行的典型职能。团队成员实质上是被赋予了各自工作领域的控制职能。

对于那些将影响全厂的决议,则专门成立一个工作组或分部委员会来制定,它由所有团队的代表组成。这些委员会包括安全、分红和福利等。

(资料来源:袁和平. 团队管理[M]. 深圳:海天出版社,2002:2-6.)

问题:
(1) 上述案例说明了团队建设一般分为哪几个阶段?
(2) 该案例给我们什么启示?

现代社会中,许多工作都是以团队为单位完成的,一个人无论多么出色,想要完成一项工作,都需要他人的帮助。建设一个优秀的、能够推动企业和个人获得成功的团队,远比个人的力量重要得多。

13.1 团队与团队管理概述

13.1.1 团队的基本范畴

1. 团队及团队管理

团队就是由致力于共同的宗旨和绩效目标的成员所组成的群体。通俗地说,团队是一个由一定数量成员组成的群体,成员有共同的目标,有共同处理事务与评估的方法,他们共同承担最终的结果和责任。

作为一支高效的团队,斯蒂芬·罗宾斯(Stephen P. Robbins,1994)认为它具有 8 个基本特征：明确的目标、相关的技能、相互之间的信任、共同的诺言、良好的沟通、谈判的技能、合适的领导、内部与外部的支持。

阅读案例 13-1

狼道：团队是核心竞争力的保障

当今社会充满了残酷的竞争，有时困境会让人陷入进退两难的境地：或者争强斗狠，勇往直前；或者忍气吞声，束手待毙。这两种选择其实就意味着选择做强者还是做弱者，意味着选择成功还是失败。这时候，狼的生活方式和行为规范就很值得我们学习和借鉴。

一是"狼性目标精神"，即在事业确定目标后，锲而不舍，不达目的决不罢休。

二是"狼野精神"，即突发野劲，主动出击，在事业的道路上奋力拼搏，决不消极等待，更不会任人宰割。

三是"狼残精神"，即对事业中的困难，毫不留情地排除掉。

四是"狼暴精神"，即在追求事业成功的过程中，对一切难关决不心慈手软，而是努力攻克它。

五是"狼纪精神"，即加强组织纪律性，为事业的成功奠定基础。为了协同作战，狼群有着严明的组织系统和分工，捕猎时，分工明确，步调一致。同时狼群又有严格的等级体系，级别低的狼必须无条件地服从高一级的狼，以保证行动统一，最终捕获到猎物。

六是"狼性，自我献身精神"，即对困难要勇于克服，对事业要无私奉献。在食不果腹的时候，为了种族的繁衍和兴旺，狼会在生命的最后时刻毫不吝惜地将自己的身躯奉献出去，拯救饥寒交迫的同伴。

七是"狼智精神"，即将智慧、策略充分运用到事业上，而不是用在歪门邪道上。狼聪慧机敏，具有极强的适应能力，它们善于利用伪装来保护自己，从而躲避天敌的侵害，可进可退，能屈能伸，闪转腾挪，游刃有余，所以它们才能在各种复杂险恶的环境中生存、繁衍甚至发展壮大。

八是"狼贪精神"，即对工作和事业孜孜不倦地追求，永不满足。

九是"狼性，团队精神"，即互助合作，配合协调，团结一致，从而夺取事业的胜利。狼的团结协作精神堪称一绝，大敌当前，狼们总能同仇敌忾。狼是群居动物中最有秩序、纪律的族群。狼性表现为自觉的合作意识、牢固的团队精神。

十是"狼锐精神"，即明察秋毫，有着敏锐的嗅觉和观察力，它们机警敏锐，善于捕捉目标，能眼观六路，耳听八方，任何风吹草动都难逃狼的"法眼"。

从狼的身上，我们可以学到许多处事待人的智慧、积极进取的谋略、自我保护的手段以及制服"对手"的方法，如果不想在激烈的生存竞争中被淘汰，不妨换上一双狼眼去看世界，用狼的积极、顽强的心态去面对社会，用狼的卓越智慧去搏击人生，这样才能百折不挠，无往不胜。

（资料来源：刘登阁，等．狼联盟：小团队打天下[M]．北京：中国水利水电出版社，2005：3-6．）

2. 团队的特点

团队的特点正是团队优于一般工作群体的所在。

（1）"机构"具有不确定性。如果把"团队"看作一种机构，则它的组建和撤销根据组织的实际情况可能发生变化，甚至随时变更。

（2）职责明确。团队对于其中的每个成员的工作职责划分得很明确，并且规定了信息的出口和入口，有严格的工作流程。

（3）没有等级区别。在团队之中没有等级制，也没有领导者或管理他人的人，只有"团队协调人"。这种协调人没有命令团队其他成员工作的权力，只是在团队内部发生冲突和团队对外交往时起调解人的作用。

（4）成员都具有决策权。团队中的成员要对自己的岗位负责，因而要拥有一定的决策权，还可以直接向组织的决策层反映意见。

(5) 信息沟通充分。在团队之中，信息沟通方向是平行的，而群体的信息沟通是依据组织的层级结构以"自下而上，自上而下"的垂直方向进行的。

(6) 有利于取得效益。组织的高层领导人需要直接处理的事情很少，因而能够把精力集中在对本组织重要问题的处理和重大决策上。可以说，团队的这种格局与现代组织的扁平化趋势是一致的，这就非常有利于组织取得效益。

3. 团队的构成要素

团队是由员工和管理层组成的一个共同体，它合理利用每一个成员的知识和技能协同工作、解决问题，达到共同的目标。团队的构成有几个重要的因素，管理学家把它们总结为"5个P"。

(1) 目标(Purpose)。每个团队应该有一个既定的目标，可以为团队成员导航。有了这样的共同目标团队就可以对团队成员产生强大的吸引力，从而增强团队的凝聚力，使团队的生产效率大大提高。

(2) 人员(People)。个人是构成团队的细胞，一般来说3个人以上就能够构成团队。团队目标是通过其成员来实现的，因此人员的选择是团队建设与管理中非常重要的部分。

阅读案例13-2

发挥团队中每个人的优势

一次，联想运动队和惠普运动队做攀岩比赛。惠普队强调的是齐心协力，注意安全，共同完成任务。联想队在一旁没有做太多的士气鼓动，而是一直在合计着什么。比赛开始了，惠普队在全过程中几处碰到险情，尽管大家齐心协力排除险情完成了任务，但因时间拉长最后输给了联想队。那么联想队在比赛前合计着什么呢？原来他们把队员个人的优势和劣势进行了精心的组合：第一个是动作机灵的小个子队员，第二个是一位高个子队员，女士和身体庞大的队员放在中间，垫后的当然是具有独立攀岩实力的队员。于是，他们几乎没有险情，迅速地完成了任务。

（资料来源：孙健敏. 团队管理[M]. 北京：企业管理出版社，2004：114-115.）

(3) 团队定位(Place)。团队的定位决定了团队在组织中所处的位置和所承担的功能。团队的定位包含两层意思：一是团队整体的定位；二是团队个体的定位。

(4) 职权(Power)。一个好的团队需要一个优秀的团队领袖。一般来说，团队越成熟，领导者所拥有的职权越小，在团队发展的初期阶段领导权则相对比较集中。团队的职权取决于两个方面：一是整个团队在组织中拥有什么样的决定权；二是组织的基本特征，如组织的规模、业务是什么等。

(5) 计划(Plan)。一个优秀的团队必须具有科学的团队计划，科学的团队计划是实现团队目标的根本保证。从团队的角度来看，计划包含两个含义：第一，目标最终的实现需要一系列具体的行动方案，可以把计划理解成目标的具体工作程序；第二，按计划进行可以保证团队的进展顺利，只有在计划的规范下，团队才会一步步地接近目标，从而最终实现目标。

13.1.2 团队的发展过程

团队发展过程从团队的创建和发展角度看，一般可以分为成立、震荡、规范化、高产和调整5个阶段。从"群体"向团队过渡的角度看，则可以分成群体、伪团队、潜在团队、真正团队和高效团队5个阶段，这种过渡伴随着绩效的跌落、恢复和提升。

1. 成立阶段

在团队的成立阶段要有团队创建人，要完成一系列的准备工作，要得到上层领导的支持。这一阶段首要考虑的问题是团队的定位。这包括：其一，创建者必须根据团队的任务、目标来思考创建一个什么样的团队，即团队的类型与功能；其二，本团队应该控制在多少人的规模；其三，本团队应该包含哪些必需的技术人才、管理人才等，各自的角色是什么。这一阶段结束时，团队的每个成员都应该清楚本团队能够达到的组织愿景。

团队创建人必须花很多时间和精力来带动自己的团队。首先，创建人必须明确团队的目标、分配每天的任务、进行生产流程的监控以及假期安排等，还要更多地介入公司的预算方案等。其次，要把具体的目标和任务告知每个团队成员，促进团队成员之间的信任和合作，让成员共同构建团队目标。进而鼓舞团队成员的士气，培养他们的团队精神。

2. 震荡阶段

团队在经过了形成阶段后，原先的新鲜感和冲动感逐渐消失，成员们彼此的性格特征和行为风格的差异会逐渐暴露出来，冲突也在产生。这就需要学习如何协作和沟通，需要在工作任务方面进行磨合，这时团队运作进入震荡阶段。

震荡阶段可能有以下表现：①成员们的期望与现实产生脱节，隐藏的问题逐渐暴露；②成员有挫折感和焦虑感，对目标能否完成失去信心；③团队中人际关系紧张，冲突加剧；④对领导者不满，尤其是当出现问题时，个别成员甚至会挑战领导者；⑤组织的生产力持续遭受打击。

团队的管理者应采取办法帮助成员顺利渡过震荡阶段。首先是安抚人心，这是最重要的措施。管理者要认识并能够处理冲突，不能以权压人；管理者还应当鼓励团队成员对有争议的问题发表自己的看法，积极进行有效的沟通。其次是准备建立工作规范，领导要以身作则。最后是调整领导角色，适度对团队授权，鼓励团队成员参与决策。

3. 规范阶段

经过了震荡阶段，团队开始逐步走向稳定和成熟，沟通之门打开，相互之间的信任加强，团体内部成员的人际关系由分散、矛盾逐步走向凝聚、合作。团队成员开始关心团队的共同发展问题，开始建立工作规范和流程，团队的工作特色逐渐形成，成员的工作技能也有所提升。

这一阶段也成为组织建立团队文化最有利的时机。团队文化建设的内容是培养成员互助合作、敬业奉献的精神，增强对团队的归属感和凝聚力，促进团队共同价值观的形成，鼓励团队成员为共同承诺的团队目标尽责。这一阶段的最大问题是团队成员担心发生冲突、担心得罪他人而不提问题、不谈正面的建议。

4. 高产阶段

"高产"是组织的目的，也是建立团队的初衷。团队接受和完成好一项任务，才能充分体现出团队的绩效效果，也才能对团队成员的合作状态进行检验。

团队在高产阶段的表现如下：①团队成员具备一定的决策权，自由分享组织的信息；②团队成员信心增强，具备多种技能，协力解决各种问题；③组织和团队用民主的、全通道的方式进行平等沟通，化解冲突，分配资源；④团队成员有成就事业的高峰体验，有完成任务时的使命感和荣誉感。

在此阶段，团队领导应该进行以下工作：①思考和推动变革，更新业务流程与工作方法；②给团队成员下达具有挑战性的目标，鼓励和推动员工的成长；③监控工作的进展，通过承诺而非管制达到更佳的效果；④肯定团队的整体成就，并承认个人的贡献。

5. 调整阶段

随着工作任务的完成，很多团队会进入调整阶段，这个调整有时就是中止。在此阶段，大部分任务型团队会解散。有的团队会继续工作，但往往休整一段时间，或许会发展新成员。

皮尔尼克（Pilnick，1965）提出，在团队的调整阶段，应当对团队活动的规范进行分析以总结经验。首先，要明确团队已经形成的规范，尤其是那些起消极作用的规范；其次，制定"规范剖面图"，掌握与规范有差距的内容；最后，优化团队规范。要经过充分的民主讨论，制定系统的改革方案，实施改革措施，并跟踪评价和做必要的调整。

13.1.3 团队的作用

在20世纪80年代，团队（Team）刚刚被一些公司引入管理过程。现在，"团队"一词已经非常盛行，在许多著名的、出色的企业中，团队都是其主要的组织结构和管理方式。团队在当今企业界如此盛行，原因在于它在组织的经营管理活动中具有以下的基本作用。

1. 充分利用资源

当某种工作任务需要多种技能和经验时，显然由成员各有特色并集思广益的团队来做，通常会比个人干得要好，因为团队有助于组织更好地利用雇员的才能。而且，在复杂多变的环境中，团队比传统的部门结构更灵活，反应更迅速，它快速地组合、重组、解散，这也可以大大提高组织资源的利用率。

2. 强化组织氛围

当组织员工只关心个人的工作目标时，他们往往会与其他同事发生摩擦，这种摩擦不仅造成团队的损失，还会造成员工之间的不愉快。团队成员能够为了整个团队的共同目标而奋斗，他们会为了实现团队的目标而主动地谋求合作，合作带来的结果是既减少了冲突，又创造了良好的局部工作氛围和良好的组织总体氛围。

3. 完善组织结构

团队组织有利于改善组织的沟通状况，使团队成员加强交流，这有利于弥补组织的一些缺陷。而且，团队及其成员有对整体组织的共同承诺，鼓励个体把个人目标升华为团队和组织的目标，共同为组织的目标而努力，强化整体组织的结构和战斗力。

4. 产生内在动力

实行团队体制能够达到促进团队成员的工作高度参与和自主决策的激励功效，给团队成员以巨大的工作动力。在团队中有很强的民主气氛，团队成员能够提高工作参与度，使工作满足自身的心理需求。团队还能对团队成员中的懈怠者产生一定的组织压力，敦促他们努力工作。团队工作可以增加团队成员之间的友情，有利于满足团队成员的归属需要，提高团队成员的积极性。

5. 促进效益提高

团队这种形式有产生正向协同作用的功能，它可以大大提高局部组织的生产率和整体的经济效益。当工作任务和日常决策权交给团队后，团队可以自动运转起来，管理层就能够摆脱日常事务管理而去思考和处理更重要的问题。同时,将决策权下放给团队,团队就能够根据环境的变化灵活处理问题,有利于组织的目标和决策较好地实现,从而达到提高效益的目的。

6. 增强组织灵活性

市场环境的新变化是组织普遍采用团队形式的主要原因,团队工作以灵捷和柔性为其竞争战略,给予团队成员必要的团队工作技能训练,团队的共同价值取向和文化氛围使组织能更好地应付外部环境的变化和适应组织内部的改革、重组。

7. 强烈的动机激励

工作团队由传统的科层组织中的被动接受命令转变为拥有独立的决策权,使团队成员拥有一个更大的活动天地,享有宽松、自主的环境,极大地激励了团队成员的工作积极性和创造性。在团队生产条件下,由于最终产出是一个共同努力的结果,因此,团队的气氛会给那些因存在"免费搭便车"(Free Rider)企图而产生偷懒动机的参加者施加压力,迫使他们为团队的绩效、荣誉而努力工作。

8. 增强凝聚力

每个团队都有特定的团队任务和事业目标,团队鼓励每个参与者把个人目标融入和升华为集体团队的目标,这就使企业文化建设中的核心问题——共同价值观体系的建立,变成可操作性极强的管理问题。同时,团队的工作形式要求其参加者只有默契地配合才能很好地完成工作任务,促使他们在工作中有更多的沟通和理解,共同应付工作和生活压力。

9. 充分体现人本管理

团队鼓励其成员一专多能,并对团队成员进行工作扩大化训练,要求团队成员积极参与组织决策。由于团队工作形式培养了团队成员的技术能力、决策和人际关系处理能力,使团队成员从机器的附属中解放出来,所以,团队充分体现了以人为本的管理思想。

10. 改善了组织决策

团队工作模式以计算机网络、信息处理软件为技术支撑,团队之间的协调和联系通过总线上的共享信息实现。通过建立企业内联网 Intranet 和企业外部网 Extranet 实现信息的共享和集成,消除了传统组织结构(如宝塔式的科层结构)中由于层层传递所造成的信息失真和延误,提高了信息传递的质量和速度。

13.1.4　团队类型

1. 团队的基本类型

斯蒂芬·罗宾斯根据团队成员的来源、拥有自主权的大小以及团队存在目的的不同,将团队分为3种类型:一是问题解决型团队(Problem Solving Team);二是自我管理型团队(Self Managed Team);三是多功能型团队(Crossfunctional Team)。

1)问题解决型团队

在团队出现的早期,大多数团队属于问题解决型团队,就是由同一个部门的若干名员工临时聚集在一起而组成的。他们每周碰头,一起讨论如何提高产品质量、提高生产效率、改善工作环境、改进工作程序和工作方法,互相交换看法或提出建议。但是,这些团队没有对自己形成的意见、建议单方面采取行动的决策权。问题解决型团队应用最广的方式是"质量圈"或"全面质量管理小组"。

2）自我管理型团队

问题解决型团队的员工在参与决策方面缺乏权利、功能不足。弥补这种欠缺的结果是建立独立自主地解决问题、对工作的结果承担全部责任的团队，即自我管理型团队。自我管理型团队的人数通常为10～15人，他们承担了一些原本是上级所承担的责任。一般来说，他们的责任范围包括控制工作的节奏、决定工作任务的分配等。这种自我管理型团队甚至可以自由组合，并让成员相互进行绩效评估，而使主管人员的重要性相应下降，甚至可能被取消。

3）多功能型团队

多功能型团队是团队形式的进一步发展。这种团队通常由来自于同一等级、不同工作领域、跨越横向部门界线的员工组成，他们聚集在一起的目的就是完成一项特定的任务。可以说，盛行于今的项目管理与多功能团队有着内在的联系。

阅读案例13-3

索尼公司的团队

索尼公司在成立时并没有公司歌，但却有"索尼精神"的有关守则。

索尼精神首先强调索尼公司是开拓先锋，从不模仿他人，索尼的目标是为全球服务，索尼的宗旨是永远向未知的领域进军。虽然"先锋的路崎岖而艰苦，但是索尼人会永远亲密和谐地团结在一起，因为参与创造发明是一种享受，贡献个人的聪明才智达到预定的目标，更加光荣。索尼公司尊重并鼓励个人才智的发挥，主张人人因才施用，相信个人，发展综合或单项能力，将潜能发挥到极致，这就是索尼最伟大的合力"。

索尼精神的根本还是在于"人"。只有管理好"人"、利用好"人"、教育好"人"、培训好"人"，才可能团结一致、精诚合作，朝人所未至的未知领域开拓并取得满意的成功。盛田昭夫也多次强调"人是一切活动之本"，他观察周围的日本企业或公司，像索尼公司这样重视"人"的企业寥寥无几。

依赖于"人"的合力，先锋霸主索尼公司屡战屡胜，一步一个脚印，在高科技优新产品的开发上，把同行对手一次又一次地甩在后面。这都归结于对"人"的管理的成功，无论是领导人、经理人、技术开发人、销售广告人、制造生产人，都能自觉地挖掘人的最大潜力，尽最大努力和同事一起拧成一根绳，将索尼公司一步步拉向更高的位置。

正因为有这么一支(越来越大的)心力合一的队伍，有这么一批潜心钻研、追求事业的队伍，有这么一支边学边干、边干边学、开拓他乡异国销售事业的队伍，有这么一群固守岗位、自觉负责、维护生产的队伍，盛田昭夫才敢一次又一次地充当世界先锋：在无人之境留下索尼的脚印，在最新技术产品上再加高一层，在世界视听产品空白纸上再多添一笔。了解索尼公司对于"人"的管理，也就明白索尼公司为什么敢担风险、愿担风险，之后又会摆脱风险、置之死地而后生、化险为夷地把公司如雪球般越滚越大。

因此，很多时候索尼公司这个世界"先锋霸主"都是有恃无恐的。

(资料来源：姚裕群，孔冬. 团队管理[M]. 长沙：湖南师范大学出版社，2007：16.)

2. 团队类型的新发展

随着团队管理在现代管理中的作用日益突出，团队类型出现了一些新的发展，主要表现为如下4点。

1）跨部门与跨组织团队

跨部门团队是消除部门分割、实现提高企业内部业务流程效率的组织变革的结果；而跨组织团队则是对传统组织界限的超越，是对企业外部流程或者说市场的重组。

真正的跨组织团队指的是组织之间以团结合作、合力创造价值的方法而建立的伙伴关系。跨组织团队基于合作而形成的伙伴关系是对传统交易关系的超越。

跨部门（组织）团队是和现代企业管理的企业再造理论联系在一起的。随着现代企业内部组织形式逐渐向团队形式的过渡，随着各种团队的结构和功能的不断调整和团队不断向开放性、灵活性和虚拟性发展，团队已经不再限于某种单独的功能，这时，跨部门（组织）团队就成为团队发展的主流。

2）学习型团队

美国麻省理工学院的彼得·圣吉教授认为，传统组织以个人为基础、各自为战，而在新型环境下，大家必须从整体上考虑问题，共同合作，以团队的形式参与竞争。"20世纪90年代最成功的企业将是'学习型组织'，因为未来唯一持久的优势是有能力比竞争对手学习得更快。"为了培养这种学习型组织，彼得·圣吉提出了5项修炼内容：自我超越、心智模式、共同愿景、团体学习、系统思考。其中，系统思考是5项修炼的核心。通过5项修炼，培养团队的学习气氛，进而形成一种符合人性的、有机的扁平化的团队——学习型团队。

学习型团队文化以其独特的内容区别于其他类型的团队文化，主要表现为共同愿景、畅通的信息渠道、群体互动式的学习方式、知识共享的氛围、有效的激励机制等。

3）虚拟团队

随着全球经济一体化进程的加快和先进的多媒体网络、信息通信技术的普遍应用，一种新型的团队工作模式应运而生，这就是虚拟团队。虚拟团队运作的基础是跨部门团队和跨组织团队。

所谓虚拟团队，是指一种以虚拟组织形式出现的新型工作组织模式，是一些人由于具有共同的理想、目标或利益结合在一起所组成的团队。从广义上说，虚拟团队早已应用在真实的团队建设世界里。虚拟团队只通过电话、网络、传真或可视图文来沟通、协调，甚至共同讨论、交换文档，便可以分工完成一份事先拟定好的工作。换句话说，虚拟团队就是在虚拟的工作环境下，由进行实际工作的真实的团队人员组成，并在虚拟组织的各成员相互协作下提供更好的产品和服务。

4）跨文化团队

在现实的管理活动中，不少团队的领导者都会面对如何搞好多元文化团队管理的难题和挑战。除了要有兼容不同文化的思想观念外，领导者还必须在组织方面对来自不同文化的团队成员采取行之有效的办法。具体方法有：①了解并展示文化差异；②了解成员对团队的认识；③关注团队内部的发展；④协助跨文化团队建立自己的价值观。

13.1.5 团队精神

所谓团队精神，是指团队整体的价值观、信念和奋斗意识，它是团队成员们为了团队的利益和目标而相互协作，尽力完成的思想意识。这种团队意识反映在团队成员的工作作风上，反映在团队的凝聚力、集团的士气、成员之间的高度相互信任感和为团队目标而合作的意识上。

团队精神的内容包括以下3个部分，它们又可以划分为3个层次。

1. 团队的凝聚力

团队凝聚力又称内聚力，指团队成员固守在团队之内的全部力量，它既包括成员对团队的向心力,还包括团队对其成员的吸引力,也包括成员之间的相互作用、相互信任的力量。

2. 团队成员的合作意识

合作意识是团队成员们在团队与成员个体之间关系上表现为协作性和共为一体的思想特征。良好的合作意识与行动是团队取得高绩效的基础,没有很好的合作就没有团队良好的业绩。

3. 团队成员的高昂士气

"士气"一词原是一种军事用语,用以表示作战时的团队精神,就是团队成员对团队或者组织感到满意,乐于成为该团队的一员,并协助达成团队目标的一种态度。

团队精神的形成基础是尊重个人的兴趣和成就。团队精神的培养应该从以下几方面入手。

(1)科学确立团队目标,并使之在团队内充分渗透。
(2)建立团队价值观,培养良好的团队气氛。
(3)强化团队领袖行为。
(4)建立规范的管理制度和激励机制。
(5)借助企业文化塑造团队精神。
(6)营造相互信任的组织氛围。

13.2 团队培育与培训

为了使组织能够灵活、快速地应变,不断满足市场的需要,这就要求团队成员具有分析和解决团队工作问题的技能和专长,灵活善变,迅速适应工作转换,卓有成效地在团队中工作。这就凸显出团队培育在团队管理中的重要性。

13.2.1 团队培育的内容与作用

在竞争日益激烈的今天,要不断提高团队的技能和应变能力,以面对不断出现的挑战,就有必要对团队进行培育,提高团队各个方面的能力,只有提高团队的综合能力,才能从根本上提高团队绩效。

1. 团队培育的内容

对于一般的团队成员而言,其培育内容主要有如下3点。

1)团队精神的培养

团队精神是团队共有的价值观、信念和习惯体系,是团队发展过程中应遵循的工作方式、思维习惯和行为准则。团队精神的培养包括沟通、团队精神的养成和塑造良好的团队价值观,即加强组织成员之间的沟通,提高团队成员的团队意识,向团队成员灌输团队价值观,统一整个团队的思想。这是团队培育的首要内容。

2)团队业务技能的培训

团队业务技能的培训是团队培育最大量的内容,其特点是内容具有针对性。这种培训一方面能使新成员或现有员工学习和掌握本职工作所必需的专业技术技能;另一方面也能让团队成员对其同伴的知识、技能、专业术语等有足够的理解,以利于成员之间的相互了解,进而能默契配合。

3)其他内容

此外,团队培育还应包括培养解决问题的技能、沟通技能等。

2. 团队培育的作用

团队培育已成为培养团队成员技能和能力、鼓舞士气以达到团队目标的重要手段。总的来说,团队培育的作用体现在以下方面。

1) 顺利达成团队目标

团队具体的目标通常是指达到两个"满意":顾客满意、组织满意。这里主要阐述"组织满意"。

2) 达到个体与组织的双赢

任何对团队业绩关注的领导者都会想方设法地确保每个团队成员得到恰当的训练,因为"拥有专业精湛的技能才能达到团队的目标"。

实际上,团队成员受训后的能力提升和个人成长对团队绩效和管理者来说皆是一种合作共赢的结局。在团队中,只有鼓励成员发展个性、激发潜能,才能使组织具有永久的活力,每位成员都应通过发挥特有的才能和力量来肩负起对团队应尽的责任,通过表现个体的独特性以及尊重、鼓励其他团队成员的自我表现,整个团队会变得强大而令人敬畏。

3) 促进团队和组织的发展

成员是团队和组织的基本组成单位,组织的领导者应当创造一个有利于团队成员成长的环境。因此可以说,塑造优秀的团队成员就是塑造优秀的团队和优秀的组织。

13.2.2　团队精神的培养

团队精神的培养,具体可以从 5 方面入手。

1) 团队凝聚力的提升

在组建团队时,团队领导要明确表明个人参与的重要性,将个人的利益和团队目标联系起来,使团队目标更有吸引力和号召力,使团队成员之间的合作性也更强。

2) 团队互助协同精神的培养

团队的领导要倡导团队相互合作,鼓励团队成员之间相互支持,消除不必要的工作界限,避免团队成员热衷于竞争而嫉妒其他成员的业绩。

3) 团队信心的树立

团队的领导要与成员分享成功的愿景,对既定目标展示信心。要让团队成员清楚地知道管理者支持团队的决策程序和一致决议,并让团队相信一定会实现自己的目标。同时,要为失败做好准备。

4) 团队士气的提升

在培养团队士气时,团队领导首先必须使自己具有很高的士气和高度的主动性,尽可能地积极向上。

5) 团队价值观标准的确立

团队价值观标准的确立可以从团队成员的价值观入手,询问每一个团队成员心目中什么最重要,然后把答案记录下来,再与大家一起进行讨论。

13.2.3　团队业务技能的培训

1. 团队业务技能的培训步骤

团队业务技能的培训分为 4 个步骤。

1) 确定培训需求

从一般角度看，培训需求可以分为以下3个层次。

(1) 组织层面的需求，即组织根据自身的发展规划和组织的生产经营任务调整(如增加生产线)所提出的培训活动需要。

(2) 职位层面的需求，即基层劳动单位(生产小组)在分派工作任务、安排操作人员从事生产经营活动时所需要的培训活动。

(3) 个体层面的需求，即组织对员工个体素质提高的培训要求(好的如晋级培训，差的如一般技术水平培训)和员工个人对提高工作技能和职业生涯发展的培训要求。

2) 制订培训计划

培训规划有5个方面的内容。

(1) 明确培训内容。培训计划首先要明确培训内容。培训的内容包括专业知识与业务技能培训、组织的价值观、团队观念、团队沟通技能、团队工作方法等。培训内容要落实到培训目标上。培训目标应当力求具体，要能够观察、可以衡量，能够成为组织安排培训工作、评估培训效果的依据。

(2) 确定培训对象。培训对象有纵向或横向的划分。纵向可以按级别分，如三级岗位、二级技工等；横向可以按类别、岗系分，如营销类别人员、技术岗系人员等。同样的培训目标在不同的培训对象身上会有不同的方案。

(3) 确定时间、地点。培训的时间可根据培训的目的、场所、师资和培训对象的素质水平、上班时间等因素来确定。新员工可实施1周至10天，甚至1~2个月的岗前培训。一般员工则可根据培训对象的能力、经验来确定培训期限。培训场所要根据培训内容与手段的需要而定。一般可分为本单位内部培训基地与外部培训机构，如拓展学校。培训场所应当提供团队训练必要的设备。

(4) 安排师资队伍。从事培训工作的师资包括本组织自有的师资和从外部聘请的培训师两类。培训要高质量，必须依靠一支实力雄厚的师资队伍。本组织的师资有多种来源，包括团队领导、组织高层和人力资源人员，尤其是培训专家、资深员工等。团队培训对于师资的要求是具有精深的专业知识和丰富的实战经验，具备卓越的训练技巧和对培训工作的执着和敬业精神。

(5) 选择教材教法。要根据不同的培训内容和培训对象等来选定不同的课程、教材和培训方法。培训教学方法形式颇多，从一般的角度看，培训可以分为在职培训、脱产培训等。拓展性训练是塑造个体素质和打造团队精神的重要方法。

3) 进行团队培训

团队培训活动的实施是把培训计划付诸实现的过程，它是达到预期培训目标的基本途径。

(1) 前期准备工作。在新的培训项目即将实施之前做好各方面的准备工作，是培训成功实施的关键。准备工作包括培训后勤准备；教材的准备；确认培训讲师；确认时间、地点并通知参加培训的学员。

(2) 培训实施阶段。做好培训上课前的措施；做好培训设备器材的维护；收集培训相关资料，比较现行培训活动与培训目标之间的差距；对培训计划进行检查、发现偏差以及培训计划纠偏。

4) 培训效果评估

培训的效果或效益可以从以下4个方面进行衡量。

（1）反应，即评价受训者对培训计划与课程学习的反应：他们是否喜欢这个培训计划，他们认为这些课程和内容是否有价值。

（2）知识，即对受训者进行测试，判定他们是否学到了计划应当学到的原理、技能和理念。

（3）行为，即了解完成这个培训计划后，受训者在工作行为上是否发生了改进。

（4）成果。工作绩效作为培训的最终成果，是培训效果评估最重要的内容之一。

2．团队业务技能培训方法

团队培训大多是以在职的方式进行的，但是有些技能的培训相当复杂，在这种情况下，培训就需要在工作场地以外进行。在工作场地以外进行培训的方法主要有以下8种。

1）讲授法

讲授法是一种迅速、简捷地同时向许多受训人传授知识的方式。这种方式可以用于对团队成员进行一般知识与工作技能的培训，也能用于观念和团队精神的灌输式培养。

2）会议法

会议法是一种讲授者与受训人员之间双向沟通的培训方法。它使受训人有表达意见以及交换思想、知识、经验的机会，也容易了解受训人对所讲内容的了解程度。该方法可以形成很好的团队学习氛围。

3）小组讨论法

小组讨论法是将受训人分成若干小组，每个小组出一名组长具体负责该小组的讨论、讲座资料或实例由讲授人员提供。采用此方法进行培训能够集思广益地解决问题，也容易使团队的凝聚力大大增强。

4）角色扮演法

角色扮演法是让受训人扮演工作角色，由扮演者演示团队工作中的所有步骤，并对其进行评价。

5）行动学习法

行动学习法是一种让受训者将全部时间用于分析、解析其他部门而非本部门问题的学习型培训方法。该方法把受训者4~5人分成一个小组，定期开会，就研究进展和结果进行讨论。

6）案例研究法

案例研究法是选择有关案例，并书面说明各种情况或问题，要求受训人根据工作经验以及所学的知识，研究如何解决和处理的方法。这种形式的培训实际上是凝聚大家的智慧，在团队培训中无疑有着提高业务素质和增进团队精神的双重功效。

7）游戏活动法

游戏活动法是制定明确的游戏规则并设定比赛结果的培训办法。这种培训方法因其参与性比较强、培训气氛好，近年来被人们在团队培训中广泛使用。

8）敏感性训练法

敏感性训练法（Sensitivity Training，ST），又称T小组法。敏感性训练要求学员在小组中就参加者的个人情感、态度及行为进行坦率、公正的讨论，相互交流对各自行为的看法，并说明其引起的情绪反应。

3．团队业务技能培训技术

常用的培训技术有以下7种。

1）指导培训技术

工作指导培训（Job Instruction）方法应用广泛，即"师傅带徒弟"的方式。该方法适用于基层生产人员或各级管理人员的培训，也是一个团队中有经验的团队成员对其他成员进行的培训。

2）共同学习技术

团队培训的一些方法是团队成员们一起学习，大家的言语、行为成为教学培训的主要部分。

3）讲演技术

从一般意义上讲，对培训教师来说，要搞好讲课和讲授，不仅需要有新的、实用的内容，而且必须具有较好的讲演技术，以使听课者能够关注学习、对内容有较好的记忆和进一步产生与讲课者互动的激情。

4）视听技术

运用电影、闭路电视、VCD、录像机等视听设备进行培训是重要的技术手段，它们可以产生良好的效果，在团队的多种培训中都可得到应用。

5）远距离培训

目前，一些组织也在尝试进行远距离的培训。通过电视接收台，培训教师在中心地点可以对许多边远地区的雇员进行培训。

6）程序化教学

程序化教学（Programmed Learning）指传授工作技能的系统方法，包括提出疑问或事实，让学习者回答，对回答及时给予反馈等。

7）新雇员培训或模拟培训

新雇员培训或模拟培训（Vestibule or Simulated Training）是以脱产的方式让受训者用其在工作中将要使用的设备或模拟设备学习的一种培训方式。

4. 团队业务技能培训效果的强化

有效的培训应当在培训之后及时加以巩固，以确保成员完全掌握所学内容。

1）及时召开总结会

在培训结束几周后一定要召开总结会，以确保团队成员已经理解并应用了所学的内容。

2）培养积极的心态

要注重培养团队成员以非常积极的态度对待培训。

3）分配更多的任务

一旦通过培训教会了某个成员新的技能，就要给他机会来使用。不仅如此，培训主持者还应当让团队成员认识到，使用他们所学的技能或知识是非常重要的。

13.3 团队领导与沟通

13.3.1 团队领导

1. 激励

激励一词源自英文单词 Motivation，本意是指一个有机体追求某种既定目标的意愿程度。它有激发动机、鼓励行为、形成动力的含义,也就是人们常说的调动积极性。

从组织的角度看,激励是指通过高水平的努力实现组织目标的一种手段,而这种努力是以能够满足个体的某些需要为条件的。因此,在激励过程中起作用的关键因素有个人的需要、个人的努力和组织目标3个方面,这就成为人力资源管理的重要内容,也构成人力资源开发与管理操作系统体系的一个重要部分。管理者可以用多种激励因素来满足员工的多样化需要,从而激发团队成员的工作动机。本书第3章和第12章对激励理论和激励艺术进行过详细阐述,在此仅简要介绍几种团队激励的常用方法。

1)竞争激励

竞争激励强调的是"促进"发展取向的,而不是"优胜劣汰"的思维,对于落后或后进者应当通过合作给予"帮助"。竞争激励的主要方式有优秀员工榜、竞赛、职位竞选等。

2)个体薪酬激励

人是"经济动物",对人的奖励有时要比竞争或压力更能影响人的行为,使激励的效果更强。通过个体奖酬来进行的激励通常有加薪、公司股份与期权、休假与旅游、津贴和福利、游戏、奖品奖励等其他形式。

3)团队薪酬激励

薪酬不仅能够满足团队成员的生活需要,还能传递组织战略和团队方向等信息,引导成员按照团队目标的要求行事,同时它也是表彰团队成员贡献、使个人价值得以体现的较佳方式,还是培植团队合作环境的关键因素。在团队体制下,成员的薪酬一般包括基薪、激励工资以及非货币报酬。

4)事业激励

事业激励的主要方式有工作激励、荣誉激励、晋升与增加责任。

5)愿景激励

团队管理中,对成员个人发展愿景的激励往往是最好的激励方式,主要有职业发展、培训与学习机会等方式。

2. 决策

所谓团队决策,是指团队成员共同针对需要解决的特定问题,制定明确的目标并运用科学的理论和方法,系统地分析主、客观因素,提出两种以上的可行方案,并从中选择一个合理方案的分析判断过程。其实质是团队成员共同对问题进行分析、探讨、争论和沟通,最终消除分歧达成共识的过程。

阅读案例13-4

两个人的智慧胜一人

在北美的一些国家,法律体系的一个基础信念是:两个人的智慧胜一人。在这些国家中,陪审团制度表现得最为明显,组织中的许多决策,尤其是对组织的活动和人事有极大影响的重要决策,都是由团队制定的,很多组织都采用了像委员会、工作组这样的内部组织来进行决策。团队决策已成为现代决策的主要方式之一。原则上讲,团队决策特征覆盖了个体决策的特征,但由于团队之间的个体差别和冲突,团队决策比个体决策更为复杂。

(资料来源:李跃年.体育行为学[M].哈尔滨:哈尔滨工业大学出版社,2004:173.)

根据团队决策解决问题的性质和内容可以对团队决策进行分类。按照决策的重要程度，团队决策可以分为战略决策、战术决策和业务决策；按照决策的重复程度，团队决策可以分为程序化决策和非程序化决策；按照决策的可靠程度，团队决策可以分为确定型决策、风险型决策和不确定型决策。

团队决策是一项非常复杂的管理工作，团队领导者要做出正确的决策，必须遵循正确的决策程序。一般来说，团队的决策程序应包括：①决策准备；②拟订备选方案；③评价备选方案；④做出决策；⑤执行决策。

3. 绩效

团队绩效是团队及其成员工作成果的体现。绩效测评是组织团队绩效管理活动之中最重要的环节之一，通过绩效测评能够使管理者及时、准确地把握员工和团队的真实绩效，为下一步绩效的改进与提高制定正确的决策与计划提供依据。

一般来说，出于"绩效"角度的团队绩效定义主要包括以下3个方面的内容：①团队的工作成果(数量或质量、速度、顾客满意度等)；②团队成员的工作成果；③团队未来工作能力的改善。

所谓团队绩效管理，是指在团队总体层面进行的绩效管理，当然这种绩效的内容和结果都离不开对其中每一个成员的绩效管理。一般认为，团队绩效管理包括4个步骤：团队绩效计划、团队绩效辅导、团队绩效测评和团队绩效报酬。这4个步骤依次连接形成一个闭环。

随着团队这种组织方式的普及，团队绩效测评越来越引起企业的关注，同时企业也面临许多困惑，主要问题有：①团队绩效与组织绩效和组织战略的关系；②对不同类型团队的测评；③团队绩效与个人绩效之间的平衡；④团队绩效测评的负责人。

绩效测评不仅在于为薪酬、奖惩、升降、培训等决策提供背景依据，更在于为员工和团队提供及时的绩效反馈，使之扬长避短，为下一步绩效的改进与提高、制定正确的决策与计划提供依据。对团队绩效的测评可以遵循一个固定的流程，即首先要制订绩效计划，接着要确定对团队层面的绩效测评维度和对个体层面的绩效测评维度，然后是在测评维度的基础上建立团队绩效测评指标与标准，最后进行团队绩效考核。

4. 领导

一个团队要想取得成功，就需要有一个团队领导。在现代的经济管理活动中，人们经常运用"领导"一词。所谓领导，可解释为率领、带领、引导、指导等。

所谓领导者，就是在社会组织和工作团体中身居高位、肩负重担、总揽全局、运筹帷幄的特殊成员。领导者在一个组织中的功能包括：①建立和达到组织目标的功能；②具体实现组织目标的功能；③代表组织形象的功能。领导者的素质是指领导者的性格，也就是领导者德、才、学、识、意的综合表现。领导者拥有3种主要权力：强制权、奖励权和法定权。

所谓团队领导才能，是指团队领导者顺利完成团队领导活动所具有的各种能力的总和。团队领导应具有多方面的能力。就一般情况来说，团队领导才能应包括：①分析、综合、统观全局的能力；②决策能力；③组织能力；④机智与应变能力；⑤激励与协调团队关系的能力。

团队领导者的心理素质是影响团队领导威望和领导效能的极为重要的内在条件，表现为：①高度的事业心与工作责任感；②不断创新、进取精神；③良好的社会知觉；④宽广的胸怀。

团队领导是领导者在一定环境下向团队成员施以影响的过程,它具有两项基本功能:组织团队和激励团队。

团队的成长主要体现在领导者如何全程维护团队的成长;如何选择合适的领导风格,将领导风格与不同的团队工作风格相匹配;如何激励团队成员;如何处理团队冲突;如何进行团队精神建设;等等。

其中,领导风格可以分为:①委托型,不注重工作任务本身也不注重人际关系;②激励型,不注重工作任务本身而注重人际关系;③指挥型,注重工作任务本身也注重人际关系;④教练型,注重工作任务本身而不注重人际关系。

在团队当中有两种因素影响团队的表现状态:其一,团队的技术熟练程度,即团队的业务能力;其二,团队在完成任务时所表现的工作干劲,即成就动机。把这两种因素合在一起,就得出4种团队类型,即:①进取型团队,业务能力强/成就动机高;②勤奋型团队,业务能力差/成就动机高;③窝囊型团队,业务能力差/成就动机低;④懈怠型团队,业务能力强/成就动机低。

领导风格与团队类型的成功配合有赖于领导者和团队成员之间的配合。如果管理风格正合团队所需,那双方将是珠联璧合、相得益彰的,能创出最佳绩效。

13.3.2 团队沟通

1. 沟通

沟通的英文单词为Communication,其含义是两个人或者两个主体之间对某种信息的传递与接受。具体来说,沟通所传递的信息包括客观情况,也包括人的思想、意见、态度、感受等,组织行为学意义上的沟通对后者更为重视。

在团队或组织中,沟通具有4个主要功能:信息传递功能、激励功能、控制功能、情绪表达功能。

沟通通道是人们在沟通时所采用的媒介。沟通通道包括面对面的交谈、电话、电子邮件、备忘录、信件以及广告、公告、一般文件、通知等。

团队沟通需要一定的技巧,具体表现为在以下两方面。

1)积极倾听的技巧

积极倾听(Active Listening)指在思维上参与说话,给予非语言反馈,同时在脑中对信息进行分析,提出疑问。

2)团队沟通的妙方

团队的沟通秘诀是真心对别人感兴趣。

当然,团队沟通中也存在一些问题,如不同性别之间的沟通障碍、跨文化沟通障碍。为了减少错误的认知、解释和评价,可以做到以下几点。

(1)在没有证实相似性之前,先假设有差异。
(2)重视描述而不是解释或评价。
(3)传递信息之前,先把自己置身于接受者的立场上。
(4)把解释作为工作假说。
(5)促使团队成员相互了解并接受相关培训。

2. 冲突

从总体上看,冲突指个人或团队对于同一事物持有不同的态度与处理方法而产生的矛盾。冲突常表现为由于观点不一致而引起的激烈争斗。

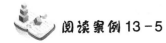

表达不当

才到兴华技术公司工作几个月的小李就遇到了这样的问题。他在出色地完成了团队的任务后，本以为主管会对自己进行表扬，可是主管老刘却说："小李，你的工作方法是不是还有待改进？虽然按时完成了任务，但你的工作进度还是比其他部门慢。"小李听后真是怒火中烧。其实，这位领导本想鼓励小李继续工作，没想到由于自己的表达不当，导致了他们之间的冲突。而"表达不当"的问题不仅是语言问题，而且有其潜在原因。

（资料来源：姚裕群. 团队建设与管理[M]. 北京：首都经济贸易大学出版社，2006：137.）

团队冲突与组织绩效之间有一定的关系，团队冲突的水平过高或过低都将是破坏性的冲突，会对组织绩效产生负面的影响。

1）团队冲突的破坏性作用

（1）耗费时间。

（2）妨碍组织的整体发展。

（3）带来个人情绪上和身心健康上的损害。

（4）导致组织内耗。

（5）导致极高的经济代价。

（6）使组织内形成对立。

（7）导致信息失真。

2）团队冲突的建设性作用

（1）增加才干和能力。

（2）带动创新和改变。

（3）学习有效解决和避免冲突的方法。

（4）对组织的问题提供诊断资讯。

（5）团队建设。

当团队发生冲突时，首先要对冲突的性质进行全面细致的分析。一般来说，解决团队冲突的方法有以下几种。

（1）问题解决。问题解决的技术又称正视法，即团队冲突的双方之间进行会晤，直面冲突的原因和实质，通过坦诚的讨论来确定并解决冲突。

（2）转移目标。转移目标的技术包括两个方面：一个是转移到外部，另一个是目标升级。

（3）开发资源。如果冲突是由于团队资源缺乏造成的，致力于资源的开发就可以产生双赢的效果。

（4）回避或抑制冲突。这是一种消极的解决冲突的技术，是试图将自己置身于冲突之外，或无视双方不一致的做法，以"难得糊涂"的心态对待冲突。

（5）缓和。缓和法的思路是寻找共同的利益点，先解决次要的分歧点，搁置主要的分歧点，设法创造条件并拖延时间，减少冲突的重要性和尖锐性，从而使冲突变得好解决。

（6）折中。折中实质上就是妥协，团队冲突的双方进行一种"交易"，各自都放弃某些东西而共同分享利益，适度地满足自己和他人的关心点，通过一系列的谈判、让步避免陷入僵局，冲突双方没有明显的赢家和输家。

（7）上级命令。这是通过团队的上级管理层运用正式权威来解决冲突的方法。

（8）改变人的因素。运用行为改变技术（如敏感性训练等）提高团队成员之间的人际交往技能，有利于改变双方的态度和行为。

（9）改变组织结构的因素。通过重新设置岗位、工作再设计、调动团队小组成员等方式，可以改变正式的组织结构，可以变化工作目标而减缓导致冲突产生的问题，也可以消除双方相互作用的机制协调，还可能去除冲突问题。

本章小结

致力于共同的宗旨和绩效目标的成员所组成的群体就是团队。团队的基本范畴包括团队的概念、团队的特点及构成要素。

团队的发展过程包括5个阶段：成立阶段、震荡阶段、规范阶段、高产阶段、调整阶段。管理者需要明确每个阶段的问题及解决措施。

团队可以推动企业的发展，因此要重视团队在企业中的作用。

团队的基本类型包括问题解决型团队、自我管理型团队、跨功能型团队。团队的新发展是跨部门与跨组织团队、学习型团队、虚拟团队。

团队的精神是团队整体的价值观、信念和奋斗意识，包括团队的凝聚力、团队成员的合作意识、团队成员的高昂士气。管理者需要做好团队精神的培养，发挥其积极的作用。

团队需要进行培育，可以采用团队培育的方略进行，包括团队业务技能培训、培训方法、培训技术、培训效果强化及团队精神的培养。

团队领导包括激励、决策、绩效、领导等内容，团队沟通包括沟通、冲突等内容。管理者需要发现团队领导和沟通中存在的问题并予以解决。

关键术语

团队　团队发展阶段　团队类型　团队精神　团队培育　团队领导　团队沟通

综合练习

一、填空题

1. 团队的定义是：团队是一个由＿＿＿＿组成的群体，成员有＿＿＿＿，有＿＿＿＿的方法，他们共同承担最终的＿＿＿＿。

2. 团队的发展阶段包括：第一，＿＿＿＿；第二，＿＿＿＿；第三，＿＿＿＿；第四，＿＿＿＿；第五，＿＿＿＿。

3. 学习型团队文化以其独特的＿＿＿＿区别于其他类型的团队文化，主要表现为＿＿＿＿、＿＿＿＿、＿＿＿＿、＿＿＿＿等。

4. 虚拟团队是一种以＿＿＿＿形式出现的新型工作组织模式，是一些人由于具有＿＿＿＿、＿＿＿＿或＿＿＿＿，结合在一起所组成的团队。

二、判断题

1. 在团队中，一般只有领导者或者管理者才具有决策权，而其他成员有建议权。　　（　　）

2. 弥补员工参与决策方面权利缺乏、功能不足这一欠缺的结果是建立独立自主地解决问题、对工作

的结果承担全部责任的团队,即自我管理型团队。（　　）

3. 彼得·圣吉提出了5项修炼内容:自我超越、心智模式、共同愿景、团体学习、系统思考。其中,心智模式是5项修炼的核心。（　　）

4. 团队精神在形态上表现为一种文化问题,而其核心问题其实就是团队共同的价值问题。（　　）

5. 只要提高团队各个成员的个人素质和业务技能,就能提高整个团队的能力,从而提高团队的绩效。（　　）

三、简答题

1. 团队有哪些特点?
2. 团队的发展一般要经过哪几个阶段?
3. 团队的基本作用有哪些?
4. 团队中有哪些角色?团队的基本类型有哪几种?团队的最新发展表现为哪几种类型?
5. 结合实例说明什么是团队精神。
6. 团队培育的目的与内容是什么?
7. 如何进行团队精神的培养?
8. 团队业务技能培训的步骤和方法是什么?
9. 团队激励的常用方法有哪些?各个方法都有什么特点?
10. 团队冲突对组织绩效有什么影响?
11. 结合实际谈谈树立"团队"理念的积极意义。

四、名词解释

解决型团队　自我管理型团队　跨功能型团队　跨组织团队　学习型团队　团队精神　团队激励　团队决策　团队绩效　团队领导　团队沟通　团队冲突

重型研发团队的管理

20世纪80年代早期,福特公司的汽车系列产品能较好地满足公务用车的需要。但是,由于不能满足私家车的需要,它的小汽车被广泛批评。企业的状况是:汽车质量远低于竞争者的标准,市场份额在不断下降;企业财务状况也在不断恶化,白领与蓝领工人一样在不断辞职。到20世纪80年代末,福特公司的开发者又为公司带来了20世纪90年代的春天,他们引入了福特公司历史上最为成功的产品开发。尽管他们开始进入的只是一个低端产品市场——一个四门、四轮驱动的运动越野车市场,但在这个基础上,开发者掌握了所有研发新产品的细节,从外形设计到内部元器件的详细设计。

20世纪80年代初,开发者已经制定了一个为期10年的公司在管理、文化和产品开发组织等方面变革的规划。随着新首席执行官的到来,这些变化在20世纪80年代中期开始了。1985年新引入的车型为Taums型,一个新颖样式、方便的家庭用轿车——欧洲轿车。这种类型的车结合了航空领域的大空间新技术、独立的悬挂系统和最新开发出来的前轮驱动系统。轿车内部开发者减少了铬合金。这种类型的汽车驾驶起来也更简单、灵敏、坚固,乘坐起来更舒适。

开发与生产Taums型汽车的努力在福特公司的工程师、制造者和市场部门中都引起了复杂的变化。传统上,福特公司的研发工作都由强有力的职能部门的领导者来推动。在开发Taums型汽车期间,公司转向于环节与活动。团队由Lew VeraNi——一个长期在福特公司负责大型计算机程序的人来领导,他负责开发过程中高级管理层的协调与沟通等。

Taums团队的第一个行动步骤就是组织的重构、研发人员态度的转变和研发程序的变化。随着Taums项目的不断进展,项目的整合创新越来越需要一个有创造力的团队,而且更需要一个能将各部分功能整合起来的独立管理者。于是,福特公司的变革在于开发"面向顾客的概念",或叫做C2C。

在20世纪80年代，C2C 的模式非常盛行。于是福特公司强烈寻求的是缩短引入时间、提高产品质量，并且给市场持续带来有吸引力的产品。在由工程师与产品规划人员一起组成的团队领导下，C2C 的项目内容集中在为开发产品设计一个新框架：它的成员能识别关键的里程碑、决策点，为决策制定一个标准，制定权利与责任的规章制度。这个新框架然后被一步步地实行，并且随着项目的不断完善。

在1987年，福特公司形成了程序管理员的结构管理模式（在福特公司程序管理员是指产品经理）。作为这个结构的一部分，高级管理者作为一个强有力的程序管理员的领导下跨功能团队的核心。而且，跨功能团队的结合在战略与执行层面都被加强。营销角色的变化就是一个很好的案例：营销人员（由程序管理员领导）不再是通过报告与备忘录来输入信息，可以直接与产品设计者、工程师等会面，在关于未来的外形、装备和零部件等方面讨论汽车的概念设计与关键的决策。类似地，程序管理员被授权负责关键功能（如产品计划与设计等），往往要做许多整合性的决策。

在一系列的变化过程中，福特公司精炼了程序，进一步促进了产品的组合与整合。程序管理员的力量也被加强了。从 Taums 项目开始，福特公司开发了一系列在市场上都获得成功的产品：Lincoln Continental——远远扩大了林肯系列在高档市场的份额；Thunderbird Super Coupe——可以与欧洲高级轿车相媲美的产品；Probe（与马自达联合开发的项目）——热心者普遍评价比马自达自己的产品 MX6 要好。

(资料来源：李垣. 管理学[M]. 北京：高等教育出版社，2007：298-299.)

根据案例所提供的资料，试分析以下内容。
(1) 福特公司获得成功的关键是什么？
(2) 福特公司在研发团队建设中有什么新的举措？
(3) 团队合作对福特公司开发新产品起到了什么作用？

实际操作训练

课题13-1：团队培育

实训项目： 团队培育方略。

实训目的： 学习怎样制定团队培育方案。

实训内容： 假设你是公司的管理者，你会如何对团队进行培育？试设计一套培育方案。

实训要求： 将参加实训的学生分成若干谈判小组，代表公司高层管理者，拟订一份团队培育方案，相互之间进行讨论并予以实施。

课题13-2：绩效测评

实训项目： 团队绩效测评。

实训目的： 学习怎样制定团队绩效测评方案。

实训内容： 假定你是人力资源主管，你会如何制订销售部的绩效计划及测评方案。

实训要求： 将参加实训的学生分成若干小组，代表公司高层管理者，针对销售部的实际情况拟订一份绩效计划及测评方案，讨论其合理性并予以实施。

第14章 文化管理艺术

教学目标

通过本章的学习，了解企业文化的内涵、结构、特点和作用等基本知识，认知企业文化与社会文化的辩证关系，掌握企业文化管理的基本思路，尝试从机制管理、制度管理、素质管理、人性管理和教育管理5个方面提出企业文化管理对策。

教学要求

知识要点	能力要求	相关知识
企业文化管理的基本问题	了解文化与企业文化的内涵，并能够分析社会文化与企业文化的相互关系 了解企业文化的特点和作用	文化的内涵 企业文化的内涵 企业文化形成的特点 企业文化的作用
企业文化的结构	辨析企业文化的结构	物质文化 制度文化 精神文化 企业家行为文化 员工行为文化
企业文化管理的思路	掌握企业文化管理的基本思路	机制管理 制度管理 素质管理 人性管理 教育管理

■ 导入案例

锦江国际集团企业文化

锦江国际集团是中国规模最大的综合性旅游企业集团之一。集团以酒店、餐饮服务、旅游客运业为核心产业，并设有酒店、旅游、客运物流、地产、实业、金融6个事业部。注册资本20亿元，总资产170亿元。"锦江"商标为中国驰名商标、"上海最具影响力服务商标"，列2007年"中国500最具价值品牌排行榜"第53位、上海地区第5位。截至2007年6月底，锦江国际集团投资和管理328家酒店、60800间（套）客房，在全球酒店集团300强中排名第17位，列亚洲第一位，获"中国最具影响力本土酒店集团"称号。

锦江集团以服务起家，在长达几十年的服务生涯中，锦江集团所属的一批老店以其特有的风格，逐渐形成了独树一帜的"锦江服务"。在重视严格执行规范的同时，形成各个饭店的不同特色，充分发挥员工在服务工作中察言观色的主动性和随机应变的创造性。

锦江集团的企业文化中，员工牢记以下理念。

（1）在外国人面前我代表中国人，在中国人面前我代表上海人，在上海人面前我代表锦江人。

（2）尊重自己的岗位，兢兢业业地工作。

（3）只有真正认识到自身工作的价值，并从中得到乐趣的人，才会有深厚的职业成就和强烈的敬业精神，才能形成干好工作的精神动力，对工作倾注满腔的热情。

（4）干一份工作就要干好。

（5）严格执行制度，用制度来规范和约束行为。

（6）激发员工的主人翁责任感，自觉承担责任和义务。

（7）服务没有分内和分外之分，只要能办到的，就应该尽力而为。

（8）体贴入微的预料服务，因人而异的针对性服务。

在以上理念的指引下，锦江超越常规的"主动服务"常常给客人留下深刻的印象。比如，在锦江和平饭店的餐厅里，每个服务员都备有一只打火机，客人刚掏出烟卷，服务员就主动给点上了火；为了防止就餐客人放在椅背上的衣服沾上油污，服务员主动用干净的布给遮上；下雨天，客人下车进店，宾馆迎接员为客人逐个撑伞。在无数的小细节中，由于锦江人秉承优秀的服务理念，他们的一言一行赢得了顾客的满意。

（资料来源：博锐管理在线，http：//www.boraid.com/darticle3/list.asp？id=126992.）

问题：

（1）以服务业发展起来的企业，在企业文化上一般最关注哪些理念？

（2）你是否完全认同锦江的文化理念？如不认同，请指出不认同的地方及理由。

（3）观念对人的行为产生深远的影响，因此企业常常期望通过企业的核心理念来改变员工行为，在从理念文化向行为文化转变的过程中，一般将会碰到哪些方面的难题？

一个人做事有其思想根源，就是人的性格。企业文化其实就是企业的性格。因而，企业诞生的时候，企业文化也就如影随形、相伴而生了。但认识到企业文化的存在，并有意识地研究企业的这种性格，却是相当晚，也仅是20世纪80年代初的事情。至今30多年的发展历史中，文化研究异彩纷呈，成为管理科学一个重要的研究方向。

14.1 企业文化管理的基本问题

14.1.1 文化的内涵

文化属于历史的范畴，每一社会都有和自己社会形态相适应的社会文化，并随着社会物质生产的发展变化而不断演变。文化是一个表示人类社会文明形态的概念，它最初是泛指人类区别于动物的一切活动及其成果。《辞海》对文化词条所下的广义定义是：人类在社会实践过程中所获得的物质、精神的生产能力和创造的物质、精神财富的总和。狭义定义是：精神生产能力和精神产品，包括一切社会意识形态、自然科学、技术科学、社会意识形态等。在英语中,文化(Culture)一词起源于拉丁语(Cultural),最初的含义是指土地耕耘和作物栽培,而伴随着文明的不断进步,文化一词获得了抽象的含义,逐渐获得了精神产物的意义,引申为对人的身体和精神两方面的培育。《郎文当代英文辞典(英文版)》对文化一词的解释基本上反映了西方对文化的定义,即①一定社会中人们所共有及接受的观念、信仰和习俗;②有关艺术、音乐和文学等的活动;③特定历史时期中某一种形态的社会。目前,关于"文化"的定义,仁者见仁,智者见智。纵观各界的"文化"内涵,普遍认为文化是指人类活动所传承的历史、地理、风土人情、传统习俗、生活方式、文学艺术、行为规范、思维方式、价值观念等。

14.1.2 企业文化的内涵

"企业文化"作为专业术语,最初出自西方管理学界,盛行于20世纪80年代。但发展至今,管理学界对企业文化的定义尚未统一。学者从不同的角度进行解释,界定企业文化的内涵至今最少170多种。尽管如此,也存在一些共识:第一,企业文化是一种重视人、以人为中心的企业管理方式,它强调要把企业建成一种人人都具有社会使命感和责任感的命运共同体。第二,企业文化的核心要素是共有价值观,也就是一个企业的基本概念和信仰,或者说是指导成员和企业行为的哲学。价值观是企业兴旺发达的原动力。第三,企业文化作为群体意识不能没有物质载体。第四,衡量企业文化是否优秀的标准是能否适应市场的竞争环境。本书认为,企业文化是企业全体员工在企业创办和发展过程中形成的并为全体成员遵循的共同信念、价值观念、职业道德、行为规范的总和。

14.1.3 企业文化形成的特点

不同企业的文化形成过程是不一样的,无论是形成的时期、关键人物、企业文化的内容,还是措施、培育、作用力等方面,都各具特点。即使如此,企业文化的形成还是有自身的一般机理。正如文化的形成一样,不同国家、地区的文化形成虽然各具特点,但也存在共享性的机理和特点。

1. 企业文化的形成是群体意识的反映

企业文化是企业全体员工共同遵守的共同信念、价值观念、职业道德、行为规范,只有群体意识才能成为企业文化,个人的意识不是企业文化。

企业文化是以企业价值为核心的企业意识形态,是企业群体的共同意识和行为规范,是一种共同的群体意识,是企业内主流和主导地位的文化。群体意识是以群体为主体的意识,不同群体有不同的群体意识,会产生不同的行为。只有当群体意识或群体行为成为企业群体共同价值观、共同意识和行为规范时,才会形成企业文化[①]。

2. 企业文化的形成反映了企业家的主张

无论是企业创立初期,还是发展的过程中,如果企业的经营决策方式和决策行为主要来自企业家,那么企业文化就是企业家文化(有的指老板文化)。"企业文化从某种角度说也是企业家文化,这一点在民营企业从创业到发展过程中表现得更为突出。企业管理者尤其是企业高级主管的文化内涵、文化定力以及文化认知水平,直接决定

---

① 沃伟东. 企业文化的经济学分析[D]. 复旦大学,2006:13-20.

着企业的战略管理水平、赢利能力以及可持续发展潜力。"①

企业创办初期的文化就是企业家文化。企业一旦形成，企业文化就存在了。企业文化并不是企业形成较长时期后才形成的，其内容先于企业存在而存在。企业创办者在创办企业之前，就已经有着如何经营管理企业的主张，这些主张在企业形成的一瞬间就构成了现在所说的企业文化的内容。因为，企业员工在企业创办初期必须按照企业创办者的主张而行动。尽管这些主张是原始的、低级的、脆弱的、不成熟的，也不是全体员工投票形成的共识，但在企业发展的初期，这些主张就是全体员工共同遵守的经营管理理念和规则。

在企业的发展过程中，企业家对企业文化的影响如何呢？大体上有3种情况出现。一是企业家继续扮演独裁者角色，那么，其管理主张就是企业文化的主要内容。这种情况下，如果企业家没有超人的智慧和管理能力，这样的企业如果能生存下去，那将是世界上最大的嘲弄。二是企业家与企业其他成员一样，只是企业经营管理各种决策者一员，那么，这样的企业文化生命力强，对企业的长远发展有利。三是介于前两者之间的情况。一般情况，从独裁者的企业文化到全员参与的企业文化的历程中，企业家对企业文化的决策力是不断下降的，但其影响力不一定会被削弱。如果企业家是一位开明、有智慧、有社会责任心、善于管理的优秀企业家，那么在全员参与企业文化决策的情况下，其对企业文化的影响力不仅不会下降，反而会提升，因为他是企业其他员工学习的楷模。

3. 企业文化的形成是一个不断创新的过程

企业文化孰优孰劣并没有绝对的判断标准，关键在于企业文化要适合企业发展的实际，这就是企业文化适应论。企业创立初期，独裁者的企业文化可能就是最适合的。在企业的成熟期，独裁者的企业文化肯定就不适合。在企业整个生命周期过程中都要坚持企业文化适应论，不能脱离企业发展的实际构建企业文化。坚持企业文化适应论，另一个说法就是随着企业的不断发展，企业文化也应不断创新和发展。

14.1.4 企业文化的作用

1. 凝聚作用

健康的企业文化能够显示出企业强大的凝聚力和向心力②。美国文化人类学家斯图尔德提出的"文化核"（Culture Core）概念，意为一种文化中所包含的一组基本特征。这些有特征的文化成分为适应环境而产生，与人类的生存活动、经济行为、社会、政治等模式关系最为密切。因此，每一种独立的文化都必然有一种性质明确和特色突出的文化核。当一种企业文化的价值观被企业员工认同后，它就会成为一种黏合剂，形成"文化核"，从各方面把其员工团结起来，形成巨大的向心力和凝聚力，这就是企业文化的凝聚功能，通过这种凝聚作用，员工就把个人的思想感情和命运与企业的兴衰紧密联系起来，产生对企业强烈的归属感，跟企业同呼吸、共命运。

2. 导向作用

综观人类社会发展的历史，文化表现在对社会发展的导向作用。企业文化中的价值观是社会成员用来评价行为、事物以及从各种可能的目标中选择自己合意目标的准则。价值

---

① 王云高．企业家文化形成的辩证逻辑[J]．中外企业文化，2005(10)：54～56．
② [德]维尔纳·桑巴特．奢侈与资本主义[M]．上海：上海人民出版社，2000：233．

观被认为是文化的核心,对个体行为具有重要的导向作用。企业文化能把员工个人目标引导到企业目标上来。在激烈的市场竞争中,企业如果没有一个自上而下的统一的目标,就不能形成强大的竞争力,也就很难在竞争中求得生存和发展。传统的管理方法都是靠各种各样的策略来引导员工去实现企业的预定目标;而如果有了一个适合的企业文化,员工就会在潜移默化中接受共同的价值观念,不仅过程自然,而且由此形成的竞争力也更持久。

3. 约束作用

企业和员工的行为方式必须按照企业活动的规范体系即制度文化准则行事,否则企业就会处于无秩序状态。企业文化作为企业员工的一种价值理念存在,是企业员工的行为准则和内在约束。企业文化的约束功能与传统的管理理论单纯强调制度的硬约束不同,它虽也有成文的硬约束,但更强调的是不成文的软约束。规章制度对企业来说是必要的,但是即使有了千万条规章制度,也很难规范每个员工的一举一动。企业文化能使信念在员工的心理深层形成一种定式,构造出一种响应机制,只要外部诱导信号发生,即可得到积极的响应,并迅速转化为预期的行为。这种约束机制可以减弱硬约束对员工心理的冲撞,缓解自治心理与被治现实形成的冲突,削弱由其引起的心理抵抗力,从而产生更强大、更深刻、更持久的约束效果。这种约束作用还更直观地表现在企业风气和企业道德对员工的规范作用上。

4. 激励作用

企业文化一旦形成,便会在日常的经营活动中通过各种形式,"无孔不入"地渗透到员工的思想中去,逐步形成企业的共同价值观,激励企业员工自觉地、潜移默化地朝着同一目标前进。企业文化的激励功能指的是企业文化能使企业员工从内心产生一种情绪高昂、奋发进取的效应,这是企业精神和企业价值观在企业员工中得到认同后的综合效果。

5. 辐射作用

企业、学校、政府部门或社会团体等组织所特有的文化氛围,反映着组织成员这个特殊群体的文化特征,不仅具有组织本位的意义,还会经由辐射和扩散使文化感应力穿越组织围墙,影响更广阔的文化领域。企业文化是一种组织文化,具有辐射作用。

企业文化的辐射功能与其渗透性是一致的,就是说,企业文化不仅在企业内起作用,它也通过各种渠道对社会产生影响。企业文化向社会辐射的渠道很多,主要包括传播媒体、公共关系活动等。在企业越来越重视广告、重视形象和声誉的今天,企业文化对社会的辐射作用越来越大:电视、广播里的广告越来越多,许多广告词成了人们的口头语,色彩纷呈的广告画、广告牌更是铺天盖地。作为一种亚文化,企业文化在社会文化中扮演的角色越来越重要,这正是企业文化的辐射功能所导致的。

6. 陶冶作用

陶冶作用表现在文化对人的感染力、审美感受和释重效果。当人们接受一种文化艺术的陶冶时,其中对真善美的褒扬、对假恶丑的鞭打,通过文化艺术语言或情节的感染,使人产生一种陶冶作用,人们会获得一种新的精神动力。这种陶冶作用是文化对人施加作用的最直接的表现。

优秀企业通过高尚而先进的理念培养人、教育人,这样的企业文化无疑可以陶冶员工的情操。美国 HP 公司树立了 7 个目标:利润、客户、感兴趣的领域、增长、育人、管理、好公民。对员工的教育和培养成为企业的一个主要目标,自然也就形成了尊重人、培养人、关爱人的惠普文化。再比如具有334年历史的北京"同仁堂",它的堂训是"同修仁德,亲和敬业;共献仁术,济世养生",这一理念不仅影响了员工的行为,更重要的是陶冶了员工的情操,培养了优秀的品质,发扬了中华民族的优良传统。

7. 创新作用

企业文化可以激发员工的创新精神,鼓舞员工开拓进取。最典型的例子就是3M公司,他们提出"3M就是创新"的理念,鼓励员工大胆尝试,成为以创新闻名的公司,保持了企业的活力和竞争力。海尔集团能够发展到今天的地步,与其创新的文化分不开。海尔集团花重金鼓励员工追求卓越,不断创新,这就是海尔集团的"追求卓越"的创新文化。张瑞敏曾经说过,海尔17年只做了一件事情,那就是"创新"。日本的卡西欧公司提出的"开发就是经营"的企业哲学,对激发员工的创新精神起到了积极的作用。可见,优秀的企业文化不是保守的,而是创新的。在变化莫测的网络时代,只有不断创新,企业才能生存,这种思想在优秀企业的企业文化中多有表现。

 阅读案例 14-1

企业文化的"动物世界"

持续成长的公司,尽管战略和运营总在不断适应变化的外部世界,但始终是相对稳定的核心理念在决定其命运。这犹如动物长期形成的秉性——决定了它将怎样直面自然界的挑战。

在自然界,各物种所具有的活动习性是在长期的生存遭遇中形成的,"物竞天择"就意味着只承认"竞争力"。新华信正略钧策管理咨询推出的《2007:中国企业长青文化研究报告》就是这样一份颇有"丛林法则""图腾文化"的中国企业众相图。

该报告的特别之处是它第一次将挑选出来的34家中国优秀企业,依据它们的公司氛围、领导人、管理重心、价值取向四方面的文化特征,类比动物界生灵的运动特性而呈现出了具有自然崇拜的4种文化:象文化、狼文化、鹰文化、羚羊文化。解读这份报告可以看到,作者是希望通过分析优秀企业的理念及其在经营过程中的渗透和执行,来展现它们成功的文化轨迹和性格魅力。

在这个"动物世界"里,展现了不同的文化气质。象文化——人本型企业文化;狼文化——活力型企业文化;鹰文化——市场型企业文化;羚羊文化——稳健型企业文化。当然,并非一个企业在归为某类文化时就不具有其他文化的因素,同时基业长青是所有企业的终极梦想,但正是最为突出的文化性格对它的生命延续产生了重大影响。而持续成长的公司,尽管它们的战略和运营总在不断调整以适应外部环境的变化,但始终是相对稳定的核心理念在决定其命运。

文化、战略、市场结局相互依存、相融相生。

1. 象文化:尊重、友好——人本型

象文化在中国企业里表现了这样的特征:企业的工作环境是友好的,领导者的形象犹如一位导师,企业的管理重心在于强调"以人为本",企业的成功则意味着人力资源获得了充分重视和开发。这类企业文化的代表如万科、青啤、长虹、海信、远东、雅戈尔、红塔、格兰仕、三九和波司登。

1) 人才是一条理性的河流

万科的创始人王石有着很好的企业威望和社会尊敬度。但对于王石来说,他和万科的文化魅力不在于"个人崇拜"的无以复加,而是公司始终倡导了一种理想主义的价值观与社会责任。同时,万科推出了"培养专业经理阶层,鼓励优秀人才为企业长期服务,提倡健康丰盛的人生和培养正确的职业操守"这样充满人本主义精神的企业人文纲领。

人才被认为是万科最重要的资源和核心竞争力。王石提出这个观念时业界还很不以为然,因为在众多房地产公司看来,土地、资金比人才更重要。但在王石看来,人才是一条理性的河流,哪里有谷地,就会向哪里汇聚。因此,万科很早就致力于成为学习型组织,成为职业经理人当家的公司,竭力打造

"阳光照亮的体制"。尊重人才，为优秀人才创造和谐、富有激情的工作和人生，是万科成功的首要因素。

2）重视员工工作以外的角色

雅戈尔这家服装企业创造了"将所有员工视作亲人"的亲和文化：公司先后投资 5000 万建造了雅戈尔新村让员工安居乐业，尤其是改善外来员工的居住、生活条件；在对待犯有错误的干部、员工时，公司从不严厉批评，而是悄悄将其调到另一个职位让他自己去"悟"，为员工创造了自省和提高的公司氛围。远东则倡导"一人进远东，全家远东人"的和谐内部关系。重视员工在工作和工作以外的不同角色，如劳动者角色、家庭角色、公众角色、社会角色，真正把员工视为内部顾客；公司还给每一位员工家属寄《远东报》，让他们感受"一握远东手，永远是朋友"的企业理念。

3）市场占有率＝人心占有率

格兰仕的市场拼杀能力令业内无不瞠目。在格兰仕，始终有一支能坚持"持久战"的核心团队；数万基层员工的工资一直高于同类企业的平均水平，反映在精神上则是给了全体员工一种归属感；这种归属感还延伸到了经销商。格兰仕一直视经销商为企业的直系成员，总会站在他们的角度考虑问题而建立起依存关系。1994 年，格兰仕遭遇洪灾后，正是由于全国经销商的相助，才使企业闯过一劫。董事长梁庆德有一个观点："市场占有率背后是人心占有率。企业决胜的关键不是品牌，不是技术，而是感情。没有感情，就没有资源，就不能全力以赴去拼搏。"格兰仕今天把"人是格兰仕的第一资本"提到了公司存亡的根本地位，全力推进国际化的人才整合。格兰仕的"仕"，就是人气＋士气。

2. 狼文化：强者、冒险——活力型

狼群中有着强烈的危机感，它们生性敏捷而具备攻击性，重视团队作战并能持之以恒。狼性精神是一种强者精神。报告认为，在狼文化特征的企业里充满活力，有着富于创造性的工作环境；领导者往往以革新者和敢于冒险的形象出现；企业最为看重的是行业的领先位置；而企业的成功就在于能获取独特的产品和服务。华为、国美、格力、娃哈哈、李宁、比亚迪、复星、吉利都是中国企业狼文化的典型代表。

1）进攻性快速扩张

华为 10 多年奋斗所取得的骄人业绩堪为中国企业史上独一无二的例子。华为人俨然是一群善于"拼命"的狼。公司有一种强烈的扩张欲望，一旦找到突破口，不惜任何代价也要有所收获；群狼"胜则举杯相庆，败则拼死相救"，研发队伍超过万人，营销人员更是每次出征都给自己立下军令状，破釜沉舟，不达目的誓不罢休。华为在今天的国际市场上虽然还算不上足够强大，也不能保证它在强手如云的国际舞台还能纵横多久，所以华为不断强调危机意识，总把自己放在一个攻击者的位置，正是这种狼性让华为至今仍在国际化的险途攀登。

同样，国美也将这种争先、冒险发挥得淋漓尽致。快，是国美高层做事的一个最大特点。有了想法马上就做，发现不对马上就改——闪电拿下大中就可见一斑。正是这种敢为人先、敢于冒险的文化，才成就了国美今天中国家电连锁老大的地位。

2）铁腕式管理强人

至今，董明珠率领的格力电器在销售收入、市场占有率等方面仍一直稳居行业第一。董明珠只做自己认为对的事情，并且认为自己从来没有错，也不许别人说她的错。对手们这样形容她的厉害："董姐走过的路都长不出草来。"面对国美的封杀和舆论的质疑，董明珠铁腕操刀，抛开家电连锁卖场，通过绑定经销商自建渠道的"格力模式"，形成了强有力的渠道控制力，也就能根据实际情况采取灵活的价格政策，从"淡季贴息返利"和"年终返利"，到免费保修 6 年的售后服务，都闪烁着格力掌门人叫板终端的睿智和远虑。

在狼文化的企业里，领导者无不是强势代表。娃哈哈的重大决策全由宗庆后一人决定和主导执行，公司内部没有副总经理。他的理由是机会来了就要快速反应、及时决策，没有强势领导就做不成事情。不过，这样的管理风格也导致了外界"爱""恨"分明，娃哈哈与法国达能的冲突就是一次总爆发。

3. 鹰文化：目标、绩效——市场型

具有鹰文化的企业氛围是结果导向型的组织，领导以推动者和出奇制胜的竞争者形象出现，企业靠强调胜出来凝聚员工,企业的成功也就意味着高市场份额和拥有市场领先地位。这类公司以联想、伊利、TCL、平安、光明、春兰、喜之郎、小天鹅、雨润、思念等公司为代表。

1) 鹰一般扑捕目标

联想文化是典型的目标导向。柳传志时期,以强力执行,极大地支持了以客户为中心的目标导向;以出奇制胜的创新实现了企业绩效和市场份额的高增长。杨元庆从柳传志手中接过"联想未来"的旗帜后,虽然联想文化在不断调整,但管理风格始终建筑在绩效导向的基础上,仍然是以做到一个目标再奔向另一个目标的扑捕动作去获取要跳一下才够得着的高目标。联想最根本的东西没有丢——从大处看世界,对自身永不满足,不断进取。

同样,鹰的精神——追踪目标也形成了伊利的企业风格。伊利内部一直在代代相传着一个关于狮子和羚羊赛跑的寓言:羚羊跑得慢就会被吃掉,狮子跑得慢就没吃的,这就是优胜劣汰的自然法则。于是总裁潘刚率领伊利,主动承担开拓市场、培养和引导消费者、普及牛奶及营养知识的行业排头责任,并在近年实施二、三线市场下沉战略和织网战略,经过两年多大量的基础性工作,伊利在消费者中的品牌价值大大提升。

2) 让绩效彰显本事

TCL的企业宗旨是"为顾客创造价值,为员工创造机会,为社会创造效益"。其中"为顾客创造价值"是重点,这实际是把市场需求放在第一位,业绩导向在这里就显得非常实在。公司开会,业绩好的单位代表会自动坐在前面,业绩不好的单位代表会自动地坐在后排。公司鼓励内部创业和企业家精神,从李东生到吴仕宏、杨伟强、万明坚……尽管一路走来磕磕碰碰,但每个人及其背后的团队都曾经为TCL的成长树起过强劲的支柱产业。

中国平安保险公司是国内最早建立绩效导向文化和"竞争、激励、淘汰"机制的保险企业。平安的内部竞争贯穿到了经营管理的每一个环节。有部门之间的竞争,也有团体之间的竞争;市场占有率、规范管理、改革创新、队伍建设,大大小小的竞赛每年都会如期举行。这让员工在体会压力的同时,也获得了巨大成功。

4. 羚羊文化:温和、敏捷——稳健型

羚羊的品性是在温和中见敏捷,能快速反应但绝不失稳健。这类文化的代表性企业有海尔、中兴、苏宁、美的、汇源、燕啤等企业。由于以追求稳健发展为最大特征,因此这类企业的工作环境规范,企业靠规则凝聚员工,企业强调运营的有效性加稳定性,企业的成功凭借可靠的服务、良好的运行和低成本。

1) 不在出奇在执行

海尔的每一步都伴随着创新突破、追求卓越,但是它在实现创新中也强调和合,行王道而非诡道,走稳招而不走险招。当其他家电企业注重抓生产促销售时,海尔砸了冰箱,提出质量口号;当其他家电企业大力发展批发网络时,海尔提出"真诚到永远",建立了全国服务体系;当某些家电企业试图行业垄断时,海尔走了多元化的路子;向海外发展,海尔选择了自创品牌而非加工制造。

稳健发展在海尔的文化中就是以执行力强作为保障,高层决策可以不走样地落实到最基层;而执行工作的效率是"迅速反应、马上行动""日事日毕、日清日高"。海尔在3万多名员工、200多亿销售收入规模的基础上,不借助咨询公司,只靠自己的力量就进行了以市场链为内容的成功率很低的流程再造,并取得了应有的效果。西方管理界最近流行一句话:"战略就是实施",因为战略制定只是少数人在短期内的事,而战略执行却是多数人长期而为之事。海尔中层干部的个体素质并不是最强的,但以张瑞敏为核心,以海尔文化为基础,就形成了一个最强的组织。

2) 避实就虚不温不火

同在通信业,但与华为很不同,中兴通讯在近20年的发展中一直低调潜行,只是最近几年才开始显山露水。中兴已经不知不觉地在认同羚羊的品性——温和而敏捷,快速反应而不失稳健。中兴对自己的目标要求是做一个长跑好手。中兴已经将下一波增长动力集中在了国际市场,并在可控的范围内"冒险",走一步看好一步。中兴的经营故事可能缺乏传奇色彩,但正是这种不温不火造就了企业的持续成长,使其不但经受了行业低谷的考验,也抓住机遇,巩固和提高了在全球的市场地位和影响力。

(资料来源:中国人力资源开发网,http://www.chinahrd.net/case/info/156350.)

14.2 企业文化的结构

14.2.1 物质文化

1. 企业物质文化的含义

要理解企业的物质文化,关键要从"文化"角度来理解,而不是从"物质形态"角度来理解,"物质形态"只是"文化"的载体。因此,企业的物质文化可定义为社会人感知和员工体验到的、具有影响力的并能折射出企业的经营思想、管理哲学、工作作风和审美意识的表现在产品(服务)上和员工工作生活环境及设施上的文化。

2. 企业物质文化的形式

根据上述定义,企业的物质文化主要包括以下两种形式。

1) 社会人感知物质文化形式

所谓社会人感知物质文化,是指能够引起社会成员最直接感觉的企业物质文化的各种表现形式,主要包括以下几个方面。

(1) 产品的特色、式样、外观和包装。社会成员在购买产品时,一般会对产品的外貌进行鉴赏,尤其对新产品鉴赏更加认真。

(2) 产品包装上的文本用语。主要包括企业基本信息(名称、标识、标准字、标准色)、产品用途和产品基本信息。这些文本用语是最基本的,还有一些企业还会将企业的精神用语、口号等宣传用语印在产品包装上,以宣传和倡导企业的精神文化,借以扩大企业的社会影响力。

(3) 企业的文化传播网络,包括企业自办的报纸、刊物、有线广播、闭路电视、计算机网络、宣传栏(宣传册)、广告牌、招贴画等。企业通过这些文化传播网络对社会宣传企业的形象。

2) 内部感知物质文化形式

内部感知物质文化形式主要包括以下几方面。

(1) 厂徽、厂旗、厂歌、厂服、厂花,这些因素中包含了很强的企业物质文化内容,是企业文化的一个较为形象化的反映。

(2) 企业外貌、自然环境、建筑风格、办公室和车间的设计和布置方式、绿化美化情况、污染的治理等是人们对企业的第一印象,无一不是企业文化的反映。

(3) 技术工艺设备。

(4) 企业造型和纪念性建筑,包括厂区雕塑、纪念碑、纪念林、纪念墙、英雄模塑像等。

(5) 企业纪念品。

(6) 企业的文化体育生活设施。

3. 企业物质文化设计要求

企业物质文化是通过物质形态表现出来的文化,这种物质形态可以是有形的物质形态,如具体的产品、建筑物等,也可以是无形的物质形态,如网络产品、服务等。企业物质文化既要对社会人产生影响力,又要对员工产生影响力。因此,在设计企业物质文化时,就要从这两部分人的需求、偏好着手,精心规划和设计,提高企业物质文化的审美情趣和吸引力，使企业的物质文化产生影响力。具体来说，企业的物质文化设计应注意以下几个方面。

1）注重产品文化的整合性与层次性

企业生产的产品和提供的服务是企业经营管理的最终成果，它是企业物质文化的首要内容。企业生产的产品文化包含有三层内容：一是产品的整体形象，二是产品的质量文化，三是产品设计中的文化因素。

产品的整体形象应涵盖三个层面的内容——功能性、独特性以及价值的附加性。产品的整体形象好有助于社会人购买产品和再次购买该产品。

产品和服务的质量是企业的生命。当今企业之间的竞争是质量竞争，以质取胜。市场竞争的发展已经完全证明了这一点。

更高水平的竞争是在确保质量基础上的产品设计竞争。产品设计的竞争力在于特色塑造，其中包括产品本身的特色、式样、外观和包装及包装上的用语。

对我国企业来说，当前着重要严把质量文化的营造关，这是首要举措。在此基础上深化产品设计中的文化，创造特色，提高对社会人的吸引力。

2）坚持以人为本，设计企业环境和企业容貌

在现代社会，人们的生活水平日益提高。随着我国经济社会的发展，人们的生活压力逐渐在缓解，找一份工作已不是很困难，人们对企业的环境的要求却日益提高。例如，现在农民工喜欢在有电力保障的企业工作，尤其在夏季。这里的原因并不是农民工担心缺电没有工作量而少赚钱，而是因为电力能够保障好的工作环境和生活环境。因此，企业当今要更加重视企业环境和企业容貌的设计与建设。良好的企业环境和企业容貌有利于员工身心健康、情趣陶冶和审美意识，从而有助于提高员工的工作热情和凝聚力，提高劳动效率和经济效益。

在优化工作环境方面，可以从这些方面着手：调节工作环境的色彩；保持清新的空气；适当的照明度；适宜的温度；控制噪声；根据外观的愉悦性和操作的方便性设置设备；必要时可用音乐调节气氛。

在优化企业布局方面，要注意这些方面：工作区与生活区适度分开；车间布局按生产流水线合理安排。

在优化生活环境方面，要注意这些方面：改善居住条件；搞好环境卫生；提供配套的服务设施；搞好环境绿化等。

3）坚持特色发展，营造企业个性化物质文化

特色就是吸引力，特色就是生产力，特色就是竞争力，特色就是生命力。坚持特色发展，是一个亘古不变的真理。厂徽、厂旗、厂歌、厂服、厂花、企业外貌、自然环境、建筑风格、企业造型和纪念性建筑、企业纪念品等，都应具有企业个性，营造特色。员工在这样具有特色物质文化氛围中自然会感受到与众不同，会有一种自豪感。对供应商、采购商来说，他们来到企业会感觉到眼前一亮，心中会想：这个企业有特色，对产品的质量肯定很重视。

4）加快技术、设备的现代化，提高员工劳动手段的文明程度

企业的技术、设备是企业进行生产经营活动的物质基础。因此，现代企业在注重技术、设备现代化的同时，不可忽略技术、设备本身对员工的影响。

近年来，一些现代化的企业都在通过设施色彩的调节为本企业员工创造良好的劳动氛围，以此调动员工的工作积极性，体现以人为本的管理理念。同时，适宜的光线与恰如其

分的音乐，均会减轻劳动的疲劳感，并使人在生产经营过程中产生愉悦感和提高工作效率。

5）重视企业对员工素质形成的实体手段

这些实体手段是企业为员工在生产经营活动中的劳动所提供的必要的保健、卫生、安全等设施，以及为提高员工文化知识、科学技术素质所提供的必要的技术培训、职业教育、文化教育设施与环境氛围。这一切均是企业文化的外化物，他们会使人受到企业文化的熏陶，提高员工的文化素质。

14.2.2 制度文化

1. 企业制度文化的定义

关于企业制度文化的含义，不同学者进行了不同的表述，如杨懿博士的界定："制度文化是人与物、人与企业运营制度的结合部分，是一种约束企业和员工行为的规范性文化。它既是人的意识与观念形态的反映，又是由一定物质形式所构成的。同时企业制度文化的中介性还表现在它是精神和物质的中介。制度文化既是适应物质文化的固定形式，又是塑造精神文化的主要机制和载体。"张德教授的界定："制度层是企业文化的中间层次，主要是指对企业组织和企业员工的行为产生规范性、约束性影响的部分，它集中体现了企业的物质层和精神层对员工和企业组织行为的要求。制度层规定了企业成员在共同的生产经营活动中应当遵守的行为准则。"再如刘光明教授的界定："企业制度文化是企业在长期的生产、经营和管理实践中产生的一种文化特征和文化现象，企业制度文化作为企业文化中人与物、人与企业运营制度的中介和结合，是一种约束企业和员工行为的规范性文化，它使企业在复杂多变、竞争激烈的经济环境中处于良好的状态，从而保证企业目标的实现。"① 纵观企业制度文化的研究成果，本书认为，企业制度文化是指在企业经营管理活动中为企业职工普遍遵守或共享的制度及与之相适应的企业职工自觉的思维方式和行为准则。企业制度文化是企业文化的规则层和秩序系统，是介于企业精神文化与企业行为文化之间的行为规范，它既传导了企业的精神文化内涵，又对企业职工的行为具有指导和规范作用，企业职工形成了自觉的思维方式和行为准则。因此，企业制度文化既包括制度形式，又包括与之相适应的文化意识和文化氛围。企业制度文化既是企业精神的传导器，又是企业职工行为的指南针。企业制度文化在企业的经营管理中占据重要的地位。

2. 企业制度文化的形式

本书按照企业制度的内容分类方法，将企业制度分成以下几种。

（1）产权制度。"产权是一个社会所强制实施的选择一种经济品的使用的权利"② 产权是一系列权利束，一个产权的基本内容包括行动团体对资源的使用权与转让权，以及收入的享用权。"③ 产权制度界定了产权所有者与其他市场主体（个人与国家）之间的相互关系。"产权不是指人与物之间的关系，而是指由物的存在及关于它们的使用所引起的人们之间的相互认可的行为关系。产权安排确定了每个人相应于物时的行为规范，每个人都必

---

① 刘光明. 现代企业家与企业文化[M]. 3版. 北京：企业管理出版社，1999：132-139.
② [美]R. 科斯，A. 阿尔钦，D. 诺斯. 财产权利与制度变迁[M]. 上海：上海三联书店出版社，1998：166.
③ 同上：6.

须遵守他与其他人之间的相互关系，或承担不遵守这种关系的成本。"① 因此，产权决定了企业的经营性质，并受制于国家的经济制度和法律规范。

（2）组织人事制度。组织人事制度主要解决3个问题：一是组织权力结构体系，与管理的层级关系与管理幅度相对应，涉及人事权和财产权的结构安排；二是权力结构与人事安排的对应关系，明确每一种权力所适应的人选；三是权力运行机制，包括不同权力之间的关系，人事职权变迁机制（晋升、降职、平调与撤职）。

（3）绩效考核制度与薪酬管理制度。关于绩效考核制度与薪酬管理制度，现有的研究成果存在两个缺陷：一是将它们纳入企业物质文化范畴；二是将它们淡化或模糊化。将它们纳入企业物质文化范畴显然是不对的。因为企业物质文化是为社会人感知和员工体验到的具有影响力的并能折射出企业的经营思想、管理哲学、工作作风和审美意识的表现在产品（服务）上和员工工作生活环境及设施上的文化。企业物质文化是表现在"物"上的表层文化，而绩效考核制度与薪酬管理制度不是表现在"物"上的表层文化，它们是制度类型，是指导职工行为的思维意识和行为准则。将它们淡化或模糊化，也是不对的。绩效考核制度和薪酬管理制度涉及职工的切身利益。它们是人力资源管理行为中的两项重要职能，是职工最关心的两项制度。在物欲膨胀的今天，没有任何一位职工不关心它们。一些职工甚至心中只装着自己的绩效与薪酬，根本没有装着企业的使命与目标。一些企业借所谓的"团队精神"粉饰"物欲涌动"的心灵，结果适得其反。任何企业都必须正视和慎重制定绩效考核制度与薪酬制度，哪一个企业也不能淡化它们，也不能将之模糊。

（4）工作制度与责任制度。工作制度与责任制度是整个企业能够分工协作、井然有序运营的根本保障，其对职工的行为起着规范与约束的作用，是企业制度文化建设的重要内容，如职位说明书、岗位责任制、生产管理制度、服务管理制度、技术工作与安全管理制度、设备管理制度、物资采购与管理制度、财务管理制度、劳动管理制度等，以及与这些制度配套的相关监督管理制度，包括奖励制度与惩罚制度。

（5）特殊制度与企业风俗。特殊制度主要是指企业的非程序化制度，如员工评议干部制度、总结表彰会制度、干部员工平等对话制度、干部慰问制度等。企业的特殊制度能够反映一个企业的管理特点与文化特色。有良好企业文化的企业，必然有多种多样的特殊制度；企业文化贫乏的企业，则往往忽视特殊制度的建设。

企业风俗是企业长期相沿、约定俗成的典礼、仪式、行为习惯、节日、活动等，如企业周年庆典制度、歌咏比赛、体育比赛、集体婚礼等。企业风俗主要依靠习惯、偏好维持，不需要强制执行。企业风俗可以自然形成，也可人为开发。一种活动、一种习俗，一旦被全体职工所共同接受并沿袭下来，就成为企业的一种风俗，成为企业文化的一部分。

14.2.3 精神文化

1. 企业精神文化的含义

关于企业精神文化的概念内涵，学界的意见比较统一。一般认为，企业精神文化主要是指企业全体职工共同信守的价值观念、企业哲学、企业精神风貌、企业道德、企业伦理、企业信念、企业使命、企业愿景、企业宗旨、企业目标等。当然，所有这些企业精神

---

① [美]R. 科斯，A. 阿尔钦，D. 诺斯. 财产权利与制度变迁[M]. 上海：上海三联书店出版社，1998：204.

文化的内容，在不同学者的企业精神文化内涵的表述中并不完全相同，有的表述包含的内容多一点，有的表述包含的内容少一点。还有一些学者，在企业文化分类中没有企业行为文化这一类，他们将企业作风、企业风气等有关企业行为文化的内容归入企业精神文化的内涵中。笔者遵从企业文化4层次分类法，不赞成将企业作风、企业风气归入企业精神文化。

2. 企业精神文化的形式

1）企业目标

企业目标有不同的分类标准，如根据时间标准可将企业目标划分为长期目标、中期目标和短期目标；根据重要性标准可将企业目标划分为战略性目标、战术性目标、业务性目标；等等。也就是说，企业目标有层次性，不同企业目标轻、重、缓、急不一样。尽管如此，所有的企业目标对职工都能产生精神动力。

关于企业目标精神动力说，有些学者只指出企业的最高目标、企业的长期目标、企业的战略目标才具有精神动力。这是一种纯精神动力的虚伪观点，不符合实际。在当代中国，比较长期目标，人们更关心短期目标，至于5年以上、10年以上的目标，企业职工中有多少人会去关心它们？其中原因，尽人皆知。一些企业的文化建设为什么显得乏味，不能形成动力、凝聚力，一个重要的原因是目标激励脱离了职工的现实需求。

2）企业哲学

企业哲学是一个含义高深的概念。普通员工很难理解它。企业哲学是"企业领导者为实现企业目标而在整个生产经营管理活动中的基本信念，是企业领导者对企业长远发展目标、生产经营方针、发展战略和策略的哲学思考。"[①] 企业哲学思维对企业管理者来说，是一个基本要求。因为企业管理者必须回答企业与社会、企业与员工、企业与顾客的社会关系问题，要正确回答这些问题，就必须应用企业哲学。而这些问题对普通员工来说，却是比较遥远的。但是普通员工要不要掌握企业哲学思想呢？回答是肯定的，企业管理者需要不断灌输企业哲学思想给员工，使他们逐渐理解企业的哲学思想。这个过程可能是一个长期的过程。

3）企业精神

企业精神是指企业职工在经营管理实践中，逐步形成和优化出来的精神风貌，是长期的发展观念、行为方式中沉淀下来的积极因素的总结而形成的群体意识。企业精神不可能在短期形成，它是企业长期发展的产物。它是企业使命、企业宗旨、企业经营管理思想、企业价值观、企业信念、企业伦理、企业风气等的高度概括。企业精神可用文字表述，适宜用较短的词语表述，不适宜用较长的语句表述。现实中有些企业精神用语只有一个字，如"诚""禅""博"等。更多的企业精神用语是4个字的排比句，而且一般都是偶数句。

4）企业价值观

价值观是人们判断是非的标准。每个人都有自己的价值标准。人们追求什么、放弃什么、该做什么、不该做什么、主动去做还是被动去做等问题，都受其价值观的影响。价值观有正确与错误之分。指导人们"做正确的事"与"正确地做事"的价值标准就是正确的价值观，相反就是错误的价值观。企业管理者必须倡导正确的价值标准，才能使员工"做正确的事"与"正确地做事"。每位员工也必须树立正确的价值标准，才能使自己不

---

① 张德．企业文化建设[M]．北京：清华大学出版社，2005：2．

迷失方向。一切有利于企业健康持续发展并且有利于社会进步、促进人们物质文化生活水平提高的价值标准，都是正确的价值观。

5）企业宗旨或企业使命

企业宗旨或企业使命表达的是企业存在的意义。企业存在的意义主要表现在3个方面：一是获取利润，促进企业自身发展；二是帮助员工实现人生价值；三是生产合格的产品、提供合格的服务，满足顾客的需求和社会发展的需要。这就是企业的宗旨，就是企业的使命。

6）企业愿景

企业愿景是企业发展的美好蓝图。企业作为社会的一个经济主体，承担着促进社会发展的重要角色。它必须同社会其他市场主体一起，进行合理分工，协同配合，各负其责，共同促进社会发展与进步。从这个角度出发，每一个企业必须从某一个方面，提出自己未来为社会发展所做的贡献，从而在促进社会发展与进步中定位自己发展的蓝图。

7）企业信念

企业信念是企业哲学与企业价值观的具体体现，如"奋斗就有收获""企业发展的根本任务就是满足员工的物质文化生活的需要""坚持技术创新必然有成效"等，这些都是企业信念，都是企业哲学和企业价值观在企业行为中的具体表现。企业信念可以反映企业管理者的胸怀大小、认知水平和思想觉悟。优秀的企业管理者能够提出影响深远的企业信念，并在这种信念指导下，引导员工共同奋斗。

8）企业伦理和企业道德

企业伦理与企业道德是社会伦理与社会道德在企业里的具体表现。现实中，一些企业家感叹现在的员工道德素质低下，不讲人情伦理。导致这种现实状况的原因并不是企业方面的原因，而是员工进入企业之前已经受社会不良风气的影响。如果企业家想通过对员工进行伦理道德素质教育来提高员工的道德素质，那将是非常不切实际的想法。提高人们的伦理道德水准需要全社会的努力。当然，从教育学角度分析，企业应是成年人伦理道德教育的重要场所。

14.2.4　企业家行为文化

管理者是企业经营管理活动的指挥者、重要的决策者，其言行举止直接影响着企业员工的行为，在企业的行为文化建设上管理者应起表率作用，其中，企业家更是企业行为文化的标杆。

1. 企业家对企业文化的作用①

企业家是激励员工创造性劳动的领导者，是现代企业的灵魂。企业家和企业文化具有内在统一性。企业家精神及企业家的形象是企业文化的一面镜子，企业文化是企业家德才水平、创新精神、事业心和责任感的综合体。企业家既是制定政策与方针的决策者，又是以自己良好的品德才能、感情投资、领导形象引导职工行为的典范。

1）塑造作用

优秀的企业文化不会自发产生，而是在企业长期实践的自觉活动中产生的，而且企业家的素质与能力直接影响着企业文化。企业家是企业文化的塑造者，企业家肩负塑造企业

---

① 杨懿．转型期中的中国民营企业文化研究[D]．复旦大学，2005：67 - 68.

文化责任的重担，在企业文化塑造中，企业家从本企业的特点出发，以自己的经营哲学、理想、价值观、伦理观和风格融合成企业的宗旨、企业价值观，并逐渐被广大职工所认同、遵守、发展和完善。与此同时，卓越的企业家以自己高尚的人格力量塑造和培植卓越的企业文化。日本著名企业家松下幸之助说过，一位经营者，不需要是万能的，但应当是一位品格高尚的人，因为后者往往更能吸引人才。企业家的高尚人格往往能在职工中形成向心力、凝聚力、内应力的精神力量，它是企业走向兴旺发达的强大动力源。另外，企业家还以自己个性化的经营管理风格来发展和完善个性化的、卓越的企业文化。卓越的企业文化掌握了一个企业的生命和灵魂，塑造企业文化是一个永无休止的过程。企业家在塑造企业文化的过程中，不能把企业文化仅当成一种手段，否则这个企业只能是有形而没有魂，企业文化是一种浮光掠影、华而不实的所谓企业包装，不仅会欺骗社会，而且也会愚弄企业的员工，最终会愚弄企业本身。企业家只有真正树立了和社会道德观相符合的理念，形成一套企业文化理论体系，并在这个企业中踏踏实实地去运行、补充和改善，才能最终塑造优秀的企业文化。

2）示范作用

企业文化建设必须要由企业家身体力行、示范推广，才能出成效。一个企业要树立鲜明的企业精神，要让职工信守企业的价值准则，企业家首先要做出表率。优秀的企业家不仅是企业文化建设的设计者，而且是企业文化建设的楷模。只有通过企业家和全体职工的共同努力，才能推动企业文化建设的顺利发展。一个企业只有通过企业家自己的感召力和示范作用，通过自己的良好形象在职工中产生的模仿效应，才能有力地促进企业文化的建设和发展。企业家的良好行为能够引导企业员工表现优秀，从而促进企业文化更优秀。企业家的不良行为会给员工造成负面影响。

2. 企业家常犯的一些错误

（1）独断专行，听不进与自己相悖的意见。大多数企业家都认为自己能够创办一个企业，并且现在盈利，企业的未来前景又看好，这个时候，自认为是时代的精英，时代的弄潮儿，常犯听不进与自己相悖的意见，显得过于自负。然而，正是从这个时候起，"虚假""封闭""讨好"的不良风气开始在企业中蔓延。老板说什么就附和什么、员工说话言不由衷、该说话时不说话、该表达意见时不表达意见、甚至说假话等现象都会出现，这样的不良风气成为企业员工的共同风气，对企业极其不利。虽然，企业家是企业的灵魂，是企业经营管理活动的指挥者、决策者，但在现代企业中，多数情况下民主决策优于独断专行。

（2）任人唯亲，不任人唯贤，纵容能力不足的人。任人唯亲、纵容能力不足的人的用人机制在某些地方仍然存在，尤其行政事业性单位更甚，但现代企业不应该这样。每家企业或多或少都有一些能力不足的人，这是必然的一种现象，但是绝不能纵容这些能力不足的人。企业人力资源管理的错误就是把一个错误的人放在一个错误的位置上。若是如此，其危害性不可想象。企业是以盈利为主要目标的场所，要依"做正确的事"和"正确地做事"作为员工行为的判断标准，以此进行论功行赏、职位晋升。这才是正确的用人机制，才能调动员工的积极性和主动性。

（3）率先破坏规矩，不严格执行制度。对企业家来说，这个错误是经常性错误。表现在两个方面：一是完全不执行制度；二是制度打折扣。譬如上下班制度，规定不能迟到或早退5分钟，违背者每次扣罚5元。这样一个简单的行为规范，在许多企业中就执行得很差劲。许多企业家认为，制定这个制度只是例行工作，违背这一制度只是一个小小错误，对企业的生存没有什么影响。殊不知"千里之堤，毁于蚁穴"。企业家在执行制度方面，应该起表率作用。一个企业里，如果不严格制度，难以赢得员工的心，违背制度不处罚，就会乱了企业的规矩。其后果可能是，一个小错误酿成大错误，从此企业一蹶不振。

（4）只知道命令，不知道教化。许多企业家，只会当元帅，不愿当辅导员。只会做决策，不会教化。只会命令人做事，不会让人思考。很多领导喜欢说："别告诉我过程，我只要知道结果。"其实，在注重结果的同时也不能忽视思想。员工需要教化。只有教化员工，才能让员工了解企业家的思想。只有教化员工，才能使员工不断提高思想觉悟。只有教化员工，才能提高员工的能力。教化的形式多样，企业家到基层看到员工的错误马上纠正是一种教化；企业家组织培训师来给员工授课是一种教化；企业家亲自讲解企业生存的形势是一种教化；创造机会让员工集中讨论是一种教化；鼓励员工到院校学习是一种教化；企业家的日常行为是一种教化；等等。只有正确地教化员工，员工的素质才能不断提高，才能适应企业发展形势的转变。

（5）只知道利润，不知道回赠。获取利润是企业生存下去的一个理由，也是企业家之所以成为企业家的一个根本保证。这是大家所共知的一个道理。企业家在获取利润的同时，要学会回赠。要回赠员工，提高员工的待遇，才能使员工踏实地工作。要回赠社会，才能提高企业的社会影响力，获取更多的社会资源。没有员工和社会的支持，企业不可能生存下去。

（6）事无巨细，只见问题，不看目标。企业管理的层次性表明，不同层级的管理者要各负其责，企业管理才能有条不紊。作为企业家，有自己的职责，就是抓企业的战略问题，看准企业的目标，而不能事无巨细，每天处理日常问题。然而，现在的企业家在做什么呢？每天花80%的时间处理日常问题，事无巨细，只见问题，不看目标。结果怎样呢？只创造了20%的生产力，企业日常问题也没见得到彻底解决，而企业家每天累得筋疲力尽，到了晚上还要赔着笑脸跟供应商、采购商、政府官员应酬。这就是当今许多民营企业家们的生活。作为企业家，不能只看到问题，而忘了真正的目标。目标是一个宏伟的大方向，是战略，问题就是眼前的琐事。一个企业里，问题天天有，但在处理问题的同时，更重要的是找寻这些问题产生的根源。企业家如果被琐事困扰，就会丧失主观创造力。企业家要精于制定管理者职责，给下属一个游戏规则，善于授权培养称心如意的干部，以避免企业家"一把抓"的局面。

14.2.5 员工的行为文化

员工是企业的主体，员工彼此影响相互传递。企业的行为文化体现在员工的思想作风、传统习惯、工作方式、生活方式等各个方面。员工的行为文化是企业风气的代名词。企业员工的群体行为决定企业整体的精神风貌和企业文明的程度，因此，企业员工群体行为的塑造是企业文化建设的重要组成部分。

1. 员工的行为文化的内涵

员工的行为文化是企业文化在员工身上表现出来的做事与做人的各种行为活动。通过全体员工的言行举止可感受到企业的行为文化，并透过它体会出企业全体员工所共同遵守的价值观念，从而深刻地感受到该企业的企业文化。员工的行为文化能够折射出企业的经营管理思想、经营管理哲学、企业的精神风貌和企业的核心价值观。

员工的行为需要精神文化提供价值支撑,需要物质文化提供物质条件,需要制度文化提供行动指南。管理者的行为文化为员工的行为取向提供了仿效的榜样,而员工的先前文化教育、生活习惯、性格也深深地影响着他的行为。由此可见,员工的行为受诸多因素影响,其复杂性不言而喻。

2. 优秀员工的表现

1) 有责任心

责任心是做好工作的必要条件,一个人如果没有责任心,其工作肯定做不好。责任心相对能力,有时更重要。一个人能力平平,可以通过各种途径提高能力。而一个人如果没有责任心,能力虽高也无法将工作做好。随着科技的发展和流水线作业的实施,企业的许多工作操作越来越简单,影响员工工作质量的重要因素不再是员工的技能,而是其责任心。责任心可以帮助员工在许多方面取得进步。有责任心的人工作会很努力、很认真、很仔细,这样就可以确保工作少出错;有责任心的人有组织性,能够顾全大局,能够服从、协调配合把工作做好,减少工作矛盾,并能发挥团队的作用;有责任心的人能够在执行工作前做好周密计划与充分准备,从而把工作做得井井有条;有责任心的人为人可靠,能够说到做到,有始有终,承诺过的事情就一定会负责到底,值得信赖,不必对他监控与担忧,让协作进入良性循环;有责任心的人坚韧,不会一遇到问题就打退堂鼓,而是想尽一切办法去解决问题,实在想不出办法、解决不了问题时,他们会第一时间上报领导寻求帮助;绝对不会一旦碰到问题就把问题推给上司,傻等上司的指示;有责任心的人会把圆满完成工作当成自己的义务,为了完成工作会做一切努力,包括努力学习新知识、总结工作经验等,他们的一切行为都是为了一个目标,即更有效地完成工作[①]。"没有责任感的员工不是优秀的员工。责任感是简单而无价的。工作就意味着责任,责任意识会让人们表现得更加卓越……负责任的人是成熟的人,他们对自己的言行负责,他们把握自己的行为,做自我的主宰。每一个成熟的企业都应该教育自己的员工增强责任感,就像培养他们的其他优良品质一样。"[②]

2) 做事到位

做事做到位,对每位员工是基本的要求。然而,现实中许多员工做事并没有做到位。譬如,虽有计划却没有按计划执行,虎头蛇尾;有工作标准却投机取巧,不愿意付出相应努力;凡事不按高标准却按低标准要求做,浅尝辄止;工作在等待中完成,不会主动请缨,遇事拖拉;工作做得差不多,应付了事;工作中不追求精益求精,马虎轻率;工作中有目标要求但达不到,偏离目标;只知道听命于上级,唯命是从,不会主动思考;眼高手低;找借口,推卸责任;等等。做事不到位就会导致资源浪费、工作效率低下。管理的目的是提高资源的使用效率与效果。所谓效率,简单地说就是"人尽其才,物尽其用"。所谓效果,就是目标的实现程度。所以,上述做事不到位的各种表现就是"效率低下,效果太差"的表现。相反,就是"效率提高,效果好"的表现,也就是做事做到位的表现。优秀的员工首先要做事做到位。

3) 高标准做事

优秀的员工不仅做事有责任心,做事做到位,更重要的是对自己严格要求,坚持高标

---

① 余世维. 赢在执行[M]. 北京:中国社会科学出版社,2005:115.
② [美]费拉尔凯普. 没有任何借口[M]. 北京:机械工业出版社,2004:77-83.

准。海尔集团的冰箱质量现在为什么令人放心，就是因为张瑞敏总裁对冰箱质量的高标准要求。在海尔集团创业之初，张瑞敏发现第一批生产出来的冰箱中有76台有质量问题（只是次品，不是劣质品），于是召集公司员工来到厂里比较空旷的地方，并请员工将有质量问题的冰箱抬到那里，然后给员工做了有关质量的思想工作，并现场带头用锤子砸掉冰箱，结果这76台冰箱当场全砸碎。正因为张瑞敏当初对冰箱质量的严格要求，才铸造了今天海尔集团冰箱的高质量。优秀的员工应该有张瑞敏总裁对质量高标准要求的意识，对待每一件事，不仅要按照公司的标准去做，做到位，还应该以更高的标准来要求自己。标准可以激发一个人的智慧，也可以提升工作技能。一个人只要坚持高标准做事，就可以成为优秀的员工。

4）关注细节，做好每一件小事

随着科技的发展和生产工艺流程优化，社会分工越来越细，企业产品的生产和提供的服务越来越专业化，员工所从事的工种技能要求并不是越来越复杂，而是越来越简单化。员工大部分时间都是在做专一性的工作，并不是对企业发展影响大的事情。"多数人所做的工作还只是一些基本的事、琐碎的事、单调的事，他们也许过于平淡，也许太鸡毛蒜皮，但这就是工作，是生活，是成就大事不可缺少的基础。所以，无论做人、做事，都要注重细节，从小事做起。一个不愿做小事的人，是不可能成功的。"① 一个人并不一定要通过做大事情来体现自己的地位与能力。人们只要将每一件小事情做好、做熟练、做到位，同样可以掌握别人所不能的"绝招"，再现自己的能力与价值。道家创始人老子有一句名言："天下难事，必做于易；天下大事，必做于细。"优秀的员工之所以比别人更优秀，就在于其对待每一件小事都比别人更细致、更用心。

5）注重学习，勇于创新

企业应成为学习型组织，员工应做学习型员工。无论是企业家，还是员工，都应养成良好的学习习惯。每天学习一点点，人的技能和素质就会提高一点点。学习型组织的真谛不是最终目标，重要的是通过迈向学习型组织的种种努力，引导出一种不断创新、不断进步的新观念，从而使组织日新月异，不断创造未来。学习能够激发人们的创造精神和创造能力。当今，知识更新速度很快，信息非常丰富，如果不注重学习，以前所掌握的知识就会老化。而如果每天学习、坚持学习，所掌握的信息会与日俱增，知识和能力也会与时俱进。这些新的知识和能力能够用在企业的创新活动中，那么企业的竞争力必将增强。未来世界是一个充满竞争的世界。这种竞争是人才的竞争，准确地说是人的创造力和创造精神的竞争。

6）团结协作

企业文化建设的一个目的就是形成企业的凝聚力，引导员工朝着企业发展目标使劲。那么，要成为企业的优秀员工，自然要遵从这个道理，善于团结其他员工，成为团队的核心人物。在工作上要善于组织、协调、配合、指导、奉献、谦虚、真诚、热情。在生活上也要相互帮助、关心、体谅。优秀的员工在工作中绝不会与其他员工斤斤计较，也不会计较自己的个人得失，总是吃苦在前，乐于奉献。优秀的员工一般都有大局观念和整体意识，不会强调"以自我为中心"，而是强调"整体利益优先"。即使工作中碰到矛盾，优秀的员工总是主动沟通，求大同存小异，多找共同点，化解矛盾。

---

① 西武. 做事做到位[M]. 哈尔滨：哈尔滨出版社，2007：162.

7）低调做人

在中国，一个人的成功其影响的因素很多，其中最重要的一个因素就是会做人。会做人的关键在于低调。正如一棵树，要长得更高，接受更多的阳光，就必须将根深深地扎入黑暗的土壤中。一个人要想取得成功，就要高标准做事，低调做人。不能好高骛远，眼高手低。圣者无名，大者无形。"真正的圣人最终会修炼到无我的状态，无我者何顾其名哉！真正的大者最终会演化为混沌的状态，混沌者何存其形哉！人之圣，其名奄奄乎成其道；天之大，其形浩浩乎成其理。"①

8）忠诚并感恩

员工忠诚于企业对企业的发展非常重要。以感恩的心为企业分忧解难、尽忠尽责对企业发展更重要。忠诚与感恩都是人类社会重要的美德。忠诚对企业的长期发展有利，对员工个人事业的成功也有利。忠诚于事业的人，才能在企业中实现自我价值，才会取得事业上的辉煌与发展。因为员工的忠诚会引来企业家的信任。忠诚越多，信任度越高，发展的机会也越多。

感恩是人的美德。无论企业家还是员工，都应有感恩的心。一个企业如同一个大家庭，员工应关心企业的发展，企业家应关心员工的发展，双方亲如一家。对于企业所提供的就业机会和施展个人才能的舞台，员工应心怀感恩；对于员工为企业所做的贡献和所创造的财富，企业家也应满怀感激之情。彼此都有感恩的心，员工与企业家就容易沟通、达成共识，就不会患得患失，离心离德，而会相互理解、相互支持、相互依托。

阅读案例 14-2

奥康：领导力文化助力企业发展

对于奥康集团而言，领导力的修炼是目前公司领导层最重要的工作，也成为4年来奥康集团内部培训、会议中最热门、最流行的词汇。

"领导力是关于影响他人积极行动的艺术"——这一"领导力"的概念首先由奥康大学领导力学院提出并定义，目前已经深入人心。奥康的所有管理者都知道：作为一名领导，必须通过他人完成自己的工作，所以只有激励他人自动自发地开展工作，才能实现团队的绩效目标。

虽然这一点并不能涵盖奥康22余年的领导力文化的精髓，只不过定义了领导力的本质在于影响他人，通过激励他人产生行动和完成目标这一最深刻的内涵，但对于奥康而言，鲜明的企业文化特征必然赋有奥康独特的领导力文化。

1. 领导力文化是奥康企业文化的重要组成部分

随着经济全球化的发展，通过企业文化建设、企业理念的营造来增强企业的核心竞争力，培养优秀的企业领导人将越来越多董事会所关注。大量事实证明，在企业发展的不同阶段，企业文化再造是推动企业前进的原动力，企业文化是核心竞争力，而管理者是企业文化的传承者与模范行为的塑造者。

奥康领导力文化建设重点着眼于各级管理层。从奥康企业文化对奥康人的影响来看，奥康的管理层至少要认同并践行4项核心价值观：诚信、创新、人本、和谐。

1）诚信

诚信是做人的根本，是发展的根基。以诚信经营事，以诚信经营人。在奥康发展历史中，到处是诚信的故事。可以说没有对顾客的诚信，就没有奥康；没有对合作伙伴的诚信，就没有奥康；没有对员工的诚信，更没有奥康。依靠说到做到的诚信精神，奥康赢得众多员工的信赖。

---

① 张振学. 低调做人的哲学[M]. 北京：中国纺织出版社，2007：60.

在王振滔董事长的办公室里，挂在最显眼位置的是"言必信，行必果"的牌匾，这是奥康的格言！2010年7月，奥康在温州大剧院举办了千人合作商峰会。这一规模庞大的盛会折射出奥康正是靠着"诚信"的领导力文化来凝聚人心。同时，诚信文化也成为奥康留人的根本。通过对在公司工作5年以上及10年以上员工的调研，大家普遍反映，奥康能凝聚人心，关键在于诚信文化。

2）创新

创新是企业持续发展的不竭动力源泉。奥康虽然以鞋类制造起家，但却以创新闻名于企业界。

创新精神是奥康企业文化的特质。在22年的发展历史中，人们可以清晰地看到奥康不断创新的轨迹。从1988年开始，王振滔在湖北国营商场租借柜台，开创引厂进店的新的销售模式。1998年，王振滔又在永嘉县上塘县开设第一家专卖店，开创连锁专卖模式。此后又陆续开创了名品空间、银企合作等新模式。奥康鞋业的发展离不开战略的制定与执行。2007年，奥康集团与全球综合实力领先的AT科尔尼公司合作，制定国内国际鞋业发展新战略。

3）人本

在奥康领导层眼里，真正的"以人为本"是充分考虑到员工的需求，了解他们的兴趣，发现他们的优势，然后引导他们的人生梦想与奥康保持和谐共振。以人为本的真谛，不在于给员工高职位、高薪资，而是让他们在奥康的组织中保持高幸福感。这几年，奥康先后举办了"暖心工程""阳光工程""人才工程"等激发员工归属感的大工程。奥康公司也因此被中华总工会评为"和谐员工之家"。

奥康大学在这方面做出了自己独特的贡献。奥康大学非常看重培训志同道合的员工。在筛选一名员工参加某一培训项目的事情上，奥康大学表现出异常的关注。学员被反复问到一个问题："你真正想做的是什么？你的事业目标与奥康的愿景是一致的吗？"如果获得一致的回答，这名学员才真正成为奥康大学的学员，否则将不予以录取。奥康大学这么做，对公司、对自己、对员工都是负责任的。对公司而言，找到认同公司文化与事业的同道者；对奥康大学自己而言，培训资源用到了有价值的员工身上；对于员工而言，帮助他们尽早明确自己的人生方向，及早做出事业目标的决策，把有限的时间、经历和资源投入到自己更感兴趣的目标上去。这是真正的三方共赢，这是真正的以人为本。

4）和谐

真正的和谐是企业与顾客、员工、股东、社会、政府五方面保持和谐共处、和谐共生。在奥康人眼里，企业无论做什么事业，必须要盈利，只有盈利才有能力为顾客、员工、股东、社会和政府做贡献。

企业存在的最根本目的就是不断创造和满足顾客的需求。对奥康人而言，时刻洞察顾客的需求，是首先要做的事情。员工是与顾客对接的第一窗口，要想员工服务好顾客，企业必须服务好员工。在奥康，官职越大的干部，服务态度就得越好。有一个有趣的现象：奥康的高管都有公司配发的宝马车，每逢下班时候，在公司的大门口就挤满了一些等车的普通员工。这些员工等的是宝马车。开宝马车的高管这时候就成了员工到市区的免费司机。这是奥康和谐文化的一种体现。

当然对于股东、社会、政府的贡献，例子也不胜枚举。2007年4月6日，中国第一个以企业家命名的"王振滔慈善基金会"的成立，表示着奥康在社会责任方面的决心与努力。

2. 奥康领导力文化的特质

创新与激情是奥康领导力文化的重要特质，也成为奥康集团傲傲全球的文化之基。纵观奥康22余年的人力资源发展，以及王振滔个人在选人、用人方面的标准，具有创新精神、敢想敢为的人往往得到重视，热情开朗、做事坚持不懈的人也受到青睐。将奥康管理层修炼成具有鲜明的创新与激情的领导力特质，是奥康大学领导力学院的重要责任。

1）创新领导力

"公司明确要求你不能做的，你一定不要做；公司没有明确要求你不能做的，你可以大胆去做"这是对创新精神的一种鼓励。

以今天奥康大学的成就证明，如果没有奥康大学，奥康人今天的素质如何被快速提升；如果仅仅成立一所学院，奥康大学今天在中国企业大学界的地位又该如何？这又印证了奥康的一句名言：格局决定结局。

现在，奥康大学的组织架构中除了五大职能部门、四大学院之外，还成立了三大职能中心：领导力评鉴中心、案例研究中心和连锁专卖研究中心。

2) 激情领导力

激情是奥康领导力文化的又一特质。不同的人对"激情"这个词有不同的见解。奥康大学领导力学院在培训中提出：激情是人对目标持续努力、永不放弃的状态。同时对"激情就是忽悠"的偏见进行了反驳。在当时，领导的讲话被许多人不理解，认为其心大嘴大，常常把不可能的事情说成可能。但当结果实现的时候，"好高骛远"就被称赞为"高瞻远瞩"。在奥康有一句话：心有多大，舞台就有多大，思想有多深，行动就能走多远。激情不是喊口号，是敢于设定大目标，并且为了实现这个大目标而持续进行努力，并永不放弃。

奥康的愿景是百年奥康，全球品牌。使命是为人类进步而服务。为了实现这样的目标，奥康从永嘉的一个小鞋厂，到温州的领导品牌，再到全国的领先真皮鞋王，再到中国鞋业领导者地位。

3. 奥康领导力文化建设

德鲁克对领导力的定义是：领导力，通过激励和组织人力资源，完成组织目标和使命。领导力的核心是激励。领导力关注的对象是人而不是事，其通过他人完成事业，领导力的好坏取决于被其影响的人的绩效。领导力的核心归根结底在于激励。激励以人为中心，让人主动地、高效地去工作，就是领导力的全面内容。

在一个组织中建设领导力文化，在于如何把激励人的理念落实到企业的经营与管理中，形成奥康人一致的价值观。根据奥康领导力培养的经验，有以下一些理念已经深入奥康人的骨髓，成为奥康成功的重要理念。

(1) 制度第一，老总第二(制度篇)。制度面前人人平等；无情管理，有情关怀；灵活要有原则，原则不能灵活。

(2) 德才兼备，以德为先(人才篇)。有德有才，提拔重用；有德无才，培养使用；无德有才，限制使用；无德无才，不可留用；企业树人，人才兴企；知人善用，合适的才是最好的。

(3) 真诚做人，精心做事(行为篇)。先做人，后做事；对事不对人；忠于公司、忠于事业、忠于工作。

(4) 开放包容，和谐共处(团队篇)。海纳百川，素质经历各不同，需彼此包容和谐相处；团结就是力量，上下同欲者胜。

(5) 结果导向，激励考核(激励篇)。公开、公平、公正；三级审核；责权利统一。

(6) 强化执行，杜绝拖延(执行篇)。像军人一样执行；策略优先，快速行动；说到不如做到。

(7) 与时俱进，持续创新(创新篇)。观念创新给企业注入新的发展思路以至不迷失方向；技术创新将给企业带来具有高科技附加值的产品；管理创新让多种管理方法、技巧、管理模式适合公司发展；领先半步，步步领先。

(8) 以身作则，行胜于言(领导篇)。有作为，才有地位；运筹帷幄，勇于负责；言传身教，以身作则。

(9) 换位思考，有效沟通(沟通篇)。积极、主动、协调、沟通；坦诚有恒，沟通无限；学会倾听，敢于信赖。

(10) 学以致用，持之以恒(学习篇)。悟比学重要；工作学习化，学习工作化；时时学习，处处学习，事事学习。

这些理念不在于"知"，而在于"行"。奥康领导力文化的建设并不是知道了这些理念，而是在行为中体现这些理念。这是非常关键的。

4. 奥康领导力人才的培养

奥康大学领导力学院是奥康领导力人才培养的摇篮。培养怎样的领导力人才，取决于其对奥康文化的理解。为了保障培养的领导力人才符合奥康的人才要求，领导力学院经过大量调研，借鉴众多世界500强企业的经验，深刻解剖奥康领导力文化，首创奥康领导力核心素质模型——五力领导力。

该五力领导力核心素质模型融合奥康文化对管理干部的能力要求，并通过系统的领导力课程学习、行动学习法、案例教学等方式进行孵化。五力领导力核心素质模型提出，作为一位优秀的干部必须具备5种基本领导能力，即公信力、前瞻力、创新力、感染力和执行力。

1) 公信力

公信力强调用人以德为先，德才兼备。拥有诚信正直的品格比什么都重要。在奥康不是最有能力的人担当重任，而是最有品德的人。但反过来讲，如果这个人仅仅有德无才，还不足以担当大任。公信力要求这个人不但要品德好，更要善于用人。能够找到合适的人，就是公信力最好的体现。

在奥康，最重要的找人理念是用人所长，发挥优势。同时非常注重人才的事业目标是否与公司的事业目标保持和谐共振。奥康允许人才为自己工作，但必须为公司创造价值。解决公事与私事最好的方式是个人目标与公司目标保持一致。

2) 前瞻力

平凡的人对发生的事喜欢高谈阔论，指手画脚；但具有前瞻力的人对未来拥有正确的判断。在许多平凡的人眼里，高瞻远瞩的人往往是好高骛远。如果一个人在专业上拥有绝对的优势，公司对他作出的预测将保持高度的尊重，并且愿意拨出优质的资源来帮助其实现目标。

在奥康有两种人可以被称为具有高前瞻力的人，一个是老板，一个是专业人才。从根本上说，老板的目标并无对错之分，只是在一定时间内有无实现的可能。在一个商业组织中，老板的决策通常不容置疑，职业经理人要做的就是去执行。另外，专业人士的预测将在很大程度上影响着老板的决策。有许多时候，专业人才并不与老板保持一致的看法，但这些都只是实现的策略不同而已。

3) 创新力

这一点在以上的段落中有深刻的阐述。奥康大学领导力学院曾开展一场名为"岗位价值创新"的活动。该活动的目的是让每一个在本职岗位工作3年及以上的员工做出深刻的检讨：如果自己在3年内重复着同样的工作内容，满足于同样的工作目标，必须做出怎样的调整？

在奥康，时刻检讨自己的工作，成为一种领导力文化的典范。自2000年开始，每年7月份，奥康集团思考周活动都会如期举行。思考就是反思，并且对未来做出新的判断。如果说奥康能够健康发展22余年，未来还会健康发展百年的话，思考周文化像血液一样融入每位奥康人的身体里。不具备创新力的员工将被自己的岗位所淘汰。

4) 感染力

作为一名干部，仅仅做好自己的事情是不称职的。影响自己的下属、同事和上司，才能够保证自己是一位卓有成效的管理者。感染力的修炼离不开语言的魅力和正直的品格。奥康大学继承了奥康这一方面的特质。每次培训课程期间，一定会安排学员的演讲活动，并且规定了演讲的主题和演讲的时间段，来帮助学员在规定的时间里清晰地表达自己的想法，并且评比谁的想法更容易获得支持。

奥康认为，感染力像一个美味面包表面的奶油，引诱人去品尝。如果只是毫无色彩的方块面包，相信没有多少人会产生食欲。

5) 执行力

当所有的想法都没有变成现实前，只是"坐而思"，而没有"起而行"的话，任何讨论都没有实际意义。

在奥康，执行力是一名员工最重要的能力。奥康的主管判断自己的下属是否有干劲，通常并不想看到下属在自己的办公桌前苦思冥想，而是看他在动手做些什么。奥康大学专门组织过"执行，重在到位"的培训，来灌输"有想法，更要有方法""在想到与得到之间，必须做到""执行必须到位；执行不到位，不如不执行"的执行力理念。所以在奥康到处有坐下来夸夸其谈，站立来雷厉风行的人。夸夸其谈，在奥康不是贬义词，而是"前瞻力、感染力"的体现，说明这个人"有想法"；雷厉风行，是"执行力"的体现，说明这个人有把目标变成现实的能力。

在奥康领导力核心素质模型中，公信力是最重要的能力素质，其他4种能力围绕其周围。对于高层，最需要具备公信力和前瞻力；对于中层，最需要具备公信力和创新力；对于基层，最需要具备公信力和执行力。而感染力的修炼，在不同层次的干部中，有不同的要求。

奥康是中国鞋行业的领导者，其22余年积淀的领导力培养的经验告诉人们：人才，永远是企业最宝贵的资产。让人才满意，就是让顾客满意、让股东满意、让社会和政府满意。

如何让人才满意？在人才需求三大领域(名、利、感觉)中，奥康知道，以名和利作为激励的手段已经越来越难以发挥效用了。营造一个让人受尊重、激发创造、感觉到幸福的氛围，变得越来越重要。企业文化建设实际上是公司领导层对人才的看法所折射的行为。领导力虽然是一种能力，但整个领导集体的一致行为，就是领导力文化。

在奥康发展百年的道路上，领导力文化建设将影响着他们的未来！

（资料来源：中国人力资源开发网，http：//www.chinahrd.net/case/info/156350.）

14.3 企业文化管理思路

思路决定出路，有了思路才能系统地思考解决方案，有了思路才能就具体问题提出具体对策。企业文化管理是一项长期工作，不能操之过急，不能就问题寻找解决对策，而应系统地进行思考，应该掌握明确的思路。提出中小企业文化管理思路比提出具体对策更重要，作用更大。

企业文化管理是企业文化与职工互动关系变迁的过程。企业文化可以影响职工，职工也可以影响企业文化。企业文化管理的目的是凝聚人心、提高人的能力、改善业绩，促进企业健康可持续发展和人的全面进步。要实现这个目标，关键在于人的作用。人是一切社会关系的总和。人的作用要发挥出来，需要考虑人的自身条件、人的行为动力和人的行为规范3个方面。人的自身条件越好，人的作用就越大。人的行为动力就越大，人的作用越大。人的行为规范越好，人的作用就越大。人的自身条件主要表现在人的身体、知识、技能和人品。充分发挥人的作用，需要从机制、制度、素质、人性和教育5个方面来思考企业文化管理措施。机制管理提供动力，制度管理提供规范，素质管理和人性管理改善人的自身条件，教育管理是教化，让职工既了解自己，又了解自己所处的环境（企业内部环境和外部环境）。因此，企业文化管理应该从机制管理、制度管理、素质管理、人性管理和教育管理五个方面入手。

14.3.1 机制管理

1. 机制管理的含义

"机制"一词，英文词为Mechanism，《现代汉语词典》对它的解释是：①机器的构造和工作原理，如计算机的机制；②有机体的构造、功能和相互关系，如动脉硬化的机制；③指某些自然现象的物理、化学规律，如优选法中优化对象的机制；④泛指一个工作系统的组织或部分之间相互作用的过程和方式，又叫机理，如市场机制、竞争机制。《辞海》对机制的解释是：原指机器的构造和动作原理。生物学和医学借用了此词，在研究一种生物的功能时常说要分析它的机制，即了解它的内在工作方式，包括有关生物结构组成部分的相互关系及其发生的各种变化过程的物理、化学性质和相互关系。这两种解释都比较侧重于事物（或系统）的运作。

"机制"一词最初仅应用于工程技术领域，原本是指机器各部件的相互联系及其动作原理，后被使用于其他学科，如生物、化学、医学、经济学、管理学。"机制"一词借用到不同的学科领域，也就会形成相应的特定的概念。机制管理中的"机制"就是管理学领域借用的概念，有其特定的含义。

准确把握机制管理的含义，需要把握机制概念所涉及的3个重要方面：一是结构；二是结构的构件；三是构件之间的工作原理及其相互关系。健全灵活的机制反映在3个方面：一是结构要完整，能够承担所有任务；二是构件要优质，这是结构优化的基本条件；

三是构件之间要协调，这决定了构件的工作效率和效果，以及整个结构的工作效率与效果。因此，创建健全灵活的机制就需要选择好构件、设计好结构，激活它们之间的工作原理。

2. 机制管理的类型

（1）分工机制。分工机制是企业战略任务落实到企业内各子系统及每位职工的机理。分工机制要解决3个问题：一是企业组织结构的设计；二是企业各个子系统应承担什么任务；三是每位职工应承担什么任务。健全的分工机制体现在企业内所有的子系统中"事事有人做，人人有事做"。如果存在"有事没人做，有人没事做"的现象，说明企业的分工机制存在问题。

（2）决策机制。决策机制主要涉及权力分配机制和权力运行机制两个方面。权力分配机制反映集权与分权的关系处理方式。健全的权力分配机制体现在权力分配适应企业经营管理现状上。一般而言，企业经营管理状况恶化，适应集权，企业经营管理状况良好，适应分权。权力运行机制反映决策效率。决策效率高，权力运行机制灵活；决策效率低，权力运行机制僵化。

（3）协调机制。协调机制反映在3个方面协调关系：一是企业各子系统之间的协调关系；二是企业各子系统内职工之间的协调关系；三是企业各子系统与企业高层管理者之间的信息沟通渠道。比较而言，企业各子系统内职工之间的协调关系比较好处理，也比较好衡量。企业各子系统的绩效可衡量各子系统内职工之间的协调机制。绩效高，协调机制灵活；绩效低，协调机制僵化。企业各子系统之间的协调关系比较难处理，也比较难衡量。企业各子系统之间的协调机制的灵活性主要取决于两个方面：一是企业各子系统对企业战略目标的认同程度；二是企业高层管理者与企业各子系统的信息沟通渠道。企业各子系统对企业战略目标的认同程度越高，企业高层管理者与企业各子系统的信息沟通渠道越畅通，企业各子系统之间的协调机制越灵活，反之则越僵化。

（4）监督机制。监督不是约束，是一种保障，监督机制实际上是一种保障机制，不是约束机制。健全的监督机制有助于尽早发现问题，从而及时纠正。监督机制反映在3个环节：一是上级对下级的监督；二是下级对上级的监督；三是同级监督。企业有没有这3个环节的监督，反映了企业的监督机制是否健全。这3个环节的监督形式和手段，反映了企业的监督机制是否灵活。要建设良好的监督机制就必须健全这3个环节的监督体系，并采取适当的监督手段。

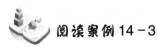

A企业的奖惩机制

A是一家新近成立的儿童教育咨询公司。该公司将美国某一儿童教育的品牌带到了中国，它的发展战略是通过发展俱乐部会员制，推广先进的教育理念，扩大该品牌在中国的影响力和知名度，最终拥有自己的特有的品牌产品以及传媒刊物。

A的受众是学龄前儿童，因此主攻方向是一些高档的社区和幼儿园。通过发放问卷和联合搞活动的方式与这些机构建立联系，获取准客户的信息，然后由销售部的推广人员逐一跟进。由于A对客户的分析和市场的定位是较为准确的，而且在当时也没有什么旗鼓相当的竞争对手，因此没有多久就小有成就，成为一些大众媒体关注的对象。精明的经营者意识到这是一个不错的机会，立即与一些相关媒体取得联系，将它们作为宣传窗口，进行连载式的报道，知名度和影响力也就朝着预期的方向节节攀升。

第14章 文化管理艺术

可好景不长,问题接踵而至:会员制的推行速度减缓;已经建立联系的幼儿园、社区要求公司退出,因为幼儿园接到了家长对公司员工的投诉;新市场的开拓跟不上;销售部的人员流动很大,真正是"铁打的江山流水的兵",能工作超过2个月的"资深销售"寥寥无几。该公司的总经理在头痛不已的同时深感迷惑,为什么正确的战略不能带来收益呢?于是他想到了利用奖惩机制来改变现状。可结果如何呢?

1. 奖惩机制

一个公司的奖惩机制是企业文化的重要组成部分,是对员工行为的塑造。文化就像一只看不见的手,它并不是明文规定的规章制度,而是实际发生的奖惩机制。

2. 奖惩什么行为

事件一:在全体员工的大会上,领导们说:"我们是新成立的公司,许多地方还很不完善,希望每一位员工都把这份工作看成自己的事业,有什么新想法就提出来,公司一定会重奖的。"有几个"热血青年"的热情受到了鼓舞,纷纷向公司递上了自己的建议书。石沉大海的不计其数,甚至召来了上司的冷嘲热讽:"你如果把写建议书的精力用来多见几个客户的话,你的销售业绩也就不会这么差了。"

事件二:公司表彰了一批员工,可其中有相当一部分在大多数员工看来是不应该上这个光荣榜的。因为他们的工作表现一般,无论是业绩还是态度都只能算中等。经过比较,大家得出了比较一致的观点:和领导走得近一点,私人关系好一点,比工作干得卖力点更为重要。

事件三:B从一名普通员工很快升到总经理秘书,从公司组织结构来看,她的地位和副总是一样的。总经理也总是人前人后地夸她:"B是公司最勤奋的人了,每天总是最后一个离开公司。"此后,公司加班的人逐渐多了起来。可其中干活的有几个呢?大家上网玩游戏的有之,聊天的也有之。总之,公司里的"人气"倒是旺了不少。

公司奖励什么行为就是鼓励员工多发生类似的行为;同样地,惩罚什么行为也就是希望在员工中抑制甚至杜绝类似行为的发生。从以上几个事件可以看出,该公司不鼓励员工参与公司决策,而鼓励听话、和领导保持"密切"关系,同时又"埋头苦干"的行为。作为一个新成立的公司,它实际上奖励和惩罚的行为都和它的发展战略背道而驰。长此以往,员工的精力都放在了和领导建立私人关系上,而长时间的"工作"身心俱疲,试问如何带来收益?企业真正应当塑造的行为,应当是正当的、真正有利于公司和个人发展的行为,而不是这些错误的行为。

3. 奖惩的时间

奖惩的时间指的是奖惩的及时性,即对员工发生的行为是否给予及时准确的反馈。

事件四:某位员工因为工作表现突出,上司总是对她说:"我一定在下周的例会上要求总经理提高你的底薪。"可是事隔2个月也没有什么动静。

及时性是有效激励的一个重要指标。试想以下两种情况:第一种,你由于工作表现突出,老板立刻拿出现金奖励你;第二种,你工作表现突出,但老板答应发奖金却经过了层层审批,半年之后才到你的手上。哪一种激励更有效呢?毫无疑问是第一种。从行为主义心理学角度来看,延时的强化的效果是递减的,如果半年以后奖金才到手,其激励效果恐怕和不激励无多大区别了。

4. 奖惩的对象

奖励或惩罚一个员工的时候,也是在其他的员工面前树立了榜样。

事件五:销售部门有一个销售人员的业绩第一个月占了整个部门销售指标的90%,后连续3个月都保持在占全部门销售指标的60%以上。在她看来,她的所得和那些业绩远不如她的人相比相差不大,她所付出的时间和精力没有得到应有的回报。

激励不应该激励的人,从某种意义上说是对应该激励的人的一种惩罚。所以激励对象的选择也是十分重要的,结合事件三,可以很清晰地看到,奖励应该奖励的人,是一种树立榜样的手段,它有助于塑造被激励对象甚至其他员工的行为。当员工知道什么样的人能够被奖励,什么样的行为能够被强化时,他们也自然会向那个方向努力。

5. 奖惩的方式

A公司采取的奖惩的方式大都与金钱有关。比如上班迟到罚5元钱;工作表现突出发放奖金等。

其实奖惩的方法多种多样,管理者的言行举止既是员工获取信息的来源,其实也是奖惩的方式。除了金钱以外，晋升、带薪休假、委以重任、提供培训发展的机会、表扬、解雇、降职、批评等都是不可或缺的方法。

对于不同的员工和不同的情况，应该采取不同的方式。例如，一个刚从大学毕业的学生来到一个新的岗位上，对他而言，在工作中学到东西可能是最重要的。所以对他最好的激励就是委以重任和提供培训发展的机会。但对于一个工作近20年的老员工而言，他可能更多地考虑他将来的生活保障，所以福利、保险计划等金钱激励恐怕是更合适他的方式。单一的奖惩方式恐怕只能使少数人受到激励或惩戒，而多种奖惩方式综合地、有针对性地运用，则能使员工的正确行为获得最大限度的强化。

6. 奖惩的强度

针对不同的员工，奖惩的强度应当有所不同。但这种差异应该有一个"度"，不能过于厚此薄彼。

事件六：一个新加入公司的员工忙中出错，在一份对外宣传的资料上将公司的热线电话号码印错了。总经理一怒之下立刻将这个人解雇了。可没过几天，总经理秘书在写给报刊的一篇文章中也犯了同样的错误，这件事却不了了之。这让许多员工感到不可理解。公司对待不同员工的差别如此之大，而且相当不合理，使不少员工都感到气愤。

从上述事件中可以看出，该公司的惩罚完全是对人不对事的。对不同的人处理的意见完全不同。的确，一个是新加入的员工，一个是劳苦功高的老员工，强度上的确会有所不同，但强度上应该有量的不同，而非质的差异。试想，如果公司对总经理秘书也采取某种形式的惩罚，如扣除奖金等，恐怕其他员工就不会对此事有如此大的反响。

这样的奖惩机制不可避免地带来人员的高流失率和员工工作动力的丧失，也正因为这样，造成了公司的效益大幅度地滑坡。

（资料来源：李长江. 中小企业文化管理之道[M]. 北京：中国经济出版社，2009.）

14.3.2 制度管理

"制度"的含义在《现代汉语词典》中有两种解释：①要求大家共同遵守的办事规程或行动准则，如工作制度、财政制度；②在一定历史条件下形成的政治、经济、文化等方面的体系，如社会主义制度、封建宗法制度。制度管理中的"制度"就是第一种解释的制度，与制度文化中的"制度"同属一个意思，都是指办事规程或行动准则，又称为行为规范。

1. 制度管理的含义

企业制度是企业职工遵守的行为准则，直接影响着职工的思维方式和行为。职工的思维方式和行为是制度的函数。企业有各种制度，从内容上划分，企业制度主要包括产权制度、组织人事制度、绩效考核制度与薪酬管理制度、工作制度与责任制度、特殊制度与企业风俗5个类型。不同类型的制度又包含若干具体的制度，各司其职。企业制度就是由分工不同、各负其责的不同制度所组成的制度群，这些制度从不同层面影响着职工的思维方式和行为。企业制度管理就是企业管理者通过制度设计与创新，指导企业职工的思维方式和行为的过程。

2. 制度管理的作用

企业文化自企业创办以来就存在，但企业文化作为企业管理的手段在企业创办初期很少得到重视，这与企业创办初期的制度管理有重要的关系。随着企业的发展，制度是一个增量过程，并伴随着企业文化不断丰富。制度的完善过程也是企业文化不断发展的过程，制度与企业文化并驾齐驱。

制度管理是企业文化管理的重要手段之一。制度文化是企业文化的重要组成部分。企业的制度文化能够减少企业职工行为的不确定性，能够协调企业职工彼此之间的关系，能够保障企业的健康发展，能够提高人们的文明程度。企业加强制度管理，就是要充分发挥制度文化的这些作用。此外，从人类活动的内在特征角度分析，制度管理非常重要。

1）人类的活动需要一个公平的平台

人类社会的进步与发展需要一个公平竞争的环境。一个国家的进步与发展也需要一个公平竞争的和平环境。一个企业的进步与发展需要公平竞争的市场环境。社会个人的进步与发展同样需要一个公平竞争的平台。尤其在当今国际化、市场化以及日益重视个人作用的社会背景下，人们迫切需要公平竞争的环境。制度是公平竞争环境的重要保障手段。企业职工需要公平竞争的平台，才能为个人能力的充分发挥创造条件。因此，制度建设是企业管理的重要方面，任何一位管理者都不能忽视企业制度建设。

2）人性存在"性恶"面

虽然有人主张人性善，也有人主张人性恶，但是一个不争的事实是人性既有"性善"的一面，也有"性恶"的一面。西方人一般主张人的"原罪论"，即"性恶"论，他们认为只有制度才能抑制"性恶"的发展。因此，西方人很重视制度建设。正是不断加强制度建设与创新，才促进了西方文明的进步与发展。企业员工同样存在"性恶"面，需要制度来抑制它外化。

3）人类活动的社会属性决定了制度管理的重要性

几乎没有人不承认当今人类活动的社会属性日益明显。作为自然的个体人，没有人能够做到像鲁滨逊那样脱离社会而生存。社会分工越来越细，人们所从事的活动只是社会活动的一小部分，人们必须融入社会分工中，才能找到生存的空间。人们必须与人交往，承担各种责任与义务，成为社会活动的一员，并相互协作。企业是社会经济细胞，每一位员工都是细胞的重要组成部分，承担着不同的工作和责任。因此，企业员工的活动就具有社会属性，而且，这种社会活动必须有一种规范才能维系。就像4个人共同抬一顶轿子，他们之间要有一个语言信号系统，是喊"一、二、三"，还是喊"预备，起"，这个信号是彼此可识别的，更重要的是他们之间还要有一个管理系统，4个人中必须"选举"一个"领袖"来发号施令，另外3人服从领导，而且彼此之间要制定"规章制度"，比如用左肩还是用右肩抬，先迈左腿还是先迈右腿等，一旦制度设定，就必须遵守。这个简单的例子说明了管理人群的社会活动要有一定的制度保证。人类活动的社会属性决定了制度管理的重要性。

 阅读案例 14-4

食圣公司的人才管理制度化

食圣公司是一家快餐连锁企业，在浙江地级市发展了20多家连锁分店。该公司发展到这么大的规模，其中一个重要的原因就是能够正确处理人才管理与制度管理之间的关系。首先，食圣公司的创始人根据消费者的饮食市场的需求变化和发展趋势，不断摸索，创新出消费者十分喜欢食用的特色化快餐食品，同时也独创出了这些快餐零售业的经营模式和管理方法。其次，食圣公司的制作和经营管理方法都趋于成熟之后，便使之制度化、规范化和手册化，然后推广到全省的连锁店，保证规模化扩张后的企业经营管理水平和质量的稳定性。最后，食圣公司必须对招收的新员工进行认真、严格的培训，每个员工都有制度手册，都必须按制度和手册的要求进行工作。

利用"能人"管理企业，是浙江省成功企业的重要经验，但是，像食圣公司这样的企业并不是让"能人"在管理企业过程中放任自流地发挥，而是对经营管理人才创立出来的经营管理思想、方式等进行完善地提升,使之制度化、规范化,转化成为有章可循的、规范的、可操作的经营管理方法和模式。因此,正确处理好企业的人才管理与制度管理之间的关系是食圣公司成功的重要经验。

这种管理模式的最大好处有两点:一是可将少数人才的智慧转化为企业众多职员的一致的具体经营管理行为,形成一个统一的、系统的行为体系;二是可避免由于企业中人的能力及特点的差异,而导致经营管理水平的差别,使企业的经营与发展产生波动。这些成功企业的具体做法主要有3点:一是真正重用人才、并做到对人才的责权利相统一;二是在市场竞争的不断摸索中,将企业人才成功的经营管理思想和方式进行制度化和手册化,使之简单化和可操作化;三是对所有员工进行十分严格的业务培训(包括上岗前培训和正常业务培训),使每个上岗的员工都必须按照制度和手册所规定的经营管理要求进行工作,员工的个性化一定要服从制度化管理。

(资料来源:李长江.中小企业文化管理之道[M].北京:中国经济出版社,2009.)

14.3.3 素质管理

1. 企业素质管理的含义

企业素质主要指企业人的素质,包括企业各层次管理者素质和员工素质。各层次管理者素质要求也不尽相同,高层管理者素质要求高,基本管理者素质要求相对低,具体素质内容又要根据不同行业、不同规模的企业而定,存在差距。同样,不同工种员工的素质要求也是不同的,如技术员工素质、生产员工素质、服务员工素质、销售员工素质等,都不尽相同,需要具体规定。本书认为,企业素质管理就是企业为了改善经营管理状况,采取措施提高职工适应企业发展要求的基本能力和发展潜力的一系列的途径及其过程。准确理解企业素质管理的含义,需要明确以下几个方面。

(1)素质管理的对象。素质管理的对象是企业全体职工,既包括企业普通员工,也包括企业不同层级的管理者。企业进行素质管理既要加强对普通员工的素质管理,也要加强对管理者的素质管理。

(2)素质管理的内容。无论是管理者还是员工,其素质的内容主要指基本能力和发展潜力。尽管他们的素质要求不尽相同,但也存在基本素质要求。这些基本要求表现在生存能力、适应能力、承受挫折的能力、社会交往能力、应变能力、探索未知的能力、合作共事的能力等。素质管理就要围绕这几方面的能力采取不同方式和途径进行管理。

(3)素质管理的目标。素质管理的目标就是通过提高职工的能力和发展潜力来改善企业的经营管理状况,促进企业可持续健康发展。

2. 素质管理与企业文化建设的关系

被世界企业界誉为"经营之王"的松下幸之助有一个独特的信条:"松下是制造人的,兼之制造电器"。三洋电器公司也提出:"三洋是干什么的?是生产人的。首先是生产优质的人,然后再由人生产优质的产品。"日本企业发展的一条重要经验就是对人的重视。对我国中小企业来说,加强人的素质管理对构建企业文化很重要。

(1)素质管理是构建企业文化的重要环节。构建企业文化的目的是凝聚人心,调动员工的主动性、积极性和创造性,如果员工的素质低下,都不能适应企业的发展,谈何调动员工的主动性、积极性和创造性?素质是员工的基本能力和发展潜力的总和。没有基本能力,不可能有发展潜力,也不可能有主动性、积极性和创造性。如果员工生产的产品中次品、劣质品较多;如果员工不能按计划完成工作任务,缺乏这些基本的能力,企业文化能搞好吗?素质管理就是要提高员工的基本能力和发展潜力,因此素质管理是企业文化建设的重要环节。

第14章 文化管理艺术

（2）加强素质管理有助于员工对企业文化的理解。没有良好的员工，不可能建设良好的企业文化，同样，良好的企业文化也需要良好的员工，"好马配好鞍"。只有良好的员工才能真正理解企业文化的精神实质。任何一项创新都可能涉及各方利益的调整，必然会碰到障碍。企业文化的创新同样如此。要扫除障碍，需要员工的支持和理解。如果员工素质达不到要求，当然就会影响到企业文化的创新。一些中小企业家感叹下属不能领会自己的思路（当然这个思路切实是正确的），责怪他们无能。其实这不能完全怪员工，老板自己也有责任。老板的责任就在于没有采取措施提高员工的素质。加强素质管理有助于员工对企业文化的理解。

（3）加强素质管理有助于企业文化创新。企业文化需要随着市场变化而变化，不能因循守旧。那么，企业文化进行怎样的创新，又如何去创新？所有这一切都来自人们的思路，思路决定出路。有文化、有知识、有能力的人，也就是有素质的人，思路多。素质低，就是知识少、文化少、能力低，素质低的人，思路少。没有人会相信素质低的人会有好的思路。因此，企业管理者既要从外面引进有素质的人，也要在企业内部培养有素质的人，有时培养比引进更重要。

阅读案例 14-5

户外拓展训练提升员工素质

目前，我国面对企业人的职业化学习，培训活动并不少，方法上绝大多数是传统的灌输式教育，这样的培训往往容易流于形式，或者枯燥乏味，或者名不副实，实际成效并不显著，有的人甚至把这种培训视为紧张工作之余的度假疗养和交际活动。

以体验、经验分享为教学形式的拓展训练的出现，打破了以往传统的培训模式，它吸收了国外先进的经验，同时注意适应中国人的心理特征与接受风格，将大部分课程放在户外，精心设置了系列新颖、刺激的情景，让学员主动地去体会，去解决问题，在参与、体验的过程中，思想得到启发，然后通过学员共同讨论总结，进行经验分享，感悟出种种具有丰富现代人文精神和管理内涵的道理。在特定的环境中去思考、发现、醒悟，对自己、对同仁、对团队进行重新认识与定位，这是"拓展训练"给人们的心灵震撼，也是"拓展训练"的意义所在。

"拓展训练"打破了传统的教育模式，它并不灌输某种知识或训练某种技巧，而是设定一个特殊的环境，让员工直接参与整个教学过程，在参与的同时，去完成一种体验，进行自我反思，获得某些感悟。

一是团队的力量大于个人力量之和，并且成功必须同时属于团队的每一位成员。团队的力量是巨大的，有很多事情必须同时属于团队的每一位成员。团队的力量是巨大的，有很多事情必须靠团队里每一位成员相互协作、共同努力才能完成。

二是真切体会了"人的潜力是深不可测的"这样一个道理。当人们完成了原先想都不敢想的事时，就觉得自己还是很棒的。

三是决不轻言放弃。能多一些勇气和毅力，很多机会就不会轻易失去。

许多中小企业员工经过户外拓展训练，素质明显得到提升，深切地感受到做人与做事的真谛，认为户外拓展训练是一项让员工真切体会人生情感、顿悟人生、提升素质的好办法。如浙江中智公司一位员工这样描述拓展训练后的感想："我经历了一次痛并快乐着的、毕生难忘的神仙峰拓展训练。此次培训为期两天，我们经历了'山寨定向''高空速降''信任背摔''穿越电网''盲人方阵'和'溶洞探险'等训练内容，每项内容都有它独特的内涵。在活动中，我第一次真正感受到团队合作的重要性，第一次真正意识到成功需要倾注满腔的激情和不懈的努力，第一次真正体验到只有战胜自己才能战胜困难，体会到了一种超越自我的乐趣。我们的成员分成3个小组，我所在的'先锋队'在整个过程中精诚合作、坚持不懈，虽然并没有在某些项目中夺得最好成绩，但我依然为'先锋队'感到无比的骄傲和自豪。在这次培训中有几个项目让我感受颇多,其中'高空速降'完全是对自己的挑战,有几次都很想放弃,但处于那种氛围中,在团队的鼓励下只有横下一条心挑战自我了。回首时不免感叹'也就这么回事,如果让我重来一次肯定做得更好,肯定会有登山运动员的优美姿势了'。"是呀,工作中也是如此,会有一些看上去不可战胜的困难,如果退缩了,就永远变成了不可战胜的,但如果能挑战自己,逾越困难,等成功时肯定也会有"一览众山小"的快感。

"信任背摔——相信自己,更要相信伙伴。没有额外安全保障,要想成功完成动作,需要自己的勇气和对伙伴的绝对信任。这个项目灌输给了我团队的互赖精神,当自己站在高台上高呼'准备好了吗'时的豪迈完全建立在信任的基础上;而当在台下搭手接住同伴时内心迸发的高度责任心不容自己有丝毫闪失——在这个项目中,我们是不成功的,我们把一名队员重重地摔在了地上,原因就是我们以为我们成功地接住队员就是成功了,而忽视了收尾工作,真正的成功不能有一丝疏忽,否则将前功尽弃。这个给我的教训也是异常深刻的。这次活动,加强了公司内部的交流和沟通,增强了大家的凝聚力,让我体会到:没有完美的个人,但是可以有完美的团队;人的潜力是无尽的,集体的力量是无穷的。在我个人看来,拓展训练让我信服了以前我只是在道理上所知道的,任何事情只要你去努力都可以办到。今后,让自己带着拓展的精神,在具体工作中逐步地成熟起来。"

(资料来源:李长江.中小企业文化管理之道[M].北京:中国经济出版社,2009.)

14.3.4 人性管理

不同的时代,不同的社会中,都有人性管理的足迹。我国在人性管理方面的历史贡献很多,对人类社会的发展产生了极其重要的影响,并将继续产生深远影响。人性管理是处理人际关系的最基本的途径。只要有人群的地方,就需要人性管理。

1. 人性管理的含义

人性与素质是两个不同的概念。素质要求合标准,既有主观性,又有客观性,还有时代性。然而,人性不存在主、客观性和时代要求。素质是社会属性的,人性是自然属性的。

人性是指人内在拥有的本质特性,既有积极方面的特质(积极人性),也有消极方面的特质(消极人性)。人性积极方面的特质主要包括快乐、忠诚、主动、独立思考、勇敢、行善和需要帮助7个方面。人性消极方面的特质主要包括郁闷、叛逆、惰性、借口、软弱、猜疑和封闭7个方面。人性管理就是对人性积极方面的特质再培育、激发和发挥的过程。在企业中,人性管理要充分发挥人性的积极作用,剔除人性的消极作用,要应用人性哲学思想教育员工学会做人,做一个积极的人。具体来说,人性管理就是通过各种途径和方式,让员工快乐地工作,让员工对企业自愿忠诚,让员工承接任务后能独立思考,让员工勇敢地面对一切困难,让员工培养乐于助人的习惯,让员工相互帮助。同时,消除员工的郁闷心情,消除惰性,放弃叛逆心态,不让员工找任何借口,帮助员工从软弱中坚强起来,消除员工的任何猜疑,激发员工的热情,使其走出封闭的怪圈。

2. 人性管理思路

对某一个企业来说,加强企业员工的人性管理,可能效果难于在短期内发挥,因为人性教育是一个漫长的过程,而且不仅是企业的责任。人性教育是一个社会现象。社会上不同人的价值观和人生观影响着企业人的价值观和人生观,企业人本身就是社会人。如是社会各界不重视人性教育,一个企业要想在本企业中通过对员工的人性管理就能取得明显效果,这确实是一件非常有难度的事情。因此,社会各界应加强人的人性教育,倡导积极向上的价值观和人生观,同时,企业必须加强自身建设,尤其是管理者的自身修养。构建社会支持系统和企业加强自身建设是我国企业实施人性管理的两个平台,缺一不可。

1)社会支持体系建设

(1)倡导正确的价值观。价值观是支撑人类生活的精神支柱,决定着人类行为的取向,决定着人们的心态和人生观,它对于人类的生活具有根本性的指导意义。倡导正确的价值观是一项长期的、复杂的系统工程,影响价值观的因素很复杂。表14-1描述的是企业员工价值观影响因素,说明影响企业员工价值观的因素非常多,体现在员工身边的方方面面。

表14-1 员工的价值观影响因素

家庭	社会	教育	社区环境	企业	人群关系	身体	遭遇	外来文化
亲属 家庭教育 婚姻 邻里关系 夫妻关系	风尚 道德 法制	导向 内容 质量	安全 噪声 治安	企业使命 企业伦理 管理者作风 管理者能力 管理方法	同事 上、下级	健康 缺陷 疾病	自己的 他人的	覆盖面 传播力

(2)加强精神文明建设,健全教育体系。在倡导正确的价值观下,要采取实际行动,支撑价值观的形成。精神文明建设是根本出路。我国在精神文明建设上有着丰富的经验。早在春秋战国时期,社会正确的价值观就已经形成,人们的精神世界充满着"和合""天人合一""仁、智、信、勇"思想。我国的精神文明建设应该加大伦理道德教育内容,而且健全伦理道德教育体系,学校教育、成人教育、社会教育(如企业教育)必须加大伦理教育内容,应将伦理道德教育纳入考核和审查范围。

(3)健全法律法规体系,加大对违法乱纪的惩治力度,绝不姑息,增强人们向往和谐社会的信心。价值观的倡导和精神文明建设都是属于正面教育,如果不加大负面教育,正面教育的效果将打折扣,甚至是空泛无用。我国当前的负面教育力度不够,也不够强悍。表现在我国法律法规体系还存在许多漏洞,对违背法律法规的行为惩处力度远远不够,对违背伦理道德的行为,没有措施纠正。违法违规和伦理道德错位的机会成本太低,致使国人的侥幸心理越来越膨胀,人性错位越陷越深。人们的价值观和人生观与"和谐""和合""仁"和"诚信"日益疏远,我国的伦理道德大厦正经受考验。在伦理道德体系建设中,我国必须着手两件大事:一是树立国人正确的价值观,加强正面教育;二是必须着手制定完备的法律法规体系。人大立法必须简化程序,加快效率,同时必须加大对违法违规者的惩处力度,提高违法违规的机会成本,提高法律法规的威望,手段要更加强悍。同时树立正气,加大对违背伦理道德行为的谴责,有条件可设置道德法庭。

2)企业人性管理措施

(1)企业管理者要修身,提高素质。追求利益是企业的一个使命,但"君子爱财,取之有道"。企业管理者要遵循"天道""人道""行道"。所谓"天道"就是要处理人与自然的关系,处理当代与子孙后有关资源承接的矛盾,坚持可持续发展理念。所谓"人道"就是要合理处理人与人的关系,要讲仁义,实现人与人之间的和谐相处。所谓"行道"就是正确地处理市场竞争关系,遵循竞争的有序性和合法、合理性。企业管理者提高自己素质。只有高素质、高觉悟的人,才能大行其道,才能治企赢市场。"修身治企赢市场"是一种企业哲学,大家都应该遵守。当前,我国企业文化管理中已经暴露出管理者的素质问题,也暴露出管理者的品行和人生境界的问题,要发挥企业文化的导引功能,管理者就必须"悟道"与"修行"。

（2）企业文化要体现以人为本，管理者要抓住员工的心。社会是由人构成的，人即是社会发展的手段，同时又是社会发展的目的。目的和手段相比，目的显然是第一位的。如果一个社会不能以人为本，那么这样一个社会就不能称其为社会。企业不能以人为本，这样一个企业就不可能取得可持续健康发展。

以人为本的企业文化体现在 5 个方面：一是这种文化保障了员工的权益；二是这种文化构建过程中尊重了员工的意愿；三是这种文化鼓励满足员工的需求；四是这种文化具有激励士气的作用；五是这种文化建设的最终目标是实现员工的自我管理。

阅读案例 14-6

浙江普农家电有限公司的人性化管理为何惹争议？

一家民企允许员工带小孩来上班，员工买房、买车、结婚经济遇到困难，公司可以无息借款，是以人为本还是作秀？

为柜台站立服务员配备椅子；家中小孩无人照顾，员工可以将小孩带到公司来上班；员工买房、买车、结婚遇到经济困难，公司可以无息借款给他……近日，浙江普农家电有限公司推出的一系列人性化管理措施，引起人们的一番争议。

有人认为，普农公司是在"作秀"，作为大商场，若柜台内为营业员休息准备了椅子，有损店面的形象；若暑假允许将小孩带到公司来上班，劳动纪律怎么抓；员工买房、买车、结婚经济上有困难，公司无息借款，势必影响企业的经济效益。

然而，公司董事长蒋文标坚持认为，员工的身心健康比店面形象更重要！为了统一认识，蒋文标还带领公司经营层的领导站了一天的柜台，亲身体会一下柜台营业员站立服务的艰辛。

为啥允许员工带小孩来公司上班，董事长蒋文标说："有几次，他发现有员工带着小孩在收银台上班。经了解，有些员工因双休日或特殊情况，自己上班，小孩在家又无人带。无奈之下，只好带来上班。公司年轻的女职工多，她们的小孩都较小。若公司做出硬性规定，不允许她们带小孩上班，她们就有可能请假不来上班。或者即使来上班，也是一心挂两头，有思想负担，营业员的服务质量也会下降。"

要让员工乐业，首先要安居。公司借钱给员工购房、买车、结婚，是为了让员工更好地安心在公司工作。当有人问蒋文标，若员工借了款后，到期还不起，或一走了之，怎么办？蒋文标笑笑说，对员工也要像公司对顾客那样，相互之间讲"诚信"二字。

现在，每个柜台都配有一张营业员专用小椅子。当看到有顾客来临时，营业员迅速站立起来，笑脸相迎；而当顾客走远时，她们才落座，休息片刻。营业员小张高兴地说："以前，一天柜台站下来，腰酸背疼，回到家里，连饭也懒得烧；而如今，回到家，做点家务活，心情也十分愉快。"

在普农公司业务部、批发部、广告部等办公室，笔者发现，在空下来没有业务的时候，员工还可以上网看看新闻，聊聊天。原来几位员工一天到晚干坐在消控台前值班，时间长了，很乏味。后来公司专门为消控室装了台电脑，允许在上班时间轮流上上网，看看电影。普农公司就是这样，努力为员工营造快乐的工作氛围。

暑假期间，为了小孩安全，又不影响员工上班。公司决定腾出一间办公室，装上电视机、游戏机、玩具等，并安排专人照顾小孩。

据统计，普农家电提供给员工买房、结婚、买车的无息借款共计 200 多万元，帮助 30 多名员工买了房，成了家。

公司关爱员工，员工将企业当成自己"温馨的家"。员工为企业提合理化建议，一年为企业降低成本近百万元。今年 6 月份，公司有一位采购员，对方塞给他一个 5 万元的"红包"，在没法退回的情况下，回公司后，他立即将"红包"上交公司。事后，人们笑他真傻，神不知鬼不觉，为啥要交"红包"。他说："公司这么关爱员工，我不能昧着良心做事！"

（资料来源：《工人日报》2010 年 07 月 15 日 07 版.）

14.3.5 教育管理

1. 企业教育管理的含义

企业教育管理是指向员工提供的持续不断的改变其思想和工作能力的一系列的过程，其目的是促进职工发展和企业战略目标的实现。

企业教育管理主要涉及职业技能培训和职业道德建设、伦理规范、人性本质、政治思想等非职业技能方面的内容。职业技能教育是与具体工作技能或专业有关的活动。非职业技能教育是指向精神的有目的的行为，目的是使员工的精神境界与社会的先进价值观念和企业发展保持动态而和谐的统一。

2. 企业教育与企业文化的关系

1）企业文化需要教育来传播

人类文化有一个极其重要的特征，就是它只能被人类通过后天学习或实践的方式，而不能通过生物遗传的方式获得。可以说，人类的教育过程是人类文化的传递、保存和延续的过程[1]。

企业文化同样如此。在企业创办初期，企业文化就存在。但此时的企业文化只是企业老板的一些初衷和设想，内容非常薄弱，同时企业职工又少。这个时候不需要通过教育手段大张旗鼓地渲染文化。职工与老板共同劳动中完全能够耳濡目染。但是，随着企业规模扩大，企业新职工人数不断增多，企业制度、机制、技术要求、企业精神等也不断丰富，完全靠职工来领悟已经不能取得良好的效果了，需要进行更深入的教育才能取得良好的效果。而且，职工个人对企业的期望越来越高，尤其在文化需求方面更高。要满足职工的需求，企业教育就是有效方式。通过有效的教育方式，可以大大激发员工内在的工作动因，在此基础上更易于形成员工共同的价值观，从而奠定企业文化的基础。

2）伦理道德和人性需要持续教育才能取得良好效果

所谓伦理，依照《现代汉语词典》的解释是人与人相处的各种道德准则。企业伦理是企业文化的一个重要内容，指企业在运行过程中职工所遵守的符合社会发展方面与企业长远利益的价值取向和行为规范。

人性是人内在的特质，具有双面性，反映在人的积极特质和消极性特质方面。人性的双面性使人既可以发挥促进作用，又可以发挥破坏性作用。每个人的人性都具有双面性。一个人之所以为好人，是其发挥着人性的促进作用，自我控制着人性的消极特质功能的外露。一个之所以为坏人，是其发挥着人性的破坏性作用，自我控制着人性的积极特质功能的外露。某些时候，一个人的积极特质功能与消极特质功能会瞬间转化，很让人莫名其妙。这就是人性。倡导正确的伦理道德和唤起人性的促进作用，是企业文化管理的重要内容。要真正实现这个目的，不是一朝一夕的努力所能做得到的，需要长期的教育。

3）企业文化创新需要跟进企业教育

企业文化创新是企业可持续发展的要求。企业的精神文化、物质文化、制度文化和行为文化，都要随着企业发展的要求而改变，不断创新。这些创新都需要时间，有时是一个漫长的过程，不可能一蹴而就。企业文化创新需要发挥员工的智慧、需要向员工说清必要性、需要向员工解释关键问题、需要劝说反对者等。创新所涉及的所有问题，如果没有企

---

[1] 袁振国. 当代教育学[M]. 北京：教育科学出版社，1998：460.

业教育,是无法解决的。进行企业教育管理,可以使企业文化创新更加顺利。

阅读案例 14-7

建设有嘉乐特色的学习型企业

自公司图书室开放以来,一种追求知识、好学求进的思潮在嘉乐掀起,在这种人文气氛的渲染和陶冶下,广大职工的思想意识和生活方式有了全新的改变,精神面貌焕然一新,凝聚力进一步加强,逐步形成一个大团结大发展的局面。

学习是每个人成长的阶梯,是每个企业创新和发展的关键。国际上的知名企业、百年企业无不注重学习与创新。但也有不少老字号企业因循守旧,故步自封最后销声匿迹。那么作为宁波服装出口行业中的佼佼者——宁波嘉乐服饰,是如何学习的呢?

首先,公司的最高领导者严厚国总经理就是一个虚心好学之人,嘉乐企业发展到今天所取得巨大的成就与严总的善于学习是绝对分不开的。严总是一个虚怀若谷的人,他经常教导员工,"一定要向别人学习,要善于把别人优秀的成果借鉴过来,别人做得好的地方你们一定要学着做"。每次,严总参观考察回来,总是带回一些优秀企业的先进做法和照片,然后取长补短,与嘉乐的实际情况结合起来,渗透到工作中去。

其次,嘉乐的员工也是求知欲望很高的。在嘉乐,不乏笃笃好学之人。作为一名普通的工人,员工深知自己的文化水平较低,尤其在当今知识经济时代,没有一点文化水平,想取得一席之地,又谈何容易,哪怕在车间里工作,没有手艺,技术在手,取得一份好的薪水,也是不容易的。自然而然,心里面有一种危机意识,这种强烈的危机感迫使她们求知心切,读书就是她们学习到新的知识的最好的方法,嘉乐职工往往下班都拿着一本书回寝室。

最后,嘉乐有许许多多的中层领导干部都是从基层提拔上来的。这部分人都是勤奋、务实、好学之人,一个人只要拥有勤奋与好学的品行,还有什么能难倒的呢?这样的人,嘉乐需要。而且这样的机会有的是,就看有没有勇气来挑战。这又何尝不是嘉乐取人、用人思想的基础呢?

那么,嘉乐是提倡怎样的学习呢?什么样的学习才是具有嘉乐特色的呢?

(1) 学习目标。一个人无论做什么事情,总得有个方向和航标,该往哪个方向去?达到一个什么的程度?做一名合格的嘉乐人则是学习的目标。

(2) 学习途径。学习的途径有很多,家庭教育、学校教育、社会教育等,企业的学习则是后一种,他突出个人的自学能力、独立思考能力和自我勉励能力,学习坚持"以工作为主,以学习为辅"的原则,分清主次,抓住重点。靠的是每个人在工作之中通过实践获得知识,工作之余通过书本获得知识。

(3) 学习的方式。古人说"吾日三省吾身",意思是人要经常自我反省,自我检查,改正缺点,学习优点。那么,嘉乐员工应该怎样做呢?每天上班工作之前,对这一整天的工作要有个计划安排,分清轻重缓急,做到心中有数,当同时遇上几件事情的时候,要把最重要的、最急的事情先做,顾大局,识大体,此为"一省"。中午和下午工作已开展了很久了,要检查做过的事情,看是否有误和忽略,领导的吩咐是否做好了,扣子漏掉没有,吊牌忘了没有,等等,做必要的检查和修正。有的员工平时做的时候还好,可一旦忙的时候,啥都忘了,一定要懂得忙的时候静下心来想一想,此为"二省"。晚上工作结束整理休息的时候,要对一整天的工作总结一下,今天是否顺利完成了工作,有何得失,以后应该怎样改正,做得更好?此为"三省"。

(4) 学习的内容。古人又说"吾生也有涯,而知也无涯",意思是生命是有限的,知识是无限的,我们应该用有限的生命来学习无限的知识。另一个解释是,生命是有限的,知识是无限的,人要学习的东西很多,应该抓紧时间学习。不管怎样,学习总得有个选择的,不是什么都要学。在嘉乐,需要学习的是员工的社会公德(文明礼貌、爱护公物、遵纪守法),职业道德(诚实、守信、务实),厂纪厂规操作,安全细则等,也只有做好了这些,才能达到学习目标,才能成为一名合格的嘉乐人。

(5) 学习的态度。要想学习达到一种效果,就得对学习本身有个崇高的认识,古人贵"朝闻夕死",早上明白了一个道理,哪怕晚上死了,也是值得的。嘉乐提倡员工要对知识有一种狂热之情,尤其是新员工，技术水平和熟练程度有限，一定要注意学习和总结，只有这样，才能在人生价值观上有所转变，思想上得到升华，人生的意义上得解悟。

（6）学习的目的。学习的目的是学习的终点，嘉乐激励每位员工不断学习，不断创新，最终结果是，各位员工综合素质得到提高，精神上富有，生活上富足，工作上负责。在成为一名合格的现代人的同时，也成为一名合格的嘉乐人。

总之，在嘉乐，从最高领导者到最普通的员工，学习已成为大家生活的一部分，而且这种学习已明显有着嘉乐的特色和个性，随着这种特色的发挥，逐渐形成一种传统和风格，在不久的将来，必然产生巨大的影响力和辐射力，必然创造服装行业的又一个神话。

（资料来源：李长江．中小企业文化管理之道[M]．北京：中国经济出版社，2009．）

本章小结

企业文化是企业全体员工在企业创办和发展过程中形成的、为全体成员遵循的共同信念、价值观念、职业道德、行为规范的总和。

企业文化的形成具有以下特性：群体意识的反映、反映了企业家的主张、是一个不断创新的过程。

企业文化的功能主要表现为凝聚作用、导向作用、约束作用、激励作用、辐射作用、陶冶作用和创新作用7个方面。

企业文化的结构由4部分组成：物质文化、制度文化、精神文化和行为文化。其中物质文化包括社会人感知文化和内部员工体验文化。制度文化主要包括产权制度、组织人事制度、绩效考核制度、薪酬管理制度、企业风俗等特殊制度。精神文化主要包括企业目标、企业哲学、企业精神、企业价值观、企业宗旨或使命、企业愿景、企业信念、企业伦理和道德。行为文化可细化为企业家行为文化和员工行为文化。

思路决定出路。推进企业文化管理，需要加强机制管理、制度管理、素质管理、人性管理和教育管理。

关键术语

文化　企业文化　制度文化　物质文化　精神文化　行为文化　机制管理　制度管理　素质管理　人性管理　教育管理

综合练习

一、名词解释

文化　企业文化　机制管理　制度管理　素质管理　人性管理　教育管理

二、判断题

1. 企业文化是社会文化中的一种形式。（　　）
2. 企业文化类型分为制度文化、精神文化、行为文化和物质文化。（　　）
3. 创建期不存在企业文化。（　　）
4. 成熟期，企业文化很丰富，也很稳定，不需要创新。（　　）
5. 企业创立初期，老板的影响最大，这个时期的企业文化可以简称为老板文化。（　　）

三、简答题

1. 企业文化形成的特点有哪些？

2. 企业文化的作用是什么?
3. 企业制度文化的形式有哪些?
4. 企业物质文化的形式有哪些?
5. 企业精神文化的形式有哪些?
6. 企业家常犯哪些行为错误?
7. 优秀员工的行为表现有哪些?

四、论述题

1. 社会文化与企业文化的关系是什么?
2. 影响企业人性管理的因素有哪些?

 案例分析

A. O. 史密斯公司：价值观推动活动让文化变成行动

1. 公司背景

1843年，一名金属工匠为了实现他的梦想，揣着技术工人证件，乘上帆船，来到美国。当时非常需要熟练工人，工匠顺利地进入了米尔沃基铁路工厂，领上了丰厚的工资，过上了小康生活。在工匠54岁以前，一切看似平静，然而一件小事却改变了他的命运。一天清晨，工匠患上流感无法上班，可又担心一个大发动机零件被没有经验的机械师毁掉，仍带着高烧来到工厂。工厂有个条例，不管迟到几分钟，这一个小时都要算作迟到。就是因为这个条例，门卫竟将工匠拦在门外，坚持一个小时后才准进厂。工匠愤然离去，回家立即向妻子宣布："我再也不为把设备不当回事的人打工!"果真，工匠再也没去那里上班，并于1874年开始了他一生最为重要的创业，在他的作坊上挂起了"查尔斯·史密斯，机械师"的招牌。这个作坊逐渐成长为享誉全球的A.O.史密斯公司，这个工匠正是Charles Jeremaiah Smith先生。

A.O.史密斯公司最初是生产婴儿车配件的小店，1936年才进入热水器生产领域，1947年就被《生活》杂志称为"世界上同类型工厂中生产效率最高的工厂"，1968年生产了第10000000台家用热水器，2001年占据北美商用热水器市场52%的份额。到2004年，A.O.史密斯公司全球年营业额高达16.5亿美元，全球雇用员工17000人，在8个国家拥有43家工厂。A.O.史密斯公司是一家有着悠久历史和辉煌业绩的跨国公司，A.O.史密斯已成为家喻户晓的国际品牌。

根据全球经济变化趋势，中国被预测成为新的世界制造中心，并且中国有着巨大的消费市场。A.O.史密斯公司意识到在中国发展有着重要的战略意义，于1998年在南京投资成立艾欧史密斯（中国）热水器有限公司。在中国正式加入WTO后，A.O.史密斯公司随即宣布增加在华投资，成为国家外经贸部批准增资的第一家外商独资企业，至今，在中国总投资已达4230万美元。在华投资是A.O.史密斯公司的重要战略，为开辟市场奠定了基础，根据所占市场份额排序，在近400个热水器品牌中，A.O.史密斯在2002年就排到了第6位，而2003年一跃升至第2位。目前，A.O.史密斯公司已在中国建立了完善的研发、生产、销售及服务一体化的现代化管理体系，立志为中国消费者提供国际品质的热水器产品和专业服务。

2. 企业文化

企业价值观：

争创利润，力求发展；

重视科研，不断创新；

遵纪守法，保持声誉；

一视同仁，工作愉快；

保护环境，造福社区。

3. 企业宗旨

全面保证产品质量，产品更新和多样化，开发人力资源；

四大关键信念；
对质量的明确追求；
对技术的笃信；
毫不动摇地坚持商务道德规范；
对员工的贡献。

4. 5项基本原则

对事不对人；
维护他人的自信和自尊；
保持建设性关系；
主动改善情况；
以身作则。

5. 企业理念

追求卓越；
持续改进。

6. 企业口号

通过研究，寻找一种更好的方式。

一个企业最大的困难是如何让公司的理念变成员工的理念，仅从口头上倡导远远不够。很多企业说企业文化只是在墙上挂挂、嘴上说说的事，其实不是企业文化无用，而是企业不知如何让企业文化有效。A. O. 史密斯的做法非常值得借鉴，每年定期举办价值观推动活动，鼓励、督促员工将企业文化现实行动。

价值观推动活动(Values Recognition Program)是由A. O. 史密斯公司美国总部在1994年发起的，该活动是为了奖励那些认同公司价值观并为之做出贡献的员工。活动的效果非常显著，员工开始主动了解自己的公司文化，更重要的是这些文化渐渐变成了员工的行动。这个活动连续举办了13年，已经成为A. O. 史密斯最受欢迎的活动之一。A. O. 史密斯(中国)热水器有限公司是在2002年开始参与该活动的，接触到这项活动，HR部门立刻意识到了它的深远意义。

在A. O. 史密斯公司，价值观推动活动已是一项成熟的人力资源管理方式，主要有4个步骤：①根据公司发展需要，规划本年度的价值观推动活动；②鼓励员工相互提名；③管理层集体讨论，进行无记名投票评选；④奖励和宣传获奖的个人或团队。

虽然这已成为一项成熟的活动，但每年都会根据当年的情况突出重点，或是进行改进。比如2004年价值观推动就有与以往不同之处：首先，强调团队主题，更加重视那些通过团队合作完成并符合价值观的行为；其次，提名更加方便，奖品及时兑现，资料触手可及，通过改进操作方法促进员工参与活动。

提名是价值观推动活动中非常重要的部分，它直接关系员工的参与热情、评奖广泛性和公正性以及奖项受重视的程度。为了方便和调动员工参与，HR部门主要从3个方面推动这项活动：第一，为了让资料触手可及。在公司的餐厅、休息区、前台、宣传橱窗、史密斯通信专版、公司网页上都可以找到活动的宣传资料，最大限度地让员工了解该活动。甚至把宣传资料邮寄到员工家中，不但让员工在家也可了解相关信息，还能让家人一起关注这项活动。第二，提名更加方便。HR部门统一发放《价值观推动提名表》，保证每个人都能收到提名表，并且员工还可直接向HR部门索取。在《价值观推动完全手册》上也有提名表，撕下来填好即可提交，还可网上下载表格，以电子邮件方式提交。第三，奖品即时兑现。为了鼓励员工参与，不论以什么方式提交，都可得到一份时尚礼品，多提多得。奖品有不倒翁时钟、卡通高频收音机、卡通手机座等，让员工提名同时得到一份乐趣。为了引导员工正确提名，HR部门还特意罗列出了一些提名题材，告诉员工哪些行为是潜在的提名对象，比如"工人的一个合理化建议""员工得到所在社区的某项荣誉""为减少浪费采取的措施""来自客户的一个感谢电话或一封表扬信""某个人或团队提出了一个新流程或对现有流程的改进"……

一共设置六大奖项，分别是管理流程改进奖、生产流程改进奖、产品创新奖、客户满意奖、环保贡献奖和公益活动参与奖。每个奖项都有详细说明，包括该奖项为哪些人、哪些部门、哪些行为、哪些工作设置，应该满足什么条件，提名应有哪些描述并提供哪些材料……《奖项说明》包含了评奖必备的主要信息，整个说明并非呆板、生硬，大量采用了"我们肯定""我们赏识""请"，而尽量避免了"应该""必须"等词，使说明看起来富有人情味。这些奖项体现了企业价值观，只有认同和推动价值观的员工或团队才能获得此奖。因此，评选的过程，实际上就是灌输企业价值观的过程；评选的结果，即是奖励为实践企业价值观做出贡献的个人或团队。

在2004年之前，已有来自世界各地的49家公司的523名员工和管理人获得此奖，活动随同公司的全球战略一起推广。南京的工厂于2002年参与这项活动，2004年便第一次有了来自中国的获奖者。中国的热水器市场比较特殊，家用电器连锁商店和百货商店占了家用热水器的主要份额，促销员成为公司与客户沟通的关键。要让促销员始终了解产品和公司的最新信息，是一项艰巨的挑战。两名女员工发现促销员没有机会了解热水器的组装过程，因而对技术知识理解不透。这两位女士特意开发了一个基于工厂的为期5天的促销员工培训项目，主要是介绍产品的特性和优点、安装和维护、A.O.史密斯历史、竞争对手资料和销售技巧。培训采用多种形式，如讨论、角色扮演、工厂参观和集思广益等，特别是还引入了室外活动（类似拓展训练），其中有10米跳台之类的活动。这个创造性的培训项目自开发以后，不仅使促销员掌握了更多公司和产品的知识，还提高了士气、增加了销售量、减少了离职率。该项目最终获得集团总部的认可并授予"管理流程改进奖"。在南京本部，也有多个团队和个人获得各类奖项，如通过竞标方式为公司降低成本600万元的项目获得管理流程改进奖、勇救落水女子不留姓名获公益活动参与奖、卓越领导力持续改进培训项目获客户满意奖等。

A.O.史密斯公司的价值观推动活动有两个主要目的：第一，通过一种生动有趣的方式让在世界各地的员工了解并理解公司的价值观及其在公司中的作用；第二，找到一种方式让员工可以在日常工作中为推动企业文化做出贡献。在A.O.史密斯，价值观推动活动已成为员工工作和生活中的一件大事，受到全体成员的关注。员工不仅在每年举办活动的过程中积极参与，更重要的是在日常工作中自觉维护企业的价值观。A.O.史密斯承认，此活动的成功已超出了他们的预期，并将继续坚定地推行这项活动。

（资料来源：宋联可，杨涛. 高效人力资源管理案例[M]. 北京：中国经济出版社，2009.）

根据案例所提供的资料，试分析以下问题。

（1）为什么企业文化渐渐成为人力资源部门一项重要工作？

（2）企业文化可被分为精神层、制度层、行为层和物质层，为什么精神层的文化转变成行为层的文化是企业面临的共同难题？对此，你有什么好的建议？

（3）价值观具有相对的稳定性和持久性，A.O.史密斯的价值观推动活动每年会根据当年的情况进行修改，你认为这种修改是否会破坏价值观的稳定性和持久性？你如何看待价值观的推动、活动、变动与维护、改善、变革价值观的联系？

（4）为了鼓励员工参与提名，不论以什么方式提交，都可以得到一份时尚礼品。这种方式虽然可以鼓励员工参与，但可能导致提名不慎重，你认为这项措施是否值得提倡？你有什么更好的方式让员工积极而认真地参与提名？

（5）A.O.史密斯通过每年定期举办价值观推动活动，鼓励员工将企业文化变成现实行动。创建企业文化需要定期强化，也需要日常灌输。你认为哪一种形式更为重要？并设想出尽可能多的相关企业文化制度、活动或方案，用以支持你的观点(可采用辩论的形式讨论)。

实际操作训练

课题14-1：企业文化设计

实训项目：为模拟公司设计企业文化，撰写一份企业文化建设方案。

实训目的：培养初步运用管理思想解决问题的能力；培养分析与建设企业文化的能力。

实训内容与要求：根据所学知识以及从实际企业获得的信息资料，研讨并确定本公司的管理理念与企业文化。

（1）结合本公司的实际，论证应以何种理论作为管理的理论依据。要求每一个人写一份简要的论证材料；

（2）本公司应树立哪些先进的管理理念？要求每一个人模拟公司写一份"公司管理理念"；

（3）对本公司的文化建设提出各种设想，并制定建设方案，要求每一个人模拟公司写一份文化建设方案；

（4）班级组织一次交流，每个公司推荐两名成员谈管理的理论依据，并由总经理谈公司的文化建设方案。

第15章 职业生涯管理艺术

教学目标

通过本章的学习，了解什么是职业生涯、职业生涯管理的概念及几个比较典型的职业生涯理论，并掌握职业生涯规划、管理的基本过程。

教学要求

知识要点	能力要求	相关知识
职业生涯概述	对与职业生涯相关的概念有初步的认识	职业、职业生涯、职业生涯的阶段、职业生涯中的问题
职业生涯理论	理解每种职业生涯理论对现实的意义	择业动机理论、职业性向理论、职业锚理论、格林豪斯的职业生涯发展理论等
职业生涯管理	企业能有效指导员工制定职业生涯，员工个人能根据自身实际情况制定适合自己的职业生涯路线	职业生涯管理的定义、内容以及个人的自我职业生涯管理和组织的职业生涯管理

导入案例

职业生涯规划助阿刚成功

伟明大学毕业后做过多份工作。在国有企业、民营企业、外资企业都做过，从事过家电、广告、房地产等行业，开始时做人事，后来转为销售，再后来又改为广告策划、营销策划。

做人事工作时，觉得人太复杂，自己又夹在老板和员工之间，太难做——自己不适合从事这种低层次的人力资源管理。做销售时，成天要去拉关系，跟别人套近乎，感觉这不是自己所擅长的，收入也很不稳定。做了两年，有时业绩还不如一个刚来公司的新手。后来改行做广告策划，他经常有很好的想法，发现自己做广告方案比许多人都做得好(包括自己的上司)，但自己感觉很好的策划上司就是不赞成，所以他不时与上司争论这些问题，往往搞得很不愉快。有一次自己做得很专业的整合营销策划方案，好几处被老板不加商量地做了修改。在客户那儿做了提案后，客户对没有修改的策划内容很赞赏。伟明无论在本土广告公司,还是在跨国广告公司,哪怕是做到了策划总监、常务副总,都感觉不能充分施展自己的能力。所以伟明决定自己做老板、开广告公司。但公司开了不到一年,就亏了几十万元。

伟明不得不再去打工。他发现房地产业很红火,自己做房地产策划也应该是擅长的。他来到一家著名的房地产策划代理公司做营销策划。他发现,做策划自己很容易上手,很有感觉,与发展商打交道却很困难。半年后,伟明跳槽去了一家房地产公司,做起了甲方。满以为做了甲方避免了自己不会跟别人套近乎、迎合别人喜好的短处,就可以大展宏图。但每天要处理大量各种各样的事情,事情太多、太杂,来得太快,简直应接不暇;又受不了老板的官架子,自己又不喜欢像其他同事那样阿谀奉承。这种情况下,要想被老板重用,要想成功,就更难了。这使伟明感到非常困惑。

而他的同学阿刚则正好相反。阿刚毕业以后,先进行了专业的职业咨询。在专业指导中心的测试室,通过测试发现:阿刚喜欢发挥影响、领导作用;喜欢与人打交道;提供信息、启发。通过天赋识别工具,发现他有影响他人的天赋。通过性格分析,确定阿刚是属于"外倾、主导、理性、直觉"类型的人。综合分析阿刚的天赋、性格、兴趣和工作经历,结合应用美国权威的职业定位系统,职业咨询师确定阿刚的职业定位是企业的经营管理者。建议阿刚从卖专业软件的销售工程师做起,然后向销售管理方向发展,逐步成为企业的经营管理者。阿刚制订了详细的职业发展计划,并一直为之努力,现在是一家知名公司的老总,成功地实现了自己的职业目标。

(资料来源:耿莉萍. 人力资源管理[M]. 北京:科学出版社,2008:260-261.)

问题:
(1) 伟明一直很努力但事业最终没成功,其主要原因是什么?
(2) 阿刚为什么能成功地实现自己的职业目标?
(3) 比较伟明与阿刚的职业经历,对人们有哪些启示?

随着时代的发展,员工的需求不再仅仅是单纯的经济报酬,他们越来越看重工作的成就感和个人获得发展机会等。因此,为了更好地激励员工,企业应根据战略目标和需要,运用一定的方法,促进员工职业生涯管理,使员工与组织共同成长与发展。

15.1 职业生涯概述

15.1.1 职业与职业生涯

1. 职业的含义

所谓职业(Career),一般是指人们在社会生活中所从事的以获得物质报酬作为自己主要生活来源并能满足自己精神需求的、在社会分工中具有专门技能的工作。它是人类文明进步、经济发展以及社会劳动分工的结果。

然而,由于研究需要的不同,相关学者从不同的角度对职业的内涵进行了不同的界定:①美国社会学家塞尔兹认为,职业是一个人为了不断取得个人收入而从事的具有市场价值的特殊活动,这种活动决定着从业者的社会地位;②美国学者迈克尔·曼主编的《国际社会学百科全书》则认为,职业这一术语最初本是表示从事法律、教会、医疗和军事服务的传统意义上的"自由的职业",现在被认为具有职业的或声称有职业身份的职业群体的数量,"职业乃是作为具有自我利益的职业群体在分工中力图保护和维持其垄断领域而予以运用的工具";③日本社会学家高尾雄认为,职业是某种社会分工或社会角色的实现,因此职业包括工作、工作的场所和地位。他指出:"职业是社会与个人,或整体与个体的节点。通过这一点的动态相关,形成了人类社会共同生活的基本结构。整体靠个体通过职业活动来实现,个体则通过职业活动对整体的存在和发展做出贡献。"

2. 职业生涯的含义

职业生涯（Career Planning），也称职业计划、职业发展，指一个人终生连续性的职业经历，特别是职位的变动及工作理想实现的整个过程。它是一种复杂的现象，由行为和态度两方面组成。其中态度受性格、价值观、需要等方面的影响。具体来讲，职业生涯可以从以下4个方面进行理解。

（1）职业生涯是个体概念，是指个体的行为经历，而非组织的行为经历。

（2）职业生涯是时间概念，是人所处职业生涯的不同阶段，如职业初期、职业中期和职业后期等。实际的职业生涯期在不同个人之间有长有短，是不一样的。

（3）职业生涯是职业概念，实质上是一个人一生之中的职业经历或历程。

（4）职业生涯是发展和动态概念，也就是说个体的具体职业内容和职位会随时间的变化而变化。职业生涯不仅表示职业工作时间的长短，而且内含着职业变更与发展的经历和过程，包括从事何种职业、职业发展的阶段、职业的转换与晋升等具体内容。

阅读案例 15-1

想着未来

王军在大学所学的专业是会计。毕业后进入一家国内知名的大公司财务部做会计工作。工作了一段时间后，王军凭着年纪轻、脑子灵，很快就熟悉了岗位的工作流程和业务技能，已经能够较好地完成工作各方面的要求。但是，随着工作时间的加长，王军感到越来越没有前途，虽然公司的待遇不错，但现在财务部门的领导还很年轻，自己晋升空间不大，工作也没什么挑战性，每天做的都是同样的工作，非常枯燥；而且自己生性好动，喜欢与人交往，现在的工作整天和计算机、账本打交道，根本没有乐趣可言。他曾经几次想把自己的想法和主管谈谈，想到其他部门转转。但是，主管平时非常器重自己，如果贸然提出要走，他会不会有什么想法？

终于，一天中午，王军看到主管的办公室里只有他一个人，鼓足勇气走进了主管办公室。

（资料来源：张佩云.人力资源管理[M].北京：清华大学出版社，2004：176.）

15.1.2 职业生涯发展阶段

对员工职业生涯发展阶段的划分方法有很多种。美国学者唐纳德·舒伯将员工的职业生涯分为以下5个阶段。

（1）成长期（从出生到14岁）。在这一阶段，个人通过与家庭成员、朋友、老师的交流和相互作用，逐渐建立起来关于自我的概念，并慢慢地培养了客观看待事物的能力。到这一阶段结束的时候，进入青春期的青少年就开始形成职业倾向和职业愿景。

（2）探索期（15~24岁）。在这一阶段，人们开始会尝试较为宽泛地选择职业。随着个体对自己职业地进一步了解，以及通过休闲、娱乐等活动获得的信息，人们可能会否定最初职业的选择。到这一阶段快结束的时候，一个看上去比较恰当的职业就已经被确定，他们也已经做好了为此事业而努力奋斗的决心。人们在这一阶段最需要完成的任务是对自己的能力和天赋持有客观的评价，并尽可能地了解、收集各种职业信息。

阅读案例 15-2

小李的职业发展困境

小李是一个来自农村的孩子。当时家乡种地需要的暖棚材料价格昂贵，父母觉得制造暖棚定能赚大钱,于是便萌发了让小李报考材料系的想法。一向缺乏主见的他遵从了父母的意愿,考入了某交大高分子材料系。

其实,小时候在少科站接触了计算机,计算机一直是他最大的兴趣。于是他在本科期间双管齐下,获得了材料和计算机双学士文凭。由于成绩突出,校方给了他材料系硕博连读的机会,看着别人羡慕的眼光,他把兴趣甩在一边,顺理成章地踏上了学校为其铺就的光明大道,后来由于导师推荐改换专业方向,辗转6年才完成了博士学位。期间,兴趣的驱动让他考了微软的计算机认证,有过网站维护的兼职经历,但后来随着专业课程的加重,便再也无暇顾及计算机的学习。

毕业后,注重研究型的科研机构他不愿去,而想去的企业却需要应用型人才,他也想过靠计算机本科文凭求职,在喜欢的领域做,但他读博期间就再没有学习过,早已生疏,相比计算机专业人才,完全没有竞争优势,况且多年学成的博士专业完全放弃,也未免可惜。他空有名校博士的荣誉,却无路可走,百般后悔。

(资料来源:徐笑君. 职业生涯规划与管理[M]. 成都:四川人民出版社,2008:106.)

(3) 建立期(25~44岁)。这一阶段是大多数人职业生涯的黄金时期。大多数人能在这一阶段的早期找到合适的职业,并随之全力以赴地投入到有助于自己在此职业中取得良好发展的各项活动中,最后在组织中获得一定的职位。在这一阶段的中后期,个人开始积极地寻找自己在社会组织中的价值,逐步独立承担更多的责任,收入也逐渐增多,主观精神上较为满足。

(4) 维持期(45~65岁)。在这一阶段,人们一般已经在自己的工作领域中有了一席之地,并开始将生存重心转向非工作事项。维持期的主要任务是处理好工作与家庭的矛盾,并使两者协调起来。同时,进一步学习,提高自己的转移素质,稳固自己在组织中的地位。

(5) 衰退期(66岁以后)。当临近退休的时候,人们不得不面临职业生涯中的下降阶段。在这一时期,许多人不得不接受权利和责任的转移,学会接受一种新的角色,学会成为年轻人的良师益友。再接下来就是几乎每个人都不可避免地要面对的退休,这时人们必须学会在家庭和社会活动中寻找新的满足,学会用自己已有的知识和技能从事自己的"职业后生涯",平静地度过晚年。

美国康奈尔大学的教授米考维奇和布德罗提出了职业生涯的4阶段模型。大多数人在其一生之中将经历的4个职业阶段是:开拓阶段、奠基阶段、保持阶段和下降阶段。

(1) 开拓阶段(16~25岁)。在这一阶段,员工的主要任务是学习和辅助。员工通过最初一段时间的工作发现自己的兴致,并通过教育培训来提高自己的职业技能。在这一时期,员工的职业选择可能受自己的价值观、技能的种类和水平,甚至父母职业的影响。此阶段员工工作角色的典型特征是依赖他人。

(2) 奠基阶段(25~35岁)。此阶段,员工通过各种方式提高自己的能力来奠定自己的事业基础。例如,有些员工通过不断地跳槽来提高自己对同事和组织的适应性;有些员工通过培训来增强自己的职业技能等。这一时期的员工的角色是自足、独立的工作者。

(3) 保持阶段(35~55岁)。在这一阶段,员工的核心活动是进行资源分配、培训和发展其他的员工,同时为组织提供有建设性的建议。这一时期,由于员工拥有组织所需的专业知识和经验,已成为组织的骨干,因此要承担更多的责任。然而处于这一阶段的许多员工可能会放弃自己原有的专业,重新开始职业的探索。

(4) 下降阶段(55~75岁)。在这一阶段,员工的权利和责任逐渐减少,在组织中的作用和地位也随之下降,因此员工开始为退休做心理准备。然而随着人口平均寿命的延长，员工在退休后仍然有能力在组织中发挥出很大的余热作用。因此，组织在员工进入职业的下降阶段后，应该尽可能采取各种方式为他们安排继续工作的机会，并将这一安排提前告诉他们。

15.1.3 职业生涯中的问题及处理

1. 职业停滞现象

当一名员工的工作职能和工作内容因为组织里缺少晋升机会而保持不变时，"停滞现象"就发生了。国外有人估计，99%的劳动者在他们的职业生涯中至少经历了一次停滞现象。而我国由于近年来许多组织的等级制度正在变弱，生育高峰的一代人恰好已是壮年，另外随着思想的解放，妇女也开始参与竞争过去不接纳她们的职位，因此我国也普遍存在职业停滞现象。

对于职业发展的停滞现象，一般有这样几种解决方法。

（1）组织内的横向调动，即把员工调到其他工种的部门去工作，该方法虽然使员工的工资和地位保持不变，但员工却得到了发展新技能的机会，从而在一定程度上激励了员工。鼓励横向调动的公司一般使用基于技能的工资制度，按员工的技能类型和级别支付工资。

（2）充实工作内容，即员工的工作内容丰富化。该方法通过增强工作的挑战性，赋予工作更大的意义，使员工从工作中获得成就感。据统计当今大中型企业中，提供这种充实工作内容机会的企业近1/10。

（3）探索性职业发展也是一种处理停滞的方法。组织不承诺员工职位的实际调动，但提供一定的条件让员工在另一领域尝试自己的想法。长期以来，降职往往跟失败联系在一起，但未来有限的晋升机会可能使其成为较合理的职业选择。如果能除去降职的羞耻感，则更多的员工，特别是老工人，可能会接受甚至选择这种调动。从实际的经验中得出的结论是，这样做既可以打通堵塞的晋升之路，也可以使高级员工摆脱其不想承受的压力，而不被人看作是失败。

2. 降职现象

降职作为组织内职员变换的一种职业流动形式，普遍存在于我国的各类企业中，它除了因受到组织纪律处分而导致外，一般有以下几种变通形式：①组织因故做重大调整时必须做跨职能性的向下流动；②工作业绩差或难以胜任本职工作，通过向下流动来寻找比较匹配的工作；③为了发展员工的多方面的技能，提高员工能力而临时性的向下流动；④调到同等级别，但职权和责任都减少的另一职位上；⑤员工本人年龄、身体健康状态不佳或工作兴趣改变，也可能向下流到适宜的职位上。然而降职对员工来说意味着工资的减少、地位的降低、发展机会的减少，因此员工一旦被降职，很有可能使员工士气低下对组织产生冷漠。从而导致工作效率直接下降。所以企业要慎重对待员工的降职，即使要降职，也要保证在有详细的员工工作绩效考核资料的前提下，从而使员工对组织的决定心服口服。

3. 职务调动和工作岗位轮换

随着生活质量和生活水平的提高，员工的职业生涯将会延长。为了使员工的主要生涯丰富多彩，增强员工各方面的能力以适应快速变化市场的需要，组织开始探索一条全面培养人的道路——职务轮换，即在几种不太相同的工作领域中为员工做出一系列的工作任务安排，或提供各种不同工作岗位之间的流动机会。同样在我国的很多知名企业中，他们在考虑员工晋升时，也非常注意一个人在"组织内的工作轮换与职务调动经历"。

4. 跨区域调动

跨区域调动是员工职位变换的一种常见形式。跨区域调动可能是公司出于对员工的信任，但这种方式的调动，对员工来说可能造成一些压力，这种压力不仅是因为工作角色的转变所带来的工作适应问题，更重要的是来自家庭迁徙的阻力。对于他们的家庭成员来说，生活将会发生很大的变化，如他们不得不面临一个陌生的环境，改变他们以往的生活习惯和重新建立新的人际关系等，这些对员工的家庭成员来说都是一种巨大的压力和考验。跨区域调动使员工主要面临的问题表现在以下几个方面：①最实际的问题即跨区域调动增加了搬迁给家庭带来的费用和很多不必要的开销；②家庭的正常生活被打乱，离开了自己的亲朋好友和已建立的社会人际关系，他们不得不重新建立正常的生活秩序和新的社会人际关系；③孩子中途转学使其面临全新的学习环境；④配偶的工作安排也是一个非常突出的问题；⑤必须学习一套新的工作规范和工作程序，与新的同事建立新的人际关系。

5. 技术老化现象

技术老化现象一般出现在处于职业生涯中后期的员工之中，年老的员工中此现象更为突出。发生这种现象的原因很多，如个人变化的节奏赶不上工作变化的步伐，培训的机会无法跟上不断提高的工作需要，员工使用新技术的能力落后于工作的需要等。年老的员工由于他们都有较长的工作经历，日积月累的工作习惯已经根深蒂固，而所具备的技术和知识有可能过时，因此他们出现的技术老化现象尤为突出。

防止技术老化的方法主要有技术维持和技术再培训。如果管理者和员工双方都意识到投资于再培训可以获得更高的回报，就可以采取类似于对付职业生涯停滞问题的方法，在职业生涯的早期阶段就开始对职业生涯周期进行干预。其他策略包括为年老的员工分配新的岗位或利用经济刺激他们提前退休。

6. 提前退休

提前退休的形式多种多样，企业应根据自己的具体情况制定适宜的方案，其中比较典型的是员工在提前退休的若干年里仍可能领取部分工资和享受公司的福利待遇。这种方法的出发点是想通过向员工提供有吸引力的物质待遇来鼓励他们提前退休。很多企业在鼓励员工提前退休时，采用了形式多种多样的物质利益刺激方法，而且结果都获得了不同程度的成功。如蓝十字——蓝盾公司向员工保证，如果他们提前退休，就可享受到公司提供的医疗和牙科保健待遇、人寿和意外事故保险待遇以及其他实惠，结果全公司在职的员工中有41%同意提前退休。根据蓝十字——蓝盾公司的经验，要使提前退休方案获得圆满成功，关键在于提供物质之前，首先要弄清楚员工的真正需求。对于大部分退休者来说，学习是件非常有意义的事，因此很多组织为退休员工的学习支付学费、书本费和其他相关费用。很多退休人员通过学习还可以再找到新的职业。当然，对于绝大多数退休者而言，其学习是为了去追求新的业余爱好以及用来充实他们的晚年生活。

7. 解雇

解雇意味着员工退出一个组织。发生这种现象的原因有很多，如员工的能力不能胜任他目前的工作或员工有更好的职业选择而主动辞职等。企业解雇员工一般采取强制性的方式，因此，组织在作出解雇员工决定之前，一定要慎重考虑解雇对离去者、留下者、本公司和本地社区的影响，否则影响极大。对于那些因被解雇而暂时失业的人，企业应提供相应的帮助如免费技能培训、提供其他单位的招聘信息等，使失业的人能迅速、成功和有条不紊地渡过职业技能转换这一关。对于那些幸免于解雇的员工来说，公司应想办法消除他们对可能被解雇的恐惧，让他们仍旧保持对公司的忠诚和信任，保持职业团队内的团结一致，保持甚至是提高他们原有的工作干劲和生产效率水平。在一个社区里，一家公司的解雇政策除了影响到本地区的经济繁荣和社会服务机构的经营状况以外，还会影响到该公司的声誉和形象。本来公司是想通过解雇工人来减少费用，但实际上有些费用不但不会减少，反而使企业的声誉大受影响。

如何有效地减少解雇现象，目前国内比较流行的做法：严格招聘和人力资源外包。严格招聘也就是人力资源部员工在进行招聘时一定要把好关，根据岗位需求找准合适的人，尽量避免日后的人－职不匹配现象。人力资源外包就是企业借助外部的优秀人才来发展自己，一旦项目完成，企业与外包的合作立刻终止。

15.2 职业生涯理论

15.2.1 职业选择理论

1. 择业动机理论

美国心理学家佛隆（Victor H. Vroom）通过对个体择业行为的研究认为，个体行为动机的强度取决于效价的大小和期望值的高低，动机强度及效价与期望值成正比，即

$$F = V \cdot E$$

式中：F 为动机强度，指积极性的激发程度；V 为效价，指个体对一定目标重要性的主观评价；E 为期望值，指个体对实现目标可能性大小的评估。

择业动机的强弱表明了个体为达到一定目标而努力的程度，或者对某项职业选择意向的大小。按照上述观点，择业动机取决于职业效价和职业概率，即

$$择业动机 = f(职业效价, 职业概率)$$

（1）职业效价——择业者对某项职业价值的主观评价，它取决于以下两个因素：①择业者的职业价值观；②择业者对某项具体职业要素如兴趣、劳动条件、报酬、职业声望等的评估，即

$$职业效价 = 职业价值观 \times 职业要素评估$$

（2）职业成功概率——择业者认为获得某项职业的可能性大小，它取决于4个因素：①某项职业的社会需求量，职业概率与社会需求量呈正相关关系；②择业者的竞争能力，即择业者自身的工作能力和求职就业能力。职业概率与择业者的竞争能力呈正相关关系；③竞争系数，即谋求同一种职业的竞争者人数的多少，职业概率与竞争系数呈负相关关系；④其他随机因素，即

$$职业概率 = 社会需求量 \times 竞争能力 \times 竞争系数 \times 随机性$$

职业动机公式表明，择业者的择业动机并不是空穴来风，而是通过对自身和职业的全面评估、对多种择业影响因素的全面考虑和得失平衡而得出的。因此，择业者多以择业动机分值高的职业作为自己的最终目标。

择业动机公式表明，对择业者来讲，某项职业的效价越大，获得该职业的可能性就越大，择业者选择该项职业的倾向越大。

2. 职业性向理论

美国约翰·霍普金斯大学心理学教授约翰·霍兰德（John Holland）是美国著名的职业指导家。他基于自己对职业性向测试的研究，于1971年提出了具有广泛社会影响的职业性向理论，其中包括6种基本的人格类型或性向。

（1）实际型。具有这种性向的人会被吸引去从事那些包含着体力活动的并需要一定的技巧、力量和协调性才能承担的职业。这些职业的例子有森林工人、耕作工人以及农场主等。

（2）常规型。具有这种性向的人会被吸引去从事那些包含着大量结构性的且规则较为固定的活动的职业。在这些职业中，雇员个人的需要往往要服从于组织的需要。这类职业的例子有会计、银行职员、速记以及打字员等。

（3）艺术型。具有这种性向的人会被吸引去从事那些包含着大量自我表现、艺术创造、情感表达以及个性化活动的职业。这类职业的例子有艺术家、广告制作者、音乐家以及摄影师等。

（4）研究型。具有这种性向的人会被吸引去从事那些包含着较多认知活动（思考、组织、理解等）的职业，而不是那些以感知活动（感觉、反应或人际沟通以及情感等）为主要内容的职业。这类职业的例子有生物学家、化学家、大学教授以及医学技术人员等。

（5）企业型。具有这种性向的人会被吸引从事那些包含着大量以影响他人为目的的语言活动的职业。这类职业的例子有管理人员、律师、企业家以及政府官员等。

（6）社会型。具有这种性向的人会被吸引去从事那些包含着大量人际交往内容的职业而不是那些包含着大量智力活动或体力活动的职业。这种职业的例子有诊所的心理医生、外交工作者、福利人员以及服务人员等。

表15-1详细说明了霍兰德的6种人格特征及相应的职业。

表15-1 霍兰德的6种人格特征及相应的职业

人格类型	人格特征	职业类型
实际型	真诚坦率的 重视现实的 讲求实际的 有坚持性的 实践性的、稳定性的	主要指各类工程技术工作、农业工作，通常需要一定体力，需要运用工具或操作机器 主要职业：木工、电工技师、工程师、营养专家、运动员、农场主、森林工人、公路巡逻官等
常规型	谨慎的、有效的、无灵活性的、服从的、守秩序的、能自我控制的	主要指文件档案、图书资料、统计报表之类的科室工作 主要职业：会计、出纳、秘书文书、邮递员、人事职员等
艺术型	感情丰富的、理想主义的、富有想象力的、易冲动的、有主见的、直觉的、情绪性的	主要指各种艺术创造工作 主要职业：广告管理人员、艺术教师、音乐家、文学、书法、珠宝等行业的设计师等
研究型	分析性的、批判性的 好奇的、理想的 内向的、有推理能力的	主要指科学研究和科学实验工作 主要职业：生物学家、化学家、地理学家、自然科学和社会科学、化学冶金方面的研究与开发人员等

续表

人格类型	人格特征	职业类型
企业型	喜欢冒险的、有雄心壮志的、精神饱满的、乐观的、自信的	主要指那些组织与影响他人共同完成组织目标的工作 主要职业：房产经理、企业家、律师、政府官员、行业部门和单位的工作人员
社会型	富有合作精神的、友好的、肯帮助人的、爱社交和易了解的	主要指各种直接为他人服务的工作 主要职业：教师、学校管理人员、精神健康工作者、管理人员和服务人员、娱乐管理人员等

然而，实际上大多数人并非只有一种性向（例如，一个人的性向中很可能同时包含着实际性向、常规性向和企业性向）。霍兰德认为，这些性向越相似，相容性越强，则一个人在选择职业时所面临的内在冲突和犹豫就会越少。为了便于理解，雷兰德建议将这6种性向分别放在一个如图15.1所示的正六角形的每一个角上。

此图形一共有6个角，每一个角代表一个职业性向。根据霍兰德的研究，图15.1中的两种性向越接近，则它们的相容性就越高。霍兰德相信，如果某人的两种性向是紧挨着的话，那么他将会很容易选定一种职业。然而，如果此人的性向是相互对立的话（比如同时具有实际性向和社会性向），那么他在进行职业选择时将会面临较多的犹豫不决的情况，这是因为多种兴趣将驱使他在多种完全不同的职业之间进行选择。

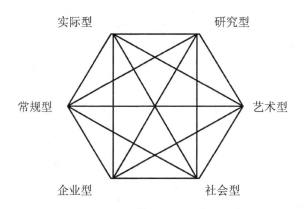

图15.1 职业性向及职业类型分类

3. 职业锚理论

职业锚（Career Anchor）的概念是由美国麻省理工学院斯隆管理学院教授埃德加·H.施恩（Edgar Schein）提出来的。施恩所说的"职业锚"一词中的"锚"的含义，实际上就是人们选择和发展自己的职业所围绕的中心，是指当一个人不得不做出职业选择的时候，他无论如何都不愿意放弃的职业中至关重要的东西或价值观。实际上，每个人的职业生涯都是一个持续不断的探索过程。在这一过程中，每个人都在根据自己的天资、能力、动机、需要、态度和价值观等，慢慢地形成较为明晰的与职业有关的自我概念。随着一个人对自己越来越了解，这个人就会越来越明显地形成一个占主要地位的职业锚。

施恩根据自己的研究，在前期发现了5种职业锚，后来又补充了3种，分别为：技术或功能型职业锚、管理型职业锚、创造型职业锚、自主与独立型职业锚、安全型职业锚、服务型职业锚、纯挑战型职业锚、生活型职业锚。

（1）技术或功能型职业锚。技术或功能型职业锚的人往往倾向于选择那些技术有待突破、工作富有挑战性的职业，希望通过该项工作体现个人的能力和技巧。

（2）管理型职业锚。管理型职业锚的人渴望成为管理人员，从而通过领导他人实现自己的价值。职业经历使得他们相信自己具备提升到一般管理职位上去所需的各种必要能力以及相关的价值倾向。承担较大责任的管理职位是这些人的最终目标。

（3）创造型职业锚。创造型职业锚的人喜欢需要创造性的工作，不喜欢墨守成规。在他们看来，如果工作仅仅是做一些例行公事的事，则工作会变得毫无意义。如麻省理工学院的有些学生在毕业之后逐渐成为成功的企业家。在施恩看来，这些人都有这样一种需要："建立或创设某种完全属于自己的东西———一件署着他们名字的产品或工艺、一家他们自己的公司或一批反映他们成就的个人财富，等等。"

（4）自主与独立型职业锚。这种类型的人厌恶监工式的管理，比较偏好于做项目类的工作。因此他们乐于组织给他们定目标，然后按自己的思维独立完成任务。

（5）安全型职业锚。安全型职业锚的人极为重视长期的职业稳定和工作保障，他们似乎比较愿意去从事这样一类职业：这类职业应当能够提供有保障的工作、体面的收入以及可靠的未来生活。这种可靠的未来生活通常是由良好的退休计划和较高的退休金来保证的。

（6）服务型职业锚。服务型职业锚的人喜欢从事符合自己价值观的工作，而且他们大部分认同一个观点：社会价值大于个人价值。因此他们一般从事教师、心理医生、护士等工作。

（7）纯挑战型职业锚。工作领域、组织类型、薪酬系统、晋升方式和认同形式都必须服从于在工作中是否能够不断提供挑战自我的机会，缺少这样的机会会使人感到厌烦和无趣。

（8）生活型职业锚。生活型职业锚的人比较注重家庭和工作之间的相互平衡。因此他们在择业时会考虑工作时间是否可以灵活安排，如弹性工作制。

阅读案例15-3

刘铭威的职业锚

1992年，某大学企业管理本科毕业生刘铭威进入维盛股份下属盛高工厂，先在车间做操作员，由于他在工作中能吃苦、勤学习，不久就掌握了产品的生产工艺，也得到了工人们的认可。1年后，任调度工作。3年后，被任命为车间主任。

刘铭威思考工作后的3年，觉得自己想从事人力资源管理工作，但是由于大学期间没有学过HR方面的课程，所以他决定在职攻读MBA。1997年9月他成为本市某大学的MBA培训班学员。1998年年初，任厂长助理。

1998年年底，同一集团不同工厂的厂长欲请刘铭威任另一个厂的厂长。刘却婉言谢绝，说自己希望在有机会时从事HR管理工作。1999年2月，盛高原人事室主任离职，刘在竞聘中表现出色，最终如愿以偿。

2002年10月，刘被提升为维盛股份有限公司的人力资源部副经理。

（资料来源：王萍，付滨. 人力资源管理[M]. 杭州：浙江大学出版社，2006：270.）

15.2.2 职业发展理论

1. 格林豪斯的职业生涯发展理论

美国著名的心理学博士格林豪斯(Green House)根据不同年龄阶段职业生涯所面临的主要任务,将人的职业生涯划分为5个阶段:职业准备阶段、进入组织阶段、职业生涯初期、职业生涯中期和职业生涯晚期。

(1) 职业准备阶段(0~18岁)。此阶段人的任务主要是发展职业想象力,对职业进行评估和选择,接受必需的职业教育和培训。

(2) 进入组织阶段(18~25岁)。主要任务是在获得足够信息的基础上,选择一种合适的、较为满意的职业,并在一个理想的组织中获得一个职位。

(3) 职业生涯初期阶段(25~40岁)。该阶段的主要任务是逐渐融入组织,适应职业工作,并不断努力学习职业技术,提高工作能力,为未来职业生涯成功做好准备。

(4) 职业生涯中期阶段(40~55岁)。由于经验的积累,员工对自己从事的岗位认识更加透彻。因此,此时应重新评估早期的职业生涯,强化或转变自己的职业理想。员工一旦选定职业,就更加努力工作,争取在自己所从事的领域有一席之地。

(5) 职业生涯后期阶段(55岁至退休)。该阶段的主要任务是继续保持自己已取得的职业成就,同时作为一名工作指导者培养自己的接班人,以便按时退休。

2. 施恩的职业生涯发展理论

美国著名的心理学家和职业管理学家施恩教授,根据人生命周期的特点及其在不同年龄阶段面临的问题和职业工作的主要任务,将职业生涯分为9个阶段:成长探索阶段、进入工作世界阶段、基础培训阶段、早期职业的正式成员资格阶段、职业初期阶段、职业中期危险阶段、职业后期阶段、衰退和离职阶段、退休阶段。

(1) 成长探索阶段(0~21岁)。此阶段的主要任务包括:①发现和发展自己的需要、兴趣、能力和才干,为进行实际的职业选择打好基础;②学习职业方面的知识,寻找现实的角色模式,获取丰富信息,发展和发现自己的价值观、动机和抱负,做出合理的受教育决策,将幼年的职业幻想变为可操作的现实;③接受教育和培训,开发工作领域中所需的基本技能和技巧。

(2) 进入工作世界阶段(16~25岁)。该期的主要任务:①学会如何寻找、评估和申请一项工作,并作出现实有效地第一项工作选择;②员工与雇主之间达成正式可行的契约,使自己成为组织的一名成员。

(3) 基础培训阶段(16~25岁)。该期员工的角色是新手,因此主要任务包括:①了解、熟悉组织,接受组织文化,克服不安全感,学会与人相处,并融入工作群体,尽快取得组织成员资格;②适应日常的操作程序,承担工作,成为一名合格的成员。

(4) 早期职业的正式成员资格阶段(17~30岁)。该阶段的主要任务有:①承担应尽的责任,成功地履行与第一次工作分配有关的任务;②发展和展示自己的专长和技能,为晋升或进入其他领域的横向职业打基础;③根据自身的才干和价值观,根据组织中的机会和约束,重新评估当初追求的职业,决定是否留在这个组织或职业中,或者在自己的需要、组织约束和机会之间寻求一种更好的平衡。

(5) 职业初期阶段(25岁以上),此时员工已成为一名正式成员,在组织内拥有相应的地位。因此,他的主要任务包括:①选定一项专业或进入管理部门;②保持技术竞争力,在自己选择的专业或管理领域内继续学习,力争成为一名专家或职业能手;③承担较大的责任,确认自己的地位;④寻找自我、工作事务和家庭之间的平衡;⑤开发和制订个人的长期职业计划。

(6)职业中期危险阶段(35~45岁)。此阶段的主要任务包括:①客观地评估自己的才干、动机和价值观,进一步明确自己的职业抱负及个人前途;②就接受现状或者争取看得见的前途作出具体选择;③与他人建立良好的关系。

(7)职业后期阶段(40岁到退休)。此时的员工如果事业一帆风顺,基本上已是骨干成员、管理者等。因此,他的主要任务包括:①扩大、发展、深化技能,或者提高才干,以担负更大范围、更大的责任;②选拔和培养接班人;③成为一名良师,发挥影响、指导、指挥别人的作用。

(8)衰退和离职阶段(40岁到退休)。此阶段已进入职业生涯的尾声,因此它的主要任务:①学会接受权利、责任、地位的下降;②由于进取心和竞争力下降,要学会接受和发展新的角色;③培养工作以外新的兴趣、爱好,寻找新的满足源;④评估自己的职业生涯,着手退休。

(9)退休阶段。此阶段的主要任务包括:①适应角色、生活方式和生活标准的急剧变化,保持一种认同感;②运用自己积累的经验和智慧,以及资深角色,通过对他人进行传、帮、带来实现自己的价值。

15.3 职业生涯管理概述

15.3.1 职业生涯管理的内涵

1. 职业生涯管理的定义

职业生涯管理是组织或个人对职业生涯的设计、职业发展的促进等一系列活动的总和,是综合分析组织需求、员工需求、员工特质和发展机会,在此基础上为员工设计职业生涯目标,提供个人发展路径的过程。它作为企业有效开发员工的一种管理模式,其本质可以从以下两方面理解。

(1)从员工的角度讲,职业生涯管理就是一个人对自己所要从事的职业、要去的组织、在职业发展上要达到的高度等做出规划和设计,并为实现自己的职业目标而积累知识、开发技能的过程,此时的职业生涯管理可称为自我职业生涯管理。

(2)从组织的角度讲,组织对员工进行职业生涯管理,主要是为了帮助员工制定职业生涯规划,建立各种适合员工发展的职业通道,针对员工职业发展的需求进行适时的培训,给予员工必要的职业指导,以促使员工职业生涯的成功,此时的职业生涯管理可称为组织职业生涯管理。

2. 职业生涯管理的内容

职业生涯管理的内容包括职业目标的设定和有效实现职业目标的途径。它不仅决定员工一生事业成就的大小,而且也关系到组织目标的有效实现。可以说,职业生涯管理的最大好处是既能最大限度地满足员工个人发展的需要,也能最大限度地满足企业的需要,使企业和员工共同发展、共同成长。

因此,职业生涯管理的具体内容可以从以下方面体现。

1）员工

职业生涯管理的前提是以人为本，即职业生涯设计与管理是企业员工对自己人生和事业的总体规划与管理，绝不可由员工本人以外的其他人来代行，否则，职业生涯管理必将成为空话。具体来讲，在职业生涯管理活动中，员工应做的主要有以下几点。

（1）主动与直线主管、同事、下属、顾客、家人等相关人员进行持续沟通，以便加深对自身的优点、缺点、性格等方面的了解，形成正确的自我评价。

（2）积极主动地了解和学习职业生涯管理的理论知识和方法，进行自我评估并不断修正评估结果。

（3）明确自身职业发展的方向，制定职业目标，和直线主管、同事、下属、顾客、家人等相关人员进行探讨，结合各方的意见，修正职业发展的方向和目标。

（4）密切关注组织在人力资源培训和发展方面的信息，结合自身职业发展的需要，主动争取培训和发展的机会。

2）直线主管

员工的职业生涯管理所获得的支持与帮助主要来自直线主管，因此直线主管对员工的自我职业生涯管理至关重要。直线主管在员工进行自我职业生涯管理时应努力做到以下几个方面。

（1）对员工进行培训与指导，直线主管是最贴近员工的管理人员，因此他们也就能最直接和最迅速地发现员工工作中存在的问题，直线主管发现问题后应及时、主动地与员工进行沟通，了解问题产生的原因，为员工提供有针对性的帮助。同时，直线主管也加强了对员工职业生涯发展中可能出现问题的认识，为以后如何培训员工提供依据。

（2）为员工提供反馈信息，促使员工形成正确的自我评价和职业生涯发展目标，直线主管通过日常的工作信息反馈和月末或年末的绩效考核信息反馈，帮助员工更清晰地认识自己的优点和不足，促使员工形成正确的自我评价和职业生涯发展目标。

（3）向员工推荐有益的培训项目，向社会组织推荐合适的人才。直线主管作为企业和员工之间的桥梁既是将组织资源传递给员工的中间人，又是员工职业生涯发展的关键推动者。

3）组织

在人才资源是第一资源的时代，组织为了提升竞争力，必须充分挖掘每位员工的才干，使他们的潜力得到最大限度的发挥。因此，组织在员工职业生涯管理活动中应努力做到以下几点。

（1）为员工的职业生涯管理提供全面的信息支持，例如外部劳动力市场的信息、行业和宏观经济发展的信息、当今流行的培训项目信息、员工的工作记录、组织内部的工作机会等。

（2）鼓励和指导员工制定个人职业生涯规划。

（3）为员工提供职业生涯管理的专业支持，比如辅导员工进行自我评估、帮助员工按正确的步骤进行职业生涯设计和更新。

（4）统一组织职业生涯管理活动，具体安排和落实各种培训事务，建立有关档案记录等。

总之，员工的职业生涯管理需要管理者对员工的引导、鼓励和帮助来实现。

3. 职业生涯管理的意义

1）职业生涯管理对个人的意义

（1）帮助员工确定职业发展目标。职业生涯管理的重要内容之一就是对个人进行分析。通过分析自己的知识、能力、性格、价值观,同时结合他人(直线主管、同事、家人)的意见,来明确自己真正的优势和劣势;获得企业内部相关工作机会的信息。通过这些分析,员工确定符合自己兴趣和专长的职业生涯路线,正确设定自己的职业发展目标,自己的潜力得到充分挖掘,实现自我价值。

阅读案例 15-4

活跃在华尔街的毛区健丽

20 世纪 80 年代初,美籍华人毛区健丽到了纽约。初到纽约,她选择了在纽约城市大学读书。象牙塔没有关住那颗已经放飞的心。她在潜心完成学业的同时,还在"最会做生意的犹太人"公司打工。毛区健丽每周工作近 40 个小时,每小时只赚几块钱。她可以不必打工,即使需要,她也可以选择收入相对丰厚的唐人街。然而,她选择了辛苦。"我向犹太人学习如何做生意,如何与人打交道,使我在大学毕业后的就业上非常有优势"。

1983 年,毛区健丽在美国纽约城市大学获得了会计学学士及税务学硕士学位。毕业后,她顺利进入门槛极高的安达信会计师事务所税务部,成为安达信公司历史上第一位有中、英双语和中西双文化背景的高级雇员。20 世纪 80 年代,美国掀起了一股企业并购的热潮,安达信公司为此忙得不亦乐乎,而年轻的毛区健丽更是如鱼得水。她先后参与并执行了包括摩根斯坦利、拉美一系列大银行和媒体在美国的收购与兼并,业务水平迅速提升,并成为公司骨干和安达信大中华业务的负责人。1987 年,毛区健丽帮助华晨金杯汽车在美国成功上市;1989 年,她参与了对美国的一个价值 6 亿元的能源项目的收购,并为此项目组成了贷款银行团,得以结识一大批银行,并成为其财务顾问。到了 20 世纪 90 年代初,毛区健丽已成为中国在美国开设的银行和各大财团的长期顾问。

(资料来源:陈国海. 人力资源管理概论[M]. 北京:高等教育出版社,2009:255-256.)

(2) 鞭策员工加倍努力工作。当员工确立了职业发展目标时,他们就有了奋斗的方向。而且职业发展目标犹如人生之靶,会时刻提醒、鞭策人们加倍努力工作慢慢地向它靠拢。

(3) 有效开发与利用员工智能。二八原理告诉人们,一个人 80% 的成功来自 20% 的关键行为。因此一个人想要获得事业上的成功,必须合理分配自己的时间和精力,而职业生涯规划却能帮助员工实现这点。职业生涯设计能帮助人集中精力,全神贯注于自己有优势并且会有高回报的方面,这样就有助于发挥个人尽可能大的潜力,使自己走向成功。

(4) 评估目前的工作成绩。如果职业生涯规划是比较具体、全面的话,就可以根据程序对实际的进展情况进行评估,发现不足,及时修正之前的计划。大多数失败者面临的共同问题就是他们极少评估自己所取得的进展。他们很多人或者不明白自我评估的重要性,或者无法量度取得的进步。

2) 职业生涯管理对企业的意义

(1) 保证企业对未来人才的需求。企业可以根据发展的需要,预测企业未来的人力资源需求类型,然后通过对员工的职业生涯设计,为员工提供发展空间、人员开发的政策以及与职业发展机会等相关的信息,引导员工将自身发展与企业发展结合起来,从而有效地保证企业未来发展的人才需要,避免出现职位空缺。

(2) 职业生涯管理能充分调动人的内在积极性,更好地实现企业目标。职业生涯管理本质上是企业员工的自我职业生涯规划,而企业的主要作用就是提供相应的资源来支持员工的职业生涯规划,使员工实现职业目标。这样就必然会激起一股强烈的为企业服务的精神力量,进而形成企业发展的巨大推动力,更好地实现企业组织目标。

(3) 职业生涯管理是企业长盛不衰的有力保证。任何成功的企业,其背后都离不开优秀的企业家和高质量的员工。人的才能和潜力得到充分发挥，人力资源不会空置、浪费，企业的成功就有了取之不尽、用之不竭的源泉。发达国家或地区的主要资本不再是有形的工厂、设备，而是他们所积累的经验、知识和优秀的人力资源。通过职业生涯管理给员工提供施展才能的舞台，充分体现员工的自我价值，是吸引人才、留任人才的根本保证，也是企业长盛不衰的有力保证。

15.3.2 员工自我职业生涯管理

职业生涯管理，就其本质而言，是员工的自我职业生涯管理，因此，职业生涯管理的成功与否关键在于员工本人。对于员工个人而言，其主要职责就是制订适当的职业计划。

1. 制订个人职业计划的原则

（1）实事求是地进行自我认识和自我评价。实事求是、准确的自我认识和自我评价是制订个人职业计划的前提。每个人应该对自己有以下4个方面清醒的认识：①个人特质，主要指个人素质、爱好、兴趣和专长等；②个人的认识、技能水平以及工作适应性；③价值取向，自我确定的整个人生之路和生活方式；④自己在事业中最渴望的是什么？最有价值的追求是什么？

（2）职业计划要切实可行。一方面，个人的职业目标一定要同自己的能力、个人特质及工作适应性相符合。比如，一个学历不高又无专业特长的员工，却一心想进入管理层，在现代企业这显然不切实际。另一方面，个人职业目标和职业道路的确定要考虑到客观环境和条件的允许。犹如，在一家族企业里，一名刚毕业的大学生就不宜把担当重要管理职位作为自己的短期职业目标。

（3）个人职业计划目标要与组织目标协调一致。员工是要通过在组织中工作而实现个人职业目标的，而组织在每个阶段都有自己的目标，因此个人职业计划目标是在实现组织目标的基础上实现的。离开组织目标，便没有个人的职业发展，甚至难以在组织中立足。所以，从个人职业计划制订开始，就必须与组织目标相协调、一致。为此，雇员在制订计划之时，应积极主动与组织沟通，获得组织的指导和帮助。

（4）在动态变化中制订和修正个人职业计划。员工进入组织后会经历不同的职业生涯阶段，如成长期、探索期和建立期等。因此员工应当根据不同阶段的职业任务和个人职业特征，制定不同时期或阶段的个人职业目标、需求及其实现途径。然而计划一经制订，并非一劳永逸的，还需依据客观实际情况及其变化，不断予以调整、修改和完善，使之可行，且行之有效。

2. 个人职业计划的内容

个人职业计划也称为职业生涯规划，是对自己职业发展的总体规划，包括自我评价、组织与社会环境分析、职业生涯计划评估、设定职业生涯目标、制定行动方案、评估与调整。

1）自我评价

自我评价是对自己作全面的分析，主要包括对个人的需求、能力、兴趣、性格、气质等的分析，达到全面认识自己，了解自己，以便确定自己适应什么样的职业及自己具备哪些能力。

（1）英国哲学家罗素说他的人生目标是"我所爱为我天职"。由此可见，职业兴趣在人们职业活动中有十分重要的作用，因此在职业选择中应尽可能地选择那些适合自己职业兴趣特点的专业或工作。

（2）认识自己的职业性格。性格广泛地影响着人们对职业的适应性，然而一个人的性格一旦形成就很难改变。正所谓"江山易改本性难移"，因此求职者可以根据自己的实际情况选择合适的量表，对自己的性格进行测量，以判断自己的相关类型，为择业做好准备。

（3）判断自己的职业能力。能力是一个人顺利完或任务的基本前提条件，是影响工作效果的基本要素。所以，了解自己的能力倾向即不同职业的能力要求有助于自己更加合理地进行职业选择。

（4）确定自己的职业性向。在一个人对自己的兴趣、性格、能力有了初步的认识后，就可以把这3个方面联系起来，从总体上把握自己的职业性向。职业性向也可以用霍兰德职业性向测验量表或其他量表进行测量。

阅读案例15-5

你就是你自己的奇迹

杨文发大专毕业那年，正赶上就业形势严峻。无社会经验的他到一家工作环境极差的工厂做了一名喷漆工人。他很用心地留意工厂中的一切，一个月后他对工厂有了点了解，便跳槽进了一家生产油漆的工厂，不久便被提拔为车间主管。在了解了工厂的管理后，他再次跳槽进了建筑公司。从技术着手，他学会了室内装潢设计，4年后成为一名工程师。最后，他到一家大型装修公司做了半年业务，填补了他在社交方面的欠缺。待时机成熟后，他自己做了装饰材料店老板。如今，他已在业内小有名气。看着昔日的喷漆工转眼成了一个西装革履的老板，朋友们都说他创造了奇迹，然而杨文发却淡然一笑地说："你就是自己的奇迹"

（资料来源：陈国海. 人力资源管理概论[M]. 北京：高等教育出版社，2009：268.）

2）组织与社会环境分析

组织与社会环境分析是指自己对所处的环境进行分析，以确定自己是否适应组织环境或社会环境的变化以及怎么样调整自己以适应组织与社会的需要。其中，社会环境分析包括以下几方面。

（1）经济发展水平，在经济比较发达的地区，企业比较集中，因此个人职业选择的机会比较多，从而有利于个人的职业发展，反之，个人的职业发展就会受到很大限制。

（2）社会文化环境，如果一个人在良好的社会文化环境中受教育和熏陶，那么必然会为以后的职业发展打下更好的基础。

（3）政治制度，政治制度不仅会影响一国的经济体制，而且影响着企业的组织体制，从而在一定程度上影响了个人的职业发展。

组织环境分析包括：①企业文化，企业文化决定了一个企业如何看待它的员工，如何管理它的员工，所以，企业文化极大地影响着员工的职业生涯；②领导者素质和价值观，企业经营哲学往往就是企业家的经营哲学，因此，如果企业领导只顾组织的发展，不重视员工个人的职业发展，那么这个企业的员工也就没有盼头了。

3）职业生涯计划评估

每个人都处在一定的环境中，离开了环境就无法生存与成长。因此，在设计个人职业生涯时，应当分析环境发展的变化。通过对社会环境的分析，评估有哪些长期的发展机会；通过对组织环境的分析，评估在企业内有哪些短期的发展机会。通过对职业生涯机会的评估可以确定合适的职业和职业发展目标。

4）设定职业生涯目标

职业生涯目标的设定，是以自己的最佳才能、最优性格、最大兴趣、最有利环境等信息为依据而做出的。它是设计职业生涯的核心步骤。职业生涯目标通常分为短期目标、中期目标、长期目标和人生目标。短期目标一般为1~3年，短期目标又可分为周目标、月目标、年目标；中期目标一般为3~5年；长期目标可达5~10年。

阅读案例 15-6

单一职业发展通道的危害

某日本独资的科研型企业，成立于1996年，总投资2000多万美元，专门从事委托课题研究工作。目前公司共有130多名员工，占总人数的79%的科研人员组成了公司的中坚。

2003年以前，公司的薪酬制度一直沿袭日本的工资体制，且没有做任何改动，应该说是非常典型的"年功序列制"工资体系。工资中包含着若干项内容，即不管是科研人员还是普通的打字员，不论工作业绩如何，只要进入公司时间早、年龄大，就一定会获得较高的报酬。这就导致公司出现了一名普通的仓库保管员的工资远远高于一名科研人员工资的怪现象。对员工来说，要想在这种情况下获得发展，只有通过"升官"来实现。而薪酬水平的停滞不前也是造成员工单一追求升职的另一原因。因此，企业内的管理岗位成为各级各类员工的职业发展目标。单一的"官本位"通道，给员工个人和企业整体发展带来诸多弊端。

（资料来源：殷智红，李英爽，平宇伟．人力资源管理[M]．北京：北京邮电大学出版社，2008：165.）

5）制定行动方案

在确定了职业生涯目标以后，就要制定相应的行动方案来实现它，使目标转化成具体的措施。这一过程主要包括选择职业、选择职业生涯路线、制订教育培训计划。下面主要介绍职业生涯路线的选择。一个人在组织中的职业通道通常有4种选择：横向职业道路、纵向职业道路、双重职业道路和网状职业道路。

（1）横向职业道路。横向职业道路指跨职能边界的工作转换，例如由生产部转到销售部或采购供应部门。这种工作转换有利于扩大个人的知识面和发展个人的技能，积累阅历，为以后担当更多的责任做好准备。由于工作内容变化较大，也往往具备较大的挑战性。

（2）纵向职业道路。纵向职业道路指个人职业在纵向上从低组织层级向高组织层级的发展，是最为传统的职业发展模式。通常情况下，前一份工作都是为后份工作做准备。纵向职业道路具体表现为职务的晋升，同时也伴随着待遇的提高。

（3）双重职业道路。双重职业道路的基本思想是：技术专家不必成为管理者同样可以为企业做出更大的贡献。基层技术人员如果能力强，他可以既不必在纵向上提升，也不必在横向上调动，而选择只做一个技术专家，凭借自己能力的提高而为组织做出更大的贡献，同时也得到相应的待遇和应有的承认。

（4）网状职业道路。网状职业道路是纵向职业道路与横向职业道路的结合。一般情况下，由于种种原因，一个人是很难单纯走纵向道路的，因此上升到一定层次后在横向上做一些积累，将更可能胜任纵向的下一个目标。对于大多数人来说，这种职业道路可能是最为现实的选择。

6）评估与调整

影响职业生涯设计的因素很多，可分为内在因素和外在因素。内在因素包括职业性向、个性特征、职业锚、能力、人生阶段等；外在因素包括社会环境水平、生活圈因素、企业环境因素等。这些不确定因素的存在，会使人们的现实情况与原来制定的职业生涯目标与规划有所差别。为了使职业生涯设计有效，需要对职业生涯目标与规划进行评估和做出适当的调整，以更好地符合自身发展和社会发展的需要。调整的内容侧重于职业的重新选择、职业生涯路线的选择、人生目标的修正以及实施措施与计划的变更等。

15.3.3 组织的职业生涯管理

组织职业生涯管理，是一种专门化的管理，即从组织角度对员工从事的职业和职业发展过程所进行的一系列计划、组织、领导和控制活动，以实现组织目标和个人发展的有效结合。因此组织职业生涯管理是一种着眼于组织长远利益，注重企业与员工双赢的管理模式。

1. 组织实施职业生涯管理的原则

（1）公平性原则。公平性原则指企业公开、公平、公正地开展职业生涯管理活动，凡是企业员工都有均等的机会接受组织的职业生涯管理活动。企业在提供发展信息、提供教育培训机会、提供任职机会时都应该公开其条件与标准，保持高度的透明度。公平性原则体现人人平等，是维护企业员工整体积极性和吸引优秀人才的重要保证。

（2）共同性原则。共同性原则是指在企业职业生涯管理战略的制定和实施过程中，皆由组织该项工作的管理者和实施对象双方共同参与、共同制定、共同实施与共同完成。经过员工的参与，才能保证员工对此战略的认同，从而使战略被顺利贯彻执行。

（3）利益结合原则。利益结合原则要求企业在制定职业生涯管理战略时兼顾个人发展、企业发展和社会发展。只有兼顾相关方面的利益，才能保证企业的可持续发展。

（4）时间性原则。时间性原则要求企业在实施职业生涯管理活动时，对每一个事件都标记两个时间：一个是开始执行行动方案时的时间；二是目标实现时的时间。由于职业发展阶段性和职业生涯周期发展任务的特殊性，职业生涯管理的内容与完成必须分解为有明确时间坐标的里程碑，否则，没有明确的时间规定的管理活动，将失去其意义。

（5）全面评估与反馈原则。全面评价与反馈原则要求企业在进行职业生涯管理时，对相关人员进行全过程评价、多角度评价，并将评价结果反馈给有关员工和管理人员，以促进其改正缺点，更好地实现职业发展目标。成功的职业生涯管理能够帮助员工在职业生涯、个人事务、家庭生活三方面共同发展，并为企业发展、社会进步做出贡献。

2. 组织职业生涯管理步骤

1）协调组织与员工的目标

人力资源部在协调组织与员工目标时，应努力做好以下工作：①了解员工的需求，不同的员工在不同的主要阶段其主导需求是不一样的，组织只有准确地把握员工的主导需求，才能有针对性地采取措施来满足其需求，尤其是企业的骨干员工，其职业想法更为强烈，组织应重点了解和把握；②树立人力资源开发思想，人力资源管理强调企业不但要会用人，更要会培养人，而职业生涯管理正是有效培养企业所需人才的重要途径之一，企业只有牢固树立了人力资源开发的思想，才能真正实施职业生涯管理；③组织与员工互为利益共同体，组织在制定目标时，一定要包含员工的个人目标，同时还要与员工沟通，让员工了解组织的目标，让他们知道实现组织目标将给自己带来哪些好处。在组织实现目标后，组织要兑现当初给员工的承诺，以便加强员工对组织的信任和忠诚度。

2）帮助员工制订职业计划

为了有效帮助员工制订职业计划，组织可以从以下几方面着手。

（1）设计职业计划表。职业计划表就是一张工作类别结构表，即通过将组织中的各项工作进行分门别类的排列，而形成的一个较系统的反映组织人力资源配给状况的图表。通过这张表，公司的员工就可以知道企业大致的人才配给情况，从而准确地瞄准自己的目标。

（2）为员工提供职业指导。一般而言，组织为员工提供职业指导通常有3种途径：一是通过员工的直线主管进行，由于直线主管长期与下属共事，因此对下属的能力和专长有比较深入的了解，所以很有可能为下属适合从事哪种性质的工作提供建设性的建议；二是通过职业生涯委员会进行。职业生涯委员会一般由企业最高领导者、人力资源管理部的负责人、职业指导顾问、部分高级管理人员以及企业外部专家组成，由于这些人都在职场上有比较丰富的经验，因此能很好地对员工进行有效的指导；三是向员工提供有关的自测工具，组织可以购买一些帮助员工进行能力及个人特质方面测试的测试工具，供员工使用。

3）帮助员工实现其职业计划

组织一旦帮助员工制订了职业计划，进一步需要做的是帮助员工实现其职业目标。一般而言，组织可以从以下方面努力。

（1）工作授权。工作授权不仅是一种有效的激励手段，同时通过授权使员工接受更多的工作，从而在一定意义上锻炼了他的能力，为进一步实现职业目标做好准备。

（2）对员工进行多样化的培训。职业发展的基本条件是员工能力和素质的提高，而通过培训恰能达到这一目的。因此组织应建立完善的培训体系，使员工在每次职业变化时都能得到相应的培训；同时，也应鼓励员工积极参加组织内外提供的各种培训。

（3）提供阶段性的岗位轮换。同工作授权一样，为员工提供阶段的岗位轮换有十分重要的意义：一方面，使员工在一次次的新尝试中更加了解自己的长处和短处，同时对自己的职业锚有了更清晰的认识；另一方面可以使员工经受多方面的锻炼，拓宽视野，培养多方面的技能，从而为将来承担更重要的工作打下基础。

（4）以职业发展为导向的考核。过去很多人认为绩效考核的目的就是评价员工的绩效或为晋升、分配提供依据，然而考核的主要目的却是激励员工进取，以及促进人力资源的开发从而有效地实现组织的目标。以职业发展为导向的考核就是要着眼于帮助员工发现问题和不足，明确努力方向和改进方法，促进员工的成长与进步。因此，在日常工作中直线主管应保持与员工的定期沟通，及时地指出员工的不足，并与员工一起探讨相应的改进方案。

本章小结

人力资源管理的一个基本理念就是，企业既要最大限度地利用员工的能力，又要为每一位员工提供一个不断成长以及挖掘个人最大潜力和建立成功职业的机会。

职业生涯的理论是有效进行职业生涯管理的基础。职业生涯理论包括职业选择理论和职业发展理论。前者主要分析择业动机理论、职业性向理论和职业锚理论；后者主要分析格林豪斯的职业生涯发展理论和施恩的职业发展理论。

职业生涯设计的流程关系密切，因此，要做好职业生涯管理，不单单需要员工自己的参与，也需要管理者的重视与支持。这样，不仅对个人发展，对企业的长远发展来说，都起到了十分重要的作用。

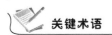

职业生涯　职业生涯理论　职业生涯管理　员工自我职业生涯管理　组织职业生涯管理

第15章 职业生涯管理艺术

综合练习

一、选择题

1. 唐纳德·舒伯将员工的职业生涯分为5个阶段，以下哪种不被包括其中？（　　）
   A. 成长期　　　　　　　　　　B. 基础培训
   C. 建立期　　　　　　　　　　D. 维持期
2. 以下哪项不属于职业生涯中常见的问题？（　　）
   A. 职业停滞现象　　　　　　　B. 降职现象
   C. 跨地区调动　　　　　　　　D. 罢工现象
3. 择业动机理论是由哪位学者提出的？（　　）
   A. 弗隆　　　　　　　　　　　B. 施恩
   C. 霍兰德　　　　　　　　　　D. 格林豪斯
4. 职业性向理论将人分为6种类型，以下哪项不被包含其中？（　　）
   A. 实际型　　　　　　　　　　B. 常规型
   C. 创新型　　　　　　　　　　D. 企业型
5. 职业锚的理论是由哪位学者提出来的？（　　）
   A. 施恩　　　　　　　　　　　B. 弗隆
   C. 格林豪斯　　　　　　　　　D. 霍兰德
6. 下列哪项不属于职业生涯管理的具体内容？（　　）
   A. 员工　　　　　　　　　　　B. 直线主管
   C. 经理　　　　　　　　　　　D. 组织
7. 下列哪项不属于制订个人职业计划的原则？（　　）
   A. 实事求是　　　　　　　　　B. 切实可行
   C. 动态变化　　　　　　　　　D. 个人利益高于组织利益
8. 下列哪项不属于组织职业生涯管理的内容？（　　）
   A. 协调组织与员工的目标　　　B. 帮助员工制订职业计划
   C. 帮助员工实现其职业计划　　D. 监督员工实施职业计划

二、判断题

1. 职业生涯是个静态的概念，其计划一旦制定就不能改变。（　　）
2. 舒伯将员工的职业生涯分为4个阶段，分别为成长期、建立期、维持期、衰退期。（　　）
3. 一般而言，大多数人只有一种职业性向。（　　）
4. 职业锚是人们选择和发展自己的职业时所围绕的中心。（　　）
5. 职业生涯管理可分为员工自我职业生涯管理和组织职业生涯管理。（　　）
6. 职业生涯管理不能有效地调动人的内在积极性。（　　）
7. 个人职业计划的内容包括自我评价、组织与社会环境分析、职业生涯机会评估、设定职业生涯目标、制定行动方案、评估与调整。（　　）
8. 员工的职业生涯计划是由组织制订的。（　　）

三、思考题

1. 什么是职业生涯？什么是职业生涯管理？其意义是什么？
2. 职业生涯理论有哪些？其具体内容各是什么？
3. 简述员工职业生涯规划的程序。
4. 简述组织职业生涯管理的过程。
5. 以"10年后的我"为主题，为自己设计一个职业生涯方案。

 案例分析

东风汽车股份有限公司的"员工职业生涯规划"

毛家宏是东风汽车股份有限公司铸造分公司的一名青年员工,他在公司人力资源部门的鼓励下,几经培训,岗位成才,先后有十几项技术成果应用于生产实际;由他设计的"多功能游标高度尺"获国家专利。前不久,他荣获"全国五一劳动奖章"。小毛的成功是东风汽车股份有限公司实施"员工职业生涯规划"工程的一个生动写照。

在东风汽车股份有限公司,像毛家宏一样沐浴着"员工职业生涯规划"工程春雨的员工正在茁壮成长。

2000年5月3日,3名工人班组长进京参加中国铸造学会和清华大学机械系联办的"铸造技术及管理专业"高级技能进修班。

之后,21名赴清华大学攻读工程硕士的业务、技术骨干启程,6名优秀班组长前往华中科技大学进行本科学历培训。至此,被东风汽车股份公司称为"员工职业生涯规划"的工程拉开帷幕。

如此"创意",源于他们对人才现状、人才结构、人才预测及如何盘活内部人才的深刻反思和认识:企业间的人才竞争事实上就是一个发现人才、吸引人才、培养人才,进而合理有效地管理、使用人才的过程,更是市场配置人力资源规律的体现。

2000年春节前后,东风汽车股份有限公司在北京等地高校"招凤引凰"遭遇"寒流"。现实使他们感受到了一种潜在的危机。反思中,他们转变观念,决定把眼光放在盘活和开发内部人力资源上,为企业可持续发展提供强劲动力。

然而,如何科学合理地选配人力资源、开掘员工最大潜能,使之在最佳的位置上实现人生价值,从而避免人才的浪费?经过集思广益,具有东风汽车股份有限公司特色的"员工职业生涯规划"工程出笼。东风汽车股份有限公司将依据企业发展需求并结合个人理想为员工设计未来。万步之内必有芳草。这一双向交流设计旨在给每一个员工成长成才创造机会、提供空间,被员工们称为"人生的又一个春天"。

君子用人如器。此后,东风汽车股份有限公司面向全体员工下发了"员工培训问卷调查表",调查的主要内容包括个人现状、个人发展目标、希望就读的学校和专业、目前迫切需要学习的内容等,以确保员工在企业内找到自己所能、市场所需的结合点。

一石激起千层浪。调查表在员工中引起强烈反响,人力资源开发部门很快收到2000多份反馈单。伯乐在寻找千里马、千里马也在追寻伯乐。

在东风汽车股份有限公司人力资源部采访时,记者见到那一份份凝聚着员工火热心愿的调查表。透过填写面对自己未来认真思考过的整洁的文字,可以看出员工通过参与职业培训来设计自己明天的高涨热情。东风汽车股份有限公司证财部的范要在调查表中写道,希望在中南财经大学攻读MBA,并建议公司给业务骨干、忠诚的青年员工更多的深造机会。

经过统计、分析和归纳,东风汽车股份有限公司制订了明确的员工培训计划表。

依据计划表,公司"员工职业生涯规划"工程中的人才培训工作有序推进。他们首先与清华大学达成了《清华大学—东风汽车股份有限公司全面合作协议书》,在2000年3月底落实了论文博士、工程硕士培训等具体事项。2000年4月17日,他们向公司各基层单位下达了《2000年东风汽车股份公司与清华大学联合培训人才工程安排》的通知。经过员工自愿报名、单位考核推荐、人力资源开发部门筛选、培训学校审定,各个层面的参训人员逐步被敲定。员工职业培训是一个长期的、系统的工作。为此,他们坚持"两条腿走路",一是请进来,二是送出去,即聘请高校权威教师来公司举办知识讲座,选派骨干员工去高校培训。同时,强化与高校的联合,建立长期的人才成长双向基地,即公司利用高校科研开发优势对员工进行培训,高校也可将公司作为研究生的社会实践基地。股份公司还将"借船出海",选出科研课题,请著名高校的研究生来揭榜。

据东风汽车股份有限公司人力资源开发部门透露,股份公司正在紧锣密鼓地与湖北汽车工业学院、东风高级技工学校及武汉的高校联系,实施全方位、不同层次人员的滚动式培训,以大手笔拓展个体成才空间,累积企业人力资源。毫无疑问,东风汽车股份公司员工迎来的将是一个绚丽多彩的明天。一位

第15章 职业生涯管理艺术

西方管理大师说过"企业即人",深刻道出了企业和个人命运之间的关系。

个人命运和企业命运相背离,是企业失去其赖以生存的土壤——人才的主要因素之一。

东风汽车股份有限公司实施的"员工职业生涯规划"工程抓住了这一问题的关键。正如东风汽车股份有限公司总裁李绍烛所言,企业健康生存和可持续发展的核心竞争力是人才。人才不在乎拥有,而在乎使用和培养,谁善于使用和培养人才谁就能在市场竞争中赢得主动。

因此,东风汽车股份有限公司确立了"养用结合"的人才战略。

2000年4月,东风汽车股份有限公司颁发了《员工培训管理办法》,其中对于员工培训的基本原则做了明确规定:一要坚持职业道德教育与业务培训相结合的原则;二要坚持全员培训、紧缺人才加紧培训、优秀人才优先培训、重点人才重点培训的原则;三要坚持以生产经营为导向,以岗位培训、继续教育为重点,以技能培训为核心,学以致用的原则。

三大基本原则将个人需求和企业发展需求紧紧相连,将个人命运和企业命运融合在一起,在为员工的前途负责的同时,也在为企业的未来着想。

在此前提下,东风汽车股份有限公司开始构建具有自身特点的多层次、多方位、多形式的全员培训体系,即开展高、中、低不同层面的培训,使培训辐射到每一个角落、每一个岗位。

职业培认不再是个人行为,而是自始至终肩负着企业的重托。以下是记者耳闻目睹的一个故事。

2000年7月14日,东风汽车股份有限公司开办"市场及营销培训班",计划80人参训,结果场面火爆,大教室显得小了、挤了。为什么员工一听到这样的课心就"热"?他们称:获得了适用的新知识、新方法,对自己以后的工作有指导作用。

职业培训,这种必不可少的投资,增强了企业技术创新能力的竞争力,改善了企业现有员工的知识结构和能力结构,为企业的可持续发展提供了人才保障。东风汽车股份有限公司首批赴清华大学培训的学员钱军饱含深情地说:"企业给了我圆梦的机会,实现了学生时代为之奋斗的目标,我力争早日学成归来,为公司的发展添砖加瓦。"

前不久,东风汽车股份有限公司派人前往北京看望了在训学员。据临时党支部书记钱军介绍,在训学员的学习积极性很高,几乎每天学习到深夜12点以后。来自东风汽车股份有限公司铸造分公司的郭全领借在食堂进餐之机,向在读的本科生购买高等数学课本。不少学生被他们的勤奋学习精神所感动,主动把一些课本借给他们。

如何使送出去的人才愉快而归?东风汽车股份有限公司人力资源部负责人说:"我们正在进行薪酬分配制度的改革,将对技术高、贡献大的员工的薪酬分配实行倾斜政策,真正体现尊重知识、尊重人才、向有贡献人才倾斜的分配理念。可以说,我们为人才的发展营造了良好的氛围,相信他们是不会舍得走的。"

在"双赢"人才培养战略思想的指导下,在新世纪来临之际,东风汽车股份有限公司在西子湖畔的浙江大学成功地举行了"秉求是、力创新、迎接新世纪"大型企业形象展示活动。

在精心营造的"世纪看我行"的文化氛围中,东风汽车股份有限公司总裁李绍烛以"WTO与新世纪中国汽车工业"为主题向浙大学子做了精彩的演讲。活动期间,企校双方就员工培训等问题进行了洽谈,并就一些问题达成共识,一些临近毕业的学生主动找到公司人力资源部领导询问公司人才发展战略,企校联合培养人才渐入佳境。

2001年,东风汽车股份有限公司"员工职业生涯规划"工程根据公司新项目和新事业发展的需要,与多层次有效培训结合起来,以岗位培训为重点,新任班长培训率100%,新录用员工岗前培训率100%,中层管理干部、高知轮训率95%。

(资料来源:傅祥友.为员工设计灿烂的明天——东风汽车股份有限公司的(员工职业生涯规划)[J].企业管理,2001(12).)

根据案例所提供的资料,试分析以下问题。

(1) 东风汽车采用什么样的培训策略和方法?
(2) 东风汽车的"员工职业生涯规划"有何特色?

实际操作训练

个人职业生涯发展规划的制定训练

1. 目标

(1) 向学生介绍规划过程以便今后能应用于生活和工作。
(2) 向学生提供机会研究和决定其生活和工作的方向。
(3) 帮助每一位学生明确自己的价值观,制定一个个人构想规划和行动规划。
(4) 创造条件使学生能评价他人和接受他人对其价值观、构想规划和行动规划的评价。

2. 规模

(1) 每组3人,考虑到实际需要,个别组也可由2人或4人组成。
(2) 规定时间:1.5~2小时。

3. 材料

(1) 人手一份"价值观、构想与行动"工作表的复印件。
(2) 人手一支铅笔。

4. 背景

一间足够大的房子以便各组互不干扰,每组配备桌子和椅子,也可以写字板或其他移动的可写字平面工具代替。

5. 步骤

(1) 教师先介绍所谓的个人策略计划,说明其是为了适应团体策略计划而产生的。每一位学生得到一支铅笔盒、一份"价值观、构想与行动"工作表的问卷,并按要求阅读第1和第2部分。完成之后,教师带领大家对第1和第2部分进行讨论,以确保每一位参与者都理解了个人策略计划的基本步骤以及"价值观""构想规划""行动规划"等术语的含义。(20分钟)

(2) 3人一组,每个学生在指导下独立完成问卷的第3、4、5部分。(20分钟)

(3) 待第2部分完成后,教师请每组成员相互交换参阅价值观、构想规划和行动规划并讨论其各个部分间内容的一致性以及其行动规划是否达到第5部分的要求。组织者必须按自愿的原则来进行,各参与者只需根据自己的意愿来选择看他人的材料。(30分钟)

(4) 学生在指导下完成问卷的第6部分。(5~10分钟)

(5) 教师概括制订计划的最初几个步骤(问卷3~6部分),略述接下去几步(制定具体目标以及达到这些目标的策略——第7部分),然后简要回顾第8部分的主要内容,并鼓励参与者在训练阶段后设立目标和策略。(5~10分钟)

(6) 教师可以通过提出诸如以下的问题来进入总结性的讨论。(15分钟)

① 把自己的价值观、构想规划和行动规划写下来的感想如何?
② 通过这次活动,你了解了自己什么?对个人策略计划又了解了多少?你如何看待与他人讨论自己的构想规划和行动规划的重要性?
③ 现在你已经做了计划,但在今后的生活和工作中你又将如何做出改变?
④ 你将如何遵循你的构想规划和行动规划来执行你的个人策略计划?你将采取何种方法来和大多数人探讨你的构想和行动规划?

(7) 参与者重新评论自己的价值观、构想规划和行动规划并作出必要的调整。在训练阶段过后,教师应当重申制定目标和策略的重要性,并提醒参与者注意第2部分的第一条:策略计划是一个连续不断的过程。(5分钟)

6. 可能遇到的变动

(1) 在总结活动时,教师可以邀请参与者公布其最终的行动计划并回顾工作。
(2) 问卷可由个人单独完成,也可由两个提供意见并相互帮助的小组成员完成。

(3) 事先准备构想和行动规划的样本以供活动参考使用。
(4) 第7部分可能使活动超时。鉴于他人的反馈对个人目标的制定具有重大意义，教师可以邀请参与者与小组成员共同讨论一些目标。

"价值观、构想和行动"工作表问卷

第一部分　个人职业生涯发展战略规划的定义

个人职业生涯发展战略规划，即你对自己未来职业生涯发展作出一个构想并制定具体步骤去实现未来的过程。此过程首先解释价值观，然后制定出一份构想规划进而创制一份行动规划。这些术语的定义如下。
(1) 价值观：促使你做出决定和行动的观念、原则和标准，如诚实、毅力、可靠性、忠诚等。
(2) 构想规划：用三四句话来描述你渴望的未来而非预测的未来。
(3) 行动规划：用一段简洁的、容易记忆的话来给职业生涯指定方向。
在整个过程中，关键在于保持三部分间的连贯性、一致性。

第二部分　个人职业生涯发展战略制定的原则

下面是一些在制定个人职业生涯发展战略方案时必须牢记的原则。
(1) 个人职业生涯发展战略的制定是一个连续的过程，因此，在这一过程中必须审时度势来适应外界的变化。
(2) 你不可能预测未来但你可以通过创造一个构想规划来影响未来。
(3) 制定发展战略应包括有行动。
(4) 你永远不可能一次干完所有的事。
(5) 你今天做出的最困难的决定也要到明天才会影响你。

第三部分　为你的构想规划和行动规划搜集材料

为了达到这一部分的目的，请回答下列问题。
(1) 请列出你认为对你的一生很重要的几个核心价值观念。
(2) 请描述你希望成为的人以及你理想中的生活模式。
(3) 请描述你向往的职业和你最爱的工作。
(4) 请描述你的特长。

第四部分　制定你的构想规划

你是否想见识下三五年后的自己？下一步工作就是请你设想一下自己的未来，然后把它写下来。
当你在构想时，应当试着暂时摒除内在的批判以及任何谦虚和谨慎的倾向。这时你不应当去想你的构想是否可以实现，因为这只是一个幻想，所以你可以任由思绪涌动，然后让脑海里只剩下美好的场景。
在下面用三四句话来描述你理想中的未来。

第五部分　写下你的行动规划报告

在开始动笔前，请先阅读下列7条要求，牢记这些条款并在你的行动规划中得以体现。
评估行动规划的标准。你的行动规划必须符合以下要求。
(1) 职业方向具体化。
(2) 简要概述所喜欢的生活模式。
(3) 体现你的特长。
(4) 能实际指导制定你的个人和职业决策。
(5) 体现你的价值观、信仰和职业决策。
(6) 是可以实现的。
(7) 能激励你上进。
牢记以上7条准则，然后写一份关于你行动规划的草稿。

第六部分　写一份你行动规划的终稿

现在请你写出一份你的规划的最终草案。

第七部分　制定目标和发展战略来实现构想

一旦写完你的最终行动规划，你就可以制定目标和策略了。

目标是一个可以引导实现你部分构想的目的，它不但必须符合你的价值观和行动规划，而且必须和你制定的其他目标相一致。

目标必须比你的构想或行动更加具体。请注意目标所应包含的几个要点：时间限定（在接下的两年中）、成功的标准（至少是 B 的成绩）、课程的具体名字和授课课程。

显然，要想实现你的部分构想，就需要制定许多目标。

策略是实现目标的具体方法和技巧，就像实现你的构想需要制定许多目标一样，若想达到其中的一个目标也需若干策略。

第八部分　最大限度地利用你的个人职业生涯发展战略规划

接下来是这一部分的重点。

（1）保持经常回顾你的构想和行动规划，必要时可以做出变动。

（2）如果你的理想蓝图发生变化，你的构想和行动规划也要做出相应的变动，从而你的目标和策略也应随之改变。

（3）把构想和任务方案张贴在你的办公室里，或存入计算机文件等可以经常看见的地方。

（4）当你做出一个对生活和工作及其重要的决定时，请考虑下你的构想和行动规划，并确保你正在仔细考虑的决策与你的本意相符。

（5）与大多数人讨论你的构想和行动方案并询问实现构想的途径。

（6）注意抓住机遇以实现你的目标。这可能需要阅读相关书籍、参加研讨会或加入某些团体组织等。

（7）保证至少 3 个月检查一次你的工作进度。

第 16 章

劳动者相关法制管理艺术

教学目标

通过本章的学习，了解劳动关系的内容、管理及原则；认识劳动法律关系的特征、要素；理解各种劳动关系调整的方式特征；学习劳动合同法的内容；了解集体合同的形式、内容和签订程序，劳动争议处理的各种方式和程序，以及工作时间制度和类型、最低工资制度的主要内容和确定程序、方法；熟悉劳动安全卫生法规、工伤管理的主要规定。

教学要求

知识要点	能力要求	相关知识
进行劳动合同管理	人力资源管理者或劳动关系专员能够辨别不同性质的劳动关系 人力资源管理者或劳动关系专员能够制定符合劳动合同法的劳动合同条款 人力资源管理者或劳动关系专员能够管理劳动合同	劳动关系管理的原则 劳动法律关系的特征 劳动合同法的内容 劳动合同的内容 劳动合同订立、履行、变更、续订、解除的程序
签订集体劳动合同	人力资源管理者或劳动关系专员熟悉集体劳动合同的签订过程和注意事项	集体合同的形式、内容和签订程序 集体合同与劳动合同的差别
处理劳动争议	人力资源管理者或劳动关系专员能够制定和熟悉劳动争议申请、受理、调查、调解等程序，并制作调解协议书	劳动争议处理的各种方式和程序
制定工作时间安排和工资制度	人力资源管理者或劳动关系专员依法进行工作时间安排 人力资源管理者或劳动关系专员熟悉所在地区的最低工资制度	工作时间的制度和类型 最低工资制的主要内容、制定程序

续表

知识要点	能力要求	相关知识
进行安全、工伤管理	人力资源管理者或劳动关系专员能够维护安全生产和撰写伤亡事故报告 人力资源管理者或劳动关系专员能够进行工伤管理	各种安全卫生保护规程 工伤伤残认定和保险待遇知识

■ 导入案例

分公司经理能解除合同吗

L是C公司驻北京销售分公司的销售员，2007年4月在H城应聘被派往现在的销售分公司工作。2008年4月30日，分公司经理(简称M)通知L，根据工作需要将其调至成都工作，如不同意，可以向公司递交辞职信，公司给予员工15日的时间寻找工作。L当场表示不同意，也未递交辞职信，双方不欢而散，在"五一"长假后，L在5月4日上班时间也未到公司上班。5月12日，L认识到自己的权益受到了侵害，因而向公司提出经济补偿金的要求，分公司经理当场予以拒绝，并指出合同解除原因在于L不服从公司工作调配。5月13日，L给C公司H城总部人力资源部人员(简称HR)打电话，就M提出与其解除劳动合同及经济补偿金问题进行了沟通，但HR的回复是："我们并没有提出与你解除劳动合同，M并不能代表公司。"L面临着一个进退两难的地步：北京销售分公司的工作是不可能继续做下去了，除非更换那位经理，但这显然是不可能的；而公司HR否认了M解除劳动合同的合法性，由此可能导致其不能获得经济补偿金。于是，L面临一个问题，不得不离职，但离职又无法获得经济补偿金。

(资料来源：中国人资网，http：//www.chinahrdb.com/.)

问题：
(1) 如何才能保护L的合法权益？
(2) 该案例给我们什么启示？

劳动者相关法律管理主要涉及劳动关系领域，其主要目的是规范劳动关系管理，调节劳动关系的运行，处理劳动纠纷，维护劳动关系双方权益，为企业发展创建和谐劳动关系氛围并保护劳动安全。

16.1 劳动关系概述

16.1.1 劳动关系的含义、内容和分类

劳动关系是指用人单位(雇主)与劳动者(雇员)之间在运用劳动者的劳动能力实现劳动过程中所发生的关系。从分析视野看，广义的劳动关系是生产关系的重要组成部分，是社会分工协作的关系。狭义的劳动关系则是劳动者与用人单位之间由于劳动交易所形成的关系，是二者围绕有偿劳动的内容和形式所产生的各种权、责、利关系。劳动关系所反映的是特定的经济关系，是劳动给付与工资的交换关系。

劳动关系的内容包括员工与组织之间在工作时间、休息时间、劳动报酬、劳动安全卫生、劳动纪律与奖惩、劳动福利保险等方面形成的关系。此外，与劳动关系密不可分的关系还包括劳动行政部门与用人单位、劳动者在劳动就业、劳动争议和社会保险等方面的关

系，工会与用人单位、职工之间履行工会的职责与职权，代表和维护职工的合法利益而发生的关系，等等。劳动关系是生产关系中的重要因素之一，调整、维护和谐的劳动关系，是人力资源管理和开发的重要内容。

劳动关系的分类如下。

（1）按实现劳动过程的方式来划分，劳动关系分为两类：一类是直接实现劳动过程的劳动关系，即用人单位与劳动者建立劳动关系后，由用人单位直接组织劳动者进行生产劳动的形式，当前这一类劳动关系居绝大多数；另一类是间接实现劳动过程的劳动关系，即劳动关系建立后，通过劳务输出或借调等方式由劳动者为其他单位服务实现劳动过程的形式，这一类劳动关系目前居少数，但今后会逐年增多。

（2）按劳动关系的具体形态可分为常规形式，即正常情况下的劳动关系、停薪留职形式、放长假的形式、待岗形式、下岗形式、提前退养形式、应征入伍形式等。

（3）按用人单位的性质可分为国有企业劳动关系、集体企业劳动关系、三资企业劳动关系、私营企业劳动关系等。

（4）按劳动关系规范程度可分为规范的劳动关系（即依法通过订立劳动合同建立的劳动关系）、事实劳动关系（是指未订立劳动合同，但劳动者事实上已成为企业、个体经济组织的成员，并为其提供有偿劳动的情况）和非法劳动关系（如招用童工和无合法证件的人员；无合法证、照的用人单位招用劳动者等情形）等。

专栏 16-1

中国企业劳动关系的发展趋势

随着我国经济体制改革的进一步深入，世界经济环境不断发展变化，中国企业劳动关系的发展将呈现以下六大趋势。

（1）劳动关系类型从多元化走向复杂化。改革开放以来，计划经济体制下单一的公有制劳动关系发生了根本变化，出现多种类型的劳动关系，个体经济、私营经济、外资经济劳动关系等迅速增多，劳动关系的类型从单一化逐步走向多元化。在未来的发展中，劳动关系类型将越来越复杂，非全日制就业、临时性就业、季节性就业、派遣就业、远程就业、独立就业等就业形式将吸纳大量就业者，劳动者与用人单位之间的劳动关系呈现模糊、松散、多样的复杂态势。

（2）劳动关系运行方式从行政化走向市场化。计划经济体制下国家完全以行政指令来运行劳动关系。随着市场机制的建立和完善，市场对劳动关系的作用不断增强，企业用工紧紧围绕降低用工成本、提高企业竞争力展开，用工数量随着市场需求波动而变化。随着改革的持续深入、劳动力市场的逐步完善，中国企业劳动关系运行方式将以劳动合同为载体、以市场价格为导向进行市场化运行。

（3）劳动关系主体利益从差别化走向协调化。随着我国市场经济体制改革的日趋深入，劳动力市场逐步形成，劳动法律法规不断完善，中国企业劳动关系的主体利益将从劳资利益一体化到劳资利益差别化，最终在调整的过程中实现对立统一走向劳资利益协调化。

（4）劳动关系主体地位从单极化走向均衡化。在转变经济增长方式、调整产业结构的过程中，劳动力供求双方实力不均衡的现象将日趋严重，劳动关系主体地位的单极化态势会越来越明显。但是从劳动关系本身的特征和演变历程可以看出：劳动力所有者及其使用者双方力量的博弈结果必然是使双方力量趋于均衡、自由平等与互助合作的和谐劳动关系。从长远来看，劳动关系主体双方的地位会逐渐向均衡化调整。

（5）劳动关系调整机制从人治化走向法制化。随着市场经济的不断完善，劳动法律法规的不断健全，劳动关系的调整机制必将走向法制化。劳动关系双方主体的身份、地位、权利与义务的确定、劳动关系运行过程和争议处理都将逐渐步入法制轨道。转轨时期中国企业劳动关系的失衡和调整机制的不健全在一定程度上必须靠政府的介入加以调整,实现劳资自治与国家强制之间的平衡是未来中国企业劳动关系调整机制的发展趋势。

(6) 劳动冲突从隐性化走向显性化。目前中国企业劳动关系市场化运行的基础已基本奠定,但市场机制和法律制度有待进一步健全和完善,法制体系滞后和法治基础的缺失导致目前有法不依的现象大量存在。由于劳动者迫于就业压力没有将侵权行为公开化,以及受时效、程序等制度性因素的影响,导致劳动关系存在大量潜在冲突因素,劳动冲突没有进入制度性争议处理渠道,表现为一种隐性化冲突。然而,随着市场经济体制改革的深化,劳动者的维权意识进一步觉醒,传统劳动关系体制中的深层次矛盾及改革过程中产生的利益冲突和侵权现象不断涌现,劳动冲突逐渐从隐性化走向显性化,劳动冲突呈现社会化趋势。

(资料来源:袁凌,魏佳琪.光明日报,2010 年 8 月 17 日,http://www.gmw.cn/01gmrb/2010-08/17/content_1217193.htm.)

16.1.2 劳动关系管理的含义、原则及意义

1. 劳动关系管理的含义

劳动关系管理是指通过规范化、制度化的管理,使劳动关系双方(用人单位与劳动者)的行为得到规范、权益得到保障,以维护稳定和谐的劳动关系,促使企业的经营稳定运行。

2. 劳动关系管理的基本原则

要正确处理企业的劳动关系应遵循以下原则。

(1) 兼顾各方利益原则。要使企业内各方保持和谐合作的关系,就必须兼顾各方利益,不能只强调一方,损害另一方,为此,各方都要实事求是。例如,国有企业精简裁员,员工要考虑国家的困难、企业的困难,必要时做一点自我牺牲;企业行政则要为员工着想,使被精减人员得到较为妥善的安置。

(2) 协商解决争议原则。企业内发生争议时应尽量采取协商的办法解决,不要轻易采取极端行为,如罢工、怠工、开除等,以免形成对立,造成较大损失。能不诉诸法律就不上法庭,这样既节省费用,又不容易伤感情。即使像美国这样的以私有制为主的国家,发生劳动争议也是先和工会谈判,然后找律师或教授仲裁,一般不上法庭。

(3) 以法律为准绳的原则。处理企业内劳动关系一定不能随心所欲,而要以国家有关法律为依据。为此,企业各方都要认真学习有关法律法规,涉及双方权利关系的尽量订立契约、合同或规定制度、章程,出现问题应找法律专家咨询。以法律规定协调各方关系,可以减少许多因不合理要求而造成的争端。

(4) 劳动争议遵循预防为主的原则。不要等矛盾激化后再去处理,应当经常分析劳动关系形势,了解员工情绪,预见可能发生的问题,加以沟通,及时采取有效措施,使矛盾得到及时解决。

3. 劳动关系管理的意义

(1) 能够提高企业的盈利能力。良好的处理劳动关系能避免罢工导致的劳动生产力低、关键员工跳槽等对企业明显破坏的问题。

(2) 有利于管理者的晋升。如果某个管理者所管辖的范围经常出现劳动关系纠纷,或者某一纠纷引起了极为严重的后果,显然管理者的成绩就会受到影响。

(3) 能够帮助避免纠纷。建立并保持良好的劳动关系,可以使员工在一个心情愉快的

环境中工作,即使出现一些问题也能够较好地解决,避免事态扩大。

(4) 有利于发展专业化的管理。促进劳动者及其代表以合作的姿态解决问题,提高管理水平。

4. 改善劳动关系的途径

(1) 依法制定相应的劳动关系管理规章制度,进行法制宣传教育,明确全体员工各自的责、权、利。

(2) 培训经营管理人员,提高其业务知识与法律意识,树立良好的管理作风,增强经营管理人员的劳动关系管理意识,掌握相关的原则与技巧。

(3) 提高员工的工作生活质量,进行员工职业生涯设计,使其价值观与企业的价值观重合,这是改善劳动关系的根本途径。

(4) 员工参与民主管理。企业的重大决策,尤其是涉及员工切身利益的决定,员工的参与可以更好地兼顾员工的利益。

(5) 发挥工会或职代会及企业党组织的积极作用。通过这些组织协调企业与员工之间的关系,避免矛盾激化。

16.1.3 劳动法律关系

1. 劳动法律关系的含义与特征

1) 劳动法律关系

所谓劳动法律关系,是指劳动法律规范在调整劳动关系过程中所形成的雇员和雇主之间的权利义务关系。当劳动关系受到法律确认、调整和保护时,劳动关系也就不完全取决于雇主和雇员双方的意志,任何一方违反法律规范,都将承担法律责任。所以劳动关系经过劳动法律规范、调整和保护后,即转变为劳动法律关系。劳动关系和劳动法律关系最主要的区别就在劳动法律关系体现了国家意志。

2) 劳动法律关系的特征

(1) 劳动法律关系的内容是权利和义务。从劳动关系转换为劳动法律关系后,如果其运行出现故障,如违约行为、侵权行为出现,那么劳动法律、法规将会对劳动法律关系进行调整,从而消除这些不利于劳动关系和谐的障碍。

(2) 劳动法律关系是双务关系。雇主、雇员在劳动法律关系中既是权利主体,又是义务主体,互为等价关系。通常情况下,任何一方在自己未履行义务的前提下,无权要求对方履行义务,否则违背法律主体地位平等的要求。

(3) 劳动法律关系体现了国家强制性。劳动法律关系是以国家强制力作为保障手段的社会关系,劳动关系内容受到国家法律强制力的直接保障,如不得使用童工、不得低于最低工资标准雇用员工、工作环境条件必须符合国家标准等。

2. 劳动法律关系的构成要素

1) 劳动法律关系的主体

主要是指依据劳动法律规定,享有权利、承担义务的劳动法律关系的参与者,包括企业、机关事业单位、社会团体等用人单位和与这些单位建立了劳动关系的劳动者。我国劳动法规定,工会是团体劳动法律关系的形式主体。

2）劳动法律关系的内容

劳动法律关系的内容是指劳动法律关系的主体依法享有的权利和承担的义务。根据劳动法规定劳动者主要享有下列权利：平等就业和选择职业、取得劳动报酬和享受休息休假、获得劳动安全卫生保护、接受职业技能培训、享受保险和福利、提请劳动争议处理等。劳动者应当承担下列义务：完成劳动任务、提高职业技能、执行劳动卫生安全规程、遵守劳动纪律和职业道德。而用人单位应当依法建立和完善规章制度，保障劳动者行使劳动权利和履行劳动义务。

3）劳动法律关系的客体

劳动法律关系的客体是指主体权利义务所指向的事物，即劳动法律关系所要达到的目的和结果，如劳动、工资、保险福利、工作时间、休息休假、劳动安全卫生等。

16.1.4 劳动关系调整的方式

劳动关系的调整方式依据调节手段的不同，主要分为7种：劳动法律法规、劳动合同、集体合同、民主管理制度、企业内部劳动规则、劳动争议处理制度、劳动监督检查制度。这7种调整方式各有不同的特点。

1. 劳动法律法规

由国家制定，体现国家意志，覆盖所有劳动关系，是调整劳动关系应当遵循的原则性规范和最低标准。

2. 劳动合同

劳动合同是劳动者与用人单位确立劳动关系、明确双方权利义务的协议。它是劳动关系当事人依据国家法律规定，经平等自愿、协商一致缔结的体现当事人双方意志、双方合意的结果。

3. 集体合同

在市场经济条件下，雇员的劳动条件并不是雇主、雇员单方面决定的，而由劳动关系双方平等协商确定。集体合同是集体协商双方代表按照劳动法律法规规定，就劳动报酬、工作时间、休息休假、劳动安全卫生、保险福利等事项，在平等协商一致的基础上签订的书面协议。之所以产生集体合同，主要是因为单个雇员一般不具备同雇主平等协商的实力，所以往往处于弱势地位。因此雇员组织起来才能够增强协商影响力。集体合同的集体协商力量主要来自于：①企业内部存在"公共事务"，对每个员工都有影响，如劳动时间制度、工资制度等，这些"公共事务"的良好安排是全体劳动者实现各自权利义务的基本前提；②雇员个人与雇主的不对称量，通过集体性组织，如工会，来代表雇员与雇主订立集体合同，可以改善单个雇员在劳动关系中的地位。

4. 民主管理（职工代表大会、职工大会）制度

《劳动法》中明确了雇员参与企业管理的权利，"劳动者依照法律规定，通过职工大会、职工代表大会或者其他形式，参与民主管理或者就保护劳动者合法权益与用人单位进行平等协商"。需要注意的是，雇员以被管理者的身份对企业内部管理活动和内部事务的参与，体现出员工的意志对企业意志的影响和制约。

5. 企业内部劳动规则

企业以规范化、制度化方法协调劳动关系，对劳动过程进行组织和管理。作为企业规章制度的组成部分，企业内部劳动规则是用人单位的单方面法律行为，只在本企业范围内适用，体现了企业或者雇主的意志。

6. 劳动争议处理制度

在劳动关系处于非正常状态时，在劳动关系当事人的请求下，由依法建立的处理机构、调节机构、仲裁机构，对劳动争议进行责任调查、协调和处理的程序性规范。作为劳动关系当事人的自我管理形式，该方法具有群众性、自治性和非强制性特征。

7. 劳动监督检查制度

《劳动合同法》规定，工会、劳动行政部门（人事局、劳动与社会保障局）、涉及安全、建筑、卫生等的部门有权利依法对用人单位遵守劳动法律、法规的情况进行监督检查。

 阅读案例 16－1

沃尔玛在华成立工会

作为美国最大的私人雇主和世界最大的连锁零售商，被媒体称为"工会之敌"的沃尔玛，可以说是全球劳工组织眼中的"反工会钉子户"。其在1991年完成的一份《劳资关系与你》的内部报告里曾明确表态，"沃尔玛反对员工加入工会。任何以为公司在加入工会问题上态度中立的提法都是不正确的"。其已故创始人也有明确表态，工会是一股"分裂的力量，会使公司丧失竞争力"。然而昨天（8日）上午，沃尔玛（中国）总部在深圳高调举行总部工会成立大会。至此，沃尔玛在中国的分支机构全部成立工会。这是否意味着沃尔玛"工会门"事件真正落幕？

中国机构全部成立工会

昨天上午，沃尔玛（中国）投资有限公司总部在深圳高调举行总部工会成立大会，中华全国总工会副主席、书记处书记徐德明特意从北京赶来，为沃尔玛总部工会的成立授牌。此外，中华全国总工会基层工作部长郭稳才、广东省人大常委会副主任、省总工会主席汤维英、副主席孔祥鸿，以及深圳市人大常委会副主任、深圳市总工会主席王新建和沃尔玛中国投资有限公司副总裁及首席行政长官孟永明悉数到场。"今天沃尔玛总部工会的成立，可以说是外企工会成立中最高规格的一次。"对于昨日的成立授牌仪式，深圳市总工会副主席李少梅表示。

在昨日总部工会成立之前，沃尔玛已陆续在晋江、深圳、沈阳、南京等地的62家中国营运分支机构成立了工会，此次总部工会的成立意味着沃尔玛在中国的营运机构全部完成了工会的组建。对于这次在外企成立工会上具有典范意义的中国工会和沃尔玛角力的结果，徐德明称其为"中国工会破解的世界性难题""将载入工运史册"。

前日，首批加入工会的380多名深圳总部员工举行了第一次会员代表大会，37岁的员工关系总监王渝佳当选为首届工会主席。

从强硬拒绝到握手言和

实际上，在全球抵制工会的沃尔玛，和中国工会的角力从两年前就已经开始。2004年，沃尔玛在珠三角的供货商存在剥夺劳工权益的事件被曝光之后，"全球第一大企业"沃尔玛对工会的强硬拒绝态度开始走入中国公众的视野。同年10月份，中华全国总工会点名批评沃尔玛等部分外资巨头拒绝建立工会，同时受到非议的三星和柯达很快做出明确表态，称将配合员工建立工会，沃尔玛却以"不建工会是全球惯例"为理由，委婉地表示了拒绝成立工会的立场。

深圳市总工会组织部的一位工作人员告诉记者,在最初和沃尔玛总部的几次接触中,他们均遭到了"拒绝",而理由则从最初的"不建工会是全球惯例",发展到是由于"员工没有提出申请和表达出成立工会的意愿"。直到2004年11月,在外资零售业面临解禁的第三时刻,沃尔玛的口风开始有所松动,"沃尔玛之所以没有建工会,是因为没有员工提出要求,如果有员工要求成立工会,沃尔玛会尊重他们的意见,并履行中国工会法所规定的责任和义务"。2008年7月29日,沃尔玛泉州晋江店的员工自发成立了沃尔玛全球首个工会,沃尔玛全球抵制工会的堡垒开始被攻破。到2008年9月29日沃尔玛汕头南国店成立工会,两个月里,在中国有62家分店的跨国巨头沃尔玛,几乎以平均每天1家的速度在中国所有的分店组建起了工会。

"从来没表示不建立工会"

从最初的坚决说"不",到最后的全线"让步",昨日的仪式现场,沃尔玛中国投资公司副总裁及首席行政长官孟永明在接受本报记者采访时,对于沃尔玛"态度"发生转换的原因,他的解释是由于"在接触后对中国的工会概念有了全新的了解"。他表示,沃尔玛从来就没有说过不会建立工会,并强调,沃尔玛一向尊重员工的利益和发展,并且为保证员工福利和利益做了大量工作。

沃尔玛 VS 中国工会

(1) 2004年2月,沃尔玛在珠三角的供货商存在剥夺劳工权益的事件曝光,"全球第一大企业"沃尔玛对工会的强硬拒绝态度开始走入中国公众的视野。

(2) 2004年10月,中华全国总工会点名批评沃尔玛等部分外资巨头拒绝建立工会。

(3) 三星和柯达很快做出明确表态,称将配合员工建立工会,但沃尔玛却以"不建工会是全球惯例"为理由,委婉地表示拒绝成立工会的立场。沃尔玛"工会门"风波由此拉开。

(4) 2008年7月29日,沃尔玛泉州晋江店的员工自发成立了沃尔玛全球首个工会,沃尔玛全球抵制工会的堡垒开始被攻破。

(5) 2008年9月29日,沃尔玛汕头南国店成立工会。两个月里,在中国有62家分店的跨国巨头沃尔玛,几乎以平均每天1家的速度在中国的分店组建起了工会。

(6) 2008年11月8日,沃尔玛(中国)投资有限公司总部工会在深圳高调成立。

观察 "工会门"是否落幕尚待观察

与3个月前泉州沃尔玛成立第一家工会时的"悄无声息"相比,昨日深圳总部工会成立的高调高规格似乎有意回应了公众对其成立工会"诚意"的争议。

商务部国际经贸研究院跨国公司研究中心主任王志乐教授在沃尔玛分店成立工会之初曾表示,如果建立工会并非来自沃尔玛中国的统一行动,而是个别分店的行为,就难判断公司在此问题上的实际态度。昨日沃尔玛深圳总部工会的成立,则在形式上完成了沃尔玛中国"工会门"事件的收尾。

不过,对于沃尔玛"工会门"是否真正落幕,昨日,深圳一国内连锁企业负责人表示,沃尔玛在中国建立工会问题上的退让,"市场起了很大作用,沃尔玛要进入中国这个重要的市场,就必须让自己水土相服,成立工会很可能是沃尔玛为开拓中国市场采取的妥协手段"。在这个动机上成立的工会,能不能真正成为中国工会定义的自愿组成的维护工人权益的组织,真正像中国企业中的工会这样运作,"可能还是需要时间,有待观察的。"

全国总工会副主席徐德明表示,中国现有外商投资的法人单位中,建立工会的只有3.9万家,建会率目前为40%。

深圳市总工会副主席李少梅告诉记者,截至目前,深圳10058家外资企业中,有5752家成立了工会,组建率为57.2%。

没有组建工会的大多是世界500强等大的跨国公司,世界500强企业中有113家在深圳办公司,但工会组建率仅为10.8%。

(资料来源:根据网上有关资料整理.)

16.2 劳动合同管理

2007年6月29日第十届全国人民代表大会常务委员会第二十八次会议通过了《中华人民共和国劳动合同法》。本法自2008年1月1日执行。《中华人民共和国劳动合同法》共8章98条。具体内容参见《中华人民共和国劳动合同法》文本。

专栏 16-2

《劳动合同法》的制定过程如下。

1994年出台的1995年1月1日施行的《劳动法》（劳动领域里的基本法），正式确定了劳动合同制度。

1994年下半年启动了《劳动合同法》的立法程序，终因就业、社会保险等配套法律尚未启动立法而被暂时搁置。

时隔10年，直到2004年年底，《劳动合同法》的起草工作才重新启动。

2005年12月24日《劳动合同法》（草案）提交全国人大常委会审议。

2006年3月20日向社会公开征求意见。

2007年6月29日，《劳动合同法》提交到全国人大常委会进行表决，当天参加表决的146人中有145人投了赞成票，高票通过。

16.2.1 劳动合同的概念及内容

1. 劳动合同的概念

劳动合同也称劳动契约或劳动协议，《劳动法》第16条规定，劳动合同指劳动者与用人单位确立劳动关系、明确双方权利和义务的协议。作为一种双方的法律行为，劳动合同具有特定的法律属性。

2. 劳动合同的内容

劳动合同的内容是指劳动者和用人单位双方通过平等协商所达成的关于劳动权利和劳动义务的具体条款，可分为法定必备条款和协商约定条款。

1）法定必备条款

法定必备条款，即法律规定劳动合同必须具备的条款。

（1）用人单位的名称、住所和法定代表人或者主要负责人。

（2）劳动者的姓名、住址和居民身份证或者其他有效身份证件号码。

（3）劳动合同期限。

（4）工作内容和工作地点。

（5）工作时间和休息休假。

（6）劳动报酬。

（7）社会保险。

（8）劳动保护、劳动条件和职业危害防护。

（9）法律、法规规定应当纳入劳动合同的其他事项。

2）可备条款

劳动合同除前款规定的必备条款外，用人单位与劳动者可以约定试用期、培训、保守秘密、补充保险和福利待遇等其他事项。但这些可备条款是有条件的。

3）禁止性条款

禁止性条款是指法律法规明确禁止劳动合同规定的条款。

16.2.2 劳动合同的订立和法律效力

1. 劳动合同的订立

劳动合同的订立是指劳动者和用人单位经过相互选择和平等协商，就劳动合同条款达成协议，从而确立劳动关系和明确相互权利和义务的法律行为。

2. 劳动合同订立的程序

劳动合同订立的程序是指签订劳动合同必须履行的法律手续。

1）要约和承诺

（1）要约，也就是要确定劳动合同当事人，由用人单位与劳动者通过一定方式进行选择，以确定劳动合同的双方当事人。它一般由用人单位的招工行为和劳动者的应招行为相结合而构成。

（2）承诺，被要约人确定后，由用人单位提出劳动合同草案，如果劳动者完全同意，即视为承诺，劳动合同成立。

2）相互协商

被要约人与要约方就订立劳动合同的建议和要求进行平等协商。

3）双方签约

劳动合同确立后，确定劳动合同的双方在已经确立的劳动合同上签字，经双方签字的合同书一式两份，双方各持一份。

3. 劳动合同的法律效力

《劳动法》规定："劳动合同依法订立即具有法律约束力，当事人必须履行劳动合同规定的义务。"其法律效力集中体现为劳动合同对双方当事人都具有法律约束力，双方的权利都受到法律保护，双方都必须履行劳动合同中规定的义务，任何一方不得违反合同，否则就要承担相应的法律责任。

（1）有效劳动合同的条件有：①合同主体合格；②意思表示真实；③平等协商地签订劳动合同；④合同的内容和形式符合法律的规定。具备以上条件的劳动合同就是有效劳动合同。

（2）无效劳动合同。无效劳动合同是指所订立的劳动合同不符合法定条件，不能发生当事人预期的法律后果的劳动合同。劳动合同的无效由人民法院或劳动争议仲裁委员会确认，不能由合同双方当事人决定。

阅读案例16-2

应聘者伪造证书实现就业梦　劳动合同被判定无效

原告为北京一家生活用品公司，其诉称，2008年11月28日，原告与被告杨女士签订劳动合同，约定被告任该公司培训部副经理，月工资4000元，合同期为一年。合同签订当天，被告入职开始工作，2009年3月26日，原告公司接到被告的请假单。之后被告再未到岗工作，属于旷工。原告后来发现，签订合同时，被告向原告公司提供的学历为某大学英语教育专业本科文凭，但经原告公司与该大学联系得知,被告的毕业证系伪造。因此,原告公司认为被告存在欺诈行为,根据我国劳动合同法的规定,双方的劳动合同应属无效。故诉至法院,请求判令确认双方劳动合同无效,并拒绝支付被告 2009 年 3 月 1 日至 5 月 11 日的工资 4625.07 元及 25% 经济补偿金 1156.27 元和被告解除劳动合同的经济补偿金 1604.71 元。

被告杨女士辩称,原告所述劳动合同签订情况及岗位属实。但被告工资除基本工资外还有通信费 130 元、交通费 60 元及每天的餐费 7 元。被告在原告公司上班至 2009 年 3 月底,因身体状况请假,未再上班,但被告通过电话、短信的形式向原告公司总经理及部门主管请假。被告的毕业证书是真实的,签订合同时被告向原告提交了该学校毕业证复印件,原告并未询问被告大学证书的情况,双方并未对被告的学历要求进行约定,因此,被告学历真伪对劳动合同的效力并无影响。且大学档案馆无权对毕业证的真伪进行鉴定。因原告拒绝提供劳动条件,2009 年 10 月 21 日,双方在仲裁庭开庭时,被告依法向原告送达解除劳动通知书,在此之前,被告并未收到过原告的解除劳动合同通知。另外,被告上班期间还存在加班的情况。因此,要求原告公司支付 2009 年 3 月工资 3954.38 元及 25% 的经济补偿金 988.60 元;支付 2009 年 4 月 1 日至 10 月 21 日期间的工资 30355.08 元及 25% 的经济补偿金 7588.77 元;支付加班费 5993.86 元、解除劳动合同的经济补偿金 4336.44 元。

北京市西城区人民法院经过审理认为,根据我国劳动合同法的规定,以欺诈等手段使对方在违背真实意思的情况下订立的劳动合同,由仲裁机构或者人民法院确认无效。本案中,双方在签订劳动合同时,被告在明知其毕业证书系伪造的情况,仍然向原告出示该证书,使原告陷入错误认识与其签订了劳动合同,因此,法院确认双方签订的劳动合同应属无效。劳动合同被确认无效后,劳动者已付出劳动的,用人单位应当向劳动者支付劳动报酬。2009 年 4 月 1 日之后,被告并未向原告提供劳动,因此,原告将被告工资发放至 2009 年 3 月,故被告要求原告公司支付 2009 年 3 月工资 3954.38 元的请求,法院予以支持。被告要求原告公司支付拖欠公司 25% 的经济补偿金、加班费及解除劳动合同经济补偿金的请求,于法无据,法院不予支持。最终法院判决双方劳动合同无效,生活用品公司仅需向杨女士支付 2009 年 3 月的工资。

(资料来源:宁波市北仑区人民检察院案例报道,http://www.nbblfy.gov.cn/news/E_readnews.asp?newsID=5779。)

16.2.3 劳动合同的履行、变更、续订

1. 劳动合同的履行

1)劳动合同履行的概念

劳动合同的履行是指劳动者和用人单位按照劳动合同的规定,双方各自全面履行合同规定的义务和享受合同规定的权利的行为。劳动合同依法订立即具有法律约束力,双方当事人必须履行合同规定的义务。任何一方不履行或不完全履行合同,都会给对方造成某种损害。

2)劳动合同履行的要求

劳动合同是劳动者和用人单位这种特定主体之间的合同,只能在特定主体之间履行。履行的主体必须是劳动合同的双方当事人,并且是合同当事人之间的相互履行。劳动合同履行的标准必须明确。劳动合同中要有明确的履行期限。劳动合同必须按约定地点履行,不得随意变更。劳动合同的履行方法要与合同的性质和内容相适应。

2. 劳动合同的变更

劳动合同的变更是指劳动合同依法订立后,尚未履行或尚未完全履行之前,合同双方当事人依法对原劳动合同的内容进行修改或补充的行为。

根据《劳动法》和《劳动合同法》的有关规定,劳动合同的变更应具备的条件有:

①双方经协商变更；②变更劳动合同不得违反法律和行政法规；③变更劳动合同必须有法定事由；④变更劳动合同必须在有效的期限内进行；⑤劳动合同的变更应遵循相应的程序。

3. 劳动合同的续订

劳动合同的续订是指合同当事人双方依法达成协议，使原订的即将期满的劳动合同延长有效期限的法律行为。

16.2.4　劳动合同的解除

1. 劳动合同解除的概念和分类

劳动合同的解除是指在劳动合同依法订立后，尚未全部履行之前，因一定法律事实的出现，合同双方当事人或一方当事人依法提前终止劳动合同法律效力的行为。

劳动合同的解除依解除方式不同可以分为两类：协商解除和法定解除。协商解除又称双方解除或约定解除，是指因主客观情况的变化，劳动合同当事人经协商一致而解除劳动合同；法定解除又称单方解除，是指劳动合同当事人一方依照法律、法规规定的事由而单方解除劳动合同。

2. 双方当事人协商解除劳动合同

双方协商解除劳动合同即双方当事人订立一个协议来解除劳动合同。根据《劳动法》规定，劳动合同双方当事人协商解除劳动合同时，用人单位应当依照国家有关规定给予劳动者一定的经济补偿。因此，双方协商解除劳动合同的条件是：①双方自愿；②双方协商；③不得损害对方的利益。

经劳动合同当事人协商一致，由用人单位提出解除劳动合同的，用人单位应根据劳动者在本单位的工作年限，每满 1 年发给相当于 1 个月工资的经济补偿金，最多不超过 12 个月。工作时间不满 1 年的按 1 年的标准发给经济补偿金。

3. 用人单位单方解除劳动合同

依照《劳动合同法》的规定，用人单位单方解除劳动合同有 3 种情况。

1）用人单位可随时通知劳动者解除劳动合同的情况

这种情况是指用人单位无须以任何形式提前告知劳动者，可随时通知劳动者解除合同。一般适用于劳动者不符合录用条件或者严重违纪违法的情形。这种情况也叫过失性辞退。《劳动法》第 25 条规定，劳动者有下列情形之一的，用人单位可以解除劳动合同。

（1）在试用期间被证明不符合录用条件的。

（2）严重违反劳动纪律和用人单位的规章制度的。

（3）严重失职，营私舞弊，对用人单位利益造成重大损害的。

（4）被依法追究刑事责任的。

上述 4 种情况是由于劳动者本身的原因所造成的，而且，除试用期内不符合录用条件者外，均属于劳动者实施了严重的违纪、违法行为，应当允许用人单位单方解除劳动合同，而且无须征得劳动者同意，也不必履行特别程序，更不存在经济补偿问题。

2）用人单位须提前 30 日通知劳动者解除劳动合同的情况

这种情况也可称为非过失性辞退，即用人单位在劳动者没有过失，且符合法定条件的前提下，可以单方面解除劳动合同。由于单方面解除劳动合同对劳动者寻找新的工作岗位、基本生活都有影响，因此，用人单位解除劳动合同，一般情况下都应提前通知劳动者，也就是法律规定了相应的预告期。《劳动合同法》第 40 条规定了有下列情形之一的，用人单位提前 30 日以书面形式通知劳动者本人或者额外支付劳动者一个月工资后，可以解除劳动合同。

（1）劳动者患病或者非因工负伤，医疗期满后，不能从事原工作也不能从事由用人单位另行安排的工作的。

（2）劳动者不能胜任工作，经过培训或调整工作岗位，仍不能胜任工作的。

（3）劳动合同订立时所依据的客观情况发生重大变化，致使原劳动合同无法履行，经当事人协商不能就变更劳动合同达成协议的。

上述情形下，用人单位依法须向劳动者支付经济补偿金。

《劳动合同法》规定，下列情形下，用人单位不得单方解除劳动合同。

（1）从事接触职业病危害作业的劳动者未进行离岗前职业健康检查，或者疑似职业病病人在诊断或者医学观察期间的。

（2）在本单位患职业病或者因工负伤并被确认丧失或者部分丧失劳动能力的。

（3）患病或者非因工负伤，在规定的医疗期内的。

（4）女职工在孕期、产期、哺乳期的。

（5）在本单位连续工作满 15 年，且距法定退休年龄不足 5 年的。

（6）法律、行政法规规定的其他情形。

3）用人单位经济性裁减人员的情形

用人单位濒临破产进行法定整顿期间或者生产经营状况发生严重困难，确需裁减人员的；或者企业转产、重大技术革新或者经营方式调整，经变更劳动合同后，仍需裁减人员的，应当提前 30 日向工会或者全体职工说明情况，听取工会或职工意见，经向劳动行政部门报告后，可以裁减人员。裁减人员时，应当优先留用下列人员，否则为违反《劳动合同法》的行为：①与本单位订立较长期限的固定期限劳动合同的；②与本单位订立无固定期限劳动合同的；③家庭无其他就业人员，有需要扶养的老人或者未成年人的。

用人单位依照本条第一款规定裁减人员，在 6 个月内重新招用人员的，应当通知被裁减的人员，并在同等条件下优先招用被裁减的人员。

4．劳动者单方解除劳动合同的情况

《劳动合同法》第 37 条的规定，劳动者提前 30 日以书面形式通知用人单位，可以解除劳动合同。劳动者在试用期内提前 3 日通知用人单位，可以解除劳动合同。

如果企业严重侵犯员工权利，员工可以不提前 30 日通知企业，即时就解除劳动合同。《劳动合同法》第 38 条的规定，用人单位有下列情形之一的，劳动者可以解除劳动合同。

（1）未按照劳动合同约定提供劳动保护或者劳动条件的。

（2）未及时足额支付劳动报酬的。

（3）未依法为劳动者缴纳社会保险费的。

（4）用人单位的规章制度违反法律、法规的规定，损害劳动者权益的。

（5）因本法第 26 条第一款规定的情形致使劳动合同无效的。

（6）法律、行政法规规定劳动者可以解除劳动合同的其他情形。

用人单位以暴力、威胁或者非法限制人身自由的手段强迫劳动者劳动的，或者用人单位违章指挥、强令冒险作业危及劳动者人身安全的，劳动者可以立即解除劳动合同，不需事先告知用人单位。

阅读案例 16-3

客观情况发生重大变化时劳动合同如何解除？

何某是某厂生产部门的一线员工，与该企业签订了 5 年的劳动合同。在劳动合同履行期间，受当地政府加大保护自然遗产规划的影响，该企业的生产部门不得不从 A 市迁移到 B 市，只有销售部门留在 A 市。企业征求何某的意见，希望何某到 B 市继续从事原有工作，而何某基于各种考虑希望留在 A 市。双方经协商最终未能达成一致意见，于是，企业以"双方订立劳动合同时所依据的客观情况发生重大变化，双方经协商未能达成一致"为由，做出了解除劳动合同的决定。何某认为企业的决定侵害了自己的权益，遂向劳动争议仲裁委员会提出申诉。经审理，劳动争议仲裁委员会支持了企业解除劳动合同的决定，裁决企业向何某支付解除劳动合同的经济补偿金。

案例解析

《劳动合同法》第 40 条规定：劳动合同订立时所依据的客观情况发生重大变化，致使劳动合同无法履行，经用人单位与劳动者协商，未能就变更劳动合同达成协议的，用人单位可以提前 30 日以书面形式通知或者额外支付劳动者一个月工资后解除劳动合同。该条款中的"致使劳动合同无法履行的客观情况"该怎样理解？根据《劳动部关于〈中华人民共和国劳动法〉若干条文的说明》的规定，"致使劳动合同无法履行的客观情况"是指发生不可抗力或出现致使劳动合同全部或者部分条款无法履行的其他情况。主要包括企业迁移、资产转移、企业改制、部门撤并、经营方向或经营战略重大调整、企业产品结构调整等。在此，需要强调的是，适用《劳动合同法》第 40 条的关键在于"客观情况的发生导致劳动合同无法履行"。如果没有达到"无法履行"的程度，则应继续履行而不能适用本条的规定。例如，用人单位变更名称或法定代表人（负责人）、企业内部承包、企业分立或被兼并等情况虽然属于"客观情况发生了重大变化"，但不必然导致劳动合同的履行发生变化。另外，当出现"致使劳动合同无法履行"的客观情况时，用人单位并不能直接解除劳动合同，而应当与劳动者协商变更劳动合同，双方经协商未能达成一致时，才可以依据规定解除双方的劳动合同。本案中，企业因政府规划而搬迁，属于劳动合同订立时所依据的客观情况发生重大变化，致使劳动合同无法履行的情形。因此，企业与何某无法就变更劳动合同达成一致意见，依法解除劳动合同的行为是符合法律规定的。劳动合同在履行过程中随时会出现各种各样的情形，用人单位应当灵活运用法律规定，正确运用法律赋予的权利。

（资料来源：劳动关系≠劳动官司[J]. 人力资源管理，2008(27)．）

16.3 集体合同制度

16.3.1 集体合同概述

按照劳动法的规定，集体合同由工会代表职工与企业签订，没有成立工会组织的，由职工代表与企业签订。集体合同的特征有：①它是规定劳动关系的协议，从内容看，反映出以劳动条件为实质内容，整体性规定劳动者与企业之间的劳动权利和义务；②工会或劳动者代表职工一方与企业签订；③集体合同是定期的书面合同，生效需经特定程序，即集体合同文本须提交政府劳动行政部门审核后才具有法律效力。

与劳动合同比较，集体合同的主体中，一方是企业，另一方是工会组织或劳动者按照合法程序推举的代表，劳动合同的当事人是企业和劳动者个人；从内容看，主要是关于企业的一般劳动条件标准，以全体劳动者共同权利和义务为内容；从法律效力看，集体合同规定企业的最低劳动标准，集体合同法律效力高于劳动合同。

16.3.2 集体合同形式与内容

根据《集体合同规定》规定，集体合同为法定正式合同，应当以书面形式订立，口头形式的集体合同不具有法律效力。

集体合同的形式可分为主件和附件，主件是综合性集体合同，内容覆盖劳动关系的各个方面，附件是专项集体合同，是就劳动关系的某一特定方面的事项签订的专项协议。

集体合同的期限一般为1~3年。期限内双方可以根据集体合同的履行情况，对集体合同进行修订。集体合同的内容主要包括劳动条件标准，主要是劳动报酬、工作时间和休息休假、保险福利、劳动安全卫生、女职工和未成年工特殊保护、职业技能培训、劳动合同管理、奖罚、裁员等项条款；一般性规定主要是规定劳动合同和集体合同履行的有关规则；过渡性规定主要是集体合同的监督、检查、争议处理和违约责任；其他规定，比如规定在集体合同的有效期间应当达到的具体目标和实现目标的主要措施。

16.3.3 签订集体合同的程序

（1）确定集体合同的主体。
（2）协商集体合同：协商准备、协商会议、草案提议。
（3）政府劳动行政部门审核。
（4）审核期限和生效。
（5）集体合同的公布。

 阅读案例 16-4

集体合同与劳动合同法律效力的不同

刘某于2008年到苍山县某公司工作，并与公司签订了为期3年的劳动合同，合同约定工资每月计发一次。该劳动合同履行期间，工会与公司经协商签订了一份集体合同。这份集体合同约定：公司所有员工每年年终可获得一次第13个月的工资。根据这份集体合同的具体规定，刘某属于可以享受第13个月工资的员工范围。该公司的集体合同获得公司职代会的通过，并经当地劳动保障行政部门审核后，开始生效实施。但2009年年终过后，刘某却没有得到公司支付的第13个月的工资。于是，刘某向公司提出补偿要求，但公司表示，双方签订的劳动合同中约定了劳动报酬的支付次数，双方应按照劳动合同约定履行，故拒绝了刘某的要求。刘某不服，遂到当地劳动争议仲裁委员会提起申诉，要求公司支付其第13个月的工资。

依据《劳动合同法》第55条的规定："用人单位与劳动者订立的劳动合同中劳动报酬和劳动条件等标准不得低于集体合同规定的标准。"可见，集体合同的效力高于劳动合同。尽管当事人订立的劳动合同对于支付第13个月的工资没有约定，但是集体合同的条款对于当事人双方具有直接的效力。据此，该公司应该支付给刘某第13个月的工资。

（资料来源：http://www.hreec.com/shownews.asp?unid=919.）

16.4 劳动争议处理制度

劳动争议也称劳动纠纷，它是劳动关系当事人之间因劳动的权利发生分歧而引起的争议。狭义的劳动争议指因执行劳动法或履行劳动合同、集体合同的规定而引起的争议，广义的劳动争议还包括因制定或变更劳动条件而产生的争议。劳动争议是劳动关系双方发生矛盾、冲突的表现，有效解决争议能够使劳动关系统一和谐。解决劳动争议主要依据的是从2008年5月1日起施行的《劳动争议调解仲裁法》。

1. 通过劳动争议委员会进行调解

劳动法规定，在组织内部可以设立劳动争议调解委员会，由员工代表、组织代表和工会代表三方组成，企业代表人数不得超过委员会人员的1/3。争议调节委员会具有群众性和非诉讼性特征，具体调节劳动争议的步骤如下。

（1）申请。劳动争议当事人以口头或书目方式向本组织劳动争议调解委员会提出调节的请求，是自愿的申请。

（2）受理。劳动争议委员会接到当事人的申请后经过审查，决定是否接受申请的过程。受理具体有3个阶段：①审查，即审查发生争议的事项是否属于劳动争议；②通知并询问另一方当事人是否愿意接受调解；③决定受理后，及时通知当事人做好准备，告知调解时间、地点等事宜。

（3）调查。通过调查，了解情况，掌握证据，弄清争议原委和政策法规依据。

（4）调解。调解委员会召开调解会议，与双方当事人谈话，提出调解意见。

（5）制作调解协议书。经过调解，双方达成协议，即由调解委员会制作调解协议书。

2. 通过劳动争议仲裁委员会进行裁决

劳动争议仲裁委员会是由劳动行政主管部门、同级工会和组织三方代表组成的，是依法成立、独立行使劳动争议权的劳动争议处理机构，其生效的仲裁决定书和调解书具有法制强制力。它以县、市为组织，负责本地区发生的劳动争议。

劳动争议仲裁的原则是：调解原则，先行调解，调解无效再及时仲裁；及时迅速，一般裁决应在收到仲裁申请的60日内做出；一次裁决，当事人不服从裁决，可以在收到裁决书之日起15日内向有管辖权的人民法院起诉。

劳动争议仲裁的一般步骤如下。

（1）受理案件阶段。当事人应在争议发生之日起60日内向仲裁委员会递交申请，委员会应在收到申请书之日起7日内做出受理或不予受理的决定。

（2）调查取证阶段。拟定调查提纲，进行调查取证，审查证据。

（3）调解阶段。遵循自愿、合法原则，调解书具有法律约束。

（4）裁决阶段。调解无效即执行裁决。

（5）执行阶段。

3. 通过人民法院处理劳动争议

人民法院只处理如下范围内的劳动争议案件。

（1）争议事项范围：因履行和解除劳动合同发生的争议；因执行国家有关工资、保险、福利、培训、劳动保护的规定发生的争议；法律规定由人民法院处理的其他劳动争议。

（2）人民法院受理劳动争议案件的条件：①劳动关系当事人间的劳动争议，必须先经过劳动争议仲裁委员会仲裁；②必须是在接到仲裁决定书之日起15日内向人民法院提起诉讼，超过15日不予受理；③属于受诉人民法院管辖。

专栏16-3

专业人力资源工作者的工具之——劳动争议处理的基本原则

周瑛 编译

根据我国劳动法的规定，劳动争议处理应当遵循下述原则。

1. 调解和及时处理原则

用人单位与劳动者发生劳动争议，当事人可以依法申请调解、仲裁、提起诉讼，也可以协商解决。调解原则适用于仲裁和诉讼程序。调解是指在双方当事人自愿的前提下，由劳动争议处理机构在双方之间进行协调和疏通，目的在于促使争议双方相互谅解，达成协议，从而结束争议的活动。

处理劳动争议，还应遵循及时处理的原则，防止久调不决。劳动争议案件具有特殊性，它关系到职工的就业、报酬、劳动条件等切身利益问题，如不及时迅速地予以处理，势必影响职工的生活和生产秩序的稳定。所以，劳动法规定，提出仲裁要求的一方应当自劳动争议发生之日起60日内向劳动争议仲裁委员会提出书面申请。仲裁裁决一般应在收到仲裁申请的60日内做出。

2. 在查清事实的基础上，依法处理原则，即合法原则

劳动争议处理机构应当对争议的起因、发展和现状进行深入细致的调查，在查清事实、明辨是非的基础上，依据劳动法规、规章和政策做出公正处理。达成的调解协议、做出的裁决和判决不得违反国家现行的法规和政策规定，不得损害国家利益、社会公共利益或他人合法权益。

3. 当事人在适用法律上一律平等的原则，即公正原则

这一原则包含两层含义：一是劳动争议双方当事人在处理劳动争议过程中法律地位平等，平等地享有权利和履行义务，任何一方都不得把自己的意志强加于另一方；二是劳动争议处理机构应当公正执法，保障和便利双方当事人行使权利，对当事人在适用法律上一律平等，不得偏袒或歧视任何一方。

（资料来源：http://portal.vsharing.com/ShowArticle.aspx?id=468231.）

16.5 工作时间与最低工资制度

16.5.1 工作时间制度

1. 工作时间的含义

工作时间是劳动者为履行劳动给付义务，在用人单位从事生产或工作的时间，即法律规定或劳动合同约定的、必须用来完成其承担工作的时间。劳动者不遵守工作时间的约定需要承担相应的法律责任。

2. 工作时间的种类

（1）标准工作时间，是由国家法律制度规定的，在正常情况下劳动者从事工作或劳动的时间。标准工作时间为：职工每昼夜工作8小时为标准工作日，每周工作40小时为标准工作周。标准工作时间是其他工作时间制度的基准。

（2）计件工作时间，以劳动者完成一定劳动定额为标准的工作时间，是标准工作时间的转化形式。

（3）综合计算工作时间，是指因为用人单位生产或者工作的特点，劳动者的工作时间不宜用日计算，需要分别以周、月、季、年为周期，综合计算工作时间长短的工时制度，适合于交通、邮电、建筑、旅游等需要连续作业，或受到季节限制的行业岗

位。此种工时制度的平均工时应与法定标准工作时间基本相同。

(4) 不定时工作时间,是指每日没有固定工作时间的工时制度,该种工时制度基本按照标准工时执行,在特殊情况下,工作时间超过标准工作时间长度的,可以不受限制,并且超过部分不计为延长工作时间。这样的工时制度适合企业的高级管理者、销售人员及其他各种机动作业的人员。

(5) 缩短工作时间,指在特殊情况下,劳动者的工作时间少于标准工作时间长度,主要适合矿山、高温、有毒、繁重、高度紧张的工作者。

(6) 延长工作时间,指超过标准工作时间长度的工作时间,其中劳动者在法定节假日、公休日工作的称为加班,超过日标准工作时间的工作时间为加点。法律规定,允许延长工作时间的条件为:发生自然灾害、事故,生产设备出现故障,影响生产或者公共利益的情况出现时,以及法律、法规规定的其他情形。

16.5.2 最低工资制度

1. 最低工资的含义

最低工资是国家以一定的立法程序规定的,劳动者在法定时间内提供了正常劳动的前提下,用人单位应支付的最低劳动报酬。

2. 最低工资标准的确定、调整和责任

由于我国地域辽阔,各个地区经济社会发展状况差别很大,国家不实行全国统一的最低工资标准。不同行政区域有不同的最低工资标准。

最低工资标准的确定和调整。在国务院劳动行政主管部门指导下,由省级人民政府劳动行政主管部门会同同级工会、企业家协会研究拟定,并将拟订的方案保送劳动保障部,方案内容包括最低工资确定和调整依据、适用范围、拟订标准和说明。劳动保障部可以对方案提出修订意见。

在经过省、自治区、直辖市人民政府批准后,由省、自治区、直辖市劳动保障行政部门在当地政府公报、新闻媒体发布。

最低工资标准一般采用月最低工资标准和小时最低工资标准两种形式,前者适合全日制劳动者,后者适合非全日制劳动者。

劳动法对确定和调整最低工资标准应考虑的因素做了原则性的规定:劳动者本人及平均赡养人口的最低生活费用;社会平均工资水平;劳动生产率;就业状况;地区之间经济发展水平差异。

确定最低工资标准的方法主要有比重法和恩格尔系数法。比重法是根据城镇居民调查资料,确定一定比例的最低人均收入户为贫困户,统计出贫困户的人均生活费用支出水平,乘以就业者的赡养系数,再加调整数;恩格尔系数法是根据国家营养学会提供的年度标准食谱、标准食物摄取量及其市场价格,得到最低食物支出标准,除以恩格尔系数,得到最低生活费用标准,再乘以每一位就业者的赡养系数,再加调整数。在计算出最低工资标准后,还应该考虑职工个人缴纳社会保险费、职工平均工资水平、社会救济金和失业保险金标准、经济社会发展水平、就业状况等因素进行必要的修正。

由劳动者本人原因造成在法定工作时间内未提供正常劳动的,不适用最低工资规定;用人单位支付给劳动者的工资低于最低工资标准的,由劳动保障行政部门责令其限期补发所欠劳动者工资,并可责令其按所欠工资的 1~5 倍支付劳动者赔偿金。

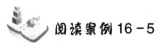

阅读案例 16-5

全国各省、自治区、直辖市月最低工资标准情况（截至 2024 年 1 月）[①]

单位：元

地区	月最低工资标准			
	第一档	第二档	第三档	第四档
北京	2420	—	—	—
天津	2320	—	—	—
河北	2200	2000	1800	—
山西	1980	1880	1780	—
内蒙古	1980	1910	1850	—
辽宁	1910	1710	1580	1420
吉林	1880	1760	1640	1540
黑龙江	1860	1610	1450	—
上海	2690	—	—	—
江苏	2490	2260	2010	—
浙江	2490	2260	2010	—
安徽	2060	1930	1870	1780
福建	2030	1960	1810	1660
江西	1850	1730	1610	—
山东	2200	2010	1820	—
河南	2100	2000	1800	—
湖北	2010	1800	1650	1520
湖南	1930	1740	1550	—
广东	2300	1900	1720	1620
其中：深圳	2360	—	—	—
广西	1990	1840	1690	—
海南	2010	1850	—	—
重庆	2100	2000	—	—
四川	2100	1970	1870	—
贵州	1890	1760	1660	—
云南	1990	1840	1690	—
西藏	2100	—	—	—
陕西	2160	2050	1950	—
甘肃	2020	1960	1910	1850
青海	1880	—	—	—
宁夏	1950	1840	1750	—
新疆	1900	1700	1620	1540

资料来源：http://www.mohrss.gov.cn/SYrlzyhshbzb/laodongguanxi_/fwyd/202401/t20240119_512450.html。

① 本次统计不包含我国香港特别行政区、澳门特别行政区和台湾省。

全国各省、自治区、直辖市小时最低工资标准情况（截至2024年1月）[①]

单位：元

地区	小时最低工资标准			
	第一档	第二档	第三档	第四档
北京	26.4	—	—	—
天津	24.4	—	—	—
河北	22	20	18	—
山西	21.3	20.2	19.1	—
内蒙古	20.8	20.1	19.5	—
辽宁	19.2	17.2	15.9	14.3
吉林	19	18	17	16
黑龙江	18	14	13	—
上海	24	—	—	—
江苏	24	22	20	—
浙江	24	22	20	—
安徽	21	20	19	18
福建	21	20.5	19	17.5
江西	18.5	17.3	16.1	—
山东	22	20	18	—
河南	20.6	19.6	17.6	—
湖北	19.5	18	16.5	15
湖南	19	17	15	—
广东	22.2	18.1	17	16.1
其中：深圳	22.2	—	—	—
广西	20.1	18.6	17	—
海南	17.9	16.3	—	—
重庆	21	20	—	—
四川	22	21	20	—
贵州	19.6	18.3	17.2	—
云南	19	18	17	—
西藏	20	—	—	—
陕西	21	20	19	—
甘肃	21	20.5	20	19.5
青海	18	—	—	—
宁夏	18	17	16	—
新疆	19	17	16.2	15.4

资料来源：http://www.mohrss.gov.cn/SYrlzyhshbzb/laodongguanxi_/fwyd/202401/t20240119_512450.html。

[①] 本次统计不包含我国香港特别行政区、澳门特别行政区和台湾省。

16.6 劳动安全卫生管理

16.6.1 劳动安全卫生保护

1. 劳动安全卫生的概念

劳动安全卫生是指国家为了保护劳动者在劳动过程中的安全和健康而制定的各种法律规范的总称,包括劳动安全技术规程、劳动卫生规程、企业安全卫生管理制度等。为了保护劳动者的身体健康,维护劳动力的生产和再生产,国家必须采取各种措施改善劳动条件,通过制定各种劳动保护法来保护劳动过程中劳动者的安全和健康。

2. 劳动安全技术规程

1) 劳动安全技术规程的概念

劳动安全技术规程是指国家为了保护劳动者在劳动过程中的安全,防止伤亡事故发生所采取的各种安全技术保护措施的规章制度,包括工厂安全技术规程、矿山安全技术规程和建筑安装工程安全技术规程等。在安全技术方面的主要内容有厂院、工作场所、机械设备、电器设备、锅炉和气瓶、气体粉尘和危险品等安全卫生措施的规定。在组织方面,各级人民政府设有专门的监督机构和监察人员,同时还设立了科研机构。在管理方面,主要有安全生产责任制度、安全技术措施计划制度、安全生产教育制度、安全生产检查制度、伤亡技术措施计划制度、安全生产教育制度、安全生产检查制度、伤亡事故报告制度等。

2) 工厂安全技术规程

《劳动法》第五十三条规定:"劳动安全卫生设施必须符合国家规定的标准。新建、改建、扩建工程的劳动安全设施必须与主体工程同时设计、同时施工、同时投入生产和使用。"工厂安全技术规程,即在工厂生产经营活动中必须达到的安全卫生方面的基本要求,如建筑物和通道的安全要求、工作场所的安全要求以及机器设备的安全要求等。

3) 建筑安装工程安全技术规程

建筑安装工程具有高空作业、露天作业、流动性大、劳动强度大、可变因素多和劳动条件差等特点。为了保障建筑工人的安全和健康,防止各类伤亡事故的发生,各施工单位必须严格执行国家有关建筑安装工程安全技术规程的规定。对于从事高空作业的工人,必须进行身体检查,不适宜在高空作业的人,禁止从事高空作业。

4) 矿山安全法律制度

采矿业是我国重要的原料工业,在国民经济中具有重要的地位。但是,在矿山生产中,受自然条件的限制,存在许多不安全和不卫生的因素,容易对劳动者的安全和健康造成威胁。为了保障矿山生产的安全,保护劳动者的生命安全,国家制定了一系列矿山安全的措施。

3. 劳动卫生规程

劳动卫生规程是指国家为了保护劳动者在劳动过程中的健康,防止有毒有害物质的危害和防止职业病发生所采取的各种防护措施的规章制度,国家颁布的有关劳动卫生方面的法规主要有《工厂安全卫生规程》《关于防止沥青中毒办法》《关于加强防尘防毒工作的决定》《中华人民共和国尘肺病防治条例》《工业企业设计卫生标准》《工业企业噪声卫生标准》等。

4. 劳动安全卫生管理制度

劳动安全卫生管理制度是指为了保障劳动者在劳动过程中的安全和健康,用人单位根据国家有关法规的规定,结合本单位的实际情况所制定的有关劳动安全卫生管理的规章制度。劳动安全卫生管理制度是企业管理制度的重要组成部分。《劳动法》第52条明确规定:"用人单位必须建立、健全劳动安全卫生制度,严格执行国家安全卫生规程和标准,对劳动者进行劳动安全卫生教育,防止劳动过程中的事故,减少职业危害。"根据有关法律法规的规定,劳动安全卫生管理制度主要有以下6个方面。

1) 安全卫生责任制度

安全卫生责任制度是指企业的各级领导、职能部门、有关工程技术人员和生产工人在生产过程中,对安全生产应各负其责的制度。安全生产责任制是企业岗位责任制的重要组成部分,是企业安全生产的基本制度。

2) 安全技术措施计划制度

安全技术措施计划是企业为了改善劳动条件,防止工伤事故和职业病而编制的预防和控制措施的计划。它是企业生产、技术、财务计划的一个组成部分。企业在编制生产、技术、财务计划的同时,必须编制安全技术措施计划。

3) 安全生产教育制度

安全生产教育制度是企业帮助职工提高安全生产意识,普及安全技术法规知识,教育和培训职工掌握安全技术常识的一项经常性教育制度。安全生产教育制度是预防工伤事故发生的重要措施之一。

安全生产教育的内容包括思想政治教育、劳动安全卫生法制教育、劳动纪律教育、劳动安全技术知识教育、典型经验和事故教训教育等。

4) 安全卫生检查制度

安全卫生检查制度是落实安全卫生法规、揭露和消除事故隐患,推动劳动安全卫生工作的制度。安全卫生检查既包括用人单位自身对安全卫生工作进行的经常性检查,也包括由地方劳动行政部门、产业主管部门组织的定期检查。

5) 劳动安全卫生监察制度

劳动安全卫生监察制度是指行使劳动监察权的机构对用人单位执行各项劳动安全卫生法规进行监督检查的制度。

6) 伤亡事故报告和处理制度

伤亡事故的报告和处理制度是对劳动者在劳动过程中发生伤亡事故进行统计、报告、调查、分析和处理的制度。其目的在于及时统计、报告、调查和处理伤亡事故,积极采取预防措施,防止和减少伤亡事故的危害。

(1) 伤亡事故的分类。伤亡事故是指职工在劳动过程中发生的人身伤害、急性中毒事故。伤亡事故可按不同的标准进行分类。按事故原因的不同可分为因工伤亡和非因工伤亡。按伤害程度和伤亡人数的不同可分为:轻伤事故,指损失工作日数为1天的伤害事故;重伤事故,指有重大伤害无死亡事故;死亡事故,指一次死亡1~2人的事故;重大伤亡事故,指一次死亡3~9人的事故;特大伤亡事故,指一次死亡10人以上的事故。按事故的类别可分为：物体打击、车辆伤害、机械伤害、起重伤害、触电、淹溺、灼烫、火灾、高处坠落、坍塌、冒顶、片帮、透水、放炮、火药爆炸、瓦斯爆炸、锅炉爆炸、受压容器爆炸、其他爆炸、中毒和窒息、其他伤害等。

（2）伤亡事故的报告。伤亡事故发生后，负伤者或事故现场有关人员应立即直接或逐级报告企业负责人。企业负责人接到重伤、死亡、重大死亡事故报告后，应立即报告企业主管部门和企业所在地劳动部门、公安部门、人民检察院、工会。主管部门和劳动部门接到死亡、重大死亡事故报告后，应立即按系统逐级上报；死亡事故报至省、自治区、直辖市企业主管部门和劳动部门；重大死亡事故报至国务院有关主管部门、劳动部门。发生死亡、重大死亡事故的企业应当保护事故现场，并迅速采取必要措施抢救受伤人员和财产，防止事故扩大。

（3）伤亡事故的调查。伤亡事故发生后，必须进行调查。按规定，轻伤、重伤事故由企业负责人或其指定的组织生产、技术、安全等有关人员以及工会成员参加的事故调查组进行调查。死亡事故由企业主管部门会同企业所在地区的市劳动部门、公安部门、工会组成事故调查组进行调查。重大伤亡事故按照企业的隶属关系由省、自治区、直辖市企业主管部门或者国务院有关主管部门会同同级劳动部门、公安部门、监察部门、工会组成事故调查组进行调查。调查组的职责是查明事故发生原因、过程和人员伤亡、经济损失情况；确定事故责任者；提出事故处理意见和防范措施的建议；写出调查报告。

（4）伤亡事故的处理。伤亡事故调查组提出处理意见和防范措施的建议，由发生事故的企业及其主管部门负责处理。处理事故时，应按照有关法律的规定和各级安全生产责任制的规定分清事故责任者。对于因忽视安全生产、违章指挥、违章作业、玩忽职守或者发现事故隐患、危害情况而不采取有效措施，以致造成伤亡事故的，由企业主管部门或者企业按照国家有关规定，对企业负责人和直接责任人员给予行政处分，构成犯罪的，由司法机关依法追究刑事责任。对于违反规定，在伤亡事故发生后隐瞒不报、谎报、故意迟延不报、故意破坏事故现场的，由有关部门按照国家有关规定，对有关单位负责人和直接负责人员给予行政处分，构成犯罪的，由司法机关依法追究刑事责任。伤亡事故处理工作应当在90日内结案，特殊情况下不得超过180日。伤亡事故处理结案后，应当公开宣布处理结果。

5. 违反劳动安全卫生法规造成一定后果的法律责任

（1）用人单位的法律责任。用人单位的劳动安全设施和劳动卫生条件不符国家规定或者未向劳动者提供必要的劳动防护用品和劳动保护设施的，由劳动行政部门或有关部门责令改正，可以处以罚款；情节严重的，提请县级以上人民政府决定责令停产整顿；对事故隐患不采取措施，致使发生重大事故，造成劳动者财产和生命损失的，对责任人员按照刑法第187条的规定追究刑事责任。用人单位强迫劳动者冒险作业，发生重大伤亡事故，造成严重后果的，对责任人员依法追究刑事责任。

（2）劳动者的法律责任。劳动者在劳动过程中必须严格遵守操作规程。对于玩忽职守、违反技术操作规程和安全规程的，应按其情节轻重给予批评教育、行政处分、物质赔偿。对于情节严重，使人民生命、国家集体财产遭受重大损失，构成犯罪的，应负刑事责任。

阅读案例 16-6

加强劳动安全管理 杜绝人员伤亡事故

2006 年是长航凤凰武汉船务分公司的组建之年。组建以来，该公司加大了劳动安全管理力度，劳动安全状况开局良好，杜绝了人员伤亡事故。

该公司现有拖轮 67 艘，驳船 290 艘，员工 4261 人，一线员工流动分散，临水作业点多、线长，劳动安全管理的难度较大。为保劳动安全，该司建立和健全了劳动安全管理网络，落实了各级劳动安全管理责任。该公司总经理刘卫华坚持"以人为本"的原则，把人的生命安全放在各项工作的首位；该公司党委书记邹华亨在各种场合，多次强调了劳动安全的重要性；该公司分管人事的晏志超副总经理把劳动安全作为人事管理的重点，凡涉及劳动安全的问题都亲自抓，亲自过问；该公司人力资源部经理陈迅每两月主持召开一次劳动安全例会，布置劳动安全有关事例；该公司人力资源部设立了专门的劳动安全管理机构，各二级单位配备了专门或兼职的劳动安全管理人员；构建了由船舶政委、驳船驾长、车间班组长组成的现场劳动安全管理网络。

劳动安全重在预控。该公司根据季节的变化，先后有针对性地制定了《关于今冬明春防冷、防滑措施》《防人落水十不准》《加强国庆节安全管理的通知》《加强元旦节日安全管理的通知》等劳动安全预控措施，并要求各基层单位组织员工进行专题学习，建立基础台账，以便随时接受检查，确保各项措施落到实处。2007 年年初，又及时召开了 2007 年度第一次劳动安全例会，把春节期间过节注意事项和防冷、防滑作为劳动安全工作的重点。

该公司还经常对在家休假以及停封、停航船舶的员工进行劳动安全知识的培训，不断提高他们的自我保护意识和劳动安全技能。培训中理论联系实际，用事故案例录像片对员工进行警示教育。学完后还进行考试，以检验培训的效果。2007 年 1 月 9 日，该公司举办了 2007 年的第一期劳动安全培训班，由该公司人力资源部负责劳动安全的骆元在副经理授课，培训员工达 60 余人。

对重点人员进行长期的跟踪管理，以前爱喝酒闹事的、爱在船舶间串门的，该公司建有专门档案，由专人跟踪负责，不定期通过电话与他们谈心，遏制了他们的不良行为，使"开航不许饮酒，停泊不许酗酒"的规章制度得到有效落实。加大了安全专项整治的力度，杜绝了临江作业不穿救生衣等违章行为。

（资料来源：长航凤凰武汉货运分公司网站，http：//www.cscfywh.com/newsopen.asp? op = zhgl&id =45.）

16.6.2 工伤管理

1. 工伤伤残评定

劳动者有下列情形之一，应当认定为工伤。

（1）在工作时间和工作场所内，因为工作原因受到事故伤害的。

（2）工作时间前后在工作场所内，从事与工作有关的预备性或者收尾性工作受到事故伤害的。

（3）在工作时间和工作场所内，因为履行工作职责而受到暴力等意外伤害的。

（4）患职业病的。

（5）因工作外出期间，由于工作原因受到伤害或者发生事故下落不明的。

（6）在上下班途中，受到机动车事故伤害的。

（7）法律、行政法规规定应当认定为工伤的其他情形。

劳动者有下列情形之一的，视同工伤。

（1）在工作期间和工作岗位，突发疾病死亡或者在 48 小时内经抢救无效死亡的。

(2) 在抢险救灾等维护国家利益、公共利益活动中受到伤害的。

(3) 劳动者原在军队中服役,因战、因公负伤致残,已取得革命伤残军人证,到用人单位后旧伤复发的。

2. 工伤认定申请

劳动者发生事故伤害或者按照职业病防治法规定被诊断、鉴定为职业病,所在单位应当自事故伤害发生之日或者被诊断、鉴定为职业病之日起30日内,向统筹地区劳动保障行政部门提出工伤认定申请。

提出工伤认定申请应当提交以下资料:①工伤认定申请表;②与用人单位存在劳动关系(包括事实劳动关系)的证明材料;③医疗诊断证明或者职业病诊断证明书(或者职业病诊断鉴定书)。劳动保障行政部门应当自受理工伤认定申请之日起60日内做出工伤认定的决定,并书面通知申请工伤认定的职工或者其直系亲属和该职工所在单位。

根据致残后丧失劳动能力程度和护理依赖程度将伤残划分为10个等级:1~4级为全部丧失劳动能力;5~6级为大部分丧失劳动能力;7~10级为部分丧失劳动能力。

3. 工伤保险待遇

我国工伤保险待遇分为工伤医疗待遇和工伤致残待遇。

1) 工伤医疗待遇

2003年颁布的《工伤保险条例》(国务院令第375号)规定,职工因工作遭受事故伤害或者患职业病需要暂停工作接受工伤医疗的期间为停工留薪期,一般不超过12个月,特殊情况经有关劳动能力鉴定委员会确认可以适当延长,但是延长不得超过12个月。

(1) 医疗待遇。治疗工伤所需费用符合工伤保险诊疗项目目录、工伤保险药品目录、工伤保险住院服务标准的,从工伤保险基金支付。

(2) 工伤津贴。在停工留薪期间,原单位工资福利待遇不变,由所在单位按月支付。职工住院治疗要按照本单位因公出差伙食标准的70%发住院伙食补助费用,并提供相应的生活护理费用。

2) 工伤致残待遇

按照不同的工伤致残等级,给予不同的待遇。职工因工死亡,其直系亲属按照规定从工伤保险基金领取丧葬补助金、供养亲属抚恤金和一次性工亡补助金。

阅读案例 16-7

劳务派遣工工伤责任由谁承担

2006年4月4日,年仅18岁的陕西女工范某与江苏省苏州市鼎诚人力资源有限公司(以下简称鼎诚公司,系人力资源中介公司)签订了一份劳动合同,双方约定:由鼎诚公司安排范某到巴拉斯塑胶(苏州)有限公司(以下简称巴拉斯公司)工作,工资为每月690元。合同签订后,范某即按约被派遣至巴拉斯公司工作。2006年4月28日,巴拉斯公司作为甲方、鼎诚公司作为乙方签订了劳务派遣协议一份,双方约定:"乙方根据甲方要求和条件,向甲方提供合格的劳务人员;乙方委托甲方向劳务人员代为发放工资,并按国家规定为劳务人员缴纳当地的农村基本养老保险;甲方向乙方支付劳务人员的工资、意外伤害保险费、农保费用和管理费;乙方劳务人员在甲方工作期间,因工伤事故造成劳务人员受伤时,甲方应及时采取救助措施并通知乙方,由乙方按国家、当地劳动部门的政策规定,办理申报工伤、劳动鉴定申报以及办理工伤待遇的申请手续,甲方提供协助,超出保险理赔范围的经济补偿,甲方应予相应适当补偿。"

1. 工伤过后：女工坐上被告席

2006年8月24日，范某在工作中发生机械伤害事故，造成其左手受伤，住院治疗26天，巴拉斯公司为范某支付了医疗费15000元。2006年12月31日，苏州市劳动和社会保障局向鼎诚公司做出《工伤认定决定书》，认定范某所受伤害为工伤。2007年3月31日，苏州市劳动鉴定委员会向鼎诚公司做出《苏州市劳动鉴定结论通知书》，认定范某符合《职工工伤与职业病致残程度鉴定标准》七级。由于三方未能就工伤赔偿达成一致，范某于2007年5月14日向苏州市高新区、虎丘区劳动争议仲裁委员会提出仲裁申请，要求鼎诚公司和巴拉斯公司赔偿其住院伙食补助费、护理费、一次性伤残补助金、一次性工伤医疗补助金等，共计183933.42元。2007年7月，劳动争议仲裁委员会裁决鼎诚公司支付范某住院伙食补助费、停工期间的工资、一次性伤残就业补助金等共计65794元。巴拉斯公司支付范某一次性工伤医疗补助金120419元。巴拉斯公司对此不服，遂将范某与鼎诚公司一同告上法庭。

2. 庭审激辩：谁该对工伤负责

法庭上，巴拉斯公司与鼎诚公司就范某到底是谁的员工展开了激烈的辩论。

巴拉斯公司认为，范某是与鼎诚公司签订的劳动合同，由鼎诚公司劳务派遣至己方公司的，范某并没有与巴拉斯公司签订劳动合同，所以不属于公司的员工，在发生工伤事故后公司无须承担工伤赔偿责任。要求法院判令巴拉斯公司与范某之间不存在劳动合同关系，不承担对范某工伤赔偿的责任。

而鼎诚公司则认为，范某虽与鼎诚公司有劳动合同，但鼎诚公司不是实际用人单位，对范某的使用、支配和收益都属于巴拉斯公司。鼎诚公司的主要责任是为企业介绍劳动人员，代为缴纳劳动者一定费用。巴拉斯公司只缴纳给鼎诚公司每人每月60元，不足以支付公司的成本，根据权利与义务相一致的原则，理应由巴拉斯公司承担工伤赔偿费用。劳动保障部门的合同范本都规定了由实际用工单位承担工伤事故责任，该合同范本是对劳务工作的经验总结，具有借鉴意义。而巴拉斯公司在与鼎诚公司签订的合同中对工伤的约定进行了修改，只约定其承担"相应适当补偿"，逃避了对工伤事故的赔偿责任，违反了合同法中的公平原则。工伤事故是在巴拉斯公司发生的，其有不可推脱的责任，巴拉斯公司向鼎诚公司支付的费用中包含了工伤保险，既然已交纳了保险，所以应当由巴拉斯公司承担全部工伤赔偿。

3. 法院调解：三方握手言和

苏州市虎丘区法院经过审理认为，范某与鼎诚公司之间签订的劳动合同合法有效。鼎诚公司作为人力资源中介单位，将范某派至巴拉斯公司工作，现范某在工作中受伤，已经由劳动部门确认为工伤及七级伤残，鼎诚公司应当按照相关规定给予范某工伤待遇。巴拉斯公司作为实际用工单位，应当为劳动者提供足以保障其人身安全的工作环境和条件，巴拉斯公司应对范某所受到的损害，承担连带赔偿责任。巴拉斯公司与鼎诚公司之间签订的劳务派遣协议中关于工伤事故处理的约定不得对抗第三人。

最终在法院的调解之下，三方就赔偿事宜达成协议。由巴拉斯公司支付范某工伤赔偿款61500元，鼎诚公司支付范某工伤赔偿款98500元，合计160000元。

（资料来源：中国人力资源外包研究中心，http://www.hrout.org.cn/CaseNews.aspx.）

本章小结

本章主要围绕员工劳动关系内容、相关法规运用进行了讨论，包括：劳动关系的含义、分类、劳动关系管理的原则及改善劳动关系的路径，劳动法律关系的含义、内容与构成要素，劳动关系调整的方式与特征，劳动合同管理中的订立、履行、变更、续订、解除，集体合同形式、内容和程序，工作时间制度的含义、类型，最低工资标准的含义与确定办法，劳动安全卫生管理体系，工伤管理中工伤类型、工伤申请与认定程序、工伤待遇。

企业员工管理实践、员工劳动规章制度的制定等都应遵循《劳动合同法》《集体合同》、工作时间制度、最低工资制度、工伤管理等法律法规，在保障劳动者基本权益的前提下进行劳动过程管理，创建和谐的劳动关系。

第16章 劳动者相关法制管理艺术

关键术语

劳动关系　劳动法律关系　劳动合同　集体合同　劳动争议　工作时间制度　最低工资制　劳动安全卫生法规　工伤管理

综合练习

一、填空题

1. 按劳动关系规范程度划分，劳动关系可分为_____、_____和_____。
2. 劳动关系经过劳动法律规范、调整和保护后，即转变为_____。
3. 劳动法律关系的构成要素有_____、_____和_____。
4. 有效劳动合同的条件为_____、_____、_____和_____。
5. 我国工伤保险待遇分为_____和_____。

二、判断题

1. 劳动合同是体现国家意志的一种劳动关系调整方式。（　）
2. 劳动合同的解除方式中，法定解除是一种双方解除，而协商解除是一种单方解除。（　）
3. 劳动者不遵守工作时间的约定需要承担相应的法律责任。（　）
4. 我国目前实行的最低工资标准在全国各地是统一的。（　）
5. 企业在编制生产、技术、财务计划的同时，必须编制安全技术措施计划。（　）

三、简答题

1. 什么是员工劳动关系管理？其具体内容包括哪些？
2. 劳动争议的预防和处理的关系是什么？
3. 试述员工劳动合同的管理具体涉及哪些方面及应注意的事项。
4. 劳动法律关系与劳动关系有什么区别？
5. 劳动关系调整方式各有什么特征？
6. 集体合同的内容和签订程序是什么？
7. 工作时间制度有哪些类型？
8. 最低工资制度如何确定？
9. 劳动安全卫生法规有哪些？
10. 工伤有哪些类型？如何申请、认定？工伤保险待遇有哪些？

四、名词解释

劳动合同　集体合同　工作时间制度　最低工资制　工伤管理

案例分析

新劳动法出台后：一个人力资源总监的烦恼

在人力资源圈子里，奥利顿酒店的人力资源总监慕容鸿雁是个响当当的名字，她是中华精英网2005年和2007年连续两届评出的"中国十佳HR经理人"。可如今，这个大家公认的杰出HR主管，却陷入深深的自责和无奈之中。从2008年年初到现在，已经大半年过去了，她一直无法对一个在她和大家看来明显违纪违规、公开挑战公司管理秩序的员工做出处理。

这个令慕容头疼的员工叫陆正根，是一名在奥利顿酒店干了19年、与公司签订了无固定期限劳动合同的保安员。2008年春节前的一个下午，保安部经理洪大兴怒气冲冲地找到慕容，要求处理陆正根，理由是担任监控室保安员的陆正根连续数日不接受他去大堂临时顶岗的任务的安排。在过去的十几年中，保安部每天都会安排监控室的人去大堂临时顶岗10分钟左右，没有人提出过异议，陆正根也不例外。洪大兴认为陆正根拒绝顶岗绝不是像他自己说的"不高兴"这么简单，怀疑他另有动机，洪大兴还提醒慕容去年年底陆正根上班时睡觉的事。慕容认为不管怎样，陆正根接连5次拒绝工作任务，应该说是比较严重的不服从管理。因此，人力资源部根据《员工手册》，做出给予陆正根书面警告，同时停职察看两天，停职期间扣发工资的处罚决定。

陆正根接到警告信后，拒绝签字。不过，接下来的两天，他也没来上班。第三天早上，他来找慕容，并交给慕容一封申诉书。在申诉书中，他反复强调自己不接受临时指派的任务主要有两个原因：第一是他的胜任力不够，英语讲不好，不适合做大堂保安工作，哪怕是临时的；第二，顶岗不是他职责范围内的事，在他的岗位描述中没有列明。最后，他强烈要求公司撤销对他的处分，返还他被停职期间的工资，还说如果公司不还他公道，他将让法律还他个公道。

慕容不理解陆正根为什么要如此小题大做。她想起去年年底在餐厅吃饭时一个员工说的话。那位员工说，《劳动合同法》实施后，像他们这些已经签了无固定期限劳动合同的人，只要不犯大错，公司也不能把他们怎么样，不如想办法让公司单方来解聘，这样就可以拿一大笔补偿金走人。慕容不得不怀疑陆正根也有此动机。慕容约了陆正根，与他进行了长时间的沟通，向他说明公司方面做出的处分决定是正当合理的，希望陆正根端正态度、积极工作。对此，陆正根既没点头，也没摇头。

那次谈完话一个多星期后，洪大兴再次安排陆正根去大堂顶班，陆正根的回答仍然是"不"。慕容与公司法律顾问苏黎商讨是否能以违规之名解除与陆正根的劳动合同。苏黎在电子邮件中告诉慕容，那样将使公司承担法律风险。不但如此，苏黎在邮件中还说，奥利顿酒店现行的《员工手册》未走民主程序，因而也是无效的。

这个答复令慕容很苦恼，面对着太多的无奈，她不禁对新《劳动合同法》产生了质疑。

慕容去见总裁John，向他正式汇报陆正根的事。John无法理解苏律师对《劳动合同法》有关规定的解释，他让慕容全权处理这件事。

慕容找向洪大兴进一步了解情况，同时，也听到了其他保安对这件事的反馈。从他们的话中，慕容得知：公司现有300多名签订了无固定期限劳动合同的员工都在观望，如果公司再不处理陆正根，他们很可能也学他的样子磨洋工；如果公司与陆正根有偿解除劳动合同，那么他们也会逼着公司来解聘，赔他们钱。

以违章之名解除与陆正根的劳动合同，公司要承担法律风险；不解除合同，公司的管理秩序将遭到破坏；有偿解除合同，公司又将面临巨大的成本压力。慕容应该怎么办？

（资料来源：刘雪慰. 商业评论，2008年9月.）

根据案例所提供的资料，试分析以下内容。
(1) 陆正根为什么突然之间消极怠工，甚至公然挑衅公司的规章制度？
(2) 奥利顿酒店的《员工手册》合法吗？
(3) 奥利顿酒店能单方面与陆正根解除劳动合同吗？
(4) 试讨论奥利顿酒店如何依《劳动合同法》对员工进行管理。

实际操作训练

课题16-1：模拟劳动争议仲裁

实训项目：劳动争议的仲裁。

实训目的：学习对劳动争议进行调节和裁决。

实训内容：针对涉及劳动合同等各方面的劳动争议案件，依据所掌握的相关法律法规知识，模拟劳动争议仲裁程序，进行劳动争议的处理。

实训要求：将全班同学划分为若干小组，每组成员分别扮演仲裁员、申请人、被申请人等角色，根据事先抽签决定的案例，经过精心准备，开庭审理劳动争议案件。

参 考 文 献

[1] 董克用. 人力资源管理概论[M]. 北京：中国人民大学出版社，2007.
[2] 杨蓉. 人力资源管理[M]. 大连：东北财经大学出版社，2005.
[3] 郭巧云. 人力资源管理[M]. 长沙：中南大学出版社，2009.
[4] 林忠，金延平. 人力资源管理[M]. 大连：东北财经大学出版社，2009.
[5] 彭剑锋. 人力资源管理概论[M]. 上海：复旦大学出版社，2003.
[6] 周鸿勇，朱杏珍，畅铁民. 人力资源管理理论与实务[M]. 北京：中国科学技术出版社，2007.
[7] 王勇，曹彦平. 人力资源管理概论[M]. 武汉：武汉理工大学出版社，2006.
[8] 宋联可，杨涛. 高效人力资源管理案例[M]. 北京：中国经济出版社，2009.
[9] 张爱卿，钱振波. 人力资源管理：理论与实践[M]. 2版. 北京：清华大学出版社，2008.
[10] 曾建权. 人力资源管理理论与实务[M]. 广州：中山大学出版社，2004.
[11] 颜士梅. 战略人力资源管理[M]. 北京：经济管理出版社，2003.
[12] 桂昭明. 人力资源管理[M]. 武汉：华中科技大学出版社，2008.
[13] 石磊. 战略性人力资源管理：系统思考及观念创新[M]. 成都：四川大学出版社，2008.
[14] 罗哲. 人力资源开发与管理[M]. 成都：四川大学出版社，2007.
[15] 彭松森，陈海燕，崔永刚. 人力资源开发与管理[M]. 济南：山东人民出版社，2007.
[16] 李春生，陈国生，戴旻. 人力资源管理学教程[M]. 北京：对外经济贸易大学出版社，2007.
[17] 曾国平，陈文权，郑平生. 人力资源开发与管理[M]. 重庆：重庆大学出版社，2005.
[18] 颜爱民，方勤敏. 人力资源管理[M]. 北京：北京大学出版社，2010.
[19] 刘翠芳. 现代人力资源管理[M]. 北京：北京大学出版社，2010.
[20] 邵冲. 人力资源管理[M]. 北京：中国人民大学出版社，2010.
[21] 张芬霞，李燚. 人力资源管理[M]. 上海：上海财经大学出版社，2010.
[22] 刘昕. 现代人力资源管理教程[M]. 北京：中国人事出版社，2009.
[23] 侯光. 人力资源管理[M]. 北京：高等教育出版社，2009.
[24] [波兰]叔本华. 叔本华人生哲学[M]. 北京：九洲出版社，2003.
[25] [德]尼采. 尼采生存哲学[M]. 北京：九洲出版社，2003.
[26] [美]查尔斯·霍顿·库利. 人类本性与社会秩序[M]. 北京：华夏出版社，2003.
[27] 金生鈜. 理解与教育——走向哲学解释学的教育哲学导论[M]. 北京：教育科学出版社，1997.
[28] [美]斯蒂芬·P. 罗宾斯. 管人的真理[M]. 王敏，译. 北京：中信出版社，2002.
[29] 曹世潮. 心经济33条铁律[M]. 上海：上海文化出版社，2003.
[30] 杨先举. 孔子管理学[M]. 北京：中国人民大学出版社，2002.
[31] 徐广权. 东方管理金律[M]. 青岛：青岛出版社，2004.
[32] 滕宝红. 和谐与冲突——儒学与现代管理[M]. 北京：中国标准出版社，2002.
[33] 国际儒学联合会学术委员会. 儒学与工商文明[M]. 北京：首都师范大学出版社，1999.
[34] [美]罗曼·W. 皮尔. 态度决定一切[M]. 随易，译. 北京：海峡文艺出版社，2003.
[35] 徐井岗. 人心管理理论建构及哲学思考[M]. 北京：中国科学文化出版社，2009.
[36] 徐井岗. 民企老板管理突围[M]. 上海：上海三联书店，2004.
[37] 徐井岗. 中高层管理突围[M]. 哈尔滨：黑龙江人民出版社，2007.
[38] 徐井岗. 员工管理突围[M]. 哈尔滨：黑龙江人民出版社，2008.
[39] [美]豪尔·F. 罗森柏斯，黛安娜·麦克弗林·彼得斯. 顾客第二[M]. 刘震，曹芳，译. 北京：中信出版社，2003.
[40] 章义五. 共赢领导力[M]. 北京：北京大学出版社，2004.
[41] 雾淞. 性格老板[M]. 北京：地震出版社，2002.

[42] 曾伟. 老板的革命[M]. 北京：中国城市出版社，2004.
[43] 陈惠湘. 中国企业批判[M]. 北京：北京大学出版社，1998.
[44] 北京斯坦威管理咨询有限公司策划组编. 私营企业成功模式解析[M]. 北京：中国致公出版社，2002.
[45] [埃及]侯赛因·卡迈勒·巴哈丁. 教育与未来[M]. 北京：人民教育出版社，1999.
[46] 喜子. 人生成本论[M]. 上海：上海三联书店，1999.
[47] 霍文达. 教育成本分析[M]. 北京：中央民族大学出版社，1998.
[48] [美]布龙斯坦. 团队管理[M]. 巢剑非，译. 北京：机械工业出版社，2009.
[49] 刘登阁. 狼联盟：小团队打天下[M]. 北京：中国水利水电出版社，2005.
[50] [美]斯蒂芬·P. 罗宾斯. 组织行为学[M]. 孙健敏，李原，译. 北京：中国人民大学出版社，1997.
[51] 余世维. 打造高绩效团队[M]. 北京：北京大学出版社，2009.
[52] 姚裕群，孔冬. 团队管理[M]. 长沙：湖南师范大学出版社，2007.
[53] [美]彼得·圣吉. 第五项修炼[M]. 郭进隆，译. 上海：上海三联书店，2002.
[54] [美]盖伊·拉姆斯登. 群体与团队沟通[M]. 冯云霞，译. 北京：机械工业出版社，2003.
[55] [美]肯·坦纳. 团队建设与员工管理[M]. 张羽，译. 北京：机械工业出版社，2010.
[56] 李慧波. 高效能团队[M]. 北京：中国城市出版社，2010.
[57] 黄玉清. 创建高绩效的项目团队[M]. 上海：华东理工大学出版社，2010.
[58] [英]约翰·阿代尔. 团队创建[M]. 燕清联合，译. 海口：海南出版社，2010.
[59] 李长江. 中小企业文化管理之道[M]. 北京：中国经济出版社，2009.
[60] 沃伟东. 企业文化的经济学分析[D]. 复旦大学，2006.
[61] 王云高. 企业家文化形成的辩证逻辑[J]. 中外企业文化，2005(10).
[62] 维尔纳·桑巴特. 奢侈与资本主义[M]. 上海：上海人民出版社，2000.
[63] 刘光明. 现代企业家与企业文化[M]. 三版. 北京：企业管理出版社，1999.
[64] [美]R·科斯，A·阿尔钦，D·诺斯，等. 财产权利与制度变迁[M]. 刘宇英，等译. 上海：上海三联书店，1998.
[65] 张德. 企业文化建设[M]. 北京：清华大学出版社，2005.
[66] 杨懿. 转型期中的中国民营企业文化研究[D]. 复旦大学，2005.
[67] 余世维. 赢在执行[M]. 北京：中国社会科学出版社，2005.
[68] [美]费拉尔凯普. 没有任何借口[M]. 金雨，编译. 北京：机械工业出版社，2004.
[69] 西武. 做事做到位[M]. 哈尔滨：哈尔滨出版社，2007.
[70] 张振学. 低调做人的哲学[M]. 北京：中国纺织出版社，2007.
[71] 袁振国. 当代教育学[M]. 北京：教育科学出版社，1998.
[72] 陈胜军. 人力资源管理概论[M]. 北京：对外经济贸易大学出版社，2009.
[73] 赵应文. 人力资源管理概论[M]. 北京：清华大学出版社，2009.
[74] 秦志华. 人力资源管理[M]. 北京：中国人民大学出版社，2009.
[75] 李文静. 人力资源管理[M]. 北京：经济科学出版社，2009.
[76] 李笑. 人力资源管理主管实用手册[M]. 北京：经济管理出版社，2009.
[77] 张小兵. 人力资源管理[M]. 北京：机械工业出版社，2010.
[78] [美]路易斯·戈麦斯-梅西亚，戴维·鲍尔金，罗伯特·卡迪. 管理学——人·绩效·变革[M]. 詹正茂，译. 北京：人民邮电出版社，2009.
[79] [美]劳伦斯·S. 克雷曼. 人力资源管理——获取竞争优势的工具[M]. 孙非，等译. 北京：机械工业出版社，2005.
[80] [美]约翰·M. 伊万切维奇. 人力资源管理[M]. 赵曙明，译. 北京：机械工业出版社，2005.